WITHDRAWN

HARVARD LIBRARY

WITHDRAWN

GREGOR HAEFLIGER

ÜBER EXISTENZ: DIE ONTOLOGIE ROMAN INGARDENS

KLUWER ACADEMIC PUBLISHERS

DORDRECHT / BOSTON / LONDON

Library of Congress Cataloging-in-Publication Data

```
Haefliger, Gregor.
    Über Existenz : die Ontologie Roman Ingardens / by Gregor
  Haefliger.
       p.   cm. -- (Phaenomenologica ; 130)
    Includes bibliographical references and index.
    ISBN 0-7923-2227-4 (U.S.) (HB : alk. paper)
    1. Ingarden, Roman, 1893-    --Contributions in ontology.
  2. Ontology--History--20th century.  I. Title. II. Series.
  B4691.I534H34  1993
  111'.092--dc20                                         93-12621
```

ISBN 0-7923-2227-4

Published by Kluwer Academic Publishers,
P.O. Box 17, 3300 AA Dordrecht, The Netherlands.

Kluwer Academic Publishers incorporates
the publishing programmes of
D. Reidel, Martinus Nijhoff, Dr W. Junk and MTP Press.

Sold and distributed in the U.S.A. and Canada
by Kluwer Academic Publishers,
101 Philip Drive, Norwell, MA 02061, U.S.A.

In all other countries, sold and distributed
by Kluwer Academic Publishers Group,
P.O. Box 322, 3300 AH Dordrecht, The Netherlands.

Printed on acid-free paper

All Rights Reserved
© 1994 Kluwer Academic Publishers
No part of the material protected by this copyright notice may be reproduced or
utilized in any form or by any means, electronic or mechanical,
including photocopying, recording or by any information storage and
retrieval system, without written permission from the copyright owner.

Printed in the Netherlands

In traditional terms, existence is not a real predicate, yet it is not a logical or formal predicate, for existence, that is, the existence of material and mental things and events, is precisely the innermost core of contingency. The nature of existence is a most serious problem. But there is the underlying it the problem of the constitution of an object. The unity of a thing and its possession of properties is the primary philosophical problem. (H.–N. Castaneda, "Thinking and the Structure of the World", 1974)

EINLEITUNG 1–12

Teil 1 INGARDENS KONZEPTION EINER PHÄNOMENOLOGISCHEN ONTOLOGIE 13

Kap. 1 Phänomenologische Ontologie qua Sinn–Analyse 15
§1 Theorien der Intentionalität
 1.1 Die Objekt–Theorie der Intentionalität (OT)
 1.2 Die Inhalts–Theorie der Intentionalität (IT)
 1.3 Die Mediator–Theorie der Intentionalität (MT)
 1.4 Konsequenzen einer Inhalts–Theorie der Intentionalität
§2 Realismus
§3 Bedeutungstheoretische Voraussetzungen
 3.1 Phänomenologische Bedeutungstheorie
 3.2 Ideale Bedeutungen?
 3.3 Bedeutungs–Entitäten versus Objekt–Entitäten
§4 Zur Kritik des phänomenologischen Intuitionismus
 4.1 Phänomenologischer Intuitionismus
 4.2 Nicht–sinnliche Anschauung?
 4.3 Epistemisch ausgezeichnetes Verstehen
§5 Zusammenfassung: Phänomenologische Ontologie qua Sinn–Analyse

Kap. 2 Ingardens Ontologie–Konzeption 61
§6 Ontologie und Metaphysik bei Ingarden
§7 Ideale Qualitäten?
 7.1 Relationen zwischen idealen Qualitäten
 7.2 Ideale Qualitäten versus individuelle Eigenschaften
 7.3 Ist Ingardens Ontologie–Konzeption metaphysikfrei?
 7.4 Problematische Punkte
 7.5 Ideale Qualitäten?
 7.6 Zusammenfassung
§8 Ideen?
 8.1 Ideen und ontologische Anwendungssätze
 8.2 Einige Probleme
 8.3 Ideen? – Stellungnahme
§9 Metaphysik?
 9.1 Metaphysische Behauptungen
 9.2 Ontologie qua Sinn–Analyse und metaphysische Annahmen

Teil 2 "EXISTENZ" IST KEINE EIGENSCHAFT (I_1) 113

Kap. 3 Konkreta in formalontologischer Hinsicht 115
§10 Form und Materie von Etwas (Exposition)
§11 Konkreta: Autonome, individuelle, reale Gegenstände
 11.1 Konkreta
 11.2 Seinsautonomie/Seinsselbständigkeit
 11.3 Qualitative Selbständigkeit
§12 Konkreta in formalontologischer Sicht
 12.1 Ad Thesen (i) und (ii)
 12.2 Ad These (iii)
§13 Substanz–Theorien von Konkreta und sortale Ausdrücke
 13.1 Eigenschaftsprädikate und sortale Ausdrücke
 13.2 Zur Aristotelischen Substanztheorie
 13.3 Substanz–Theorien von Konkreta und sortale Ausdrücke

Kap. 4 Verschiedene Arten von Konkreta–Eigenschaften 157
§14 Ingarden über den Unterschied zwischen negativen und positiven Sachverhalten
  14.1 Ingardens Hauptthesen bezüglich der Sachverhaltsthematik
  14.2 Ingardens Begründung der Hauptthese (S)
  14.3 Zusammenfassung
§15 Ingarden über relative Sachverhalte und Verhältnisse
  15.1 Relative Sachverhalte und Verhältnisse
  15.2 Relative Merkmale
§16 Nicht–absolute und absolute Eigenschaften von Konkreta
  16.1 Relative Merkmale und absolute Eigenschaften
  16.2 Eigenschaften von Konkreta
§17 Absolute und nicht–absolute Eigenschaften von Konkreta
  — Konsequenzen für die Existenzthematik
  17.1 Notwendige und akzidentelle Eigenschaften von Konkreta
  17.2 Ist "Existenz" eine Eigenschaft von Konkreta?

Kap. 5 "Existenz" ist keine Eigenschaft (I_1) 189
§18 Absolute Eigenschaften von Konkreta
  18.1 Formale Aspekte einer absoluten Eigenschaft von Konkreta
  18.2 Zur Anwendbarkeit der Kategorie "Eigenschaft"
§19 "Existenz" ist keine Eigenschaft
  19.1 "Existenz" ist keine Eigenschaft von Konkreta
  19.2 Die Verallgemeinerung der These

Teil 3 'EXISTIERT' IST EIN ÄQUIVOKER TERM (I_2) 201

Kap. 6 Zur ontologischen Analyse von Seinsweisen 203
§20 Ingardens Projekt einer Existenzialontologie
  20.1 Seinsweisen — Seinsmomente
  20.2 Die Idee "existierendes Etwas"
§21 Zur Ingardenschen Analyse von Existenz– oder Seinsweisen
  21.1 Ingardens existentialontologische Begriffe von Seinsweisen
  21.2 Zur Basis der Ingardenschen Begriffsbildungen

Kap. 7 Die These der Äquivozität von 'existiert' 223
§22 Univoke versus multivoke Position
  22.1 (Objektuale) Quantifikationstheorie und Bezugsbereiche
  22.2 Univoke versus multivoke Position
§23 'Existiert' ist ein äquivoker Term

Teil 4 EXISTENZ IST KEIN GEWÖHNLICHES PRINZIP DER KLASSIFIKATION (I_3) 239

Kap. 8 Klassische Argumente pro und contra I_3 241
§24 *Existenz* als gewöhnliches Klassifikationsprinzip: Meinongs gegenstandstheoretische Position
§25 Klassische Gegenargumente: Russells Meinong–Kritik
  25.1 Russells Argumente
  25.2 Zu Russells Meinong–Kritik

Kap. 9 Ingardens Position 259
§26 *Existenz* ist kein gewöhnliches Klassifikationsprinzip (I_3)
§27 *Existenz* und die Klassifikation von Akten
  27.1 Eine "positive" Ergänzungsthese
  27.2 Erläuterungen
§28 Zusammenfassung

Teil 5 EIN SYSTEMATISCHER BLICK AUF INGARDENS THESEN 277

Kap. 10 "Existenz" ist keine Eigenschaft von Konkreta 279
§29   Eine umgangssprachliche Argumentation: G.E. Moore
        Exkurs: Moores deskriptive Analyse
§30   Moores Position (II)
        30.1 Zu Moores Argumenten
        30.2 Moore und Ingarden
§31   Eine semantische Argumentation: G. Frege
        Exkurs: Freges "klassische" Lehrmeinung (Doxographie)
§32   Freges Position (II): Die These der Überflüssigkeit singulärer Existenzaussagen
        Exkurs: Zur metasprachlichen Erklärung singulärer Existenzaussagen
§33   Freges Position (III): Zur These der Selbstverständlichkeit singulärer Existenzaussagen
        33.1 Voraussetzungen
        33.2 Freges Dialog–Argument
        33.3 Zur Besonderheit von Freges Argument
§34   Stellungnahme zu Freges Position
        34.1 Existenz und Idealsprachen
        34.2 Existenz und Selbstidentität
        34.3 Existenz und Wirklichkeit
        34.4 Die Relevanz einer spezifisch ontologischen Argumentation

Kap. 11 Zu Ingardens Thesen I_2 und I_3 335
§35   Zu Ingardens These I_3
        35.1 Freges und Russells Lehrmeinung
        35.2 Ingardens Position
        35.3 Zur Kritik an Frege und Russell
        35.4 Zusammenfassung
§36   Zur semantischen Analyse von Existenzaussagen
        36.1 Ein Beispiel: Fiktive Gegenstände
        36.2 Singuläre Existenzaussagen
        36.3 Ein programmatischer Ausblick
§37   Zu Ingardens These I_2
        37.1 Ingardens Äquivozitätsthese
        37.2 Einwände gegen Ingardens Argument für I_2
        37.3 Stellungnahme zu den Einwänden
        37.4 Zusammenfassung

Teil 6 ZUM SYSTEMATISCHEN STELLENWERT DER INGARDENSCHEN THEORIE VON KONKRETA 383

Kap. 12 Ingardens Kritik an Bündeltheorien 387
§38   Typen bündeltheoretischer Konzeptionen von Konkreta
§39   Bündeltheorien und das Problem der Identität sich verändernder Konkreta
        39.1 Das Argument der Veränderung oder das Flux–Argument
        39.2 Auswertung
        39.3 Ingarden und das Flux–Problem
§40   Bündeltheorien und das Problem der Individuation (I)
        40.1 Das Datum der numerischen Differenz von Konkreta
        40.2 Das Argument der numerischen Differenz
        40.3 Evaluation des Argumentes der numerischen Differenz
§41   Bündeltheorien und das Problem der Individuation (II)
        41.1 Eine Vielfalt von Problemen
        41.2 Castanedas Position
        41.3 Ingardens Position

§42 Nominalistische Bündeltheorien
    42.1 Ein erstes Problem
    42.2 Ein zweites Problem
§43 Zusammenfassung von Kapitel 12

Kap. 13 Ingardens Kritik an Substrat–Theorien sowie an der Klassenauffassung von Konkreta   443
§44 Ingardens Kritik an Substratontologien von Konkreta
    44.1 Substrat–Theorien im strengen Sinn
    44.2 Die Theorie qualifizierter Substrata
    44.3 Zusammenfassung
§45 Ingardens Kritik an der "Klassen"–Auffassung von Konkreta
    45.1 "Klassen" im kollektiven und distributiven Sinne
    45.2 Die Klassenauffassung von Konkreta
    45.3 Die mereologische Haufenauffassung von Konkrete
§46 Zusammenfassung von Teil 6
§47 Schlusswort: Eine Zusammenfassung der Ergebnisse

Bibliographie   475

Index   483

EINLEITUNG

0.1 Zur Biographie R. Ingardens und zur Rezeption seiner phänomenologischen Philosophie

Der polnische Philosoph Roman Ingarden (1893–1970) begann seine Universitätsstudien 1911 zu Lemberg in Philosophie, Mathematik und Physik. Im Jahre 1912 ging er nach Göttingen, um seine Studien unter D. Hilbert (Mathematik), E. Husserl (Philosophie) und G.E. Müller (Psychologie) fortzusetzen.

Schon in seiner Göttinger–Zeit erwies sich Ingarden als einer der hervorragensten Schüler Husserls, der seinerseits Ingardens philosophische Arbeit zeitlebens hoch einschätzte.[1] Ingarden kehrte 1918 – nach seiner Promotion unter Husserl, in Freiburg i.Br.– definitiv nach Polen zurück.[2] Dort war er auf philosophischem Gebiet vorerst isoliert.[3] Erst nach dem Zweiten Weltkrieg konnte er im Rahmen seiner Lehrtätigkeit in Krakau einen Kreis von Schülern aufbauen und so grösseren Einfluss auf die polnische Philosophie ausüben.

Nicht viel anders erging es Ingarden auf der internationalen Szene. In Deutschland und Frankreich verhinderten vor allem die Vorherrschaft des Existentialismus und des Transzendentalismus von Husserls Spätphilosophie eine frühe Rezeption der unprätentiösen, analytisch orientierten (aber andererseits gegenüber der Formalisierung feindlich eingestellten) Ingardenschen Phänomenologie.[4] Im deutschsprachigen Bereich änderte sich diese Situation erst seit den 70er–Jahren, im angelsächsischen Sprachraum rund ein Jahrzehnt später.[5] Mittlerweile ist Ingarden als einer der grossen polnischen Philosophen und als einer der bedeutenden Phänomenologen unseres Jahrhunderts anerkannt.

Allerdings hat sich die Forschung vor allem mit Ingardens Arbeiten zur Ästhetik

---

[1] Vgl. Küng (13), 223.

[2] Er war bis ins Jahr 1925 als Gymnasiallehrer in Warschau tätig. 1924 habilitierte er sich unter Twardowski in Lemberg, wurde dort aber erst 1933 zum Extraordinarius ernannt. Und erst 1945 wurde er zum Ordinarius (nach Krakau) berufen und zum Mitglied der Polnischen Akademie ernannt. Während der Jahre 1950–1957 wurde ihm zudem noch ein Lehrverbot auferlegt.

[3] Unter dem Impuls von K. Twardowski (1866–1938, seit 1896 Professor in Lemberg) wurde in der polnischen Philosophie die analytische Richtung vorherrschend ("Lemberg –Warschauer Schule"), die sich ab 1920 teils dem Neupositivismus annäherte (K. Ajdukiewicz, 1890–1963), teils die Gestalt eines materialistisch gefärbten Reismus (R. Kotarbinski, 1886–1981) annahm, teils die Warschauer Logische Schule (J. Lukasiewicz, 1878–1956; St. Lesniewski, 1886–1939; A. Tarski, 1901–1983) ausbildete. Für mehr Details über die Lemberg–Warschauer Schule vgl. Pearce/Wolenski, 9–12.

[4] Vgl. Küng (13), 224.

[5] Musste dort doch (durch Philosophen wie Chisholm, Follesdal, Küng et alii) allererst das wechselseitige Interesse zwischen Philosophen der Analytischen und der Phänomenologischen Richtung (neu) erweckt werden.

beschäftigt.[6] Andere Teile seines Werkes — neben Ingardens Anthropologie und allgemeiner Wertphilosophie insbesondere seine Arbeiten zur Erkenntnistheorie sowie zur Sprachphilosophie und Logik[7] — sind noch relativ wenig erforscht. Besser steht es um Ingardens allgemeine Ontologie–Konzeption, welcher in den letzten Jahren (allerdings vor allem im Zusammenhang mit Ingardens scharfsinniger Husserl–Kritik) grössere Aufmerksamkeit geschenkt wurde. Trotzdem gibt es zur Zeit beispielsweise nur gerade einen Versuch, einige Teile der Ingardenschen Ontologie–Konzeption formal zu rekonstruieren.[8] Und wichtige Themata und Resultate seiner ontologischen Analysen wurden von der Forschung noch nicht genügend berücksichtigt.[9] Was im besonderen die Existenzthematik betrifft, so wurde zwar bereits von mehreren Seiten die Besonderheit von Ingardens Programm einer Existentialontologie (neben der Formal– und Materialontologie) betont.[10] Und es wurden sogar einzelne existentialontologische Basiskonzepte untersucht.[11] Bis heute jedoch fehlt es an einer Monographie zu Ingardens Existentialontologie. Diese Lücke möchte ich mit der vorliegenden Arbeit schliessen.

0.2 Zur Problemstellung der Untersuchung

Im weiteren aber hat die Forschung vor allem noch nicht herausgestellt, dass die Ingardensche Analyse der Existenzthematik drei sehr verschiedene Thesen beinhaltet. Um welche Thesen es sich handelt, will ich im folgenden erläutern. Dabei finde ich es am besten von den Fragen auszugehen, die man sich heute allgemein unter dem Titel der Existenzthematik stellt.

---

[6] Die zur Zeit massgebliche Ingarden–Bibliographie [in Ingarden (21)] führt 459 Titel der Sekundärliteratur auf, wovon weit über 200 Titel die Ingardensche Ästhetik behandeln!

[7] Die in der vorhergehenden Anm. erwähnte Bibliographie führt unter der Sekundärliteratur auf: 17 Titel (davon 7 Rezensionen, keine Monographie) zur Anthropologie; 12 Titel (davon 2 Rezensionen, keine Monographie) zu Ingardens Axiologie; 20 Titel (davon 2 Rezensionen, keine Monographie) zur Erkenntnistheorie und schliesslich 11 Titel (davon 3 Rezensionen, keine Monographie) zur Sprachphilosophie und Logik.

[8] Zeglen.

[9] Ich denke vor allem an Ingardens ontologische Analysen zur Zeitthematik, zur Kausalität und zu "ontischen Systemen". Vgl. dazu vor allem auch Ingarden (18).

[10] Vgl. besonders Küng (3); (6) und Simons (4).

[11] Neben Smith (2) ist vor allem Wolenski zu nennen. Nützliche Hinweise finden sich ausserdem bei Smith (5), Simons (4) und (5).

Im Zusammenhang mit der Existenzthematik ist man in der philosophischen Tradition oft von der Frage ausgegangen, ob Existenz ein Prädikat sei.[12] Was aber bedeutet 'Ist Existenz ein Prädikat?'? Eine Antwort ist offensichtlich davon abhängig, was jeweils unter 'Prädikat' verstanden wird. Man kann mindestens folgenderweise unterscheiden:

(i) Sind 'existiert' und andere finite Formen des Verbes 'existieren' grammatikalische Prädikate?

(ii) Ist 'existiert' logisch gesehen ein Prädikat?

(iii) Ist 'existiert' ein Begriffswort?

(iv) Ist "Existenz" eine Eigenschaft?

Frage (i) ist einigermassen verständlich. Sie ist eine linguistische Frage und wird von Linguisten — zumindest im bezug auf indogermanische Sprachen — positiv beantwortet.
Für die Philosophie bedeutsamer ist die zweite Frage. In ihr geht es um folgendes:

(ii*) Sind Existenzsätze als gewöhnliche Subjekt/Prädikat–Sätze aufzufassen oder ist ihnen im Lichte einer idealen Logik ein anderer Status zuzusprechen?

Bei der dritten Frage gehe ich zunächst von der Tatsache aus, dass 'existiert' in der Umgangssprache wie in den Wissenschaften als Prädikat verwendet wird. Zum Sinn einer Prädikation erster Stufe gehört es aber normalerweise, die jeweils der Prädikation unterliegenden Gegenstände zu klassifizieren.[13] Ich verwende deshalb hier das Wort 'Begriff' als Bezeichnung für Prinzipien der Klassifikation. Es steht also mit (iii) zur Debatte, ob *Existenz* als Klassifikationsprinzip von Gegenständen in Ansatz gebracht werden kann.

Philosophisch von ebenso grosser Bedeutung wie Frage (iii) ist schliesslich die vierte Frage. Mit Castaneda[14] ist es naheliegend, an das Kantische Diktum zu denken: "Existenz ist kein reales Prädikat". Der kleine Zusatz 'real' ist entscheidend. Denn nach Kant kann "zum logischen Prädikate ... alles dienen, was man will, sogar das Subjekt kann von sich selbst prädiziert werden"[15]. "Reale Prädikate" erklärt Kant aber in der Weise, dass in einem

---

[12] Die Literatur zur Existenzthematik ist mittlerweile unüberblickbar geworden. Einen teilweisen Überblick gibt Carl (2, 24—35), der im bezug auf die sogenannte(n) "Freie(n) Logik(en)" durch Gombocz und Bencivenga (1;2) zu ergänzen ist. Im übrigen vgl. auch Morscher, Dölling (1;2), Trapp und Munitz.

[13] Vgl. dazu Tugendhat (4), 50 ff. (unter bezug auf Aristoteles und Strawson) wie z.B. auch Frege (7).

[14] Vgl. das einleitende Motto–Zitat.

[15] Kant (1), A 598 (B 626). Gemäss meiner Terminologie will Kant hier von grammatikalischen und nicht von logischen Prädikaten sprechen.

synthetischen Urteil (a posteriori) mittels dem Zusprechen eines "realen" Prädikates ein Gegenstand (erkenntnismässig) "bestimmt" werde. Z.B. wird mit 'Dieser Apfel ist rot' einem bestimmten Apfel die Eigenschaft *rot-zu-sein* zugesprochen und der entsprechende Apfel dadurch (urteilsmässig) "charakterisiert" bzw. "bestimmt". Unter "realen Prädikaten" versteht Kant also "gewöhnliche" Eigenschaften bzw. Eigenschaften von "gewöhnlichen" Gegenständen.[16] Dieser Hinweis auf Kant zeigt, dass Frage (iv) etwas klarer wird, wenn man sie folgenderweise reformuliert:

(iv*)   Ist "Existenz" eine Eigenschaft von "gewöhnlichen" Gegenständen?

Um schliesslich die Thesen Ingardens herausstellen zu können, will ich vorerst versuchen, den Stellenwert dieser Fragen besser einzuschätzen. Dazu aber sind noch einige weitere Überlegungen erforderlich.

0.21 Zur Frage (ii)
Betrachten wir drei *Typen* von Existenzaussagen:

(1)   'Ein so—und—so existiert' (wobei das Verb 'existiert' auf einen generellen Term 'ein so—und—so' folgt, z.B. 'Ein Mensch existiert').

(2)   'Der so—und—so existiert' (wobei das Verb 'existiert' auf einen definiten Kennzeichnungsausdruck 'der so—und—so' folgt, z.B. 'Der Autor von *Werther* existiert').

(3)   'Peter existiert' (wobei das Verb 'existiert' auf einen Eigennamen wie 'Peter' folgt).

Im Rahmen einer bestimmten logischen Kunstsprache[17] lassen sich diese drei Typen von Existenzaussagen wie folgt übersetzen und paraphrasieren:

(1') $E_1!F$, d.h. $(Ex) Fx$.

(2') $E_2!(\cap x) Fx$, d.h. (gemäss Russell) $(Ex)(\forall y) (Fy \equiv y=x)$.

(3') $E_3!a$.

Gemäss Frege und Russell ist (3) sinnlos; gemäss Hintikka bedeutet es: $(Ex)(x=a)$. Sätze wie (3), die in der natürlichen Sprache vorkommen, werden von Philosophen oft so analysiert, dass es sich am Ende jeweils um Sätze wie (1) oder (2) handeln soll. Russell z.B. betrachtet die meisten (grammatikalischen) Eigennamen der natürlichen Sprachen als sozusagen versteckte definite Kennzeichnungsausdrücke, so dass sich in seiner Analyse die meisten umgangssprachlichen Sätze von einer Form wie (3) tatsächlich als Sätze von einer

---

[16]   Für Kant sind "gewöhnliche" Gegenstände stets Gegenstände der Erfahrung (im Kantischen Sinne).

[17]   Wo 'F' ein genereller Term, 'a' eine Individuenkonstante ist, und wo definite Kennzeichnungsausdrücke als '$(\cap x)Fx$' geschrieben werden.

Form wie (2) erweisen. In Quines kanonischer Sprache demgegenüber kommen Sätze wie (3) gar nicht erst vor; anstelle singulärer Terme wie 'Peter' oder 'Pegasus' haben wir gemäss ihm Prädikate wie 'petert' oder 'pegasiert', so dass sich Sätze von einer Form wie (3) nach der Übersetzung in die Quinesche Idealsprache als Sätze von einer Form wie (1) erweisen. Die Vielfalt an Stellungnahmen vermehrt sich noch, wenn man die verschiedenartigen Erklärungen für die Formeln der logischen Kunstsprache berücksichtigt. Ein Satz wie '(Ex)Fx' beispielsweise muss vom Standpunkt Freges und vom Standpunkt Russells aus verschieden erklärt werden.[18]

Trotz mannigfaltiger Unterschiede in den Details ist aber allen erwähnten Stellungnahmen die These gemeinsam, dass Existenzaussagen ein besonderer logischer Status zukommt. Unter der *Annahme:* P ist in einer beliebigen Kunstsprache L genau dann logisch gesehen ein Prädikat, wenn P in L eine Prädikatskonstante erster Stufe ist, darf aus dem eben genannten Umstand aber nicht gefolgert werden, dass 'existiert' logisch gesehen kein Prädikat ist. (Anstelle der Wendung 'ist logisch gesehen ein Prädikat' benutze ich im folgenden die stilistisch einfachere Wendung 'ist ein logisches Prädikat'.[19]) Zu diesem Punkt kurz ein illustratives Beispiel. Der Schluss

> Mein Bruder Peter ist ein kinderliebender Junggeselle
> Es existiert mindestens ein kinderliebender Junggeselle

ist ein Beispiel für die in einer Russell/Fregeschen Idealsprache gültige Schlussform der existentiellen Generalisierung:

(*)   Fa ⊢ (Ex) Fx.

Nichtsdestoweniger kann man auch argumentieren, dass die Schlussform (*) ungültig sein sollte. Falls nämlich leere Eigennamen wie 'Rübezahl' zulässig sind, so scheint es, dass man mit ihr aus 'Rübezahl ist ein Jäger' auf 'Es existiert mindestens ein Jäger' schliessen kann. Um derartige intuitiv ungültige Schlüsse auch als formal ungültig zu erweisen, kann man mit Russell 'Rübezahl' den Status eines singulären Termes bzw. Eigennamens absprechen. Oder man kann mit Frege entscheiden, dass nicht—denotierende singuläre Terme sogar per Voraussetzung aus der Sprache des Systems auszuschliessen sind. In anderer Weise wurde

---

[18] Darauf werde ich unten in Teil 5 zurückkommen.

[19] Als "logische Prädikate" werden oft Prädikate wie 'ist widerspruchsfrei', 'ist eine Konjunktion' usw. bezeichnet. Nun, man kann den Ausdruck 'logisches Prädikat' verschieden verstehen. Hier will ich ihn im Sinne von 'ist vom Standpunkt der Logik aus gesehen ein Prädikat' verwenden.

EINLEITUNG 7

von Vertretern der sogenannten Freien Logiken[20] reagiert. Gemäss Leonard[21] beispielsweise ist die Schlussform (*) durch die folgende zu ersetzen:

(**)   Fa · E!a ⊢ (Ex)Fx.

Mit dieser Schlussform kann unser intuitiv ungültiger Schluss mit dem leeren Eigennamen 'Rübezahl' nicht mehr als formal gültig erwiesen werden. Denn es gilt: ¬E!(Rübezahl). Hier muss man 'Rübezahl' weder den Status eines singulären Termes absprechen ("Russell-- Strategie") noch 'Rübezahl' als nicht–denotierenden singulären Term per Voraussetzung aus der Sprache des Systems ausschliessen ("Frege–Strategie").[22]

Im vorliegenden Zusammenhang nun ist das folgende wichtig. Geht man von einer logischen Kunstsprach L_1 mit der Schlussform (*) aus, kann man behaupten, dass singuläre Existenzaussagen der Umgangssprache wie

(4)   Peter existiert

"sinnlos" seien oder man kann die folgende Explikation anbieten:

existiert (a) ⊢⟶ (Ex)(x=a).

Wir wollen weiterhin annehmen: P ist in einer beliebigen Kunstsprache L genau dann ein logisches Prädikat, wenn P in L eine Prädikatskonstante erster Stufe ist. Es lässt sich nun

---

20   Der Plural ist bezeichnend; denn *die* Freie Logik gibt es nicht. Für eine Übersicht vgl. Bencivenga (2).

21   Vgl. Leonard (1).

22   Vgl. dazu auch unten Teil 5. Die Schlussformen (*) und (**) gehören zu (dem Typus nach) verschiedenen logischen Systemen, nämlich: Einerseits solchen, in denen (a) die referentielle Interpretation von quantifizierten Aussagen(–formen) zugrunde gelegt wird, in denen aber (b) Quantoren wie 'Ex' ("Existenzquantoren") *eo ipso* existentielles Gewicht haben (Existenzabhängige Logiken); andererseits solchen, in denen (a') auch von der referentiellen Interpretation von Quantoren ausgegangen wird, in denen aber (b') in der Regel zwischen Partikularisator(en) und Existenzquantor unterschieden wird, so dass Quantoren *nicht* eo ipso existentiell importiert zu lesen sind ("Existenzfreie Logiken"). Natürlich kann auf die am Beispiel unseres intuitiv ungültigen Schlusses verdeutlichte Schwierigkeit noch anders reagiert werden. Man kann z.B. an Stelle der referentiellen Lesart von Quantoren von der substitutionellen Lesart ausgehen. Oder man kann für Quantoren zwar die referentielle Lesart beibehalten, aber den Wertebereich, über welchen quantifizierte Formen definiert sind, in der Weise bestimmen, dass er neben (real) existierenden auch nicht–(real)existierende Entitäten enthält, d.h. Quantoren sind nur teilweise mit existentiellem Gewicht zu lesen (wobei in einem etwas weiteren Sinne allerdings jeder Quantor relativ zum zugehörigen Bezugsbereich existentiell importiert zu lesen ist). Vgl. dazu auch unten §22.

sagen: Relativ zu L_1 mit der Schlussform (*) ist Frage (ii) für das 'existiert' in Satz (4) für beide eben genannten Fälle zu verneinen. Denn im ersten Falle wird (4) insgesamt als "sinnlose" Aussage eingestuft[23], im zweiten Falle dagegen wird das 'existiert' von (4) in L_1 nicht wie ein logisches Prädikat behandelt. Geht man demgegenüber von einer logischen Kunstsprache L_2 mit der Schlussform (**) aus, kann man für (4) entweder dieselbe Explikation wie im zweiten obigen Fall geben oder aber man kann 'E!' als undefinierte Prädikatskonstante für reale Existenz verwenden. Im letzten Falle wird 'existiert' in L_2 wie ein logisches Prädikat behandelt. Es gibt auch noch eine andere logische Kunstsprache, nämlich diejenige von Lesniewski, wo das umgangssprachliche 'existiert' von (4) ganz klar mittels einer Prädikatskonstante erster Stufe übersetzt wird.[24] Und dies alles zeigt, warum unsere Frage (ii) keine besonders klare Fragestellung darstellt.[25] Die Rede von *dem* logischen Prädikat bzw. von einem Prädikat in *der* logischen Hinsicht ist wenn nicht geradezu unzulässig so doch sehr unklar. Denn die künstlichen Sprachen der Logik sind eben sehr verschiedenartig.

0.22 Zu den Fragen (iii) und (iv)
Meine Ausführungen zur Frage (ii) legen die Vermutung nahe, dass diese Frage philosophisch betrachtet vielleicht gar nicht besonders relevant ist[26] — zumindest insofern, als Antworten auf diese Frage von der vorausgesetzten logischen Kunstsprache abhängig sind: Je nach logischer Kunstsprache können Existenzsätze mit singulären und generellen Termen an Subjektstelle ihrer logischen Form nach als gleich oder aber als verschieden betrachtet werden; je nach vorausgesetzter logischer Kunstsprache kann 'existiert' logisch gesehen als Prädikat oder aber nicht als Prädikat betrachtet werden. Philosophisch bedeutsamer als Frage (ii) scheint demgegenüber die Frage (iii). Einige Philosophen (z.B. Brentano) haben bestritten, dass das Verb 'existieren' in Existenzsätzen beispielsweise von der Form 'A's existieren' überhaupt eine Prädikation ausdrückt.[27] Andere Philosophen (wie Meinong,

---

[23] Also wird man das 'existiert' in (4) nicht nur nicht als logisches Prädikat, sondern überhaupt nicht als Prädikat klassifizieren wollen.

[24] So kann beispielsweise Satz (4) in Lesniewskis Kunstsprache wie folgt übersetzt werden: "ex {Peter}" (falls es mehrere oder genau einen Peter gibt) bzw. "ob {Peter}" (falls es genau einen Peter gibt). 'Existiert' wird hier also überhaupt nicht mittels Quantoren ausgedrückt, so dass Frage (ii) mit bezug auf diese Kunstsprache jedenfalls zu bejahen ist. Vgl. dazu Küng (1), 89 ff. und Simons (3), 21 f.

[25] Dasselbe gilt auch bezüglich der Rede von *dem* logischen Status von Existenzsätzen gemäss Frage (ii*).

[26] Vgl. auch die folgende Anm. 28.

[27] Gemäss Brentano drückt das Verb 'existiert' in Kontexten wie 'A's existieren' die Bejahung aus. Vgl. Brentano (3), Kap. 7.

Bolzano und Kant) haben die gegenteilige These akzeptiert. Es stellt sich dann aber die Frage: Prädiziert das Verb 'existieren' in Existenzsätzen beispielsweise von der Form 'A's existieren' etwas vom *angeblichen* Subjekt, nämlich von den A's? Diese Frage wird genau dann bejaht, wenn *Existenz uneingeschränkt* als Klassifikationsprinzip von Gegenständen in Ansatz gebracht wird. Falls aber *Existenz* uneingeschränkt als Klassifikationsprinzip von Gegenständen in Ansatz gebracht wird, müsste man zwischen Entitäten, die existieren ("Existentes") und solchen, die nicht existieren ("Non–Existentes"), unterscheiden können. Intuitiv betrachtet bereitet aber die Annahme von "nicht–existierenden Entitäten" Schwierigkeiten. In welchem besonderen Sinn von 'es gibt' soll es Non–Existentes geben? Wie ist die Rede von "nichtexistierendem Seiendem" zu verstehen?

Philosophisch von ebenso grosser Bedeutung wie Frage (iii) ist schliesslich die Frage (iv). Wie die oben gegebene Reformulierung (iv*) zeigt kann sie (relativ zur Neuzeitlichen Philosophie) vor allem an Kantische Stellungnahmen erinnern. Um diese Frage zu beantworten ist es offensichtlich unerlässlich, u.a die Frage zu beantworten: Was ist eine Eigenschaft? Was aber bei dieser Frage in der Sache des weiteren zur Debatte steht, dürfte aus dem einleitenden Motto–Zitat aus einer Arbeit Castanedas deutlich genug hervorgehen.

0.23 Ingardens Thesen
Im Umkreis der eben erläuterten Fragen[28] bewegt sich nun auch Ingardens Analyse der

---

[28] Bemerkenswert ist, dass es in der Philosophie sehr verschiedene Ansichten über die Fragen (ii)–(iv) und ihr gegenseitiges Verhältnis gibt. In *typologisierender* Absicht kann man wie folgt unterscheiden: ('M' für 'Methode')
(M₁) Einige Philosophen verwenden Antworten auf Frage (ii) und/oder Frage (iii) *im methodologischen Sinne* als Basis für Antworten auf Frage (iv). Das zugehörige Argumentationsmuster lautet: "Im Lichte von Antworten auf Frage (ii) und/- oder Frage (iii) *ist es naheliegend/ist es plausibel/ist es ratsam/gibt es gute Indizien*, Frage (iv) so und so zu beantworten".
(M₂) Andere Philosophen verwenden Antworten auf Frage (ii) und/oder Frage (iii) *im logischen Sinne* als Basis für Antworten auf Frage (iv). Das zugehörige Argumentationsmuster lautet: "Aus den Antworten auf Frage (ii) und/oder Frage (iii) *folgt* die und die Antwort auf Frage (iv). bzw. "Weil die Antworten auf Frage (ii) und/oder Frage (iii) so und so lauten, ist es *logisch zwingend*, Frage (iv) so und so zu beantworten.
(M₃) Schliesslich gibt es auch Philosophen, die *entweder* Frage (iv) der Sache nach mit Frage (ii) und/oder Frage (iii) identifizieren *oder* Frage (iv) geradezu zugunsten von Frage (ii) und/oder Frage (iii) als sinnlos zurückweisen.
Mein Standpunkt lautet: Der Sache nach handelt es sich bei (ii)–(iv) jedenfalls um verschiedene Fragen (gegen M₃). Zweitens ist Frage(iv) zumindest intuitiv eine durchaus verständliche Frage, so dass das Sinnlosigkeitsverdikt a fortiori problematisch ist (gegen (M₃). Drittens, weil es sich der Sache nach um verschiedene Fragen handelt, scheint zumindest ein Vorgehen gemäss M₂ problematisch. Denn: Frage (ii) *kann* im gewissen Sinne als eine sozusagen bloss technische Problemstellung verstanden werden (sc. Können logische Kunstsprachen geschaffen werden, in denen 'existiert' als Prädikatskonstante erster Stufe übersetzbar ist?). Und bezüglich Frage (iii) gilt: Es ist denkbar, dass jemand *Existenz* als gewöhnliches Klassifikationsprinzip akzeptiert, ohne "Existenz" als gewöhnliche Eigenschaft zu akzeptieren bzw. umgekehrt, dass jemand

Existenzthematik. Seine Hauptthesen lauten:[29]

(I$_1$) "Existenz" ist keine Eigenschaft von Realia

(I$_2$) 'Existiert' ist als äquivoker Term zu klassifizieren;

(I$_3$) *Existenz* ist kein gewöhnliches Klassifikationsprinzip.

Wie bereits gesagt, hat die Forschung noch nicht herausgestellt, dass die Ingardensche Analyse der Existenzthematik diese drei sehr verschiedenen Thesen beinhaltet. Was diese Thesen im Einzelnen genau besagen, wird aus den folgenden Untersuchungen aber hoffentlich deutlich genug hervorgehen. Mit Bezug auf das oben Ausgeführte lässt sich vorderhand sagen: Weil Ingarden Existenzsätze nicht im Lichte von logischen Kunstsprachen analysiert, gibt er de facto keine Antwort auf die Frage (ii). Demgegenüber gibt er mit den Thesen I$_1$ und I$_3$ Antworten auf die philosophisch gesehen wichtigeren Fragen (iii) und (iv). Mit der These I$_2$ sodann beantwortet Ingarden eine weitere, bisher noch gar nicht berücksichtigte, seit alters von der Philosophie jedoch häufig gestellte Frage.

Die Besonderheit der Ingardenschen Position hängt jedoch nicht nur von den Thesen als solchen ab. Es ist nach meinem Verständnis ein allgemeines Charakteristikum der Philosophie, dass es in ihr weniger auf die Thesen, als vielmehr auf die zugehörigen Argumente ankommt. In der Sache haben denn auch viele andere Denker z.B. These (I$_1$) vertreten. Im Unterschied zu vielen anderen Denkern vertritt Ingarden diese These jedoch im Rahmen seiner Ontologie, d.h. er gibt für sie spezifisch ontologische Gründe an. Dasselbe gilt auch für die logisch–semantischen Thesen (I$_2$) und (I$_3$).

Die These (I$_1$) versteht Ingarden als eine in seinem Sinn formalontologische These. Obgleich bei der zugehörigen Begründung natürlich auch logisch–semantische Überlegungen eine Rolle spielen, glaubt er, für sie ein formalontologisches Argument vorlegen zu können. Die Thesen (I$_2$) und (I$_3$) begründet Ingarden im Rahmen seiner Existentialontologie, d.h. unter Bezug auf seine ontologische Analyse verschiedener Existenzweisen. Wie wir sehen werden bedeutet dies, dass für Ingarden die Thesen (I$_2$) und (I$_3$) von (I$_1$) logisch unabhängig sind.[30]

"Existenz" als gewöhnliche Eigenschaft auffasst, ohne *Existenz* als gewöhnliches Klassifikationsprinzip zu akzeptieren. Viertens kommt es aber insgesamt betrachtet weniger auf die Thesen noch auf die jeweils angewendeten Verfahren an, sondern vielmehr auf die im Einzelnen vorgebrachten *Argumente* für bestimmte Thesen. Diese letzte Bemerkung erklärt mein besonderes Interesse für Ingardens Analyse der Existenzthematik.

[29] Im folgenden werde ich mit 'I$_1$' usw. darauf bezug nehmen.

[30] M.a.W.: Die eventuelle Falschheit z.B. von (I$_3$) hat aus der Ingardenschen Sichtweise keine Konsequenzen für seine These (I$_1$) und vice versa.

Die Ingardenschen Thesen (I₁)–(I₃), vor allem aber die zugehörigen Argumente, vorerst einmal doxographisch darzustellen, bildet einen ersten Schwerpunkt der vorliegenden Untersuchung. Bereits dieses Unternehmen erfordert ein gutes Stück an Interpretation. Denn die angesprochenen Thesen bzw. zugehörigen Argumente – dies gilt besonders für (I₂) und (I₃) – werden von Ingarden ziemlich rudimentär und in Manchem nur implizit formuliert. In einem zweiten Schritt werde ich dann versuchen, unter verschiedenen Gesichtspunkten den systematischen Stellenwert der Ingardenschen Position zu beurteilen.

0.3 Zum Aufbau vorliegender Arbeit

Nachdem die hier zu behandelnde Thematik umschrieben ist, will ich abschliessend noch einige Hinweise zum Aufbau der vorliegenden Arbeit geben. Bei der Doxographie (Teil 1–4) werde ich dem Weg vom Allgemeinen ins Besondere folgen.

Im *ersten* Teil geht es um die *Ingardensche Konzeption einer phänomenologischen Ontologie*. Mit diesem Themenkreis zu beginnen, scheint mir sachlich erforderlich. Denn Ingardens Ontologie–Konzeption ist von sehr besonderer Anlage und bedarf deswegen einer ausführlichen, durchaus auch kritischen Erörterung. Und auch davon abgesehen ist es aussichtslos, ohne Kenntnisse der Ingardenschen Ontologie–Konzeption seine Analyse der Existenzthematik verstehen zu wollen.

Im *zweiten* Teil geht es um Ingardens *Argument* für These (I₁). Ganz im Sinne von Castaneda[31] ist Ingarden der Überzeugung, dass eine philosophisch adäquate Analyse der Existenzthematik von einer *ontologischen Theorie individueller Gegenstände* auszugehen hat. Ingardens diesbezügliche Theorie ist faktisch *die* Basis seines Argumentes. Um also dieses Argument doxographisch darzustellen, werde ich vor allem Ingardens Theorie individueller Gegenstände berücksichtigen müssen.

Im *dritten* und *vierten* Teil dann geht es um Ingardens *Argumente* für die Thesen (I₂) und (I₃). Hier wird es erforderlich sein, vor allem sein Projekt einer Existentialontologie ausführlicher zu berücksichtigen.

In der zweiten Hälfte meiner Untersuchung werde ich unter verschiedenen Gesichtspunkten versuchen, den systematischen Stellenwert von Ingardens Position ansatzweise herauszuarbeiten. Dabei will ich in einem ersten Schritt seine spezifisch ontologische Argumentation anderen Stellungnahmen zur Existenzthematik gegenüber setzen (Teil 5). Dann werde

---

[31] Vgl. das eingangs hergesetzte Zitat.

ich im Theorienvergleich Ingardens ontologische Theorie individueller Gegenstände — faktisch *die* Basis für die These (I$_1$) — systematisch diskutieren (Teil 6).

Der Leser vorliegender Studie wird schnell feststellen können, dass ich durchaus kein Apologet der Ingardenschen Philosophie bin. Bereits im ersten Teil wird deutlich werden, dass ich einige, für Ingardens Philosophieren wichtige Annahmen zurückweise. Und auch in den Teilen 5 und 6 geht es mir nicht um eine Verteidigung à tout prix. Mein Bestreben ist dort vielmehr, im Ausgang von der (wie ich glaube) zureichend sorgfältigen Doxographie der Teile 2–4 sowohl Vor– und Nachteile von wie auch Lücken in Ingardens Analyse der Existenzthematik aufzuzeigen.

Die vorliegende Arbeit wurde im März 1989 der Philosophischen Fakultät der Universität Freiburg in der Schweiz als Dissertation eingereicht. Für die Drucklegung wurden vereinzelt kleinere Änderungen vorgenommen.

Es ist mir ein Bedürfnis, an dieser Stelle einige Worte des Dankes auszusprechen. In erster Linie gilt mein Dank Professor Guido Küng. Er hat mir in manchem den Weg vorgezeichnet, hat wichtige Teile des Manuskriptes geduldig gelesen. Bewaffnet mit Bleistift und Papier, durfte ich mit ihm über Beispiele und Gegenbeispiele streiten, Sätze hin und her wenden, Implikationen, Äquivalenzen und andere Dinge überprüfen. Auch wenn wir oft unterschiedlicher Ansichten blieben — durch ihn habe ich den Sinn des philosophischen Streites erfasst. Herzlich danken möchte ich sodann all jenen, die mir auf verschiedene Weise die Hand gereicht haben, besonders meinen Freunden (und Sparring–Partnern): Dr. H. Eiholzer, Dr. Ch. Mottas, Prof. D. O'Meara, Prof. K. Mulligan, Dr. B. Schuwey, Dr. habil. P. Simons, Prof. B. Smith. Sie alle haben mir wesentlich geholfen, den eigenen Standpunkt besser zu verstehen. Schliesslich danke ich auch dem Kluwer Verlag für das grosszügige Entgegenkommen in allen Fragen der Drucklegung.

# TEIL 1

INGARDENS KONZEPTION EINER PHÄNOMENOLOGISCHEN ONTOLOGIE

Die vorliegende Arbeit ist eine Untersuchung zu drei Ingardenschen Thesen. In deren Begründung spielt seine Ontologie eine entscheidende Rolle. Deshalb ist es sachlich und methodisch sinnvoll, einleitend Ingardens Ontologiekonzeption zur Sprache zu bringen. Ich nehme aber gegenüber der Ingardschen Ontologiekonzeption von einem nominalistisch inspirierten Standpunkt aus eine kritische Haltung ein. Deshalb ist der erste recht ausführliche Teil der Arbeit so angelegt, dass ich im ersten Kapitel zunächst wichtige Grundlagen der von mir selbst vertretenen Konzeption einer phänomenologischen Ontologie vorstelle. Erst im zweiten Kapitel werde ich dann Ingardens Konzeption kritisch erörtern.

Phänomenologische Ontologie qua Sinn—Analyse

Die Idee einer Philosophie "ohne Voraussetzungen", genauer: mit nur solchen Voraussetzungen, die alle explizit erwähnt und irgendwie "apriorisch" gerechtfertigt sind, hat viele Philosophen fasziniert. Philosophien "ohne Voraussetzungen" sind, wie die Philosophiegeschichte zeigt, in der Tat ein "alter" und (es sei beigefügt) ein "vergeblicher" Traum. Überzeugender erscheint jedoch eine Philosophie "mit Voraussetzungen". Eine derartige Philosophie kann aber von der Gegenposition Wichtiges lernen. Voraussetzungen nämlich tendieren dahin, unerwähnt zu bleiben und *damit* nicht ausdrücklich ausgewählt zu sein. Voraussetzungen erfordern deshalb ein bestimmtes Tun, nämlich dass man sie (so weit wie möglich) erwähnt − um sie ausdrücklich annehmen oder verwerfen zu können. Wenn die Gegenposition für sich z.B. die "explizite Bestimmung der eigenen Voraussetzungen" in Anspruch nimmt, kann das zwar als eine Forderung bzw. als Maxime angenommen werden. Abzulehnen ist jedoch zweierlei: erstens die These, es sei (faktisch) möglich, *alle* eigenen systematisch wichtigen Voraussetzungen explizit zu machen und zweitens die These, es sei (faktisch) möglich und erforderlich, *alle* eigenen systematisch wichtigen Voraussetzungen irgendwie "apriorisch" bzw. endgültig auf ihre Rechtmässigkeit hin zu legitimieren. Eine vernünftige Philosophie "mit Voraussetzungen" akzeptiert demgegenüber: Es ist wünschenswert, eigene systematisch wichtige Voraussetzungen *so weit wie möglich* explizit zu machen. Und es ist zweitens wünschenswert, (u.U. alles andere als "apriorische") Gründe *für die Wahl systematisch wichtiger Voraussetzungen* vorzutragen.

Als solche bilden die relevanten Voraussetzungen den *Rahmen, innerhalb* dessen die philosophische Argumentation etabliert werden soll. Dieser Rahmen hat bisweilen viel mit einer *Entscheidung* für einen unter mehreren akzeptierbaren Standpunkten zu tun − ohne dass dieser deswegen nur so etwas wie ein Kleid sein muss, das je nach Anlass angezogen und abgelegt wird.

Im folgenden sollen nun einige Voraussetzungen der von mir vertretenen Konzeption einer phänomenologischen Ontologie vorgestellt werden.

§1 Theorien der Intentionalität

Die *allgemeinste* kategoriale Unterscheidung der Ontologie ist die Unterscheidung von Entitäten überhaupt in eine Klasse von Objekt−Entitäten und in eine Klasse von Bedeutungs−Entitäten (Voraussetzung V_1). Zur Veranschaulichung kann die folgende Entitäten−Tafel von Barry Smith[1] dienen:

---

[1] Vgl. Smith (4), 50.

Meaning–Entities	Object–Entities
Senses	Individual objects
Propositions (Sätze an sich)	
Thoughts	
Judgments–contents	Higher–order objects
	Properties
Concepts (conceptual contents)	
	Relations
Theories (and other higher–order meaning–structures)	States of Affaires
Vorstellungen, ideas, images	Events
Husserlian noemata	Processes
...	...
= realm of senses	= realm of (ordinary) referents

Diese Entitäten–Tafel kann zunächst die von mir verwendete Terminologie verständlich machen. Zu diesem Zweck aber vorerst einige Hinweise betreffs *sprachlicher Ausdrücke* : Ich unterscheide zwischen singulären Termen (Eigennamen; Kennzeichnungsausdrücke), generellen Termen und Sätzen.[2] Mit dieser Klassifikation von sprachlichen Ausdrücken (genauer: Ausdruckstypen) in singuläre Terme ('Hansi'; 'das schönste Pferd der Schweiz'), generelle Terme ('Pferd') und Sätze ('Hansi ist ein Pferd') folge ich in der Hauptsache Quine.[3] Im Falle von Aussagesätzen werde ich im folgenden auch einfach von Aussagen sprechen, d.h. ich verwende 'Aussage' und 'Aussagesatz' als synonyme Ausdrücke. Dasselbe gilt für 'genereller Term' und 'Prädikat'. Dabei ist zu beachten, dass gemäss dieser Quineschen Klassifikation z.B. im Zusammenhang mit dem umgangssprachlichen Ausdruck 'Pferd' einerseits zwischen Ausdrücken wie 'das Pferd' oder '(die) Pferdheit', und andererseits Ausdrücken wie 'ein Pferd' unterschieden werden muss. Im ersten Falle handelt es sich um *singuläre* Terme (genauer: singuläre abstrakte Terme$_4$), im zweiten Falle aber um einen *generellen* Term bzw. um ein (monadisches) *Prädikat*. Zusätzlich unterscheide ich zwischen Prädikaten (generellen Termen) und Prädikatsausdrücken. Mit 'Prädikatsausdruck' beziehe ich mich auf Ausdrücke von der Form wie 'ist ein Pferd' bzw. 'sind Pferde' – also auf Ausdrücke, die in der Literatur auch als Ausdrücke von propositionalen Funktionen bekannt sind.

Mit bezug auf die obige Entitäten–Tafel formuliert werde ich entsprechend z.B. terminologisch zwischen (ein– oder mehrstelligen) *Prädikaten* (= eine bestimmte Art von Objekt–

---

[2] Zur Unterscheidung token/type vgl. Armstrong (1), 1–9; Künne (1), 186 ff. Wann immer ich mich auf Ausdruckstypen beziehe, werde ich fortan einfache Anführungszeichen verwenden.

[3] Vgl. Quine (5), §34; vgl. dazu auch Künne (1), Kap. 1.

[4] Zum Unterschied: konkrete/abstrakte Terme vgl. die in Anm. 3 angegebene Literatur.

Entitäten, nämlich von linguistischen Gegenständen qua Ausdruckstypen), der *Bedeutung* von Prädikaten (nämlich "Begriffen" qua Bedeutungs–Entitäten) und *Eigenschaften* von bzw. *Relationen* zwischen Objekt–Entitäten unterscheiden. Ebenso unterscheide ich zwischen *Sätzen*, der Bedeutung von Sätzen (nämlich "Propositionen" qua Bedeutungs-Entitäten) und *Sachverhalten* (= eine bestimmte Art von Objekt–Entitäten).

Nun aber zurück zur Sache. Die *ontologische* Voraussetzung V_1 ist hier vor allem im Zusammenhang mit einer *bedeutungstheoretischen* Voraussetzung V_2 von Wichtigkeit, nämlich mit der folgenden Voraussetzung: Bedeutungs–Entitäten stehen im Zusammenhang mit dem Inhalt von Akten und sind nur von diesem Zusammenhang her befriedigend aufzuklären.

Kategoriale Einteilungen von so weitem Typus wie V_1 werden oft auf Grund der Verschiedenheit der Identitätskriterien verteidigt:[5] die Art und Weise, wie z.B. ein materieller Körper (re–)identifiziert wird, ist verschieden von der Art und Weise, wie mathematische Objekt–Entitäten wie z.B. Zahlen (re–)identifiziert werden[6]; also sind die Elemente dieser beiden Klassen von Entitäten, so wird geschlossen, als kategorial verschieden einzustufen. Die in V_1 behauptete kategoriale Unterscheidung beruht demgegenüber nicht nur auf verschiedenen Identitätskriterien, sondern in erster Linie auf einer *grundsätzlichen Differenz des erkenntnismässigen Zuganges*. Smith formuliert dies folgenderweise:

> "The distinction which we wish to defend here ... depends upon a contrast between modes of cognitive *access:* members of the category of objects are entities, access to which is by means of an intentional directedness of thought, where, in contrast, the proper mode of access to noematic entities is the mode of *immediate actualisation:* noemata are *'lived through'*".[7]

Auf die Voraussetzungen V_1 und V_2 werde ich im Paragraphen 3 zurückkommen. Ich führte sie an dieser Stelle an, um zu erklären, weshalb ich hier zunächst einige Voraussetzungen erläutere, die sich auf die *Intentionalität von Akten* beziehen.

"Intentionalität" ist zweifellos eines der wichtigsten Themen, nach gewissen Phänomenologen sogar *das* Thema der Phänomenologie. Die Intentionalität des Bewusstseins bzw. (genauer) die durch intentionale Erlebnisse exemplifizierte Relation der Intentionalität ist

---

[5] Vgl. Smith (3), 114.
[6] Vgl. Ingarden (10), 23 f.
[7] Smith (3), 114.

verschieden von einer "gewöhnlichen", zwischen Realia bestehenden Relation. Zwei wichtige Besonderheiten einer intentionalen Relation im Gegensatz zu "gewöhnlichen" Relationen bestehen in den folgenden Merkmalen (M):[8]

(M_1) Wenn ein intentionales Erlebnis a existiert, dann muss das Referenzobjekt von a nicht existieren (Beispiel: Ich imaginiere einen grünen Elefanten);

(M_2) Jedes Referenzobjekt qua Zielpunkt eines intentionalen Erlebnisses ist ein aktmässig *in bestimmter Weise* intendiertes Objekt (Beispiel: Ich denke, dass *Peter* ein *guter Mensch* ist).

Versteht man unter einer *intentionalen* Aussage 'p' eine Aussage, mittels der einer bestimmten Person ein intentionales Erlebnis zugesprochen wird (z.B. 'Peter sieht einen grünen Elefanten'), haben die aufgezählten Besonderheiten intentionaler Relationen zur Folge, dass die Schlussform der existentiellen Generalisierung sowie das Prinzip der Substituierbarkeit des Identischen salva veritate nicht immer und nicht ohne weiteres auf intentionale Aussagen anwendbar sind. Sofern beide Prinzipien für eine extensionale Logik charakteristisch sind, folgt, dass intentionale Aussagen nicht unter Rückgriff auf eine extensionale Logik *allein* analysiert werden können. Deswegen ist es in einer insbesondere von Chisholm[9] initiierten Tradition üblich geworden, Intentionalität auch geradezu als Eigenschaft von Sätzen (eben den intentionalen Aussagen) zu fassen. Diese Position führt dann zu einer *linguistischen* Theorie der Intentionalität.[10] Hier aber interessieren mich primär *ontologische* Theorien der Intentionalität. Die plurale Formulierung weist schon auf einen wichtigen Punkt hin: Es gibt innerhalb der phänomenologischen Tradition mehrere Theorien der Intentionalität. Alle diese Theorien anerkennen die Besonderheiten intentionaler Relationen im Gegensatz zu gewöhnlichen Relationen, sie erklären diese Besonderheiten aber in verschiedener Weise. Ich möchte hier drei Typen von (ontologischen) Theorien der Intentionalität unterscheiden: die Objekt–Theorie, die Inhalts–Theorie und die Mediator–Theorie. Für die Beurteilung dieser Theorien will ich vom folgenden (minimalen) Adäquatheitskriterium ausgehen:

(AD) Theorien der Intentionalität müssen in der Lage sein, für *alle* Akte in *einheitlicher* Weise mindestens die Besonderheiten M_1 und M_2 zu erklären.

---

[8] Mit Smith/McIntyre (11–15) lässt sich M_1 kurz als "Existence–Independence of Intentional Relations" und M_2 kurz als "Conception–Dependence of Intentional Relations" bestimmen.

[9] Ein locus classicus dafür ist Chisholm (1), Kap. 11.

[10] Zur Darstellung und Kritik der linguistischen These von Chisholm vgl. Cohen (135 ff.) und Schuwey (Kap. 4), wo u.a. auch dargelegt wird, dass und warum Chisholm seine linguistische Theorie zugunsten einer ontologischen Theorie der Intentionalität aufgegeben hat.

1.1 Die Objekt-Theorie der Intentionalität (OT)

Für Theorien dieses Typus' ist es charakteristisch, Intentionalität einerseits als Relation in gleicher Weise zu betrachten wie eine (zweistellige) Relation zwischen Realia, die Besonderheiten der intentionalen Beziehung andererseits aber durch die Besonderheiten der Objekte, die jeweils intendiert sind, zu erklären. M.a.W.: die ontologische Besonderheit der intentionalen Relation erklärt sich gemäss dieser Theorie dadurch, dass den *Objekten*, zu welchen die verschiedenen intentionalen Erlebnisse eine Person (die diese Erlebnisse hat) in Beziehung setzen, immer ein *ontischer Status sui generis* zukommt, sie also nicht "gewöhnliche" Objekte (Realia) sind. Vertreter dieser Theorie ist beispielsweise der frühe Brentano, der "psychische Phänomene" als solche Phänomene definiert, welche "intentional einen Gegenstand in sich enthalten":

> "Jedes psychische Phänomen ist durch das charakterisiert, was die Scholastiker des Mittelalters die intentionale (auch wohl mentale) Inexistenz eines Gegenstandes genannt haben, und was wir ... die Beziehung auf einen Inhalt, die Richtung auf ein *Objekt (worunter hier nicht eine Realität zu verstehen ist)*, oder die *immanente Gegenständlichkeit* nennen würden. Jedes enthält etwas als Objekt in sich, obwohl nicht jedes in gleicher Weise."[11]

Bei den "immanenten Gegenständlichkeiten", die keine Realia sind, handelt es sich meist um "physische Phänomene". Ontologisch betrachtet sind diese Art von Objekt–Entitäten in irgendeinem Sinne *aktabhängige oder aktrelative Entitäten*. Für den frühen Brentano kann demnach vom folgenden Schema ausgegangen werden:

(I) Akt ⟶ Referenzobjekt (das eine akt–
             relative Objekt–Entität ist)

Andere Vertreter einer OT–Position sind zumindest in gewissem Sinne beispielsweise Meinong[12] und auch Ingarden.[13]

Die Probleme einer konsequenten OT sind sehr schwerwiegend. Im Falle von Reflexionsakten beispielsweise müsste sie zwischen akt–relativen psychischen Phänomenen und realem Psychischem unterscheiden. Weitere Schwierigkeiten zeigen sich anhand des folgenden. Aus

(1) Person A vollzieht das intentionale Erlebnis a

dürfen wir gemäss OT auf

---

[11] Brentano (1), 124/5.
[12] Zur Einschränkung vgl. Simons (2), 108.
[13] Tatsächlich vertritt Ingarden eine etwas kuriose Theorie, die eine Mischform aus der Objekt–, Inhalts– und Mediator–Theorie darstellt. Die von Smith (1) gegebene Interpretation, nach welcher Ingarden eine eindeutige Mediator–Theorie vertritt, ist unhaltbar. Vgl. dazu Haefliger (2).

(2) (Ex)(Ey)(Vz) [x=A · y=a · x vollzieht y · z ist eine bezüglich y ontisch relative Objekt–Entität · x ist intentional auf z gerichtet]

schliessen. Mit Absicht habe ich in (2) *verschiedene* Existenzquantoren verwendet: Während die gewöhnlichen Quantoren Variablen binden, die über "gewöhnlichen" Realia laufen, bindet der Quantor 'Vx' Variablen, die über Entitäten von besonderem ontischen Status laufen. Eine solche Darstellung ist gemäss OT tatsächlich unvermeidlich. Betrachten wir beispielsweise die folgende intentionale Aussage:

(3) Peter halluziniert einen grünen Elefanten.

Gemäss OT dürfen wir daraus auf

(4) (Vx) [x ist ein grüner Elefant · Peter ist intentional auf x gerichtet]

schliessen. Dies zeigt, dass OT für Fälle von (echten) Halluzinationen einigermassen plausibel ist. Sie kann nämlich sagen: Es gibt einen grünen Elefanten. Dieser ist zwar kein gewöhnlicher realer Gegenstand, Peter ist aber nichtsdestoweniger intentional auf diesen Elefanten gerichtet. Problematischer ist demgegenüber der Fall einer Wahrnehmung, z.B.:

(5) Peter sieht Hans.

'Sehen' ist ein sogenanntes Erfolgsverb, und Wahrnehmen ist deshalb ein *veridischer* Akt. Dies bedeutet, dass wir gewöhnlich aus (5) auf

(6) (Ex) [x=Hans · Peter ist intentional auf x gerichtet]

schliessen. Gemäss OT aber dürfen wir *nur* auf

(7) (Vx) [x="Hans" · Peter ist intentional auf x gerichtet]

schliessen. In (7) rekurrieren wir nicht nur auf einen speziellen Existenzquantor, sondern auch sozusagen auf einen speziellen Hans, nämlich einen akt–relativen "Hans". Schon im bezug auf (5) muss OT sagen, dass (5) falsch ist: Peter sieht nicht den realen Hans, sondern einen entsprechenden immanenten, akt–relativen Gegenstand. Der reale Hans ist sozusagen unsichtbar, ja nach OT kann man ihn überhaupt nicht vermeinen. Natürlich ist OT falsch, denn wenigstens vermeinen tun wir den realen Hans.

Angesichts dieses Einwandes kann ein Vertreter von OT auf drei Arten reagieren:

(A_1) Er kann leugnen, dass Hans wahrnehmbar ist.

(A_2) Er kann OT aufgeben und eine neue Theorie annehmen, wonach im Falle einer veridischen Wahrnehmung zwei Objekte der Intention zu unterscheiden sind, gemäss dem Schema:

　　　　Akt　————→　akt–relativer Gegenstand　　　realer Gegenstand

(A₃) Er kann OT aufgeben und eine neue Theorie annehmen, wonach für veridische und nicht–veridische Akte zwei verschiedene Analysen zu geben sind. Schema I ist nur auf Fälle von nicht–veridischen Akten anwendbar, während für Fälle von veridischen Akten das Schema:

(II)   Akt ⟶ realer Gegenstand
(z.B. Wahrnehmen)

anzuwenden ist.

Die erste Alternative widerspricht dem Commen sense. Denn es gibt nach dem Common Sense Fälle von veridischen Wahrnehmungen. Falls aber allen Ernstes keine Fälle von veridischen Wahrnehmungen anerkannt werden, wie soll dann der Unterschied zwischen (echten) Halluzinationen, Phantasieakten und "Wahrnehmungen" überzeugend erklärt werden?

Aber auch die zweite Alternative ist unhaltbar. Wie nämlich ist das Verhältnis zwischen den zwei in Ansatz gebrachten Objekt–Entitäten ontologisch zu bestimmen? Und wie insbesondere ist das deskriptive Faktum zu erklären, dass wir — um mit Brentano zu sprechen — im Falle von veridischen Wahrnehmungen weder bloss die Existenz z.B. eines realen Pferdes *erschliessen* noch die Existenz eines *"bloss vorgestellten* Pferdes" bejahen. Vielmehr sehen wir im Falle von veridischen Wahrnehmungen unmittelbar ein reales Pferd und bejahen die Existenz eines realen Pferdes.[14]

Schliesslich ist auch die dritte Alternative nicht akzeptierbar. Denn die Tatsache, dass es *keine einheitliche* Theorie ist, ist gemäss AD nicht annehmbar. Davon abgesehen ist zu beachten, dass OT im Grunde nur Merkmal M_1, nicht aber auch Merkmal M_2 erklärt. Denn OT erklärt nicht, warum jedes Referenzobjekt qua Zielpunkt eines intentionalen Erlebnisses ein aktmässig *in bestimmter Weise* intendiertes Objekt ist. Denn natürlich kann ein Vertreter von OT nicht einfach auf die akt–relativen oder immanenten Gegenständlichkeiten verweisen, um M_2 zu erklären. Denn er müsste auch erklären können, warum es gerade zur Bildung ganz bestimmter akt–relativer Gegenständlichkeiten kommt. Mithin erfüllt OT die oben in Ansatz gebrachte Adäquatheitsbedingung AD nicht. Diese angeführten Schwierigkeiten sind so gross, dass tatsächlich sowohl Brentano wie Ingarden die OT–Position aufgegeben haben.[15]

---

[14]   Vgl. Brentano (2), 87 f.
[15]   Diese Formulierung ist im Falle von Brentano vollständig korrekt. Vgl. dazu Smith/McIntyre, 51 ff. Im Falle von Ingarden ist sie es nicht. Denn Ingarden hat nie eine reine OT–Position vertreten. Vgl. oben Anm. 13.

1.2 Die Inhalts–Theorie der Intentionalität (IT)

Für Theorien dieses Typus' ist die Annahme charakteristisch, dass die Besonderheiten von intentionalen Erlebnissen *nicht* unter Rückgriff auf den besonderen ontischen Status von Objekt–Entitäten qua "Zielpunkten" von Akten, sondern unter Rückgang auf die intentionale Relation selbst erklärt wird. M.a.W.: Akte exemplifizieren etwas, das keine Relation im gewöhnlichen Sinne ist, sondern einer Kategorie sui generis angehört (Brentano spricht von etwas Relativlichem (einer Relation nur ähnlichem)). Nicht also besondere Objekt–Entitäten qua "Zielpunkte" von Akten, sondern der besondere ontische Status von intentionalen "Relationen" selbst dient gemäss dieser Theorie als Basis für die Erklärung der Merkmale M_1 und M_2.

Eine IT–Position haben beispielsweise Twardowski[16] und der frühe Husserl vertreten. Als Beispiel betrachte ich in aller Kürze Husserls Theorie der *Logischen Untersuchungen*. Im bezug auf den intend*ierten* Gegenstand sagt Husserl:

> "Für das Bewusstsein ist das Gegebene ein wesentlich Gleiches, ob der vorgestellte Gegenstand existiert, oder ob er fingiert und vielleicht gar widersinnig ist."[17] Und: "...der intentionale Gegenstand der Vorstellung [ist] *derselbe* ... wie ihr wirklicher und gegebenenfalls ihr äusserer Gegenstand, und ... es [ist] *widersinnig* ... zwischen beiden zu unterscheiden. Der Gegenstand ist ein bloss intentionaler, heisst natürlich *nicht*: er existiert, jedoch nur in der intentio ...; sondern es heisst: die Intention, das einen so beschaffenen Gegenstand Meinen existiert, aber nicht der Gegenstand. Existiert andererseits der intentionale Gegenstand, so existiert nicht bloss die Intention ..., sondern *auch* das Gemeinte."[18]

Daraus geht zweierlei hervor: Erstens ist der intendierte Gegenstand für die Aufklärung der intentionalen Relation als solcher durchaus sekundär; es ist hierfür sogar unwesentlich, ob das jeweilige Referenzobjekt tatsächlich existiert oder nicht. Bereits damit sind natürlich die Grundlagen einer OT–Position zurückgewiesen. Zweitens geht aus diesen Stellen aber auch klar hervor[19], dass der intentionale Gegenstand just das Referenzobjekt *ist* – falls dieses existiert. Existiert dieses aber nicht, ist der intentionale Gegenstand nicht eine besondere Objekt–Entität gemäss OT, sondern er existiert überhaupt nicht. Existiert ein intentionales Erlebnis, so existiert aber mindestens eine "intentionale Beziehung auf einen Gegenstand".[20] Existiert das Referenzobjekt tatsächlich nicht, so handelt es sich bei der Rede vom

---

[16] Vgl. Smith/McIntyre, 109 ff.
[17] Husserl, (2), 387.
[18] Husserl (2), 439/40.
[19] Dies steht auch im Einklang mit Husserls Wahrnehmungstheorie bzw. mit seiner Kritik an Repräsentationstheorien der Erkenntnis. Vgl. dazu Küng (7).
[20] Vgl. zu diesem wichtigen Punkt Husserl (2), 386.

Gegenstand um eine "uneigentliche" Redeweise, um eine façon de parler, die zu keinen ontologischen Annahmen besonderer Art verpflichtet.[21]

In seinen positiven Analysen geht Husserl in den *Logischen Untersuchungen* faktisch weniger von Brentano als vielmehr von Kasimir Twardowski's Schrift "Zur Lehre vom Inhalt und Gegenstand der Vorstellungen"(1894) aus.[22] Ein intentionales Erlebnis ist nach Husserl eine reale Objekt—Entität, genauer ein Ereignis mit ganz bestimmten realen "Teilen", "Momenten" und eventuell auch "Phasen". Im bezug auf diese reale Objekt—Entität spricht Husserl von "reellen oder phänomenologischen Inhalten"[23] — Momente also, die einen Akt ontisch konstituieren.[24] An diesen reellen Inhalten[25] von Akten unterscheidet Husserl genauer zwischen *Qualitäten* und *Materien*. Weil beide Arten von Momenten notwendigerweise in *allen* Akten vorhanden sind, fixiert Husserl ihre Einheit terminologisch als "intentionales Wesen" von Akten.[26] Wir können z.B.

(1) urteilen (glauben), dass p

(2) erwägen (denken), dass p (ohne zur Frage Stellung zu beziehen, ob es wahr ist, dass p)

(3) fragen, ob p

(4) uns darüber freuen, dass p.

In dieser Beispielreihe handelt es sich um sogenannte propositionale Akte, weil die Materie (der Inhalt) der Akte propositional gegliedert[27] ist. In allen diesen Akten ist die Materie identisch dieselbe. Verschieden davon ist das, was Husserl die *Qualität* von Akten nennt. Mit dem Begriff der Qualität bezieht sich Husserl auf jenes Moment von Akten, das die ontische Grundlage (fundamentum in re) ist für die Unterscheidung von glauben, zweifeln, vermuten, wahrnehmen, urteilen usw. Qualitäts—Unterschiede gibt es auch bei Akten, deren

---

21 Vgl. Husserl (2), 388 (Zeilen 22 f). Bereits in seinem Essay "Intentionale Gegenstände" (1894) (vgl. Husserl 7, 303—48; besonders Paragraphen 4 und 12) sowie in seiner Rezension von Twardowskis Schrift "Zur Lehre vom Inhalt und Gegenstand der Vorstellungen" (vgl. Husserl 7, besonders 352/3, Anm.) hat Husserl dieselbe Position eingenommen und die Rede von "bloss intentionalen Gegenständen" nur als "figurative" und "uneigentliche" zugelassen.

22 Vgl. dazu Smith/McIntyre, 109—12.

23 Husserl (2), 411 (A—Ausgabe).

24 Vgl. dazu Husserl (2), 411 (Zeilen 11—14). Zu Husserls Unterscheidung zwischen den Termen 'reell' und 'real' vgl. Husserl (2), 413, Anm.

25 Husserl verwendet einen sehr allgemeinen Inhaltsbegriff; vgl. dazu Husserl (2), 413 (Zeilen 9—11) und 362 (Zeilen 23—29).

26 Vgl. Husserl (2), 413.

27 Vgl. Husserl (2), 476 ff.

Materien (Inhalte) *nominal* sind.[28] Im bezug auf eine bestimmte Person a ist es beispielsweise möglich:

(5) sich an a zu erinnern

(6) an a bloss zu denken (ohne dabei zu der Frage Stellung zu beziehen, ob a je gelebt hat)

(7) Person a nachzutrauern.

Im bezug auf die Qualität von Akten unterscheidet Husserl mehrere Modifikationen, insbesondere unterscheidet er zwischen thetischer (vgl. 1;5;7) und non–thetischer Qualität von Akten (vgl. 2;6). Desweiteren untersucht er die verschiedenen Fundierungsverhältnisse zwischen den Aktqualitäten (z.B. ist die Aktqualität von 7 einseitig fundiert in jener von 5).[29] Betrachten wir nun Akte mit derselben Qualität, z.B.

(8) urteilen, dass ABC ein gleichwinkliges Dreieck ist

(9) urteilen, dass ABC ein gleichseitiges Dreieck ist

oder

(10) sich fragen, ob die Erde grösser als der Mond ist

(11) sich fragen, ob der Mond kleiner als die Erde ist.

In diesen Beispielpaaren sind nicht nur jeweils die Qualität, sondern auch der oder die in Frage stehenden Gegenstände (sc. das Dreieck ABC bzw. Erde und Mond) konstant. Was aber jeweils variiert, ist die Art und Weise, wie diese Gegenstände aufgefasst werden. Darin zeigt sich jenes Moment von Akten, das Husserl unter den Begriff der Materie subsumiert. Denn genau bezieht sich Husserl mit dem Begriff der Materie auf jenes Moment von Akten, das die ontische Grundlage nicht nur dafür ist, dass ein Akt überhaupt *intentionales* Erlebnis ist, d.h. dass er überhaupt eine gegenständliche Beziehung hat, sondern auch dafür: "diese Beziehung in so vollkommener Bestimmtheit, dass durch die Materie nicht nur das Gegenständliche überhaupt, welches der Akt meint, sondern auch die Weise, in welcher er es meint, fest bestimmt ist"[30]. Husserl bezeichnet die Materie von Akten deshalb auch als deren *Auffassungs–Sinn*.[31]

---

[28] Vgl. Husserl (2), 480 ff.

[29] Vgl. Husserls 5. LU, viertes Kapitel (Husserl 2, 474–95). Natürlich bestehen Analogien zwischen Husserls Begriff der Qualität von Akten und der seit Austin und Searle in der Sprechakttheorie üblichen Unterscheidung von Sprechakten hinsichtlich ihrer illokutionären Kraft.

[30] Husserl (2), 429.

[31] Vgl.: "Die Materie ... ist die im phänomenologischen Inhalt des Aktes liegende Eigenheit desselben, die es nicht nur bestimmt, *dass* der Akt die jeweilige Gegenständlichkeit auffasst, sondern auch *als was* er sie auffasst, *welche* Merkmale, Beziehungen, kategorialen Formen er *in sich selbst* ihr *zumisst*. An der Materie des

Schliesslich noch einige Worte zu Husserls Spezies—Theorie der Bedeutung. Im Ausgang von seiner These der Idealität des linguistischen Sinnes identifiziert Husserl nämlich die Bedeutungen als ideale Einheiten nicht mit der reellen Materie von sprachlich vermittelten, d.h. linguistischen Akten (z.B. Akte des sprachlich vermittelten Urteilens), sondern mit den Spezies der zugehörigen Aktmaterien.[32] Akte können gleiche Materien exemplifizieren. Geschieht dies, so liegen zwar einerseits numerisch verschiedene Intentionen mit numerisch verschiedenen Auffassungssinnen vor, andererseits aber liegen dann auch mehrere Intentionen mit "gleichen" Auffassungssinnen vor, d.h. *in den jeweiligen intentionalen Erlebnissen wird dasselbe Referenzobjekt in der genau gleichen Weise intendiert*[33], sie exemplifizieren identisch dieselbe ideale Bedeutung.

Gemäss einer IT—Position kann (vereinfachend) vom folgendem Schema ausgegangen werden:

(III)   Akt (mit Inhalt bzw.   ────────▸   Referenzobjekt
        Auffassungssinn)   (falls es existiert).

Aktes liegt es, dass der Gegenstand dem Akte als dieser und kein anderer gilt, sie ist gewissermassen der die Qualität fundierende ... *Sinn der gegenständlichen Auffassung* (oder kurzweg der *Auffassungssinn*)." (Husserl 2, 430).

[32] In der oben erwähnten Schrift sagte Twardowski, dass die Relation eines Aktes zu seinem Gegenstand (wobei diese intentionale Relation durch den Akt—Inhalt vermittelt ist) analog sei zur Relation eines Namens zu seinem Referenzobjekt (wobei diese semantische Relation durch die Bedeutung eines Namens vermittelt ist). Weiterhin behauptet Twardowski, dass die Bedeutung eines Namens identisch sei mit dem Inhalt einer dem Gebrauch dieses Namens unterliegenden Vorstellung und dass der Gegenstand der Vorstellung das ist, was durch den Namen bezeichnet ist, der den Inhalt einer Vorstellung bedeutet. In seiner Rezension dieser Schrift opponiert Husserl gegen die allzu psychologische Fassung von Twardowskis Begriff des Inhaltes von Akten, und er kritisiert speziell Twardowskis Identifikation von linguistischem Sinn mit dem reell**en** Inhalt von Akten: "Der Inhalt als solcher ist ein individuelles, psychisches Datum, ein jetzt und hier Seiendes. Die Bedeutung aber ist nichts Individuelles, nichts Reales, nie und nimmer ein psychisches Datum. Denn sie ist identisch dieselbe "in" einer unbegrenzten Mannigfaltigkeit ... real getrennter Akte ... *Der Inhalt wohnt der Vorstellung real ein, die Bedeutung nur funktionell*; es wäre absurd, sie als reales Stück oder als Teil der Vorstellung zu fassen." (Husserl 7, 350, Anm.) Genau dieses Argument greift Husserl auch in den *Logischen Untersuchungen* auf, vgl. Husserls explizite Stellungnahme gegenüber Twardowski in Husserl (2), 527/28.

[33] Schematisch lässt sich das so darstellen:
Ideale Materie:
= Ideale Bedeutung
= Spezies der realen Materie
‖
EXEMPLIFIKATION   INTENDIEREN
‖
Realer Akt mit reeller Materie: ────────▸ Referenzobjekt
die Eigenschaft *so—und—so—aufzufassen*

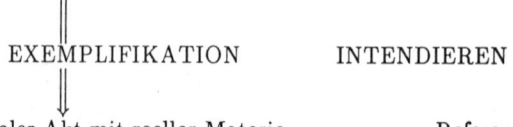

Bemerkenswert ist, dass sich IT (im Unterschied zu OT) nicht einseitig am Merkmal M_1 von intentionalen Relationen orientiert. Mit dem Begriff der Materie oder des Auffassungssinnes von Akten erklärt sie vielmehr auch M_2. Ausserdem stellt IT eine *einheitliche* Theorie der Intentionalität dar. Denn ihr gemäss sind Qualität und Materie, die zusammen das "spezifische Wesen" von Akten bilden, reelle Momente von *allen* Akten — unabhängig davon, ob es sich um veridische oder nicht–veridische Akte handelt. Mithin erfüllt IT meine Adäquatheitsbedingung AD für akzeptierbare (ontologische) Theorien der Intentionalität. Angenommen, die folgende (wahre) intentionale Aussage schreibt Peter eine echte Halluzination zu:

(12)   Peter halluziniert einen grünen Elefanten.

Gemäss IT impliziert (1) *nicht*

(13)   (Vx) [x ist ein grüner Elefant · Peter ist intentional auf x gerichtet].

Vielmehr impliziert (12) im Sinne der sogenannten Adverbial–Theorie[34] nur

(14)   (Ex) [x=Peter · x halluziniert–grün–elefantlich].

Betrachten wir den Fall einer veridischen Wahrnehmung:

(15)   Peter sieht seinen älteren Bruder Hans.

Wir dürfen *nicht* sagen, dass (15) *nur* im Sinne von

(16)   Peter sieht–seinen–älteren–Bruder–Hans

analysiert werden kann. Denn aus (16) allein darf *nicht* auf

(17)   (Ex) [x=Hans · x=der ältere Bruder von Peter · Peter ist intentional auf x gerichtet]

geschlossen werden, während (15) aber (17) impliziert. Die These, dass Satz (15) Satz (16) impliziert, ist deswegen aber nicht falsch! Vielmehr kann gemäss IT gesagt werden: Satz (16) gibt eine korrekte, aber *unvollständige* Analyse von (15). Sie ist unvollständig, weil die Wahrnehmung, von welcher in (15) gesprochen wird, in (16) primär mit bezug auf ihren Inhalt oder Auffassungssinn analysiert wird. Man kann sagen, dass z.B. die intentionale Aussage

(18)   A nimmt x wahr

auf zwei Arten gelesen werden kann. Wird angenommen: aus (18) folgt, dass x existiert, liegt eine extensionale Lesart vor, anderenfalls eine intensionale. Gemäss der intensionalen Lesart von (18) beziehen wir uns mit dieser Aussage insbesondere auf den Inhalt der der Person A zukommenden Wahrnehmung. Wird mit (18) aber tatsächlich eine veridische Wahrnehmung

---

[34]   Vgl. dazu Smith/McIntyre, 57 ff. und Küng (15).

beschrieben, können wir unter Voraussetzung der extensionalen Lesart u.a. von folgender Erklärung ausgehen:

(E_1)   A nimmt x wahr, wenn gilt: Das Referenzobjekt x bewirkt in kausaler Weise in A einen Akt, aufgrund von dessen Inhalt A etwas (nämlich x) erfasst.

Im bezug auf die intentionale Aussage

(19)   A nimmt x als F–seiend wahr

gilt entsprechend:

(E_2)   A nimmt x als F–seiend wahr, wenn gilt: Das F–seiende Referenzobjekt x bewirkt in kausaler Weise in A einen Akt, aufgrund von dessen Inhalt A etwas (nämlich x) als F–seiend erfasst.[35]

Analysieren wir nun Satz (15) mit Satz (16), gehen wir von der intensionalen Lesart von (15) aus. Im Lichte einer IT–Position ist das, wie bereits gesagt, korrekt: (15) impliziert (16). Diese Analyse ist aber zugleich unvollständig. Weil Wahrnehmung ein veridischer Akt ist, müssen auch E_1 und E_2 in Ansatz gebracht werden. Dies aber heisst, dass auch die extensionale Lesart von (15) ins Spiel gebracht werden muss. Dann aber impliziert Satz (15) auch Satz (17). Und *darin* besteht gemäss IT *ein* entscheidender Unterschied zwischen echten Halluzinationen und veridischen Wahrnehmungen. IT kann mithin nicht nur diesen Unterschied erklären, sondern sie kann *als Theorie der Intentionalität* auch natürliche Relationen (wie beispielsweise Kausalrelationen) in sich einbauen.[36]

Natürlich muss ein Vertreter von IT anerkennen, dass die Rede einer "intentionalen Gerichtetheit auf ..." in einigen Fällen – um mit Husserl zu sprechen – eine "bloss figurative Redeweise" ist.[37] Dies aber bedeutet nur, dass ein Vertreter von IT zwischen *referentiellen* und *nicht–referentiellen* Akten unterscheiden muss.[38] Diese Unterscheidung aber tangiert *nicht* den Umstand, dass IT eine *einheitliche* Theorie der Intentionalität darstellt, welche dem Adäquatheitskriterium AD genügt.

---

[35]   Mit Bedacht spreche ich hier weder über "Empfindungsdaten" noch über die genauere Natur der in Frage kommenden Kausalrelation. Zu diesem Problemkomplex vgl. Ingarden (15), 123–31; (17), 34–58; (19), 58–62; (20), 39–45 und 56–58 und Searle, 37–78.

[36]   Vgl. Smith (13), wo u.a. gezeigt wird, dass die ernsthafte Berücksichtigung von kausalen Relationen für Husserls spätere Theorie der Intentionalität verheerende Konsequenzen hat.

[37]   Vgl. den Stellennachweis oben in Anm. 21.

[38]   Für eine *semantische* Analyse von intentionalen Aussagen, die von nicht–referentiellen Akten handeln, vgl. Brandl.

1.3 Die Mediator–Theorie der Intentionalität (MT)

In allgemeiner Weise lassen sich Theorien dieses Typus' genau gleich charakterisieren wie IT–Positionen. Der entscheidende Unterschied besteht aber darin, dass gemäss MT zusätzlich ein "medium quo", ein Mediator, angenommen wird:

(IV)   Akt $\xrightarrow{\text{Noema (medium quo)}}$ Referenzobjekt (id quod) [falls es existiert]

Hauptvertreter einer MT–Position ist Husserl nach 1908. Dieser Theorienwechsel beruht auf einer Änderung in der Konzeption seiner Phänomenologie, die nun nicht mehr als (eidetische) Aktphänomenologie, sondern als (eidetische) noetisch–noematische Phänomenologie aufgefasst wird.[39] In seinen *Ideen I* hält Husserl fest:

> "Die Einseitigkeit der noetischen Blickrichtung [sc. in den *Logischen Untersuchungen*], in der diese Unterscheidungen [sc. diejenige zwischen der Qualität und der Materie von Akten] vollzogen und gemeint waren, überwindet sich leicht durch die Rücksichtnahme auf die noematischen Parallelen. Wir können die Begriffe also noematisch verstehen."[40]

Tatsächlich bleiben wesentliche Grundzüge der früheren Analyse in den *Ideen I* erhalten. Insbesondere kann, wie Smith/McIntyre gezeigt haben, die Husserlsche Unterscheidung zwischen Noesis und Noema als *Analogon* der in den *Logischen Untersuchungen* vorgelegten Unterscheidung zwischen reellem und idealem Inhalt von Akten betrachtet werden. Insgesamt hat aber die Arbeit ganzer Forscher–Generationen gezeigt, dass die früheren Begriffe nicht ohne weiteres "noematisch verstanden" werden können. Insbesondere beruht Husserls Noema–Theorie auf einer tiefgreifenden Änderung seiner bedeutungstheoretischen Ansichten.[41]

Eine MT–Position teilt mit einer IT–Position *alle* Vorteile relativ zu einer OT–Position. Insbesondere erklärt auch MT *beide* Merkmale M_1 und M_2, und wie IT stellt auch sie eine *einheitliche* Theorie der Intentionalität dar. Verglichen mit IT ist MT aber ontologisch "reicher" – sie akzeptiert so etwas wie *Noemata* von Akten.

Mit Rücksicht auf meine Adäquatheitsbedingung AD bleibt uns damit sozusagen die Qual der Wahl zwischen MT und IT. Eine weitere wesentliche Voraussetzung der von mir vertretenen Konzeption einer phänomenologischen Ontologie ist aber die folgende:

---

[39]   Vgl. dazu Küng (7).
[40]   Husserl (6), 298.
[41]   Vgl. z.B. Küng (7); (16).

(V₃) Eine adäquate ontologische *Theorie* der Intentionalität ist (dem Typus nach) eine Inhalts–Theorie.

Das beste, was ich tun kann, ist, einige Gründe anzuführen, warum ich mit V₃ keine MT–Position akzeptieren kann.

(a) Zuerst ein ad–hominem Argument. Husserls Mediator–Theorie ist in mancher Hinsicht sehr unklar.[42] Tatsächlich ist der theoretische Status des Begriffes des Noemas in Husserls Philosophie dermassen undurchsichtig, dass sich mehrere systematisch sehr divergierende Interpretationsrichtungen auf Husserls Texte berufen können.[43]

(b) Einige Interpreten[44] schreiben MT den Vorteil zu, dass sie im Unterschied zu IT nicht zur Annahme völlig gegenstandsloser intentionaler Akte verpflichte. Beispielsweise behaupten sie, dass die intentionale Aussage:

(1) Peter halluziniert einen grünen Elefanten

im Sinne von

(2) (Ex)(Vy) [x ist eine Halluzination · Peter vollzieht x · y ist das zu x gehörige Noema: "grüner Elefant" · Peter ist intentional auf y gerichtet]

analysiert werden könne: Wer einer echten Halluzination unterliegt, meint zwar beispielsweise einen wirklichen grünen Elefanten zu sehen. Darin zwar täuscht er sich, aber er "sieht" in Tat und Wahrheit wenigstens etwas, nämlich das zugehörige Noema.

Ein Noema von diesem Akt *kann* aber nicht an die "Referenten–Position" dieses Aktes treten. Denn Noemata sind gemäss MT stets ein *medium quo*, d.h. ein *Vermittler* der Intentionalität oder Gegenstandsbeziehung. Aus Noemata für "einige Fälle" Referenten der Intention zu machen, heisst einen regressus vitiosus begehen.[45] Diese Interpretation kann sich auch nicht auf solche Texte von Husserl berufen, wo dieser sozusagen ein "direktes Erfassen" von Noemata behauptet. Denn wie immer das möglich sein soll, nach Husserls ausführlicher Stellungnahme setzt ein solches Erfassen "phänomenologische Reduktion" voraus.[46] Wer aber einer Halluzination unterliegt, führt sicher nicht diese komplizierte Husserlsche Reduktion durch! Aus all diesen Gründen ist es systematisch betrachtet unangemessen, im Falle von Halluzinationen den eventuell vorhandenen Noemata eine

---

[42] Vgl. dazu die sorgfältige monographische Arbeit von Bernet sowie auch Küng (9).
[43] Vgl. dazu die Übersicht bei Smith und Langsdorf.
[44] Vgl. die Darstellung bei Küng (15) [Küng selber behauptet jedoch nicht, dass der jeweilige Mediator eines bestimmten Aktes in solchen Fällen Referenzobjekt sei].
[45] Vgl. Smith (15), 389.
[46] Vgl. dazu vor allem Larrabee.

Referenten—Position zuzuweisen und sie als eine Art rein intentionaler Gegenstände im Ingardenschen Sinne zu betrachten.[47] Mithin ist auch ein Vertreter von MT zur Annahme nicht—referentieller Akte verpflichtet, sodass in dieser Hinsicht zwischen MT und IT kein Unterschied besteht.

(c) In der Follesdal--Tradition wurde der Husserlsche Begriff des Noemas (zumindest von sprachlich vermittelten, d.h. linguistischen Akten) — trotz erheblicher Differenzen[48] — zum Fregeschen Begriff des Sinnes systematisch in Beziehung gesetzt oder sogar damit gleichgesetzt. Beispielsweise haben Smith/McIntyre in einer grossartigen Arbeit eine konsequent *semantische* Interpretation der Husserlschen Noema—Theorie vorgelegt. Husserls Noemata werden entsprechend als "abstract meaning entities" aufgefasst, die zu Akten in demselben Verhältnis stehen sollen wie Fregesche Sinne zu den sprachlichen Ausdrücken. Es kann sicher nicht bestritten werden, dass zwischen Freges Semantik und Husserls Noema—Theorie frappierende Analogien bestehen. Solche Analogien bestehen aber auch zwischen Freges Semantik und Husserls früherer Theorie. Sachlich entscheidend aber ist: Wenn wir mit Husserl (und Frege) die These von der Idealität des linguistischen Sinnes teilen, dann weist Husserls frühe Spezies—Theorie der Bedeutung den Vorzug auf, in klarer und einfacher Weise den ontologischen Status von "Bedeutungs—Entitäten" zu erklären: wir wissen genau, was ideale Bedeutungen gemäss dieser Theorie sind und in welchem Verhältnis sie zu den mannigfaltigen Akten, den realen Denkakten, stehen.[49] Dasselbe kann von den Husserlschen Noemata aber nicht behauptet werden.[50]

1.4 Konsequenzen einer Inhalts—Theorie der Intentionalität

Vertreter einer IT—Position sind zur Annahme nicht—referentieller Akte verpflichtet. Weil ich eine IT—Position vertrete, will ich die entsprechenden Voraussetzungen ausdrücklich anführen:

(V_4) Intentionale Erlebnisse können nicht nur von einem rein phänomenologischen oder internen, sondern auch von einem nicht—rein phänomenologischen oder externen Standpunkt aus betrachtet und analysiert werden.

(V_5) Von einem externen Standpunkt aus können referentielle und nicht—referentielle Akte unterschieden werden. Weil ich zwei Arten referentieller Akte unterscheide, lassen sich Akte m.E. — aus externer Perspektive — folgenderweise *extrinsisch* klassifizieren:

---

47 Diese Einsicht hatte bereits Ingarden, vgl. Küng (6), Anm. 33.
48 Vgl. vor allem Langsdorf.
49 Vgl. dazu vor allem Willard.
50 Vgl. dazu Smith (14), 151 ff. und Smith (15).

(i) Akte, die ein Referenzobjekt und zwar ein autonom existierendes Objekt als Referenzobjekt haben (z.B. das Wahrnehmen eines Baumes);
(ii) Akte, die ein Referenzobjekt und zwar ein rein intentionales Objekt (im Sinne Ingardens), d.h. ein heteronom existierendes Objekt als Referenzobjekt haben (z.B. im Falle eines sprachlich vermittelten Aktes, wie er beim Lesen eines Romans vorkommt);
(iii) Akte, die überhaupt kein Referenzobjekt haben (z.B. im Falle von echten Halluzinationen).

Die Voraussetzungen V_4 und V_5 will ich im nächsten Kapitel noch etwas genauer erläutern.

§2 Realismus

Als eine weitere Voraussetzung (V_6) akzeptiere ich die *Position eines Realismus in metaphysischer und erkenntnistheoretischer Hinsicht*[1].

Darunter ist (dies ist allerdings zugegebenermassen eine relativ vage Charakterisierung) die Annahme zu verstehen, dass einerseits eine reale (materielle) Wirklichkeit objektiv, d.h. unabhängig von der (menschlichen) Erfahrung existiert ("metaphysischer Realismus"), wobei diese reale Wirklichkeit andererseits der (menschlichen) Erfahrung zugänglich ist, obgleich prinzipiell nie vollständigerweise ("erkenntnistheoretischer Realismus").

Bekanntlich hat Husserl[2] spätestens ab 1913 gegen die Position eines metaphysischen Realismus vehement Stellung bezogen, und − unter gleichzeitiger Beibehaltung einer bestimmten Form des erkenntnistheoretischen Realismus − im Rahmen seiner transzendental−idealistischen Position die These vertreten, dass die reale Welt nicht unabhängig vom transzendentalen Bewusstsein existiert, bzw. dass die reale Welt rationaliter nur im Rückgang auf die transzendentale Ebene philosophisch befriedigend thematisiert und metaphysisch nur qua Sinn−Einheit bestimmter Stufe der transzendental−intersubjektiven Konstitutionsleistungen anerkannt werden kann.[3] In seinen eindrücklichen Husserl−Studien hat Ingarden dann diese Position in den verschiedensten Hinsichten kritisch analysiert[4] und in seinem Hauptwerk schliesslich die gesamte Streitfrage: Idealismus−Realismus einer ausführlichen Klärung unterworfen.

Dass die Streitfrage: Idealismus−Realismus *überhaupt* ein besonderes philosophisches *Problem*, darstellen soll, ist jedoch auch schon als "Skandalon" der Philosophie, als ein Anzeichen irregeleiteten oder krankhaften Philosophierens betrachtet worden.[5] So apodiktisch will ich nicht urteilen[6], d.h. ich gebe zu, dass diese Streitfrage ein echtes

---

1 Auf die besondere Bedeutung des Termes 'metaphysisch' werde ich später im Anschluss an Ingardens Unterscheidung zwischen Ontologie und Metaphysik zurückkommen. Vgl. unten Kap. 2.
2 Dies zumindest ist *eine* mögliche Deutung seiner Position.
3 Vgl. dazu Haefliger (1).
4 Vgl. z.B. Ingarden (5); (7); (20) und Haefliger (3); (4).
5 Den Berkeleyschen Idealismus hat bereits Kant als Skandalon empfunden. Schärfer zu diesem Punkt urteilen dann so verschiedene Denker wie Heidegger und Carnap (aus allerdings verschiedenen Gründen).
6 M.E. ist nicht die Thematik, sondern die Art und Weise ihrer Behandlung eine Hinsicht, unter welcher Philosophien zu beurteilen sind.

philosophisches Problem *ist.*[7] Und ich will auch nicht behaupten, dass diese Streitfrage sozusagen nur per fiat entschieden werden könne – dennoch *wird* sie hier *per Voraussetzung* entschieden.

Die Annahme eines metaphysischen Realismus ist mit der Position eines erkenntnistheoretischen Skeptizismus, wonach "Wirklichkeit an sich" der Erkenntnis prinzipiell nicht zugänglich sei, kompatibel.[8] Ich anerkenne jedoch *auch* die *Position eines erkenntnistheoretischen Realismus.* Allerdings nicht im Sinne einer *naiven Repräsentationstheorie* der Erkenntnis, und zwar hauptsächlich aus zwei Gründen nicht:

(1) Die spezifisch phänomenologische Thematik der Intentionalität des Bewusstseins wird berücksichtigt. Damit ist ausgeschlossen[9], dass Erkenntnis im Sinne der Neuzeitlichen Repräsentationstheorien als ein *einfaches* "Abbilden" interpretiert wird. Erkenntnis kann in einem prinzipiellen Sinne als "Erfassen von etwas" beschrieben werden[10], wobei dieses Erfassen nicht das Erfassen eines Bildes, sondern das Erfassen des Dinges selbst ist – obgleich natürlich ein Erfassen *aufgrund* von Akt–Inhalten (Akt–Sinnen) und insofern ein *vermitteltes* Erfassen.

(2) Der zweite Grund geht von den früher genannten Voraussetzungen V_4 und V_5 aus. Die hier vertretene Position eines erkenntnistheoretischen Realismus impliziert nämlich *nicht* die These, dass *jeder* Akt, der gemäss der internen Betrachtungsweise von Akten z.B. als ein referentieller Akt zu beschreiben ist, gemäss einer externen Betrachtungsweise auch ein tatsächlich referentieller Akt ist. M.a.W.: Täuschung, Irrtum ist nicht ausgeschlossen, und zwar nicht nur nicht in der vorwissenschaftlichen, alltäglichen Erfahrung, sondern auch nicht in der wissenschaftlichen Erfahrung und Theorienbildung. Hingegen wendet sich die hier vertretene Position gegen die Annahme, dass faktisch *alle* Akte der (vorwissenschaftlichen und wissenschaftlichen) Erkenntnis sich in einer externen Perspektive als nicht–referentielle Akte erweisen.[11] M.a.W.: Gemäss meiner Position ist es nicht der Fall, dass sich die Gesamtheit unserer vorwissenschaftlichen und wissenschaftlichen konzeptuellen Schemata,

---

[7] Vgl. auch Küng (17).
[8] Vgl. Ingarden (10), 184; Kutschera, 189–221.
[9] Vgl. dazu auch die bezügliche Kritik bei Husserl (2) und Küng (7).
[10] Vgl. dazu Ingarden (11), 192 f.; 206–208 und Ingarden (4); (9).
[11] Als Begründung will ich hier nur auf den Common Sense verweisen, obgleich ich nicht der Auffassung bin, dass die vertretene Position nur mit dem Common sense begründet werden kann.

unser gesamtes "Welt–Bild", als eine "metaphysische Illusion"[12] erweist.

Natürlich stellt sich damit die Frage, *wie* bestimmte Akte aus einer *externen* Perspektive als referentielle bzw. als nicht–referentielle klassifiziert werden können. Diese Frage ist umso wichtiger, weil die Rede von einer "Gerichtetheit auf ..." aus *interner* Perspektive für *alle* Akte, auch für tatsächlich nicht–referentielle Akte berechtigt ist. Z.B.: Eine Person A unterliegt zu t einer *echten* Halluzination und "sieht" (mit Anführungsstrichen!) einen im Miséricorde–Garten der Universität Freiburg stehenden grünen Elephanten. Zu t erlebt unsere Person A ihr Erlebnis *nicht als* Halluzination, d.h. zu t glaubt A nicht einen "*halluzinierten* grünen Elephanten" zu sehen. Vielmehr *glaubt* A zu t einen (wörtlich) so und so bestimmten, *existierenden* Gegenstand (wörtlich, d.h. ohne Anführungszeichen!) zu sehen. Nichtsdestoweniger *ist* die Rede vom intentionalen Gegenstand im vorliegenden Falle – um mit Husserl zu sprechen – eine "uneigentliche" und "bloss figurative" Redeweise. *Wie* also kann im Einzelfalle entschieden werden?

Eine Antwort auf diese Frage erfordert m.E. eine ganze Theorie von *Kriterien der Referentialität von Akten*. Auf das vorliegende Beispiel bezogen, wird ein mögliches Kriterium folgenderweise lauten: Ein Akt ist *nur* dann als ein wohl tatsächlich referentieller ("referierender") Akt "konfirmiert", wenn der in diesem Akt intendierte Gegenstand sich (prinzipiell) als *intersubjektiv zugänglich*, d.h. (re–)identifizierbar erweist. An dieser Stelle kann ich der *besonderen* Aufgabe, derartige Kriterien der Referentialität von Akten zu formulieren, nicht nachgehen. Hier muss die folgende Feststellung genügen: Ein Übergang von einer internen zu einer externen Betrachtungsweise von Akten ist *faktisch* möglich. Denn ich kann mich selber als erkennendes Lebewesen auch von aussen, z.B. im Spiegel, betrachten oder durch einen andern betrachten lassen. Doch können natürlich auch beim äusseren Betrachten Täuschungen und Irrtümer auftreten. Dies zu betonen ist wichtig, um dem Missverständnis vorzubeugen, die in Anspruch genommene Möglichkeit einer externen Betrachtungsweise von Akten setze einen sozusagen absoluten Standpunkt "ausserhalb des Bewusstseins" voraus. Angenommen Peter behauptet:

(1)   Dort, im Miséricorde–Garten der Universität Freiburg, steht ein grüner Elefant.

Nach den Gründen für diese Behauptung befragt, wird Peter vielleicht antworten:

(2)   Ich sehe dort, im Miséricorde–Garten der Universität Freiburg, einen grünen Elefanten.

Statt (2) kann Peter auch die folgende intentionale Aussage machen:[13]

---

12   Küng (8), 343.
13   Zum Begriff der intentionalen Aussage vgl. oben §1.

(3) Peter sieht im Miséricorde–Garten der Universität Freiburg einen grünen Elefanten.

Als externe Nachprüfung kann Peter z.B. seine Augen testen lassen. Oder er kann sich mit mir auf eine intersubjektive Diskussion einlassen. *Aufgrund* meiner eigenen Wahrnehmungen (ich sehe an der fraglichen Stelle beispielsweise nur Bäume, Menschen und Sitzbänke usw., aber keinen Gegenstand, den ich als "grünen Elefanten" bezeichnen könnte) werde ich (als Gesprächspartner von Peter) Satz (1) negieren. Die externe Betrachtungsweise beginnt also, sobald er oder wir versuchen, die Referentialität seiner Wahrnehmungen extern nachzuprüfen.

Natürlich kann der Fall vorkommen, dass wir aufgrund intersubjektiver Verständigung zu keiner Entscheidung gelangen können.[14] Dann liegt eine "Patt–Situation" vor, d.h. unsere Annahme zu wissen, was in der Welt tatsächlich der Fall ist, ist epistemisch nicht zu rechtfertigen. Derartige "Patt–Situationen" sind aber bei alltäglichen Erkenntnissen oder bei wissenschaftlichen Untersuchungen nicht die Regel. Genau dies ist gemeint, wenn ich oben behauptet habe, dass gemäss meiner Position die Annahme, wonach sich faktisch die Gesamtheit unserer vorwissenschaftlichen und wissenschaftlichen konzeptuellen Schemata als eine "metaphysische Illusion" erweist, praktisch kein Gewicht hat. Denn Tatsache ist, dass wir uns in der Regel im vorwissenschaftlichen und wissenschaftlichen Bereiche intersubjektiv wenn nicht gar in den meisten Fällen so doch häufig verständigen können. *Mehr* zu fordern als intersubjektive Übereinstimmung darüber, was in der Welt der Fall ist, hiesse aber *zu viel* fordern!

---

[14] Dies besagt allerdings noch nicht viel: *wir* wissen es nicht; aber vielleicht weiss *er* oder weiss *ich* es. Natürlich wissen weder wir noch weiss er oder ich mit *absoluter* Sicherheit etwas über die Aussenwelt. Jedoch im bezug auf unsere empirische Weltkenntnis absolute Sicherheit zu fordern hiesse *zu viel* fordern.

§3 Bedeutungstheoretische Voraussetzungen

Um die Voraussetzung V_2 (vgl. §1) näher zu erläutern, werde ich zuerst sagen, welches die Hauptmerkmale einer spezifisch phänomenologischen Bedeutungstheorie sind (3.1). Anschliessend komme ich auf das Problem der Idealität von Bedeutungen zu sprechen (3.2). Zum Schluss werde ich noch Voraussetzung V_1 genauer besprechen.

3.1 Phänomenologische Bedeutungstheorie

Zur Erläuterung gehe ich von Husserls früher Bedeutungstheorie aus und wähle als Ausgangspunkt Freges Semantik, wie dieser sie in "Über Sinn und Bedeutung"(1892) dargelegt hat.[1] Es ist üblich geworden, Freges Semantik vor allem mit Husserls späterer Noema—Theorie in Verbindung zu bringen. Dies ist nach meinem Verständnis eine etwas einseitige Tendenz. Denn erstens teilt auch der frühe Husserl mit Frege die These von der Idealität des linguistischen Sinnes. Zweitens sagt Frege von seinen $Sinnen_F$, dass sie die Referenz (= die Beziehung zwischen einem Zeichen und seinem Referenzobjekt oder Referenten) bestimmen. Der $Sinn_F$ eines Ausdruckes ist die Art und Weise, in welcher ein Referenzobjekt "gegeben" ist.[2] Dieses Gegebensein ist stets "einseitig"[3], d.h. Differenz von auf dasselbe Referenzobjekt sich beziehenden $Sinnen_F$ bedeutet Differenz der Gegebenheit oder des Aspektes, unter welchem das betreffende Referenzobjekt partiell bekannt ist – falls es überhaupt existiert.[4] Zumindest diese funktionelle Charakterisierung von $Sinnen_F$ lässt

---

[1] Für eine überzeugende Frege—Interpretation vgl. Smith (1) (besonders Paragraphen 6—7). Der Autor bezieht dort Opposition gegenüber Dummett (der annimmt, dass eine ontologische Interpretation von Freges Semantik nicht erforderlich ist) sowie gegenüber Thiel (der annimmt, dass eine ontologische Interpretation von Freges Semantik nicht konsistent durchführbar ist) und entwickelt unter bezug auf Freges frühe Funktion/ Objekt—Ontologie und seine spätere 3—Reiche—Ontologie von der Husserlschen Phänomenologie her eine ontologische Interpretation der Fregeschen Semantik.

[2] Vgl. Frege (3), 26.

[3] Vgl. Frege (3), 27.

[4] Jedem Zeichen (sc. grammatisch wohlgeformten Ausdruck) entspricht nach Frege ein bestimmter $Sinn_F$ und diesem eine bestimmte $Bedeutung_F$. Aber nicht jedes Zeichen hat *tatsächlich* eine bestimmte $Bedeutung_F$, d.h. dadurch, "dass man einen Sinn auffasst, hat man noch nicht mit Sicherheit eine Bedeutung" (Frege 3, 28). Vgl.: "Vielleicht kann man zugeben, dass ein grammatisch richtig gebildeter Ausdruck, der für einen Eigennamen steht, immer einen Sinn habe. Aber ob dem Sinne nun auch eine Bedeutung entspreche, ist damit noch nicht gesagt." (Frege 3, 28). Analoges gilt dann auch für wohlgeformte (assertorische) Sätze. So z.B. hat der Satz 'Odysseus lebte einige Zeit in Ithaka' keine $Bedeutung_F$, d.h. er ist weder wahr noch falsch. (Mit 'vielleicht' übrigens formuliert Frege an obiger Stelle mit Blick auf die "Unvollkommenheit" der natürlichen Sprachen, vgl. Frege 3, 27).

sich systematisch nicht nur mit den Husserlschen Noemata, sondern auch mit dem in Beziehung setzen, was der frühe Husserl den Auffassungs–Sinn von Akten nennt.

Freges Theorie kann mit zwei Thesen charakterisiert werden:

(I) Aufgrund der Tatsache, dass Sinne$_F$ (Bedeutungen, meanings) zu einem intersubjektiven Besitztum werden können, können sie die Kommunikation zwischen den Sprechern einer gegebenen Sprachgemeinschaft ermöglichen.[5] Frege, der die psychologistische Erklärung der klassischen "Ideen"–Theorie der Bedeutung[6] ablehnte[7], glaubte, dass die rationale Kommunikation nur durch die Annahme einer idealen, für alle Sprecher einer Sprachgemeinschaft[8] identischen Bedeutung erklärbar sei.

(II) In Folge seiner antipsychologistischen Position verbindet Frege die Bedeutungen qua ideale Einheiten nicht mit den mentalen Akten. Vielmehr sagt er nur: "Es liegt nun nahe, mit einem *Zeichen* (Namen, Wortverbindung, Schriftzeichen) ausser dem Bezeichneten, was die Bedeutung des Zeichens heissen möge, *noch das verbunden zu denken, was ich den Sinn des Zeichens* nennen möchte ..."[9]. Wie diese "Verbindung" zwischen Zeichen und Sinnen$_F$ genau zu verstehen ist, *wie* wir Sinne und Zeichen assoziieren, diesen wichtigen Punkt erklärt Frege nicht weiter.[10] Bei Frege liegt insofern dem Typus nach eine sich an der Sprache und nicht am Akt orientierende Bedeutungstheorie vor.

In derselben Tradition wie Frege stehend teilte Husserl mit diesem die These (I) bezüglich der Idealität der Bedeutungen und auch eine Opposition gegenüber dem (logischen) Psychologismus.[11] Die Anerkennung des "fundamentalsten erkenntnistheoretischen Unterschiedes, nämlich ... [des Unterschiedes] zwischen Realem und Idealem" bzw. die Anerkennung des fundamentalen Sinnes der Idealität, "nach dem sich Ideales und Reales durch eine unüberbrückbare Kluft scheiden", ist für Husserl aber trotz seiner Psychologis-

---

5   Vgl. Frege (3), 29.
6   Zu dieser Theorie vgl. Alston, 22 ff. und Smith (1), 81 ff.
7   Vgl. Frege (3), 29.
8   Frege spricht genauer von einem der Menschheit gemeinsamen Schatz von Gedanken, vgl. Frege (3), 29.
9   Frege (3), 26.
10 Natürlich spricht Frege auch von unserem "Erfassen" von Gedanken$_F$; jedoch ist seine bezügliche Rede in phänomenologischer Hinsicht keinesweg klar.
11 Locus classicus hierfür ist ja Husserl (1).

muskritik zunächst ein Problem.[12] Im Unterschied zu Frege führt Husserls Antipsychologismus nicht zur Ablehnung jeglicher "psychologischer" Betrachtung der reinen Logik[13], vielmehr versuchte er im Rahmen seiner Aktphänomenologie jenes Problem gerade *unter Bezug auf die Aktualisierung idealer Bedeutungen im Denken (sc. in den bedeutungsverleihenden oder rein signitiven Akten) aufzuklären*. So gelangte Husserl in den *Logischen Untersuchungen* zu seiner Spezies–Theorie der Bedeutung: Ideale Bedeutungen sind eine Art Spezies, allerdings nicht von (gewöhnlichen) Objekten, sondern von signitiven Akten bzw. von deren Materien. Husserls Position lässt sich dann so charakterisieren:

(I')   Husserls Kritik am Psychologismus schliesst nicht jegliche "psychologische" Betrachtung der Bedeutungsthematik aus.

(II') Sprachliche Zeichen sind für Husserl eine besondere Art von Zeichen: sie unterscheiden sich als bedeutsame Zeichen von den bloss anzeigenden Zeichen.[14] Gleich wie physische Gegenstände nicht eo ipso anzeigende Zeichen sind, ebenso sind Ausdrücke (d.h. "Ausdruckserscheinungen" wie beispielsweise artikulierte Lautkomplexe und Schriftzeichen) nicht eo ipso bedeutsame (i.e. sprachliche) Zeichen. *Nur* im Rückgang auf *bedeutungsverleihende* Akte können physische Gegenstände überhaupt zu sprachlichen Ausdrücken werden.[15] Bei Husserl liegt damit dem Typus nach eine Bedeutungstheorie vor, welche die mentalen Akte ausführlich mitberücksichtigt. Das von Frege weitgehend offen gelassene Problem der "Verbindung" von Zeichen und Sinn wird bei Husserl damit nicht offen gelassen.

An der Sprache sich orientierende Typen von Bedeutungstheorien betrachten Sprache oft als *abstraktes System* von nach bestimmten syntaktischen Regeln geformten bedeutungsvollen Ausdrücken. Dabei involviert nicht nur die (semantische) Rede von *der Bedeutung* z.B. des Wortes 'Ratte', sondern bereits die (linguistische) Rede von *dem Wort* 'Ratte' bzw. *den Phonemen* /R/ und /L/, *dem Vokal* [a] usw. die Annahme von *Idealitäten*, nämlich von Lauttypen. Von einem bedeutungstheoretischen Gesichtspunkt ist natürlich die Rede von *der* Bedeutung eines Ausdruckes am wichtigsten, denn sie führt direkt auf die Frage nach dem

---

12   Husserl (1), 191. Vgl.: "Es muss zu klarem Verständnis kommen, was denn das Ideale in sich und in seinem Verhältnis zum Realen ist, wie das Ideale auf Reales bezogen, wie es ihm einwohnen und so zur Erkenntnis kommen kann." (Husserl, 1, 191).
13   Vgl. insbesondere auch Tugendhat (1), 15 f.
14   Vgl. Husserl (2), 30 ff.
15   Vgl. Husserl (2), 43 ff.

ontologischen Status von Bedeutungen. Eine phänomenologische Bedeutungstheorie geht von dem Prinzip aus, dass eine "Bedeutungstheorie" *ohne* Berücksichtigung des konkreten Sprachgebrauches und das heisst dessen Zusammenhanges mit dem konkreten Bewusstseinsleben, also mit psychischen Akten und ihren Inhalten, inadäquat ist. Denn "Bedeutungen" sind nach der Ansicht von Phänomenologen im Bewusstseinsleben fundiert. Das hat weiter den Vorteil, dass der Term 'Bedeutung' auch in einem weiteren Sinne genommen werden kann. Nicht *nur* durch Sprache vermittelte Akte, sondern auch nicht–sprachliche Akte wie Wahrnehmungen haben also eine Art von "Bedeutung", "deuten auf etwas hin", "meinen etwas". Darin, dass die Rede von Bedeutungen nicht auf linguistischen Sinn (= die Bedeutung von sprachlichen Ausdrücken) eingeschränkt bleibt, sondern auf *alle* Akte — unabhängig davon, ob sie "mit ausdrückenden Akten verflochten"[16] sind oder nicht — anwendbar ist, liegt gerade ein Hauptvorteil einer phänomenologischen Bedeutungstheorie.[17] Hier aber interessieren mich vor allem Akte, die mit ausdrückenden Akten verflochten sind, also sprachlich vermittelte oder linguistische Akte. Dabei kann ich im folgenden Abschnitt aber nur gerade auf das Problem der Idealität des linguistischen Sinnes eingehen[18] und lasse die bei linguistischen Akten auch vorhandene Anzeigefunktion beiseite.

3.2 Ideale Bedeutungen?

Anhand von zwei Thesen möchte ich zeigen, warum ich trotz Voraussetzung V₂ die Husserlsche Spezies–Theorie der Bedeutung nicht akzeptiere. Diese Thesen sind:

(i) Es gibt einen Unterschied zwischen linguistischem Sinn und aktueller oder pragmatischer Bedeutung von sprachlichen Ausdrücken;

(ii) Der linguistische Sinn von sprachlichen Ausdrücken ist keine Idealität im Fregeschen und Husserlschen Sinne, sondern ist das Ergebnis einer Idealisierung.

---

[16] Vgl. auch Husserl (2), 41 ff.

[17] Vgl. Smith (1), 171 ff.

[18] Unter Berücksichtigung einerseits der Husserlschen Unterscheidung zwischen anzeigenden und bedeutsamen Zeichen (vgl. dazu Simons 1, 228-32) und andererseits der kommunikativen Funktion von Zeichen im allgemeinen und von Sprache als intersubjektiver Institution im Besonderen könnte eine phänomenologische Bedeutungstheorie zur allgemeinen Semiotik und zur sogenannten Gebrauchstheorie der Bedeutung sowie zur Sprechakttheorie (bzw. zur Pragmatik im allgemeinen) in Beziehung gesetzt werden. Denn die von diesen verschiedenen Bedeutungstheorien (vgl. dazu die Darstellungen bei Kutschera (2) und Alston) betonten und teilweise überbetonten Aspekte von Sprache können von einer phänomenologischen Sprachphilosophie her durchaus erhellt werden (vgl. die von Simons (1, 228-39) entwickelten Grundzüge). Darauf sowie auf die manigfaltigen Arten der Referenz mittels verschiedener sprachlicher Mittel (z.B. singuläre und generelle Terme, vgl. dazu Simons (1), 240-56) kann ich hier natürlich nicht eingehen.

Zu These (i)

Zum linguistischen Sinn eines einzelnen Wort– bzw. Satz–Types (der Sprache L) gelangt man nur, wenn vom subjektiven Gesichtspunkt, vom partikulären Gebrauch der Worte und von einzelnen Sprechern, Hörern und Äusserungssituationen abstrahiert wird. Nehmen wir z.B. den linguistischen Sinn des Satzes 'Die Türe ist dort' ('p'). Die gekennzeichnete Abstraktion vorausgesetzt kann vereinfachend[19] gesagt werden, dass 'p' (qua Satz–Typ) normalerweise jederzeit dasselbe bedeutet, dieselbe Proposition ausdrückt – unabhängig davon, wer 'p' äussert, auf welche Raumstelle er oder sie sich dabei genau bezieht und an wen mit welcher Absicht 'p' geäussert wird usw. Dieser Kern einer sozusagen unverändert begrifflichen Bedeutung ist der Gegenstand von (linguistischen) Semantiken. Von einem phänomenologischen Standpunkt aus betrachtet leistet dieser intersubjektive linguistische Sinn zwar einen Beitrag, *bestimmt* aber *nicht vollständig* den *aktuellen* linguistischen Sinn, welcher durch signitive Akte (Denkakte) den in einer konkreten Situation verwendeten Worten *verliehen* wird. Dazu ein extremes Beispiel. Ein zu einer Party geladener Gast macht sich durch allzu feuchtfröhliches Benehmen unbeliebt, und der Gastgeber äussert zum nunmehr unbeliebten Gast (eventuell mit entsprechender Gestik) den Satz 'p'. Vom Standpunkt der (linguistischen) Semantik drückt 'p' weiterhin dieselbe Proposition aus, durch den Inhalt des vom Gastgeber vollzogenen Aktes drückt 'p' nun aber nicht nur *diesen* Sinn aus. Die wichtigste *aktuelle* Bedeutung von 'p' ist vielmehr das, was – auf der Ebene der linguistischen Semantik formuliert – in etwa durch 'Bitte verlassen Sie unverzüglich diese Party!' ausgedrückt werden könnte. Man könnte die Situation auch folgenderweise beschreiben. Wir können unterscheiden zwischen dem Verstehen einer Sprech*handlung* und dem Verstehen von *linguistischem Sinn bzw. propositionalem Gehalt* der in dieser Handlung verwendeten Ausdrücke. Sicherlich würde unser Gast den Gastgeber missverstehen, wenn er annimmt: Der Gastgeber will nur behaupten, dass die Türe dort ist [⊢ Die Türe ist dort]. Der Gast versteht die Sprechhandlung des Gastgebers nur dann angemessen, wenn er sie als Aufforderung versteht. Die hauptsächliche illokutionäre Rolle dieser Sprechhandlung ist also nicht eine Behauptung, sondern eine Aufforderung. Der Gast würde den Gastgeber aber immer noch falsch verstehen, wenn er ihn im Sinne der folgenden Aufforderung verstünde: !Die Türe ist dort (d.h. Mach dass die Türe dort ist). Er versteht ihn nur dann korrekt, wenn er ihn so versteht: ! Bitte verlassen Sie unverzüglich diese Party. Unser unbeliebt gewordene Gast muss für ein adäquates Verständnis also mindestens dreierlei verstehen: (a) Der Gastgeber vollzieht eine Sprechhandlung der Aufforderung, nicht bloss der Behauptung; (b) Der Satz(–typ) 'Die Türe ist dort', der standardgemäss in Kontexten des Behauptens bzw. als Behauptungssatz verwendet wird, wird vom Gastgeber nicht standardgemäss

---

[19] Vereinfachend, weil Aussagen mit indexikalischen Ausdrücken semantisch oft als unvollständige Ausdrücke betrachtet werden. Zu dieser Thematik vgl. vom Fregeschen Standpunk aus Künne (2), vom Husserlschen Standpunkt aus Smith (14).

verwendet; (c) Der aktuelle propositionale Inhalt (linguistische Sinn) von 'Die Türe ist dort' lässt sich hier durch den Satz ausdrücken: 'Sie verlassen unverzüglich diese Party'. Im Lichte dieser adäquateren Analyse, wo zwischen dem Verstehen der illokutionären Kraft von Sprechhandlungen und dem Verstehen des propositionalen Inhaltes unterschieden wird, muss hier zwischen der linguistischen propositionalen Bedeutung (bzw. Standard–Bedeutung) und der aktuellen propositionalen Bedeutung der sprachlichen Ausdrücke (Wort– und Satztypen) unterschieden werden.

Nehmen wir demgegenüber die folgende Situation: Jemand befindet sich mit mir in einem Gebäude, frägt mich nach dem Ausgang, und ich antworte (eventuell mit einer begleitenden Geste), dass die Türe dort sei. Der Inhalt meines Aktes verleiht den geäusserten Worten in diesem Falle eine Bedeutung, die mit dem linguistischen Sinn von 'p' übereinstimmt. Aber auch in diesem Falle bestimmt der linguistische Sinn von 'p' den aktuellen Sinn meiner Worte nicht vollständig – dem aktuellen Sinn der Worte können durch jeweilige Akt– Inhalte stets Bedeutungsgehalte verliehen werden, die über den linguistischen Sinn, i.e. die linguistische Kernbedeutung der zugehörigen Wort– und Satztypen, hinausgehen. So kann ich z.B., vorausgesetzt ich bin über die "Kurzsichtigkeit" der fragenden Person erstaunt, meinen Worten (z.B. mit Hilfe einer besonderen Betonung) eine aktuelle Bedeutung verleihen, die – auf der Ebene der linguistischen Semantik formuliert – auch mit dem Satz 'Die Türe? – Aber Sie brauchen bloss genau hinzusehen, die Türe ist ja dort vor Ihrer Nase!' ausgedrückt werden könnte.[20]

Allerdings ist nicht ausgeschlossen, dass die aktuelle Bedeutung von Worten mit dem linguistischen Sinn zugehöriger Wort–Typen annähernd oder vollständig übereinstimmt. Ähnlich wie z.B. eine Person meinen und behaupten kann:

'Fritz' bezeichnet Fritz

d.h. 'Fritz' bezeichnet genau den Gegenstand, der mir unter dem Namen 'Fritz' bekannt ist, kann sie auch meinen und behaupten:

'Die Türe ist dort'   meint   * Die Türe ist dort.[21]
                        (drückt aus)

---

[20] In diesem Zusammenhang stellt sich auch das Problem der approximativen Gleichheit (= Ähnlichkeit) und der vollständigen Gleichheit zwischen aktueller Bedeutung und linguistischem Sinn bzw. das Problem von approximativer und vollständiger Synonymität von Wort- und Satz-Typen. Vgl. dazu Simons (1), 247 ff.

[21] Im Unterschied zum singulären Term 'Fritz' bezeichnet der Satz 'Die Tür ist dort' als ganzer überhaupt nicht. Im Gegensatz zu Freges These kommt einem Satz(-Ausdruck) m.E. also keine Bezeichnungsfunktion zu. Zur Semantik des Termes 'meinen' bzw. 'ausdrücken' (im Unterschied zu 'bezeichnen', 'bedeuten') vgl. Sellars, Kap. 4.

In diesem Falle — so will ich sagen — ist unsere Person auf die durch 'p' (im Sinne der linguistischen Semantik) ausgedrückte Proposition selbst gerichtet.

M.a.W.: These (i) wird hier durch den Hinweis erläutert und plausibel gemacht, dass im Falle von mit ausdrückenden Akten verflochtenen Akten (also im Falle von linguistischen Akten) die aktuelle Bedeutung der verwendeten sprachlichen Ausdrücke, wie sie diesen durch die jeweiligen Akt–Inhalte verliehen wird, nicht mit dem intersubjektiven linguistischen Sinn, der begrifflichen Kernbedeutung der zugehörigen Wort– und Satz–Typen, übereinstimmen muss und in der Regel tatsächlich nur approximativ übereinstimmt. *In einer (gewöhnlichen) konkreten Rede wird der normale intersubjektive linguistische (semantische) Sinn in eine aktuelle (pragmatische) Bedeutung verwandelt.*

Zu These (ii)
Das Wesentliche von Worten und Kombinationen von Worten liegt darin, dass sie Bedeutungen (Sinneinheiten) haben bzw. ausdrücken. Bedeutungen sind jedoch keine lautliche Eigenschaften von sprachlichen Ausdrücken. Physische Gegenstände (sinnliche Wortzeichen: artikulierte Lautkomplexe und Schriftzeichen, eventuell auch Gesten) werden dadurch zu sprachlichen Ausdrücken, d.h. bedeutungsvollen Zeichen, dass bedeutungs-*verleihende* Akte (Denkoperationen) ihnen Sinneinheiten *zuweisen*.[22] Gemäss der von Frege und Husserl vertretenen These der Idealität des linguistischen Sinnes sind diese Bedeutungs-Entitäten *unzeitliche* und *absolut unveränderliche* Entitäten.[23] Was gemäss dieser These mit physischen Zeichen "verbunden zu denken" ist (Frege) bzw. den physischen Zeichen jeweils an intersubjektivem Sinn zugewiesen wird (Husserl), müssten demnach *vorgefundene, entdeckte ideale Bedeutungen* sein. Dabei müsste eine grosse Mannigfaltigkeit von unzeitlichen, unveränderlichen und in diesem Sinne idealen Bedeutungen angenommen werden. In der Ausdrucksreihe: 'der Tisch', 'ein Tisch', 'mein Tisch' liegen z.B. jeweils Bedeutungs*abwandlungen* bzw. Modifikationen des linguistischen Sinnes von 'Tisch' vor. Grundsätzlich kann die These von der Idealität der Bedeutungen so weitgehend verstanden werden, dass diese Modifikationen der *einen* Bedeutung des Termes 'Tisch' ebensoviele (wenn auch untereinander verwandte) unzeitliche, unveränderliche Sinneinheiten voraussetzen.[24] Geht man von verschiedenen Sätzen aus, z.B. 'Der Tisch ist gross und der Tisch ist schön', 'Der Tisch ist gross', 'Der Tisch ist schön' müssten gemäss dieser These wiederum ebensoviele (wenn auch untereinander verwandte) unveränderliche Propositionen voraus-

---

22 Vgl. dazu Ingarden (6), 104.
23 Vgl. Ingarden (6), 99 ff.
24 Vgl. Ingarden (6), 102.

gesetzt werden, die jeweils "fertige", zeitlos existierende, ideale Sinneinheiten wären, die nur entdeckt werden könnten.[25]

Ich kann die These von der Idealität der Bedeutungen im Sinne Freges und Husserls nicht akzeptieren. Denn unter Berücksichtigung des Faktums von Sinn*bildungen* (Diachronische Perspektive: Veränderungen der Bedeutungen von Ausdrücken innerhalb einer Sprache L; die Erschaffung neuer Sprachsysteme wie z.b. Kunstsprachen; Synchrone Perspektive (im bezug auf eine Sprache L): Bedeutungsstiftungen durch Nominaldefinitionen; Bedeutungsmodifikationen durch satzbildende Operationen usw.) führt diese These auf abstruse Konsequenzen.[26] Ich gehe davon aus, dass der linguistische Sinn von Wort– und Satz–Typen (und deren Kombinationen)[27] – genetisch betrachtet – *Produkt* einer *Idealisierung* ist. Diese Idealisierung erlaubt es u.a. auch, Sprache *als* abstraktes System von (bestimmten syntaktischen Regeln unterworfenen) bedeutungsvollen Zeichen zu betrachten und zu untersuchen. Als abstrakte Systeme sind Sprachen seinsmässig aber zunächst abhängig vom stiftenden Idealisierungsprozess selbst. Des Weiteren aber auch von zugehörigen Sprachgemeinschaften, deren Glieder in lebendiger, aktueller sprachlicher Kommunikation die auf der Basis intersubjektiver Vereinbarungen etablierten Syntaxen und Semantiken *aktualisieren*.[28] Von diesem Standpunkt aus lässt sich der linguistische Sinn von Ausdrücken im Unterschied zu ihrem aktuellen oder pragmatischen Sinn noch anders beschreiben. Der linguistische Sinn z.B. von 'Tisch' lässt sich als dem Zeichen 'Tisch' *zugewiesene kanonische* oder *Standardbedeutung*[29] charakterisieren, die – einmal auf der Basis intersubjektiver Vereinbarungen etabliert – in konkreten linguistischen Akten durch deren Inhalte *reaktualisiert* und den verwendeten Worten je *wiederzugewiesen* wird. Damit wird auch besser verständlich, warum die aktuelle Bedeutung eines Ausdruckes gegebenenfalls mit dem linguistischen Sinn (völlig) übereinstimmen kann: in solchen Fällen eben wird nichts Anderes als die kanonische Bedeutung reaktualisiert bzw. den verwendeten Worten wiederzugewiesen.[30]

---

25 Zu anderen Schwierigkeiten dieser Position vgl. Ingarden (6), 100 ff. Zu Ingardens eigener Position vgl. Ingarden (6), 103-10.

26 Dieser Ansicht ist auch Ingarden, vgl. z.B. Ingarden (6), 107.

27 Ähnlich wie Wort- und Satz-Typen selbst.

28 Für eine genetische Analyse dieses Prozesses der Idealisierung vgl. die hervorragende phänomenologische Arbeit von Simons (1).

29 Vgl. dazu auch Smith (1), 189 ff.

30 Dieses Re-Aktualisieren und Wieder-Zuweisen geschieht natürlich spontan. Denn kanonische Bedeutungen von Ausdrücken einer Sprache L stehen den Mitgliedern der Sprachgemeinschaft mehr oder weniger zur Verfügung, d.h. kanonische Bedeutungen werden in der sprachlichen Sozialisierung "erlernt" und können dann eben mehr oder weniger spontan re-aktualisiert werden. (Zu den schwierigen genetischen Problemen des Spracherwerbes und den dazu gehörigen elementaren Erfahrungen von Bedeutungen vgl. Simons (1), 136-223.) In der gesamten Argumentation bin ich also

3.3 Bedeutungs–Entitäten versus Objekt–Entitäten

Abschliessend muss ich noch Voraussetzung V_1 (vgl. §1) erläutern, also die These, dass die Unterscheidung von Entitäten überhaupt in eine Klasse von Objekt–Entitäten und in eine Klasse von Bedeutungs–Entitäten die allgemeinste kategoriale Unterscheidung der Ontologie ist.

Im Anschluss an Smith habe ich oben im Paragraphen 1 betont, dass diese Unterscheidung auf einer grundsätzlichen Differenz des erkenntnismässigen Zuganges beruht. Betrachten wir das folgende Schema eines sprachlich vermittelten, d.h linguistischen Aktes:

(I)   Akt   Sinn des Zeichens
        (Auffassungssinn)   ─────────────────────→ Referenzobjekt
                        Zeichen

Objekt–Entitäten sind Entitäten, die (gewöhnlich) sozusagen am Ende, an der *Referenten– oder Zielpunkt–Position* intentionaler Relationen liegen, während Bedeutungs–Entitäten die *Art und Weise der Referenz vermitteln*. Dies besagt, dass Bedeutungen (sc. pragmatische oder kanonische Bedeutungen von sprachlichen Zeichen, welche diesen Zeichen durch Auffassungs–Sinne von Akten verliehen werden) im gewöhnlichen Falle *kein id quod* sind.[31]

Die Situation wird allerdings noch etwas komplizierter. Denn in ausgezeichneten Fällen können *auch* Bedeutungs–Entitäten an der Referenten–Position von einzelnen Akten auftreten. Ähnlich wie die nach Freges Theorie mögliche Hierarchisierung von Sinnen$_F$[32] setzt dies aber eine Hierarchisierung von Akten bzw. Auffassungssinnen voraus, d.h. in derartig ausgezeichneten Fällen ist vom folgenden Schema auszugehen:

(II) Akt_2 ─────────────────────→   Referent
        (Auffassungssinn Akt_1
        zweiter Stufe)   (Auffassungssinn
                                                  erster Stufe).

---

von bereits etablierten linguistischen Sinnen von Wort- und Satztypen ausgegangen. Im Übrigen habe ich in der freimütigen Rede vom linguitischen Sinn von Wort und Satztypen auch nicht zwischen nominalen und funktionalen Ausdrücken unterschieden. Vgl. dazu Ingarden (6), §15.

[31] Das gilt auch dann, wenn sich Akte aus der externen Perspektive als nicht-referentielle Akte erweisen, vgl. oben §1.

[32] Vgl. dazu Smith (3), 118 ff.

Smith[33] sagt dazu: "One important species of such 'reference' ... is linguistically mediated reference based on constructions such as: 'Christ's vision on the cross', 'Pythagoras' theorem', 'the Gödelian argument', 'the General Theory of Relativity', and so on, as well as more familiar examples such as 'the concept horse', etc.". Im Falle z.B. von 'Der Begriff Pferd' lässt sich dies schematisch so darstellen:

		Sinn des Zeichens: 'Der Begriff *Pferd*'	Referent:
(III)	Akt (Auffassungssinn zweiter Stufe)	──────────────────→	Der Begriff *Pferd*
		Zeichen: 'Der Begriff *Pferd*'.	

Derartige *ausgezeichnete* Fälle erfordern zwar eine Präzisierung der oben gegebenen Begründung, heben aber den kategorialen Unterschied zwischen Bedeutungs– und Objekt– Entitäten nicht auf. Denn ein derartiges "Erfassen" ist ein "uneigentliches" Erfassen:

"Entities of all kinds may ... serve as the mediate targets for improper acts, as when, for example, we gain access–at–a–distance to the tallest man in Smolensk, or to the central point of the Sun. But in the case of mundane objects we accept (and are justified in accepting) such linguistic access as an *adequate* surrogate for intuitive or fulfilled access. This is because of the general possibility of turning linguistic into proper, fulfilling access by taking appropriate steps (e.g. by travelling to Smolensk and picking out the tallest man) either actually or in thought."[34]

Im Unterschied zu Objekt–Entitäten kann es beim erkenntnismässigen Zugang zu Bedeutungs–Entitäten aber kein in diesem Sinne intuitiv erfülltes Erfassen geben: Bedeutungs–Entitäten können nicht anschaulich "gegeben" werden. Zur Verdeutlichung vergleiche ich Schema III mit dem folgenden Schema:

		Sinn des Zeichens: 'x ist ein Pferd'	Referent:
(IV)	Akt (Auffassungs– sinn)	──────────────────→	irgendein Pferd
		Zeichen: 'x ist ein Pferd'.	

Dieses Schema zeigt einen gewöhnlichen Fall. Dies besagt: Durch den Auffassungssinn des fraglichen Aktes wird dem Prädikatsausdruck 'x ist ein Pferd' eine bestimmte Bedeutung wiederzugewiesen. Dieser Auffassungssinn bestimmt — funktionell betrachtet — die Referenz, d.h. er legt die Art und Weise fest, wie ich intentional auf bestimmte Objekt–Entitäten gerichtet bin, im vorliegenden Falle auf mögliche oder wirkliche Pferde. In einem solchen Fall kann die jeweilige signitive Intention (oder Leer–Intention) durch irgendeinen intuitiven

---

[33] Smith (3), 115.
[34] Smith (3), 115.

Akt (Wahrnehmungen oder Phantasieakte) anschaulich erfüllt werden.[35] Anders im Falle von Schema III. Der Begriff *Pferd* (= der linguistische Sinn des Wortes 'Pferd') kann erstens nicht anschaulich "gegeben" werden und er kann zweitens nur aufgrund einer Reflexion "erfasst" werden, d.h. er kann nur so zum "Referenzobjekt" werden, dass wir auf gewöhnliche Akte (vgl. Schema IV bzw. I) reflektieren und uns zum Bewusstsein bringen, was wir in ihnen "eigentlich" meinen. Dies setzt aber wenigstens den "Quasi–Vollzug"[36] (es kann aber auch ein echter Vollzug sein) der reflektierten Akte voraus, so dass bei einer solchen Reflexion beispielsweise Schema III so zu ergänzen ist:

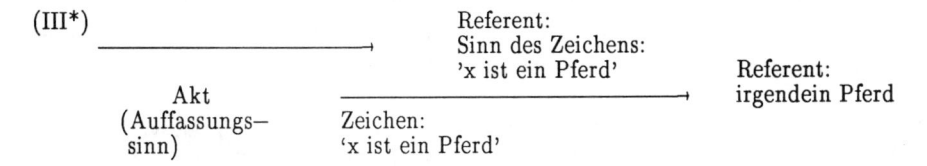

(III*)
————————————————→   Referent:
                     Sinn des Zeichens:
                     'x ist ein Pferd'   Referent:
   Akt   ————————————————→   irgendein Pferd
(Auffassungs–   Zeichen:
   sinn)   'x ist ein Pferd'

Offensichtlich liegt hier eine ganz eigenartige Situation vor. Im Normalfalle (vgl. Schema IV) nämlich fragen wir uns *nicht*, was wir "eigentlich meinen", wenn wir entweder an bestimmte Objekt–Entitäten in der oder jener Weise denken oder wenn wir "leibhaft gegebene" Objekt–Entitäten in der oder jener Weise auffassen. Im Normalfalle vielmehr denken wir simpliciter in der oder jener Weise bzw. wir fassen anschaulich "gegebene" Objekt–Entitäten simpliciter so oder so auf, d.h. Auffassungssinne vermitteln im Normalfalle einfach die jeweilige intentionale Referenzbeziehung.

---

[35] Gemäss der Klassischen Phänomenologie ist das bei jeder Art von Objekt-Entitäten möglich, vgl. unten §4.

[36] 'Quasi-Vollzug' - dies besagt: Wir denken nicht im Ernst an Pferde, sondern versuchen uns mittels Reflexion darüber klar zu werden, *welche* Objekt-Entitäten bzw. *welche* Eigenschaften von Objekt-Entitäten wir "eigentlich meinen", *wenn* wir in bloss signitiven Akten (im Ernst) an Pferde *denken* oder *wenn* wir Gegenstände, die uns aufgrund intuitiver Akte "gegeben" sind, (im Ernst) als "Pferde" identifizieren bzw. charakterisieren. Vgl. Tugendhat (1), 148 f.

§4 Zur Kritik des phänomenologischen Intuitionismus

Nach den Schriften einiger Klassiker der Phänomenologie zu urteilen, muss die Annahme einer besonderen *anschaulichen* Erkenntnis von "Allgemeinheiten" als *ein* proprium einer phänomenologischen Erkenntnistheorie und Methodologie betrachtet werden.[1] Faktisch ist die sogenannte "Wesenserschauung" von den einzelnen Phänomenologen methodisch zwar durchaus unterschiedlich bestimmt worden, im allgemeinen wird der ausgezeichnete Stellenwert der Intuition von Seiten der Phänomenologen aber durchgehend betont. M.E. wird der Stellenwert der Intuition von der Phänomenologie überbetont. Anders formuliert: Es gibt gute Gründe, gegenüber dem phänomenologischen Intuitionismus eine kritische Haltung einzunehmen. Meine letzte Voraussetzung lautet entsprechend:

(V_7) Das phänomenologische Modell einer nicht–sinnlichen Anschauung ist verfehlt und sollte durch das Modell eines epistemisch ausgezeichneten Verstehens ersetzt werden.

Zunächst will ich erklären, was unter "phänomenologischem Intuitionismus" zu verstehen ist (4.1). Dann will ich einige Hauptgründe gegen die Annahme einer anschaulichen Erkenntnis von "Allgemeinheiten" vortragen (4.2). Abschliessend werde ich noch kurz die vorgeschlagene Alternative erläutern (4.3).

4.1 Phänomenologischer Intuitionismus

Im Ausgang von Husserls Position betrachtet beruht der phänomenologische Intuitionismus auf zwei Prinzipien:

(P_1) "Am Prinzip aller Prinzipien: dass jede originär gebende Anschauung eine Rechtsquelle der Erkenntnis sei, dass alles, was sich uns in der Intuition originär ... darbietet, einfach hinzunehmen sei, als was es sich gibt ..., kann uns keine erdenkliche Theorie irre machen."[2]

Mit P_1 ist jedoch nur festgelegt, dass Anschauung (Intuition) *eine* Rechtsquelle der Erkenntnis ist. Um aber den "prinzipiellen" Intuitionismus der Phänomenologie zu garantieren, muss noch ein weiteres, sachlich grundlegenderes Prinzip berücksichtigt werden. Dieses lautet:

---

[1] So hat sich z.B. Husserl explizit gegen das empiristische Vorurteil gewendet, dass nur Individuelles anschaulich gegeben sein könne. Vgl. u.a.: "Es [sc. das Allgemeine] kann bald unklar bedacht und beredet, bald klar und in voller Intuition als es selbst, und als seiendes Allgemeines erschaut und erfasst sein." (Husserl 8, 129). Vgl. auch Husserl (6), §19.

[2] Husserl (6), 51.

(P₂) "Die Reden von Erkenntnis des Gegenstandes und Erfüllung der Bedeutungsintention drücken ... *diesselbe* Sachlage aus. Die erstere stellt sich auf den Standpunkt des gemeinten Gegenstandes, während die letztere nur die beiderseitigen Akte zu Beziehungspunkten nimmt ... Die Rede von der Erfüllung [gibt] dem *phänomenologischen Wesen der Erkenntnisbeziehung* den besser charakterisierenden Ausdruck."[3]

Das zweite Prinzip besteht kurz gesagt in der von Husserl in den *Logischen Untersuchungen* entwickelten *Erfüllungstheorie der Erkenntnis*.[4] Wenn der Begriff der Erkenntnis gemäss P₂ expliziert wird, also *jede* Form von Erkenntnis als Erfüllungsbeziehung zwischen signitiven und intuitiven Intentionen erklärt wird, *dann* führt P₂ zwingenderweise auf das Postulat einer kategorialen Anschauung im allgemeinen und auf das Postulat einer "Wesenserschauung" im besonderen, beides im Sinne Husserls verstanden.[5] Versuchen wir im Ausgang von Husserl die Hauptthesen eines phänomenologischen Intuitionismus genauer zu fassen, ergibt sich das folgende:

(i)   Es gibt abstrakte Gegenstände (z.B. Spezies);

(ii) Es gibt Wesenserkenntnis (z.B. Erkenntnis von Spezies);

(iii) Erkenntnis im allgemeinen *ist* Erfüllung einer signitiven Intention durch das in einer Intuition "Gegebene", d.h. jede Form von Erkenntnis ist als funktioneller Zusammenhang zwischen signitiver Intention (Leerintention) und intuitiver Intention (Intuition) aufzufassen;

(iv) Es gibt Ideation (Wesenserschauung; nicht–sinnliche Anschauung von "Allgemeinheiten").

Die Thesen (i) und (ii) werde ich an dieser Stelle nicht kritisieren.[6] Ich will nur Gründe gegen These (iv) – und damit implizit gegen These (iii) – vortragen.

4.2 Nicht–sinnliche Anschauung?

These (i) beruht auf Husserls Ansicht, dass Akte spezifischen Meinens und Auffassens (=A's) – deskriptiv betrachtet – verschieden sind von Akten individuellen Meinens und Auffassens (=B's), und dass A's nicht auf B's reduzierbar sind.[7] In einer *linguistischen*

---

3   Husserl (3), 567.
4   Zu den Besonderheiten dieser Theorie vgl. Haefliger (1), 5–18.
5   Vgl. dazu Haefliger (1), 12 ff. (Husserl fasst die "ideierende Abstraktion" bzw. "Ideation" als eine *Art* von "kategorialen Akten", vgl. Husserl (3), 690 (§52).
6   Vgl. aber unten Kap. 2.
7   Vgl. Husserl (2), 114.

Version kann These (i) so umformuliert werden:[8]

(i')   Es gibt Aussagen, die irreduzibel abstrakt sind.

Ein Beispiel dazu ist die Aussage: "Röte ist eine Farbe".[9] Und Husserls These (ii) kann so reformuliert werden:

(ii') Es gibt irreduzibel abstrakte Aussagen, von denen wir wissen, dass sie wahr sind.

Z.B. wissen wir, dass die Aussage 'Röte ist eine Farbe' wahr ist.[10] Was nun im Besonderen These (ii) betrifft, müssen gemäss Husserl zwei verschiedene Arten von Wesenserkenntnissen unterschieden werden: Einerseits jene Art von Wesenserkenntnissen, die gemäss These (iii) und (iv) nur unter Rekurs auf Wesenserschauung zu gewinnen und zu rechtfertigen sind und andererseits jene Art von Wesenserkenntnissen, die unter Rekurs auf Argumente, also deduktiv zu rechtfertigen sind. Damit ist der Husserlschen Auffassung Rechnung getragen, dass es durchaus auch Wesenserkenntnisse gibt, die in Form deduktiver Argumentationen zu gewinnen und zu rechtfertigen sind.[11] Da aber jedes logisch korrekte Argument einerseits nur soweit zu wirklicher Erkenntnis führt, als seine Prämissen wahr sind und andererseits nicht alle Prämissen ihrerseits in Beweis–Form erfasst und gerechtfertigt werden können, basiert jede Instanz der zweiten Art von Wesenserkenntnis de jure auf einer Instanz der ersten Art von Wesenserkenntnis. Entsprechend sind es Instanzen der ersten Art, die hier im Zentrum des Interesses stehen. Um dem Rechnung zu tragen, kann (ii') mit Künne[12] für meine Zwecke folgenderweise ergänzt werden:

(ii*) Es gibt irreduzibel abstrakte Aussagen, von denen wir wissen: (a) sie sind wahr und (b) wir akzeptieren sie nicht aufgrund eines deduktiven Argumentes.

Im Zusammenhang seiner Nominalismus–Kritik sagt Husserl: "Es ist aussichtslos, die Eigengeltung der Rede von allgemeinen Gegenständen überzeugungskräftig dartun zu wollen, wenn man nicht den Zweifel behebt, *wie* solche Gegenstände vorstellig werden können."[13] Unter 'vorstellig werden können' ist an dieser Stelle dasselbe zu verstehen wie unter 'anschaulich gegeben werden können', d.h. das besondere Engagement seiner Nominalismus– Kritik führt Husserl zur Annahme einer *nicht–sinnlichen* Anschauung aussersprachlicher

---

[8]   Vgl. Künne (1), 128 ff.
[9]   Zu den Gründen, warum diese Aussage *irreduzibel* abstrakt ist, vgl. unten Kap. 2.
[10] Vgl. Husserl (2), 115-18.
[11] Vgl. Husserl (6), §7.
[12] Vgl. Künne (1), 138.
[13] Husserl (2), 128.

abstrakter Entitäten.[14] Aus der weitverzweigten Diskussion möchte ich hier im Ausgang von Tugendhat (1) und Künne (1) einige Hauptgründe gegen die Annahme einer nicht–sinnlichen Anschauung aussersprachlicher abstrakter Objekt–Entitäten vortragen. Dabei werde ich besonders auch die Kompatibilität der bezüglichen Kritik mit oft übersehenen Aspekten der Husserlschen Position selbst betonen. Zu diesem Zweck gehe ich von der nach Husserl für die Wesenserschauung massgeblichen "Operation eidetischer Variation" aus.

Nach Husserl bildet eine methodische Operation, die an sinnlichen Anschauungen, genauer an Phantasievorstellungen vorgenommen wird, die Grundlage zur Erschauung eines Wesens X–heit. Diese Operation ist eine Art Experiment in der Imagination. Genauer unterscheidet Husserl in akt–phänomenologischer Hinsicht drei zum Prozess der Ideation gehörige Hauptschritte:[15]

(a) Die *innerhalb* eines invarianten Rahmens in der Phantasie zu vollziehende *freie Variation von Exemplaren;*

(b) Die *einheitliche Verknüpfung* der mannigfaltigen Variationen bzw. Variationsreihen;

(c) Die *Wesenserschauung im eigentlichen Sinn* als (gegenüber der bloss signitiven Intention) *schauende* (bzw. herausschauende) *Identifizierung* des Kongruierenden gegenüber den Differenzen der verschiedenen Varianten bzw. Variationsreihen.

Tugendhat hat diese Variationsoperation ausführlich mit der in den *Logischen Untersuchungen* beschriebenen Operation ideierender oder generalisierender Abstraktion verglichen[16] und nachgewiesen, dass "trotz der Dynamisierung die Vorstellung im Grunde die alte geblieben [ist]: das Vereinheitlichende ist ein in allen Individuen *gemeinsames* Moment *an* diesen selbst, das allerdings nur im 'Durchlaufen der Mannigfaltigkeit der Variationen' '*herausgeschaut*' werden kann"[17]. Ähnlich wie der fundierte Akt der ideierenden Abstraktion vorausgesetzt ist, "damit uns gegenüber der Mannigfaltigkeit von einzelnen Momenten einer und derselben Art, diese Art *selbst* und zwar als *eine und dieselbe vor Augen* stehen kann"[18], bildet auch die eidetische Variationsoperation einen Fall von: das *Gemeinsame* einer Mannigfaltigkeit *sehen*. Conditio sine qua non der nicht–sinnlichen Anschauung eines Wesens F–heit ist nach Husserl die Variation einer sinnlichen Anschauung: gemäss (a) sollen

---

[14] Dies ist eine Ergebnis, zu welchem Husserl natürlich wegen These (iii) gelangt. Zum Zusammenhang zwischen Husserls Nominalismus-Kritik und seiner Theorie der Ideation vgl. Tugenhat (1), 137 ff.
[15] Vgl. Husserl (9), 419.
[16] Vgl. Tugendhat (1), 137-49.
[17] Tugendhat (1), 146.
[18] Husserl (3), 691.

nämlich Exemplare, die F sind, in freier Variation in der Phantasie erzeugt werden; über Schritt (b) soll dann mit (c) mittels *schauender* Identifizierung des Kongruierenden in den variierten Exemplaren das allen erdenklichen Fs qua Fs "notwendig Gemeinsame"[19], eben das Eidos F—heit "gegeben" werden.[20] Sehen wir etwas genauer zu.

(1) Mittels freier Variation soll gesehen werden, was allen Fs qua Fs *notwendigerweise* gemeinsam ist oder (anders formuliert) dieses Verfahren soll den Umfang des Eidos F—heit "als die Unendlichkeit von *möglichen* Einzelheiten, die darunter fallen"[21] liefern.

Von dieser Zielsetzung her lässt sich aber folgenderweise argumentieren. Nehmen wir an, dass die vertrauten Anwendungsfälle von 'F' auch Anwendungsfälle von 'G','H','I' usw. sind. Wie lässt sich nun feststellen, ob ein Gegenstand a, der nicht G (nicht H usw.) ist, zum Umfang des Eidos F—heit gehört? Ein gutes Kriterium formuliert Künne so:[22]

(K) Ich frage mich, ob ich gewillt wäre, einen Gegenstand a, von dem ich weiss, dass er nicht G ist, mit 'F' zu charakterisieren — und zwar sogar dann, wenn die in unserem Universum geltenden (bekannten) empirischen Naturgesetze verlangen, dass ein beliebiger Gegenstand, der F ist, auch G ist.

K ist tatsächlich ein einsichtiges, operational gut überprüfbares Kriterium, mittels dessen entscheidbar ist, unter welchen Bedingungen 'F' von einem Gegenstand a prädizierbar ist. Gemäss der Äquivalenzthese: a exemplifiziert F—heit ≡ a ist notwendigerweise F lässt sich so mit Kriterium K *Klarheit darüber gewinnen, wie ich den Term 'F' eigentlich verstehe.*[23]

Von der Zielsetzung der Variationsoperation her formuliert lässt sich mithin festhalten: K allein genügt als Kriterium für die Explizierung eines Wesens X—heit. Ein Experiment in der Imagination mag für den angestrebten Klärungsprozess hilfreich sein, ist dazu aber nicht erforderlich. Genauer formuliert: *Wenn* mit Kriterium K zu eindeutigen Ja— oder Nein—Stellungnahmen gelangt werden kann, *dann* ist Imagination als solche bzw. Variation in der Imagination für die angestrebte Klärung faktisch überflüssig.

---

[19]   Husserl (9), 412.

[20]   Zur hier fälschlicherweise vorausgesetzten Rede von einem Sehen vgl. Tugendhat (1), 144 und Künne (1), 160.

[21]   Husserl (9), 423.

[22]   Künne (1), 162.

[23]   Vgl.: "Das Wesen F—heit ist für mich dann der Inbegriff all der Bedingungen, von denen gilt: ich muss überzeugt sein, dass ein Gegenstand sie erfüllt, wenn ich gewillt sein soll, ihn als F zu bezeichnen." (Künne 1, 162).

(2) Falls aber mit K *nicht* zu eindeutigen Ja- oder Nein-Stellungnahmen gelangt werden kann, dann kann die Phantasievariation keine Grundlage für die angestrebte Klärung liefern. Künne gibt dafür die folgende entscheidende Begründung:

> "In dieser Lage die Imagination als Schiedsrichter anzurufen wäre nun aber ganz abwegig, *da sich meine Unentschiedenheit auf sie überträgt* ... *Das, was der 'Phantasievariation'* — wenn sie nur Vorstellungen von Gegenständen durchlaufen soll, die F sind — *'ihre Grenzen vorschreibt', ist eine begriffliche Entscheidung* ...: 'Einen Gegenstand, der nicht G ist, würde ich nicht mehr als F bezeichnen'."[24]

Die Phantasievariation ist demnach nicht nur keine notwendige, sondern sie ist auch keine hinreichende Bedingung für die Möglichkeit der angestrebten Klärung. Hingegen gilt: *Dann und nur dann, wenn ich gemäss Kriterium K zu einer eindeutigen Stellungnahme gelangen kann, besteht die Möglichkeit die angestrebte Klärung eindeutig zu erreichen.* Wenn dies aber zutrifft, dann ist es *nicht* ersichtlich, was sich Husserl von den zum Prozess der Ideation gehörigen Schritten (a) und (b) sachlich für die angestrebte Klärung überhaupt verspricht. Wenn aber bereits die Schritte (a) und (b) nicht dasjenige zu leisten vermögen, was sie gemäss der Variationsoperation leisten sollten, wie sollte dies dann von einer mit Schritt (c) etablierten obskuren Art von *nicht-sinnlicher* Anschauung (die nach Husserl ja in den gewöhnlichen Phantasieanschauungen fundierte Anschauung ist) geleistet werden können?

Die Lehre, die daraus zu ziehen ist, lautet: Sieht man von der phänomenologischen These (iii) der Erfüllungstheorie von Erkenntnis ab, liegt mithin überhaupt kein zwingender Grund mehr vor für die Annahme der These (iv)! Zu beachten ist, dass diese Interpretation durch Husserls Position selbst im gewissen Sinne bestätigt werden kann. Denn These (iii) weist *jeglicher* Intuition relativ zur signitiven Intention eine Erfüllungsfunktion zu. Für die "Wesenserschauung" besagt dies, dass sie *prinzipiell nur* die Funktion hat, eine auf ein Eidos gerichtete signitive Intention zu erfüllen. Genauer (und mit Husserl formuliert): Leistung der "Wesenserschauung" ist allenfalls *nur* die Konstitution der originären, anschaulichen *Selbstgegebenheit* eines Eidos qua Invariante, die Konstitution der Gegebenheit eines Eidos *qua* Invariante ist dagegen Leistung der *signitiven* Intention. Dies zeigt sich gut anhand der Husserlschen Analyse der Variationsoperation. Mittels dieser soll eben ein Eidos qua Invariante zur "Selbstgegebenheit" gelangen. Damit aber im Prozess der Ideation der oben beschriebene *erste* Schritt (a), nämlich die im Rahmen eines invarianten Bereiches zu vollziehende Variation überhaupt durchführbar ist, *muss der Bereich, innerhalb dem Variationen zugelassen sind, vorgegeben sein!* Dies kann aber *nur* Leistung der *signitiven* Intention sein. Anders formuliert: Husserl selber geht bei der Wesenserkenntnis von der signitiven, spezifischen Intention aus; *aus ihr entnimmt er gewissermassen die jeweilige Invariante*. Aktphänomenologisch kann dies aber nur besagen: das jeweilige Eidos X-heit

---

[24] Künne (1), 163.

qua Invariante ist bewusstseinsmässig bereits "im Denken" konstituiert — bevor eine besondere Art nicht–sinnlicher Anschauung ihre Erfüllungsfunktion je ausüben könnte.[25]

4.3 Epistemisch ausgezeichnetes Verstehen

Das alternative Modell eines epistemisch ausgezeichneten Verstehens (i.e. bloss signitiven Intendierens) möchte ich unter bezug auf Chisholms Theorie epistemischer Bewertungen erläutern. Dass die Chisholmsche Theorie für die Phänomenologie von Bedeutung ist, geht u.a. daraus hervor, dass beispielsweise die Unterscheidung zwischen immanenten und transzendenten Wahrnehmungen im Sinne der Phänomenologie sehr gut mittels dieser Theorie verschiedener epistemischer Werte von zugehörigen Urteilen erläutert werden kann.

Bezüglich den Fragen: "Welche Rechtfertigung hat x zu glauben, dass p?"; "Wie kommt x dazu, dies oder jenes zu glauben bzw. zu wissen?" ist nach Chisholm genau dann ein "Schlusspunkt" erreicht, wenn auf sie eine Antwort vom folgenden Typus gegeben werden kann:
* Was meine Meinung rechtfertigt, ich wüsste, dass a F ist, ist einfach die Tatsache, dass a F ist.

Hier interessieren nur solche von der Klassischen Phänomenologie in Ansatz gebrachte "Wesenswahrheiten", die *nicht* aufgrund eines deduktiven Argumentes akzeptiert werden. Die zugehörige These (ii*) lautete ja: Es gibt irreduzibel abstrakte Aussagen, von denen wir wissen: (a) sie sind wahr und (b) wir akzeptieren sie nicht aufgrund eines deduktiven Argumentes. Betrachten wir die folgenden Beispiele:

(1)   Notwendigerweise gilt: Röte ist eine Farbe;

(2)   Notwendigerweise gilt: Alles, was rot ist, ist farbig;

(3)   Notwendigerweise gilt: Röte schliesst Bläue aus;

(4)   Notwendigerweise gilt: Alles, was rot ist, hat einen Teil, der nicht blau ist.

Bei dieser Beispielreihe kann u.U. behauptet werden, dass wir (2) und (4) akzeptieren, *weil* wir (1) und (3) akzeptieren. Von (1) und (3) kann dies dann aber nicht mehr behauptet werden, d.h. wir akzeptieren (1) und (3) in diesem Falle nicht aufgrund eines deduktiven

---

[25] Entsprechend ist es nicht erstaunlich, dass Tugendhat in seiner detailliert an Husserls Analyse der Wesenserkenntnis orientierten Interpretation zu einer sachlich übereinstimmenden Erklärung gelangt ist, mit dem Resultat, dass Husserls bezügliche Lehre "in etwa mit Kants Lehre vom Schematismus der Begriffe zusammenfällt" (Tugendhat 1, 148). Vgl. besonders Tugendhat (1), 148-49.

Argumentes. Tatsächlich sind auch nur (1) und (3) irreduzibel abstrakte Aussagen gemäss These (ii'). Da es hier um eine Auseinandersetzung mit den Thesen (i)–(iv) geht, will ich annehmen, dass die Aussagen (1) und (3) tatsächlich auch irreduzibel abstrakte Aussagen gemäss (ii*) sind.

Mittels der Aussagen (1) und (3) werden Propositionen ausgedrückt, die in der aristotelischen Tradition als "Axiome" – als "erste Prämissen", die nicht aus anderen Prämissen folgen – bezeichnet wurden.[26] Im Rahmen seiner Theorie epistemischer Bewertungen hat Chisholm für Propositionen, die im "aristotelischen" Sinne Axiome sind, folgende definitorische Präzisierung erarbeitet:[27]

(Df)   h ist ein Axiom :≡ h ist notwendigerweise derart, dass (i) h wahr ist und (ii) h für jedes S, wenn S h akzeptiert, absolut gewiss ist.

"Absolut–gewiss–zu–sein" – dies ist im Chisholmschen System der höchste epistemische Wert, welcher einer Proposition überhaupt zukommen kann. Im Rahmen seiner Definitionsreihen verwendet Chisholm einen undefinierten Grundterm, nämlich: 'p zu akzeptieren ist für S vernünftiger, als p zurückzuhalten'. Chisholm erläutert ihn u.a. folgenderweise:

" *Vernünftiger als* ist ein intentionaler Begriff: Wenn für jedes beliebige Subjekt S eine bestimmte Proposition zu glauben vernünftiger ist, als eine andere zu glauben, dann ist S zumindest fähig, die erste Proposition zu *verstehen* oder zu *begreifen*."[28]

Wenn eine Proposition p für eine Person S einen bestimmten epistemischen Status hat (wenn p z.B. für S absolut gewiss ist), dann handelt es sich um eine Proposition, die von S *verstanden* wird. Ohne dass S also eine Proposition p versteht, kann S nicht im eigentlichen Sinne für sich in Anspruch nehmen, dass es für sie vernünftig sei, p zu akzeptieren, zu verwerfen usw. M.a.W.: Das *Verstehen* von Propositionen geht bei Chisholm über eine ganze Reihe von Definitionen in die Explikation dessen ein, was ein Axiom ist. Bei Chisholm ist das Verstehen zwar nur so etwas wie das Frege'sche Erfassen eines Gedankens und also noch *nicht* ein Urteilen. Wir verstehen gemäss Chisholm z.B. auch falsche Propositionen, bevor wir dann deren Negation behaupten ("akzeptieren"); oder wir verstehen Propositionen auch dann, wenn wir uns eventuell einer Stellungnahme enthalten, d.h. sie weder akzeptieren noch verwerfen. Doch der entscheidende Punkt ist gerade dies, dass *jede* Stellungnahme das Verstehen voraussetzt. Entsprechend gilt, falls h ein Axiom ist, u.a. das folgende: h ist

---

[26]   Vgl. Chisholm (2), 68 f.
[27]   Vgl. Chisholm (2), 70. Die an sich noch erforderliche zeitliche Relativierung lasse ich einfachheitshalber weg.
[28]   Chisholm (2), 30.

notwendigerweise derart, dass h für jedes S, wenn S h [sc. aufgrund von *Verstehen*] akzeptiert, absolut gewiss ist. Dies genügt, um *im (freien) Anschluss* an Chisholm das Modell eines epistemisch ausgezeichneten Verstehens als Alternative zum phänomenologischen Modell einer nicht–sinnlichen Anschauung auszuzeichnen. Anders formuliert: Es ist damit eine akzeptierbare Alternative zum phänomenologischen Konstrukt einer nicht–sinnlichen Anschauung aussersprachlicher abstrakter Entitäten gefunden. Ich will sagen: Alle von der Phänomenologie beanspruchten "Wesenswahrheiten", die *nicht* aufgrund deduktiver Argumentationen akzeptiert werden, sind Thesen, die wir aufgrund eines epistemisch ausgezeichneten Verstehens bzw. aufgrund einer epistemisch ausgezeichneten signitiven Intention ("Denkakt") begreifen. Im Falle von solchen Wesenswahrheiten *ist* im Zusammenhang der Rechtferigungsproblematik tatsächlich ein "Schlusspunkt" erreicht — ohne dass wir gezwungen sind, für die Rechtfertigung bestimmter Thesen auf das phänomenologische Konstrukt einer nicht–sinnlichen Anschauung zu rekurrieren.[29]

---

[29] Vgl.: "Ist der Gegenstand, auf den wir Bezug nehmen, konkret, so haben wir eine eigentliche Vorstellung, wenn wir ihn *wahrnehmen*. Ist er aber abstrakt, so haben wir von ihm eine eigentliche Vorstellung, wenn wir eine repräsentative Bezeichnung dieses Gegenstandes *verstehen*. Um so etwas wie eine "originäre Gegebenheit" abstrakter Entitäten zu *beschreiben* (!), ist man also nicht angewiesen auf einen durch Beseitigung seiner sinnlichen Komponente um seinen Sinn gebrachten Anschauungsbegriff." (Künne 1, 183).

§5 Zusammenfassung: Phänomenologische Ontologie qua Sinn–Analyse

Im vorstehenden Kapitel wurden die wichtigsten Voraussetzungen der von mir vertretenen Konzeption einer phänomenologischen Ontologie zur Sprache gebracht. Übersichtshalber seien diese noch einmal zusammengestellt:

(V_1) Die allgemeinste kategoriale Unterscheidung der Ontologie ist die Unterscheidung von Entitäten überhaupt in eine Klasse von Objekt–Entitäten und in eine Klasse von Bedeutungs–Entitäten (vgl. §§1;3).

(V_2) Bedeutungs–Entitäten stehen im Zusammenhang mit dem Inhalt von Akten und sind nur von diesem Zusammenhang her befriedigend aufzuklären (vgl. §3).

(V_3) Eine adäquate Theorie der Intentionalität ist dem Typus nach eine Inhalts–Theorie, d.h. sie geht von der dreifachen Unterscheidung: Akt – Inhalt – Gegenstand aus (vgl. §1).

(V_4) Intentionale Erlebnisse können nicht nur von einem rein phänomenologischen (oder internen), sondern auch von einem nicht rein phänomenologischen (oder externen) Standpunkt aus betrachtet und analysiert werden (vgl. §§1;2).

(V_5) Von einem externen Standpunkt aus können referentielle und nicht–referentielle Akte unterschieden werden. Genauer können Akte aus externer Perspektive folgenderweise *extrinsisch* klassifiziert werden: (vgl. §§1;2)
   (i)   Akte, die ein Referenzobjekt und zwar ein autonom existierendes Objekt als Referenten haben (z.B. das Wahrnehmen eines Baumes);
   (ii)   Akte, die ein Referenzobjekt und zwar ein rein intentionales Objekt (im Sinne Ingardens), d.h. ein heteronom existierendes Objekt als Referenten haben (z.B. im Falle eines sprachlich vermittelten Aktes, wie er beim Lesen eines Romans vorkommt);
   (iii) Akte, die überhaupt kein Referenzobjekt haben (z.B. im Falle einer echten Halluzination).

(V_6) Es gibt unabhängig vom Bewusstsein eine Welt, die der Erkenntnis zugänglich ist (Metaphysischer und erkenntnistheoretischer Realismus, vgl. §2).

(V_7) Das phänomenologische Modell einer nicht–sinnlichen Anschauung wird durch das Modell eines epistemisch ausgezeichneten Verstehens bzw. signitiven Intendierens ersetzt (vgl. §4).

Im Lichte dieser Voraussetzungen lässt sich "Phänomenologische Ontologie" folgenderweise charakterisieren:

(1) Phänomenologische Ontologie ist *Sinn–Analyse*. Das spezifisch Phänomenologische oder der Zusammenhang mit der Intentionalität des Bewusstseins ergibt sich daraus, dass Bedeutungs–Entitäten letztlich nur im Rückgang auf Akte und ihre Inhalte (Auffassungssinne; Materien) aufzuklären sind. Dies gilt insbesondere für den linguistischen Sinn von sprachlichen Ausdrücken: kanonische Bedeutungen von sprachlichen Ausdrücken sind etwas, was im Inhalt linguistischer Akte reaktualisiert und den jeweiligen Ausdrücken wiederzugewiesen werden kann.

(2) Dem kann aber eine doppelte Wendung gegeben werden. "Sinn—Analyse" kann besagen: Analyse von Bedeutungs—Entitäten *qua* Entitäten besonderer Art. So verstanden ist eine phänomenologische Ontologie eine *Ontologie der Bedeutung* (Theorie von Bedeutungs— Entitäten). Als solche ist sie nicht ohne eine Phänomenologie von (insbesondere sprachlich vermittelten, d.h. linguistischen) Akten durchführbar. Denn zu ihren Themata gehören u.a.: das Verhältnis zwischen Akt—Sinnen und intersubjektivem linguistischem Sinn von sprachlichen Ausdrücken.[1]

"Sinn—Analyse" kann aber auch, und zwar vorzugsweise, besagen: Analyse von Objekt— Entitäten bzw. (genauer) Analyse von *aufgrund* von Akt—Sinnen (bzw. Akt—Inhalten) so und so vermeinten Objekt—Entitäten. So verstanden ist phänomenologische Ontologie *Gegenstands-Theorie* (Theorie von Objekt—Entitäten). Ihre Grundfrage ist: Was lässt sich über Objekt—Entitäten im allgemeinen und über die verschiedenen Arten von Objekt— Entitäten im besonderen auf der Grundlage von Sinn—Analyse behaupten?

Natürlich setzt eine phänomenologische Theorie von Objekt—Entitäten *ordo cognoscendi* keine (ausgearbeitete) phänomenologische Theorie der Bedeutungs—Entitäten voraus. Denn offensichtlich können wir im Ausgang von bestimmten aktualisierten Akt—Sinnen so und so vermeinte Objekt—Entitäten auch dann analysieren, wenn wir z.B. die Frage nach dem ontologischen Status von Akt—Sinnen (noch) nicht gestellt bzw. beantwortet haben. Insofern ist eine phänomenologische *Theorie* der Bedeutungs—Entitäten *keine* notwendige Bedingung für eine phänomenologische Theorie der Objekt—Entitäten. Nichtsdestoweniger können wir Objekt—Entitäten *ontologisch nur* aufgrund von Sinn—Analyse erforschen[2], d.h. wir müssen in der ontologischen Analyse irgendwelche Akt—Sinne aktualisieren, *aufgrund* derer wir (bestimmte, der Analyse unterworfene) Objekt—Entitäten so und so *vermeinen*.

(3) Die im Rahmen der ontologischen Begriffs— und Theorienbildung erreichten Thesen sind solcherart, dass sie geltungsmässig entweder auf "gewöhnlichem" Argumentieren (Deskription von Beispielfällen; Konstruktion von Beispielen und Gegenbeispielen pro oder contra; deduktive Argumente)[3] oder aber in besonderen Fällen aufgrund eines epistemisch

---

[1] Und dies von einem genetischen (vgl. Simons 1) wie von einem statischen Gesichtspunkt aus, wie er oben im Paragraphen 3 vorausgesetzt wurde. Die Ausführungen dieses Paragraphen sind also Elemente einer phänomenologischen Ontologie der Bedeutung.

[2] Wir können Objekt—Entitäten natürlich auch aufgrund unserer Erfahrung bzw. aufgrund unseres Erfahrungswissens erforschen. *Empirische* Erkenntnis von Objekt— Entitäten bzw. *empirische* Gegenstandstheorien sind aber zu unterscheiden von einer *ontologischen* Erkenntnis von Objekt—Entitäten bzw. von einer *ontologischen* Gegenstandstheorie.

[3] Vgl. Mulligan (1).

ausgezeichneten Verstehens gerechtfertigt werden.

Ich habe früher (vgl. §1) erklärt, warum und in welchem Sinne ich von "Voraussetzungen" einer philosophischen Konzeption spreche. Im vorliegenden Kapitel konnten die Voraussetzungen V_1–V_7 und die zugehörigen (sehr unterschiedlichen) Gründe für ihre Wahl leider nur skizzenhaft erläutert und entwickelt werden. Nichtsdestoweniger gehe ich nun direkt dazu über, *Ingardens* Ontologie–Konzeption vorzustellen und im Lichte meiner Konzeption einer phänomenologischen Ontologie zu diskutieren. Als in der Sache (dies gilt auch für die übrigen Teile der Untersuchung) besonders relevant werden sich dabei die Voraussetzungen V_3–V_5 erweisen.

Ingardens Ontologie–Konzeption

Ich will nun das Augenmerk auf Ingardens Konzeption einer phänomenologischen Ontologie werfen. Das Hauptziel des vorliegenden Kapitels ist es, Ingardens Konzeption im Lichte des im ersten Kapitel Ausgeführten zu diskutieren (§§7–9). Die vorangestellte Doxographie (§6) wird entsprechend nur kurz ausfallen.

§6 Ontologie und Metaphysik bei Ingarden

Die folgende thesenmässig gestaltete Doxographie kann nicht nur Ingardens Ontologieauffassung im engeren Sinne berücksichtigen. Denn *eine* wichtige Eigenart seiner Position besteht in der Unterscheidung zwischen Ontologie und Metaphysik als philosophischer Disziplinen. Ausserdem ist diese Unterscheidung auch für meine Position bedeutsam.

Zuerst zu Ingardens *Ontologie–Konzeption*. Ingarden vertritt folgende Thesen (Zu späteren Referenzzwecken seien diese nummeriert, wobei 'A' an 'Annahme'; 'Axiom' erinnern soll):

(A_1) Jeder Gegenstand kann hinsichtlich seiner Existenzweise, hinsichtlich seiner Form und hinsichtlich seiner materialen Ausstattung betrachtet werden. Entsprechend differenziert sich die Ontologie in eine Existential–, Formal– und Material–Ontologie.[1]

(A_2) Es sind grundsätzlich drei Seinsbereiche zu unterscheiden:[2] (a) Bereich Q der idealen Qualitäten; (b) Bereich I der Ideen; (c) Bereich O der individuellen Objekte. – Das "universe of discourse" (U) der Ingardenschen Ontologie lässt sich demnach folgenderweise fassen: U = {Q,I,O}.

(A_3) Die letzte Begründung für ihre Thesen findet die ontologische Analyse mittels einer *intuitiven* Erkenntnis idealer Qualitäten sowie der zwischen diesen bestehenden Relationen.[3]

(A_4) Ontologie ist apriorische Analyse des Gehaltes von Ideen.[4]

---

[1] Vgl. Ingarden (10), 58. Die verschiedenen Ontologien wurden m.W. zum ersten Mal in Ingarden (5) unterschieden.

[2] Vgl. Ingarden (10), 39. Besonders bemerkenswert ist die Anerkennung des Bereiches Q. Zu den reinen Qualitäten vgl. Ingarden (3), 226; (10), 81/82 sowie die konzentrierte Diskussion über Zusammenhänge zwischen idealen Qualitäten in Ingarden (3), 244 ff. Zur Ingardenschen Motivation für die Anerkennung des Bereiches Q vgl. Swiderski (2), bes. 84-86 und Schopper, 71 ff.

[3] Vgl.: "Ihre letzte Begründung hat sie [sc. die ontologische Analyse] in der reinen Erfassung der letzten idealen Qualitäten (der 'reinen Wesenheiten') und der zwischen ihnen bestehenden notwendigen Zusammenhänge." (Ingarden (10), 33/34). Tatsächlich sind nach Ingarden die idealen Qualitäten bzw. die zwischen ihnen bestehenden notwendigen Zusammenhänge die objektive, ontische Grundlage eines Wesensurteils (vgl. Ingarden (3), §26, bes. 243). Die zugehörige intuitive Erkenntnis (zu Ingardens Fassung der "Wesensintuition" als Erkenntnisoperation sui generis vgl. Ingarden (21), 2-11; Swiderski (1), 31 ff; Swiderski (2), 84 f.) wird entsprechend auch als eidetische oder apriorische Analyse par excellence betrachtet (vgl. Ingarden (3), 244 f). Im weiteren ist die angesprochene Erkenntnisart für die Ingardensche Ontologie deshalb von zentraler Bedeutung, weil sie einerseits im Besonderen (erkenntnismässiges) Fundament aller material-ontologischer Aussagen ist, andererseits aber Ingardens Theorie des individuellen Gegenstandes auf einem *Primat des Materialen* beruht (vgl. Swiderski (2), 81-84, bes. 83/84), d.h. existential- und formalontologische Behauptungen betreffs eines individuellen Gegenstandes sind von auf diesen bezüglichen materialontologischen Behauptungen abhängig.

[4] Vgl.: "Die ontologische Analyse besteht in der apriorischen Analyse der Ideengehalte." (Ingarden (10), 33). Diese Definition beruht auf einer ontologischen Theorie von Ideen; zum ontischen Aufbau von Ideen und ihrer Differenzierung in formale und materiale

(A₅) Das Ziel der ontologischen Untersuchung ist die Analyse der eidetischen Möglichkeiten bzw. der eidetischen Notwendigkeiten im bezug auf individuelle (ideale oder reale) Gegenstände ("Was ist für a eidetisch möglich?"; "Was ist für a eidetisch notwendig?").[5]

(A₆) Die ontologische Analyse setzt weder die Existenz von individuellen realen noch von individuellen idealen Objekt–Entitäten voraus.[6] Nach Ingarden gilt dies sogar bezüglich Ideen selbst[7], d.h die ontologische Analyse setzt auch nicht die Existenz von Ideen voraus.

(A₇) Eigentliche (material–)ontologische Sätze (i.e. Sätze über den Gehalt von (materialen) Ideen) lassen sich stets in äquivalente (material–)ontologische Anwendungssätze (i.e. Sätze über Objekt–Entitäten, die − möglicherweise − unter entsprechende Ideen fallen) umformulieren.[8]

Abschliessend will ich noch etwas zu Ingardens *Metaphysik–Konzeption* sagen.

Tatsächlich hat Ingarden keine Metaphysik geschrieben, sondern nur ein metaphysisches Programm[9] konzipiert. Entsprechend bemüht er sich in erster Linie um die Rechtfertigung seiner Forderung um Anerkennung eines spezifisch metaphysischen Problemgebietes.[10] Allerdings behauptet Ingarden *nicht*, dass metaphysische Probleme tatsächlich auch gelöst werden können. Vielmehr gesteht er explizit zu, dass die Rechtfertigung von metaphysischen Erkenntnissen besondere erkenntnistheoretische Probleme aufwirft.[11]

Ideen vgl. Ingarden (11), Kap. X. Für die Gründe, warum Ingarden Ontologie nicht als apriorische Analyse idealer Qualitäten und der zwischen diesen bestehenden Relationen definiert, vgl. unten §§7-8 sowie auch Swiderski (2), 86 f. und Schopper, 68-74.

[5] Vgl.: "... andererseits aber schreitet sie [sc. die ontologische Analyse des Gehaltes von Ideen] zur Analyse der reinen Möglichkeiten fort, die sich für das individuelle Sein aus den in den Ideengehalten festgestellten Beständen ergeben." (Ingarden (10), 34).

[6] Vgl.: "Die ontologische Betrachtung setzt keine individuelle, gegenständliche Tatsache im erweiterten Sinne voraus, in welchem er sowohl die reale Welt und die in ihr eventuell vorhandenen Gegenständlichkeiten, andererseits aber auch die Gebiete individueller Gegenständlichkeiten, die durch ein entsprechendes Axiomensystem bestimmt werden, umfasst." (Ingarden (10), 34). Zu den letzteren Gegenständlichkeiten, den idealen, vgl. auch Ingarden (10), 23 f; zum Verhältnis zwischen Idee und eventuell darunter fallenden individuellen Gegenstand vgl. Ingarden (11), 264 ff.

[7] Vgl.: "Es müssen aber die Behauptungen über Ideen, die deren Eigenschaften, formale Struktur usw. betreffen und die Möglichkeits- und Notwendigkeits-Zusammenhänge zwischen ihren Momenten bzw. zwischen den Ideen selbst feststellen, von denjenigen Behauptungen streng unterschieden werden, die die *Existenz* der Ideen im allgemeinen oder in dieser oder jener Art feststellen. Diese letzteren sind schon nicht mehr ontologisch ..." (Ingarden (10), 45).

[8] Vgl.: "Die Feststellungen, die sich auf die Konstanten und Veränderlichen einer Idee sowie auf die Beziehungen zwischen ihnen beziehen, lassen sich in Feststellungen über 'gemeinsame' und individuelle Merkmale entsprechender individueller Gegenstände umbilden." (Ingarden (10, 43); vgl. dazu auch Ingarden (10), 44.

[9] Vgl. dazu bes. Ingarden (10), 30 ff; 47 ff. sowie Ingarden (4) und (5).

[10] Vgl. Ingarden (10), 30-31; 48.

[11] Vgl. Ingarden (10), 32 f; 52 f. und Küng (6).

Worum geht es nun bei den metaphysischen Problemen? — "Unter den in unserem Sinne 'metaphysischen' Problemen stehen in erster Linie diejenigen, die das *tatsächliche Sein der Welt* im Sinne der *Gesamtheit* alles und jeden *Seienden überhaupt* betreffen"[12]. Falls "Welt" wie hier im Sinne von "Allheit des Seienden" verstanden wird, so umfasst sie, wie Ingarden ausdrücklich festhält, nicht nur "reale Gegenstände", sondern auch "das Gebiet idealer Gegenstände und das der Ideen"[13].

Mit den *Einzelwissenschaften* und im Besonderen den *Realwissenschaften* teilt Metaphysik einerseits das erkenntnismässige Interesse am *Existierenden* bzw. am *Faktischen*. Andererseits unterscheidet sie sich von ihnen dadurch, dass es der Metaphysik um die Klärung von *realisierten* Wesensverhalten bzw. — wie Ingarden selber formuliert— um Klärung von "wesensnotwendigen *Tatsachen* bzw. *tatsächlichen* Wesensbeständen"[14] geht. Zur Erläuterung für diese etwas eigentümliche Terminologie hier zwei Beispiele. Angenommen die ontologische Analyse gelangt zu folgender eidetischer Notwendigkeit: "Ein Bewusstsein kann nicht ohne Leib existieren". Der Metaphysik könnte es nun darum gehen festzustellen, dass in der Tatsachensphäre ein Bewusstsein mit Leib tatsächlich existiert. Die Tatsache, dass dieses existierende Bewusstsein hier notwendigerweise zusammen mit einem Leib existiert, wäre dann eine wesensnotwendige Tatsache bzw. ein "*tatsächlicher* Wesensbestand". Andererseits, wenn die ontologische Analyse zeigen kann, dass zwar jede Rose farbig sein muss, aber in eidetischer Hinsicht beispielsweise nicht rot sein muss, könnte die Metaphysik z.B. sagen: Das Rotsein von dieser Rose ist zwar eine Tatsache, aber *keine* "wesensnotwendige Tatsache".

Metaphysik und Realwissenschaften[15] betreffen also (allerdings sozusagen unter einem verschiedenen Erkenntnisinteresse) "dieselben Gegenständlichkeiten"[16] und insofern ist es nicht auszuschliessen, dass die im Rahmen einzelwissenschaftlicher Forschung erreichten Erkenntnisse "eine wesentliche Bedeutung für die Metaphysik"[17] haben. Vielmehr stellen sich die "echten metaphysischen Probleme oft gerade auf Grund der naturwissenschaftlichen Ergebnisse"[18]. Im Weiteren wendet sich Ingarden auch gegen die Auffassung, dass die

---

[12] Ingarden (10), 48.
[13] Ingarden (10), 48, Anm. 78.
[14] Ingarden (10), 48; vgl. auch Ingarden (10), 53.
[15] Vgl. dazu Ingarden (10), 21 ff.
[16] Ingarden (10), 32.
[17] Ingarden (10), 32.
[18] Vgl. Ingarden (10), 33.

metaphysische Erkenntnis zu wesentlichen Korrekturen einzelwissenschaftlich erreichter Erkenntnis führen *muss*.[19] Ähnlich wie der frühe Husserl[20] konzipiert Ingarden Metaphysik als solche Disziplin, welche unter Berücksichtigung rein ontologischer Erkenntnisse die einzelwissenschaftlichen Erkenntnisse *interpretiert und differenziert*.[21]

Während ihr erkenntnismässiges Interesse am Existierenden die Metaphysik von der *Ontologie* unterscheidet, teilen beide Disziplinen das Interesse an *Wesensbeständen*. Sachlich ist die Metaphysik von der Ontologie abhängig, und zwar in dem Sinne, dass die von der Ontologie begründeten Thesen z.B. bezüglich individueller Gegenstände Voraussetzungen für die zugehörigen metaphysischen Behauptungen darstellen. Grundsätzlich liegen folgende Beziehungen vor: Sofern es das Ziel der Metaphysik ist, *im* Ausgang von den "letzten Gegebenheiten" aus der Tatsachensphäre zur Feststellung *einer bestimmten* in der Tatsachensphäre *realisierten* eidetischen Möglichkeit vorzudringen, ist der in der Ontologie idealiter erarbeitete Überblick über das Spektrum von eidetischen Möglichkeiten betreffs individueller Gegenstände (a) für die Metaphysik in methodologischer Hinsicht heuristischer Leitfaden zur Aufdeckung von Wesen*tatsachen*[22] und (b) in geltungsmässiger Hinsicht für metaphysische Behauptungen eine echte Voraussetzung, d.h. allfällige Kontradiktionen zwischen (wahren) ontologischen Thesen und metaphysischen Thesen lassen den Schluss zu, dass die letzteren falsch sind[23]. Denn (einfach gesagt): Unmögliche Gegenstände können nicht existieren.

Während gemäss These (A$_6$) ontologische Aussagen über Reales frei von jeder Setzung individueller Gegenstände sind, gilt nun aber bezüglich metaphysischen Behauptungen:

> "Die metaphysischen Sätze [sind] entweder direkt Existentialsätze oder kategorische Sätze"; "Tritt im Rahmen einer metaphysischen Behauptung ein hypothetisches Urteil auf ..., so bildet es immer den Bestandteil einer metaphysischen Theorie, indem in derselben auch ein kategorisches Wesensurteil auftritt, welches das tatsächliche Bestehen des in dem Vordersatz des betreffenden Urteiles angesetzten Sachverhaltes feststellt."[24]

---

[19] Vgl. Ingarden (10), 33.
[20] Vgl. dazu Haefliger (1), 39-52.
[21] Vgl. Ingarden (10), 32.
[22] Vgl. Ingarden (10), 52.
[23] Vgl. dazu bes. Ingarden (10), 51 f. (Auch zur besonderen Bedeutung der negativen ontologischen Anwendungssätze für die Metaphysik.)
[24] Ingarden (10), 49. Genaueres zur Metaphysik-Konzeption Ingardens gibt Küng (6). Mit bezug auf Ingardens Hauptinteresse, sc. die Klärung und Lösung der Streitfrage Idealismus/Realismus, ist Metaphysik philosophische Hauptdisziplin. Vgl. dazu auch Ingarden (5).

Wir können also festhalten:

(A₈) Jede metaphysische Aussage ist entweder direkt ein Existentialsatz oder setzt einen bestimmten Existentialsatz voraus.

Nach diesen doxographischen Ausführungen noch einige Hinweise für das Weitere. Inwiefern gemäss These (A₁) jede beliebige Entität unter den drei, nach Ingarden zusammenhängenden[25] Aspekten der Form, der Materie und der Existenzweise betrachtet werden kann, und was diese Möglichkeit des Genaueren in ontologischer Hinsicht besagt — all dies werde ich an späterer Stelle ausführlich erörtern. Soweit mit den Thesen (A₃) und (A₄) die Möglichkeit einer intuitiven Erkenntnis von Allgemeinheiten in Anspruch genommen wird, verweise ich auf das oben im Paragraphen 4 Ausgeführte. Die besonderen Ingardenschen Beschreibungen der zugehörigen Erkenntnisoperationen brauche ich dabei nicht weiter zu berücksichtigen, denn die Annahme einer nicht–sinnlichen Anschauung aussersprachlicher, abstrakter Entitäten wird hier als phänomenologisches Konstrukt kritisiert und *prinzipiell* zurückgewiesen. Soweit in den Thesen (A₂)–(A₄) jedoch sozusagen das Herzstück der Ingardenschen Ontologie–Konzeption zur Sprache kommt, müssen diese im Folgenden genauer diskutiert werden. Dabei werden auch die Thesen (A₅)–(A₇) gebührend mitberücksichtigt werden müssen (§§7–8). Auf die These (A₈) schliesslich werde ich erst im letzten Paragraphen des vorliegenden Kapitels zu sprechen kommen (§9).

---

[25] Vgl. oben Anm. 3.

§7 Ideale Qualitäten?

Aus These (A₃) wird die grundlegende Bedeutung ersichtlich, die den idealen Qualitäten im Rahmen der Ingardenschen Ontologie–Konzeption zukommt. Tatsächlich ist die Anerkennung von idealen Qualitäten oder (wie Ingarden auch sagt) reinen Wesenheiten *eine* Eigentümlichkeit der Ingardenschen Systematik. Bevor ich meine Stellungnahme vortrage (7.5/7.6), soll das, was mit These (A₃) der Sache nach zur Debatte steht, unter verschiedenen Gesichtspunkten genauer erläutert werden (7.1–7.4).

7.1 Zu These (A₃): Relationen zwischen idealen Qualitäten

Allgemein gesprochen können ideale Qualitäten nach Ingarden in drei Weisen "auftreten" und entsprechend in drei verschiedenen Hinsichten betrachtet werden: (a) als reine Qualitäten; (b) als ideale Konkretisationen und (c) als aktuelle Konkretisationen.
Als reine Qualitäten betrachtet sind sie eine Art von Objekt–Entitäten, die "in sich selbständig", "abgeschlossen" und "unveränderlich" sind.[1]
Als ideale Konkretisationen betrachtet "konkretisieren" sich reine Qualitäten *als* sogenannte *Konstanten im Gehalt* von bestimmten, nämlich "materialen" Ideen.[2]
Als aktuelle Konkretisationen betrachtet "konkretisieren" sich reine Qualitäten *als individuelle Bestimmungen* von (idealen oder realen) individuellen Objekt–Entitäten.

Die zwischen idealen Qualitäten bestehenden "notwendigen" Zusammenhänge haben nach Ingarden ganz bestimmte Konsequenzen für die möglichen aktuellen Konkretisationen idealer Qualitäten. Bevor ich dies anhand von Beispielen erläutere, müssen einige *terminologische* Vereinbarungen getroffen werden. Dazu gehe ich von den folgenden Sätzen aus:

(1)   a ist rot und b ist rot

(1.1) $Fa \cdot Fb$

(2)   Röte ist sowohl in a wie in b aktuell konkretisiert

(2.1)   Röte ist sowohl in a wie in b instantiiert

(2.2) $F^+Ra \cdot F^+Rb$ (das Adskript '+' zu 'F' ergibt einen singulären abstrakten Term)

---

[1]   Vgl. dazu Ingarden (3), 226; 247; 182.
[2]   Vgl. dazu unten §8.

(3)   Röte ist in a instantiiert ≡ a exemplifiziert Röte
(3.1) $F^+Ra \equiv a\check{R}F^+$

Ich will voraussetzen, dass (1) wahr ist und dass mit Prädikation (1) zwei (also numerisch verschiedenen) Objekt–Entitäten die Eigenschaft *rot–zu–sein* zugesprochen wird. Sprachlich betrachtet charakterisieren wir in (1) diese beiden Gegenstände dann mittels *ein und demselben* Prädikatsausdruck 'ist rot'. Gemäss Ingarden ist (1) genau dann wahr, wenn sich eine bestimmte ideale Qualität sowohl in a wie in b aktuell konkretisiert (hat). Wollen wir diesen Sachverhalt klar formulieren, bedürfen wir eines *singulären* Termes für die fragliche ideale Qualität.[3] Im Deutschen bieten sich die Ausdrücke 'Röte', 'die Röte' oder auch 'Rotheit' an[4], sodass (1) und (2) notwendige Äquivalenzen sind. Daraus wird ersichtlich, dass ideale Qualitäten im Ingardenschen Sinne grosso modo etwas sind, was in der philosophischen Tradition unter dem Titel: "Universalien" diskutiert wird. Eben dadurch wird auch ersichtlich, dass 'Röte' in (2) genauer ein singulärer *abstrakter* Term, d.h. Eigenname einer idealen oder abstrakten Objekt–Entität ist.[5] Zwischen 'Röte' (bzw. 'Rotheit') und 'ist rot' besteht aber – rein sprachlich betrachtet – ein offenbarer Zusammenhang. Dieser lässt sich so auswerten, dass wir (1) und (2) prädikatenlogisch respektive mittels (1.1) und (2.2) reformulieren. Entsprechend lautet die erste Konvention: Ein Ausdruck wie 'F+' ist ein singulärer (abstrakter) Term, während ein Ausdruck wie 'F' der zugehörige generelle (konkrete) Term ist.

An dieser Stelle ist es auch günstig, noch eine weitere terminologische Konvention einzuführen. Die Ingardensche Formulierung (2) will ich mittels (2.1) reformulieren, sodass also der generelle Term 'R' in (2.2) für '(ist) instantiiert in' steht. Der zugehörige konverse Relationsausdruck '$\check{R}$' steht dann für 'exemplifiziert', sodass unter Voraussetzung von (2) u.a. auch (3) bzw. (3.1) gelten. Der Grund für *diese* terminologische Konvention liegt im folgenden: Gemäss Ingarden können auch ideale Qualitäten im Gehalt von Ideen ideal konkretisiert sein.[6] Z.B. mag die folgende Prädikation wahr sein:

(4)   Röte ist im Gehalt der Idee c ideal konkretisiert

(4.1) F^+ ist im Gehalt der Idee c ideal konkretisiert.

Daraus dürfen wir jedoch weder

---

[3] Denn 'ist aktuell konkretisiert in' ist ein zweistelliger Prädikatsausdruck, mit singulären Termen als Argument–Termen.
[4] Im Englischen z.B. 'the red' oder 'redness'.
[5] Vgl. dazu Künne (1), Kap. 1.
[6] Vgl. unten Kap. 8.

(5)   Die Idee c ist (ein) F

noch

(6)   Der Gehalt der Idee c ist (ein) F

folgern. M.a.W.: Die beiden Fälle der Konkretisation idealer Qualitäten müssen sehr verschieden sein. Deshalb ist es angezeigt, sie terminologisch möglichst deutlich zu unterscheiden. Meine zweite Konvention lautet entsprechend: Ich werde im folgenden nur dann von Konkretisation sprechen, wenn es im Ingardenschen Sinne um die ideale Konkretisation idealer Qualitäten im Gehalt von Ideen geht. Wenn es aber um die Instantiierung von idealen Qualitäten in individuellen Objekt–Entitäten geht, werde ich überhaupt nicht von Konkretisation sprechen.

Ich kehre nun zurück zur Aufgabe, Ingardens These (A_3) zu erläutern. Oben wurde betont, dass gemäss Ingarden zwischen den idealen Qualitäten "notwendige" Zusammenhänge bestehen, die ganz bestimmte Konsequenzen haben für mögliche Instantiierungen idealer Qualitäten. Einige, vielleicht auch die wichtigsten dieser "notwendigen" Zusammenhänge können wie folgt verdeutlicht werden:[7]

(Df_1)   Die idealen Qualitäten Q^+_1 und Q^+_2 *sind wechselseitig verknüpft* $:\equiv$ Alle Gegenstände, die Q_1 sind, sind notwendigerweise auch Gegenstände, die Q_2 sind und vice versa.
Also: $Q^+_1 \doteq Q^+_2 :\equiv N(\forall x)[Q_1(x) \longleftrightarrow Q_2(x)]$. Z.B. die Farbigkeit und die Oberflächigkeit sind wechselseitig verknüpft. D.h. Jeder farbige Gegenstand hat notwendigerweise eine Oberfläche und vice versa.

(Df_2)   Die ideale Qualität Q^+_1 *schliesst* die ideale Qualität Q^+_2 *ein* $:\equiv$ Alle Gegenstände, die Q_1 sind, sind notwendigerweise auch Gegenstände, die Q_2 sind.
Also: $Q^+_1 \supset Q^+_2 :\equiv N(\forall x)[Q_1(x) \longrightarrow Q_2(x)]$. Z.B. die Röte schliesst die Farbigkeit ein. D.h. Jeder rote Gegenstand ist notwendigerweise auch farbig.

(Df_3)   Die ideale Qualität Q^+_1 *schliesst* die ideale Qualität Q^+_2 *aus* $:\equiv$ Alle Gegenstände, die Q_1 sind, sind notwendigerweise Gegenstände, die nicht Q_2 sind.
Also: $Q^+_1 // Q^+_2 :\equiv N(\forall x [Q_1(x) \longrightarrow \neg Q_2(x)]$. Z.B. die Röte schliesst die Bläue aus. D.h. Jeder (vollständig) rote Gegenstand ist notwendigerweise nicht blau.

---

[7] In der Darstellung folge ich hier Zeglen. Im Unterschied zu ihr aber unterscheide ich in der Symbolisierung strikte zwischen den satzbildenden Operatoren der strikten Äquivalenz bzw. der strikten Implikation einerseits und den verschiedenen Relationszeichen andererseits, deren Argumente singuläre Terme (und eben nicht Sätze) sind. Deswegen die streng durchgehaltene Unterscheidung zwischen singulären und generellen Termen. Im Übrigen berücksichtigt Zeglen die wichtige Relation des Ausschlusses, also (DF_3) nicht. Ausserdem gibt sie sich im Grunde auch keine Rechenschaft darüber, was es besagt, Relationen zwischen idealen Qualitäten im vorgeschlagenen Sinne zu definieren, d.h. inwiefern ein solches Vorgehen vom Ingardenschen Standpunkt aus nicht akzeptierbar ist. Zu diesem wichtigen Punkt vgl. die weiteren Ausführungen im Text. Zu möglichen Problemen der Symbolisierung mittels modallogischer Operatoren vgl. Zeglen, 83–84.

(Df₄) Die ideale Qualität Q⁺ ist den idealen Qualitäten: $Q^+_1,...,Q^+_n$ *äquivalent*[8] $:\equiv$ Alle Gegenstände, die Q sind, sind notwendigerweise auch Gegenstände, die $Q_1,...,Q_n$ sind, und vice versa.
Also: $Q^+ \approx (Q^+_1,...,Q^+_n) :\equiv N(\forall x)[Q(x) \longleftrightarrow \{Q_1(x) \cdot ... \cdot Q_n(x)\}]$. Z.B. die Quadratheit ist äquivalent mit der Summe der idealen Qualitäten: Gleichseitigkeit, Rechtwinkligkeit, Parallelität. D.h. Jeder quadratische Gegenstand ist notwendigerweise ein gleichseitiges, rechtwinkliges Parallelogramm, und jedes gleichseitige, rechtwinklige Parallelogramm ist ein Quadrat.

Zu beachten ist: Die mit (Df₃) festgelegte Relation des Ausschlusses zwischen idealen Qualitäten besagt *mehr* als das blosse Nicht–Bestehen der Relation des Einschlusses. Z.B. ist es nicht der Fall, dass Röte Schwere einschliesst. Dies besagt aber nicht, dass Röte Schwere auch ausschliesst. M.a.W.: Es ist nicht der Fall, dass jeder rote Gegenstand notwendigerweise nicht schwer ist.

Die eben erläuterten Relationen zwischen idealen Qualitäten lassen sich gemäss der Ingardenschen These (A₃) mittels einer *intuitiven* Erkenntnis "erfassen". Diese besondere "erkenntnistheoretische" Ansicht soll uns hier nicht weiter beschäftigen. Hingegen ist es für unsere Zwecke wichtig zu beachten, dass die von mir vorgeschlagenen Definitionen auf zwei Schwierigkeiten führen.

Zunächst: Die im Definiens der jeweiligen Definitionen auftauchenden Bestimmungen sind im Sinne Ingardens als (material–) *ontologische Anwendungssätze* zu klassifizieren, i.e. als Sätze über individuelle Objekt–Entitäten, die möglicherweise unter bestimmte Ideen fallen. Unter diesem Gesichtspunkt können die gegebenen Definitionen aber erstaunen. Denn gemäss These (A₇) sagt Ingarden: Sätze über den Gehalt von Ideen (und *nicht* Sätze über Relationen zwischen idealen Qualitäten) können in äquivalente (material–) ontologische Anwendungssätze umformuliert werden. Diese Schwierigkeit kann erst im folgenden Paragraphen "gelöst" werden. Denn erst dort wird klar werden, warum Ingarden Ontologie – gemäss These (A₄) – als apriorische Analyse des Gehaltes von Ideen konzipiert. Momentan ist nur folgendes wichtig:

(a) Die Ergebnisse der apriorischen Analyse des Gehaltes von "materialen" Ideen sind – gemäss These (A₇) – (material–)ontologische Thesen im eigentlichen Sinne.

(b) (Material–)Ontologische Thesen im eigentlichen Sinne lassen sich – gemäss These (A₃) – in äquivalente (material–)ontologische Anwendungssätze umformulieren.

---

[8] Dies ist Ingardens Sprechweise, vgl. Ingarden (3), 225; 229; 230 und anderswo, z.B. Ingarden (11), 395.

(c) Wahre (material–)ontologische Thesen im eigentliche Sinne sind – gemäss These (A₃) – *geltungsmässig* in (wahren) Thesen über Relationen zwischen idealen Qualitäten *fundiert.*

Aufgrund von (a)–(c) sind wahre (material–)ontologische Anwendungssätze in wahren Thesen über Relationen zwischen idealen Qualitäten fundiert. Darin liegt sozusagen das "Rationale" der vorgeschlagenen Definitionen.

Diese führen aber noch auf eine weitere Schwierigkeit. Aufgrund von (a)–(c) können wir sagen: *Geltungsmässig* betrachtet sind ontologische Anwendungssätze als *Folge*–Sätze zu klassifizieren. Wahre Thesen über die zwischen idealen Qualitäten bestehenden Relationen sind demgegenüber *geltungsmässig* als ontologische *Basis*–Sätze zu klassifizieren. Dies besagt: Nach Ingarden ist ein ontologischer Anwendungssatz gegebenenfalls wahr, *weil* eine zugehörige These über Relationen zwischen idealen Qualitäten gegebenenfalls wahr ist. *Die umgekehrte Begründungsordnung wird von Ingarden aber nicht akzeptiert!* Dies hat Konsequenzen: Zwar kann Ingarden gegebenenfalls eine notwendige Äquivalenz zwischen ontologischen Folge–Sätzen und ontologischen Basis–Sätzen akzeptieren (vgl. A₇), er kann aber *nicht* akzeptieren, die zwischen idealen Qualitäten bestehenden Relationen in der von mir vorgeschlagenen Weise zu *definieren.* Entsprechend will ich mit den vorgeschlagenen Definitionen *nicht* die Ingardensche Position darstellen; vielmehr gehe ich von diesen Definitionen aus, um später meine Stellungnahme zu den idealen Qualitäten im Sinne Ingardens zu begründen (vgl. 7.5/7.6).

7.2 Ideale Qualitäten versus individuelle Eigenschaften

7.21 Individuelle Eigenschaften
Lässt die Aussage

(1)   a ist rot und b ist rot

nur die Explikation

(2)   Die Farbe von a (sc. Röte) = die Farbe von b (sc. Röte)

zu, und ist (2) eine akzeptable Explikation, wenn der Operator '=' im strengen Sinne als Identitätsoperator gelesen wird? – Wird eine Mannigfaltigkeit von roten Gegenständen vergleichend überschaut, lässt sich z.B. mit Husserl festhalten:

> "In allen Fällen sei das individuelle Moment ein anderes, aber 'in' jedem sei dieselbe Spezies realisiert; dieses Rot sei dasselbe wie jenes Rot – nämlich spezifisch betrachtet, sei es *dieselbe* Farbe – und doch wieder sei dieses von jenem verschieden – nämlich

individuell betrachtet, sei es ein verschiedener gegenständlicher Einzelzug."⁹ "Mit Evidenz lehrt die Vergleichung zweier konkreter getrennter Erscheinungen von 'derselben' Qualität, etwa 'demselben' Grün, dass eine jede *ihr* Grün hat. Die beiden Erscheinungen sind nicht miteinander verwachsen, als ob sie 'dasselbe' Grün als individuell–identisches gemeinsam hätten; vielmehr ist das Grün des einen von demjenigen des anderen real so getrennt wie die konkreten Ganzen, denen sie einwohnen."¹⁰

Gemäss dieser Auskunft muss ontologisch also zwischen Röte qua Species und Röte qua individuellem Moment unterschieden werden. (Nebenbei eine terminologische Anmerkung: Ein Ausdruck wie 'Röte' kann im Deutschen tatsächlich sowohl als singulärer, *konkreter* Term verwendet werden und bezeichnet dann eine individuelle Rotfärbung. 'Röte' kann im Deutschen aber auch als singulärer, *abstrakter* Term verwendet werden und bezeichnet dann die Rotheit. Falls es z.B. um die Rotheit geht, werde ich in Fällen, wo der Kontext nicht hinreichend klar ist, die oben eingeführte Konvention auch auf umgangssprachliche Terme anwenden und z.B. 'Röte⁺' bzw. 'Rotheit⁺' verwenden.¹¹) Nach Husserl sollte (1') – ein Satz von einer Form wie (1) –

(1')   F a · F b

demnach im Sinne der folgenden (komplexeren, aber adäquateren) Explikation aufgefasst werden:

(2')   (Ex)(Ey) [x ist individuelles Moment von a · y ist individuelles Moment von b · x ist Exemplar von F–heit · y ist Exemplar von F–heit · {x=y ⟶ a=b}].

Im Lichte von (2') ist (2) einerseits also insofern zutreffend, als beide individuellen Momente (im strengen Sinne) dieselbe Spezies bzw. ideale Qualität exemplifizieren, andererseits aber insofern unzutreffend, als, falls a und b numerisch verschiedene Gegenstände sind, die individuellen Momente nicht (im strengen Sinne) identisch sind.

Wenn wir nur reale Gegenstände berücksichtigen, kann die Rede von individuellen Momenten eines Gegenstandes a so präzisiert werden ('x' sei Platzhalter für singuläre, *konkrete* Terme):¹²

---

[9]   Husserl (2), 114–15.
[10] Husserl (2), 159.
[11] Zum sprachlichen Aspekt der Unterscheidung zwischen idealen Qualitäten und individuellen Eigenschaften vgl. Smith (9), 296 f.
[12] Vgl. Anm. 5 und 11. Vgl. Künne (1), 73, wo die folgende Bestimmung eines individuellen Momentes dargelegt wird. Künne formuliert (Dfx) im Sinne Husserls jedoch nicht ganz korrekt; die Definition wurde entsprechend verändert.

(Dfκ) Ein x von a ist ein individuelles Moment :≡ (i) a ist entweder raumzeitlich oder zeitlich lokalisierbar; (ii) Dieses x von a ist mit einem x von b *nur* dann (numerisch) identisch, wenn gilt: a ist mit b (numerisch) identisch *oder* a und b hängen entweder raumzeitlich oder zeitlich kontinuierlich zusammen; (iii) Dieses x von a kann nicht existieren, ohne dass gleichzeitig etwas existiert, das zu a in einer der unter (ii) spezifizierten Beziehungen steht.

(Dfκ) bedarf einiger Erläuterungen. Betrachten wir z.B. ein vollständig und uniform gefärbtes rotes Glas. Dieses kann in *Stücke* zerlegt werden bzw. an diesem können *Stücke* unterschieden werden, die ihrerseits vollständig und uniform rotgefärbt sind. Die individuelle Farbe des Glases aber, obgleich vom Glase selbst begrifflich unterscheidbar, ist von ihm nicht wie ein Stück materiell abtrennbar. Im Rahmen der Husserlschen Konzeptualisierungen ist entsprechend zwischen *konkreten* und *abstrakten Teilen* eines Gegenstandes zu unterscheiden.[13]

Konkrete Teile eines raumzeitlichen oder zeitlichen Gegenstandes sind seine abtrennbaren Stücke. Von diesen gilt: (a) jeder konkrete Teil eines Gegenstandes ist ebenso ein individuell Einzelnes wie der Gegenstand selbst (vgl. Stücke des Glases vs. das Glas); (b) jeder konkrete Teil eines Gegenstandes ist relativ zu diesem selbständig: er kann auch dann existieren, wenn der Gegenstand selbst nicht (noch nicht, nicht mehr) existiert.

Abstrakte Teile eines raumzeitlichen oder zeitlichen Gegenstandes sind seine individuellen Momente, d.h. nicht abtrennbare Stücke, sondern nur begrifflich (im Denken) unterscheidbare Teile. Von diesen gilt: (a') jeder abstrakte Teil eines Gegenstandes ist ebenso ein individuell Einzelnes wie der Gegenstand selbst (vgl. Farbe vs. Glas); (b') jeder abstrakte Teil eines Gegenstandes ist relativ zu diesem unselbständig: er kann nur existieren, wenn gleichzeitig der Gegenstand selbst existiert.

Der in (b) und (b') fixierten spezifischen Differenz zwischen Stücken und Momenten eines Gegenstandes wird in (Dfκ) in Bedingung (iii) Rechnung getragen.[14] Wie Objekte im allgemeinen in extensive und in nicht–extensive eingeteilt werden können, ebenso können auch individuelle Momente in extensive und in nicht–extensive eingeteilt werden.[15] Z.B.

---

[13] Vgl. Husserl (2), 272 ff.

[14] Vgl.: "Jeden relativ zu einem Ganzen G selbständigen Teil nennen wir ein Stück, jeden relativ zu ihm unselbständigen Teil ein Moment (einen abstrakten Teil) dieses selben Ganzen G." (Husserl 2, 272).

[15] Vgl.: "Wenn ein Ganzes eine derartige Zerstückung zulässt, dass die Stücke ihrem Wesen nach von derselben niedersten Gattung sind, als welche durch das ungeteilte Ganze bestimmt wird, so nennen wir es ein extensives Ganzes, seine Stücke extensive Teile." (Husserl 2, 273). Zu den nicht–extensiven individuellen Momenten im Besonderen vgl. Smith (8), 82.

bildet das individuelle Moment der Farbboberfläche eines roten Glases ein extensives Moment, während das individuelle Moment der Materie (=Auffassungssinn) eines Aktes ein Beispiel für ein nicht–extensives individuelles Moment ist. Ob ein Moment x ein extensives oder ein nicht–extensives Moment ist, hängt davon ab, ob der Gegenstand a, dessen Moment x ist, in der Weise existiert, dass a raumzeitlich oder nur zeitlich lokalisierbar ist (vgl. Bedingung i von DfK).[16]

Im vorliegenden Zusammenhang ist nun von Bedeutung, dass auch Ingarden die Konzeption individueller Momente anerkennt.[17] Und zwar sind individuelle Momente eines Gegenstandes nichts Anderes als die *individuellen Eigenschaften* von a, die ihrerseits im Sinne Ingardens als in a instantiierte ideale Qualitäten aufzufassen sind. M.a.W.: Ideale Qualitäten können sich instantiieren, und wenn sich eine ideale Qualität Q^+ in einem realen Gegenstand a instantiiert, kommt a die individuelle Eigenschaft Q zu.[18]

7.22 Ideale Qualitäten versus individuelle Eigenschaften

Gehen wir von der *Annahme* aus, dass es rotfarbige Dinge tatsächlich gibt. Es bieten sich dann zwei Alternativen an:

(a) Man führt 'a exemplifiziert Röte' als blosse Redeweise ein, indem man *definiert*

a exemplifiziert Röte $:\equiv$ a ist rot.

Dieses Vorgehen *verpflichtet nicht* zur metaphysischen Annahme bezüglich der idealen Qualität Röte.

(b) Man nimmt im Ernst ideale Qualitäten an. Dann folgt aus

(3) a ist rot

---

[16] Zur Verteidigung der Annahme individueller Momente vgl. Smith (8), 78 f.
[17] Vgl. Ingarden (11), §40 ff.
[18] Tatsächlich sehe ich hier von zwei Komplikationen ab. (1) Ideale Qualitäten können sich nach Ingarden auch in idealen Gegenständen instantiieren. Es gibt also auch individuelle Eigenschaften von idealen Gegenständen wie z.B. Zahlen. Oben in (DfK) wurden individuelle Momente aber nur im bezug auf reale, zeitlich oder raumzeitlich lokalisierbare Gegenstände präzisiert. Dies deshalb, weil ideale Gegenstände einen besonders kontroversen Fall darstellen. (2) Nach Ingarden tritt nicht jede in einem realen Gegenstand instantiierte ideale Qualität als dessen individuelle Eigenschaft auf. Exemplifizierten Qualitäten kommen im jeweiligen Gegenstand verschiedene formale "Funktionen" zu. Allgemein gesprochen: Nicht jede "Materie" tritt im jeweiligen Gegenstand in der Form: "Eigenschaft von" auf. Streng genommen ist der letzte Satz im Text also nicht korrekt. Doch von dieser Komplikation sehe ich hier ab, weil ich darauf im Teil 2 ausführlich zurückkommen werde.

die These

(4) Die ideale Qualität Röte ist in a instantiiert.

In einem solchen System kann zwar die Äquivalenzthese

(5) (∀x) (x exemplifiziert Röte ≡ x ist rot)

anerkannt werden, (5) wird aber *nicht* – wie oben – als *Definition* verstanden.

Mit bezug auf Ingardens Ontologie–Konzeption kann man entsprechend folgendes festhalten. Die Annahme, dass rote Dinge tatsächlich existieren, verpflichtet zur Annahme, dass die ideale Qualität Röte exemplifiziert wird und damit zur metaphysischen Annahme idealer Qualitäten. Denn wenn rote Dinge existieren, dann ist Ingardens Position wie unter (b) skizziert zu beschreiben.

Die Annahme, dass rote Dinge existieren, mag in mancher Hinsicht problematisch sein. Mir jedenfalls scheint *diese* Annahme weit weniger problematisch als die metaphysische Annahme, dass die ideale Qualität Röte existiert. Entsprechend will ich im folgenden ausdrücklich von der Annahme, dass z.B. rote Dinge existieren, ausgehen und die Frage stellen, ob auf die *Rede* von und über ideale Qualitäten ("Spezies"; "Universalien") zu Gunsten der *Rede* von und über individuelle Eigenschaften verzichtet werden kann.

Diese leitende Frage lässt sich noch präzisieren. Geht man von einer Klassifikation der Terme in singuläre und generelle einerseits und in abstrakte und konkrete andererseits aus[19], und versteht man unter einer *abstrakten* Aussage eine solche Aussage, in welcher abstrakte (sc. abstrakte singuläre und/oder abstrakte generelle) Terme vorkommen, lässt sich fragen:

(F) Gibt es irreduzibel abstrakte Aussagen?

Dabei seien die folgenden Kriterien akzeptiert:

(K$_1$) Frage F ist genau dann zu verneinen, wenn gilt: Es gibt gewisse Äquivalenzthesen, die sich als Reduktionsschemata verwenden lassen, d.h. sie lassen sich als Übersetzungsanweisungen verstehen, so dass jede Rede über ideale Qualitäten in jedem Falle und in allgemeiner Weise übersetzbar ist in eine Rede über individuelle Eigenschaften.

(K$_2$) Frage F ist genau dann zu bejahen, wenn gilt: Es gibt keine Äquivalenzthesen, die sich als Reduktionsschemata im eben bestimmten Sinne verwenden lassen.

Betrachten wir die folgenden zwei Fälle.

---

[19] Vgl. Künne (1), 20–39.

Erster Fall

Sätze, in denen singuläre *konkrete* Terme prädikativ mit singulären *abstrakten* Termen verknüpft werden, gemäss dem Schema: 'a exemplifiziert F–heit', z.B.

(6)   Dieser Stuhl exemplifiziert Röte⁺.

Für Sätze dieses Typus' gibt es das folgende Reduktionsschemata:

(R_1)   a exemplifiziert F–heit ≡ Fa.

Ein Satz wie (6) kann demnach gemäss (R_1) in jedem Falle und in allgemeiner Weise in einen Satz wie

(6')   Dieser Stuhl ist rot

übersetzt werden. (6') nun stellt *keine* abstrakte Aussage dar, d.h. es kommen in (6') keine abstrakten singulären oder generellen Terme vor. M.a.W. und ontisch gewendet: In Sätzen wie (6') wird *nur* über konkrete Gegenstände und individuelle Eigenschaften gesprochen. Dies bedeutet: Jeder Satz von der Form 'a exemplifiziert F–heit' kann so paraphrasiert werden, dass der resultierende Satz keine abstrakten Terme mehr enthält. Und dieses Faktum lässt sich so auswerten, dass die linke Seite der gemäss (R_1) gebildeten Äquivalenzthese als *blosse façon de parler* verstanden wird bzw. dass die rechte Seite der jeweiligen Äquivalenzthese als *kontextuelles Definiens* (Gebrauchsdefinition) aufgefasst wird.

Betrachten wir *nur* diesen ersten Fall, kann Frage (F) mit (K_1) verneint werden. Das heisst: Wenn man will, kann man die Rede über ideale Qualitäten gemäss dem ersten Fall als blosse Redeweise auffassen. Allerdings geht es um keine beliebige Willensentscheidung. Denn obgleich sprachliche Reduzierbarkeit als solche *nicht beweist*, dass es die betreffenden abstrakten Entitäten nicht gibt, ist Reduzierbarkeit doch wenigsten ein gutes *Indiz* dafür, dass bei den in Frage stehenden Sätzen ein blosses Feiern der Sprache am Werk ist.

Zweiter Fall

Sätze, in denen singuläre *abstrakte* Terme prädikativ mit generellen *abstrakten* Termen verknüpft werden, gemäss dem Schema: 'F–heit ist G–heit', z.B.

(7)   Röte⁺ ist eine Farbe⁺.

Für (7) kann gemäss (Df_2) des Abschnittes 7.1 folgende äquivalente These vorgeschlagen werden:

(7')   N(∀x) (x ist rot ⟶ x ist farbig).

(7') nun ist wiederum *keine* abstrakte Aussage, d.h. es kommen in ihr keine abstrakten singulären oder generellen Terme vor. Damit würde sich für den zweiten Fall das folgende Reduktionsschemata anbieten:

(R_2) F–heit ist G–heit $\equiv$ N($\forall$x) (x ist F $\longrightarrow$ x ist G).

Tatsächlich kann (R_2) aber *nicht* als Reduktionsschemata akzeptiert werden. Denn in diesem Falle müsste *jeder* Satz von der gleichen Form wie (7') mit einem Satz von der gleichen Form wie (7) äquivalent sein. Für den Satz

(8') N($\forall$x) (x ist farbig $\longrightarrow$ x ist räumlich ausgedehnt)

würde sich gemäss (R_2) dann aber

(8) Farbigkeit⁺ ist eine (räumliche) Ausgedehntheit⁺

ergeben. (8) wird im Deutschen jedoch gewöhnlich nicht akzeptiert.

Im Anschluss vor allem an eine detaillierte und sorgfältig argumentierende Arbeit von Armstrong[20] hat Künne noch eine Vielzahl anderer von nominalistischer Seite vorgeschlagene Reduktionsschemata analysiert und m.E. überzeugend gezeigt, dass diese nicht in allen Fällen zu akzeptierbaren Ergebnissen führen.[21] Daraus ist die Lehre zu ziehen, dass es

---

[20] Armstrong (1) ist hauptsächlich der Kritik an traditionellen und zeitgenössischen Positionen gewidmet. Er diskutiert – mit bezug auf Eigenschaften (z.B. "a hat die Eigenschaft F und b hat die Eigenschaft F") formuliert – die folgenden nominalistischen Versuche, die Annahme von Universalien zu umgehen: PRÄDIKAT–Nominalismus ["a hat die Eigenschaft F und b hat die Eigenschaft F ≡ a ist ein Anwendungsfall des Prädikates 'F' und b ist ein Anwendungsfall des Prädikates 'F'"]; BEGRIFFS– –Nominalismus ["a hat die Eigenschaft F und b hat die Eigenschaft F ≡ a fällt unter den Begriff F und b fällt unter den Begriff F"]; KLASSEN–Nominalismus ["a hat die Eigenschaft F und b hat die Eigenschaft F ≡ a ist ein Element der Klasse der F's und b ist ein Element der Klasse der F's]; MEREOLOGISCHER Nominalismus ["a hat die Eigenschaft F und b hat die Eigenschaft F ≡ a ist ein Teil der mereologischen Menge der F's und b ist ein Teil der mereologischen Menge der F's"]; ÄHNLICHKEITS–Nominalismus ["a hat die Eigenschaft F und b hat die Eigenschaft F ≡ a ist (mehr oder weniger) ähnlich dem Paradigma–Fall c, das ein F ist, und b ist (mehr oder weniger) ähnlich dem Paradigma–Fall c, das ein F ist"]. Trotz grosser Unterschiede (z.B. ist ein KLASSEN–Nominalist mit bezug auf Eigenschaften zugleich ein PLATONIST mit bezug auf Klassen, also Vertreter eines sogenannten extensionalen Platonismus, vgl. dazu Küng (1), 112 ff.) ist allen diesen Positionen die Strategie gemeinsam, aufgrund der jeweiligen Äquivalenzthesen die metaphysische Annahme von Eigenschaften qua Universalien zu vermeiden. Mit Armstrong, Künne und einer Legion anderer Autoren (darunter auch Ingarden) bin ich der Überzeugung, dass in der Streitfrage: Nominalismus–Platonismus die (zentnerschwere) Beweislast auf Seiten der Nominalisten liegt. Dies gilt insbesondere auch für die m.E. hoffnungsvollste Strategie jener Nominalisten, die individuelle Eigenschaften anerkennen und unter bezug auf Gleichheits– und Ähnlichkeitsrelationen argumentieren. Für einen Versuch in dieser Richtung vgl. Küng (1), 136 ff.

[21] Vgl. Künne (1), 129–36.

Fälle gibt, bezüglich denen Frage (F) mit (K₂) zu bejahen ist. M.a.W.: Die Rede über ideale Qualitäten scheint als eigenständige und unverzichtbare Rede aufgefasst werden zu müssen. Husserl (und Ingarden schliesst sich ihm darin an) zieht daraus die folgenden Konsequenzen:

"Es hat evidenterweise nicht bloss einen guten Sinn, von solchen Gegenständen [sc. abstrakten Gegenständen] ... zu sprechen und sie als mit Prädikaten behaftet vorzustellen, sondern wir erfassen auch einsichtig gewisse kategorische Wahrheiten, die auf solche ... Gegenstände bezüglich sind. Gelten diese Wahrheiten, so muss all das sein, was ihre Geltung objektiv voraussetzt."[22]

Weil Ingarden diese Husserlsche Schlussfolgerung akzeptiert, ist für ihn die *Rede* über ideale Qualitäten ganz klar eine eigenständige und unverzichtbare Rede. Ein "herzhafter" Nominalist könnte allerdings z.B. einwenden, dass das am Beispiel von Satz (8) vorgetragene Argument nicht viel beweist. Denn wir können unseren deutschen Sprachgebrauch ja ändern und sagen: wir wollen (sollen) Aussage (8) im Deutschen fortan akzeptieren! Doch *dieser* Vorschlag ist m.E. zum Scheitern verurteilt.[23] [24] Nun, die eben im Bezug auf (R₂)

---

[22] Husserl (2), 130.

[23] Ein "herzhafter" Nominalist könnte genauer das Folgende einwenden: (a) Wenn mittels Reduktionsschemata die Rede über ideale Qualitäten in eine Rede über individuelle Eigenschaften übersetzt werden kann, dann beweist dies, dass es die betreffenden abstrakten Entitäten nicht gibt. (b) Dass eventuell auf ein allgemeines Reduktionsschema verzichtet werden muss, ist irrelevant. Ausserdem steht noch nicht fest, dass in Zukunft kein allgemeines Reduktionsschema gefunden werden wird. (c) Schliesslich beweist das am Beispiel von Satz (8) vorgetragene Argument nicht viel. Denn Aussage (8) mag im Deutschen bis heute noch nicht akzeptiert sein. Es kann aber ein blosser Zufall sein, dass wir im Deutschen bisher nicht sagen wollten, Farbigkeit sei eine Ausgedehntheit. Wir können unseren Sprachgebrauch aber ändern und sagen: wir wollen oder sollen Aussage (8) im Deutschen fortan akzeptieren!
— Nun, der so argumentierende Nominalist läuft m.E. mit (a) zunächst Gefahr, die Beweiskraft sprachlicher Eliminationsstrategien zu überschätzen. Und mit (b) fegt er entweder Schwierigkeiten einfach vom Tisch oder er vertröstet uns auf die Zukunft. Und mit (c) schliesslich rekurriert er auf empirische Behauptungen über den (deutschen) Sprachgebrauch. Um z.B. Aussage (8) als wahr akzeptieren zu können, muss er insbesondere voraussetzen, dass der (deutsche) Sprachgebrauch mittels Bedeutungspostulaten sozusagen beliebig verändert werden kann. Damit aber handelt er sich eine grundlegende Schwierigkeit ein!
Betrachten wir die Aussage
   (9) Notwendigerweise gilt: Alles, was rot ist, ist farbig.
Unser herzhafter Nominalist muss im Lichte der genannten Voraussetzung letztlich zugestehen, dass anstelle von (9) auch gesagt werden könnte:
   (P₁) Der generelle Term 'ist rot' kann so verstanden werden, dass er sich auf eine bestimmte Farbe bezieht.
   (P₂) Man fasse den generellen Term 'ist rot' so auf, dass er sich auf eine bestimmte Farbe beziehe.
Gehen wir von P₁ oder P₂ als Prämissen aus, kann (9) sozusagen aufgrund eines 'deduktiven Argumentes' akzeptiert werden. Setzt man überdies generell das Reduktionsschema: "F–heit ist G ≡ alles, was F ist, ist notwendigerweise auch G" voraus, kann unser Nominalist weiter behaupten, dass mit P₁ oder P₂ als Prämissen z.B. auch die Aussage
   (10) Röte ist eine Farbe
aufgrund eines "deduktiven Argumentes" akzeptiert werden kann.

besprochenen Schwierigkeiten sind wohl für jeden, dessen Herz für eine nominalistische Position schlägt, ein "harter Brocken". Ist die von Husserl und Ingarden gezogene Schlussfolgerung aber zwingend?

Tatsächlich setzt die Wahrheit von (8') *nicht* nur eine Inklusionsrelation zwischen idealen Qualitäten gemäss (Df$_2$) voraus, sondern die Wahrheit von (8') setzt eine Relation der wechselseitigen Verknüpfung zwischen idealen Qualitäten gemäss (Df$_1$) voraus. Ein sozusagen trivialer Ausweg aus unserem Dilemma könnte nun die Annahme darstellen, dass eben für Sätze des zweiten Falles *mehrere* Reduktionsschemata anzunehmen sind, nämlich mindestens so viele wie oben Relationen zwischen idealen Qualitäten unterschieden wurden.[25] Dieser Vorschlag jedoch kann nicht recht überzeugen. Denn indem nicht mehr nur ein einziges Reduktionsschema angenommen wird, wird der Bankrott der Eliminationsstrategien gewissermassen implizit zugestanden. Denn *wie* können wir im Einzelfalle wissen, *welches* von mehreren Reduktionsschemata *anzuwenden* ist? Wie lauten die zugehörigen operationalen Kriterien? Setzt das auf den Einzelfall bezügliche Wissen nicht tatsächlich die von Ingarden in Anspruch genommene intuitive Erkenntnis (oder irgendeine andere Form von Erkenntnis) von idealen Qualitäten und der zwischen diesen bestehenden Relationen voraus? Ist damit Ingardens Position, dass die oben in den Definiens von (Df$_1$)–(Df$_4$) auftretenden Sätze als ontologische *Folge*-Sätze zu klassifizieren sind, nicht doch unausweichlich – mit der Konsequenz, dass die Rede über ideale Qualitäten eine eigenständige und unverzichtbare Rede ist? Was also sollen wir sagen?

---

[24] Die entscheidende Schwierigkeit liegt aber auf der Hand. Zwar ist zuzugestehen, dass mittels geeigneter Bedeutungspostulaten als Prämissen sozusagen für alle Sätze der Objekt–Sprache ein "deduktives Argument" gefunden werden kann. Doch diese Argumente sind einigermassen seltsame: mindestens die Bedeutungspostulate können nicht in der Objekt–Sprache formuliert sein, während das, was folgen soll, in der Objekt–Sprache formuliert sein muss! Damit wird aber das Hauptproblem ersichtlich: Inwiefern soll z.B. (9) im Grunde dasselbe besagen wie P$_1$ oder P$_2$? In diesen wird der Term 'ist rot' erwähnt, während er in (9) gebraucht und nicht erwähnt wird. Tatsächlich wird in (9) nicht über irgendwelchen Sprachgebrauch oder über Bedeutungen von Termen gesprochen, sondern (9) behauptet etwas darüber, wie sich Sachen notwendigerweise verhalten. Das Rekurrieren auf blosse Bedeutungspostulate, wie unser herzhafter Nominalist es tut, setzt voraus, dass wie sich Sachen notwendigerweise verhalten sozusagen von unserem faktischen oder postulierbaren Sprachgebrauch abhängig ist. In dieser Optik lässt es sich zwar leicht einrichten, solche Bedeutungspostulate zu formulieren, dass auch eine Aussage wie (8) oder noch weit abstrusere Aussagen als wahr akzeptierbar werden. Eine solche Position aber setzt voraus, dass die Wahrheit von Behauptungen darüber, wie sich Sachen verhalten und u.U. notwendigerweise Verhalten, letztlich durch unseren Sprachgebrauch festgelegt wird. Wahrheit bzw. Falschheit von objekt–sprachlichen Aussagen wird zur Angelegenheit von Konventionen! – Eine solche Position ist simpel falsch. Punktum. Gegenüber einem Nominalisten, der so wie unser herzhafter Nominalist argumentiert, soll hier also für Ingardens These eingetreten werden, dass die Rede über ideale Qualitäten (mindestens in einigen Fällen) eine eigenständige und unverzichtbare Rede zu sein scheint.

[25] Genauer mindestens drei Relationen, denn die Relation der Äquivalenz kann u.U. als abgeleitete betrachtet werden.

7.3 Ist Ingardens Ontologie–Konzeption metaphysikfrei?

Im Abschnitt 7.1 wurde zunächst Ingardens These (A_3) erläutert. Anschliessend habe ich ausgeführt, dass Ingarden zwar individuelle Eigenschaften akzeptiert, aber dennoch die Rede über ideale Qualitäten als eigenständige und unverzichtbare Rede auffasst (vgl. 7.2). Des weiteren sind ihm gemäss wahre Thesen über die zwischen idealen Qualitäten bestehenden Relationen als ontologische *Basis*–Sätze zu klassifizieren (vgl. 7.1).

Wie aber verhält sich dies zu den Thesen (A_6) und (A_7), denen gemäss Ontologie im Sinne Ingardens bezüglich individuellen (idealen oder realen) Gegenständen, die möglicherweise unter bestimmte Ideen fallen, weder *explizit* Existenzbehauptungen *machen* noch Existenzbehauptungen *implizieren* soll. *Dem Programm nach* muss Ingardens Ontologie frei von metaphysischen Existenzannahmen sein. Tatsächlich sind Existenzbehauptungen nach Ingarden *metaphysische* Behauptungen. Dies gilt aber auch bezüglich Ideen. Dass Ideen existieren, ist nach Ingarden eine metaphysische Behauptung.[26] Und dasselbe muss für die Behauptung, dass ideale Qualitäten existieren, gelten.

Es ist eine Sache zu behaupten, die Ontologie à la Ingarden sei *ihrem Programm nach* metaphysikfrei, und es ist eine andere Sache zu behaupten, die Ontologie à la Ingarden sei *tatsächlich* metaphysikfrei. Ausserdem kann man zwei Arten von "Metaphysikfreiheit" unterscheiden. Erstens in dem Sinne, dass kein Existentialsatz als ein *ontologischer* Satz bezeichnet wird, zur Ontologie gezählt wird. Und zweitens in dem Sinne, dass die Ingardensche Ontologie keine metaphysischen Existenzannahmen *voraussetzt*, derart, dass gilt: Kein ontologischer Satz im Sinne Ingardens impliziert einen Existentialsatz. Im vorliegenden Kontext nun lautet die Hauptfrage m.E. nicht, ob Ingarden nicht doch unter den ontologischen Aussagen auch Existenzbehauptungen (bezüglich idealen Qualitäten) auflistet. Entscheidend ist die Frage, ob die Ingardensche Ontologie–Konzeption in Tat und Wahrheit nicht entsprechende metaphysische Existenzannahmen (im eben bestimmten Sinne) *voraussetzt*.

Mit bezug auf die These (A_3) lässt sich fragen:

(F_1) Kann es überhaupt Erkenntnis von Relationen geben, die zwischen idealen Qualitäten bestehen sollen, ohne dass die Existenz von idealen Qualitäten erkannt wird und ideale Qualitäten also metaphysisch *vorausgesetzt* werden?

Und Weiter: Ingarden spricht davon, dass sich ideale Qualitäten im Gehalt von (materialen) Ideen "ideal konkretisieren". Mit bezug auf die These (A_4) lässt sich fragen:

---

[26] Vgl. u.a. Ingarden (10), 45.

(F_2) Kann es überhaupt Erkenntnis von im Gehalt (materialer) Ideen ideal konkretisierter Qualitäten geben, ohne dass die Existenz von reinen Qualitäten erkannt wird und also sich ideal konkretisierende Qualitäten metaphysisch *vorausgesetzt* werden?

M.E. müssen diese Fragen negativ beantwortet werden. Dies aber bedeutet: Erstens ist es *nicht* der Fall, dass kein ontologischer Satz im Sinne Ingardens einen Existentialsatz impliziert. Denn mindestens (wahre) ontologische Basis–Sätze im Ingardenschen Sinne implizieren Existentialsätze bezüglich bestimmten idealen Qualitäten. Ja es gilt noch mehr: Jeder ontologische Folgesatz, d.h. *jeder* (wahre) ontologische Anwendungssatz im Sinne Ingardens impliziert Existentialsätze bezüglich bestimmten idealen Qualitäten. Meine Schlussfolgerungen lauten: Es trifft erstens nicht zu, dass die Ontologie–Konzeption à la Ingarden metaphysikfrei ist; mindestens in bezug auf ideale Qualitäten *beruht* diese tatsächlich auf einer platonistischen Position. Zweitens, ein nominalistisch inspirierter Ontologe kann deswegen die Ingardensche Ontologie–Konzeption *nicht* akzeptieren.

Bevor ich nun in meiner Stellungnahme fortfahre, sollen noch zwei m.E.

7.4 Problematische Punkte

betont werden.

Erstens: In der (zeitgenössischen) Diskussion des Universalienproblems wird oft von einer Identifikation von Universalien mit der Bedeutung (Konnotation, Intension) genereller Terme ausgegangen. Belege hierzu gibt es viele. Man nehme irgendein klassisches Lehrbuch der Logik und betrachte sogenannte Interpretationen ("semantische Modelle") einiger (für den Prädikatenkalkül erster Stufe wichtiger) Ausdruckstypen. Carnap z.B. gibt die folgende Übersicht:[27]

AUSDRUCK	INTENSION	EXTENSION
Satz	Proposition (†)	Wahrheitswert (?)
Individuen–konstante	Individualbegriff (†)	Individuum (*)
Einstelliges Prädikat	Eigenschaft (*)	Klasse (*)
n–stelliges Prädikat	n–stellige Relation (*)	Klasse geordneter n–tupel von Individuen (*)

---

[27] Vgl. Carnap, 42.

Diese "Entitäten–Tafel" ist sozusagen hybrid: Bedeutungs–Entitäten (⁺) und Objekt–Entitäten (*) werden unter derselben Rubrik ("Intension") aufgeführt. Natürlich kann man sagen, dass für die Interpretation des Prädikatenkalküls vorwiegend pragmatische Gesichtspunkte entscheidend sind. Jedoch haben pragmatisch motivierte "Denkgewohnheiten" oft einen schlechten Einfluss. So werden denn faktisch auch in der *philosophischen* Diskussion der Universalienfrage Universalien oft mit Bedeutungen genereller Terme identifiziert. Ein bezeichnendes Beispiel ist J. Searle, wenn er sagt:

> "Insofar as the nominalist is claiming that the existence of particulars depends on facts in the world and *the existence of universals merely on the meaning of words*, he is quite correct. But he lapses into confusion and needless error if his discovery leads him to deny such trivially true things as that there is such a property as the property of being red and that centaurhood exists. *For to assert these need commit one to no more than that certain predicates have a meaning.*"; *"To put it briefly, universals are parasitic upon predicate expressions."*[28]

Solche Stellungnahmen machen deutlich, wie wichtig die (oben im ersten Kapitel erläuterte) kategoriale Unterscheidung zwischen Bedeutungs– und Objekt–Entitäten ist. Falls nämlich Universalien (bzw. ideale Qualitäten im Ingardenschen Sinne) existieren, handelt es sich jedenfalls um Objekt–Entitäten. Objekt–Entitäten jedoch kümmern sich nicht um unsere Prädikate, sie sind nicht "parasitic upon predicate expressions"! Dieser Punkt wird in der Sache auch von D.M. Armstrong betont:

> "I believe that the identification of universals with meanings (connotations, intensions) ... has been a disaster for the theory of universals. A thoroughgoing separation of the theory of universals from the theory of the semantics of general terms is in fact required."[29]

Wenn die "Searlsche" These akzeptiert wird, kann man sozusagen von einer 1–1–Zuordnung zwischen bedeutungsvollen generellen Termen einerseits und Universalien andererseits ausgehen. Zumindest gilt dies für solche Prädikate, die einen Begriff ausdrücken, der irgendwelche (erkennbare) logische Teile ("Merkmale" im Fregeschen Sinne) hat – wie z.B. für 'rot', 'Tier', 'Pferd'. Wir können in diesen Fällen mit Searle bedenkenlos die Röte, die Tierheit, die Pferdheit qua Universalien akzeptieren. Nun, *Ingarden* hat die "Searlsche" These sicherlich nicht akzeptiert. Als Vertreter einer phänomenologischen Bedeutungstheorie

---

[28] Searle (2), 105; 120 (der Reihe nach).
[29] Armstrong (1), xiv. Vgl. auch: "What we must do ..., is to distinguish with all possible sharpness between the meaning, intension, or connotation of a predicate on the one hand, and the property or relation, if there is one, in virtue of which the predicate applies to particulars, if it does apply to any, on the other. The study of the semantics of predicates must be distinguished from the theory of universals." (Armstrong 2, 12). Armstrong geht es im besonderen um die Verteidigung eines "Wissenschaftlichen Realismus" in bezug auf Universalien, was u.a. besagt, dass die Entscheidung, welche Universalien existieren, a posteriorisch zu begründen ist!

hat er nämlich einerseits "Bedeutungen" im Zusammenhang mit dem Inhalt von Akten diskutiert[30] und andererseits ideale Qualitäten bzw. Universalien ganz klar als Objekt—Entitäten verstanden.[31] Des weiteren trifft es auch nicht zu, dass Ingarden von einer 1–1–Zuordnung zwischen bedeutungsvollen Prädikaten und idealen Qualitäten bzw. Universalien ausgeht.[32] Trotzdem kann man das m.E. ungemütliche Faktum konstatieren, dass Ingarden in seiner Redeweise *äusserst freimütig* von generellen Termen zu zugehörigen singulären (abstrakten) Termen übergeht: von '(ist) ein Quadrat', '(ist) ein Dreieck' zu 'Quadratheit', 'Dreieckigkeit', von '(ist) rot', '(ist) ein Tisch' zu 'Röte', 'Tischheit' usw. Dabei gibt Ingarden faktisch m.W. *keine Kriterien für die Zulässigkeit* dieser Redeweisen an, d.h. Ingarden scheint in der Regel nichteinmal zwischen "putativen" und "echten" idealen Qualitäten (falls es solche überhaupt gibt) zu unterscheiden. M.a.W.: Theoretisch teilt Ingarden die "Searlsche" These zwar nicht; wenn man aber Ingardens Redeweisen betrachtet, erhält man nichtsdestoweniger leicht den Eindruck, dass er sich de facto an dieser These orientiert.

Ein *zweiter* m.E. problematischer Punkt hängt mit Ingardens Thesen (A$_6$) und (A$_7$) zusammen. Diese besagen u.a., dass die Ontologie im Sinne Ingardens bezüglich (idealen oder realen) Gegenständen, die *möglicherweise* unter bestimmte Ideen fallen, weder explizit Existenzbehauptungen macht noch solche impliziert. Andererseits aber sagt Ingarden von den idealen Qualitäten, dass sie sich im Gehalt von (materialen) Ideen "ideal konkretisieren". Dies bedeutet, dass Ingarden bezüglich idealen Qualitäten das folgende Instantiierungsprinzip *nicht* akzeptiert:[33]

(1) Für jedes n–adische Universale U$^+$ gilt: Es gibt mindestens n individuelle Gegenstände derart, dass diese U sind.

Vielmehr akzeptiert Ingarden:

(2) Für jedes n–adische Universale U$^+$ gilt: Es ist möglich: es gibt mindestens n individuelle Gegenstände derart, dass diese U sind.

---

[30] Vgl. z.B. Ingarden (3), 183; (6), 98 ff.

[31] Vgl. z.B. Ingarden (3), 168 ff.

[32] Ingarden unterscheidet z.B. zwischen Begriffswörtern solche, die formale Begriffe, und solche, die materiale Begriffe ausdrücken. Aber auch "materialen" (bedeutungsvollen) Prädikaten entsprechen gemäss Ingarden nicht einfach tel quel gewisse ideale Qualitäten. Z.B. akzeptiert Ingarden keine "negativen Eigenschaften" (vgl. dazu unten Teil 2, Kap. 4).

[33] Im Falle von nicht–"monadischen" Universalien U$^+$ müsste die gegebene Formulierung sprachlich natürlich angepasst werden. Z.B. ist für das duadische Vaterheit$^+$ zu schreiben: Es gibt mindestens zwei individuelle Gegenstände x und y derart, das x Vater von y ist.

Angenommen aber es gibt aus faktischen Gründen keine n individuellen Gegenstände derart, dass diese F sind, so existiert gemäss (2) nichtsdestoweniger das n–adische Universale F⁺. Und angenommen (was logisch wohl kaum eine widersprüchliche Annahme ist), es existieren überhaupt keine individuellen Objekt–Entitäten, so existierten (falls sie denn überhaupt existieren) gemäss (2) nichtsdestoweniger alle Universalien bzw. idealen Qualitäten. Vertritt Ingarden also die (m.E. problematische) Position: "Universalia ante rebus"?

7.5 Ideale Qualitäten?

Im Abschnitt 7.3 habe ich argumentiert, dass Ingardens Ontologie–Konzeption mit bezug auf ideale Qualitäten nicht metaphysikfrei sein kann. Und im Abschnitt 7.4 wurden im Zusammenhang von Ingardens Position zwei m.E. problematische Punkte betont. Abschliessend will ich nun meine Stellungnahme zu den idealen Qualitäten im Sinne Ingardens formulieren. Zu diesem Zwecke schliesse ich erneut an den Ausführungen der beiden ersten Abschnitte an: Im Abschnitt 7.1 habe ich u.a. ausgeführt, dass und warum Ingarden die in den Definiens von (Df_1)–(Df_4) vorkommenden Sätze als ontologische Anwendungssätze auffasst und solche ontologische Anwendungssätze insgesamt als ontologische *Folge*–Sätze versteht. Und im Abschnitt 7.2 wurde u.a. ausgeführt, dass und warum die Rede über ideale Qualitäten tatsächlich als eine eigenständige und unverzichtbare Rede erscheint. — *Im Lichte meiner Position einer phänomenologischen Ontologie* will ich jetzt gegenüber Ingardens Position die folgenden zwei Hauptthesen verteidigen:

(Th_1) Die von Ingarden als ontologische *Folge*–Sätze klassifizierten Aussagen können unter bestimmten Bedingungen auch als ontologische *Basis*–Sätze klassifiziert werden.

(Th_2) Diese Möglichkeit *lässt es zu, im* Rahmen der ontologischen Analyse die Rede über ideale Qualitäten und über die zwischen diesen bestehenden Relationen als eine blosse *façon de parler* aufzufassen, die zu keinen metaphysischen Annahmen verpflichtet.

Diese beiden Thesen bedürfen einiger Erläuterungen.

Zu These (Th_1)
Wir können einen Gegenstand a, der rot ist, sinnlich wahrnehmen bzw. wir können an einen solchen Gegenstand denken, und wir können in epistemisch ausgezeichneter Weise[34] verstehen dass einem Gegenstand, dem eine individuelle Eigenschaft "Röte" zukommt, notwendigerweise auch eine individuelle Eigenschaft "Farbigkeit" zukommt.[35] Und ebenso:

---

[34] Vgl. oben §4.
[35] Vgl. dazu auch Anm. 23.

Wir können an einen Gegenstand, der farbig ist, denken, und wir können in epistemisch ausgezeichneter Weise verstehen, dass einem Gegenstand, dem eine individuelle Eigenschaft "Farbigkeit" zukommt, notwendigerweise auch eine individuelle Eigenschaft "Ausgedehntheit" zukommt. Anders formuliert: Aus der Analyse des Sinnes: "Gegenstand a, der rot ist" können wir *faktisch* zum Sinn:"Jeder Gegenstand, der rot ist, ist notwendigerweise farbig" gelangen usw. Und zwar können wir dies faktisch mit einem epistemisch ausgezeichneten Verstehen.

Die von Ingarden vollzogene *metaphysische* Annahme von idealen Qualitäten, zwischen denen bestimmte Beziehungen statthaben, ist eine Annahme, die durch eine *weitere* Frage motiviert ist, nämlich durch die Frage: *Warum* ist ein roter Gegenstand notwendigerweise auch räumlich ausgedehnt? usw. Nach Ingarden sind ideale Qualitäten eine bestimmte Art von Objekt–Entitäten, denen ein vorgezeichneter (insbesondere existential–)ontologischer Status zukommt: sie sind Entitäten, die unabhängig vom menschlichen Denken, d.h. autonom existieren, und die sich unabhängig vom menschlichen Denken gegebenenfalls in individuellen Gegenständen instantiieren. *Für* Ingarden *erklärt* diese metaphysische Annahme, *warum* die ontologischen Folge–Sätze (im Ingardenschen Sinne) *nicht* von unserem Willen abhängen. Die Warum–Frage jedoch ist nicht zwingenderweise so zu stellen und zu beantworten, wie Ingarden dies tut. Gemeint ist nicht, dass diese Frage einfach übergangen oder verdrängt werden soll. Gemeint ist vielmehr: Die Warum–Frage kann auch unter bezug auf die phänomenologische Sinn–Analyse beantwortet werden. *Wir können auch das Faktum unseres epistemisch ausgezeichneten Verstehens bestimmter Tatbestände als solches hinnehmen.* Die zugehörigen Thesen, die im Sinne Ingardens ontologische Folge–Sätze sind, lassen sich insofern auch als ontologische *Basis*–Sätze klassifizieren!

Dass wir für eine Antwort auf die Warum–Frage vom Faktum unseres epistemisch ausgezeichneten Verstehens bestimmter Tatbestände ausgehen *können* – dagegen wird Ingarden grundsätzlich nichts einzuwenden haben. Vermutlich würde er aber einwenden, dass man auf diese Weise die Warum–Frage *nicht eigentlich* beantwortet habe. Dies *mag* zutreffend sein. Wichtig aber ist vorerst, dass wir aufgrund eines epistemisch ausgezeichneten Verstehens bestimmter Tatbestände *Kenntnis* davon haben (können), wie sich Sachen verhalten und u.U. notwendigerweise verhalten.[36] Und dadurch *wissen* wir, dass die Wahrheit ontologischer Basis–Sätze (in meinem Sinne) nicht vom Willen des Menschen abhängt. Wenigstens *insofern* "erklärt" das Faktum unseres epistemisch ausgezeichneten Verstehens bestimmter Tatbestände dasselbe wie Ingardens metaphysische Annahme von idealen Qualitäten.

---

[36] Vgl. auch oben Anm. 23 sowie §4.

Zu These (Th₂)
Die verteidigte Position hat den Vorteil, *nicht* zu metaphysischen Annahmen von idealen Qualitäten im Sinne Ingardens *verpflichtet* zu sein. Statt ideale Qualitäten im Ingardenschen Sinne anzuerkennen, könnte man z.B. auch sagen: Aufgrund von (a), nämlich unserer Bekanntschaft mit: dem konkreten (raumzeitlichen/zeitlichen) Gegenstand a mit der individuellen Eigenschaft F' und dem konkreten (raumzeitlichen/zeitlichen) Gegenstand b mit der individuellen Eigenschaft F'' *und* aufgrund von (b), nämlich der Erkenntnis, dass F' und F'' einander gleich sind – können wir den *Begriff* einer bestimmten *Objekt-Entität* F–heit bilden, von der gilt: F–heit verhält sich zu F' und F'' wie "das Eine über den vielen Gleichen". Gemäss dem *so* gebildeten Begriff einer höheren Objekt–Entität F–heit ist "F–heit" dann – ganz im Sinne des nominalistischen Konzeptualismus – eine besondere Art von rein intentionalem Gegenstand (im Sinne Ingardens).[37] In analoger Weise ist es denkbar, dass wir aufgrund eines epistemisch ausgezeichneten Verstehens zwischen den in der eben beschriebenen Weise konstruierten abstrakten Qualitäten bestimmte Relationen "konstruieren". Dabei handelt es sich nicht um sic–iubeo–Konstruktionen, sondern um *Konstruktionen cum fundamento in re.*

Mit These (Th₂) soll hier nun allerdings nicht entschieden werden, welcher (insbesondere existential–)ontologische Status den idealen Qualitäten tatsächlich zukommt. Betont werden soll nur dies: Wenn ideale Qualitäten auf konstruierte Qualitäten reduziert werden, können die von Ingarden als ontologische Basis–Sätze ausgezeichneten Aussagen trotzdem wenigstens als *ontologische Folge*–Sätze angenommen werden.

In *diesem* Sinne und *nur* in diesem Sinne, d.h. sofern wir einerseits aufgrund eines epistemisch ausgezeichneten Verstehens bestimmter Tatbestände Kenntnis davon haben (können), wie sich Sachen verhalten und u.U. notwendigerweise verhalten (Th₁) – und sofern andererseits Aussagen über ideale Qualitäten u.U. reduziert und somit als ontologische Folge–Sätze klassifiziert werden können, seien die oben im Abschnitt 7.1 vorgeschlagenen *Definitionen* hier *gegen* Ingarden verteidigt. Im Lichte einer Konzeption der phänomenologischen Ontologie qua Sinn–Analyse besagt dies: *Im* Rahmen der ontologischen Analyse ist die Rede über ideale Qualitäten und über zwischen diesen bestehende Relationen als eine blosse (allerdings nützliche) *façon de parler* aufzufassen, die zu keinen metaphysischen Annahmen verpflichtet. Das wirklich Entscheidende sind die von Ingarden als ontologische Folge–Sätze, hier aber als ontologische Basis–Sätze ausgezeichneten Aussagen.[38] In diesen aber wird *nicht* über ideale Qualitäten gesprochen. Diese methodische Devise müsste erst dann kritisch

---

[37] Zu den rein intentionalen Gegenständen im Sinne Ingardens vgl. unten Kap. 3.
[38] Dies wird im nächsten Paragraphen noch deutlicher werden.

hinterfragt werden, wenn hier über den ontologischen Status von idealen Qualitäten definitiv entschieden würde. Ich bin mir in dieser Sache aber keineswegs im klaren, werde deshalb auch nichts entscheiden.

7.6 Zusammenfassung

Nach meiner Auffassung ist die Annahme, dass rotfarbige Dinge existieren, weit weniger problematisch als die Annahme, dass ideale Qualitäten im Sinne Ingardens existieren. Im Rahmen von Ingardens Position aber *verpflichtet* die Annahme, dass rotfarbige Dinge existieren, zur Annahme, dass ideale Qualitäten im Ingardenschen Sinne existieren. Ich habe deshalb untersucht, ob im Lichte der von mir vertretenen Konzeption einer phänomenologischen Ontologie auf die Rede über ideale Qualitäten zugunsten der Rede über individuelle Eigenschaften verzichtet werden kann. Zunächst habe ich die These, dass die Rede über ideale Qualitäten im Sinne Ingardens als eine eigenständige und unverzichtbare Rede erscheint, präzisiert. Anschliessend habe ich zu zeigen versucht, dass und unter welchen Bedingungen eine als Sinn–Analyse konzipierte phänomenologische Ontologie nichtsdestoweniger auf die Annahme idealer Qualitäten im Sinne Ingardens zugunsten der Annahme individueller Eigenschaften verzichten kann. Die hier vertretene Ontologie–Konzeption *lässt es zu*, ideale Qualitäten als eine Art von rein intentionalen Gegenständen aufzufassen. Sie braucht dabei keineswegs auf die ontologischen Anwendungssätze im Sinne Ingardens zu verzichten, hat diese allerdings contra Ingarden als ontologische *Basis*–Sätze, und nicht als ontologische *Folge*–Sätze aufzufassen. Zu beachten ist schliesslich: Ich behaupte *nicht*, dass es ideale Qualitäten im Sinne Ingardens nicht gibt. Vielmehr wird die zugehörige Frage in meiner Stellungnahme zu Ingardens Position ausdrücklich offen gelassen. Das Entscheidende meiner Stellungnahme ist nur dies: Ontologische Folge–Sätze im Sinne Ingardens können von dem hier vertretenen Standpunkt aus als ontologische Basis–Sätze klassifiziert werden (vgl. Th$_1$); diese Möglichkeit aber gestattet es, *im* Rahmen der ontologischen Analyse die Rede über ideale Qualitäten und über zwischen diesen bestehende Relationen als eine blosse Redeweise aufzufassen (vgl. Th$_2$). Diese *methodische* Devise verpflichtet uns auf keine metaphysische Stellungnahme bezüglich den idealen Qualitäten. In diesem Sinne ist die von mir vertretene Ontologie–Konzeption in metaphysischer Hinsicht neutraler als jene Ingardens. Denn von ihr (nicht aber von jener Ingardens) können wir in der Tat behaupten, dass sie bezüglich idealen Qualitäten metaphysikfrei ist. Genau dies aber ist auch wünschenswert. Denn zu behaupten, dass ideale Qualitäten ("Spezies"; "Universalien") existieren, ist eine metaphysische Behauptung von grosser Tragweite. Es ist nach meinem Verständnis jedoch schlecht, nur schon durch die Konzeption der Ontologie *als* philosophischer Disziplin die Streitfrage zwischen Nominalisten und Platonisten bereits weitgehend entschieden zu haben.

§ 8 Ideen?

Gemäss These (A₄) ist Ontologie im Sinne Ingardens als apriorische Analyse des Gehaltes von Ideen zu beschreiben. Angesichts von These (A₃), die im vorhergehenden Paragraphen ausführlich besprochen wurde, ist das nicht ohne weiteres verständlich. Vor jeder weiteren Stellungnahme ist deshalb vorerst These (A₄) zu erläutern.

8.1 Ideen und ontologische Anwendungssätze

Ideen sind nach Ingarden eine Art von Objekt–Entitäten, die sich sowohl von idealen Qualitäten wie von den (idealen oder realen) individuellen Gegenständen unterscheiden.

Ideen *qua* Ideen unterliegen zwar auch der für individuelle Objekt–Entitäten wesentlichen gegenständlichen Grundform: "Subjekt von Eigenschaften – Eigenschaft von".[1] Neben anderen Eigenschaften kommt jeder Idee aber auch die Eigenschaft *einen–Gehalt–zu–haben* zu. Und dieser Gehalt (oder Inhalt) von Ideen ist seinerseits in allgemein explizierbarer Weise nach sogenannten Konstanten und Veränderlichen strukturiert. Im Einzelfalle spielt es eine Rolle, welche ideale Qualitäten "im" Gehalt von Ideen als Konstanten auftreten. Betrachten wir z.B. die Idee "Quadrat überhaupt". Im Gehalt dieser Idee treten als *Konstanten* die idealen Qualitäten Quadratheit, Gleichseitigkeit, Rechtwinkligkeit, Parallelität, Vierseitigkeit usw. auf, während das Merkmal: "von–irgendeiner–absoluten–Seitenlänge–sein" eine (materiale) *Veränderliche* des Gehaltes darstellt. (Je allgemeiner Ideen sind, umso grösser ist natürlich die Anzahl der materialen Veränderlichen des Gehaltes.) Daraus wird im Zusammenhang mit der Ingardenschen These (A₇) ersichtlich, dass individuelle Objekt–Entitäten, falls sie existieren, "unter" Ideen fallen. Alle aufgrund einer Ideengehaltsanalyse – insbesondere bezüglich der Konstanten eines Gehaltes – formulierten Thesen sind deshalb mit bestimmten Sätzen über individuelle Objekt–Entitäten notwendig äquivalent (aber nicht synonym). *Mit* Ingarden[2] bezeichne ich solche Sätze als *ontologische Anwendungssätze*. Wenn wir die Thesen (A₃), (A₄) und (A₇) zusammen in Betracht ziehen, sieht die Begründungsordnung (anhand des obigen Beispiels formuliert) gemäss Ingarden wie folgt aus (Zur Notation vgl. oben §7 und unten 8.2.):

Ebene der idealen Qualitäten:
(1)   Quadratheit⁺ ≈ [Gleichseitigkeit⁺, Rechtwinkligkeit⁺, Parallelogrammität⁺, ...]

---

[1]   Vgl. dazu unten Teil 2.
[2]   Vgl. Ingarden (10), 44.

Ebene der Ideengehaltsanalyse:

(2) Gehalt der Idee "Quadrat überhaupt": [Konstanten (Quadratheit*; Gleichseitigkeit*; Rechtwinkligkeit*; Parallelogrammität*; ...) & Variabeln (Von–irgendeiner–absoluten––Seitenlänge–sein; ...)]

Ebene der Anwendungssätze:

(3) N (∀x) [x ist ein Quadrat ⟶ (x ist gleichseitig · x ist rechtwinklig · x hat parallele Seiten · x hat Seiten von irgendeiner absoluten Seitenlänge)].

Momentan geht es nur um die Verdeutlichung des Umstandes, dass Ingarden zwischen den drei genannten Ebenen unterscheidet. Ich werde im folgenden von Ingardens *3–Ebenen––Ansatz* sprechen.

Für eine weitere Verdeutlichung von Ingardens Position ist jetzt von zwei Fragen auszugehen, nämlich:

(F_1) Worin unterscheiden sich gemäss Ingarden ideale Qualitäten von Ideen?

(F_2) Warum beschreibt Ingarden seine Ontologie gemäss der These (A_4)?

Ad (F_1)

Nach Ingarden zeichnet die für Ideen charakteristische "Doppelseitigkeit im formalen Aufbau" ideale Qualitäten *nicht* aus.[3] Eine ideale Qualität wie Röte unterliegt nach Ingarden sogar nicht einmal der gegenständlichen Grundform: "Subjekt von Eigenschaften – Eigenschaft von". Ideale Qualitäten sind *insofern* überhaupt keine Gegenstände (im engeren Sinne).[4] Das Fehlen einer Doppelseitigkeit impliziert, dass ideale Qualitäten nach Ingarden nicht die Eigenschaft *einen–Gehalt–zu–haben* haben. Obgleich z.B. gilt: Röte⁺ schliesst Farbigkeit⁺ ein[5], kann nach Ingarden nicht gesagt werden, dass Farbigkeit⁺ in irgendeinem Sinne eine "Unbestimmtheit" enthält; dagegen enthält die relativ zur spezielleren Idee "Röte" allgemeinere Idee "Farbmoment überhaupt" in ihrem Gehalt eine "Unbestimmtheit" (Variable), nämlich die materiale Veränderliche: "Von–irgendeiner–bestimmten–Farb–qualität–sein". Ideale Qualitäten werden von Ingarden deswegen als Entitäten charakterisiert, die "in sich selbst einfach und abgeschlossen"[6] bzw. "in sich selbst voll und ganz

---

[3] Vgl. Ingarden (3), 182.
[4] Vgl. Ingarden (11), 60.
[5] Vgl. oben §7.
[6] Ingarden (3), 226.

bestimmt"[7] sind.

Ad (F_2)

Das eigentliche Ziel der ontologischen Analyse ist gemäss These (A_5) die Aufklärung des eidetisch Möglichen bzw. des eidetisch Notwendigen im bezug auf individuelle (ideale oder reale) Gegenstände. Individuelle (und besonders individuelle reale) Gegenstände zeigen sich in direkter Erfassung als "eine eigentümliche, letzte, nicht mehr differenzierbare Ausgestaltung des Seienden"[8]. Dies besagt auch, dass die ihnen zukommenden Eigenschaften (wie Ingarden formuliert) "einander durchdringen" und "sich gegenseitig überlagern" — mit der Konsequenz, dass individuelle Gegenstände sozusagen "Systeme" darstellen, die eine direkte Erkenntnis zumindest erschweren.[9] Demgegenüber ist der Gehalt von Ideen für eine mögliche Erkenntnis nach Ingarden leichter zugänglich. Denn: "Das prinzipielle formale Schema, das den Ideengehalt charakterisiert, ist nicht die gegenständliche Grundform ..., sondern die Struktur: 'das Ganze' — der 'Bestandteil des Ganzen'."[10] Die gegenständliche Grundform spielt bei der Idee zwar auch eine Rolle, aber sie kommt *nicht* dem Gehalt, sondern nur der Idee als Ganzer zu. Wie der Ideengehalt des Genaueren strukturiert ist, lässt sich damit allerdings noch nicht sagen. Offenbar kann der Gehalt von Ideen nicht als ein blosses Ganzes (nämlich von ideal konkretisierten Qualitäten) verstanden werden. Denn es müssen auch Relationen vorkommen, welche diesen Gehalt weiter strukturieren. Wie immer es sich damit verhält, nach Ingarden soll jedenfalls die formale Struktur: "Ganzes — Teil des Ganzen" erkenntnismässig leichter zugänglich sein als die gegenständliche Grundform: "Subjekt von Eigenschaften — Eigenschaft von". Und damit wird zunächst einigermassen verständlich, warum nach Ingarden die Ideengehaltsanalyse einer direkten Analyse von individuellen (idealen oder realen) Gegenständen vorzuziehen sei. Ausserdem hat es die Ontologie mit Möglichkeiten von verschiedener Allgemeinheit zu tun, und die Hierarchien dieser Allgemeinheiten sind durch die in den Ideen vorkommenden Variabeln bestimmt. Wie wir später noch sehen werden, enthalten individuelle Gegenstände demgegenüber keine Variabeln; sie müssen stattdessen (äusserst viele oder unendlich viele?) Konstanten enthalten, sodass auch von dieser Seite her die Ideengehaltsanalyse einer direkten Analyse individueller Gegenstände vorzuziehen ist.

---

[7] Ingarden (3), 182. Tatsächlich ist Ingardens Unterscheidung zwischen idealen Qualitäten und Ideen äusserst schwer nachvollziehbar. Insbesondere ist m.E. kaum einsichtig, inwiefern z.B. die ideale Qualität Röte von der Idee "Röte", in deren Gehalt sich *nur* Röte⁺ ideal konkretisiert, unterscheidbar sein soll. Vgl. dazu auch Schopper, 68 ff.

[8] Ingarden (11), 67.

[9] Vgl. Ingarden (11), 71 ff.

[10] Ingarden (11), 251.

Warum aber beschreibt Ingarden die ontologische Analyse nicht einfach als Analyse von idealen Qualitäten sowie der zwischen diesen bestehenden Relationen? Warum beschreibt er Ontologie – trotz der These (A₃) – gemäss These (A₄)? – Eine prima facie befriedigende Antwort lautet: Einfach deshalb, weil ideale Qualitäten gemäss Ingarden "in sich selbst einfach" und also offenbar gar nicht analysierbar sind. Diese Antwort kann aber nicht ausreichen. Denn Ingarden spricht auch von einer intuitiven Erkenntnis der zwischen idealen Qualitäten bestehenden Relationen und gemäss These (A₃) findet die ontologische Analyse die "letzte Begründung" für ihre Thesen mittels einer solchen intuitiven Erkenntnis. – Um Ingardens Position einigermassen zu verstehen, müssen wir uns an seine These (A₁) erinnern, gemäss welcher individuelle Gegenstände in formaler, existentialer und materialer Hinsicht analysierbar sind. Die blosse Untersuchung von idealen Qualitäten und der zwischen diesen bestehenden Relationen gestattet aber gemäss Ingarden sozusagen bloss eine Aufklärung des materialen Aspektes individueller Gegenstände. Zwar beruht Ingardens Theorie des individuellen Gegenstandes auf einem Primat des Materialen[11], d.h. existential– und formal-ontologische Behauptungen über individuelle Gegenstände folgen aus materialontologischen Behauptungen über diese Gegenstände (sie sind aber nicht auf diese Behauptungen reduzierbar). Wenn z.B. die ideale Qualität Tischheit und die ideale Qualität Röte in einem individuellen realen Gegenstand instantiiert sind, ergeben sich ganz bestimmte formale und existentiale Konsequenzen. Z.B. kann Tischheit formal betrachtet nicht *als Eigenschaft* eines roten Tisches auftreten, sondern Tischheit tritt bei einem roten Tisch notwendig in einer anderen Form auf.[12] Dass dem so ist und dass sich Röte in dieser Beziehung anders verhält, kann gemäss Ingarden jedoch in einer *isolierten* Betrachtung der Qualitäten Tischheit⁺ und Röte⁺ *nicht* entdeckt werden. *Dies* scheint der wesentliche Grund für These (A₄) zu sein: Nur in individuellen Gegenständen oder im Gehalt von Ideen sind ideale Qualitäten Träger von notwendigen Relationen, und nur indem sie in individuellen Gegenständen oder in Ideengehalten auftreten haben sie notwendige formale und existentiale Implikationen. Weil ideale Qualitäten im Sinne Ingardens andererseits aber sind, was sie sind, lassen sie sich im Gehalt von Ideen nicht beliebig vertauschen. Die Ideen sind in einem gewissen Sinne die notwendigen Beziehungen zwischen den idealen Qualitäten. Sowohl die idealen Qualitäten wie die Ideen sind, falls sie existieren, ewig und implizieren sich gegenseitig, d.h. die Existenz der einen ist ohne die Existenz der anderen (und umgekehrt) nicht möglich.

Im vorstehenden Abschnitt habe ich versucht, Ingardens These (A₄) zu erläutern. Der Leser wird bemerkt haben, dass dabei eine Reihe recht vager Behauptungen gemacht wurden. Nun, Tatsache ist, dass sich Ingarden selber zu den diskutierten Punkten nur sehr knapp und (es

---

[11] Vgl. dazu unten Teil 2.
[12] Vgl. dazu unten Teil 2.

sei beigefügt) keineswegs klar geäussert hat. Freilich können wir ihm zugestehen: Wenn Ideen existieren, handelt es sich um Objekt–Entitäten, die in ihrem formalen Aufbau eine "Doppelseitigkeit" aufweisen. Wenn ideale Qualitäten existieren, handelt es sich um Objekt–Entitäten, die diese "Doppelseitigkeit" nicht aufweisen. Wenn Ideen existieren, handelt es sich um Objekt–Entitäten, die einen Gehalt haben, welcher — allgemein gesprochen — nach Konstanten und Veränderlichen strukturiert ist. Wenn ideale Qualitäten existieren, handelt es sich um Objekt–Entitäten, die keine "Veränderlichen" bzw. "Unbestimmtheiten" aufweisen so wie sie im Gehalt von Ideen (eventuell) vorkommen usw. Dass man in diesem Sinne *konzeptuell* sinnvoll zwischen idealen Qualitäten einerseits, Ideen andererseits unterscheiden *kann*, möchte ich gar nicht bestreiten. Nichtsdestoweniger können

8.2 Einige Probleme

konstatiert werden.

Erstens. Im §7 habe ich argumentiert, dass ideale Qualitäten im Sinne Ingardens etwas sind (mittlerweile wissen wir: sie sind (gemäss Ingarden) Objekt–Entitäten, die "in sich selbst einfach und abgeschlossen" bzw. "in sich selbst voll und ganz bestimmt" sind), was gewöhnlich als (Beispiele von) "Universalien" betrachtet wird. Als solche instantiieren sie sich gegebenenfalls in individuellen Gegenständen, wobei Ingarden vom folgenden Instantiierungsprinzip ausgeht:

(IP) Für jedes n–adische Universale U^+ gilt: Es ist möglich: es gibt mindestens n individuelle Gegenstände derart, dass diese U sind bzw. in U zueianderstehen.

Andererseits sagt Ingarden von den idealen Qualitäten auch, dass sie sich in gewissen, den sogenannten materialen Ideen "ideal konkretisieren". Hier ist zunächst wiederum eine Angelegenheit der Notation zu klären. Ähnlich wie im Zusammenhang von (IP) z.B. zwischen 'Röte⁺' und '(ist) rot' bzw. (allgemein formuliert) zwischen singulären (abstrakten) Termen und generellen (konkreten) Termen zu unterscheiden ist[13], müssen wir im Zusammenhang von Ingardens Rede einer "idealen Konkretisation" zwischen *zwei Arten von singulären (abstrakten) Termen* unterscheiden. Ich verwende hierzu neben dem bereits eingeführten Adskript '⁺' zusätzlich das Adskript '*' und unterscheide entsprechend z.B. zwischen 'Röte⁺' und 'Röte*'. Diese notationale Unterscheidung ist erforderlich. Denn z.B. *die* ideale Qualität Vierseitigkeit⁺ oder Lebewesenheit⁺ ist gemäss Ingarden im Gehalt von *verschiedenen* Ideen "ideal konkretisiert", z.B. respektive im Gehalt der Idee "Viereck überhaupt" und im Gehalt der Idee "Parallelogramm überhaupt" bzw. im Gehalt der Idee "Mensch überhaupt" und im Gehalt der Idee "Tier überhaupt". M.a.W.: So wie ein und dieselbe ideale Qualität Q^+ sich gemäss (IP) in mehreren individuellen Gegenständen

---

[13] Vgl. oben §7.

instantiieren kann, ebenso kann sich ein und dieselbe ideale Qualität Q⁺ im Gehalt von verschiedenen Ideen "ideal konkretisieren". Also müssen wir in allen Fällen zwischen Q⁺ einerseits und Q* andererseits unterscheiden.

Wie aber steht es um diese "ideale Konkretisation"? Gibt es ein zu (IP) analoges "Konkretisationsprinzip"? – Klar ist, dass das folgende Prinzip *nicht* akzeptierbar ist:

(KP)   Für jedes n–adische Universale U⁺ gilt: Es ist möglich: Es gibt mindestens n Ideen derart, dass in ihrem Gehalt U* auftritt.

Denn weil (gemäss Ingarden) Ideen einerseits im gewissen Sinne die notwendigen Relationen zwischen idealen Qualitäten *sind*, andererseits ideale Qualitäten und Ideen sich gegenseitig in ihrer Existenz implizieren (vgl. 8.1), müsste prima facie allenfalls von

(KP')   Für jedes n–adische Universale U⁺ gilt: Es gibt mindestens n Ideen derart, dass in ihrem Gehalt U* auftritt

ausgegangen werden. Jedoch ist auch dies nicht akzeptierbar. Denn die n–Stelligkeit eines beliebigen Universale U⁺ sagt überhaupt nichts über die Anzahl der Ideen aus, in derem Gehalt U* auftritt.[14] Mein erster kritischer Punkt lautet somit: Obgleich die Relation der idealen Konkretisation für Ingardens System von zentraler Bedeutung ist, hat er sie nicht hinreichend präzisiert. Ingarden hat nicht einmal ein zu (IP) analoges Konkretisations–prinzip formuliert. Darin gründet der Umstand, dass seine Rede einer idealen Konkretisation idealer Qualitäten im Gehalt von Ideen im Grunde mehr als unklar ist.

Zweitens. Mein erster Punkt ist natürlich *kein* Argument gegen Ingardens Position. Denn vielleicht könnte man seine vage Rede von einer idealen Konkretisation präzisieren. Mehr sachliches Gewicht hat demgegenüber mein zweiter Punkt. Im Paragraphen 7 habe ich – im Anschluss an Ingardens These (A₃) – einige zwischen idealen Qualitäten bestehende Relationen erläutert. Betrachten wir die folgenden Beispiele:

(1.1)   Farbigkeit⁺ und Oberflächigkeit⁺ sind wechselseitig verknüpft

(1.3)   Jeder farbige Gegenstand hat notwendigerweise eine Oberfläche und vice versa

(2.1)   Röte⁺ schliesst Farbigkeit⁺ ein

(2.3)   Jeder rote Gegenstand ist notwendigerweise farbig.

Wenn wir Ingardens *3–Ebenen–Ansatz* (vgl. oben 8.1) berücksichtigen, müssen wir diese

---

[14]   Die 1-stellige Röte⁺ beispielsweise konkretisiert sich ideal (gemäss Ingardens Position) notwendigerweise im Gehalt der Ideen: "Röte überhaupt"; "Rotes Ding überhaupt"; "Rotes Blatt überhaupt" usw. usw.

Beispielreihen irgendwie ergänzen, *beispielsweise* wie folgt:

(1.2) Gehalt der Idee "Farbiger Gegenstand überhaupt": [Konstanten (Farbigkeit*; Oberflächigkeit*; ...) & Variabeln (Von–irgendeiner–bestimmten–Farbqualität–sein; ...)].

(2.2) Gehalt der Idee "Rotes Etwas": [Konstanten (Röte*; Farbigkeit*; ...) & Variabeln (Von–irgendeiner–gegenständlichen–Form–sein; ...)].

Gemäss seinem 3–Ebenen–Ansatz behauptet Ingarden, dass die ontologischen Anwendungssätze (1.3) und (2.3) zwar ihre "letzte Begründung" respektive in den Sätzen (1.1) und (2.1) haben, dass in "erkenntnismässiger" Hinsicht betrachtet jedoch sozusagen der Umweg über die Ideengehaltsanalyse erforderlich sei. Natürlich trifft zu: *Wenn* wir wissen, dass z.B. im Gehalt der Idee "Farbiger Gegenstand überhaupt" als *Konstanten* Farbigkeit* und Oberflächigkeit* auftreten, *dann* wissen wir auch, dass jeder Gegenstand, der unter diese Idee "fällt", notwendigerweise sowohl farbig ist wie eine Oberfläche hat, d.h. wir wissen dann auch, dass z.B. (1.3) eine wahre Prädikation darstellt. Ist aber der "Umweg" über die Ideengehaltsanalyse wirklich erforderlich? Aufgrund wovon wissen wir, dass z.B. Farbigkeit* und Oberflächigkeit* im Gehalt der Idee "Farbiger Gegenstand überhaupt" als Konstanten auftreten? Ist es nicht zumindest *ebenso plausibel,* anstelle einer Ingardenschen Antwort zu sagen: Wir wissen dies, weil wir z.B. wissen, dass (1.1) wahr ist und damit *eo ipso* auch wissen, dass (1.3) der Fall ist? Denn dass wir wissen müssen, dass (1.1) wahr ist, um zu wissen, dass (1.2) wahr ist, entspricht letztlich auch Ingardens Position. Nun ist es aber m.E. ganz und gar unmöglich zu wissen, dass (1.1) wahr ist, zugleich aber *nicht* zu wissen, dass (1.3) wahr ist. Vielmehr gilt: Ein epistemisch ausgezeichnete Verstehen[15] von (1.1) erfordert ein epistemisch ausgezeichnetes Verstehen von (1.3) und vice versa. Wozu dann aber der "Umweg" über (1.2)? Analog kann auch im Ausgang von (2.1) argumentiert werden, sodass Ingardens Ebene der Ideengehaltsanalyse zumindest als ein keineswegs erforderliches "Surplus" erscheint.

Drittens. Ein "Ingardenianer" könnte einwenden, dass mein zweiter kritischer Punkt nur prima facie plausibel sei, dass dabei aber ein wichtiger (oben in 8.1 betonter) Gesichtspunkt vernachlässigt wurde. Denn Ingarden sagt auch, dass ideale Qualitäten einerseits "in sich selbst einfach" seien und andererseits nur indem sie in individuellen Gegenständen oder in Ideengehalten auftreten notwendige formale und existentiale Implikationen hätten. Weil es der Ontologie gemäss der These (A$_1$) jedoch wesentlich um die Aufklärung formaler und existentialer Aspekte von individuellen Gegenständen geht, andererseits der Gehalt von Ideen erkenntnismässig sozusagen leichter zu beherrschen ist als individuelle Gegenstände selbst, ist die ontologische Analyse gemäss der These (A$_4$) zu beschreiben. Zur

---

[15] Vgl. dazu oben §4.

Verdeutlichung auch hierzu zwei Beispiele:

(3.1) Röte⁺ schliesst Farbigkeit⁺ ein

(3.2) Gehalt der Idee "Roter Gegenstand überhaupt": [Konstanten (<Subjekt–von–Eigenschaften–sein>; <Röte*, Eigenschaft–sein>; <Farbigkeit*, Eigenschaft–sein>; ...) & Variabeln (<Irgendeine Qualität Q*, Subjekt–von– Eigenschaften–sein>; ...)]

(3.21) Wenn sich Röte⁺ in irgendeinem Gegenstand instantiiert, dann gilt notwendigerweise: Röte⁺ instantiiert sich in der Form "Eigenschaft–zu–sein"

(3.3) Notwendigerweise: Wenn ein Gegenstand rot ist, dann ist *rot–zu–sein* eine (individuelle) Eigenschaft desselben

(4.1) Tischheit⁺ schliesst Farbigkeit⁺ ein

(4.2) Gehalt der Idee "Tisch überhaupt": [Konstanten (<Tischheit*, Subjekt–von–Eigenschaften–sein>; <Eigenschaft–sein>; ...) & Variabeln (<Irgendeine Qualität Q*, Eigenschaft–sein>; ...)]

(4.21) Wenn sich Tischheit⁺ in irgendeinem Gegenstand instantiiert, dann gilt notwendigerweise: Tischheit⁺ instantiiert sich in der Form "Subjekt–von–Eigenschaften–zu–sein"

(4.3) Notwendigerweise: Wenn ein Gegenstand ein Tisch ist, dann ist *Tisch–zu–sein* keine (individuelle) Eigenschaft desselben.

Ingardens Begriff der Form bzw. seine Unterscheidung zwischen der Form und der Materie von Etwas wird uns im Teil 2 ausführlich beschäftigen, ebenso die in den Sätzen (3.21) und (4.21) vorausgesetzte Sprechweise. Momentan ist nur die Feststellung wichtig, dass (3.3) und (4.3) im Sinne Ingardens als *formalontologische Anwendungssätze* zu charakterisieren sind. Und gemäss seinem 3–Ebenen–Ansatz gilt: Die in (3.3) und (4.3) festgestellten Sachverhalte sind erkenntnismässig *nur* aufgrund von Ideengehaltsanalyse erfassbar. Denn das Erfassen der in (3.1) und (4.1) festgestellten Sachverhalte ist *nicht* eo ipso ein Erfassen der in (3.21) und (4.21) festgestellten Sachverhalte. *Diese* Sachverhalte müssen jedoch erfasst werden, um die in (3.3) und (4.3) festgestellten Sachverhalte erfassen zu können, sie können aber andererseits nur durch Ideengehaltsanalyse (vgl. 3.2; 4.2) erfasst werden. – Kann Ingarden auf diese Weise seine These (A₄) überzeugend begründen? Trifft es wirklich zu, dass wir (erkenntnismässig betrachtet) z.B. die in (3.21) und (4.21) festgestellten Sachverhalte *nur* erfassen können, wenn wir die in (3.2) und (4.2) festgestellten Sachverhalte erfasst haben?

Meine Antwort fällt negativ aus. Denn Ingarden behauptet *explizit*[16], dass ideale Qualitäten sozusagen von sich aus determinieren, in welchen Formen sie gegebenenfalls stehen. An zahlreichen Stellen betont Ingarden in diesem Sinne den Primat des Materialen. Und an

---

[16] Vgl unten Teil 2.

theoretisch massgeblichen Stellen für die Unterscheidung: Form – Materie fasst Ingarden die Form von Etwas geradezu als "Folge–Aspekt" der Materie von Etwas.[17] Müssten dann aber die in (3.21) und (4.21) festgestellten Sachverhalte natürlicherweise nicht auch sozusagen an den idealen Qualitäten selbst erkannt werden können? Warum also nicht – contra Ingarden – sagen: Nur wenn wir die in (3.21) und (4.21) festgestellten Sachverhalte erfasst haben, können wir die in (3.2) und (4.2) festgestellten Sachverhalte erfassen? Ist es nicht vergleichsweise zumindest *ebenso plausibel* anzunehmen, dass wir beispielsweise *nur* dann erfassen können, dass im Gehalt der Idee "Roter Gegenstand überhaupt" u.a. <Röte*, Eigenschaft–sein> *als Konstante* vorkommt, wenn wir – vor jeder Ideengehaltsanalyse – den in (3.21) festgestellten Sachverhalt erfasst haben?

Allerdings hat Ingarden in einem Punkt sicherlich recht, nämlich: die in (3.21) und (4.21) festgestellten Sachverhalte sind *verschieden* von den in (3.1) und (4.1) festgestellten Sachverhalten. Daraus jedoch ist *kein* entscheidendes Argument für Ingardens 3–Ebenen–Ansatz zu gewinnen. Denn wir können z.B. auch behaupten:

(5)   Tischheit⁺ ist ein partikularisierendes Universale, Röte⁺ ist kein partikularisierendes Universale.

Meine These (die unten in Teil 2 genauer zu begründen ist) lautet: Das Erfassen des in (5) festgestellten Sachverhaltes ist (erkenntnismässig betrachtet) zureichend für das Erfassen der in (3.21) und (4.21) festgestellten Sachverhalte. In (5) aber unterliegen *ausschliesslich* ideale Qualitäten der Prädikation. Auf diese Weise wird m.E. auch dem von Ingarden selber betonten Umstand Rechnung getragen, dass ideale Qualitäten von sich aus determinieren, in welchen Formen sie gegebenenfalls stehen. M.a.W.: Es sind vor allem formalontologische Anwendungssätze, die einen "Ingardenianer" zur Anerkennung von These (A₄) bewegen. Jedoch stellen auch formalontologische Anwendungssätze wie (3.3) und (4.3) keinen zwingenden Grund dar, Ingardens 3–Ebenen–Ansatz zu akzeptieren.

Viertens. Wenn es überhaupt Ideen gibt, so gibt es offenbar sehr viele (unendlich viele?) Ideen, in derem Gehalt als Konstante z.B. die Bestimmung "Eigenschaft–sein" auftritt. Ist es also nicht naheliegend anzunehmen, dass es neben idealen Qualitäten, die sich im Gehalt von Ideen "ideal konkretisieren", auch so etwas wie ideale Formen gibt, die sich ebenfalls im Gehalt von Ideen "ideal konkretisieren"? Obgleich sich hier offensichtlich eine Analogie aufdrängt, spricht Ingarden nirgends *in diesem Sinne* von "idealen Formen". Gemäss These (A₂) umfasst Ingardens "universe of discourse" jedenfalls keinerlei derartiger Objekt–Entitäten. (Allerdings gibt es m.W. auch keine Stellen, wo Ingarden die Existenz derartiger "idealer Formen" explizit ausschliesst.) Woher "kommen" dann aber sozusagen die formalen

---

[17]   Vgl. unten Teil 2.

Merkmale *im* Gehalt von Ideen? Gehören sie sozusagen tel quel zum Ideengehalt? *Sind* z.B. (materiale) Ideen im gewissen Sinne ideale Formen, insofern ideale Qualitäten nur so formale Implikationen haben, als sie sich u.a. im Gehalt dieser Ideen "ideal konkretisieren" und sich dabei mit bestimmten formalen Merkmalen *im* Gehalt entsprechender Ideen "zusammenfügen"? Diese (zugegebenermassen recht vagen) Fragen verdeutlichen zumindest einen Punkt, nämlich: Wichtige Voraussetzungen der Ingardenschen Position, soweit seine These (A_4) zur Debatte steht, erscheinen ganz und gar unklar.

Ähnliches lässt sich behaupten, wenn man von den folgenden Beispielen ausgeht:

(6.1) Röte⁺ schliesst Farbigkeit⁺ ein

(7.1) Farbigkeit⁺ schliesst Röte⁺ nicht ein

(6.2) Gehalt der Idee "Roter Gegenstand überhaupt": [Konstanten (<Subjekt—von—Eigenschaften—sein>; <Röte*, Eigenschaft—sein>; <Farbigkeit*, Eigenschaft—sein>; ...) & Variabeln (<Irgendeine Qualität Q*, Subjekt—von—Eigenschaften—sein>; ...)]

(7.2) Gehalt der Idee "Farbiger Gegenstand überhaupt": [Konstanten (<Subjekt—von—Eigenschaften—sein>; <Farbigkeit*, Eigenschaft—sein>; ...) & Variabeln (<Von—irgendeiner—bestimmten—Farbqualität—sein>; ...)].

Aufgrund von (6.1) und (7.1) wissen wir, dass zwar jeder rote Gegenstand notwendigerweise farbig ist, dass jedoch nicht jeder farbige Gegenstand notwendigerweise rot ist. Andererseits führt die Analyse der zwischen idealen Qualitäten bestehenden Relationen zur weiteren Feststellung, dass jeder farbige Gegenstand notwendigerweise von irgendeiner bestimmten Farbqualität ("infimae species") ist.

Gehen wir aber von Ingardens 3—Ebenen—Ansatz aus! Wie vor allem ist der "Variablenteil" des Gehaltes der in (6.2) und (7.2) untersuchten Ideen zu verstehen? Von woher kommen diese "variablen Merkmale"? Müssten die entsprechenden Ideengehalte nicht viel eher gemäss den folgenden Beschreibungen aufgebaut sein:

(6.3) Gehalt der Idee "Roter Gegenstand überhaupt": [Konstanten (<Subjekt—von—Eigenschaften—sein>; <Röte*, Eigenschaft—sein>; <Farbigkeit*, Eigenschaft—sein>; ...) & Variabeln (<(Q_1* v Q_2* v ... v Q_n*), Subjekt—von—Eigenschaften—sein>; ...)]

(7.3) Gehalt der Idee "Farbiger Gegenstand überhaupt": [Konstanten (<Subjekt—von—Eigenschaften>; <Farbigkeit*, Eigenschaft—sein>; ...) & Variabeln (<(Röte* v Bläue* v ... v n*), Eigenschaft—sein>; ...)].

M.a.W.: Im Gehalt beispielsweise der in (7.3) untersuchten Idee müsste wohl sozusagen eine Disjunktion *aller* idealer Farbqualitäten (sc."infimae species") "ideal konkretisiert" sein, während das gemäss (7.2) sozusagen variable Merkmal "Von—irgendeiner—bestimmten—

Farbqualität–sein" adäquater als eine blosse zugehörige *linguistische Kennzeichnung* aufzufassen ist. Analog müsste das gemäss (6.2) sozusagen variable Merkmal "Irgendeine Qualität Q*" adäquater als eine blosse zugehörige linguistische Kennzeichnung einer Disjunktion von (vielleicht) *allen* (partikularisierenden) idealen Qualitäten aufzufassen sein. Wenn dies zutrifft, müsste ein "Ingardenianer" zugestehen, dass *jedes* "variable Merkmal" von Ideengehalten nur prima facie ein echter Bestandteil derselben ist. Vielmehr handelt es sich um blosse linguistische Kennzeichnungen jeweils *eines* Bestandteiles von Ideengehalten, *der tatsächlich sehr viel komplexer und vielleicht unendlich komplex gebaut ist.* M.E. hat sich Ingarden auch über diesen für Ideen und ihre Gehalte sowohl in ontologischer wie erkenntnistheoretischer Hinsicht jedenfalls wichtigen Punkt nicht zureichend klar geäussert.

8.3 Ideen? — Stellungnahme

Wer phänomenologische Ontologie als Sinn–Analyse auffasst, will sich nicht zu metaphysischen Annahmen bezüglich Ideen verpflichten lassen. Was also ist im Lichte der von mir vertretenen Konzeption gegenüber Ideen im Sinne Ingardens zu sagen?

Oben im Abschnitt (8.1) habe ich Ingardens These (A_4) erläutert und für seinen 3–Ebenen–Ansatz das folgende festgestellt:

(1) Die Ergebnisse der Analyse des Gehaltes von Ideen sind — gemäss These (A_7) — ontologische Thesen im eigentlichen Sinne.

(2) Ontologische Thesen im eigentlichen Sinne lassen sich — gemäss These (A_7) — in äquivalente ontologische Anwendungssätze umformulieren.

(3) Wahre (material–)ontologische Thesen im eigentlichen Sinne sind — gemäss These (A_2) — geltungsmässig in wahren Thesen über Relationen zwischen idealen Qualitäten fundiert.

Weiterhin wurde ersichtlich, dass gemäss Ingarden auch gilt:

(4) Die Existenz von Ideen erfordert die Existenz von idealen Qualitäten und vice versa.

Im Abschnitt (8.2) habe ich einige Probleme von Ingardens 3–Ebenen–Ansatzes zur Sprache gebracht. Aus dem dort Ausgeführten folgere ich, dass Ingardens These (A_4) keineswegs sakrosankt ist. In der Sache bedeutet dies, dass trivialerweise

(4.1) Die Existenz von Ideen erfordert die Existenz von idealen Qualitäten

gilt, dass jedoch die These

(4.2) Die Existenz von idealen Qualitäten erfordert die Existenz von Ideen

auch vom Standpunkt der Ingardenschen Position Probleme aufwirft.

Mithin kann m.E. ein "kritischer Ingardenianer" die These (4) mit guten Gründen zurückweisen. Entsprechend kann er Ingardens 3–Ebenen–Ansatz auf einen 2–Ebenen–Ansatz reduzieren und bloss zwischen ontologischen Anwendungsätzen einerseits und Thesen über ideale Qualitäten sowie der zwischen diesen bestehenden Relationen andererseits unterscheiden.

In der Sache kommen wir somit auf die im §7 diskutierte Thematik zurück. Dort habe ich zu zeigen versucht, dass eine phänomenologische Ontologie qua Sinn–Analyse die ontologischen Anwendungsätze, welche gemäss Ingarden (geltungsmässig betrachtet) ontologische *Folge*–Sätze sind, als ontologische *Basis*–Sätze auszeichnen kann — sodass wenigstens *im* Rahmen der ontologischen Analyse die Rede über ideale Qualitäten und über zwischen diesen bestehende Relationen als blosse *façon de parler* aufgefasst werden kann. Allerdings handelt es sich hierbei um eine blosse *methodische* Devise, um die phänomenologische Ontologie qua Sinn–Analyse so zu konzipieren, dass diese bezüglich idealen Qualitäten metaphysikfrei ist. Natürlich ist die von mir vertretene Konzeption einer Ontologie damit eo ipso auch metaphysikfrei bezüglich Ideen. Denn selbst wenn ideale Qualitäten existieren, so existieren nicht eo ipso auch Ideen: (4.2) ist m.E. falsch. *Dass* (4.2) falsch *ist*, habe ich allerdings nicht im strengen Sinne nachgewiesen. Die "Beweislast" liegt aber klar auf Seiten Ingardens. Seine Hauptgründe dafür, dass der 3–Ebenen–Ansatz zwingend ist, wurden jedoch im Abschnitt (8.2) kritisiert.

Obgleich ich der Überzeugung bin, dass Ideen im Sinne Ingardens überhaupt nicht existieren, *kann* meine Stellungnahme erneut bloss im Sinne einer *methodischen* Neutralität verstanden werden. Wir können somit weiterhin ohne Bedenken jeweils von Ingardens Thesen über den Gehalt von Ideen ausgehen; wir fassen die zugehörigen Sätze aber als blosse *façon de parler* auf, die uns in keiner Weise metaphysisch auf Ideen verpflichtet. Und dies scheint mir ein wünschenswertes Resultat. Denn zu behaupten, dass Ideen (im Ingardenschen Sinne) existieren, ist eine metaphysische Behauptung von noch weit grösserer Tragweite als zu behaupten, dass ideale Qualitäten ("Species"; "Universale") existieren.

§9 Metaphysik ?

Es verbleibt noch die Aufgabe, Ingardens These (A8) zu besprechen. Zuerst werde ich ausführen, in welchem Sinne ich diese These für meine systematischen Zwecke auswerte (9.1). Anschliessend wird das Verhältnis zwischen einer phänomenologischen Ontologie qua Sinn–Analyse und der Metaphysik erörtert (9.2).

9.1 Metaphysische Behauptungen

Für Ingarden ist die Unterscheidung zwischen Ontologie und Metaphysik systematisch besonders auch wegen seines Interesses an der Idealismus/Realismus–Streitfrage von Bedeutung.[1] Im Paragraphen 2 wurde ausgeführt, dass und in welchem Sinne ich von einer realistischen Position ausgehe. Entsprechend kann hier von allen Besonderheiten, methodologischen Problemen und Zielsetzungen, die Ingarden der Metaphysik im Lichte der Idealismus/Realismus–Streitfrage zumisst[2], abgesehen werden. Dies hindert aber nicht, mit Ingarden in methodologischer Hinsicht zwei Fragestellungen zu unterscheiden. Denn die beiden Fragen

(1) Wie (in formaler, existentialer und materialer Hinsicht) existiert das, was existiert?

(2) Wenn eine beliebige Objekt–Entität x unter eine bestimmte Idee fällt, was muss dann (in formaler, existentialer und materialer Hinsicht) auf x zutreffen?

sind im bestimmten Sinne *kategorial* verschieden: Frage (1) kann sinnvollerweise nur dann gestellt werden, wenn die Frage

---

[1] Gründeten die traditionellen Antworten auf die metaphysische Frage nach dem Status der realen Welt vorwiegend auf erkenntnistheoretischen Untersuchungen ("Was können wir wissen?"; "Welches sind die Bedingungen der Möglichkeit von Erkenntnis?"), sucht Ingarden für die bezügliche Antwort eine ontologische Basis ("Welche Formen von real existierendem Bewusstsein sind eidetisch möglich?"; "Was ist im bezug auf seinsautonome, was im bezug auf fiktionale Objekt–Entitäten eidetisch möglich?"; "Was ist im bezug auf die Seinsregion der realen Welt eidetisch möglich?"). Soll die Untersuchung aber auf Ergebnisse führen, die von einer petitio principii frei sind, muss (a) die metaphysische Problemgruppe der Streitfrage (z.B. "Welche eidetische Möglichkeit im bezug auf Bewusstsein, auf Welt usw. sind faktisch realisiert?") *strikte* von der ontologischen Problemgruppe getrennt werden und kann (b) erst *nach* Behandlung der letzteren bearbeitet werden. Erkenntnistheoretisch schliesslich ist die gesamte Untersuchung relativ abgesichert, weil einerseits ein Grossteil von Problemen, die traditionell als "erkenntnistheoretische" Probleme aufgefasst werden, nach Ingarden in Tat und Wahrheit von ontologischer Natur sind ("Ontologie der Erkenntnis") und weil andererseits diejenigen Erkenntnisoperationen, welche bei der Ideengehaltsanalyse im Spiel sind, nach Ingarden erkenntnistheoretisch gesehen noch relativ leicht gerechtfertigt werden können.

[2] Vgl. dazu Küng (6).

(0)   Was existiert überhaupt?

(ganz oder teilweise) *bereits beantwortet ist,* während dies für Frage (2) *nicht* zutrifft.

Im Kapitel 1 wurde die Unterscheidung zwischen interner und externer Perspektive der Betrachtungsweise von Akten eingeführt, und es wurde ausgeführt, dass Akte aus externer Perspektive in referentielle und in nicht—referentielle Akte klassifiziert werden können. Dies berücksichtigend lässt sich festhalten: Um Frage (1) überhaupt sinnvollerweise stellen zu können, muss vorausgesetzt werden, dass mindestens einige Akte extern als referentielle Akte klassifiziert sind. Dies trifft zu, weil gilt: Frage (0) ist genau dann (teilweise) beantwortet, wenn einige Akte extern als referentielle Akte klassifiziert sind.

Ganz anders steht es mit Frage (2). Denn selbst wenn ich *weiss,* dass z.B. der reale Gegenstand a *nicht* existiert, lässt sich *sinnvoll* fragen, was a (in formaler, existentialer und materialer Hinsicht) erfüllen müsste, *falls* a existieren *würde.* M.a.W.: Frage (2) kann sinnvollerweise auch dann gestellt werden, wenn Frage (0) *nicht* (ganz oder teilweise) beantwortet ist und wenn demzufolge bezügliche Akte *nicht* als referentielle Akte klassifiziert sind. *Mit* Ingarden wollen wir festhalten: Jeder Antwort auf Fragen wie (1) *liegen* bestimmte *Existenzannahmen zugrunde,* während dies für Antworten auf Fragen wie (2) nicht zutrifft. Terminologisch wollen wir diesen Unterschied mit Ingarden so fassen: Fragen wie (1) sind *metaphysische* Fragen, Fragen wie (2) sind *ontologische* Fragen. Und Analoges gilt auch für die bezüglichen Antworten.

9.2 Ontologie qua Sinn—Analyse und metaphysische Annahmen

Im vorliegenden Abschnitt will ich die von mir vertretene Konzeption einer phänomenologischen Ontologie unter dem Gesichtspunkt: "metaphysische Annahmen" verdeutlichen. Bei dieser Gelegenheit können auch einige früher bereits erwähnte oder bloss implizit vorausgesetzte Punkte präzisiert werden.

9.21 Referentielle und referenzlose Akte
Abgesehen davon, dass wir Akte bestimmten Aktträgern (i.e. Personen, welche Akte vollziehen) zuschreiben können, sind Akte *nur* hinsichtlich ihrer Inhalte identifizierbar. Um meine zugehörigen sprachlichen "Normierungen" zu verdeutlichen, gehe ich von einigen Beispielen aus:

(1)   a ist ein Akt mit dem (nominalen) Inhalt "b"

(2)   a ist ein Akt mit dem (nominalen) Inhalt "$(\cap x)Fx$"

(3) a ist ein Akt mit dem (propositionalen) Inhalt "(Ex)(x=b)"

(4) a ist ein Akt mit dem (propositionalen) Inhalt "Fb"

(5) a ist ein Akt mit dem (propositionalen) Inhalt "(Ex)(x=b · Fx"

Diese Sätze besagen jeweils dasselbe wie

(1.1) a ist ein Akt aufgrund dessen Inhalt b entweder *bloss vorgestellt* oder als *existierend akzeptiert* wird

(2.1) a ist ein Akt aufgrund dessen Inhalt dasjenige x, welches F ist, entweder *bloss vorgestellt* oder als *existierend akzeptiert* wird

(3.1) a ist ein Akt aufgrund dessen Inhalt entweder *bloss angenommen* wird, dass b existiert oder *behauptet* wird, dass b existiert

(4.1) a ist ein Akt aufgrund dessen Inhalt entweder *bloss angenommen* wird, dass b F ist oder *behauptet* wird, dass b F ist

(5.1) a ist ein Akt aufgrund dessen Inhalt entweder *bloss angenommen* wird, dass b existiert und F ist oder *behauptet* wird, dass b existiert und F ist.

Daraus geht klar hervor, dass die – im Husserlschen Sinne verstandene – thetische Modifikation von Akten *nicht* auf das Konto der Aktinhalte (sc. Aktmaterien), sondern auf das Konto der jeweiligen Akt–Qualitäten geht.[3] Wichtig ist momentan aber dies, dass solche (real existierende) Akte, wie sie in (1)–(5) beschrieben werden, das fundamentum in re sind für die abstrakte Rede von *dem* Inhalt bzw. geradezu von *dem* Sinn "b", "Fb", "(Ex)(x=b · Fx)" usw.[4] M.a.W.: Im Ausgang von *generellen Termen* der Form ' (ist) ein Akt mit dem Inhalt "..."' bilde ich singuläre Terme der Form 'der (Akt–)Inhalt "..."'. So gebildete singuläre Terme bezeichnen nach meiner Ansicht jeweils eine abstrakte *Bedeutungs*–Entität, welche relativ zu zugehörigen realen Akten bzw. ihren Inhalten eine (allerdings vom Menschen konstruierte) Species (sc. der realen Akt–Inhalte) darstellt. Und den in einem so gebildeten singulären Term vorkommenden Ausdruck der Form '"..."' bezeichne ich seiner Funktion nach als *Spezifikator* des jeweiligen Aktes. Entsprechend müssen Akte, um sie überhaupt identifizieren zu können, in erster Linie mittels Spezifikatoren *beschrieben* werden.

Als nächstes ist die im Kapitel 1 eingeführte Unterscheidung zwischen referentiellen und referenzlosen Akten zu berücksichtigen. Wie dort ausgeführt setzt diese *extrinsische* Klassifikation von Akten eine externe Betrachtungsweise von Akten voraus. Zu Erläuterungszwecken gehe ich vorerst von der *internen* Betrachtungsweise von Akten aus.

---

[3] Vgl. oben §1.

[4] Vgl. dazu die bedeutungstheoretischen Erörterungen des §3.

Das zugehörige Beschreibungs–Schema lautet:

(*) Eine Person x, die einen Akt y mit dem Inhalt "..." vollzieht, ist aufgrund *des* Inhaltes "..." (thetisch oder non–thetisch) *intentional–gerichtet–auf–[— — — ...]*

Für die obigen Beispiele ergeben sich somit die folgenden internen Beschreibungen:

(1.2) Eine Person x, die einen Akt y mit dem (nominalen) Inhalt "b" vollzieht, ist aufgrund *des* Inhaltes "b" (thetisch oder non–thetisch) *intentional–gerichtet–auf–[den Gegenstand b]*

(2.2) Eine Person x, die einen Akt y mit dem (nominalen) Inhalt "$(\cap z)Fz$" vollzieht, ist aufgrund *des* Inhaltes "$(\cap z)Fz$" (thetisch oder non–thetisch) *intentional–gerichtet–auf–[den Gegenstand $(\cap z)Fz$]*

(3.2) Eine Person x, die einen Akt y mit dem (propositionalen) Inhalt "$(Ez)(z=b)$" vollzieht, ist aufgrund *des* Inhaltes "$(Ez)(z=b)$" (thetisch oder non–thetisch) *intentional–gerichtet–auf–[den Sachverhalt dass $(Ez)(z=b)$]*

(4.2) Eine Person x, die einen Akt y mit dem (propositionalen) Inhalt "Fb" vollzieht, ist aufgrund *des* Inhaltes "Fb" (thetisch oder non–thetisch) *intentional–gerichtet–auf–[den Sachverhalt dass Fb]*

(5.2) Eine Person x, die einen Akt y mit dem (propositionalen) Inhalt "$(Ez)(z=b \cdot Fz)$" vollzieht, ist aufgrund *des* Inhaltes "$(Ez)(z=b \cdot Fz)$" (thetisch oder non–thetisch) *intentional–gerichtet–auf–[den Sachverhalt dass $(Ez)(z=b \cdot Fz).$]*

Im Paragraphen 1 wurde betont, dass die phänomenologische Rede einer "intentionalen Gerichtetheit auf ..." sowohl bei referentiellen wie bei referenzlosen Akten zulässig ist. Dies ist trivialerweise der Fall, weil es im Rahmen der internen Betrachtungsweise von Akten *nicht* um die Klassifikation von Akten in referentielle und referenzlose geht. *Alle* in (1.2)–(5.2) intern beschriebenen Akte *können* mithin u.U. *referenzlose* Akte sein. Um diesem Umstand in meiner Notation Rechnung zu tragen, wird bei den internen Beschreibungen in Anlehnung an die adverbiale Theorie der Intentionalität der komplexe aber *einheitliche* und *einstellige* Prädikatsausdruck 'ist–intentional–gerichtet–auf– [—— ...]' verwendet, dessen Teilausdruck '[——...]' einen intensionalen Kontext markieren soll.[5] Dies garantiert, dass wir uns beispielsweise mit der internen *Beschreibung* (5.2) *nicht* auf die Existenz des Sachverhaltes dass $(Ez)(z=b \cdot Fz)$ verpflichten. Analoges gilt für die übrigen Fälle. Genau dies muss durch die Notation selbst deutlich werden. Denn die Rede einer "intentionalen Gerichtetheit auf ..." kann eben auch eine bloss figurative, uneigentliche Rede sein.[6]

Wie nun soll der *externen* Betrachtungsweise von Akten auf der Ebene der Beschreibung Rechnung getragen werden? — Wir wissen bereits, dass die Klassifikation von Akten in

---

[5] Zu "intentionalem Kontext" vgl. oben §1.
[6] Vgl. oben §1.

referentielle und referenzlose *(intersubjektiv akzeptierte) Kriterien der Referentialität von Akten* voraussetzt.[7] Angenommen wir wissen, dass

(1.21)   Eine Person x, die einen Akt y mit dem (nominalen) Inhalt "b" vollzieht, ist aufgrund *des* Inhaltes "b" *thetisch intentional-gerichtet-auf-[den Gegenstand b]*

gilt.[8] Angenommen, wir verfügen ausserdem über gewisse Kriterien der Referentialität von Akten, so lässt sich aufgrund von (1.21)

(1.211)   Eine Person x, die einen Akt y mit dem (nominalen) Inhalt "b" vollzieht, vollzieht (gemäss bestimmter Kriterien der Referentialität von Akten) einen bezüglich dem *intendierten-[b]* referentiellen, d.h. einen b–referentiellen Akt

oder aber

(1.212)   Eine Person x, die einen Akt y mit dem (nominalen) Inhalt "b" vollzieht, vollzieht (gemäss bestimmter Kriterien der Referentialität von Akten) einen bezüglich dem *intendierten-[b]* referenzlosen, d.h. einen b–referenzlosen Akt

behaupten. So wie die Rede einer "intentionalen Gerichtetheit auf ..." unweigerlich als relational erscheint, ebenso erscheint die korrelative Rede eines "Intendiert–(oder Vermeint–)Seins von ..." unweigerlich als relational. M.a.W.: In beiden Fällen sind wir geneigt, eine extensionale Lesart in Ansatz zu bringen und entsprechend zu schliessen, dass *etwas* existiert, *das* (von jemandem) intendiert ist bzw. worauf jemand intentional gerichtet ist. *Beide* Redeweisen können aber gegebenenfalls bloss figurativ und uneigentlich sein. Ich trage diesem Umstand notational derart Rechnung, dass ich den Ausdruck 'intendiertes–[b]' *korrelativ* zum Ausdruck 'intentional–gerichtet–auf–[den Gegenstand b]' bilde: Der Teilausdruck 'intendiertes–' entspricht so dem Teilausdruck 'intentional–gerichtet–auf–', und die Klammer soll wiederum verdeutlichen, dass ein intensionaler Kontext vorliegt. Dadurch wird erneut signalisiert, dass wir uns mit der Verwendung des (singulären) Termes 'das intendierte–[b]' *nicht* auf die Existenz von b verpflichten. Technisch formuliert: es kann sich um einen sogenannten leeren singulären Term handeln. Mit bezug auf die *externe* Betrachtungsweise von Akten lautet das allgemeine Beschreibungs–Schema also wie folgt:

(**)   Eine Person x, die einen Akt y mit dem Inhalt "..." vollzieht, vollzieht (gemäss bestimmter Kriterien der Referentialität von Akten) einen bezüglich dem *intendierten-[...]* referentiellen (referenzlosen) Akt, d.h. einen ...–referentiellen (–referenzlosen) Akt.

---

[7]   Vgl. oben §2.

[8]   Grundsätzlich könnte hier auch von einer non–thetischen Modifikation von Akten ausgegangen werden. Denn die hier einzuführende Sprechweise ist nicht nur auf thetische Akt–Modifikationen beschränkt. Allerdings, wer bereit ist, auch im Ausgang von einer non–thetischen Modifikation eines Aktes zu behaupten, dass dieser Akt bezüglich etwas ein referentieller Akt ist — wer dazu bereit ist, dessen Metaphysik wird ziemlich "reichhaltig" ausfallen.

Entsprechend lässt sich, falls wir z.B. wissen, dass

(5.21) Eine Person x, die einen Akt y mit dem (propositionalen) Inhalt "(Ez)(z=b · Fz)" vollzieht, ist aufgrund *des* Inhaltes "(Ez)(z=b · Fz)" *thetisch intentional-gerichtet-auf-[den Sachverhalt dass (Ez)(z=b · Fz)]*

der Fall ist, in analoger Weise entweder

(5.211) Eine Person x, die einen Akt y mit dem (propositionalen) Inhalt "(Ez)(z=b · Fz)" vollzieht, vollzieht (gemäss bestimmter Kriterien der Referentialität von Akten) einen bezüglich dem *intendierten-[dass (Ez)(z=b · Fz)]* referentiellen, d.h. einen dass (Ez)(z=b · Fz)-referentiellen Akt

oder aber

(5.212) Eine Person x, die einen Akt y mit dem (propositionalen) Inhalt "(Ez)(z=b · Fz)" vollzieht, vollzieht (gemäss bestimmter Kriterien der Referentialität von Akten) einen bezüglich dem *intendierten-[dass (Ez)(z=b · Fz)]* referenzlosen, d.h. einen dass (Ez)(z=b · Fz)-referenzlosen Akt

behaupten. Mittels derartiger externer Beschreibungen nun beantworten wir (partiell) die metaphysische Grundfrage: "Was existiert überhaupt?". Im Falle von (1.211) bzw. (5.211) beispielsweise verpflichten wir uns metaphysisch auf b bzw. auf den Sachverhalt dass irgendein F–er existiert, im Falle von (1.212) bzw. (5.212) dagegen weisen wir eine solche metaphysische Verpflichtung zurück.[9]

De facto werde ich mich in den weiteren Teilen der Arbeit besonders mit Akten gemäss folgenden spezifizierenden Beschreibungen beschäftigen:

(6) a ist ein Akt mit dem (propositionalen) Inhalt "E!b"

(7) a ist ein Akt mit dem (propositionalen) Inhalt "(Ex)Fx".

Diese Sätze besagen respektive dasselbe wie

(6.1) a ist ein Akt aufgrund dessen Inhalt entweder *bloss angenommen* wird, dass b existiert oder aber *behauptet* wird, dass b existiert

(7.1) a ist ein Akt aufgrund dessen Inhalt entweder *bloss angenommen* wird, dass mindestens ein F–er existiert oder aber *behauptet* wird, dass mindestens ein F–er existiert.

Die zugehörige *interne* Beschreibung lautet entsprechend:

(6.2) Eine Person x, die einen Akt y mit dem (propositionalen) Inhalt "E!b" vollzieht, ist aufgrund *des* Inhaltes "E!b" (thetisch oder non–thetisch) *intentional-gerichtet-auf-[den Sachverhalt dass E!b]*

(7.2) Eine Person x, die einen Akt y mit dem (propositionalen) Inhalt "(Ez)Fz" vollzieht, ist aufgrund *des* Inhaltes "(Ez)Fz" (thetisch oder non–thetisch) *intentional-gerichtet-auf-[den Sachverhalt dass (Ez)Fz]*.

---

[9] Vgl. oben 9.1 sowie §§ 1;2.

Angenommen wir wissen, dass − in Analogie zu (1.21) bzw. (5.21) − jeweils eine *thetische* Modifikation vorliegt, sind respektive die folgenden Behauptungen möglich:

(6.3) Eine Person x, die einen Akt y mit dem (propositionalen) Inhalt "E!b" vollzieht, vollzieht (gemäss bestimmter Kriterien der Referentialität von Akten) einen bezüglich dem *intendierten−[dass E!b]* referentiellen (referenzlosen), d.h. einen dass E!b−referentiellen (−referenzlosen) Akt

(7.3) Eine Person x, die einen Akt y mit dem (propositionalen) Inhalt "(Ez)Fz" vollzieht, vollzieht (gemäss bestimmter Kriterien der Referentialität von Akten) einen bezüglich dem *intendierten−[dass (Ez)Fz]* referentiellen (referenzlosen), d.h. einen dass (Ez)Fz−referentiellen (−referenzlosen) Akt.

Um die Sprechweise zu vereinfachen, kann anstelle beispielsweise von (6.3) und (7.3) auch folgenderweise formuliert werden:

(6.4) Ein Akt x mit dem (propositionalen) Inhalt "E!b" ist (gemäss bestimmter Kriterien der Referentialität von Akten) ein bezüglich dem *intendierten−[dass E!b]* referentieller (referenzloser), d.h. ein dass E!b−referentieller (−referenzloser) Akt

(7.4) Ein Akt x mit dem (propositionalen) Inhalt "(Ey)Fy" ist (gemäss bestimmter Kriterien der Referentialität von Akten) ein bezüglich dem *intendierten−[dass (Ey)Fy]* referentieller (referenzloser), d.h. ein dass (Ey)Fy−referentieller (−referenzloser) Akt.

Weil ich mich de facto später (quasi ausschliesslich) mit existenz*behauptenden* Akten gemäss den spezifizierenden Beschreibungen (6.3) und (7.3) beschäftigen werde, kann ich an dieser Stelle noch eine *weitergehende Vereinfachung* der Sprechweise einführen. Anstelle von (6.4) und (7.4) werde ich später nämlich wie folgt formulieren:

(6.5) Jeder Akt mit dem Inhalt "E!b" ist (gemäss bestimmter Kriterien der Referentialität von Akten) ein bezüglich [b] referentieller (referenzloser), d.h. ein b−referentieller (−referenzloser) Akt

(7.5) Jeder Akt mit dem Inhalt "(Ex)Fx" ist (gemäss bestimmter Kriterien der Referentialität von Akten) ein bezüglich [F's] referentieller (referenzloser), d.h. ein F's−referentieller (−referenzloser) Akt.

9.22 Ontologie qua Sinn−Analyse (Ontologie$_1$)

Um im folgenden Abschnitt Ontologie$_1$ mit bezug auf metaphysische Annahmen zu verdeutlichen, ist es erforderlich, noch einige weitere grundlegende Prinzipien der Ontologie$_1$ kenntlich zu machen. Zu diesem Zwecke sind vorerst aber noch einige sprachliche Normierungen erforderlich:

1. KONSTANTEN/VARIABELN

1.1 Für *Gegenstände* :

   Gegenstandskonstanten: a,b,c,... (welche existierende Gegenstände bezeichnen wollen,

de facto aber vielleicht nicht bezeichnen, also eventuell "leer" sind)
Gegenstandsvariabeln: x,y,z,...

1.2 Für *individuelle Eigenschaften* von Gegenständen:
Prädikatskonstanten: F,G,H,... (sowohl für materiale, formale wie existentiale "Eigenschaften")
Prädikatsvariabeln: P,Q,S,...

1.3 Für *Spezifikatoren* von Akt(inhalt)en (vgl. 9.21):
Konstanten: "Fa","Gb","Hcb",...
Variabeln: "Px","Qy","Sxz",...

2. QUANTOREN

2.1 Quantoren *ohne* "existentielles Gewicht":
Universeller Quantor 'U' (als 'für alle' gelesen), *partikulärer* Quantor '∩' (als 'für einige', d.h. 'für mindestens ein', *nie* aber als 'es existiert mindestens ein' gelesen). (Falls 'p' für irgendeinen offenen Satz steht, in welchem die Variable 'x' frei vorkommt, gilt: $(\cap x)p :\equiv \neg(Ux)\neg p$.)

2.2 Quantoren *mit* "existentiellem Gewicht":
Allquantor '∀' (als 'für alle *existierenden*' gelesen), *Existenzquantor* 'E' (als 'es existiert mindestens ein' gelesen). (Falls 'p' für irgendeinen offenen Satz steht, in welchem die Variable 'x' frei vorkommt, gilt:
$(Ex)p :\equiv \neg(\forall x)\neg p$.)

3. BESONDERES

3.1 Falls in bestimmten Satzfunktionen *Variabeln* für Spezifikatoren auftreten, können diese durch Quantoren gebunden werden, jedoch *nur* durch 'U' oder '∩'.

3.2 Es sind Sätze und Satzfunktionen zulässig, in welchen *beide* Arten von Quantoren *zugleich* vorkommen.

3.3 Wenn gilt: $(Ex)(x=a)$, dann unterliegt ein Satz wie 'Fa' dem Bivalenzprinzip. Wenn gilt: $\neg(Ex)(x=a)$, dann ist ein Satz wie 'Fa' weder wahr noch falsch, was für einen Sinn auch immer wir dem 'F' beilegen. Doch kann man in solchen Fällen bestimmte zugehörige metalogische und/oder psychologische Behauptungen machen, die ihrerseits dem Bivalenzprinzip unterliegen.[10]

Für das Weitere sei von den folgenden *bedingte*n Definitionen ausgegangen:

(Df$_1$) $(Ex)(x=a) \longrightarrow$ a ist eine widerspruchsfreie Objekt–Entität $:\equiv$ a ist eine Objekt–Entität ohne widersprechende Eigenschaften

---

10   Vgl. dazu auch unten Teil 4.

(Df₂) (Ex)(x=a) ⟶ a ist eine Objekt–Entität ohne widersprechende Eigenschaften :≡ a ist eine Objekt–Entität, für die es nicht der Fall ist, dass ihr eine Eigenschaft P zukommt und zugleich nicht zukommt.

Ein grundlegendes *Axiom* der Ontologie₁ lautet:

(A) (Ex)(x=a · x ist ein Akt) ⟶ [Die Analyse des Inhaltes (Auffassungssinnes) von a führt auf keine intentionale Inkonsistenz ≡ die durch Akt a aufgrund seines Inhaltes vermeinte Objekt–Entität ist, falls sie existiert, eine widerspruchsfreie Entität].

Die Existenz eines individuellen Gegenstandes ist gemäss der Ontologie₁ *nur* dann möglich, wenn sich die durch den zugehörigen Auffassungssinn (Aktinhalt) so und so vermeinte Objekt–Entität als widerspruchsfrei erweist, falls sie existiert. Präziser gesprochen gilt:

(1) (Ux)(UP) [(Ey)(y=x · x ist ein individueller Gegenstand · Px) ⟶ {(Ez)(z ist ein Akt mit dem Inhalt "Px") ⟶ (Die Sinn–Analyse *des* Inhaltes "Px" führt auf keine intentionale Inkonsistenz)}].

Um zu verstehen, warum (1) *nicht* zu einer Äquivalenz verschärft werden kann, ist das folgende zu beachten. Falls die Sinn–Analyse z.B. *des* Sinne "Fa" auf keine intentionale Inkonsistenz führt, dann ist es *aus ontologischer Sicht* bloss möglich, dass die F–seiende Objekt–Entität a existiert. Also:

(2) (Ex)(x ist ein Akt mit dem Inhalt "Fa" · die Sinn–Analyse *des* Inhaltes "Fa" führt auf keine intentionale Inkonsistenz) ⟶ M(Ey)(y=a ·. y ist ein individueller Gegenstand · Fy).

Natürlich kann auch (2) nicht zu einer Äquivalenz verschärft werden. Denn falls wir

(2*) (Ex)(x ist ein Akt mit dem Inhalt "Fa" · die Sinn–Analyse *des* Inhaltes "Fa" führt auf keine intentionale Inkonsistenz) ≡ M(Ey)(y=a · y ist ein individueller Gegenstand · Fy)

akzeptieren, würde gelten, dass eine bestimmte ontologische Möglichkeit dann und nur dann besteht, wenn ein Akt mit bestimmtem Inhalt existiert. Demgegenüber kann m.E. aber die folgende Äquivalenz anerkannt werden:

(3) M(Ex)(x ist ein Akt mit dem Inhalt "Fa" · die Sinn–Analyse *des* Inhaltes "Fa" führt auf keine intentionale Inkonsistenz) ≡ M(Ey)(y=a · y ist ein individueller Gegenstand · Fy).

Im Lichte von (3) können wir beispielsweise behaupten, dass *aus ontologischer Sicht*

(4) ¬M(Ex)(x ist ein Kreis · x ist rund · x ist viereckig)

gilt. Denn die zugehörige Sinn–Analyse, d.h. die Analyse *des* Sinnes "x ist ein viereckiger Kreis" führt auf intentionale Inkonsistenzen. Gemäss (A) besagt dies, dass die durch einen Akt aufgrund dieses Inhaltes vermeinte Objekt–Entität, falls sie existiert, *keine* widerspruchsfreie Objekt–Entität gemäss den obigen Definitionen ist.

(4) gilt, obgleich es den *Begriff* eines viereckigen Kreises, d.h. *den* Sinn "x ist ein viereckiger Kreis" durchaus gibt. Ja, obgleich u.U. auch das folgende der Fall ist:

(5) (Ex)(x ist ein individueller Gegenstand · x ist rund–zu–sein–*vermeint* · x ist viereckig–zu–sein–*vermeint*).

Denn ein individueller Gegenstand, der existiert und der *als* rund– *und* viereckig–*vermeint* ist, erfüllt mit (1) die notwendige Bedingung, dass eine zugehörige Sinn–Analyse auf keine intentionale Inkonsistenz führen kann. Demgegenüber wäre ein Gegenstand, der existiert und der rund *und* viereckig *ist*, jedenfalls *keine* widerspruchsfreie Objekt–Entität.

9.23 Ontologie$_1$ und metaphysische Annahmen
Im Abschnitt 9.1 wurde die Frage

(0) Was existiert überhaupt?

als *metaphysische* Grundfrage ausgezeichnet. Aufgrund der obigen Ausführungen kann ich jetzt des weiteren behaupten: Dass Objekt–Entitäten, welche durch eine positive Antwort auf Frage (0) metaphysisch anerkannt werden, widerspruchsfreie Entitäten sind, stellt eine *notwendige* Bedingung dar für jede positive Antwort auf Frage (0). Anders gewendet besagt dies: Ein Akt kann *nur* dann ein *referentieller* Akt sein, wenn in ihm aufgrund seines Inhaltes eine widerspruchsfreie Entität intendiert ist. Allerdings ist *nicht* jeder Akt, für den das eben Gesagte zutrifft, *eo ipso* ein referentieller Akt. Zwar trifft zu: *Jeder* Akt, in welchem aufgrund seines Inhaltes eine solche Entität vermeint ist, die, falls sie existieren würde, *keine* widerspruchsfreie Entität wäre, *ist eo ipso* ein nicht–referentieller Akt. Umgekehrt aber gibt es (oder kann es) a fortiori *auch* nicht–referentielle Akte (geben), in welchen aufgrund ihres Inhaltes eine Entität vermeint wird, die, falls sie existieren würde, eine widerspruchsfreie Entität wäre. Z.B. kann ich an einen goldenen Berg denken, der südlich von Fribourg gelegen ist. *In* diesem Denken bin ich zwar – von einer internen Perspektive aus betrachtet – auf eine widerspruchsfreie Entität "gerichtet", mein Denken ist aber – extern betrachtet – nichtsdestoweniger ein nicht–referentieller Akt. *Widerspruchsfrei–zu–sein* ist also *nicht* hinreichend für das Existieren einer Entität.[11]

---

11 Ähnlich fundamental wie der Begriff der Widerspruchsfreiheit einer Entität ist auch der Begriff der Selbstidentität einer Entität: auch Identität–mit–sich–selbst ist eine notwendige Bedingung für das Existieren einer Objekt–Entität. Der fundamentale Charakter dieser Voraussetzung reflektiert sich m.E. auch in dem Umstand, dass die These: "$(\forall x)(x \doteq x)$" in idealen Kunstsprachen mit quantifizierten Formen, in Systemen mit Quantifikationen gewöhnlich entweder ein Axiom oder ein Theorem ist. Die Begriffe der Widerspruchsfreiheit und der Selbstidentität sind mit Blick auf existierende Objekt–Entitäten in der Tat dermassen fundamental, dass der Begriff der Existenz unter bezug auf diese Begriffe partiell charakterisiert werden kann.

Zwei Punkte seien abschliessend betont: Erstens, die metaphysische Grundfrage (0) kann durch die Ontologie₁ *nur* insofern indirekt partiell beantwortet werden, als die Sinn—Analyse in einigen Fällen die Existenz bestimmter Objekt—Entitäten apriorisch ausschliessen kann. Zweitens, um die metaphysische Grundfrage (0) direkt und möglichst vollständig beantworten zu können, bedarf die Ontologie₁ der Ergänzung durch die vorwissenschaftliche und wissenschaftliche Erfahrung. Aufgrund von Sinn—Analyse *allein* lassen sich m.E. *keine* positiven metaphysische Annahmen rechtfertigen. M.a.W.: Jede Rechtfertigung einer positiven Existenzannahme setzt einen ganz bestimmten Existenz*nachweis* voraus. Dabei ist zu vermuten, dass dieser Nachweis z.B. für ideale oder reale Objekt—Entitäten verschieden sein wird. Vielleicht hat sogar jede Realwissenschaft ihre eigenen Standards für Existenznachweise auszubilden. Und Existenzannahmen, die vom Standpunkt der natürlichen, vorwissenschaftlichen Erfahrung aus betrachtet akzeptierbar sind, werden vielleicht vom Standpunkt gewisser Realwissenschaften aus betrachtet nicht akzeptierbar sein, und die metaphysischen Annahmen der einen Wissenschaft vielleicht nicht vom Standpunkt der andern Wissenschaft.

TEIL 2

"EXISTENZ" IST KEINE EIGENSCHAFT (I_1)

Im vorliegenden Teil der Untersuchung geht es um Ingardens Argument für These I$_1$.

Dieses Argument beruht auf Ingardens *formalontologischer Theorie* von Konkreta (Kap. 3). Bevor ich diese Theorie vorstellen kann (§§ 12;13), ist es erforderlich, einerseits kurz Ingardens Unterscheidung der Form und der Materie von Etwas zu skizzieren (§10) sowie andererseits einige Begriffe, besonders den Begriff *Konkretum,* zu erklären (§11).

In einem zweiten Schritt (Kap. 4) werde ich Ingardens *Unterscheidung verschiedener Arten von Konkreta–Eigenschaften* zur Sprache bringen. Den Ausgangspunkt bilden Ingardens Stellungnahme zum Problem der "negativen Sachverhalte" (§14) sowie seine Ansichten über "Verhältnisse" (§15). Darauf aufbauend werde ich Ingardens Unterscheidung zwischen absoluten und nicht–absoluten Eigenschaften von Konkreta erläutern (§16) und anschliessend die Konsequenzen aufzeigen, die sich aus dieser Unterscheidung für die Existenzthematik ergeben (§17).

In einem dritten Schritt schliesslich (Kap. 5) werde ich auf dieser Basis *Ingardens Argument für These I$_1$* zusammenstellen. Es wird sich nämlich zeigen, dass "Existenz" gemäss Ingarden höchstens als eine absolute Eigenschaft von Konkreta aufgefasst werden kann. Ingardens formalontologische Theorie von Konkreta gestattet es aber, absolute Eigenschaften von Konkreta in formaler Hinsicht so zu charakterisieren (§18), dass Ingarden darauf sein Argument für These I$_1$ aufbauen kann (§19).

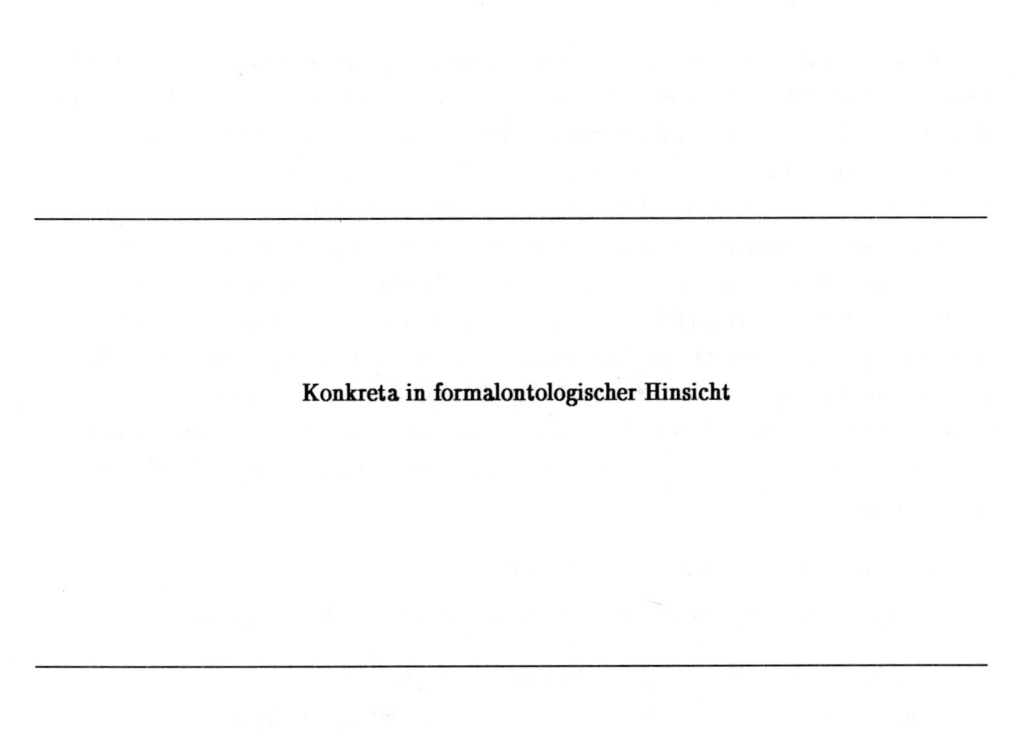

Konkreta in formalontologischer Hinsicht

§10 Form und Materie von Etwas (Exposition)

Um die korrelativen, im Sinne Ingardens essentialen Fragen[1]: Was ist das, die Form von etwas? Was ist das, die Materie von etwas? zu beantworten, geht Ingarden von einer Gegenüberstellung einer Vielzahl von verschiedenen Begriffen der Form und der Materie aus.[2] Dieses Vorgehen entspringt im gewissen Sinne einer Verlegenheit. Denn weil Form und Materie im formalontologischen Sinne begrifflich nicht streng definierbar sind, können sie nach Ingarden nur einerseits anhand "letzter anschaulicher Gegebenheiten" und andererseits aus der Gegenüberstellung verschiedener, weniger allgemeiner und fundamentaler Begriffe der Form und der Materie erläutert werden.[3] Ingarden setzt sich dabei mit einer ganzen Reihe von aus der Philosophiegeschichte bekannten zugehörigen Begriffen auseinander und versucht, diese auf einige systematisch wichtige Grundbegriffe zu reduzieren.[4] Um die Sache für meine Zwecke zu vereinfachen, betrachte ich das Beispiel einer existierenden, rotfarbigen Kugel a mit glatter Oberfläche. Von dieser Kugel kann die folgende wahre Prädikation gemacht werden:

(O)   Kugel a ist rot und hat eine glatte Oberfläche.

Unter bezug auf dieses Beispiel kann u.a. folgenderweise unterschieden werden:

(1)   Form als das im weitesten Sinne rein Qualitative für sich.
Röte und Glätte sind etwas, das unserer Kugel *zukommt*; sie *bestimmen* Kugel a *in der Weise*, dass sie rot und glatt *ist*. Röte und Glätte, sozusagen *ohne* die Funktion des Bestimmens gedacht, können nun als Formen der Kugel a angesprochen werden. Fasst man diese Formen so als *ideelle* Washeiten auf, können sie gemäss Ingarden zu den platonischen Ideen in Beziehung gesetzt werden. Diesem Begriff der Form entspricht ein Begriff der Materie, wonach "Materie" als *individueller Gegenstand* aufgefasst wird, soweit er als Ganzes seinen (ideell gefassten) Eigenschaften gegenübergestellt wird. "Form" ist dann das im platonischen Sinne genommene "Urbild" (Idee) eines Dinges, "Materie" dagegen das "Abbild" dieses Urbildes: ein individueller Gegenstand.

(2) Form als rein Qualitatives in der Funktion des Bestimmens.
Von der Röte und der Glätte kann man aber auch annehmen, dass sie *nur als* Bestimmungen

---

[1]   Vgl. Ingarden (3).
[2]   Vgl. die Zusammenstellung bei Ingarden (11), 27-29.
[3]   Vgl. Ingarden (11), 13.
[4]   Vgl. Ingarden (11), 38/39.

eines Dinglichen existieren. So ist nach Aristoteles das rein Qualitative im weitesten Sinne von der Funktion des Bestimmens *nicht* ablösbar. Form, als rein Qualitatives *in* der Funktion des Bestimmens gedacht, lässt sich gemäss Ingarden entsprechend zu der im Individuellen vorhandenen *konkreten* "Form" von Dingen im aristotelischen Sinne in Beziehung setzen. Korrelativ ist "Materie" im Sinne von "Stoff" oder von "Material", aus dem ein Individuelles gefertigt ist, zu verstehen.

(3) Form als Unqualitatives.
Anstelle des Qualitativen *in* der Funktion des Bestimmens, kann auch *diese Funktion selbst* als Form aufgefasst werden. Form ist dann etwas *Unqualitatives,* das aber qua Form zum Qualitativen, *wenn* dieses in einem individuellen Gegenstand auftritt und die Funktion des Bestimmens ausübt, notwendigerweise hinzukommt. Korrelativ ist das Qualitative hier als Materie, als Träger der Funktion des Bestimmens aufzufassen.

Gemäss Ingarden ist *nur* die Form im dritten Sinn die formalontologische Form. Besondere Schwierigkeiten bereitet aber die *allgemeine* Charakterisierung des Gegensatzes zwischen Form und Materie im formalontologischen Sinne. Zur Verdeutlichung setzt sich Ingarden recht ausführlich mit zugehörigen "aristotelischen" Begriffsbildungen auseinander, wobei er wie folgt unterscheidet:

Die *"aristotelischen"* Begriffe

*Form*A: das Bestimmende als solches ("morphe")
Spezialfall 1: Eigenschaft von etwas ("poion einai")
Spezialfall 2: die Natur von etwas ("ti einai")
Spezialfall 3: das Wesen von etwas ("to ti en einai")
*Materie*A:　　(a)　　das in sich jeder Bestimmung Bare, aber der Bestimmung Unterliegende ("prote hyle")
　　　　　　　(b)　　das der (weiteren) Bestimmung Unterliegende ("hypokeimenon")
Spezialfall (b$_1$): das seiner Natur nach qualitativ bestimmte Subjekt ("hypokeimenon") von Eigenschaften

Ingardens Auseinandersetzung mit diesen aristotelischen Grundbegriffen kann hier nicht berücksichtigt werden. Trotzdem will ich für meine Zwecke von dem ausgehen, was Ingarden als Form$_A$ mit all den zugehörigen Spezialfällen unterscheidet. Mit bezug auf Spezialfall$_1$ stellt Ingarden fest: "Wir haben nämlich *in* dem 'Bestimmenden' einerseits das *qualitative Moment* einer [konkreten] Washeit, andererseits aber die *Form* des 'Zukommens', des 'Bestimmens', unterschieden. *Dieses qualitative Moment nennen wir jetzt 'Materie' ('Inhalt') im formalontologischen Sinne.*"[5] Bezogen auf den Spezialfall$_1$ lässt sich dann festhalten:

5　　Ingarden (11), 11/12.

(i) Materie und Form im formalontologischen Sinne sind *abstrakte*, d.h. zwar unterscheidbare, aber nicht abtrennbare Momente der Form im aristotelischen Sinne.[6]

(ii) Von der aristotelischen Spezialform$_1$ lässt sich behaupten, dass sie ein "Subjekt von Bestimmungen" bestimmt. Von der Form im formalontologischen Sinne lässt sich hingegen *nicht* sagen, dass sie die (formalontologisch verstandene) Materie bestimmen würde. "Insofern lassen ...sich [Form und Materie] als zugehörige [formalontologische] Korrelate *nicht* unter dem ... [für die aristotelische Begriffsbildung] ausschlaggebenden Gegensatz 'Bestimmendes – der Bestimmung Unterliegendes' begreifen."[7]

Wir wollen das letztere am Ausgangsbeispiel verdeutlichen. Röte und Glätte bestimmen ("beeigenschaften") die Kugel a, aber sie *können* dies *nur insofern*, als Röte und Glätte *in der Form des Beeigenschaftens*, d.h. des Eigenschaft–von–etwas–seins ("Eigenschaftsform") auftreten. Die Röte und die Glätte werden aber ihrerseits *nicht* von der "Eigenschaftsform" bestimmt ("beeigenschaftet"). Und analog: die Kugel a wird durch Röte und Glätte bestimmt, sie *kann* das aber *nur insofern*, als die Kugel a in der Form des Träger–von– -Eigenschaften–seins ("Träger von Eigenschaften") auftritt. Auch diese Form "beeigenschaftet" *nicht*, sie ist keine Eigenschaft der Kugel a. Ingarden argumentiert:

"'Form' im analytisch–kategorialen Sinne als eine 'Eigenschaft' der Eigenschaft ... zu fassen, ist Widersinn und führt auf einen unendlichen Regress ... Sie ist [sc. aus demselben Grund] aber auch keine Eigenschaft des Gegenstandes, dessen Form sie wäre."[8]

Anderenfalls würden wir unserer Kugel a mit Aussage (O) nicht nur die Eigenschaften *rot–zu–sein* (F) bzw. *eine–glatte–Oberfläche–zu–haben* (G) zusprechen, sondern diesen beiden Eigenschaften F und G würden ihrerseits bestimmte Eigenschaften zugesprochen. Der Eigenschaft F beispielsweise die "Eigenschaft" *in–der–Eigenschaftsform–zu–stehen* (F'), und so ad infinitum. Ja eventuell sogar noch mehr: der Eigenschaft G z.B. die "Eigenschaften": *in–der–Eigenschaftsform–zu–stehen* (G') und *Traeger–der–Eigenschaft: "in–der–Eigenschaftsform–zu–stehen"–zu–sein* (G''), und so ad infinitum. Aussage (O) bzw. (genauer) der durch sie festgestellte objektive Sachverhalt müsste m.a.W. als *unendlich komplex* aufgefasst werden! Und die Eigenschaften F und G beispielsweise müssten nicht nur in der Form "Eigenschaft von etwas", sondern zugleich in der Form "Träger von Eigenschaften" auftreten – obgleich die zugehörigen formalontologischen Begriffe als *korrelative* Begriffe zu verstehen sind. Mithin müsste *generell* gelten, dass eine bestimmte Materie qua rein Qualitatives zugleich in verschiedenen Formen auftreten könnte. Beide Konsequenzen sind nach Ingarden aber unhaltbar. Ganz analoge Gründe sprechen seiner Ansicht nach

---

[6] Vgl. Ingarden (11), 12.
[7] Vgl. Ingarden (11), 12.
[8] Vgl. Ingarden (11), 12.

dagegen, die Form "Träger von Eigenschaften" ihrerseits als Eigenschaft der Kugel a zu betrachten. M.a.W.: Die Bestimmung des Verhältnisses zwischen der Form und der Materie von Etwas im formalontologischen Sinne erfordert eine andere Erklärung.

Die Ingardensche "Sprachform", welche an die Stelle des Gegensatzes: "Bestimmendes − der Bestimmung Unterliegendes" tritt, lautet folgendermassen:

> "Wir finden keine bessere Antwort, als indem wir sagen, Materie sei das Qualitative im weitesten Sinne, das wesensmässig nicht anders sein kann, als auf eine bestimmte Weise *in einer Form* als dem radikal Unqualitativen zu *stehen.*"[9]

Dabei betont Ingarden, dass sich zwar *"besondere* Formen und *besondere* Materien und auch ihre geordnete wesensmässige Zugehörigkeit in einzelnen typischen Fällen unterscheiden und ... zur unmittelbaren Erfassung bringen"[10] lassen. Aber:

> "Das Wesentliche ist dabei die Einsicht, dass diese beiden Begriffe [sc. der Form und der Materie] sich nicht weiter analysieren lassen und dass auch die Beziehung zwischen Form und Materie nicht näher *begrifflich* bestimmt werden kann, sofern es sich in beiden Fällen um das Allgemeinste handelt ... In dem Allgemeinsten der Form und der Materie im analytisch formalen Sinne der formalen Ontologie stossen wir auf ein *Letztes*, Ursprüngliches, das begrifflich nicht mehr definierbar ist."[11]

Wir stehen hier vor einer Sachlage, die sich bei allen Grundbegriffen eines Systems ergibt. Wenn wir in der Lage sind, irgendeinen gegebenen Begriff zu explizieren, dann können wir das nur tun, indem wir von anderen Begriffen ausgehen. Anders formuliert: Wenn wir in der Lage sind, irgendeinen gegebenen Ausdruck zu definieren, dann können wir das nur tun, indem wir letztlich andere Ausdrücke verwenden, die wir nicht mehr definieren. Für die undefinierten Ausdrücke eines Systems gibt es grundsätzlich aber zwei Wege, sie zu erhellen. Die *erste* Möglichkeit besteht darin, die jeweils undefinierten Ausdrücke in die *Terminologie eines anderen Systems zu übertragen.* Die *zweite* Möglichkeit besteht darin, die *grundlegenden Prinzipien,* zu deren Formulierung sie verwendet werden, explizit zu machen. Im vorliegenden Falle ist die zweite Möglichkeit (gemäss Ingarden) sachlich bedeutsamer.[12] Die

---

[9] Ingarden (11), 12.
[10] Ingarden (11), 13.
[11] Ingarden (11), 12/13. Vgl. auch Ingarden (11), 2.
[12] Dies deshalb, weil gemäss der ersten Möglichkeit bestimmte Grundtermini nur dann in eine andere Terminologie übersetzbar sind, wenn in dieser Terminologie Begriffe von gleicher Allgemeinheitsstufe ausdrückbar bzw. definierbar sind. Nach seinen Ausführungen zu schliessen scheint Ingarden aber daran zu zweifeln, dass irgendeine andere Terminologie diese Bedingung erfüllen kann. Jedenfalls wählt er sozusagen eine abgeschwächte Form der ersten Möglichkeit, Grundbegriffe zu erhellen. Anstelle einer Übersetzung der relevanten undefinierten Ausdrücke in eine andere Terminologie versucht Ingarden, die formalontologischen Grundbegriffe der Form und der Materie von Etwas u.a. unter bezug auf die weniger allgemeinen Grundbegriffe der aristotelischen Ontologie zu erhellen. In diesen Zusammenhang gehören Aussagen wie die

Prinzipien, zu deren Formulierung Ingarden seine formalontologischen Grundterme einführt, lassen sich folgenderweise zusammenfassen:

(P_1) Mittels der Termini 'Form von Etwas' und 'Materie von Etwas' soll ein letzter, allgemeinster Unterschied im Seienden bezeichnet werden.

(P_2) Die Materie von Etwas ist das in diesem Etwas realisierte Qualitative im weitesten Sinne; die Form von Etwas ist ein radikal Unqualitatives von diesem Etwas, nämlich das, worin die jeweilige Materie steht.

(P_3) Es gibt keine Form von Etwas, ohne dass sie Form einer Materie dieses Etwas wäre; und es gibt keine ungeformte Materie von Etwas, d.h. die Materie von Etwas steht immer in einer bestimmten Form.

(P_4) Die Materie und die Form von Etwas sind zwei ungleichwertige Faktoren von diesem Etwas. Jede Art von Materie fordert von sich aus eindeutig eine bestimmte Art von Form, während die Form bezüglich der Materie eine bestimmte Variabilität zulässt:
(4.1) *Verschiedenartige* Materien können in *gleichartigen* Formen stehen.
(4.2) Ein Etwas kann seine Materie ändern, während seine Form identisch dieselbe bleibt.
(4.3) Die Variabilität der Materie relativ zu ein und derselben Form ist *nicht* völlig *uneingeschränkt*, d.h. nicht jede Form von Etwas lässt unterschiedslos jede Materie zu.

(P_5) Die Form von Etwas ist weder Eigenschaft dieses Etwas noch Eigenschaft einer Eigenschaft dieses Etwas: es gibt keine Formen von Formen, sondern nur entweder Formen von blossen Materien oder Formen von in bestimmten Formen stehenden Materien.

(P_6) Es gibt verschiedene Arten von Formen (z.B. die Formen: Subjekt—von—Eigenschaften—zu—sein; Eigenschaft—von—Etwas—zu—sein).

Insbesonder P_4 verdient noch einiger zusätzlicher Bemerkungen:

"Wenn wir ... den Zusammenhang der Form ... und der Materie ... betrachten, so stossen wir auf eine primitive Heterogenität, die nicht ihresgleichen hat, und auf eine Ungleichwertigkeit ... der beiden Faktoren zueinander: die Form ... scheint etwas von der Materie ... Abgeleitetes, Sekundäres zu sein; ... *[Es scheint]* – obwohl hier das *treffende Wort fehlt!* –, dass das Determinierende, Entscheidende im Seienden die *Materie* ... ist, während die Form sich aus dem Wesen der Materie ergibt."[13]

Aus dieser Stelle geht hervor, was man als den Primat des Materialen in der Ingardenschen Ontologie bezeichnen kann. Für das in 4.1 und 4.2 Festgestellte hier zwei Beispiele: Materien, welche die konkrete Färbung eines Gegenstandes bilden, fordern von sich aus

---

folgenden: "Form im aristotelischen Sinne bzw. ihre zugehörigen Spezialfälle sind als Abwandlungen der Form von Etwas im formalontologischen Sinne aufzufassen"; "Materie im aristotelischen Sinne ist als Abwandlung der Form von Etwas im formalontologischen Sinne aufzufassen"; "Abwandlungen der Form und der Materie von Etwas im formalontologischen Sinne lassen sich als abstrakte Momente der Form im aristotelischen Sinne unterscheiden" usw.

[13] Ingarden (11), 51.

eindeutig die Form "Eigenschaft von Etwas". Oder, die beiden Materien: "Farbigkeit" und "Härte" erfordern von sich aus eindeutig je die Form "Eigenschaft von Etwas". Im obigen Zitat heisst es, dass "die Form sich aus dem Wesen der Materie ergibt". Wenn wir dies auf die im Teil 1 diskutierte Ingardensche Ontologie–Konzeption beziehen, wird ersichtlich, dass – gemäss Ingarden – die idealen Qualitäten das "Wesen von Materien" festlegen. Ideale Qualitäten nämlich sind nach Ingarden das, was sie sind. Und sie konkretisieren sich nicht nur im Gehalt von (materialen) Ideen, sondern instantiieren sich gegebenenfalls auch in (idealen oder realen) individuellen Gegenständen. In welchen Formen ideale Qualitäten in individuellen Gegenständen stehen können (falls sie sich in diesen instantiieren), wird aber von den idealen Qualitäten selbst "determiniert". Die Form von etwas ist in diesem Sinne etwas ontisch Sekundäres. Weil es des weiteren – gemäss P_3 – keine Form von Etwas gibt, ohne dass sie Form einer Materie dieses Etwas wäre, sage ich, dass die Form von Etwas gemäss Ingarden generell ein Folge–Moment (oder auch ein Folge–Aspekt) der Materie von Etwas ist.

Im Zusammenhang von P_4 schliesslich noch eine weitere Bemerkung:

> "Husserl hat ... die *absolute* Allgemeinheit der formalontologischen Betrachtung gefordert, und zwar in dem Sinne, dass man diese Betrachtung bei *völliger* 'Abstraktion' (d.h. streng gesprochen einer Variabilität) von *jeder* Materie durchführen soll ... Die uneingeschränkte Variabilität der Materie bei Einhaltung der Form diente Husserl als das *Kriterium* dafür, dass etwas 'Form' (... in unserem Sinne) ist. Der Husserlsche Begriff der Form scheint sich entweder in seinem Inhalt zu verschieben, indem 'Form' als das *absolut Konstante und Allgemeine* verstanden wird, oder aber er engt sich wesentlich ein, indem er *nur* auf diejenigen Formen ... eingeschränkt wird, bei welchen wirklich eine solche völlig uneingeschränkte *Beliebigkeit* der Materie bestehen würde (falls zugegeben wird, dass es solche Formen ... überhaupt geben kann, was gar nicht evident ist ...)."[14]

Ingarden scheint hier anzudeuten, dass Husserl eventuell den Begriff der Form im formalontologischen Sinne mit dem Begriff der Allgemeinheit vermengt hat. A fortiori ist das keineswegs der Fall, da Husserl für die formalontologische Analyse nicht die Operation der Generalisierung, sondern die Operation der Formalisierung als grundlegend ausgezeichnet hat.[15] Wie immer es damit steht, im Lichte von P_4 jedenfalls kann strenge Allgemeinheit nicht als Kriterium für die Klassierung von Begriffen als *formalen* Begriffen in Anspruch genommen werden. Die Frage nach den Kriterien für die Klassierung von Begriffen in formale und materiale ist allerdings äusserst schwierig.[16] Zwar können einerseits

---

[14] Ingarden (11), 53.
[15] Vgl. Husserl (6), §13 und Mulligan (3), 73 f.
[16] Vgl. dazu Mulligan (2); (3) und Smith (6); (8).

hinreichende[17], andererseits notwendige[18] Bedingungen fixiert werden. Es ist aber sehr problematisch, hinreichende *und* notwendige Bedingungen anzugeben.[19] Die Sache wird ausserdem noch dadurch kompliziert, dass innerhalb der formalen Begriffe zusätzlich zwischen solchen zu unterscheiden ist, die (formal–)logische und solchen die (formal–)ontologische Begriffe sind.[20] Glücklicherweise lassen es meine Zwecke zu, mich an dieser Stelle mit einem intuitiven Verständnis zu begnügen, demgemäss z.B. die Begriffe: *Klasse, Gegenstand, Eigenschaft, Ganzes, Teil* formale Begriffe sind, im Unterschied etwa zu den Begriffen: *Mensch, Tier, Leber.*

---

[17] Z.B.: (Immer) Wenn ein Begriff F ausschliesslich operational definiert wird, dann ist F ein *formaler* Begriff. (Beispielsweise ist der aussagenlogische Begriff der Konjunktion ein formaler Begriff.)

[18] Z.B.: Ein Begriff F ist nur dann ein *formaler* Begriff, wenn F keine logischen Teile (sc. Merkmale im Fregeschen Sinne) hat. (Beispielsweise erfüllt der Begriff *Klasse* diese Bedingung. Denn: "If something is truly a set, there is no other concept under which it falls *in virtue of falling* under the concept *set.*" (Mulligan 2, 171).)

[19] Vgl. Smith (6); Simons (4).

[20] Vgl. dazu Mulligan (2).

§11 Konkreta: Autonome, individuelle, reale Gegenstände

Bevor ich Ingardens Theorie von Konkreta doxographisch vorstelle, muss geklärt werden, was hier unter "Konkreta" verstanden wird (11.1). Dies gibt mir auch die Gelegenheit einige Begriffe einzuführen, welche die Präsentation von Ingardens Theorie erleichtern (11.2;11.3).

11.1 Konkreta

Individuelle Gegenstände sind nach Ingarden einerseits den Ideen, andererseits den idealen Qualitäten gegenüberzustellen.[1]

Ideen sind aus dem Bereich individueller Gegenstände ausgeschlossen, weil Ideen mit Rücksicht auf ihren Gehalt nicht individuell, sondern allgemein sind: eine Vielheit individueller Gegenstände kann gegebenenfalls unter ein und dieselbe Idee "fallen". Die formalontologische Analyse von Ideen qua Ideen stellt deshalb eine Aufgabe sui generis dar. Ideale Qualitäten andererseits sind aus dem Bereich individueller Gegenstände ausgeschlossen, weil ideale Qualitäten überhaupt keine Gegenstände im formalontologischen Sinne sind.[2]

Individuelle Gegenstände können des weiteren ideale oder reale Gegenstände sein. Reale individuelle Gegenstände sind (falls sie existieren) zeitlich bestimmte, d.h. in–der–Zeit–existierende Gegenstände, während ideale individuelle Gegenstände (falls sie existieren) ausserzeitlich existierende Gegenstände sind.[3] Da dieser Unterschied für das, was Ingarden als Grundform individueller Gegenstände aufdeckt, nicht relevant ist,[4] sollen ideale individuelle Gegenstände im Folgenden ausser Betracht bleiben. Dies auch ganz einfach

---

[1]   Vgl. oben Teil 1.
[2]   Vgl. Ingarden (11), 60 und oben Teil 1.
[3]   Zu den verschiedenen Zeitbegriffen vgl. Ingarden (10), Kap. V und Ingarden (18), §88.
[4]   Vgl.: "Die hier in ihren Hauptzügen aufgewiesene Grundform des ursprünglich individuellen, seinsautonomen Gegenstandes ist bei *allen* derartigen Gegenständlichkeiten vorhanden, welcher materialen Qualifizierung auch immer ... Es müssen aber zunächst die Einzelheiten der aufgewiesenen Grundform näher untersucht werden, damit man zu der Frage übergehen kann, ob die Zeitbestimmung der ursprünglich individuellen Gegenstände nicht weitere formale Momente mit sich bringt." (Ingarden 11, 70).

deswegen, weil ideale individuelle Gegenstände jedenfalls *auch* für Ingarden ein besonderes Problem darstellen.[5]

Die Ergebnisse von Ingardens formalontologischer Analyse realer individueller Gegenstände beziehen sich sodann auf *drei* Grundtypen zeitlich–bestimmter Objekt–Entitäten, nämlich auf reale Ereignisse, reale Vorgänge und reale, in der Zeit relativ verharrende Gegenstände.[6] Diese bedeutsame Trichotomie kann an dieser Stelle nicht erläutert werden.[7] Hier seien einfach "gewöhnliche" Objekt–Entitäten wie materielle Dinge, Pflanzen, Tiere und Menschen als reale, in der Zeit relativ verharrende individuelle Gegenstände klassifiziert. Und es soll einfach angenommen werden, dass sich Ingardens formalontologische Analyse u.a. auf derartige "gewöhnliche" Objekt–Entitäten bezieht.

Individuelle Gegenstände schliesslich können *ursprünglich–individuelle* oder *fundiert–individuelle* Gegenstände (bzw. "individuelle Gegenstände höherer Ordnung") sein. Fundiert–individuelle Gegenstände (wie z.B. die Bevölkerung von Fribourg oder eine kompliziert gebaute Maschine) sind individuelle Gegenstände, die zur Grundlage ihrer Existenz und Beschaffenheit die Existenz einer Vielzahl anderer individueller Gegenstände und letztlich ursprünglich–individueller Gegenstände (z.B. die einzelnen Bewohner von Fribourg oder die einzelnen selbständigen Teile einer Maschine) voraussetzen.

Konkreta im hier vorausgesetzten Sinne sind dann Objekt–Entitäten, von denen u.a. gilt: sie sind reale, in der Zeit relativ verharrende, ursprünglich–individuelle Gegenstände. Und als Beispiele für Konkreta können "gewöhnliche" Objekt–Entitäten wie materielle Dinge, Pflanzen, Tiere und Menschen genommen werden.

In diesem Zusammenhang muss allerdings betont werden:

> "*Was* realiter ursprünglich–individuell und *was* fundiert–individuell ist, das ist ein *empirisches* [sc. von den Realwissenschaften zu entscheidendes] Problem, dagegen bildet die blosse Form–Differenz zwischen den beiden Typen individueller Gegenstände ein ... formal–ontologisches Problem, dessen Lösung von empirischen Entscheidungen unabhängig ist."[8]

---

[5]   Vgl. Ingarden (11), 267 f. und besonders Ingarden (11), 275 ff.
[6]   Vgl. Ingarden (11), 20.
[7]   Vgl. dazu Ingarden (10), Kap V und Ingarden (12), §§62-64 sowie Haefliger (6).
[8]   Ingarden (11), 62.

Daraus geht Mehreres hervor. Erstens setzt die formalontologische Analyse von Konkreta gemäss der Ingardenschen Konzeption von Ontologie nicht voraus, dass Konkreta existieren. Zweitens ist es durchaus denkbar, dass die realwissenschaftliche Einzelforschung gegebenenfalls nur irgendwelche Elementarteilchen von Atomen als *ursprünglich*-individuelle Gegenstände (im formalontologischen Sinne) aufweist, d.h. es ist denkbar, dass "gewöhnliche" Objekt–Entitäten wie Pflanzen, Tiere und Menschen in Tat und Wahrheit (falls sie existieren, was nach meinen Voraussetzungen der Fall ist) *fundiert*–individuelle Gegenstände sind. Drittens ist der Unterschied zwischen ursprünglich– und fundiert–individuellen Gegenständen formalontologisch nur dann erklärt, wenn die Relation der ontischen Fundiertheit erklärt ist. Und natürlich reicht die oben gegebene Charakterisierung fundiert–individueller Gegenstände dazu nicht aus. M.a.W.: Wenn als Beispiele für ursprünglich–individuelle Gegenstände auf "gewöhnliche" Objekt–Entitäten wie materielle Dinge, Pflanzen, Tiere und Menschen verwiesen wird, so sollen diese Beispiele in erster Linie bloss dazu dienen, die formalontologischen Unterscheidungen, um die es Ingarden geht, intuitiv leichter zu verdeutlichen.[9]

11.2 Seinsautonomie/Seinsselbständigkeit

Konkreta im hier vorausgesetzten Sinne sind aber nicht nur reale, in der Zeit relativ verharrende, ursprünglich–individuelle Gegenstände, sondern auch Objekt–Entitäten, die *autonom* existieren.

Der Begriff der Seinsautonomie ist *ein* Grundbegriff der Ingardenschen Existentialontologie. Der korrelative Begriff ist jener der Seinsheteronomie. Folgt man den relevanten Textstellen, legen sich die folgenden Definitionen nahe:[10]

---

[9] Der Umstand, dass bestimmte Entitäten, die zu Beginn einer philosophischen Analyse mit der Kategorie "X" beschrieben werden, am Ende (und dies besagt auch: im Lichte der erreichten begrifflichen Klärung) u.U. nicht mehr mit derselben Kategorie beschrieben werden können, ist *kein* aussergewöhnlicher Umstand. Im Übrigen ist zu beachten, dass die von Ingarden herausgestellte *Grundform* von *Konkreta* sich am Ende der Analyse in bestimmter Hinsicht *auch* als *Grundform* *fundiert*-individueller Gegenstände erweist.

[10] Vgl.: "Eine Gegenständlichkeit (im Sinne von irgend etwas überhaupt) existiert autonom (ist seinsautonom), wenn sie in sich selbst ihr Seinsfundament hat. Und sie hat es in sich selbst, wenn sie in sich selbst etwas immanent Bestimmtes ist. Eine Gegenständlichkeit ist dagegen seinsheteronom (existiert heteronom), wenn sie ihr Seinsfundament ausserhalb ihrer selbst hat." (Ingarden 10, 79).

(Df*)   *a* existiert autonom (ist seinsautonom) :≡ *a* enthält sein Seinsfundament in sich selbst

(Df**)   *a* existiert heteronom (ist seinsheteronom) :≡ *a* enthält sein Seinsfundament ausserhalb von sich selbst.

Irgendein realer Brunnen mit bestimmten Eigenschaften kann als Beispiel für die erste Definition dienen, während irgendein fingierter Brunnen mit bestimmten, intentional zugewiesenen Eigenschaften (z.B. der in C.F. Meyers Gedicht "Der römische Brunnen" fingierte Brunnen) als Beispiel für die zweite Definition genommen werden kann. Da es sich beim Gegensatz zwischen der Seinsautonomie und der Seinsheteronomie nach Ingarden um einen kontradiktorischen Gegensatz handelt, ist es, um die begrifflichen Zusammenhänge einfacher darstellen zu können, günstig, von *einem* Grundbegriff auszugehen. Z.B. von

(Df$_1$)   *a* existiert heteronom bezüglich *b* :≡ *b* enthält in sich ein Seinsfundament von *a*.

Mit den Abkürzungen:

'Het (x,y)'   =   'x existiert heteronom bezüglich y'
'Het$_o$(x)'   =   'x existiert heteronom'
'Aut (x)'   =   'x existiert autonom'

lassen sich die folgenden weiteren Definitionen und Axiome formulieren:

(Df$_2$)   Het$_o$(a) :≡ (Ey) Het (a,y)

(Df$_3$)   Aut (a) :≡ ¬ Het$_o$ (a)

(A$_1$)   Het (a,b) ⟶ a ≠ b

(A$_2$)   Het (a,b) ⟶ Het$_o$(b) v Aut (b)

(A$_3$)   (∀x) [Het$_o$(x) v Aut(x)].

Ein Verständnis dieser Definitionen und Axiome ist natürlich abhängig von einem Verständnis (des Definiens) von Df$_1$. An dieser Stelle kann ich bloss einige Hinweise geben. Bei dem existialen Unterschied zwischen Seinsautonomie und Seinsheteronomie ist die Differenzierungshinsicht *nicht* einfach die Frage nach der Quelle, nach dem Ursprung des Existierens einer Entität. Auch seinsautonome Konkreta beispielsweise sind Entitäten, die entstehen und vergehen: der Ursprung, die Quelle ihrer Existenz liegt "ausserhalb" ihrer selbst. *Wenn* sie aber existieren, dann kommt ihnen ein Bestand von Qualifizierungen (d.h. von materialen Bestimmungen) zu, welcher ihnen gegebenenfalls "vollkommen immanent" ist. Insofern enthalten sie ihr Seins*fundament* in sich selbst. Das ist keineswegs bei allen individuellen Gegenständen der Fall. Ingarden hat dies ausführlich in seinen Analysen rein intentionaler Gegenstände nachgewiesen. Wenn wir unter der Klasse eigenwesentlicher Bestimmungen rein intentionaler Gegenstände solche Bestimmungen verstehen, die ihnen *qua* rein intentionaler Gegenstände zugekommen, gehören zu dieser Klasse die folgenden: *eine–Doppelstruktur–im–formalen–Aufbau–zu–haben,   einen–Gehalt–zu–haben,   im– Gehalt–einen– Träger –von–intentional–zugewiesenen–Eigenschaften–zu–haben.*   Und besonders   *notwendigerweise–Korrelat–eines–Aktes–zu–sein,*   d.h.   die   *existentiale* Bestimmung, dass ein rein intentionaler Gegenstand "Sein und ... gesamtes Beschaffensein aus dem Vollzug eines auf eine bestimmte einheitliche Weise beinhalteten intentionalen Bewusstseinserlebnisses schöpft und ohne diesen Vollzug überhaupt nicht existieren würde."[11] Insofern liegt bei rein intentionalen Gegenständen das Seinsfundament "ausserhalb ihrer selbst". Rein intentionale Gegenstände unterscheiden sich voneinander insbesondere durch die existentialen, formalen und materialen Bestimmtheiten ihrer Gehalte. Diese Bestimmungen kommen ihnen aber jeweils nur zu, weil sie ihnen *durch* intentionales Vermeinen ursprünglich–identifizierender (d.h. schöpferischer) bzw. re–identifizierender (d.h. nachvollziehender) Akte *zugewiesen* werden. Insofern lässt sich sagen, dass rein intentionalen Gegenständen ein wesentlicher Bestand von Qualifizierungen zukommt, welche ihnen nicht vollkommen "immanent" sind.[12] Ähnliches lässt sich von seinsautonomen Konkreta aber nicht behaupten. Diese unterscheiden sich voneinander nicht durch Bestimmtheiten, die ihnen bloss intentional zugewiesen werden, sondern sie unterscheiden sich voneinander durch sich selbst und wesentlich durch Bestimmtheiten, die ihnen "immanent" sind. Und alle Bestimmtheiten, welche autonomen Konkreta aufgrund bloss intentionaler Zuweisungen "zukommen", sind für den ontischen Aufbau der fraglichen Entitäten ganz und gar ausserwesentlich.

Mit diesen kurzen Hinweisen auf Ingardens Analyse rein intentionaler Gegenstände[13] kann Df$_1$ im Sinne Ingardens in günstiger Weise intuitiv verdeutlicht werden. Zu betonen bleibt aber, dass der Begriff des rein intentionalen Gegenstandes und der Begriff der Seinsheteronomie weder intensions– noch extensionsgleich sind. Denn individuelle Gegenstände sind nicht dasselbe wie existentiale Momente.[14]

---

[11]   Ingarden (10), 82.
[12]   Vgl. Ingarden (10), 84.
[13]   Vgl. dazu u.a. Ingarden (6) und Ingarden (11), Kap. IX.
[14]   Zu den existentialen Momenten vgl. unten Teil 3.

Für das Weitere ist es auch günstig, kurz den existentialontologischen Gegensatz zwischen der Seinsselbständigkeit und der Seinsunselbständigkeit einer Objekt–Entität zu berücksichtigen. Folgt man wiederum den relevanten Textstellen aus Ingardens Existentialontologie, legen sich die folgenden Definitionen nahe:[15]

(Df⁺)   a existiert selbständig (ist seinsselbständig) :≡ Aufgrund seines Wesens muss a nicht mit irgendetwas anderem innerhalb eines einzelnen Ganzen koexistieren

(Df⁺⁺)   a existiert unselbständig (ist seinsunselbständig) :≡ Aufgrund seines Wesens muss a mit irgendetwas anderem innerhalb eines einzelnen Ganzen koexistieren.

Im Sinne der ersten Definition existiert z.B. eine individuelle Eigenschaft der Röte unselbständig. Denn nach Ingarden gilt die folgende materialontologische These bezüglich den idealen Qualitäten Röte und Farbigkeit:[16]

(1) Röte⁺ ⊃ Farbigkeit⁺.

Gemäss den im Paragraphen 7 gegebenen Erläuterungen zur Inklusionsrelation zwischen idealen Qualitäten folgt aus (1) die folgende These, welche nach Ingarden eine materialontologische Anwendungsthese ist:

(2)   ¬ M (Ex) [x ist eine rote Objekt–Entität · x ist nicht farbig].

Existentialontologisch gefasst besagt dies:

(3)   N [(∀x)(∀y)<(x ist eine Objekt–Entität · y ist die individuelle Eigenschaft: "Röte von x") ⟶ (Ez)(Eu){z ist die individuelle Eigenschaft: "Farbigkeit von x" · u ist das Ganze: "Rote Farbe von x"· y koexistiert mit z innerhalb u}>].

Jede individuelle Eigenschaft der Röte existiert insofern seinsunselbständig bezüglich einer individuellen Eigenschaft der Farbigkeit. Um die begrifflichen Zusammenhänge leichter darzustellen, will ich auch hier von *einem* Grundbegriff ausgehen. Z.B. von

---

[15] Vgl.: "Seinsselbständig ist eine Gegenständlichkeit, wenn sie ihrem Wesen nach zu ihrem Sein das Sein gar keiner anderen Gegenständlichkeit erfordert, welche mit ihr innerhalb der Einheit eines Ganzen zusammen sein müsste, oder mit anderen Worten, wenn ihr Sein kein notwendiges Zusammensein mit einer anderen Gegenständlichkeit innerhalb der Einheit eines Ganzen ist. Seinsunselbständig dagegen ist eine Gegenständlichkeit, wenn ihr Sein ein aus ihrem Wesen fliessendes notwendiges Zusammensein mit einer anderen Gegenständlichkeit (die gegebenenfalls in ihrem materialen Wesen ganz besonders bestimmt sein muss) in der Einheit eines Ganzen ist." (Ingarden 10, 115).

[16] Vgl. oben §7.

(Df₄)   a existiert unselbständig bezüglich b :≡ Aufgrund seines Wesens muss a mit b innerhalb eines einzelnen Ganzen koexistieren.

Mit den Abkürzungen:

'Uselb (x,y)'   = 'x existiert unselbständig bezüglich y'
'Uselb₀(x)'   = 'x existiert unselbständig'
'Selb (x)'   = 'x existiert selbständig'

lassen sich die folgenden weiteren Definitionen und Axiome formulieren:

(Df₅)   Uselb₀(a)   :≡ (Ey) Uselb (a,y)

(Df₆)   Selb (a)   :≡ ¬ Uselb₀(a)

(A₄)   Uselb (a,b) ⟶ a ≠ b

Der existentiale Gegensatz der Seinsselbständigkeit und der Seinsunselbständigkeit ist extrem verwickelt und aufgrund der Ingardenschen Bestimmungen begrifflich schwer präzisierbar. Für den Moment sei bloss noch erwähnt, dass das Definiens von Df₄ nach Ingarden noch weiter spezifiziert werden kann, sodass wir zwei verschiedene Begriffe erhalten, nämlich:

(Df₄/F)   a existiert *formaliter* unselbständig bezüglich b :≡ Aufgrund seines *formalen* Wesens muss a mit b innerhalb eines einzelnen Ganzen koexistieren

(Df₄/M)   a existiert *materialiter* unselbständig bezüglich b :≡ Aufgrund seines *materialen* Wesens muss a mit b innerhalb eines einzelnen Ganzen koexistieren.

Unter Berücksichtigung dieser Spezifikation von Df₄ müssten natürlich auch die Definitionen Df₅ und Df₆ analog spezifiziert werden. Das oben anhand von (1) bis (3) betrachtete Beispiel ist dann genauer gesprochen ein Beispiel für Df₄/M. Offenbar kommt für die Ingardensche Formontologie von Konkreta aber besonders Df₄/F in Frage. Die Spezifikation von Df₄ ist gemäss Ingarden sachlich erforderlich, weil es der Fall sein kann, dass eine Entität a formaliter unselbständig bezüglich einer Entität b existiert, *ohne* bezüglich b materialiter unselbständig zu existieren. Z.B. besteht zwischen den idealen Qualitäten "Tischheit" und "Röte" keine zu (1) analoge Inklusionsrelation. Entsprechend ist es materialontologisch betrachtet möglich, dass ein (existierender) Tisch nicht rot ist. Jeder seinsautonome, faktisch rote Tisch aber ist nichtsdestoweniger formaliter unselbständig bezüglich der individuellen Eigenschaft der Röte *qua* individuelle *Eigenschaft*.[17] Weitere wichtige Spezifikationen von Df₄ ergeben sich, wenn bei der existentialen Relation der Unselbständig-

---

[17]   Was das genau besagt, wird im folgenden Paragraphen erklärt.

keit zwischen einer eindeutigen und einer vieldeutigen Unselbständigkeit sowie zwischen einer einseitigen und einer wechselseitigen Unselbständigkeit unterschieden wird.[18] Die zugehörigen Ingardenschen Bestimmungen sollen an dieser Stelle nicht berücksichtigt werden.

11.3 Qualitative Selbständigkeit

Nach Ingarden kann eine bestimmte Materie (im formalontologischen Sinne) gegebenenfalls eine "sogenannte 'niederste Differenz', also eine nicht mehr differenzierbare und eben damit qualitativ selbständige Qualität"[19] sein. Und er fügt bei:

> "Bei der *qualitativen* Selbständigkeit bzw. Unselbständigkeit handelt es sich um etwas anderes als bei der Seinsselbständigkeit. Dort handelte es sich nur um die reine Notwendigkeit oder Nichtnotwendigkeit des Zusammenseins im Bereiche *eines* Gegenstandes ... Die Momente ..., welche gegenseitig *qualitativ* unselbständig sind, existieren nicht bloss rein existential innerhalb eines Ganzen zusammen, sondern sie determinieren einander qualitativ und modifizieren sich gegenseitig, wie es z.B. mit der qualitativen Nuance einer Farbe, ihrer Sättigung und Helligkeit ... der Fall ist."[20]

Ingardens Behauptung, dass die *qualitative* Selbständigkeit bzw. Unselbständigkeit etwas anderes sei als die *existentiale* Selbständigkeit bzw. Unselbständigkeit, ist keineswegs ohne weiteres verständlich. Leider habe ich bei Ingarden keine anderen Stellen finden können, wo er diesen Unterschied ausführlich und genauer erklärt. Was folgt, ist also bloss als Präzisierungsvorschlag aufzufassen, der bei Ingarden textuell nicht klar belegbar ist.

Materiale Bestimmungen von Konkreta sind nach Ingarden in Konkreta instantiierte ideale Qualitäten. Der Begriff der *existentialen* Selbständigkeit bzw. Unselbständigkeit nun ist m.E. *nur* anwendbar auf (materiale Aspekte von) Objekt–Entitäten, im besonderen auf (materiale Aspekte von) Konkreta. Beispielsweise gilt nach Ingarden die folgende These:

(1) Notwendigerweise: jedes rote Konkretum ist farbig und hat eine Oberfläche.

In *existentialontologischer* Hinsicht kann er im Ausgang von (1) behaupten:

---

[18] Vgl. Ingarden (10), 117 ff.
[19] Ingarden (11), 80.
[20] Ingarden (11), 80, Anm. 21.

(2) N[(∀x)(∀y)<(x ist ein Konkretum · y ist die individuelle Eigenschaft: "Röte von x")
⟶ (Ez)(Eu)(Ev) {z ist die individuelle Eigenschaft: "Farbigkeit von x" · u ist die individuelle Eigenschaft: "Oberflächigkeit von x" · v ist das Ganze: "Rotfarbige Oberfläche von x" · y koexistiert mit z und u innerhalb v}>].

Gemäss Df_4/M (vgl. 11.2) können wir dann sagen: Eine individuelle Eigenschaft der Röte existiert materialiter unselbständig bezüglich einer individuellen Eigenschaft der Farbigkeit und bezüglich einer individuellen Eigenschaft der Oberflächigkeit. (1) ist gemäss Ingarden eine materialontologische Anwendungsthese[21], die aufgrund bestimmter Zusammenhänge zwischen idealen Qualitäten gültig ist. Es sind diese Zusammenhänge zwischen idealen Qualitäten, die das "Wesen" einer individuellen Eigenschaft der Röte bestimmen. Bezogen auf die idealen Qualitäten

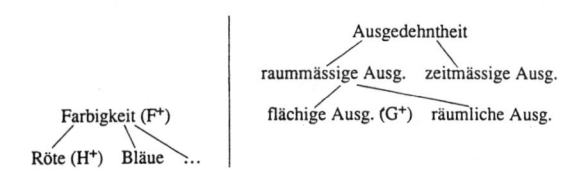

```
                              Ausgedehntheit
                             /            \
                    raummässige Ausg.   zeitmässige Ausg.
     Farbigkeit (F⁺)         /            \
       /     \        flächige Ausg. (G⁺)  räumliche Ausg.
   Röte (H⁺)  Bläue ⋱
```

lässt sich mit Ingarden behaupten:[22]

(3) $F^+ \doteq G^+ \cdot H^+ \supset F^+$.

These (3) ist *gemäss Ingarden*(!) das Rationale für die Thesen (1) und (2).

Wie steht es nun um die *qualitative* Selbständigkeit? — Der zugehörige Begriff ist m.E. *primär* anwendbar auf *ideale Qualitäten* selbst. Diese lassen sich nach Gattungs/Art- -Verhältnissen ordnen. Betrachten wir beispielsweise die folgende Ordnung:

---

[21] Vgl. oben Teil 1.
[22] Vgl. oben §7.

```
            Farbigkeit                    Gattung aller Farben
           /   |   \
        Röte  Bläue  ...                  generische Arten von Farben
        / \    
   Rotnuance n  Rotnuance n+1  ...        niederste Arten von Farben
   ------------------------------         ---------------------------
       / | \
       a b c  ...                         konkrete individuelle Farben
```

Zu Präzisierungszwecken sei von folgender Hilfsdefinition ausgegangen:

(H) Eine ideale Qualität Q^+ *schränkt* eine ideale Qualität P^+ *ein* :≡
    (i)   Wenn sich Q^+ in einem beliebigen Individuum x instantiiert, dann instantiiert sich notwendigerweise auch P^+ in x
   und
    (ii) es ist möglich, dass sich P^+ in einem beliebigen von x verschiedenen Individuum y instantiiert, ohne dass sich Q^+ in y instantiiert.

Gemäss (H) schränkt z.B. die ideale Qualität *Rotnuance n* (qua niederste Spezies) die ideale Qualität *Röte* (qua generische Art) ein. Nicht aber schränkt die ideale Qualität *Rotnuance n* (qua niederste Spezies) die ideale Qualität *Rotnuance n+1* (qua niederste Spezies) ein. Dies lässt dann die folgende Präzisierung des Begriffes der qualitativen Selbständigkeit zu:

(Df$_7$) Eine ideale Qualität Q^+ *ist qualitativ selbständig* :≡ Es gibt mindestens zwei von Q^+ verschiedene ideale Qualitäten P^+ und R^+, sodass gilt: (i) Q^+ schränkt P^+ ein und (ii) Q^+ schränkt R^+ nicht ein.

Wenden wir Df$_7$ auf das Beispiel der Röte und der Rotnuance n an, dann werden sogleich folgende zwei Punkte ersichtlich. Erstens: Zwischen diesen beiden idealen Qualitäten besteht zwar eine (einseitige) Inklusionsrelation. Da sie aber numerisch verschiedene ideale Qualitäten sind, die nach den Ingardenschen Voraussetzungen in sich selbst sind, was sie sind, lässt sich nicht sagen, dass sie qua ideale Qualitäten notwendigerweise in einem Ganzen koexistieren. Der Begriff der existentialen Unselbständigkeit ist auf sie qua ideale Qualitäten also nicht anwendbar. Weil aber zwischen beiden Qualitäten eine (einseitige) Inklusionsrelation besteht, gilt zweitens: *Wenn* sich die *qualitativ* selbständige ideale Qualität *Rotnuance n* in einem Konkretum a instantiiert, *dann* ist die Rotnuance n qua individuelle Eigenschaft von a (materialiter) seinsunselbständig bezüglich der Röte qua individueller Eigenschaft von a. Oben wurde gesagt, dass der Begriff der qualitativen Selbständigkeit (gegebenenfalls) *primär* auf ideale Qualitäten selbst anwendbar sei. Der eben erwähnte zweite Punkt zeigt aber, dass dieser Begriff in sekundärer Weise (gegebenenfalls) auch auf individuelle Bestimmungen von Konkreta anwendbar ist, nämlich auf zugehörige Materien, die Instanzen (Exemplare) von qualitativ selbständigen idealen Qualitäten sind. Das im Sinne Ingardens Wesentliche ist aber dies: Instanzen (Exemplare) von qualitativ selbständigen idealen Qualitäten können als individuelle Bestimmungen von Konkreta (formaliter wie materialiter) seinsunselbständig sein bezüglich anderen Materien derselben Konkreta.[23] Dies zeigt, dass die Begriffe der *qualitativen* Selbständigkeit bzw. Unselbständigkeit und der *existentialen* Selbständigkeit bzw. Unselbständigkeit zu unterscheiden sind.

Die vorgeschlagene Präzisierung des Begriffes der qualitativen Selbständigkeit berücksichtigt allerdings die Ingardensche Charakterisierung nicht, wonach qualitativ unselbständige Qualitäten "sich einander qualitativ determinieren und gegenseitig modifizieren".[24] Immerhin geht im Lichte von Df₇ hervor, dass die obige Anordnung beispielsweise *nicht* folgenderweise ergänzt werden kann:

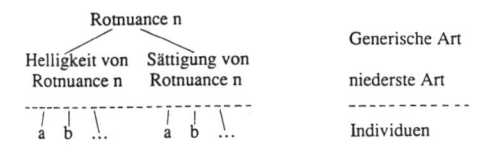

```
          Rotnuance n                    Generische Art
         /           \
Helligkeit von   Sättigung von
 Rotnuance n      Rotnuance n            niederste Art
---------------------------------        ------------
 / |  \          / |  \
 a b ...         a b ...                 Individuen
```

Denn es ist nach Ingarden nicht möglich, dass z.B. die ideale Qualität "Helligkeit von Rotnuance n" in einem Konkretum auftreten kann, ohne dass die ideale Qualität "Sättigung von Rotnuance n" in demselben Konkretum auftreten würde, d.h. es ist *nicht* der Fall, dass "Helligkeit von Rotnuance n" die ideale Qualität "Sättigung von Rotnaunce n" einschränkt. Entsprechend können diese beiden Qualitäten nicht qualitativ selbständig im Sinne von Df₇ sein. Und dieses Ergebnis entspricht genau den Ingardenschen Thesen. Denn Helligkeit und Sättigung sind tatsächlich überhaupt *keine* Arten von Rotnuancen.[25]

---

[23] Vgl. Ingarden (11), 80, Anm. 21.

[24] Vgl. das Ausgangszitat.

[25] Die gleiche Rotnuance (das gleiche Chroma) kann allerdings mit verschiedenen Helligkeiten und mit verschiedenen Sättigungen zusammen vorkommen. Alle möglichen Kombinationen bilden einen 3-dimensionalen Farb"körper", welcher eine Einheit sui generis darstellt. Ähnlich wie z.B. "hellrot" eine Einheit sui generis darstellt im Gegensatz etwa zu "rot und quadratisch" (Röte und Quadratheit beeinflussen sich nicht, bilden keine Einheit sui generis).

§12 Konkreta in formalontologischer Sicht

Die Form von Etwas ist gemäss Ingarden ein Folge–Moment der Materie von Etwas – Materie im formalontologischen Sinne ist das ontisch Primäre im Seienden. Je nach Typen von Objekt–Entitäten lassen sich aber verschiedene Abwandlungen der Form von Etwas unterscheiden (vgl. §11). Thesenmässig zusammengefasst kann die Form von Konkreta so beschrieben werden:

(i)   Konkreta sind formal *vollbestimmt* und *abgeschlossen*;

(ii) Konkreta sind formal *einfach im ontischen Aufbau;*

(iii) "Unmittelbar qualifiziertes Subjekt von Eigenschaften – Eigenschaft von" bildet die *Grundform* von Konkreta.

Im Folgenden werde ich diese formalontologischen Hauptthesen gemäss der Ingardenschen Sichtweise gesondert erklären.

12.1 Zu den Thesen (i) und (ii)

Die in den Thesen (i) und (ii) betonten formalen Besonderheiten von Konkreta beruhen nach Ingarden insbesondere auf deren Individualität und Seinsautonomie. – Dass Konkreta *vollbestimmt* sind, besagt, dass ein Konkretum "in keiner Hinsicht seines eigenen Seinsbestandes unbestimmt" ist, dass jedes Konkretum "in seinem Beschaffensein keine Bestimmungslücken"[1] aufweist. Notwendigerweise gilt also für jedes beliebige Konkretum a und jede beliebige (materiale) Bestimmung P: P kommt a entweder zu oder P kommt a nicht zu.[2] Diesen *formalen* Aspekt der Vollbestimmung betont Ingarden natürlich mit Blick auf jene Arten von Objekt–Entitäten (wie z.B. Ideen und rein intentionale Gegenstände), die in ihrem Seinsbestande Veränderliche oder Variablen aufweisen, die materiale Unbestimmtheiten sind.

Aus der Vollbestimmung von Konkreta ergibt sich gemäss Ingarden, dass sie auch *allseitig abgegrenzt oder abgeschlossen* sind. Dies besagt:

> "In den ihn [sc. einen ursprünglich–individuellen Gegenstand] aufbauenden Materien gibt es keinen *kontinuierlichen Übergang* zu anderen Gegenständen, und es besteht auch *keine ihn und die Materie irgendwelcher anderer* Gegenstände *umspannende* Form, solange er natürlich nicht Glied einer Beziehung oder einer Gegenständlichkeit höherer

---

[1] Ingarden (11), 67.
[2] Vgl. Ingarden (12), 35.

Stufe ist."[3]

In formalontologischer Absicht charakterisiert Ingarden Konkreta deshalb auch als Seinssphären:

"Der individuelle Gegenstand ist eine in sich *abgeschlossene, volle* aber zugleich *endliche Seinssphäre*. Innerhalb dieser Sphäre ist er trotz der Mannigfaltigkeit der ihn bestimmenden Materien eine *konkrete, ungeteilte Einheit.*"[4]

Schliesslich betont Ingarden in formaler Hinsicht auch die "Einfachheit (Schlichtheit) des [ontischen] Aufbaus"[5] von Konkreta. Diesen formalen Aspekt betont Ingarden wiederum mit Blick auf Arten von Objekt-Entitäten, die wie beispielsweise Ideen oder rein intentionale Gegenstände eine "Doppelseitigkeit" im ontischen Aufbau aufweisen.[6] Dass Konkreta in formalontologischer Hinsicht nicht doppelseitig im ontischen Aufbau sind, besagt natürlich nicht, dass sie in materialer Hinsicht einfach sind.

Die formalen Aspekte der Vollbestimmung bzw. Abgeschlossenheit und der Einfachheit im ontischen Aufbau sind nach Ingarden für die Grundform von Konkreta ebenso charakteristisch wie die noch zu erörternde formale Struktur: Subjekt von Eigenschaften – Eigenschaft von.[7] Dennoch werde ich in der vorstehenden Doxographie vor allem These (iii) berücksichtigen. Dies aus zwei Gründen: Erstens ist offensichtlich besonders diese These relevant für die Frage, ob Existenz gegebenenfalls als eine Eigenschaft von Konkreta betrachtet werden kann oder ob dies nicht der Fall ist (vgl. unten Kap. 5). Zweitens zeigt ein systematischer Blick auf andere ontologische Theorien von Konkreta, dass These (iii) von zentraler Bedeutung ist. Dieser Thematik werde ich mich allerdings erst unten im Teil 6 zuwenden.

12.2 Zur These (iii)

Wie im vorstehenden Abschnitt geht es auch hier vorerst bloss um eine Doxographie. Erst im nachfolgenden Paragraphen werde ich die Ingardensche Position systematisch einordnen.

---

[3] Ingarden (11), 67/68. Dabei ist zu beachten, dass die eventuelle *räumliche* Abgegrenztheit oder Diskontinuität von Konkreta *nicht* mit ihrer *formalen* Abgeschlossenheit verwechselt wird, vgl. dazu Ingarden (11), 67 f.
[4] Ingarden (11), 68.
[5] Ingarden (11), 69.
[6] Vgl. oben §11.
[7] Vgl. Ingarden (11), 67.

Die Prädikationen[8]

(1) Dieser Tisch da ist braun

(2) Dies da ist der Mont Blanc

(3) Dies da ist ein Tisch

setzen gemäss Ingarden Sinnunterschiede des (im grammatischen Sinne verstandenen) kopulativen 'ist' voraus. Anstelle von (1) kann auch formuliert werden:

(1.1) Dieser Tisch da hat eine braune Farbe

(1.2) Braune Farbe kommt diesem Tisch da zu.

Die analogen Umformungen von (2) und (3), nämlich

(2.1) Dieses da hat einen Mont Blanc

(2.2) Mont Blanc kommt diesem da zu

(3.1) Dieses da hat einen Tisch

(3.2) (Ein) Tisch kommt diesem da zu

stellen aber entweder (im Deutschen) einen grammatischen Unsinn dar (2.1;3.1) oder sind zumindest unklar (2.2;3.2). Von der Prädikation (1) lässt sich sagen: mittels ihr wird einem Konkretum eine bestimmte Eigenschaft zugesprochen. Und im Lichte der vorgetragenen Umformulierungen lässt sich (1) deutlich von (2) und (3) abgrenzen. Im Lichte der folgenden Übersetzungen in eine einfache prädikatenlogische Sprache, wird die Situation aber bereits undurchsichtiger:

(1.3) $(Ex)(Tx \cdot Bx)$

(2.3) $(Ex)(x = MB)$

(3.3) $(Ex)(Tx)$.

Während sich (2.3) von (1.3) und (3.3) klar unterscheidet, ist es fraglich, ob zwischen (1.3) und (3.3) im bezug auf die Art und Weise, wie die Kopula 'ist' der jeweiligen Ausgangssätze behandelt wird, ein *grundsätzlicher* Unterschied vorliegt. Ingarden behauptet aber auch zwischen (1) und (3) einen grundsätzlichen Unterschied. Bevor diese These besprochen wird, will ich zuerst den Unterschied zwischen (1) und (2) erörtern.

Ingarden über den Unterschied zwischen Satz (1) und Satz (2)
In Satz (1), der als Prädikation eine *Charakterisierung* darstellt, drückt die Kopula die

---

[8] Vgl. Ingarden (11), 75 ff.

Relation des Zukommens aus. Gemäss einer an Frege–Russell orientierten Analyse kann die Kopula als *Teil* des Prädikatausdrucks 'ist braun' aufgefasst werden. In Satz (2) dagegen, der als Prädikation eine *Identifizierung* darstellt, drückt die Kopula die *Relation der Identität* aus. Gemäss einer an Frege–Russell orientierten Analyse kann die Kopula hier *nicht* als Teil eines Prädikatausdrucks aufgefasst werden. Vielmehr *ist* die Kopula in (2) selbst bereits ein *vollständiges* Prädikat, *gleichbedeutend* mit den zweistelligen Prädikaten: '(ist) identisch mit' bzw. '='.

Als Ausgangspunkt für das Weitere gehe ich von der folgenden Ingardenschen Behauptung aus:

(A) Im Falle von Satz (2) "wird ein individueller Gegenstand einfach *genannt*, und diese Nenn–Funktion beruht eben darauf, dass er als *Ganzes* in dem erfasst wird, *was* er in sich selbst ... *ist*"[9].

Diese Behauptung ist plausibel insofern, als in (2) ein Konkretum, auf das mit dem indexikalischen Ausdruck 'dies da' bezug genommen wird, benannt wird. Tatsächlich impliziert (2) ja

(2.4) Dies da heisst Mont Blanc bzw.
'Mont Blanc' ist der Eigenname von diesem da.

Weniger plausibel ist demgegenüber die These, dass in (2) ein dies–da "in dem erfasst wird, *was es in sich selbst ... ist*". Ein singulärer Term t – so wollen wir sagen – ist genau dann ein Eigenname eines Gegenstandes x, wenn sinnvoll gefragt werden kann: Seit wann heisst x so? Wann wurde x mit dem singulären Term t getauft? Ingarden sagt dazu unzweideutig:

"Es unterliegt keinem Zweifel, dass der *Laut* eines jeden Eigennamens *zunächst* (d.h. als er eingeführt wurde) ein willkürliches, bedeutungsloses Zeichen ist ..."[10].

Inwiefern also soll der fragliche Gegenstand in (2) bei blosser Nennung sozusagen in seinem Selbstsein erfasst werden? – Um zu verstehen, was Ingarden mit Behauptung A sagen will, dürfen wir (2) nicht auf (2.4) reduzieren. Ingarden sagt ausdrücklich:

"Für die *richtig* verstandene Nennfunktion ist es indessen bezeichnend, dass sie in der Wendung '... ist der Mont Blanc' *adäquat* zum Ausdruck gebracht wird. Die eigentliche Nennfunktion vollzieht sich ... nicht in der *Bildung* des ... Eigennamens, sondern erst, nachdem der Name bereits gebildet wurde und an das Benannte angewendet wird."[11]

---

[9] Ingarden (11), 76.
[10] Ingarden (11), 77.
[11] Ingarden (11), 77.

Eine "richtig" verstandene Nennfunktion setzt demgemäss die konventionell festgelegte Bezeichnung für einen Gegenstand nur voraus. Satz (2) besagt nicht nur dass (2.4), sondern sagt

(2.5)   Dies da (sc. als Ganzes) *ist* der Mont Blanc.

Nur deswegen (wegen dieses 'ist') können wir nach Ingarden sagen, dass in (2) eine Kopula vorkommt, welche die Relation der Identität ausdrückt.[12] Wichtig ist hierbei, dass in (2) — gemäss der "richtig" verstandenen Nennfunktion — der *ganze* Gegenstand identifizierend genannt wird. 'Der *ganze* Gegenstand oder der Gegenstand *als* Ganzer' — dies meint: was er als Ganzer selber ist, also nicht bloss irgendwelche seiner Teile und nicht einzelne ihm gegebenenfalls zukommende Eigenschaften.

Schon mit dem indexikalischen Ausdruck 'dies da', wie er in (2) verwendet wird, wird der Gegenstand *als* Ganzer identifiziert. Aber auch ontologisch gewendet kommt gemäss Ingarden jedem Konkretum eine bestimmte Materie zu, die den Gegenstand jeweils *als* Ganzen qualifiziert. Für diese besondere Materie führt er den Begriff der konstitutiven Natur von Konkreta ein — ein Begriff, mit dem sich Ingarden auf eine das Selbstsein von Konkreta aufbauende Materie im formalontologischen Sinne bezieht.

Mit (2) wird also behauptet, dass ein dies—da identisch ist mit etwas, das "Mont Blanc" heisst. Wenn die in (2) gemachte Identitätsaussage aber dasselbe wie

(2.6)   Dies da ist identisch mit demjenigen Gegenstand, der "Mont Blanc" genannt wird

besagt, dann drängt sich der folgende naheliegende Einwand auf: Die "richtig" verstandene Nennfunktion erfordert keine Annahme einer konstitutiven Natur von Konkreta. Es mag zutreffen, dass wir im vorphilosophischen Denken und Sprechen über Konkreta so etwas wie eine konstitutive Natur von Konkreta voraussetzen. Aber diese Voraussetzung erweist sich in der philosophischen Analyse als sachlich unbegründet. Eine gute philosophische Analyse erweist Konkreta als jeweils identisch mit der Totalität faktisch zukommender Eigenschaften. — Dieser gewichtige Einwand stammt von Vertretern einer bestimmten ontologischen Theorie, auf die ich an späterer Stelle[13] ausführlich eingehen werde. Vorläufig sei mi Ingarden nur Folgendes entgegengehalten:[14]

---

[12]   Vgl. aber Ingarden (11), 76.
[13]   Vgl. unten Teil 6.
[14]   Vgl. Ingarden (11), 77 f.

(a) Zur Bezeichnung von Konkreta bedienen wir uns *nicht* einer Konjunktion von Adjektiven für individuelle Eigenschaften (z.B. "rot" und "rund" und "glatt"), sondern wir sagen z.B. "eine rote, glatte *Kugel*";

(b) Auch die Wendung *'etwas, das rot und rund und glatt ist'* führt "in das Bezeichnete die gegenständliche Subjekt–Struktur ein"[15] – nur dass wir (wie bei 'dies da' und bei 'Mont Blanc') das Was, die jeweilige konstitutive Natur, erkenntnismässig in keiner Weise erfassen;

(c) Vor allem aber ist das, was in der "richtig" verstandenen Nenn–Funktion benannt wird, keine blosse Mannigfaltigkeit irgendwelcher Eigenschaften, sondern "eine *konkrete* – und das besagt 'zusammengewachsene'! – *Einheit*, an der erst dies oder jenes unterschieden wird bzw. werden kann"[16]. Und diese Einheit prägt sich

> "in einer das *Ganze* des Gegenstandes umspannenden, es völlig durchdringenden, zugleich aber das Selbst des Gegenstandes im ausgezeichneten Masse 'präsentierenden' Qualität (Materie) aus. Diese Materie haben wir im Auge, wenn wir hier von der 'Natur' des individuellen Gegenstandes sprechen. Sie ist es, die den Gegenstand 'konstitutiert', in der er sich eben als ein eigenes Subjekt von Eigenschaften *verkörpert , sich selbst präsentiert* "[17].

Jene Materie (Qualität), die in einem Konkretum die formale Funktion des *direkten Bestimmens* (Qualifizierens) eines Gegenstand*subjektes* übernimmt[18], bildet die konstitutive Natur von Konkreta. Nach Ingarden kann diese formale Funktion nicht von Eigenschaften (weder einzelnweise noch als Gesamtheit) "übernommen" werden. Denn Eigenschaften sind nach ihm auch in ihrer Gesamtheit *materiale Teilaspekte, Teilbestimmungen* von Konkreta.[19] Als solche können sie sich nicht "über das Ganze des Gegenstandes entfalten, es umspannen und zugleich den Gegenstand verkörpern, ihn präsentieren"[20]. Andererseits ist die konstitutive Natur von Konkreta die notwendige ontische Grundlage dafür, dass ihnen überhaupt materiale Teilbestimmungen, d.h. Eigenschaften zukommen können.

Ich habe dargestellt, wie Ingarden den grundsätzlichen Unterschied zwischen den Prädikationen (1) und (2) erklärt und wie er für die These plädiert, dass jedes Konkretum eine konstitutive Natur hat. Ich will nun meine Ausführungen mit These (i), um deren Erläuterung es mir geht, verbinden.

---

[15] Vgl. Ingarden (11), 77.
[16] Ingarden (11), 78.
[17] Ingarden (11), 78.
[18] Diese Formulierung stammt von Ingarden, vgl (11), 84.
[19] So ausdrücklich z.B. Ingarden (11), 65; 66 et alii.
[20] Ingarden (11), 79.

Dass jedes Konretum eine konstitutive Natur hat, besagt formalontologisch gefasst: *An jedem Konkretum ist die Form "(Unmittelbar qualifiziertes) Subjekt–von–Eigenschaften–zu–sein" ein abstraktiv unterscheidbares formales Moment.*

Dass jedem Konkretum bestimmte Eigenschaften zukommen, besagt formalontologisch gefasst: *An jedem Konkretum ist die Form "Eigenschaft–von–zu–sein" ein abstraktiv unterscheidbares formales Moment.*

Gemäss Ingarden handelt es sich bei den genannten Formen um korrelative Momente der Grundform von Konkreta. Um diese These genauer zu fassen, ist es erforderlich, auf den oben im Paragraphen 8 eingeführten Begriff der formalen Unselbständigkeit zu rekurrieren. Es lässt sich dann festhalten:[21]

(I) Die formalontologische These:"'(Unmittelbar qualifiziertes) Subjekt von Eigenschaften' und 'Eigenschaften von' sind abstraktiv unterscheidbare formale Momente der einen Grundform von Konkreta" besagt: "Für eine in Konkreta realisierte Materie (Qualität) Q$_S$, die in der Form 'Subjekt–von–Eigenschaften–zu–sein' steht und für alle in Konkreta realisierten Materien (Qualitäten) Q$_E$, die in der Form 'Eigenschaft–von–zu–sein' stehen, gilt: Q$_S$ existiert formaliter unselbständig bezüglich jedem dieser Q$_E$ und jedes Q$_E$ existiert formaliter unselbständig bezüglich Q$_S$".[22]

Des Weiteren ist noch festzuhalten:

(II) Jedes Konkretum hat genau eine konstitutive Natur und jedem Konkretum kommen mehrere Eigenschaften zu.[23]

---

[21] Vgl. dazu ausdrücklich: "Die Form der Eigenschaft ist sowohl in concreto als auch artmässig auf die Form des Subjektes von Eigenschaften *eindeutig* seinunselbständig: sie kann mit *keiner anderen* Form die Einheit der *einen* gegenständlichen Grundform bilden, als mit der Subjektform. Dasselbe trifft auch auf die Form des Subjektes von Eigenschaften der Eigenschaftsform gegenüber zu." (Ingarden 11, 87/88). Beides ist nach Ingarden ein Fall der *"rein formalen* Seinsunselbständigkeit" (ebd.). Dass Ingarden an dieser Stelle sozusagen direkt zwischen Formen oder formalen Momenten eine Seinsunselbständigkeit behauptet, ist natürlich eine vereinfachende (aber missverständliche) Redeweise. Ontisch betrachtet geht es natürlich stets um die Seinsunselbständigkeit zwischen *(geformten) Materien,* dies aber in *formaler* Hinsicht.

[22] Mit (I) wird auch eine terminologische Angelegenheit klar. Ich werde nämlich im folgenden anstelle von 'die Form "Subjekt-von-Eigenschaften-zu-sein"' (bzw. 'die Form "Eigenschaft-von-zu-sein"') gelegentlich auch einfach 'die Form "Subjekt von Eigenschaften"' (bzw. 'die Form "Eigenschaften von"') sagen.

[23] Mit (II) ist noch *nicht* gesagt, dass Ingarden im Sinne von Duns Scotus an Haecceitates glaubt. Vielmehr besagt (II) bloss, dass ein und dasselbe Konkretum nicht mehrere, sondern nur genau eine konstitutive Natur hat. Numerisch verschieden Konkreta können aber nichtsdestoweniger u.U. in qualitativer Hinsicht genau gleiche konstitutive Naturen haben, d.h. dieselbe ideale Qualität kann sich *u.U.* in numerisch verschiedenen Konkreta in der Form "Subjekt von Eigenschaften" instantiieren. Tatsächlich ist das Scotische Problem der Haecceitates für Ingarden *kein* formalontologisches, sonder ein *materialontologisches* Problem. Zur Debatte steht dabei die Frage, ob es eventuell ideale Qualitäten gibt, die sich erstens, wenn überhaupt, in der Form "Subjekt von Eigenschaften" instantiieren und die sich zweitens gegebenenfalls nur in genau einem Konkretum instantiieren können. Zum Problem der Haecceitates vgl.

Im Ausgang von (II) charakterisiert Ingarden die konstitutive Natur von Konkreta als den "einzigen" und "identischen"[24] Beziehungspunkt aller gegebenenfalls zukommender Eigenschaften. Mit bezug auf die Mannigfaltigkeit von Eigenschaften eines Konkretums relativ zu seiner konstitutiven Natur spricht Ingarden — nicht gerade glücklich — von einer "asymmetrischen"[25] Beziehung. Günstiger ist die folgende Beschreibung: "Die in der Zugehörigkeit der *Formen* gründende Seinsunselbständigkeit der Eigenschaft [ist] immer eindeutig und 'singular'; die reziproke in der Form gründende Seinsunselbständigkeit des durch die Natur qualifizierten Subjektes von Eigenschaften der Eigenschaft gegenüber ist dagegen immer vieldeutig und plural."[26] Die zwischen der konstitutiven Natur und Eigenschaften von Konkreta bestehende Relation lässt sich somit als eine einmehrdeutige Relation beschreiben:

(II.1) $N (\forall x)(\forall y) [(x$ ist ein Konkretum $\cdot y$ ist Materie von x in der Form "Subjekt von Eigenschaften") $\longrightarrow (Ez)(Eu) \{z$ ist Materie von x in der Form "Eigenschaft von" $\cdot u$ ist Materie von x in der Form "Eigenschaft von" $\cdot z \neq u \}]$

(II.2) $N(\forall x)(\forall y)(\forall z)[(x$ ist ein Konkretum $\cdot y$ ist Materie von x in der Form "Eigenschaft von" $\cdot z$ ist Materie von x in der Form "Eigenschaft von" $\cdot y \neq z) \longrightarrow (Eu)\{u$ ist Materie von x in der Form "Subjekt von Eigenschaften" $\cdot (\forall w)(w$ ist Materie von x in der Form "Subjekt von Eigenschaften" $\longrightarrow u=w)\}]$.

Ingarden über den Unterschied zwischen Satz (1) und Satz (3)
Um die Erläuterung der Ingardenschen These (i) abzuschliessen, muss ich noch erklären, worin nach Ingarden der *grundsätzliche* Unterschied zwischen den Prädikationen (1) und (3) bestehen soll. Im Lichte der Übersetzung von (1) und (3) in (1.3) und (3.3) kann ein solcher Unterschied jedenfalls nicht ohne weiteres erkannt werden. Denn von beiden Sätzen können wir prima facie doch sagen, dass sie als Prädikationen eine Charakterisierung darstellen, wobei die deutsche Kopula 'ist' jeweils als Ausdruck einer Relation des Zukommens aufgefasst wird. Entsprechend kann die Kopula gemäss einer an Frege/Russell orientierten Analyse in beiden Fällen als Teil eines Prädikatausdrucks aufgefasst werden, im Falle von Satz (3) z.B. als Teil von 'ist ein Tisch'.

Von Satz (3) sagt Ingarden, dass er auf *doppelte* Weise verstanden werden könne[27], je

---

Ingarden (11), 423 ff.
[24] Vgl. respektive Ingarden (11), 66 und 65.
[25] Ingarden (11), 65.
[26] Ingarden (11), 89.
[27] Vgl. Ingarden (11), 79 f.

nachdem, ob man dem unbestimmten Artikel 'ein' eine wesentliche Funktion im Satze zuerkenne oder nicht.

> "Im letzteren Falle hat der ganze Satz den Sinn, dass ein bestimmter individueller Gegenstand, auf den gerade hingewiesen wird, ohne dass er in seiner Natur erfasst worden wäre, als ein *Element einer Klasse,* die in dem Beispielfalle aus lauter Tischen besteht, aufgefasst wird: 'dies da' ist ein Tisch unter den Tischen, er gehört zu ihrer Klasse."[28]

Danach besagt (3) dasselbe wie

(3.4) Dieses da ist–identisch–mit einem Element der Klasse der Tische

$(Ex) [x \in \hat{y} (Ty) \cdot \text{dieses da} = x]$.

Doch dies setzt nach Ingarden noch eine *andere* Lesart von (3) voraus, nämlich:

> "Er [sc. der bestimmte Tisch] kann aber nur deswegen Element dieser Klasse [sc. der Klasse von Tischen] sein, weil er selbst eben 'Tisch' ist. Und dies ist es gerade, was man im Auge hat, wenn der Satz (3) in der ersten der gegenübergestellten Ausdeutungen genommen wird."[29]

Gemäss dieser "Ausdeutung" kommt dem unbestimmten Artikel in Satz (3) eine wesentliche Funktion zu. Tatsächlich behauptet Ingarden, dass die Lesart (3.4) die folgende Lesart *voraussetzt:*

(3.5) $(Ex) (x \; ist \; [\text{ein}] \; \text{Tisch})$.

Lässt sich damit ein grundsätzlicher Unterschied zwischen den Prädikationen (1) und (3) begründen? Ingardens Argumentation scheint auf den ersten Blick doch keineswegs überzeugend. Wie nämlich die folgenden analogen Übersetzungen von Satz (1) zeigen, kann für Satz (1) ganz ähnlich argumentiert werden:

(1.4) $(Ex) [x \in \hat{y} (Ty) \cdot x \in \hat{z} (Bz) \cdot \text{dieses da} = x]$

(1.5) $(Ex) [x \; ist \; [\text{ein}] \; \text{Tisch} \cdot x \; ist \; [\text{ein}] \; \text{Braunfarbiges}]$.

Worin also soll der *grundsätzliche* Unterschied zwischen den Prädikationen (1) und (3) bestehen? – Ingarden würde wie folgt antworten: In Satz (1) wird von einem *bestimmten* Tisch behauptet, dass er braun ist. Dieser bestimmte Tisch, dieser "dieser–Tisch–da" ist aber nur insofern überhaupt ein Braunfarbiges, als *Braun–zu–sein* eine blosse materiale *Teil*bestimmung des fraglichen Tisches ist. Damit diesem Gegenstand die Eigenschaft *braun–zu–sein* jedoch zukommen kann, muss er zuvor als Ganzer (i.e. als solcher) ein Tisch sein. Weil dieser Unterschied zwischen (1) und (3) besteht, können wir zwar (1) umgangs-

---

[28] Ingarden (11), 79.
[29] Ingarden (11), 79/80.

sprachlich in

(1.1)   Dieser Tisch da hat eine braune Farbe

(1.2)   Braune Farbe kommt diesem Tisch da zu

umformulieren, nicht aber in analoger Weise Satz (3) in

(3.1)   Dies da hat einen Tisch

(3.2)   Ein Tisch kommt diesem da zu.

Mit Ingarden kann der *grundsätzliche* Unterschied zwischen den Prädikationen (1) und (3) kurz folgenderweise beschrieben werden: In Satz (3) wird ein Dies–da *als Ganzes* (i.e. als solches) identifizierend "(ein) Tisch" *genannt*, während in Satz (1) ein Dieser–Tisch–da nicht als Ganzes identifizierend "ein Braunfarbiges" genannt wird – sondern: ein Dieser–Tisch–da wird mit Rücksicht auf eine materiale *Teil*bestimmung als ein "Braunfarbiges" *charakterisiert.* Andererseits trifft es natürlich zu, dass die (im Sinne Ingardens verstandene) konstitutive Natur eines Tisches (sc. seine "Tischheit") auch nur "ein" Teil (wenn auch der wesentliche Teil) der vollständigen Bestimmung des ganzen Dinges ist. Trotzdem glaube ich, dass zumindest die sprachliche Anomalität von (3.1) und (3.2) ein gewichtiges Argument zugunsten von Ingarden ist. Dennoch mag man der Auffassung sein, in dieser Weise zwischen den Prädikationen (1) und (3) einen grundsätzlichen Unterschied behaupten zu wollen, sei hoffnungslos ad hoc. Ich werde deshalb im nächsten Paragraphen darauf zurückkommen.

Falls wir der Ingardenschen Argumentation folgen, stellt sich aber offensichtlich die Frage nach dem Unterschied zwischen Satz (3) und Satz (2). Denn der von Ingarden beanspruchte Unterschied zwischen Satz (1) und Satz (3) wird von ihm sachlich ganz analog erklärt wie der Unterschied zwischen Satz (1) und Satz (2). Hierzu sagt Ingarden an einer wichtigen Stelle:

> "Die 'Tischheit' ist jedoch ein sogenanntes 'gemeinsames', d.h. bei allen Individuen einer [bestimmten] *Art* auftretendes [materiales] Moment. Es ist für den betreffenden Gegenstand *konstitutiv* und gehört eben damit zu seiner Natur als ein in ihr unterscheidbares Moment. Sie kann aber diese Natur selbst nicht sein, da sie als ein 'allgemeines' Moment nicht das eigene Selbst des betreffenden Gegenstandes in sich voll verkörpern könnte. Mit anderen Worten: *die konstitutive Natur des individuellen Gegenstandes kann nur eine solche Materie sein, welche das Gegenstandssubjekt voll bestimmen kann. Das könnte jedenfalls nur eine solche Materie sein, die die sogenannte 'niederste Differenz', also eine nicht mehr differenzierbare und eben damit qualitativ selbständige Qualität* ist."[30]

In den Sätzen (2) und (3) wird gemäss Ingarden zwar jeweils ein Dies–da *als Ganzes* identifizierend *genannt,* und in beiden Fällen wird die formalontologische Struktur "Subjekt

---

[30]   Ingarden (11), 80.

von Eigenschaften — Eigenschaft von" vorausgesetzt. Der Unterschied zwischen diesen beiden Prädikationen zeigt sich aber, wenn wir die folgende Frage berücksichtigen: Unter welchen Bedingungen können wir sagen, einen Gegenstand "in dem erfasst zu haben, was er selbst seiner konstitutiven Natur nach ist"? — Es scheint höchst unplausibel anzunehmen, dass mit Prädikation (2) ein Gegenstand in dem, *was* er ist, erfasst wird. Vielmehr scheint der fragliche Gegenstand seiner Natur nach in Prädikation (2) gerade unspezifiziert belassen. Demgegenüber spezifizieren wir in Prädikation (3) den Gegenstand seiner Natur nach. Wichtig allerdings ist, dass Ingarden in erkenntnistheoretischer Hinsicht anerkennt, dass auch mit Sätzen wie (3) nicht eine Erkenntnis ausgedrückt wird, in welcher die *vollständige* konstitutive Natur eines Individuums erfasst wird. Nach Ingarden gilt aber für alle Sätze S von der Art (3): Wenn in ihnen eine Erkenntnis ausgedrückt wird, in welcher nicht die vollständige konstitutive Natur des jeweiligen Konkretums erfasst wird, dann wird in ihnen eine Erkenntnis ausgedrückt, die das jeweilige Konkretum nur in einer "Quasi–Natur" erfasst. "Quasi–Naturen" im Ingardenschen Sinne sind intentional zugewiesene Naturen, die von der konstitutiven Natur seinsautonomer Entitäten zu unterscheiden sind. Dies sei folgenderweise zusammengefasst:[31]

(III)   Jedes Konkretum hat genau eine (vollständige) konstitutive Natur, jedem Konkretum können aber in der Erkenntnis gegebenenfalls viele Quasi–Naturen intentional zugewiesen werden.[32]

Damit kann ich die oben zitierte Passage[33] folgenderweise auswerten:

(IV)   Thesen über die konstitutive Natur von Konkreta:

(IV.1) Jedes Konkretum hat genau eine Natur, d.h. genau eine ontisch in konstitutiver Weise qualifizierende Materie.

(IV.2) Jede konstitutive Natur von Konkreta qualifiziert das Selbstsein von Konkreta vollständig, d.h. prägt Konkreta als Ganze.

(IV.3) Jede konstitutive Natur von Konkreta ist Instanz (Exemplar) einer idealen Qualität, die qualitativ selbständig ist (vgl. Df_7 von §11).

---

[31] Vgl. Ingarden (11), 82.
[32] Im Falle des intentionalen Zuweisens einer Quasi-Natur liegt nach Ingarden *nur* dann eine Form von Erkenntnis vor, wenn dieser Quasi-Natur mindestens ein qualitativ unselbständiges Moment in der vollständigen konstitutiven Natur des betreffenden Konkretums entspricht. Vgl. Ingarden (11), 82.
[33] Vgl. oben Anm. 30.

§13 Substanz–Theorien von Konkreta und sortale Ausdrücke

Im vorhergehenden Paragraphen habe ich dargestellt, inwiefern gemäss Ingarden zwischen den Prädikationen[1]

(1) Dieser Tisch ist braun

(3) Dies da ist ein Tisch

ein *grundsätzlicher* Unterschied bestehen soll. Im Lichte der Übersetzungen

(1.3) $(Ex)(Tx \cdot Bx)$

(3.3) $(Ex) Tx$

(1.4) $(Ex) [x \in \hat{y} (Ty) \cdot x \in \hat{z} (Bz) \cdot \text{dieses da} = x]$

(3.4) $(Ex) [x \in \hat{y} (Ty) \cdot \text{dieses da} = x]$

ist dies jedoch nicht klar ersichtlich. Denn qua Prädikationen werden (1) und (3) respektive auf sehr ähnliche Weise übersetzt. Trotzdem behauptet Ingarden einen grundsätzlichen Unterschied. Seine Hauptbegründung lautet: In (3) wird ein Dies–da *als Ganzes* identifizierend "ein Tisch" *genannt*, während in (1) ein Dieser–Tisch–da nicht als Ganzes "ein Braunfarbiges" genannt wird — sondern: ein Dieser–Tisch–da wird mit Rücksicht auf eine materiale *Teil*bestimmung als ein "Braunfarbiges" *charakterisiert*. (Man kann allerdings einwenden, dass, wenn gilt: 'ein Braunfarbiges': = 'ein braunfarbiges Ding', auch mit dem Ausdruck 'ein Braunfarbiges' im gewissen Sinne die ganze Substanz gemeint werden kann. Auf diesen Punkt werde ich weiter unten zurückkommen.) Gibt hier Ingarden nicht eine hoffnungslose ad hoc Begründung, um seine ontologische Theorie von Konkreta zu retten?

Man kann Ingardens These auch folgenderweise reformulieren: Zwischen den generellen Termen '(ist) braun' und '(ist) ein Tisch' besteht ein grundsätzlicher Unterschied. *Deswegen* besteht ein grundsätzlicher Unterschied zwischen den Prädikationen

(2) Dies da ist braun

(3) Dies da ist ein Tisch.

Im Ausgang von dieser reformulierten These lässt sich Ingardens Argumentation noch von einem anderen Gesichtspunkt aus betrachten.

---

[1] Einfachheitshalber übernehme ich hier die Nummerierung von §12.

13.1 Eigenschaftsprädikate und sortale Ausdrücke

Der generelle Term '(ist) braun' ist — so will ich sagen — ein Eigenschaftsprädikat, während der generelle Term '(ist) ein Tisch' ein sortaler Ausdruck ist. Im folgenden gehe ich von einfachen Prädikationen von der Form wie "Fa" aus. Sowohl Eigenschaftsprädikate (wie '(ist) rot') wie sortale Ausdrücke (wie '(ist) ein Mensch') können in Prädikationen von dieser Form auftreten. Es gibt aber einen wesentlichen Unterschied zwischen Eigenschaftsprädikaten und sortalen Ausdrücken. Ich werde hier kurz drei Verwendungsweisen sortaler Ausdrücke beschreiben: den prädikativen Gebrauch, den individualisierenden Gebrauch und den reidentifizierenden Gebrauch.[2]

(a) Der prädikative Gebrauch sortaler Ausdrücke
Bei einer einfachen Prädikation von der Form wie "Fa" wird mittels dem singulären Term 'a' ein Gegenstand identifiziert, der mittels dem Prädikat 'F' charakterisiert wird. Es gehört aber zum Sinn einer *jeden* Prädikation, Gegenstände auch zu *klassifizieren*.[3] Sage ich von einem Gegenstand a, dass er (total) rot sei, klassifiziere ich auch — denn es gibt ja mehrere Dinge, denen das Prädikat 'rot' zukommt. Auch sortale Ausdrücke sind Prädikate und dienen der Klassifikation. Dennoch gibt es einen wichtigen Unterschied zwischen dem prädikativen Gebrauch beider Arten von Ausdrücken. Ich kann z.B. sagen:

(4) a ist (total) rot und b ist (total) blau

(5) a ist ein Mensch und b ist ein Tier.

Mit der Prädikation (5) klassifiziere ich nach *Arten* oder *Sorten* von Objekt–Entitäten. Mit dem sortalen Ausdruck '(ist) ein Mensch' kann beispielsweise b in (5) nicht mehr charakterisiert werden. Dasselbe trifft jedoch auch auf b in (4) zu: mit '(ist) rot' kann b nicht mehr charakterisiert werden. Im Unterschied zu (5) können a und b in (4) aber sowohl von derselben Art wie von verschiedenen Arten sein. Das ist natürlich trivial wahr, denn mit Prädikation (4) klassifiziere ich Dinge eben nicht im Hinblick auf Arten, sondern im Hinblick auf *Eigenschaften;* die jeweilige Art–Zugehörigkeit bleibt in (4) unspezifiziert. Trotz dieses Unterschiedes zwischen (4) und (5) ist in unserem Zusammenhang daraus die Konsequenz zu ziehen, dass der prädikative Gebrauch sortaler Ausdrücke nicht wesentlich verschieden ist vom prädikativen Gebrauch von Eigenschaftsprädikaten.[4] Es gehört zum Sinn beider Arten von Prädikationen, Gegenstände zu klassifizieren.

---

[2] Vgl. dazu Carl (2), 92–128.
[3] Vgl. Tugendhat (2), 178 ff. und vor allem Tugendhat (4), 51–65 (unter bezugnahme auf Aristoteles und Strawson).
[4] Gegen Carl (2), 93–102.

(b) Der individualisierende Gebrauch sortaler Ausdrücke
Die Verschiedenheit von Dingen kann sprachlich durch das Zu— und Absprechen von Prädikaten zum Ausdruck gebracht werden. Dabei sind zwei Möglichkeiten zu unterscheiden. Wir können zwei Gegenstände a und b so voneinander unterscheiden, dass wir a und b als Beispiel und als Gegenbeispiel für die Anwendung eines Prädikates anführen, z.B. wenn im ostensiven Definieren von Ausdrücken gesagt wird

(6) a ist ein Anwendungsfall für das Prädikat 'F', b aber ist kein Anwendungsfall für das Prädikat 'F', sondern ist ein Anwendungsfall für das Prädikat 'Q'.

Wir können aber *auch* zwei Gegenstände a und b so voneinander unterscheiden, dass wir *beide* als Beispiele für ein und dasselbe Prädikat anführen, z.B. wenn im ostensiven Definieren gesagt wird:

(7) a ist ein Anwendungsfall für das Prädikat 'F' und b ist ein anderer Anwendungsfall für das Prädikat 'F'.

Sortale Ausdrücke sind per definitionem Ausdrücke, für die es *charakteristisch* ist, d.h. immer möglich ist, dass sie sowohl prädikativ gebraucht werden können als auch dazu dienen können, dasjenige zu individualisieren, dem Prädikate zu— oder abgesprochen werden können. Der individualisierende Gebrauch sortaler Ausdrücke etabliert sozusagen die *Zählbarkeit* des Identifizierten. Die Rede von einem "individualisierenden" Gebrauch ist angebracht, weil nur "Einzelnes" gezählt werden kann. *Jeder* sortale Ausdruck kann deswegen auch durch Zahlwörter (wie 'einer', 'mehrere') ergänzt werden.[5]

Gibt es aber nicht auch einen individualisierenden Gebrauch von Eigenschaftsprädikaten? Kann man, angenommen es ist (z.B. ostensiv) definiert worden, auf was für Dinge das Prädikat 'rot' anzuwenden ist, nicht auch Dinge, die rot sind, zählen? Aufgrund von

(8) a ist rot und b ist rot

können wir doch offenbar zählen, dass zwei Dinge rot sind. Andererseits können wir dies aber *nur*, wenn wir bereits wissen, dass a und b zwei Dinge sind. Was wir tatsächlich zählen, sind beispielsweise ein roter Knopf (=a) und ein rotes Auto (=b) oder ein roter Knopf (=a) und ein zweiter roter Knopf (=b). Wenn wir *nur* "Rotes" zählen würden, ohne zu wissen, dass a und b zwei Gegenstände sind, können wir aufgrund von (8) z.B. auch nur *ein* "Rotes" zählen. Angenommen die singulären Terme 'a' und 'b' in (8) sind folgenderweise zu verstehen:

---

[5] Quine sagt dazu in *Word and Object* sehr erhellend: "To learn 'apple' it is not sufficient to learn how much of what goes on counts as apple; we must learn how much counts as *an* apple, and how much as an other. Such terms possess built-in modes, however arbitrary, of dividing their reference" (zitiert nach Carl 2, 105).

(9) Der Vorderteil dieses Autos ist rot und der Hinterteil desselben Autos ist rot,

dann zählen wir mit Recht nur *ein* "rotes Ding". M.a.W.: *Nur* dann, wenn wir wissen, was als *ein* einzelner Gegenstand, was als einer und was als ein anderer Gegenstand anzusehen ist, können wir überhaupt zählen. Der "individualisierende" Gebrauch von Eigenschaftsprädikaten setzt aber dieses Wissen voraus. Zählbar sind also nur einzelne Dinge. Aber nur durch den Gebrauch *sortaler* Ausdrücke können wir bestimmen, was als ein einzelnes Ding anzusehen ist. Der individualisierende Gebrauch ist somit für sortale Ausdrücke charakteristisch, und es sind primär sortale Ausdrücke, die durch Zahlwörter ergänzt werden können. Grammatikalisch betrachtet sind sortale Ausdrücke normalerweise Substantive, die mit Eigennamen die Besonderheit teilen, zur Referenz auf Einzelnes verwendet werden zu können. Insofern ist es auch völlig korrekt, sortale Ausdrücke mit Ingarden als *Namen*, genauer als "Gemein–Namen" ("general names") zu klassifizieren.[6]

(c) Der reidentifizierende Gebrauch sortaler Ausdrücke
Unter einem reidentifizierenden Gebrauch von Ausdrücken im allgemeinen sind Verwendungskontexte zu verstehen, welche folgende Form aufweisen:

(*) ... ist (nicht) derselbe/dasselbe/diesselbe wie ——,

wobei die Leerstellen durch jeweils denselben Ausdruck(styp) ausgefüllt werden. Es handelt sich also um Kontexte, in denen eine *Identitätsbehauptung* ausgedrückt wird, z.B.:

(10) Hans = Hans

(11) a, der ein Mensch ist ≠ b, der ein Mensch ist

(12) a, das rot ist ≠ b, das rot ist

(13) a qua Rotes = b qua Rotes.

Diese Beispiele zeigen, dass sowohl Eigennamen wie Ausdrücke, in denen sortale Terme und Eigenschaftsprädikate enthalten sind, reidentifizierend gebraucht werden können. Es gibt aber im Zusammenhang von Identitätsbehauptungen einen zentralen Unterschied zwischen Eigenschaftsprädikaten und sortalen Ausdrücken. Kein geringerer als Aristoteles hat darauf sehr eindrücklich aufmerksam gemacht. Und tatsächlich handelt es sich hier um einen Unterschied, den jeder Vertreter einer Substanz–Theorie von Konkreta mit gutem Recht betonen wird. Das hängt damit zusammen, dass der individualisierende Gebrauch für sortale Ausdrücke charakteristisch ist.

---

[6] Vgl. Carl (2), 107 ff., wo gezeigt wird, dass die Verwendung von Eigennamen die Verwendung von Allgemeinnamen voraussetzt.

13.2 Zur Aristotelischen Substanztheorie

13.21 Akzidentien qua individuelle Eigenschaften von Substanzen

Im zweiten Kapitel seiner *Kategorienschrift*[7] geht Aristoteles u.a. von den Merkmalen:

(A) wird von einem Subjekt (Zugrundeliegenden) ausgesagt
 (ta men kath'upokeimenou tinos legetai)

(B) ist in einem Subjekt (Zugrundliegenden)
 (ta de en upokeimenw esti)

aus und führt anschliessend — je nach Prädikationsweise — eine vierfache Unterscheidung von Objekt–Entitäten ein:

	¬ B (Substantiell)	B (Akzidentiell)
A (allgemein)	[Zweite Substanzen] Mensch Körper	[Nicht–substantielle Universalien] Röte (Rotheit), Weisheit
¬ A (individuell)	[Erste Substanzen] Dieser individuelle Mensch, Körper	[Akzidentien] Diese Röte der Substanz a

Aus dieser Tabelle können die zugehörigen Merkmalkombinationen ersehen werden:

1.) von Spezies und Genera von Gegenständen in der Kategorie "Substanz" ("Zweite Substanzen"), z.B. Mensch.

2.) von Exemplaren von 1. ("Erste Substanzen"), z.B. Sokrates.

3.) von Spezies und Genera von Gegenständen in anderen Kategorien, z.B. die Farbe "Weisse".

4.) von Exemplaren von 3., z.B. das Weiss von diesem Papierstück.

Aufgrund der Erläuterungen, die Aristotels zu Merkmal B gibt, sind Akzidentien (von Substanzen) im aristotelischen Sinne nichts anderes als *individuelle* Eigenschaften im Husserlschen und im Ingardenschen Sinne.[8] Im vorliegenden Zusammenhang interessieren mich aber vor allem die substantiellen Bestimmungen von Substanzen.

---

[7] Vgl. Aristoteles (2), 1a 20 ff.

[8] Vgl. dazu Künne (1), 77 f.

13.22 Substantielle Bestimmungen von Substanzen

Der aristotelische Begriff der Substanz ist als Korrelatbegriff zu jenem des Akzidens zu verstehen. Eine Substanz im aristotelischen Sinne ist genau das, was Akzidentien erwerben und verlieren kann. Genauer gesprochen erfüllen Substanzen zwei Hauptaufgaben: *Substanzen sind (mögliche) Träger von Akzidentien* und sie *individuieren* ein bestimmtes Akzidens von einem anderen (z.B. einen roten Fleck von einem zweiten, qualitativ völlig gleichen). Akzidentien sodann sind *akzidentiell*, d.h. sie sind nicht notwendig oder wesentlich für das Existieren ihrer Träger, können aber nur *als* Akzidentien von bestimmten Substanzen existieren. Substanzen demgegenüber können auch dann weiter existieren, wenn sie bestimmte ihnen zukommende Akzidentien gegebenenfalls verlieren.

Im Sinne eines platonistischen Philosophen, der individuelle Eigenschaften nicht akzeptiert, will ich nun vom folgenden Prinzip ausgehen:

(P) *Universalien einer nicht-substantiellen Kategorie* sind Eigenschaften bezüglich denen gilt: sie sind in numerisch verschiedenen Substanzen gegebenenfalls als numerisch *dieselben* instantiiert.

Aufgrund von Prinzip P können wir z.B. von zwei roten Dingen a und b sagen:

(14) Die Farbe von a = die Farbe von b

(15) a und b enthalten numerisch dieselbe Farbe

(16) a und b sind qua Rotes numerisch identisch.

Betrachten wir nun *Universalien der Kategorie der Substanz*. Kann in diesem Falle auch ein zu P analoges Prinzip akzeptiert werden, sodass beispielsweise das Folgende behauptet werden kann:

(17) Das Menschsein von a = das Menschsein von b ?

(18) a und b enthalten numerisch dasselbe Menschsein ?

(19) a und b sind qua Menschen numerisch identisch ?

Nach Aristoteles kann ein solches analoges Prinzip *nicht* akzeptiert werden. Und zwar gelangt Aristoteles zu dieser Stellungnahme nicht, weil er faktisch auch Prinzip P nicht akzeptiert, sondern weil Instanziierungen von Universalien der Kategorie der Substanz Instanziierungen von *Arten* sind bzw. – sprachlich gewendet – weil die sprachlichen Ausdrücke von solchen Universalien *sortale Ausdrücke* sind. Sehen wir etwas genauer zu!

Universalien der Kategorie der Substanz (wie z.B. Mensch, Hund, Katze) sind *Arten*, deren *Exemplare* nach Aristoteles *Substanzen* sind. Da Substanzen wie Katze$_1$ und Katze$_2$ numerisch verschieden *sind*, müssen *Exemplare* einer *Art* zwingenderweise *numerisch verschieden* sein. Tatsächlich sind Fälle der Instantiierung von Substanz—Arten verschieden von Fällen der Instantiierung von Eigenschaften. Die Möglichkeit, verschiedene Exemplare z.B. der Eigenschaft "Röte" doch in gewisser Hinsicht als numerisch identisch zu betrachten, *beruht* auf drei Voraussetzungen: (i) wir können mehrere Objekt—Entitäten, die rot sind, unterscheiden; (ii) wir können zwischen diesen numerisch verschiedenen Objekt—Entitäten und der Eigenschaft der Röte, die ihnen jeweils zukommt, unterscheiden; (iii) wir können (falls wir das wollen) *anstelle* der Annahme individueller Eigenschaften gemäss Prinzip P sagen: Während die unterschiedenen roten Objekt—Entitäten gemäss (i) verschieden sind (bzw. sein können), ist die *in* ihnen instantiierte Röte *identisch dieselbe*. Im Falle von Substanz—Arten dagegen besteht die *Möglichkeit*, zwischen numerisch verschiedenen Objekt—Entitäten, die unter eine bestimmte Art fallen, und Instantiier*ungen* derselben Art zu unterscheiden, nicht. Denn Bedingung (iii) kann m.E. nicht erfüllt sein. Sie kann dies nicht, weil *Exemplare* von Substanz—Arten *zwingenderweise individuelle Substanzen* und gegebenenfalls *numerisch verschiedene* individuelle Substanzen sind. Man beachte, dass hierbei nicht bestritten wird, dass z.B. die Substanz—Art *Mensch* ein Universale sei. Vielmehr geht das Argument gerade davon aus, dass beispielsweise Sokrates und Platon qua Menschen unter *ein und dieselbe* Substanz—Art fallen, sich in ihnen also dieselbe substantielle natura humanitatis, dasselbe Menschsein instantiiert. Der Hauptpunkt ist vielmehr: *Wenn* Sokrates und Plato unter dieses Universale der Kategorie der Substanz fallen, dann sind sie zwingenderweise *numerisch verschiedene* Exemplare dieser Art, während bei Universalien einer nicht—substantiellen Kategorie allfällige Exemplare gemäss einer platonistischen Position kohärent als *identisch dieselben* betrachtet werden *können*. Bezogen auf die obigen Identitätsbehauptungen kann damit folgendes gesagt werden: Unter Voraussetzung von Prinzip P sind die Aussagen (14) bis (16) völlig korrekt. Ebenfalls korrekt sind die Aussagen (17) und (18), sofern man mit ihnen ausdrücken will, dass a und b Exemplare derselben Substanz—Art sind. Ganz und gar unkorrekt aber ist Aussage (19): Weil Exemplare von ein und derselben Substanz—Art zwingenderweise numerisch verschieden sind, kann Aussage (19) *nicht* akzeptiert werden.

13.3 Substanz—Theorien von Konkreta und sortale Ausdrücke

Etwas systematisch besonders Wertvolles an der aristotelischen Kategorienlehre lässt sich damit folgenderweise fassen: Der Unterschied zwischen Universalien einer nicht—substantiellen Kategorie und Universalien der Kategorie der Substanz kann zu dem Unterschied zwischen Eigenschaftsprädikaten und sortalen Ausdrücken in Beziehung gesetzt werden. Das aristotelische Argument besagt dann: der reidentifizierende Gebrauch von Eigenschaftsprädikaten und der reidentifizierende Gebrauch von sortalen Ausdrücken führt auf

Identitätsbehauptungen, die ganz verschieden zu beurteilen sind.[9] Das beruht darauf, dass der individualisierende Gebrauch für sortale Ausdrücke charakteristisch ist. Zu sagen, dass Exemplare von Universalien der Kategorie der Substanz zwingenderweise individuelle Substanzen und gegebenenfalls numerisch verschiedene individuelle Substanzen sind, heisst entsprechend auch sagen, dass im individualisierenden Gebrauch sortaler Ausdrücke so auf Individuen bezug genommen wird, dass diese als *Zählbares* verstanden werden können. Denn nur Einzelnes kann gezählt werden.

Damit kann der von Ingarden betonte grundsätzliche Unterschied zwischen den Prädikationen

(2) Dies da ist braun

(3) Dies da ist ein Tisch

auch von einem anderen Gesichtspunkt aus verstanden werden. Gemäss Ingarden[10] wird in Prädikation (3) ein individueller Gegenstand "(ein) Tisch" *genannt*, indem ihm eine materiale Bestimmung zugesprochen wird, die ihm *als* Ganzem zukommt. Diese Charakterisierung erscheint nunmehr weniger befremdlich. Denn 'ein Tisch' *ist* ein sortaler Ausdruck und kann insofern mit gutem Recht als Name, nämlich als ein "Gemein–Name" verstanden werden. Wenn Ingarden sagt, dass in (3) der fragliche Gegenstand als Ganzer "Tisch" genannt werde, kann man dem zustimmen. Denn der fragliche Gegenstand ist insofern als Ganzer ein Tisch, *als* er – um mit Aristoteles zu sprechen – Exemplar eines Universale der Kategorie der Substanz ist. Oder: Der fragliche Gegenstand ist als Ganzer *ein* (zählbarer!) Tisch. Das zeigt sich daran, dass der individualisierende Gebrauch für sortale Ausdrücke charakteristisch ist. Im individualisierenden Gebrauch sortaler Ausdrücke kann nämlich so auf Individuen bezug genommen werden, dass diese als Zählbares (als "Einheiten", als "Ganzheiten") weiteren Prädikationen unterliegen können.

Demgegenüber wird in Prädikation (2) ein bestimmter Gegenstand gemäss Ingarden bloss mit Blick auf eine materiale *Teil*-Bestimmung als ein Braunfarbiges charakterisiert. Auch diese Beschreibung erscheint nunmehr weniger befremdlich. Denn der generelle Term '(ist) braun' bzw. 'ein Braunfarbiges' ist ein Eigenschaftsprädikat. Der reidentifizierende Gebrauch von Eigenschaftsprädikaten jedoch setzt den individualisierenden Gebrauch von sortalen Ausdrücken voraus. Denn anderenfalls sind Eigenschaften, d.h. materiale *Teil*-Bestimmungen von Konkreta gar nicht zählbar bzw. (re–)identifizierbar.

---

9   Für eine weitergehende Analyse vgl. Carl (2), 119-130.
10 Vgl. oben §12.

Wir können jetzt auch auf den eingangs genannten Punkt zurückkommen. Mit 'ist braun':= 'ist ein Braunfarbiges':= 'ist ein braunfarbiges Ding' nämlich können wir Satz (2) im Sinne von

(2.1)   Dies da ist ein Braunfarbiges

(2.2)   Dies da ist ein braunfarbiges Ding

verstehen und dann prima facie *contra* Ingarden sagen: auch mit Satz (2) können wir die *ganze* Substanz bzw. eine Substanz *als* Ganze meinen. Darauf aber kann Ingarden antworten: Dies ist nur insofern möglich, als wir (2.1) und (2.2) genauer wie folgt verstehen:

(2.11)   Dies da ist *ein* (zählbares) Braunfarbiges

(2.21)   Dies da ist *ein* (zählbares) braunfarbiges Ding.

Natürlich verwenden wir in (2.1)–(2.21) anstelle des individualisierenden Gebrauches irgendwelcher sortaler Ausdrücke den *formalen* Begriff des Dinges bzw. des Gegenstandes, um auszudrücken, dass *ein* (zählbares!) etwas eine bestimmte (individuelle und (re–)identifizierbare) Eigenschaft hat. Doch dies spricht nicht gegen die vorgetragene Interpretationsthese, dass der grundsätzliche Unterschied zwischen den Prädikationen (2) und (3) sich darin zeigt, dass der reidentifizierende Gebrauch von Eigenschaftsausdrücken den individualisierenden Gebrauch von sortalen Ausdrücken voraussetzt. (Denn anderenfalls sind Eigenschaften, d.h. materiale *Teil*–Bestimmungen von Konkreta gar nicht zählbar bzw. identifizierbar.) Ingarden sagt ausdrücklich: Auch die Wendung 'etwas, das braun ist' führt "in das Bezeichnete die gegenständliche Subjekt–Struktur ein".[11] M.a.W.: Die Lesarten (2.1)–(2.21) widerlegen meine Interpretationsthese nicht, sondern zeigen bloss, dass nicht nur (sc. ausschliesslich) sortale Ausdrücke wie '(ist) ein Mensch' individualisierend verwendet werden können. Wie überhaupt die Thematik "Sortale Ausdrücke" tatsächlich viel komplexer ist, als wie sie an dieser Stelle dargestellt wurde – man denke bloss an das Problem der sogenannten "Stoffnamen" (wie 'Wasser') oder an die Unterscheidung zwischen "natürlichen und nicht–natürlichen" Arten (z.B. Katzen versus Elektriker). Doch an dieser Stelle kann es nur darum gehen, Argumente zur Stärkung von Ingardens These zu finden, *dass* ein grundsätzlicher Unterschied zwischen den Prädikationen (1) und (3) besteht. Im Lichte des Ausgeführten betrachtet ist es m.E. jedenfalls ein Gebot der Vorsicht, diese Ingardensche These nicht einfach als unbegründet und hoffnungslos ad hoc zurückzuweisen.

Im vorliegenden Kontext könnte leicht der Eindruck entstehen, dass hier Ingardens ontologische Unterscheidungen sozusagen linguistisch begründet bzw. verteidigt werden. Wie

---

[11]   Ingarden (11), 77.

die Berücksichtigung der Aristotelischen Kategorienlehre jedoch zeigt, hiesse dies, das Pferd am Schwanze aufzuzäumen. Denn es ist *nicht* der Fall, dass sich z.B. Tischheit⁺ nur in der Form "Subjekt–von–Eigenschaften–zu–sein" instantiieren kann, *weil* '(ist) ein Tisch' ein sortaler Ausdruck ist. Die recht verstandene Begründungsordnung verläuft natürlich umgekehrt. Um Ingardens Position angemessen zu verstehen, können wir im Anschluss an die Aristotelische Argumentation vom folgenden ausgehen:[12]

(20) Tischheit⁺ ist ein *partikularisierendes* Universale, Bräune⁺ ist kein partikularisierendes Universale.

Falls ein (monadisches) Universale U⁺ ein partikularisierendes Universale ist, folgt, dass, wenn sich U⁺ instantiiert, dann gilt notwendigerweise: U⁺ instantiiert sich in der Form "Subjekt–von–Eigenschaften–zu–sein". *Denn* Exemplare eines partikularisierenden (monadischen) Universale sind *eo ipso* zählbar ("zählbare Einheiten"; tode ti): x_1 ist ein U, x_2 ist ein U, ..., x_n ist ein U.

Falls ein (monadisches) Universale U⁺ ein *non–partikularisierendes* Universale ist, folgt, dass, wenn sich U⁺ instantiiert, dann gilt notwendigerweise: U⁺ instantiiert sich in der Form "Eigenschaft–von–zu–sein". *Denn* Exemplare eines non–partikularisierenden (monadischen) Universale sind *nicht* eo ipso zählbar ("zählbare Einheiten", tode ti). Vielmehr sind solche Exemplare nur *als* (materiale) Bestimmungen *von* Exemplaren eines partikularisierenden (monadischen) Universale zählbar, d.h. sie sind nur *als* (individuelle) Eigenschaften eines Partikulären zählbar. Es lässt sich somit sagen:

(21) Weil (20) der Fall ist, gilt: Wenn sich Tischheit⁺ instantiiert, dann gilt notwendigerweise: Tischheit⁺ instantiiert sich in der Form "Subjekt–von–Eigenschaften–zu–sein".

(22) Weil (20) der Fall ist, gilt: Wenn sich Bräune⁺ instantiiert, dann gilt notwendigerweise: Bräune⁺ instantiiert sich in der Form "Eigenschaft–zu–sein".

Gemäss diesen Erklärungen *determinieren* also die fraglichen *Universalien selbst*, in welchen Formen sie sich gegebenenfalls instantiieren. Aufgrund von (20)–(22) können wir im Sinne Ingardens des weiteren die folgenden *ontologischen Anwendungssätze* formulieren:

(23) Notwendigerweise: Wenn ein Gegenstand x ein Tisch ist, dann ist *Tisch–zu–sein* eine Materie Q von x, welche in der Form "Subjekt–von–Eigenschaften–zu–sein" steht.

(24) Notwendigerweise: Wenn ein Gegenstand x braun ist, dann ist *braun–zu–sein* eine Materie Q von x, welche in der Form "Eigenschaft–zu–sein" steht.

Dabei ist zu berücksichtigen, dass die Form von Etwas gemäss Ingarden stets Form einer

---

[12] Vgl. dazu auch Armstrong (2), 14 ff.

Materie dieses Etwas ist, bzw. dass die Form von Etwas generell ein *Folge*-Moment der Materie dieses Etwas ist.[13] Nichtsdestoweniger handelt es sich jeweils um formale Momente des Seienden selbst.

---

[13] Vgl. oben §10.

Verschiedene Arten von Konkreta–Eigenschaften

Um Ingardens Argument für die These, wonach "Existenz" keine Eigenschaft von Konkreta sei, vorzustellen, habe ich im Kapitel 3 seine formalontologische Theorie von Konkreta dargestellt. Im vorliegenden Kapitel werde ich nun noch eine weitere Basis seines Argumentes für These I_1 berücksichtigen, nämlich Ingardens Unterscheidung verschiedener Arten von Konkreta–Eigenschaften. Anstelle der üblichen Dichotomie zwischen relationalen und absoluten Eigenschaften von Konkreta setzt Ingarden eine weitaus differenziertere Unterscheidung zwischen absoluten und nicht–absoluten Eigenschaften von Konkreta (§16). Diese Unterscheidung hat für die Analyse der "Existenzthematik" erhebliche Konsequenzen (§17). Um aber Ingardens Unterscheidung verschiedener Arten von Konkreta–Eigenschaften vorzustellen, muss ich vorher noch seine Stellungnahme bezüglich "negativen Sachverhalten" (§14) sowie seine Ansichten über "Verhältnisse" (§15) berücksichtigen.

§14 Ingarden über den Unterschied zwischen negativen und positiven Sachverhalten

Im vorliegenden Kapitel geht es darum, verschiedene Arten von Eigenschaften von Konkreta zu unterscheiden. Eine in diesem Zusammenhang wichtige Frage lautet: Gibt es "negative" Eigenschaften von Konkreta? Z.B.: Wenn wir wissen, dass ein bestimmtes Konkretum a beispielsweise (vollständig) rot ist, dann wissen wir auch, dass es nicht der Fall ist, dass a gelb ist. Wissen wir dann aber auch, dass es der Fall ist, dass a nicht–gelb ist? Besagt 'es ist der Fall, dass a nicht–gelb ist' mehr als 'es ist nicht der Fall, dass a gelb ist'? Wird mit dem Satz 'es ist der Fall, dass a nicht–gelb ist' dem Gegenstand a eventuell eine "negative" Eigenschaft zugesprochen? Auf diese Fragen antwortet Ingarden im Rahmen seiner Sachverhalts–Ontologie. Ich will deshalb zuerst Ingardens zugehörige Hauptthesen darstellen (14.1). Dann werde ich die Begründung für eine zentrale These seiner Sachverhalts–Ontologie skizzieren (14.2). In der Zusammenfassung schliesslich werde ich auf die obigen Fragen zurückkommen (14.3).

14.1 Ingardens Hauptthesen bezüglich der Sachverhaltsthematik

Jeder grammatikalisch wohlgeformte, sinnvolle Satz drückt eine *Proposition* aus. Anstelle von 'Proposition' verwende ich auch den Ausdruck 'Sachverhalt$_1$' und reformuliere das eben Festgestellte folgenderweise: Jedem grammatikalisch wohlgeformten, sinnvollen *Satz* entspricht ein bestimmter *Sachverhalt$_1$*. Unter Berücksichtigung ganz verschiedener Satz–Typen[1] spricht Ingarden auch von dem *rein intentionalen Korrelat* eines Satzes. Für *alle* Sachverhalte$_1$ gilt nach Ingarden u.a.:[2]

(i) sie sind wesensmässig Korrelate eines Satzes;

(ii) sie haben ihr unmittelbares Seinsfundament in den zugehörigen Sätzen und ihr mittelbares Seinsfundament in zugehörigen satzbildenden Bewusstseinsoperationen, d.h. sie existieren heteronom.

(iii) sie bilden relativ isolierte, abgeschlossene Ganze, je nach Massgabe der Isoliertheit und Abgeschlossenheit der zugehörigen Sätze.[3]

Einige satzbildende Operationen führen zu Sätzen, die Behauptungssätze oder assertive

---

[1] Assertative Sätze, Frage–Sätze, Befehls–Sätze usw., gleichgültig ob von syntaktisch einfacher oder komplexer Form.

[2] Zu den folgenden Punkten vgl. Ingarden (6), 134.

[3] Z.B. den Sätzen 'Diese Rose ist rot' und 'Diese Rose ist rot und jene Rose ist gelb' entsprechen zwei Sachverhalte$_1$, die beide isolierte, abgeschlossene Ganzheiten darstellen. Ingarden (6), 134.

Sätze sind. *Nur* für Sätze von diesem Typus kann von dem folgenden Äquivalenzprinzip ausgegangen werden:[4]

(EP) (a) $p \equiv$ Dass p besteht (Es ist der Fall, dass p).

(b) $\neg\, p \equiv$ Dass p besteht nicht (Es ist nicht der Fall, dass p).

EP ist ein logisches Gesetz, das für alle 'p' gilt. Im Ausgang von EP kann man ferner aber auch die folgenden logischen, ontologischen oder semantischen Prinzipien in Ansatz bringen:

(I)   Logisches Prinzip: Jedes rein intentionale Korrelat (d.h. Sachverhalt$_1$) von assertiven Sätzen ist wahr oder falsch;

(II)   Ontologisches Prinzip: Ein Sachverhalt$_2$ besteht oder besteht nicht;

(III)   Semantisches Prinzip: Jedem rein intentionalen Korrelat von assertiven Sätzen entspricht mindestens ein bestehender Sachverhalt$_2$. (Nota bene: Also *auch* dem rein intentionalen Korrelat eines falschen assertiven Satzes entspricht mindestens ein bestehender Sachverhalt$_2$.)

In II und III tritt der Ausdruck 'Sachverhalt$_2$' auf, mit dem etwas ganz anderes gemeint ist als ein "Sachverhalt$_1$" qua rein intentionales Korrelat eines (assertiven) Satzes. Sachverhalte$_2$ sind etwas, was – gemäss III – den Sachverhalten$_1$ entspricht bzw. was – gemäss II – bestehen oder nicht bestehen kann. Letzteres besagt, dass bestehende Sachverhalte$_2$ objektiv sind. Für alle Sachverhalte$_2$, die objektiv sind und in diesem Sinne bestehen, gilt nach Ingarden:

(i')   sie sind erkenntnismässig nur durch den Vollzug eines Urteilsaktes bzw. durch die (assertive) Prädikation als einer besonderen erkenntnismässigen Operation zugänglich;[5]

(ii')   sie haben ihre "Seinsstelle" in autonom existierenden Objekt–Entitäten und existieren deshalb ebenfalls autonom. Als autonom existierende Objekt–Entitäten werden sie gegebenenfalls "entdeckt" oder "erfasst";[6]

(iii')   sie sind nicht wie Sachverhalte$_1$ isolierte und abgeschlossene Ganze. Denn sie sind zu beschreiben als Seinszusammenhang "in" oder "zwischen"[7] denjenigen seins-autonomen Objekt–Entitäten, in denen sie ontisch fundiert sind.

Im Rahmen seiner Sachverhalts–Ontologie interessiert sich Ingarden ausschliesslich für

---

[4]   Vgl. Ingarden (6), 135-36.
[5]   Vgl. Ingarden (11), 280.
[6]   Vgl. Ingarden (11), 280 f.
[7]   Je nachdem ob es sich um eingliedrige oder mehrgliedrige Sachverhalte$_2$ handelt, vgl. Ingarden (11), 326.

Sachverhalte₂. Vorbehaltslos akzeptiert er dabei I und II, *nicht* aber III. Zuerst will ich Ingardens zugehörige Hauptthese vorstellen. Zu diesem Zwecke gehe ich von zwei einfachen assertiven Sätzen (von kategorischer Form) aus, die beide wahr seien:

(1) Diese Rose ist (vollständig) rot   (a ist F).

(2) Jene Rose ist (vollständig) gelb   (b ist G).

Gemäss den Thesen (i)–(iii) besteht zwischen diesen Sätzen und den zugehörigen Sachverhalten₁ eine eineindeutige Zuordnung. Weil die Sätze (1) und (2) zudem (per Annahme) wahr sind, können wir im Lichte von (i')–(iii') sowie von II sagen:

(1') Der Sachverhalt₂, dass diese Rose (vollständig) rot ist, besteht;

(2') Der Sachverhalt₂, dass jene Rose (vollständig) gelb ist, besteht.

Die Sätze (1) und (2) aber implizieren respektive die folgenden Sätze:

(3) Diese Rose ist nicht–gelb   (a ist nicht–G);

(4) Jene Rose ist nicht–rot   (b ist nicht–F).

Auch zwischen diesen Sätzen und den zugehörigen Sachverhalten₁ besteht eine eineindeutige Zuordnung. Zudem sind per Annahme sowohl (1) und (3) wie (2) und (4) wahr. Wenn wir nun auch III in Ansatz bringen, dann *können* wir im Lichte von (i')–(iii') sagen:

(3') Der Sachverhalt₂, dass diese Rose nicht–gelb ist, besteht;

(4') Der Sachverhalt₂, dass diese Rose nicht–rot ist, besteht.

Wer so argumentiert, macht die Annahme, dass auch sogenannte *negative* Sachverhalte bestehen können und gegebenenfalls tatsächlich bestehen.[8] Ingardens zugehörige Hauptthese lautet *nicht*, dass negative Sachverhalte₂ in keiner Weise bestehen[9], sondern nur, dass sie nicht objektiv bestehen:

(S) Alle objektiv bestehenden Sachverhalte₂ sind *positive* Sachverhalte₂.

Korollare von S sind:

(S₁) Zwischen wahren (assertiven) Sätzen und Sachverhalten₂ besteht keine eineindeutige Zuordnung.[10]

---

[8] Vgl. z.B. Ingardens Referat über die Position von Adolf Reinach, Ingarden (11), §53.

[9] Zur Seinsweise von negativen Sachverhalten vgl. Ingarden (11), 299-315 und besonders 311 (zusammenfassende Stelle).

[10] Vgl.: "Es entsteht aber die Frage, ob eine eineindeutige Beziehung zwischen den Aussagesätzen eines beliebigen Typus und den seinsautonom bestehenden Sachverhalten besteht, ob also einem jeden Aussagesatz ein bestimmter seinsautonom bestehender Sachverhalt und umgekehrt einem jeden seinsautonom bestehenden Sach-

(S₂) Jedem rein intentionalen Korrelat von wahren (assertiven) Sätzen entspricht mindestens ein bestehender positiver Sachverhalt₂.

Gemäss S₂ gilt, dass dem rein intentionalen Korrelat eines wahren *negativen* Satzes mindestens ein bestehender *positiver* Sachverhalt₂ entspricht. Damit zeigt das Korollar S₂ aufs Deutlichste, *warum* Ingarden Prinzip III *nicht* ohne Vorbehalte akzeptieren kann.[11]

14.2 Ingardens Begründung der Hauptthese (S)

Wie aber begründet Ingarden seine Hauptthese S ? Warum bestehen gegebenenfalls nur positive Sachverhalte₂ ? (Fortan lasse ich, falls der Kontext zu keinen Missverständnissen führen kann, die Indexzahl weg.) — Wenn der Satz

(1) Diese Rose ist (vollständig) rot (a ist F)

wahr ist, dann existiert der (seinsautonome) Gegenstand a, der eine Rose ist, und es existiert die individuelle Eigenschaft "Röte von a" und diese Eigenschaft kommt a zu, d.h. es besteht auch der objektive Sachverhalt: dass a rot ist. Dieser Sachverhalt ist — um mit Ingarden zu sprechen — ein "Ein–Subjekt–Sachverhalt"[12], d.h. er hat seine Seinsstelle in *einer* Objekt-Entität. Terminologisch werde ich im folgenden von "nicht–relationalen" Sachverhalten sprechen.[13] Im einfachsten Falle sind nicht–relationale Sachverhalte, wie im obigen Beispiel, "eigenschaftliche oder zuständliche" Sachverhalte.[14] Angenommen nun dieselbe Rose habe

---

   verhalt ein bestimmter Aussagesatz entspricht bzw. entsprechen kann. *Eine derartige Zuordnung besteht unzweifelhaft zwischen den Aussagesätzen und ihren rein intentionalen Korrelaten. Sie besteht dagegen zwischen diesen Sätzen und den seinsautonom bestehenden Sachverhalten nicht."* (Ingarden 11, 292).

[11] Ingarden verteidigt seine Position auch unter bezug auf *falsche* assertative Aussagen, unter bezug auf *Annahmen* sowie unter bezug auf *Quasi-Urteile*. Auf alle diese Fälle, die Ingardens Hauptthese S stützen sollen, kann ich hier nicht eingehen. Vgl. Ingarden (11), 292 f. und Ingarden (6), §25.

[12] Vgl. Ingarden (11), 326.

[13] Ich tue dies aus zwei Gründen. Um erstens ein terminologisches Pendant zu den relationalen Sachverhalten (vgl. unten §15) zu haben. Zweitens aber um sozusagen bereits auf der terminologischen Ebene anzuzeigen, dass Sachverhalte nicht eo ipso etwas mit einer "Relation" zu tun haben. Das Zukommen der Eigenschaft der Röte zur Rose stellt *keine* Relation, sondern einen *Seinszusammenhang* dar (zur Unterscheidung zwischen Relation und Seinszusammenhang vgl Ingarden 11, 348 f.). Was Ingarden unter einer Relation bzw. einem Verhältnis versteht, ist Thema des §15.

[14] Nicht-relationale Sachverhalte können also von verschiedener Art sein. Neben "eigenschaftlichen oder zuständlichen" Sachverhalten ('Diese Rose ist rot') sind "vorgangsmässige" ('Peter läuft') und "ereignishafte" Sachverhalte ('Es blitzt') zu unterscheiden. Vgl. dazu Ingarden (11), §54. Einfachheitshalber betrachte ich hier nur eigenschaftliche Sachverhalte.

auch grüne Blätter, angenommen also auch der Satz

(5) a hat grüne Blätter

sei wahr, so besteht aus analogen Gründen auch der nicht–relationale Sachverhalt: dass a grün–blättrig ist. In einem und demselben individuellen Gegenstand besteht mithin (gegebenenfalls) eine *Vielzahl* von Sachverhalten. Den Sätzen (1) und (5) entsprechen in eineindeutiger Weise bestimmte Sachverhalte$_1$, welche isolierte Ganzheiten bilden (vgl. These iii). Die objektiven Sachverhalte$_2$, die wir durch die Prädikationen (1) und (5) erfassen[15], sind aber nicht isolierte Ganzheiten. Sie werden zwar durch satzbildende Operationen in der Erkenntnis *intentional von einander abgegrenzt*[16], weil sie aber ihre Seinsstelle "im" Gegenstand selbst haben, bestehen sie nicht sozusagen isoliert nebeneinander:

"Ein jeder Gegenstand bildet einen Verband ... von Sachverhalten, die alle *demselben* Subjekt anhaften und dadurch in ihm *vereinigt* sind."[17] "Je nach den materialen Momenten, die ihn aufbauen, sowie nach der übrigen materialen Ausstattung des betreffenden Gegenstandes, gestaltet sich die Weise ... [des] 'Eingetauchtseins' [von Sachverhalten im jeweiligen Gegenstand] anders"[18]

— immer aber handelt es sich um einen *Seinszusammenhang* zwischen objektiven Sachverhalten. In den Prädikationen (1) und (5) wird beispielsweise je ein solcher Sachverhalt erkenntnismässig erfasst, der in einem Zusamenhang zwischen der Rose und *einer* ihrer Eigenschaften besteht.[19] Die *beiden* Sachverhalte aber bestehen in *derselben* Rose und bilden

---

[15] Vgl.: "Der Sinn des Aussagesatzes, wenn derselbe zugleich ein Behauptungssatz ist, [weist] direkt auf einen seinsautonomen Sachverhalt ... hin." (Ingarden 11, 280).

[16] Mit den Prädikationen (1) und (5) stellen wir *zwei* gegenseitig abgegrenzte Sachverhalte fest. "Eins muss dabei [aber] beachtet werden: die in einem Gegenstand bestehenden Sachverhalte, wie sie in ihrer ursprünglichen Gestalt im Gegenstande selbst bestehen, sind voneinander nicht so abgegrenzt, wie sie zu sein scheinen, wenn wir sie als Korrelate einer Mannigfaltigkeit von [wahren] Aussagesätzen, die sich auf denselben Gegenstand in mannigfacher Weise beziehen, nehmen. *Die relative Abgeschlossenheit der Sätze führt, sogar dann, wenn sie im Zusammenhang stehen, eine intentionale Abgrenzung der einzelnen Sachverhalte voneinander mit sich.* Auch wenn in dem Inhalt dieser Sätze betont wird, dass zwischen den ihnen entsprechenden Sachverhalten Beziehungen und Zusammenhänge bestehen, verschwindet die Abgrenzung zwischen den Sachverhalten nie vollkommen." (Ingarden 11, 284).

[17] Ingarden (11), 284.

[18] Ingarden (11), 283/84.

[19] Vgl.: "Die Form des Sachverhalts in der Gestalt, in welcher er einem einfachen Aussagesatz entspricht, ist nichts anderes als die zur Entfaltung gebrachte ... gegenständliche Grundform, bzw. genauer gesagt, als ein besonderes Einzelmoment an ihr, d.h. dasjenige, das in dem Zusammenhang zwischen dem Gegenstande und *einer* seiner Eigenschaften besteht." (Ingarden 11, 283).

dort *einen* Seinszusammenhang, dessen Einheitlichkeit abhängig ist von dem Grade[20], in welchem die materialen Bestimmungen der Röte und des grüne–Blätter–Habens *als* individuelle Eigenschaften in der Rose verwachsen sind.[21]

Betrachten wir nun die Sätze (3) und (4), die respektive von (1) und (2) impliziert werden. Wenn zwei Rosen a und b (vollständig) rot bzw. gelb sind, dann existieren zwei numerisch verschiedene Rosen a bzw. b und es existieren die Eigenschaften: "Röte von a" und "Gelbe von b" und es bestehen zwei objektive Sachverhalte: dass a rot ist und: dass b gelb ist. Aber: Dass a nicht–gelb ist und: Dass b nicht–rot ist sind nach Ingarden keine objektiv bestehenden Sachverhalte. Denn "Nicht–Gelbheit" bzw. "Nicht–Rotheit" sind "keine bestimmten Qualitäten"[22]. Sie sind, "rein in sich genommen, ... überhaupt kein solches Etwas, das selbst einen Gegenstand 'aufbaut', ihn durch Selbstgegenwart in ihm aufbauen könnte"[23].

> "Wenn wir irgendeinem Gegenstande so etwas wie jenes ... ['Nicht–Gelb' bzw. 'Nicht–Rot'] wahrheitsgemäss zuschreiben, so ist es nur deswegen möglich, *weil* sich in jenem Gegenstande gewisse *andere Eigenschaften* vorfinden, die wir aber aus irgendeinem Grunde nicht in ihrer Spezifität erfassen und sie lediglich unter dem Aspekt ihrer Verschiedenheit (Andersheit) von einer von uns von vornherein ins Auge gefassten Qualität hinnehmen."[24]

Die aufgrund von (3) und (4) formulierten Sätze:

(3*)   Rose a kommt die Eigenschaft:"Nicht–Gelbe" zu

(4*)   Rose b kommt die Eigenschaft:"Nicht–Röte" zu

sind also irreführend. Weil es *keine* Eigenschaft:"Nicht–Gelbe" gibt bzw. weil es keine ideale Qualität:"Nicht–Gelbheit" gibt, können durch diese Prädikationen in sensu stricto auch keine objektiven Sachverhalte erfasst werden. Es besteht also kein objektiver Seinszusammenhang zwischen der Rose a bzw. der Rose b und irgendwelchen "negativen" Eigenschaften. Dennoch entspricht *auch* den Sätzen (3*) und (4*), falls sie wahr sind, mindestens ein objektiver Sachverhalt. Dieser aber wird durch die diesen Sätzen korrelierenden Sachverhalte₁ erkenntnismässig nur unzureichend entfaltet. Was wir mittels derartiger Prädikationen tatsächlich erfassen, kann folgenderweise ausgedrückt werden:

---

20   Dieser Grad bestimmt sich nach Ingarden durch die zwischen den zugehörigen idealen Qualitäten bestehenden Relationen, vgl. Ingarden (11), 290; 311.

21   Vgl. Ingarden (11), 284-87. Für die Frage, in welchem Sinne im Falle von nichtrelationalen Sachverhalten der jeweilige individuelle Gegenstand, "in" dem der Sachverhalt besteht, "Bestandteil" des Sachverhaltes selbst ist, vgl. Ingarden (11), 287-97. Dort auch Ingardens Stellungnahme zu den sogenannten "subjektlosen Sätzen" (wie z.B. 'Es regnet').

22   Ingarden (11), 296.

23   Ingarden (11), 296.

24   Ingarden (11), 296.

(3+) Rose a kommt irgendeine Eigenschaft F [z.B. (vollständig) *rot−zu−sein*] zu, so dass gilt: die Eigenschaft *Gelb−zu−sein* kann a nicht zukommen.

(4+) Rose b kommt irgendeine Eigenschaft G [z.B. (vollständig) *gelb−zu−sein*] zu, so dass gilt: die Eigenschaft *Rot−zu−sein* kann a nicht zukommen.

Was wir mit wahren Prädikationen wie (3*) und (4*) also tatsächlich erfassen[25], ist das Bestehen *irgendeines* objektiven, *positiven* Sachverhaltes$_2$, der erkenntnismässig zwar nicht spezifiziert wird, durch den aber das mögliche[26] Bestehen eines *anderen*, erkenntnismässig spezifizierten und *positiven* Sachverhaltes$_2$ ausgeschlossen wird.

14.3 Zusammenfassung

Fassen wir kurz zusammen! Ich habe im Kontext der Sachverhalts−Ontologie zuerst Ingardens Hauptthese, dass alle objektiv bestehenden Sachverhalte positive Sachverhalte seien, vorgestellt. Anschliessend habe ich seine Begründung für diese These skizziert. Einleitend bin ich von der Frage ausgegangen, ob 'es ist der Fall, dass Rose a nicht−gelb ist' mehr besagt als 'es ist nicht der Fall, dass Rose a gelb ist'. Logisch gesprochen kann man sagen, dass Ingarden natürlich anerkennt, dass der Satz

(1) Rose a ist (vollständig) rot

den folgenden Satz

(2) Rose a ist nicht−gelb

impliziert.

Im Lichte seiner Analyse ist aber zu betonen, dass das 'nicht' in (2) besser als Satz−Negation und nicht als Prädikat−Negation aufgefasst werden sollte, nämlich so:

(2') Es ist nicht der Fall, dass Rose a gelb ist.

Dies ist günstiger, weil es viel weniger zur Annahme objektiv bestehender, *negativer* Sachverhalte verführt. Damit sind die Ausgangsfragen des vorliegenden Paragraphen beantwortet. In seiner Sachverhaltsphilosophie geht Ingarden von der These aus, dass

---

[25] Hier zeigt sich, dass ein Philosoph, der negative Sachverhalte verwirft, nicht gezwungen ist, für den Satz des Widerspruches bzw. für den Satz vom ausgeschlossenen Dritten jegliche ontologische Interpretation zurückzuweisen. Vgl. dazu Ingarden (11), 293 ff.

[26] Dieser "mögliche" positive Sachverhalt ist natürlich kein objektiver, in der Rose a bzw. in der Rose b bestehender Sachverhalt. Vielmehr ist er nur ein durch satzbildende Bewusstseinsoperationen rein *intentional geschaffener* Sachverhalt.

"negative" Eigenschaften einem Gegenstand in sensu stricto deshalb nicht zukommen, weil es überhaupt keine "negativen" Materien gibt. Jede ein Konkretum in sensu stricto ontisch aufbauende Materie ist eine "positive" Materie. Was auf den ersten Blick wie "negative" Eigenschaften von Konkreta aussieht, ist in Tat und Wahrheit Ergebnis der Erkenntnisleistung: eine rein intentionale Abgrenzung cum fundamento in re.

§15 Ingarden über relative Sachverhalte und Verhältnisse

Im Paragraphen 14 habe ich nur nicht–relationale Sachverhalte berücksichtigt.[1] Komplizierter ist die Situation, wenn wir beispielsweise von folgenden Prädikationen ausgehen:

(1) a ist grösser als b;

(2) Ein Esel ist einem Pferde ähnlich.

Falls sie wahr sind, bestehen nämlich Sachverhalte, die ontisch in mehreren individuellen Gegenständen fundiert sind.[2] Terminologisch werde ich deswegen von "relativen Sachverhalten" sprechen. Wenn es Ingarden (in meinem Sinne) um relative Sachverhalte geht, spricht er meistens einfach von "Sachverhalten", unterscheidet diese aber von "Verhältnissen", die (in seiner Terminologie) ebenfalls (allerdings besondere) Sachverhalte sind. Zum Zwecke terminologischer Durchsichtigkeit unterscheide ich zwischen "nicht–relationalen Sachverhalten" ("Ein–Subjekt–Sachverhalte") und "relationalen Sachverhalten" ("Mehr–Subjekt–Sachverhalte"), wobei "relative Sachverhalte" und "Verhältnisse" zwei Arten von relationalen Sachverhalten sind. Vorerst ist im Sinne Ingardens der Unterschied zwischen relativen Sachverhalten und Verhältnissen zu beleuchten (15.1); anschliessend soll ein erster Ausblick auf relative Merkmale gegeben werden (15.2).

15.1 Relative Sachverhalte und Verhältnisse

In der Welt bestehen sehr verschiedenartige Verhältnisse. Neben Verhältnissen zwischen Verhältnissen verschiedenster Stufe auch "ursprüngliche" Verhältnisse, d.h. solche Verhältnisse, die ihre Seinsgrundlage in zwei Gliedern haben, welche selber nicht (mehr) Verhältnisse, sondern (letztlich) Konkreta sind.[3] Ursprüngliche Verhältnisse sind ontisch in nicht–relationalen Sachverhalten fundiert, die "in" den jeweiligen Gliedern bestehen. Weil nicht–relationale Sachverhalte "eigenschaftliche", "vorgangsmässige" oder "ereignishafte" Sachverhalte sein können[4], sind in einer umfassenden formalontologischen Analyse von Verhältnissen sehr verschiedenartige Fälle zu berücksichtigen. Aber bereits die Analyse von

---

[1] Nämlich "Ein–Subjekt–Sachverhalte"; einfachheitshalber zudem nur eigenschaftlicher oder zuständlicher Art.

[2] Vgl. Ingarden (11), 326.

[3] Vgl. Ingarden (11), 338 f.

[4] Vgl. oben §14.

ursprünglichen Verhältnissen, die ontisch in eigenschaftlichen, nicht–relationalen Sachverhalten fundiert sind, ist äusserst komplex.[5] Um zu vereinfachen, beschränke ich mich im folgenden auf *ursprüngliche* Verhältnisse, die erstens nur zweigliedrig sind und die zweitens ontisch in eigenschaftlichen, nicht–relationalen Sachverhalten fundiert sind.[6] Und ich werde Ingardens formalontologische Analyse solcher Verhältnisse hier nicht zur Sprache bringen. Vielmehr werde ich nur darstellen, was Ingarden im Grundsätzlichen unter einem "Verhältnis" versteht.

Dass "Verhältnisse" (Relationen) als besondere Art von Objekt–Entitäten betrachtet werden können, ist aus der Theorie der Relationen sehr wohl bekannt.[7] Nach Ingarden ist die herkömmliche Theorie der Relationen jedoch eine *Theorie von relativen Merkmalen*[8] und keine Theorie von Verhältnissen. M.a.W.: Relationen (im Sinne der gewöhnlichen Relationen–Theorie) sind keine Verhältnisse, sondern relative Merkmale (beides im Ingardenschen Sinne verstanden).[9]

Zur Erläuterung betrachte ich den Satz

(1.1)   a ist grösser als b.

Falls (1.1) wahr ist, besteht ein relationaler Sachverhalt. Wie aber wird dieser erkenntnismässig erfasst? – Um ihn zu erfassen, muss mindestens das folgende bereits bekannt sein:[10]

(3)   Gegenstand a hat die Grösse g_1;

(4)   Gegenstand b hat die Grösse g_2;

(5) $g_1 > g_2$.

---

[5]   Vgl. Ingarden (11), 332-52.

[6]   Nach Ingarden ist jedes urprüngliche Verhältnis mindestens zweigliedrig. Auf die Konsequenz dieser These für die sogenannte reflexive Relation der Selbstidentität vgl. auch unten §39.

[7]   Dort werden Relation ja z.B. auch gewisse (formale) Eigenschaften (Reflexivität, Symmetrie, Transitivität usw.) zugesprochen.

[8]   Gleich-sein; ähnlich-sein; grösser-sein usw.

[9]   Vgl. Ingarden (11), 329 f; 333 f; 336.

[10]   Es ist naheliegend anzunehmen, dass das Erfassen der (3)-(5) entsprechenden Sachverhalte bereits die Operation der Metrisierung voraussetzt. Tatsächlich ist dies aber nicht erforderlich. Grösser-als-Relationen können ja auch vorwissenschaftlich mit Hilfe bloss komparativer Begriffe erfasst werden. Doch von diesem Problem kann ich hier absehen, weil es für das folgende nicht relevant ist.

VERSCHIEDENE ARTEN VON KONKRETA–EIGENSCHAFTEN 169

Der mit (1) erfasste relationale Sachverhalt ist *ontisch* in den mit (3) und (4) erfassten nicht–relationalen Sachverhalten fundiert.

> Wir sagen: 'A ist grösser als B'. Jenes 'grösser als' ... ist ein Merkmal, das einen Gegenstand nicht dadurch bestimmt, dass es eine ... besondere Qualität in sich birgt, sondern, dass es ein Ergebnis, gleichsam eine Quintessenz — *ein Exponent dessen ist, dass zwei verschiedene Gegenstände bestimmte Eigenschaften für sich besitzen.*"[11]

Analoges gilt für den korrelativen, mittels

(1.2)   b ist kleiner als a

erfassten Sachverhalt. Mittels diesen Prädikationen, wenn sie wahr sind, erfassen wir also *zwei* relationale Sachverhalte, nämlich die relativen Sachverhalte, dass dem Gegenstand a mit bezug auf den Gegenstand b das *relative* Merkmal des Grösserseins zukommt bzw. dass dem Gegenstand b mit bezug auf den Gegenstand a das *relative* Merkmal des Kleinerseins zukommt. Nach Ingarden ist es deshalb sogar besser, die beiden Sätze folgenderweise zu reformulieren:[12]

(1.11)   a ist grösser–als–b

(1.21)   b ist kleiner–als–a.

In dieser Schreibweise kommt besser zum Ausdruck, dass es sich um *zwei* relative Merkmale handelt, die jeweils genau *einem* Gegenstand zukommen.[13] Entgegen üblichen logischen Regeln darf aber aus (1.11) bzw. aus (1.21) mittels existentieller Generalisierung[14] respektive

---

[11] Ingarden (11), 327. Vgl. die Fortsetzung des Zitats: "Einerseits ist es die Eigenschaft des Gegenstandes A, andererseits die Eigenschaft des Gegenstandes B, die berücksichtigt werden müssen, damit das A 'grösser als' B sein könnte. Dieses 'grösser als' hat zugleich in dem anderen Gegenstande B sein besonderes Korrelat, das zwar in dem betreffenden Sachverhalt ('A ist grösser als B') nicht auftritt, das aber einen analogen konstituierenden Faktor eines anderen Sachverhalts bildet, welcher gewissermassen ein Spiegelbild, eine 'Umkehrung' des ersten Sachverhalts ist. ... Diese beiden Sachverhalte 'A ist grösser als B' und 'B ist kleiner als A' gehören so eng zueinander, dass sie einfach nur als der Ausdruck oder die Folgeerscheinung des Zugleichseins der Gegenstände A und B mit bestimmten Eigenschaften zu sein scheinen. *Das relationale qualitative Moment 'verbindet' zwar diese Gegenstände miteinander und bildet eben damit das innere Band des Sachverhalts mit mehreren Subjekten, es tut dies aber nur deswegen, weil es sich auf den Eigenschaften der Gegenstände A und B aufbaut oder ... in ihnen' gründet'*." (Ingarden 11, 327/28).

[12] Vgl. Ingarden (11), 328.

[13] Zu beachten ist, dass z.B. die relativen Merkmale, die durch die folgenden Prädikate: 'ist-ähnlich-a'; 'ist-ähnlich-b' oder 'ist-gleich-a'; 'ist-gleich-b' ausgedrückt werden, *verschiedene* relative Merkmale sind. Vgl. dazu Ingarden (11), 331/32 sowie unten Anm. 15

[14] Beispielsweise so (vgl. das im Text weiter Ausgeführte):
(1)   a ist grösser-als-b   (1.11)
(2)   [1] $(Ex)(x=a \cdot x$ ist grösser-als-b$)$
(3)   [2] $(Ex)(Ey)(x=a \cdot y=b \cdot x$ ist grösser-als-y$)$!

auf (1.21) und (1.11) geschlossen werden. Denn diese Schreibweise ändert nichts daran, dass es sich jeweils um relationale Sachverhalte handelt bzw. dass die Materie der relativen Merkmale relational ist.[15] Dies besagt: Ein relatives Merkmal P kann einem beliebigen Gegenstand x nur dann zukommen, wenn auch ein zugehöriges relatives Merkmal Q einem numerisch von x verschiedenen Gegenstand y zukommt und vice versa.[16]

Was von den gewöhnlichen Relationen–Theorien untersucht wird, sind nach Ingarden die formalen Beziehungen von solchen relativen Merkmalen. Für Ingarden aber stellen sich die folgenden Fragen: Ist eine Relationen–Theorie, die sich an relativen Merkmalen orientiert, wirklich eine Theorie von Relationen (Verhältnissen) zwischen individuellen Gegenständen?[17] Wie gelangen wir in der Erkenntnis überhaupt dazu, bestimmten individuellen Gegenständen bestimmte relative Merkmale zuzusprechen? Sind die durch die Prädikationen (1.1) und (1.2) erfassten Sachverhalte wirklich objektive, autonom bestehende Sachverhalte? – Auf die letzte Frage antwortet Ingarden sowohl bejahend wie verneinend, beides aber in verschiedener Hinsicht. Ich gehe deshalb von zwei Fragen aus:

(F_1)   In welcher Hinsicht sind die durch (1.1) und (1.2) erfassten Sachverhalte *nicht* objektive, autonom bestehende Sachverhalte?

(F_2)   In welcher Hinsicht *sind* die durch (1.1) und (1.2) erfassten Sachverhalte objektive, autonom bestehende Sachverhalte?

---

(4) $(\forall x)(\forall y)(x$ ist grösser-als-y $\equiv$ y ist kleiner-als-x$)$
(5)   [3,4] $(Ex)(Ey)(x=a \cdot y=b \cdot$ y ist kleiner-als-x$)$
(6)   [5] b ist kleiner-als-a   (1.21)
Gemäss den üblichen logischen Regeln ist natürlich Schritt (3) problematisch, da der generelle Term 'ist grösser-als-b' wie ein *einstelliges* Prädikat aussieht.

[15] Im Falle von ursprünglichen, zweigliedrigen Verhältnissen gilt nach Ingarden: (i) Das Zukommen bestimmter Eigenschaften zu den involvierten Konkreta, also bestimmte nicht-relationale Sachverhalte, die in den involvierten Konkreta bestehen, bilden die Fundamenta Relationis für ein zwischen den involvierten Konkreta bestehendes Verhältnis. (ii) In materialer Hinsicht ist dieses Verhältnis durch die Materie der Fundamenta Relationis bestimmt. (Ingarden nennt diese Materie von Verhältnissen das "Band" oder den "Verhältniskern".) (iii) Die Materie von relativen Merkmalen ist seinerseits bestimmt durch den Verhältniskern, d.h. durch die Materie des Verhältnisses. Die Materie von relativen Merkmalen ist deswegen stets "relational" und relative Merkmale sind jeweilige Exponenten von Verhältnissen. Zum ganzen vgl. Ingarden (11), 332-54 sowie 338 (schematische Zusammenfassung der Form von ursprünglichen, zweigliedrigen, eigenschaftlichen Verhältnissen).

[16] Vgl. unten §16.

[17] Die Glieder einer Relation sind natürlich nicht immer individuelle Gegenstände; es gibt ja auch Relationen zwischen Relationen usw. Für meine Zwecke aber genügt es, nur solche Relationen zu betrachten, deren Glieder individuelle Gegenstände sind. Zur Thematik vgl. Ingarden (11), 339.

VERSCHIEDENE ARTEN VON KONKRETA–EIGENSCHAFTEN 171

Ad (F1)

"Bestehen die Sachverhalte:'A grösser als B', 'B kleiner als A', so ist das zwischen A und B bestehende Verhältnis mit *keinem* von diesen [relativen] Sachverhalten *identisch. Es [sc. das Verhältnis] ist dagegen ein [besonderer] Sachverhalt, der jenen [sc. den relativen Sachverhalten] zugrunde liegt.*"[18]

Verhältnisse sind also besondere Sachverhalte. Ihre Besonderheit liegt nach Ingarden in ihrer "Richtungslosigkeit". Dies besagt: in einem Verhältnis hat "kein Glied einen Vorrang in der Konstitution des Verhältnisses, es herrscht da gewissermassen ein völliges *Gleichgewicht* der beiden Glieder"[19]. Ein Verhältnis ist also etwas, das zwischen den jeweiligen Gliedern gleichmässig besteht.[20] Dies trifft auch dort zu, wo im Rahmen der gewöhnlichen Relationentheorie mit bezug auf *relative* Merkmale von *symmetrischen* Relationen gesprochen wird.[21] Relative Sachverhalte (wie "a ist grösser als b") dagegen – und deswegen dürfen sie nicht mit Verhältnissen identifiziert werden – sind "gerichtet". Das Erfassen von relativen Sachverhalten ist abhängig von einem gewählten Standpunkt: es spielt eine entscheidende Rolle, von welchem Glied eines objektiv bestehenden Verhältnisses sozusagen ausgegangen wird.[22] Schwierigkeiten könnten hierbei die sogenannten reflexiven Relationen bereiten, insbesondere die Relation der Selbstidentität. Nach Ingarden ist Selbstidentität jedoch *kein*

---

[18] Ingarden (11), 330.

[19] Ingarden (11), 331.

[20] Vgl. dazu auch die Stellungnahme von *Hermann Weyl:* "Entgegen mathematischen Ausdrucksgewohnheiten muss noch betont werden, dass die Sätze '5 folgt auf 4' und '4 geht 5 voran' *einer und derselben* Beziehung zwischen 4 und 5 Ausdruck geben, und dass da *nicht* von zwei verschiedenen Relationen die Rede sein kann, deren eine die 'inverse' der anderen ist. *Das zugehörige Urteilsschema enthält zwei (natürlich nicht 'gleichberechtigte') Leerstellen; wenn ich für sie eine oder die andere bestimmte Reihenfolge festsetze – und ich werde durch sprachliche Formulierungen dazu gezwungen, eine solche festzusetzen –, erhalte ich jene zwei Formulierungen; in den Relationssachverhalten liegt aber evidentermassen von einer solchen Reihenfolge nichts."* Und ebenso die Stellungnahme von *Moritz Geiger:* "Aber das 'von A aus gesehen' und das 'von B aus gesehen' ist nur das künstliche Hineintragen einer Richtung in die an sich richtungslose Relation zwischen A und B. Um die Anerkennung dieser richtungslosen Relation kommt man auf gar keine Weise herum ... eine richtungslose Relation R (AB) ist stillschweigend vorausgesetzt. *Damit sich aus A>B als Folgerung B<A ergibt, braucht man das Wissen, dass > und < inverse Relationen sind, d.h. dass sie nichts sind als 'Blickrelationen' derselben ungerichteten Relation.*" (zitiert nach Ingarden 11, 332).

[21] Vgl.: "Bei den symmetrischen Verhältnissen ... verdecken die relativierten Aspekte gewissermassen das Verhältnis selbst. Auch hier ist zu sagen, dass die Gleichheit das A mit dem B mit der Gleichheit des B mit dem A nicht identisch dasselbe ist, obwohl in beiden Fällen von 'Gleichheit' die Rede ist, und ferner, dass diese beiden Aspekte von dem in diesem Falle bestehenden Verhältnisse verschieden sind." (Ingarden 11, 331/32). Vgl. auch oben Anm. 9 und 13.

[22] Vgl. oben die Anm. 15 und 20.

Verhältnis.[23] Denn jedes objektiv bestehende Verhältnis ist ontisch mindestens in zwei numerisch verschiedenen Entitäten fundiert.[24] Weil also *alle* relativen Sachverhalte gerichtet sind, kann Ingarden sie von Verhältnissen unterscheiden.[25] Durch die Prädikationen (1.1) und (1.2) werden also zwei *verschiedene* relative Sachverhalte erfasst, denen aber *ein* objektiver Sachverhalt, nämlich ein Verhältnis, zugrunde liegt. Insofern sind die durch (1.1) und (1.2) erfassten relativen Sachverhalte nicht in sensu stricto objektiv bestehende Sachverhalte. Was in sensu stricto objektiv besteht, ist nur ein "richtungsloses" Verhältnis.

Ad (F_2)

Sind die durch die Prädikationen (1.1) und (1.2) erfassten relativen Sachverhalte deshalb in keiner Hinsicht objektiv? Ingarden verneint diese Frage, und zwar aus folgenden Gründen:

(i) Ein objektiv bestehendes Verhältnis kann nur über das Erfassen zugehöriger relativer Sachverhalte des Zukommens von relativen Merkmalen erkannt werden.[26]

(ii) Die durch die Prädikationen (1.1) und (1.2) erfassten Sachverhalte sind zwar durch Bewusstseinsoperationen intentional abgegrenzte Sachverhalte.[27] Es handelt sich aber um intentionale Abgrenzungen *cum fundamento in re*. Dies besagt: Das objektive, zwischen a und b bestehende Verhältnis ist ontisch in denjenigen (durch die Prädikationen (3) und (4) erfassten) *nicht–relationalen* Sachverhalten fundiert, in denen auch die durch die Prädikationen (1.1) und (1.2) erfassten relativen Sachverhalte ontisch *mit*fundiert sind.[28]

---

23   Vgl. besonders Ingarden (11), 341-44.

24   Darin liegt der sachliche Hauptgrund, warum Ingarden das ontologische Problem der Individualität von Konkreta nicht im Ausgang vom Leibniz-Prinzip diskutiert, vgl. unten §39.

25   Vgl.: "Erst durch eine - wenn man so sagen darf - 'Auswertung' oder 'Ausdeutung' in bezug auf den Gegenstand A und dann in bezug auf den Gegenstand B gelangt man von dem originären Verhältnis zwischen diesen beiden Gegenständen zur Konstituierung der Sachverhalte: A grösser als B und B kleiner als A. Mit anderen Worten: das objektive bestehende, echte Verhältnis zwischen A und B lässt sich das eine Mal sozusagen vom Standpunkte des Gegenstandes A erfassen, und dann stellt es sich unter dem Aspekt des Grösserseins des A im Vergleich zu B dar, das andere Mal aber vom Standpunkt des Gegenstandes B, und dann tritt es unter dem Aspekte des Kleinerseins des B im Vergleich zu A auf. Diese beiden Aspekte sind aber von dem zwischen diesen Gegenständen bestehenden *einen* Verhältnisse streng verschieden. Um es selbst zu erfassen, darf man keine von diesen Auswertungen vornehmen." (Ingarden 11, 330/31).

26   Vgl. Ingarden (11), 333.

27   Ingarden spricht von "Ausdeutung" oder "Auswertung" der objektiv bestehenden Verhältnisse. Vgl. oben Anm. 20 und 25.

28   Vgl. Ingarden (11), 331 sowie oben Anm. 15.

15.2 Relative Merkmale

Relative Sachverhalte sind gemäss Ingarden insofern nicht in sensu stricto objektiv bestehende Sachverhalte als sie durch Bewusstseinsoperationen intentional abgegrenzte Sachverhalte sind. Andererseits sind relative Sachverhalte auch nicht blosse "entia rationis". Denn es handelt sich um intentionale Abgrenzungen cum fundamento in re, d.h. ihnen liegen objektiv bestehende Verhältnisse zugrunde, welche ihrerseits ontisch in objektiv bestehenden, nicht–relationalen Sachverhalten fundiert sind.

Ein *relatives* Merkmal wie "grösser als" ist nach Ingarden nun "gleichsam eine Quintessenz – ein *Exponent* dessen ..., dass zwei verschiedene Gegenstände bestimmte Eigenschaften für sich besitzen"[29], aufgrund von deren Zukommen zwischen den betreffenden Gegenständen ein objektives Verhältnis besteht. Eine weitere, durch diese Ingardensche Erklärung noch nicht beantwortete Frage lautet aber: Sind relative Merkmale in sensu stricto objektiv oder kommen sie den jeweiligen Gegenständen nicht wirklich zu ? Diese Frage leitet uns über zum Thema des folgenden Paragraphen.

---

[29] Ingarden (11), 327.

§16 Nicht–absolute und absolute Eigenschaften von Konkreta

Nachdem nun in den Grundzügen Ingardens Stellungnahme bezüglich "negativen" Eigenschaften (vgl. §14) bzw. relativen Merkmalen (vgl. §15) bekannt ist, will ich Ingardens Revision der üblichen Unterscheidung zwischen relationalen und absoluten Eigenschaften von Konkreta erörtern. Zuerst halte ich fest, worin diese Revision besteht (16.1). Dann will ich die einzelnen Arten von Konkreta–Eigenschaften anhand von Beispielen erläutern (16.2).

16.1 Relative Merkmale und absolute Eigenschaften

Die übliche Unterscheidung zwischen relationalen und absoluten Eigenschaften von Konkreta geht von einem *kontradiktorischen* Gegensatz aus, schematisch:

(I) ‖————————————————+————————————————‖
    Relationale (nicht–absolute)   Absolute (nicht–relationale)
    Eigenschaften   Eigenschaften

Die zugehörigen Definitionen lauten:

(Df$_1$)   Eine (individuelle) Eigenschaft P ist relational :≡ Es besteht eine Relation R und es existiert ein Konkretum a, so dass für jedes beliebige von a numerisch verschiedene Konkretum x gilt: P kommt x notwendigerweise genau dann zu, wenn x zu a in der Relation R steht.

(Df$_2$)   Eine (individuelle) Eigenschaft P ist absolut :≡ P ist nicht relational.

Gemäss Df$_1$ ist z.B. die Eigenschaft *Vater–von–Peter–zu–sein* eine relationale Eigenschaft, während *rot–zu–sein* keine relationale Eigenschaft ist. Diese Begriffsbildung ist sicherlich nicht unnütz.[1] In *ontologischer* Hinsicht jedoch ist sie viel zu undifferenziert.[2] Ingardens Revisionsvorschlag kann schematisch so dargestellt werden:

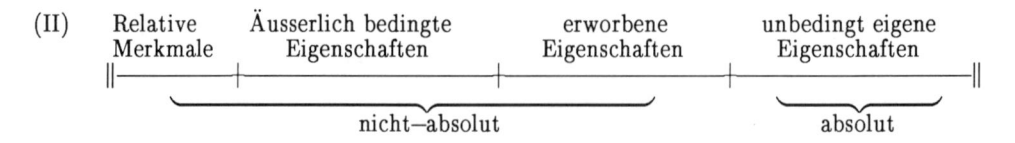

(II)   Relative   Äusserlich bedingte   erworbene   unbedingt eigene
        Merkmale   Eigenschaften   Eigenschaften   Eigenschaften
‖————+————————————+————————+————————‖
          ⎵————————————————————⎵   ⎵——————⎵
                    nicht–absolut   absolut

Mögliche Kandidaten sind beispielsweise die folgenden (der Reihe nach): *Vater–zu–sein; schwer–zu–sein; im Englischen–kompetent–zu–sein; ausgedehnt–zu–sein.* Ingardens

---

[1]   Ich selber werde an späterer Stelle davon Gebrauch machen, vgl. unten Kap. 11.

[2]   Vgl.: "Man muss die traditionelle dichotomische Einteilung der Merkmale in 'relative' und 'absolute' Merkmale verwerfen und eine neue Einteilung in mehrere Gruppen der Merkmale durchführen." (Ingarden 11, 362).

Revisionsvorschlag besteht nicht darin, sozusagen bloss den Bereich der relationalen Eigenschaften gemäss Schema I zu differenzieren. Denn den "relationalen" Eigenschaften gemäss Schema I entsprechen im besten Falle *nur* die "relativen" Merkmale[3] gemäss Schema II. M.a.W.: Bei der Unterscheidung zwischen relativen Merkmalen und absoluten Eigenschaften von Konkreta geht Ingarden *nicht* von einem kontradiktorischen, sondern von einem *konträren* Gegensatz aus. Entsprechend lassen sich "äusserlich bedingte" und "erworbene" Eigenschaften im Sinne Ingardens nicht einfach als relational gemäss Df_1 analysieren. Ich will Ingardens Revision nun im folgenden anhand einiger Beispiele erläutern.

16.2 Eigenschaften von Konkreta

Ingarden bespricht den hier zur Debatte stehenden Unterschied zwischen absoluten und relationalen Eigenschaften im Anschluss an seine Analysen von Verhältnissen. Als Textgrundlage von Bedeutung ist vor allem der Paragraph 57 von Ingarden (11). Dieser Paragraph ist eine wahre Fundgrube von subtilen ontologischen Unterscheidungen. Ich kann hier nicht den Anspruch erheben, im folgenden allen Feinheiten dieses Textes gerecht zu werden. Insbesondere finden sich die unten von mir vorgeschlagenen Definitionen in dieser Form bei Ingarden nicht. Ihm geht es überhaupt weniger um "Definitionen" als vielmehr um detaillierte Phänomen–Beschreibungen. Für meine Zwecke ist es aber unumgänglich, Ingardens Analysen etwas zu systematisieren. Und ich glaube, dass sich wenigstens die Hauptlinien seiner Position mit Hilfe meiner Definitionsvorschläge darstellen lassen.

16.21 *Relative Merkmale von Konkreta*

(Df_3) P ist ein *relatives Merkmal* von Konkretum a :≡ Es existiert mindestens ein numerisch von a verschiedenes Konkretum x, eine Eigenschaft Q und eine Relation R, so dass gilt: (i) Q ist eine individuelle Eigenschaft von x derart dass gilt: wenn P bekannt ist, dann sind aus rein analytischen Gründen auch Q und x bekannt · (ii) R ist ein objektives, ursprüngliches Verhältnis, das zwischen a und x besteht · (iii) P und Q sind korrelative Exponenten von R · (iv) P kommt a notwendigerweise genau dann zu, wenn (i)–(iii) der Fall sind.

Vorerst einige Bemerkungen zu dieser Definition. Unproblematisch – ich verweise den Leser zurück auf die Ausführungen des vorhergehenden Paragraphen – ist Bedingung (ii). Denn relative Merkmale sind nach Ingarden Exponenten eines zwischen Objekt–Entitäten bestehenden, objektiven Verhältnisses. Bedingung (ii) allein genügt aber nicht. Angenommen, dass

---

[3] Ingarden spricht von "Merkmalen", weil relative Eigenschaften bzw. Merkmale den jeweiligen Konkreta relativ zu den übrigen Arten von Eigenschaften in ganz besonderer Weise zukommen. Vgl. Ingarden (11), 363 ff. und unten sub 16.21.

(1)   a ist ähnlich–b

wahr ist. *Ist– ähnlich –b* ist dann ein relatives Merkmal, das a zukommt.[4] Es kann aber der Fall sein, dass b zu einem gewissen Zeitpunkt nicht mehr existiert oder dass b jene (nicht-relationale) Eigenschaft verliert, deren Zukommen das Fundamentum Relationis für R darstellt.[5] In beiden Fällen besteht dann R nicht mehr, und damit kommt a *eo ipso* das relative Merkmal *ist– ähnlich –b* nicht mehr zu. Deswegen wird in Bedingung (iv) für das *Zukommen* des relativen Merkmales P u.a. das tatsächliche Bestehen von R gefordert.[6] Schwieriger steht es um Bedingung (i). Denn *gemäss Ingardens Analyse* relativer Merkmale muss auch Q ein relatives Merkmal sein. So direkt darf man dies aber nicht notieren, ansonsten die Definition zirkulär wird. Wenn wir aber wissen, dass *ist– ähnlich –b* ein relatives Merkmal von a ist, dann wissen wir nach Ingarden *eo ipso* das folgende:[7] es existiert ein numerisch von a verschiedenes Konkretum x, nämlich b, und eine zu *ist– ähnlich –b* korrelative Eigenschaft Q von b, nämlich *ist– ähnlich –a,* und wir können sowohl x wie Q *rein analytisch* aus *ist– ähnlich –b* bestimmen. Es ist diese sozusagen erkenntnistheoretische Besonderheit von relativen Merkmalen, die in Bedingung (i) für eine nicht–zirkuläre Definition berücksichtigt wird. Trotzdem genügt auch Bedingung (i) allein noch nicht. Denn aus '*Ehemann–von–b–zu–sein* ist ein relatives Merkmal von Konkretum a' kann unter Voraussetzung von Bedingung (i) z.B. gefolgert werden, dass das numerisch von a verschiedene Konkretum b weiblich ist. *Weiblich–zu–sein* ist aber sicher kein relatives Merkmal von b und ist also auch kein zu *Ehemann–von–a–zu–sein korrelatives* relatives Merkmal von b. Deswegen wird in Bedingung (iii) gefordert, dass P wie Q im Ingardenschen Sinne korrelative *Exponenten* von R sind. *Ehemann–von–b–zu–sein* wie *Ehefrau–von–a– – zu–sein sind* aber korrelative Exponenten des zwischen a und b bestehenden objektiven Verhältnisses des Verheiratetseins (das seinerseits ontisch in den nicht–relationalen

---

[4]   Sprachlich gesprochen liegt ein *einstelliges* (!) Prädikat vor, das aber eine Eigenschaft ausdrückt, deren Materie *relational* ist. Vgl. dazu oben §15.

[5]   Vgl. Anm. 15 von §15.

[6]   Natürlich könnte man Bedingung (iv) umgehen, wenn im Definiendum ein Zeitindex angebracht würde (z.B. 'P ist *zu t* ein relatives Merkmal von a'), der in den Bedingungen (i)-(iii) entsprechend berücksicht werden müsste. Diese mögliche Variante habe ich mit Rücksicht auf die Definienda und Definientia der übrigen Definitionen nicht berücksichtigt.

[7]   Vgl.: "Der eigentümliche Charakter der Materie des relativen Merkmals führt auch mit sich, dass es auf eine besondere Weise zur Erkenntnis gebracht werden kann. Ein relatives Merkmal kann bei alleiniger Einstellung des erkennenden Subjekts auf den betreffenden Gegenstand [a] nicht sinnlich wahrgenommen werden. Es muss auf Grund der Erfassung des Gegenstandes ... [b] unter Berücksichtigung von R und ... [des Gegenstandes b] *verstanden* werden." (Ingarden 11, 365). Die Materien von relationalen Merkmalen sind so, dass "sie sich *verstehen* lassen". (Ingarden 11, 371). Weil die Materie von relativen Merkmalen *relational* ist, kann die "Zuordnung der korrelativ zueinander gehörenden Merkmale" *verstanden* werden. (Ingarden 11, 369).

Sachverhalten: "Dass a männlich ist" bzw. "Dass b weiblich ist" fundiert ist).

Im Paragraphen 15 habe ich die Frage aufgeworfen, ob relative Merkmale in sensu stricto objektiv seien oder ob dies nicht der Fall sei, d.h. ob es sich bei ihnen vielleicht "bloss" um intentional zugewiesene Merkmale cum fundamento in re handle – analog zu den relativen Sachverhalten, die auch intentionale Abgrenzungen cum fundamento in re sind. Ingarden (3) vertritt die zweite Alternative.[8] Ingarden (11) dagegen tritt für die erste Alternative ein[9]: Relative Merkmale (z.B. *Ehemann–von–b–zu–sein, Ehefrau–von–a–zu–sein; Ähnlich – b–zu–sein, Ähnlich –a–zu–sein*) kommen zwar in besonderer, nämlich "abgeleiteter" Weise zu[10], sie kommen nichtsdestoweniger "effektiv", d.h. objektiv zu. Ihr Zukommen kann zwar nur durch das Erfassen relativer Sachverhalte (also durch intentionale Abgrenzungen cum fundamento in re) *erkannt* werden. Sie kommen trotzdem in sensu stricto objektiv zu, *weil* zwischen den jeweiligen Relata ein objektives Verhältnis (z.B. *Das–Verheiratetsein–von–a–und–b; Das–Ähnlichsein –von–a–und–b*) besteht, *dessen* Exponenten die jeweiligen relativen Merkmale sind.[11]

Gegen *diese* Ingardenschen Thesen sind m.E. allerdings berechtigte Zweifel möglich. Betrachten wir das folgende Beispiel:

(2) a steht–links–von–b;

(2') b steht–rechts–von–a.

Je nach vorausgesetzter Definition von 'x steht in bezug auf Betrachter z rechts von y' lauten die (per Annahme wahren) Prädikationen entweder (2) und (2') oder

(3) a steht–rechts–von–b;

---

[8] Er spricht dort deswegen von "relativen *Quasi*–Merkmalen", vgl. Ingarden (3).

[9] Vgl. Ingarden (11), 364 ff.

[10] Vgl.: "Ein relatives Merkmal (Mr) kommt dem Gegenstande G zu, dieses Zukommen unterscheidet sich aber dadurch von dem Zukommen der Merkmale anderer Typen, dass es *abgeleitet* ist, und zwar unmittelbar von einem Verhältnis R zwischen dem Gegenstande G und einem anderen Gegenstande G' und mittelbar von gewissen Eigenschaften von G und von gewissen Eigenschaften von G', die alle zusammen das fundamentum relationis von R bilden." (Ingarden 11, 363). Zum existentialontologischen Begriff der Seinsabgeleitetheit vgl. Ingarden (10), 87-114.

[11] Vgl.: "Aus dem Bestehen eines jeden Verhältnisses ergibt sich *wesensmässig*, dass an seinen Gliedern *sich* korrelative 'relative Merkmale' *ansetzen*, deren Materie 'relational' ist." (Ingarden 11, 348); "Es liegt ... der Gedanke nahe zu sagen, dass die relativen Merkmale rein intentionale Gebilde seien. Ihre Materie würde dann in dem Gegenstande, dem sie zukommen, nicht streng verkörpert sein. Indessen ist dies nicht richtig, wenigstens in bezug auf relative Merkmale seinsautonomer, und insbesondere realer, Gegenstände." (Ingarden 11, 364).

(3')   b steht–links–von–a.

Worin besteht im Falle von (2) und (3) bzw. (2') und (3') das *eine* objektive Verhältnis zwischen a und b ? Natürlich dürfen wir *nicht* sagen: Wenn zwei verschiedene Definitionen bezüglich der Raumpositionen verwendet werden, dann liegen eben zwei verschiedene objektive Verhältnisse vor. Noch dürfen wir sagen: In den Prädikationen (2)–(3') wird eben die Raumposition des Betrachters nicht explizit erwähnt. Denn beide Antworten würden bedeuten, dass Verhältnisse in *Abhängigkeit* von bestimmten Definitionen bzw. von Raumpositionen der involvierten Betrachter *objektiv* bestünden ...

Sicherlich existieren z.B. im Falle von (2) und (2') die jeweiligen Konkreta, denen gewisse Eigenschaften zukommen, die eventuell als fundamenta relationis für eine zweigliedrige Relation dienen. Gemäss einer *alternativen* und m.E. sehr plausiblen Theorie kann man aber festhalten: Das, was in diesen Fällen "objektiv", autonom existiert, ist fundamentum in re für rein intentionale Abgrenzungen. Den durch die Prädikationen (2)–(3') erfassten relativen Sachverhalten entspricht aber jeweils *kein* objektiv bestehendes Verhältnis. *Ein* gutes Kriterium für die Entscheidung, ob im Zusammenhang von Konkreta eine (zweigliedrige) Relation ein objektives Verhältnis im Ingardenschen Sinne ist, scheint mir das folgende: Eine zwischen Konkreta bestehende (zweigliedrige) Relation R ist *nur* dann ein objektives Verhältnis, wenn R eine *natürliche* Relation ist. ('Objektiv' und 'natürlich' werden hier mit Absicht nicht als synonyme Ausdrücke verwendet. Denn falls z.B. Zahlen autonom existierende, individuelle Gegenstände sind, gilt beispielsweise: 1<2 und 2>1. *Grösser–als– 1–zu–sein* ist dann ein relatives Merkmal von Zahl 2, *Kleiner–als–2–zu–sein* ist dann ein relatives Merkmal von Zahl 1. Und den entsprechenden relativen Sachverhalten liegt gemäss Ingardens Position *ein* objektives Verhältnis zugrunde, obgleich sicher keine natürliche (z.B. kausale) Relation zwischen den Zahlen 1 und 2 vorliegt.) Eine natürliche Relation ist z.B. die Kausalrelation. Das ist beispielsweise der Fall bei:

(4)   Peter schlägt–Anna;

(4')   Anna wird–von–Peter–geschlagen.

Mit (4) und (4') werden zwei *verschiedene* relative Sachverhalte erfasst, welche rein intentionale Abgrenzungen cum fundamento in re sind, d.h. denen genau *ein* objektiv bestehendes *Verhältnis* [12] (sc. das *Schlagen* (Peter; Anna)) zugrundeliegt. Analog gilt dann: Jene relativen Merkmale, die mit (2)–(3') den jeweiligen Konkreta zugesprochen werden,

---

[12] Natürlich handelt es sich in diesem Beispiel um ein "vorgangsmässiges" Verhältnis, d.h. ein solches Verhältnis, dass ontisch in nicht-relationalen Sachverhalten fundiert ist, die vorgangsmässige Sachverhalte sind. Dies schliesst aber nicht aus, dass es auch objektiv bestehende, ursprüngliche Verhältnisse gibt, die eigenschaftliche Verhältnisse sind. Zu nicht-relationalen, vorgangsmässigen Sachverhalten vgl. Ingarden (11), 315-26.

sind bloss intentional zugewiesene Quasi–Merkmale cum fundamento in re[13],aber so, dass den zugehörigen relativen Sachverhalten *kein* objektives Verhältnis zugrundeliegt. Jene relativen Merkmale, die mit (4) und (4') zugesprochen werden, kommen den jeweiligen Konkreta dagegen "effektiv" zu. Denn sie sind ontisch in einem objektiv bestehenden, natürlichen (insbesondere kausalen) Verhältnis zwischen Anna und Peter fundiert.[14]

Gemäss der alternativen Theorie müsste man also zwischen zwei grundsätzlich verschiedenen Arten von relativen Merkmalen unterscheiden. Ich will hier diese beiden Theorien nicht systematisch diskutieren[15]; worauf es mir ankommt, ist nur dies: Gemäss beiden Theorien bilden relative Merkmale von Konkreta jedenfalls eine *besondere* Klasse von Eigenschaften.

16.22 Äusserlich bedingte Eigenschaften von Konkreta
Nach Ingarden ist das "effektive" Zukommen von relativen Merkmalen ontisch in einem zwischen den jeweiligen Konkreta objektiv bestehenden *Verhältnis* fundiert. Für das "effektive" Zukommen von äusserlich bedingten Eigenschaften fordert Ingarden demgegenüber, dass zwischen den involvierten Relata zu einem bestimmten Zeitpunkt ein *Seinszusammenhang* besteht. Bei solchen Eigenschaften ist "die Einwirkung des einen der Gegenstände auf den anderen [für das effekive Zukommen äusserlich bedingter Eigenschaften] unentbehrlich"[16].

Mit Ingarden können wir sagen:

(Df$_4$) P *ist eine äusserlich bedingte Eigenschaft* von Konkretum a :≡ Es existiert mindestens ein numerisch von a verschiedenes Konkretum x und eine Relation R, so dass gilt: (i) R ist ein objektiver Seinszusammenhang · (ii) Es gibt einen Zeitpunkt t derart, dass R zu t zwischen a und x besteht · (iii) P kommt a notwendigerweise genau dann zu, wenn (i)–(ii) der Fall sind · (iv) Es ist nicht möglich, dass P a zu irgendeinem Zeitpunkt t$_i$ [t$_i$≠t] zukommt, zu dem R zwischen a und x nicht besteht.

Betrachten wir zunächst ein Beispiel. Gegenstand a sei ein Ballon aus Gummi, der durch eine bestimmte Gasmenge gefüllt sei. Je nach der Gasmenge nimmt a einen verschiedenen Umfang an, der seinerseits die Gestalt von a festlegt. *Jede* Gestalt, die a überhaupt annimmt oder annehmen kann, ist eine Resultante des Zusammenwirkens von: (a) bestimmten Eigenschaften des Gummis (z.B. seine Dehnbarkeit), (b) der Eigenschaften des Gases, das

---

[13] Dies entspricht wie eingangs festgestellt *auch* Ingardens *früherer* Position.
[14] Eine wichtige Frage allerdings ist, ob natürliche Relationen und insbesondere kausale Relationen wirklich Verhältnisse (im Ingardenschen Sinne) sind. Vgl. dazu sub 16.22.
[15] Vgl. dazu u.a. Smith (13).
[16] Ingarden (11), 369.

den Ballon ausfüllt und (c) der Eigenschaften des Gravitationsfeldes, in dem sich der Ballon befindet. Die *bestimmte* Gestalt "F", die dem Ballon a zukommt, ist dann ontisch mindestens durch (Eigenschaften von) Gegenständen bedingt, die numerisch von Ballon a verschieden sind und "F" kommt a zu, *weil* und *solange* zwischen den fraglichen Objekt--Entitäten ein Seinszusammenhang, also eine natürliche (und besonders kausale) Relation besteht.

Im Zusammenhang von Df_4 ist vor allem zu beachten, dass ein *Verhältnis* und ein *Seinszusammenhang* (beides im Ingardenschen Sinne genommen) *nicht* dasselbe sind.[17] In meiner Terminologie[18] lässt sich formulieren: In beiden Fällen handelt es sich um relationale Sachverhalte$_2$. Jeder relationale Sachverhalt$_2$ aber, der *keinen* Seinszusammenhang darstellt und trotzdem objektiv besteht, ist ein *Verhältnis*, während jeder relationale Sachverhalt$_2$, der einen Seinszusammenhang darstellt, ein *objektiver*[19] *relativer Sachverhalt* ist.

Betrachten wir zur Verdeutlichung noch einmal die oben diskutierten Beispiele:

(2)   a steht–links–von–b

(2') b steht–rechts–von–a

(4)   Peter schlägt–Anna

(4') Anna wird–von–Peter–geschlagen.

Mit (2) bzw. (2') werden gemäss Ingarden respektive dem a und dem b (gegebenenfalls) "effektiv" zukommende relative Merkmale zugesprochen. Gemäss der oben skizzierten alternativen Theorie demgegenüber handelt es sich (gegebenenfalls) um Quasi–Merkmale,

---

17   Vgl.: "[Die] ... Verschiedenheiten zwischen dem Seinszusammenhang und dem Verhältnis lassen uns den Begriff des Verhältnisses auf diejenigen Fälle einschränken, in welchen die Substrate seinsselbständig sind und *wo das Verhältnis - abgesehen von dem Auftreten der relativen Merkmale - gar keine Veränderungen in seinen Substraten hervorruft.*" "Neben den ... erwähnten Seinszusammenhängen zwischen *seinsunselbständigen* Momenten muss man noch eine besondere Gruppe der Seinszusammenhänge in Betracht ziehen, die sozusagen an der Grenze zwischen den Verhältnissen und den besprochenen Seinszusammenhängen stehen. Es sind dies die Zusammenhänge, die zwischen den *seinsselbständigen* Gegenständen bestehen und *trotzdem das Auftreten gewisser Veränderungen in ihnen nach sich ziehen ... Es sind dies vor allem die kausalen Seinszusammenhänge* ... [Wir] unterscheiden also: a) Seinszusammenhänge zwischen seinsunselbständigen Momenten, b) [Seins-]Zusammenhänge zwischen seinsselbständigen Gegenständlichkeiten und c) Verhältnisse." (Ingarden 11, 350).

18   Vgl. die einleitenden Bemerkungen des §15.

19   Dies im Unterschied zu solchen relativen Sachverhalten, die rein intentionalen Abgrenzungen cum fundamento in re (sc. rein intentionale Abgrenzungen von bestimmten Verhältnissen) darstellen und insofern nicht objektiv sind. Vgl. dazu oben das Ende von §15.

d.h. um rein intentional zugewiesene Eigenschaften cum fundamento in re. Denn — so die Vertreter dieser Theorie — es liegt keine natürliche (und besonders kausale Relation) vor. Eine solche liegt aber im zweiten Beispiel vor, d.h. mit (4) bzw. (4') werden respektive dem Peter und der Anna (gegebenenfalls) "effektiv" zukommende relative Merkmale zugesprochen.

M.E. kann im Falle von (4) bzw. (4') nicht geleugnet werden, dass prima facie auch Df_3 anwendbar ist. Denn sicherlich sind die Bedingungen (i) und (iii) von Df_3 erfüllt. Streiten jedoch lässt sich darüber, ob auch Bedingung (ii) von Df_3 erfüllt sei. Dieser Punkt ist wichtig, um *Ingardens* Position zu verstehen. Denn er behauptet[20], dass eine zwischen Konkreta bestehende kausale Relation *kein* Verhältnis, sondern einen Seinszusammenhang ist.[21] Und tatsächlich ist es problematisch anzunehmen, dass das Schlagen (Peter, Anna) ein Verhältnis, sc. eine *richtungslose*, zwischen Peter und Anna bestehende Relation sei. Entsprechend müssten wir gemäss Ingarden eher sagen, dass mit (4) bzw. (4') (gegebenenfalls) das "effektive" Zukommen von äusserlich bedingten Eigenschaften festgestellt wird. So unplausibel ist dies keinesfalls. Denn im Zusammenhang von Df_4 muss des weiteren ja auch beachtet werden, dass der involvierte Seinszusammenhang ontisch nicht nur für das Entstehen, sondern auch für das (während Δt) faktische Zukommen von Eigenschaften verantwortlich ist. Besteht dieser Seinszusammenhang nicht oder ändert er sich aus irgendwelchen Gründen, verschwindet oder verändert sich *eo ipso* auch die jeweilige äusserlich bedingte Eigenschaft.

Andererseits wird durch diese Erwägungen u.a. auch ersichtlich, dass Ingardens Bestimmungen wohl ergängzungsbedüftig sind. Denn während Vertreter der oben skizzierten alternativen Theorie zwischen zwei grundsätzlich verschiedenen Arten von relativen Merkmalen unterscheiden, müsste Ingarden analog wohl zwischen verschiedenen Arten von äusserlich bedingten Eigenschaften unterscheiden. Denn offensichtlich ist das oben für Df_4 angeführte Beispiel, nämlich die Gestalt eines Gummis, sehr verschieden vom Beispiel (4). Oder liegt im Falle von (4) bzw. (4') eventuell sogar ein Grenzfall zwischen relativen Merkmalen und äusserlich bedingten Eigenschaften vor?

16.23 Erworbene Eigenschaften von Konkreta
Betrachten wir den Fall, wo ein Bildhauer einem Stück Marmor eine bestimmte Gestalt verleiht. Dazu muss er eine Reihe von Handlungen ausführen, um bestimmte nicht–relationale Sachverhalte hervorzubringen, die im Marmor–Stück bestehen und deren

---

20   Vgl. oben Anm. 17.
21   'Seinszusammenhang' und 'natürliche Relation' bzw. 'kausale Relation' sind für Ingarden allerdings auch keine Synonyma. Vgl. dazu das Zitat oben in Anm. 17.

Eintreten die Ursachen dafür sind, dass das fragliche Marmor—Stück zu einem Zeitpunkt t_i eine bestimmte Gestalt hat.

Angenommen es gilt: Kein Bildhauer verändert bis t_{i+n} das fragliche Marmor—Stück und es besteht auch kein anderer derartiger Seinszusammenhang, der den geformten Marmor bis t_{i+n} wesentlich verändert oder zerstört. Dann ist die jeweilige Gestalt bis t_{i+n} eine reale Eigenschaft des Marmorstückes. Und sie ist eine erworbene Eigenschaft, die dem Marmor einmal nicht zukam und andererseits solange zukommt, als die eben genannten Bedingungen erfüllt sind. Ein anderes Beispiel für erworbene Eigenschaften könnte das im Unterricht erworbene Fachwissen sein. So lässt sich festhalten:

(Df$_5$) P *ist eine erworbene Eigenschaft* von Konkretum a :≡ Es existiert mindestens ein numerisch von a verschiedenes Konkretum x und eine Relation R, so dass für beliebige Zeitpunkte t_i gilt: (i) R ist ein in $\Delta t_{i+n} - t_i$ zwischen a und x bestehender Seinszusammenhang · (ii) P kommt a notwendigerweise genau dann zu, wenn (i) der Fall ist · (iii) möglicherweise kommt P a auch dann zu, wenn R zu $t_{i+(n+1)}$ zwischen a und x nicht mehr besteht.

Der Unterschied zwischen äusserlich bedingten und erworbenen Eigenschaften liegt also darin, dass im Falle von erworbenen Eigenschaften gewisse "äussere" (z.B. kausale) Faktoren N für das Entstehen, nicht aber für das Weiterbestehen notwendig sind. Was natürlich nicht ausschliesst, dass u.U. andere "äussere" Faktoren M für das blosse weitere Zukommen erworbener Eigenschaften notwendig sind.

16.24 Unbedingt eigene oder absolute Eigenschaften von Konkreta
Mit Schema II des Abschnittes 16.1 gehe ich von einer Hilfsdefinition aus:

(H) P *ist eine nicht–absolute Eigenschaft* von Konkretum a :≡ P ist ein relatives Merkmal von Konkretum a oder P ist eine äusserlich bedingte Eigenschaft von Konkretum a oder P ist eine erworbene Eigenschaft von Konkretum a.

Mit Hilfe von H gilt dann:

(Df$_6$) P *ist eine absolute Eigenschaft* von Konkretum a :≡ P ist keine nicht–absolute Eigenschaft von Konkretum a.

Dies ist zugegebenermassen nicht besonders informativ. Ich wähle hier diese Erklärung, weil Ingarden in seiner Analyse absoluter Eigenschaften von Konkreta in existentialontologischer Hinsicht wiederum sehr verschiedene Typen von *Konkreta* unterscheidet.[22] Darauf aber kann ich hier nicht eingehen. Weniger trivial ist aber die folgende, von Ingarden behauptete These:[23]

---

[22] Vgl. Ingarden (11), 372-79.
[23] Vgl. Ingarden (11), 372 f.

(TH) N(∀x)(∀P)[x ist ein Konkretum · P ist eine nicht–absolute Eigenschaft von x ⟶ (EQ) {Q ist eine absolute Eigenschaft von x}].

Einem beliebigen Konkretum kann mithin nur dann eine nicht–absolute Eigenschaft zukommen, wenn ihm mindestens eine absolute Eigenschaft zukommt. Die absoluten Eigenschaften eines Konkretums "bilden ... seine seinsmässige Grundlage, die ... bei dem Erwerben neuer, eben der [relativen Merkmale und] der erworbenen und der äusserlich bedingten Eigenschaften die innere Bedingung dieser Erwerbung und der materialen Ausgestaltung dieser Eigenschaften bilden"[24]. Absolute Eigenschaften von Konkreta sind derart, dass sie in ihrer Gesamtheit mit der konstitutiven Natur eine "ursprüngliche, innerlich verbundene Einheit"[25] bilden. Wie sich diese Einheit im Einzelfalle gestaltet, ist nach Ingardens allgemeiner Position abhängig von den Relationen, die zwischen den zugehörigen idealen Qualitäten bestehen.[26] Beispielsweise wird in beiden folgenden Prädikationen:

(5) Diese Rose ist rot

(6) Diese Rose ist farbig

nach Ingarden jeweils das Zukommen einer *absoluten* Eigenschaft festgestellt.[27] Sofern *rot–zu–sein* und *farbig–zu–sein* Beispiele für absolute Eigenschaften einer roten Rose sind, wird sogleich folgendes ersichtlich: Erstens schliesst der Ingardensche Begriff einer absoluten Eigenschaft von Konkreta nicht aus, dass absolute Eigenschaften gegebenenfalls empirisch bedingten Veränderungen unterliegen.[28] Zweitens darf der kontradiktorische Gegensatz zwischen nicht–absoluten und absoluten Eigenschaften von Konkreta nicht mit dem Gegensatz zwischen akzidentellen (zufälligen) und notwendigen (wesentlichen) Eigenschaften von Konkreta verwechselt werden.[29]

---

[24] Ingarden (11), 372/73.

[25] Ingarden (11), 377.

[26] Vgl. z.B. Ingarden (11), 378.

[27] Ob z.B. *rot–zu–sein* wirklich eine absolute Eigenschaft eines Konkretums sei, dürfte manchem wohl zweifelhaft erscheinen (Handelt es sich nicht eher um eine äusserlich bedingte Eigenschaft?). Ich will hier auf die Problematik, wie Farbeigenschaften in ontologischer und erkenntnistheoretischer Hinsicht zu analysieren sind, nicht eintreten. Mir geht es nur um ein mögliches Beispiel einer absoluten Konkreta-Eigenschaft, anhand dessen ich den im Text nachfolgend genannten Punkt auf günstige Art betonen kann.

[28] Vgl. dazu besonders Ingarden (11), 377.

[29] Zu diesem Gegensatz vgl. unten §17.

§17 Absolute und nicht-absolute Eigenschaften von Konkreta
— Konsequenzen für die Existenzthematik

Der im §16 besprochene Unterschied zwischen absoluten und nicht–absoluten Eigenschaften von Konkreta hat Konsequenzen für die Existenzthematik. Bevor ich dies ausführe (17.2), will ich noch kurz auf den Unterschied zwischen notwendigen und akzidentellen Eigenschaften von Konkreta eingehen (17.1).

17.1 Notwendige und akzidentelle Eigenschaften von Konkreta

Wenn erklärt werden soll, dass F eine *notwendige* Eigenschaft von Konkretum a sei bzw. dass a F sein *müsse*, dann geht es darum, eine sogenannte de re–Modalität (nämlich die Art betreffend, wie einem Konkretum eine Eigenschaft (res) zukommt) zu erklären. Eine naheliegende Erklärung lautet so:

(*) P *ist eine notwendige Eigenschaft* von Konkretum a :≡ Notwendigerweise gilt: P kommt a zu

(**) P *ist eine akzidentelle Eigenschaft* von Konkretum a :≡ P kommt a zu · P ist keine notwendige Eigenschaft von Konkretum a.

Gemäss diesem Vorschlag wird eine de re–Modalität mittels einer de dicto–Modalität ('Notwendig' bzw. 'Notwendigerweise gilt' in Anwendung auf Propositionen, d.h. als Ausdruck eines satzbildenden Modaloperators) erklärt.[1] Es ist aber leicht zu sehen, dass dieser Vorschlag nicht akzeptierbar ist. De dicto ist eine Proposition p genau dann notwendigerweise wahr, wenn es unmöglich ist, dass p falsch ist.[2] Die Proposition "Fa" d.h. dass a eine Eigenschaft F zukommt, ist aber falsch, wenn a nicht existiert.

Zu sagen, dass F eine notwendige Eigenschaft von Konkretum a sei, heisst sagen, *dass a nicht existieren kann, ohne F zu sein.* Die Aussage:

---

[1] Rein technisch wird zwischen Modalitäten de dicto und de re gewöhnlich wie folgt unterschieden: Ein Satz p, der einen Modaloperator enthält, drückt genau dann eine Modalität de re aus, wenn der Skopus eines Modaloperators aus p ein freies Vorkommen einer Individuenvariable enthält; anderenfalls drückt p eine Modalität de dicto aus. Z.B. drückt der Satz 'N(Ex)(Fx) eine Modalität *de dicto* aus [Notwendigerweise gilt: Es gibt ein F–seiendes x], während der Satz '(Ex)NFx' eine Modalität *de re* ausdrückt [Es gibt ein x, das notwendig ein F–er ist]. Die Frage nach dem Verhältnis zwischen de re– und de dicto–Modalitäten wird in der Philosophie der Modallogik zur Zeit intensiv erörtert. Vgl. dazu Wiggins, Hacking und Simons (3), 255–62.

[2] Bzw. (für denjenigen, der Vorlieben hat für das Gedankenspiel mit den "möglichen Welten"): wenn p in keiner möglichen Welt falsch ist.

(1) F ist eine notwendige Eigenschaft von a

kann entsprechend im Sinne von

(2) N [E!a ⟶ Fa]

analysiert werden.³ Dies führt dann auf die folgenden Definitionen:

(Df₁) P *ist eine notwendige Eigenschaft* von Konkretum a :≡ P ist eine Eigenschaft · a kann nicht existieren, ohne dass a P ist

(Df₂) P *ist eine akzidentelle Eigenschaft* von Konkretum a :≡ P ist eine Eigenschaft · P ist keine notwendige Eigenschaft von a.

Das Definiens von Df₁ ist in der Hauptsache natürlich nichts anderes als (2). Man kann sagen, dass auch gemäss diesem Vorschlag eine de re–Modalität mittels einer de dicto- - Modalität erklärt wird. Deutlich wird dies, wenn man für Df₁ die folgende Reformulierung beachtet (Analoges gilt für Df₂):

(Df₁') P *ist eine notwendige Eigenschaft* von Konkretum a :≡ P ist eine Eigenschaft · Die Proposition, dass a existiert und P dem a nicht zukommt, ist notwendigerweise falsch.

Beispielsweise muss Sokrates ein Mensch sein. Denn vorausgesetzt: Sokrates (= der Lehrer Platos) existiert, so ist die Proposition, dass Sokrates existiert und kein Mensch ist, notwendigerweise falsch.⁴

Ingarden berücksichtigt den Gegensatz zwischen notwendigen und akzidentellen Eigenschaften von Konkreta vor allem im Rahmen seiner Analyse des Wesens von Konkreta. Genauer gesprochen unterscheidet Ingarden in formaler Hinsicht sehr verschiedene Typen von Konkreta und expliziert für diese Typen die jeweils zugehörigen Begriffe eines Wesens von Konkreta in formaler und existentialer Hinsicht.⁵ Für meine Zwecke brauche ich diese detaillierten Analysen nicht zu berücksichtigen. Was ich für das Weitere aber brauche, ist

---

3   Vgl. Simons (3), 260.

4   An diesem Beispiel kann ein wichtiger Punkt verdeutlicht werden. Bekanntlich ist Sokrates das von Aristoteles in seinen ontologischen Arbeiten bevorzugte Beispiel für ein(e) Substanz (Konkretum). Wir können aber offensichtlich nicht wahrheitsgemäss behaupten: die Proposition, dass das von Aristoteles in seinen ontologischen Arbeiten bevorzugte Beispiel für ein Konkretum existiert und kein Mensch ist, ist notwendigerweise falsch. Aristoteles hätte ja ebensogut einen Ochsen als bevorzugtes Beispiel für eine Substanz wählen können. Die Schwierigkeit rührt daher, dass der Eigenname 'Sokrates' durch einen definiten Kennzeichnungsausdruck ersetzt worden ist. Diese Schwierigkeit kann in Df₁ bzw. Df₁' jedoch nicht auftreten. Denn 'a' ist eine sogenannte Individuenkonstante, d.h. ein Eigenname und also kein definiter Kennzeichnungsausdruck.

5   Vgl. Ingarden (11), Kap. 13 (Zusammmenfassung auf 419 ff.)

eine Explikation des Begriffes einer notwendigen Eigenschaft von Konkreta, die mit Ingardens Position zumindest kompatibel ist. Dies ist bei den Definitionen Df_1 und Df_2 tatsächlich der Fall.[6]

Dass F eine notwendige Eigenschaft von Konkretum a ist, ist natürlich kein sozusagen brutum factum bezüglich a. Ingarden hat klar gesehen, dass die Rede von notwendigen Eigenschaften *nur* Sinn hat bezüglich a *als* Konkretum. Dies bedeutet: In dieser Rede muss die jeweilige konstitutive Natur von Konkreta berücksichtigt werden. Es kommt also – um mit Ingarden zu sprechen[7] – darauf an, welche ideale Qualität sich als konstitutive Natur eines bestimmten Konkretums instantiiert. Für Ingarden sind es dann natürlich wiederum die zwischen idealen Qualitäten bestehenden Relationen, die festlegen, welche Eigenschaften im Einzelfalle tatsächlich notwendige Eigenschaften von Konkreta sind. In den obigen Definitionen kommt dies zugestandenermassen nicht zum Ausdruck. Es ist aber klar, dass die gegebenen Erklärungen in dieser erforderlichen Richtung ergänzt werden können.[8] Auch in dieser Beziehung kann also Kompatibilität mit Ingardens Position in Anspruch genommen werden.

17.2 Ist "Existenz" eine Eigenschaft von Konkreta ?

Würde die Titelfrage lauten: "Ist 'Existenz' eine notwendige Eigenschaft von Konkretum a?", könnte sie mit den Definitionen des vorigen Abschnittes *insofern* eindeutig bejaht werden, als die These

(3)   N [E!a ⟶ E!a]

aus analytischen Gründen gilt. Ich habe aber gerade oben betont, dass die Rede von notwendigen Eigenschaften bezüglich Konkreta nach Ingarden nur Sinn hat, wenn die konstitutive Natur der jeweiligen Konkreta berücksichtigt wird. *Unabhängig* von diesem Gesichtspunkt ist die Unterscheidung zwischen notwendigen und akzidentellen Eigenschaften von Konkreta gar nicht durchführbar. Dies aber bedeutet, dass diese Unterscheidung per Voraussetzung nur anwendbar ist auf das, was gemäss einer *ontologischen* Argumentation *individuelle Eigenschaft* von Konkreta *ist*. Bei der Titelfrage steht aber gerade zur Debatte, ob "Existenz" eine solche individuelle Eigenschaft von Konkreta sei. Obgleich also die These

---

[6] Dass dem so ist, kann ich hier allerdings nicht zeigen. Sollte der Leser meine trockene Versicherung überprüfen wollen, kann er dies anhand von Ingarden (11), Kap. 13 tun.

[7] Um mehr aristotelisch zu sprechen: Es kommt darauf an, unter welche Arten Konkreta fallen bzw. mit welchen sortalen Ausdrücken sie zu charakterisieren sind.

[8] Vgl. Simons (3), 261/62.

(3) gilt, ist die Unterscheidung zwischen notwendigen und akzidentellen Eigenschaften von Konkreta für unsere Titelfrage nicht relevant.

Ganz anders — und damit komme ich auf die Erörterungen des Paragraphen 16 zurück — ist im Zusammenhang unserer Titelfrage die Unterscheidung zwischen nicht–absoluten und absoluten Eigenschaften zu beurteilen. Natürlich ist auch diese Unterscheidung nur anwendbar auf das, was gemäss einer *ontologischen* Argumentation individuelle Eigenschaft *ist*. Dennoch ist diese Unterscheidung für uns relevant. Denn wir können sagen: *Wenn* die Titelfrage positiv zu beantworten ist, *dann* muss "Existenz" eine *absolute* Eigenschaft von Konkreta sein.

Warum darf dies behauptet werden? — Überblicken wir die im Paragraphen 16 gegebenen Erklärungen der verschiedenen Arten von nicht–absoluten Eigenschaften, so haben sie alle die Form:

(F)   X ist eine *** Eigenschaft von Konkretum a :≡ Es *existiert* (mindestens) *ein numerisch von a verschiedenes Konkretum b* und ..., so dass gilt: ——.

Dabei spielt es gar keine Rolle, ob die Ingardensche Unterscheidung zwischen verschiedenen Arten von nicht–absoluten Eigenschaften (sc. relative Merkmale, äusserlich bedingte Eigenschaften, erworbene Eigenschaften) vollständig ist oder ob dies nicht der Fall ist. Wesentlich ist nur dies: Wenn die Erklärung einer jeden nicht–absoluten Eigenschaft von Konkreta von der Form F ist, dann kann "Existenz" keine nicht–absolute Eigenschaft von Konkreta sein. Weshalb ist dem so? Ingarden sagt explizit: Die absoluten Eigenschaften eines beliebigen Konkretums

> "bilden ... [eine] seinsmässige Grundlage, die ... bei dem Erwerben neuer, eben der [relativen Merkmale und der] erworbenen und der äusserlich bedingten Eigenschaften die innere [sc. ontische] Bedingung dieser Erwerbung"[9]

sind. Und: Absolute Eigenschaften von Konkreta sind derart, dass sie in ihrer Gesamtheit mit der jeweiligen konstitutiven Natur eine "ursprüngliche, innerlich verbundene Einheit"[10] bilden. M.a.W.: Wenn die Erklärung einer jeden nicht–absoluten Eigenschaft von Konkreta von der Form F ist, dann ist es inkonsistent und widersinnig, "Existenz" von Konkreta als nicht–absolute Eigenschaft auffassen zu wollen. Mit Ingarden akzeptiere ich hier deswegen das folgende:

---

[9]   Ingarden (11), 372/73.
[10] Ingarden (11), 377.

(Th₁)   Die Erklärung einer jeden nicht–absoluten Eigenschaft von Konkreta weist die Form F auf.

Diese Feststellung ist in sachlicher und methodischer Hinsicht natürlich zentral. Wer annimmt, dass ein Mensch nur existiert, wenn er (vielleicht durch Affen) gezeugt worden ist, könnte u.U. geneigt sein zu behaupten: *Bei einem Menschen* ist "Existenz" eine erworbene Eigenschaft gemäss Df₅ des §16. Und weiter: Wer annimmt, dass ein Mensch nur existiert, wenn Gott existiert, könnte u.U. geneigt sein zu behaupten: *Bei einem Menschen* ist "Existenz" eine äusserlich bedingte Eigenschaft gemäss Df₄ des §16. Wer solches zu behaupten geneigt ist, übersieht jedoch (a) dass er *nicht* von Existenz als solcher sondern nur von "menschlicher Existenz" spricht (Was z.B. ist "Existenz" bei *Affen*, bei *Gott* – da diese ja per Voraussetzung auch Konkreta sind?); (b) dass er eben dadurch eine *zirkuläre* Erklärung dafür gibt, was "Existenz" im bezug auf Konkreta ist. Denn um (im besten Falle) zu erklären, was "Existenz" bei einem Menschen besagt, setzt er voraus, dass *bestimmte* Konkreta existieren, für die er nicht erklärt, was "Existenz" bei ihnen besagt. Vor allem aber übersieht er vom Ingardenschen Standpunkt aus betrachtet das folgende:

(4)   N(∀x)(∀P) [{x ist ein Konkretum · P ist eine nicht–absolute Eigenschaft von x} ⟶ (EQ) (Q ist eine absolute Eigenschaft von x)].

– Zusätzlich zu Th₁ akzeptiere ich also mit Ingarden auch die folgende These:

(Th₂)   Falls "Existenz" überhaupt eine Eigenschaft von Konkreta ist, dann jedenfalls eine absolute Eigenschaft von Konkreta.

Mit diesen Thesen im Rücken, dürfte jetzt auch eine methodologische Konsequenz ersichtlich werden, die sich aus der Unterscheidung zwischen nicht–absoluten und absoluten Eigenschaften von Konkreta für die Erörterung der Existenzthematik ergibt. Wir können nämlich vorerst die Titelfrage, ob "Existenz" eine Eigenschaft von Konkreta sei, so reformulieren:

(6)   Ist "Existenz" eine absolute Eigenschaft von Konkreta?

Wenn es gelingt, Frage (6) mit guten Gründen zu verneinen, dann kann "Existenz" gemäss (Th₂) überhaupt keine Eigenschaft von Konkreta sein. Um aber Frage (6) zu beantworten, haben wir im Sinne Ingardens zu fragen:

(7)   Wie sind absolute Eigenschaften von Konkreta formalontologisch zu beschreiben?

In der Antwort auf diese Frage müssen solche formalontologischen Bedingungen gefunden werden, die von *allen* absoluten Eigenschaften von (allen) Konkreta erfüllt sein müssen. Um dann Frage (6) zu beantworten, ist nur noch abzuklären, ob "Existenz" diese formalontologischen Bedingungen erfüllt. Damit sind wir endlich an den Punkt angelangt, wo die Argumentationsstruktur von Ingardens Begründung der These I₁, dass "Existenz" keine Eigenschaft von Konkreta sei, ersichtlich wird.

"Existenz" ist keine Eigenschaft (I$_1$)

In der Einleitung zum zweiten Teil vorliegender Arbeit habe ich gesagt, dass Ingardens Argument für These I_1 einerseits auf seiner formalontologischen Theorie von Konkreta und andererseits auf seiner Unterscheidung zwischen absoluten und nicht–absoluten Konkreta— Eigenschaften beruht. Nachdem ich beides in den vorhergehenden Kapiteln berücksichtigt und zudem im §17 auch die Argumentationsstruktur von Ingardens Begründung der These I_1 angedeutet habe, kann ich jetzt dazu übergehen, absolute Eigenschaften von Konkreta in formalontologischer Hinsicht zu thematisieren (§18). Abschliessend ist noch Ingardens Argument für These I_1 zusammenzustellen (§19).

§18 Absolute Eigenschaften von Konkreta

"Im Gegensatz zu den Tendenzen, die in der Philosophie der Gegenwart vorherrschend sind und [die] den Begriff der Eigenschaft bzw. des Merkmals möglichst weit zu verallgemeinern suchen, ist es notwendig, diesen Begriff auf wesentliche Weise einzuengen."[1]

Die Tendenzen, die Ingarden hier anspricht, sind auch noch in der aktuellsten zeitgenössischen Philosophie vorhanden.[2] Mit Ingarden ist deshalb einem gewissen Denkautomatismus entgegenzuwirken, "infolge dessen man geneigt ist, die 'Kategorie' der Eigenschaft auf alles und jedes anzuwenden, was überhaupt im Seienden unterscheidbar ist"[3].

Nicht alles und jedes ist eine Eigenschaft von etwas. Um dies zu sehen, werde ich im ersten Abschnitt im Sinne Ingardens formale Aspekte einer absoluten Eigenschaft von Konkreta zur Sprache bringen (18.1). Anschliessend sind die Konsequenzen zu beachten, die sich daraus für die Frage nach der Anwendbarkeit der Kategorie "Eigenschaft" ergeben (18.2).

18.1 Formale Aspekte einer absoluten Eigenschaft von Konkreta

Jedes Konkretum "hat" gewisse absolute Eigenschaften und dadurch, dass es sie "hat", wird es durch sie bestimmt (qualifiziert). Dieses Qualifizieren durch absolute Eigenschaften beruht auf dem Umstand, dass (absolute) Eigenschaften formalontologisch betrachtet Materien sind, die in der Form "Eigenschaft–von–zu–sein" stehen. Bei jeder (absoluten) Eigenschaft kann entsprechend abstraktiv zwischen der Eigenschaftsmaterie oder Beschaffenheit einerseits und der Eigenschaftsform andererseits unterschieden werden. An der "Bräune von a" ist so beispielsweise zwischen dem qualitativen Moment der Braunheit und dem formalen Aspekt des Zukommens, des ein–Subjekt–von–Eigenschaften–Bestimmens zu unterscheiden.

Für das weitere ist der früher[4] eingeführte existentialontologische Begriff der Selbständigkeit bzw. der Unselbständigkeit von Bedeutung. Ich setze einfachheitshalber die Grundbestimmungen noch einmal her:

---

[1] Ingarden (11), 100.
[2] Vgl. dazu unten Teil 6 (Kapitel 11 und 12).
[3] Ingarden (11), 96.
[4] Vgl. oben §11.2.

(Df)   x existiert unselbständig bezüglich y :≡ Aufgrund seines Wesens muss x mit y innerhalb eines einzelnen Ganzen koexistieren.

Besonders wichtig sind die folgenden Spezifikationen:

(Df$_F$)   x existiert formaliter unselbständig bezüglich y :≡ Aufgrund seines formalen Wesens muss x mit y innerhalb eines einzelnen Ganzen koexistieren.

(Df$_M$)   x existiert materialiter unselbständig bezüglich y :≡ Aufgrund seines materialen Wesens muss x mit y innerhalb eines einzelnen Ganzen koexistieren.

Gemäss Ingarden sind die Begriffe der Seinsselbständigkeit bzw. der Unselbständigkeit u.U. auf sehr verschiedenartige Objekt–Entitäten, z.B. auf Konkreta wie auch auf individuelle Eigenschaften von Konkreta anwendbar. Entsprechend sind die in den Definitionen vorkommenden Variabeln 'x' und 'y' als Variabeln für konkrete Individuen aufzufassen, wobei der Term 'Individuum' im technischen Sinne zu verstehen ist. M.a.W. (und auf sprachlicher Ebene formuliert): *Je nach Anwendungsfall* sind für diese Variabeln Konstanten für Konkreta oder auch Konstanten für materiale Bestimmungen von Konkreta (z.B. individuelle Eigenschaften) einsetzbar.

Mit diesen Definitionen im Rücken kann ich nun im Sinne Ingardens verschiedene formale Aspekte absoluter Eigenschaften von Konkreta charakterisieren. Ausgangspunkt seien vier Hauptthesen, die ich jeweils einzeln erläutern werde.

(Th$_1$)   Jede absolute Eigenschaft von Konkreta existiert formaliter unselbständig bezüglich einer Materie, die in der Form: "Subjekt–von–Eigenschaften–zu–sein" steht.[5]

— Statt korrekt (aber kompliziert) zu sagen: "Jede Materie, die in der Form: 'Eigenschaft–von–zu–sein' steht, ist formaliter unselbständig bezüglich einer Materie, die in der Form: 'Subjekt–von–Eigenschaften–zu–sein' steht" werde ich einfachheitshalber auch geradezu sagen: "Die Form 'Eigenschaft von' ist formaliter unselbständig bezüglich der Form 'Subjekt von Eigenschaften'". These (Th$_1$) lässt sich dann folgenderweise erläutern. Zwischen der Form "Eigenschaft von" und der Form "Subjekt von Eigenschaften" besteht genauer gesprochen eine *eineindeutige* formale Unselbständigkeit: Weder die Eigenschaftsform noch die Subjektsform können respektive mit irgendeiner anderen Form die Einheit der einen gegenständlichen Grundform bilden.

Zwischen beiden Formen besteht aber hinsichtlich der formalen Unselbständigkeit ein wesentlicher Unterschied: Die Eigenschaftsform fordert sowohl in individuo wie in specie nur ein *einziges* Subjekt von Eigenschaften, dem sie qua Form einer bestimmten Materie zugeordnet ist. Dies heisst: jede individuelle Eigenschaft ist notwendigerweise Eigenschaft

---

[5]   Ingarden (11), 87/88.

von *genau einem* Konkretum. Die Subjektsform demgegenüber ist sozusagen plural, d.h. sie fordert in concreto eine Mannigfaltigkeit von in der Eigenschaftsform stehenden Materien. Diese formalontologischen Sachverhalte habe ich früher[6] mit Ingarden in den folgenden Thesen festgehalten:

(1) Für eine in Konkreta realisierte Materie (Qualität) Q_S, die in der Form "Subjekt von Eigenschaften" steht, und für alle in Konkreta realisierten Materien (Qualitäten) Q_E, die in der Form "Eigenschaft von" stehen, gilt: Q_S existiert formaliter unselbständig bezüglich jedem dieser Q_E und jedes Q_E existiert formaliter unselbständig bezüglich Q_S.

(2) $N(\forall x)(\forall y)$ [(x ist ein Konkretum · y ist Materie von x in der Form "Subjekt von Eigenschaften") $\longrightarrow$ $(Ez)(Eu)$ {z ist Materie von x in der Form "Eigenschaft von" · u ist Materie von x in der Form "Eigenschaft von" · $z \neq u$}].

(3) $N(\forall x)(\forall y)(\forall z)$ [(x ist ein Konkretum · y ist Materie von x in der Form "Eigenschaft von" · z ist Materie von x in der Form "Eigenschaft von". $y \neq z$) $\longrightarrow$ (Eu) {u ist Materie von x in der Form "Subjekt von Eigenschaften" · $(\forall w)$ (w ist Materie von x in der Form "Subjekt von Eigenschaften" $\longrightarrow$ u=w)}].

(Th₂) Einige absolute Eigenschaften von Konkreta existieren materialiter unselbständig bezüglich anderen absoluten Eigenschaften derselben Konkreta.[7]

— Bei der materialen Unselbständigkeit müssen sogleich sehr verschiedene Fälle unterschieden werden. Betrachten wir beispielsweise eine rote Rose. Diese Rose ist, weil rot, notwendigerweise auch farbig. Zwischen den idealen Qualitäten Farbigkeit und Röte besteht nach Ingarden eine Inklusionsrelation.[8] *Deswegen* existiert nach Ingarden die individuelle Röte unserer Rose materialiter unselbständig bezüglich ihrer Farbigkeit. Die Unselbständigkeit ist in diesem Falle *rein* material begründet. Dies besagt: Die Röte der Rose existiert nicht deshalb unselbständig bezüglich ihrer Farbigkeit, weil sowohl die Röte wie die Farbigkeit der Rose in der Eigenschaftsform stehen, sondern die Eigenschaftsform umspannt die Röte und die Farbigkeit, *weil* zwischen den zugehörigen idealen Qualitäten eine Inklusionsrelation besteht. Im Grunde liegt hier ein Grenzfall vor. Denn streng gesprochen kommen unserer Rose nicht *zwei* numerisch verschiedene Eigenschaften zu. Vielmehr wird sie durch die Materie "Rotfarbigkeit" bestimmt, die in der Eigenschaftsform steht. Diese Rotfarbigkeit "enthält" aber zwei qualitative Momente, nämlich Röte und Farbigkeit.

Aber nicht immer liegen bei der materialen Unselbständigkeit derartige Grenzfälle vor. Unsere Rose hat beispielsweise, weil sie farbig ist, notwendigerweise auch eine Oberfläche. Zwischen den idealen Qualitäten Farbigkeit und Oberflächigkeit besteht nach Ingarden die

---

[6] Vgl. oben §12.2.
[7] Vgl. Ingarden (11), 88/89 und 90/91.
[8] Vgl. oben Teil 1.

Relation einer wechselseitigen Verknüpfung.[9] *Deswegen* existiert nach Ingarden die individuelle Farbigkeit (bzw. Rotfarbigkeit) unserer Rose materialiter unselbständig bezüglich ihrer flächigen Ausdehnung und vice versa. Auch diese Unselbständigkeit ist rein material begründet, obgleich unsere Rose durch zwei völlig verschiedene, jeweils in der Eigenschaftsform stehende Qualitäten bestimmt wird, die *beide* formaliter unselbständig bezüglich der Rose qua Subjekt von Eigenschaften existieren.

Schliesslich gibt es *auch* Fälle, wo *keine* materiale Unselbständigkeit vorliegt. Unsere rote Rose könnte beispielsweise aus Plastik sein. Ihr kommt dann eine bestimmte Härte zu. Zwischen den idealen Qualitäten Härte und Farbigkeit besteht nach Ingarden aber weder eine Inklusionsrelation, noch eine Relation der wechselseitigen Verknüpfung noch eine Relation des Ausschliessens. *Deshalb* existiert die individuelle Röte unserer "Rose" materialiter selbständig bezüglich ihrer Härte, obgleich *beide* formaliter unselbständig bezüglich der "Rose" qua Subjekt von Eigenschaften existieren.

(Th₃) Jede absolute Eigenschaft existiert unselbständig bezüglich demjenigen Konkretum, dem sie zukommt.[10]

— Diese existentiale Unselbständigkeit ist formal begründet. Es gilt gemäss (Th₁) für *alle* absoluten Eigenschaften, dass sie formaliter unselbständig bezüglich ihren Trägern existieren.

Die existentiale Unselbständigkeit kann aber zusätzlich material begründet sein. In diesem Falle besteht zusätzlich eine materiale Unselbständigkeit zwischen der(n) Materie(n) der fraglichen Eigenschaft(en) und der konstitutiven Natur desjenigen Konkretums, dem diese Eigenschaften zukommen. *Diese* materiale Unselbständigkeit ist aber von derjenigen, die zwischen *verschiedenen* Eigenschaften ein und desselben Konkretums besteht, zu unterscheiden. *Falls* die Unselbständigkeit einer absoluten Eigenschaft bezüglich ihrem Träger (sc. einem so und so qualifizierten Subjekt von Eigenschaften) *zusätzlich* material begründet ist, handelt es sich im Sinne Ingardens um eine *notwendige* absolute Eigenschaft des jeweiligen Konkretums.[11]

(Th₄) Jede absolute Eigenschaft von Konkreta ist eine materiale Teilbestimmung, welche als solche die jeweiligen Konkreta qualitativ begrenzt.[12]

---

9 Vgl. oben Teil 1.
10 Vgl. Ingarden (11), 89-90.
11 Es kann sich dann hinsichtlich einer solchen notwendigen, absoluten Eigenschaft nicht verändern, ohne schlechtweg selbst der Vernichtung zu unterliegen, vgl. Ingarden (11), 91. Zu den "notwendigen" Eigenschaften vgl. oben §17.
12 Vgl. Ingarden (11), 92 ff.

– Ich habe mit Ingarden bisher eine ganze Reihe der Unselbständigkeiten absoluter Eigenschaften gegenüber Konkreta unterschieden. Wie aber steht es um diese Konkreta selbst? Oben im Paragraphen 12 habe ich u.a. nur gesagt, dass Konkreta autonom existieren. Nach Ingarden gilt aber auch, dass Konkreta selbständig existieren. Genauer:

> "*Formal* seinsselbständig ist erst der ursprünglich individuelle seinsautonome Gegenstand, und zwar erst in dem *gesamten* Bestande der Eigenschaften, die ihm zukommen. Er ist das *erste* seinsselbständige Ganze, das sich aus dem Zusammenbestehen der zahlreichen verschiedenartigen, aufeinander seinsunselbständigen Momente ergibt."[13]

Die formale Selbständigkeit von Konkreta "erwächst" also sozusagen aus den verschiedenartigen formalen und materialen Unselbständigkeiten der in ihnen realisierten Materien. Wie aber kann aus soviel sozusagen internen Unselbständigkeiten ein formal selbständiges Ganzes "hervorgehen"? Dazu sagt Ingarden:

> "Diese in der Form gründende Seinsselbständigkeit des individuellen seinsautonomen Gegenstandes ist nichts anderes als der äussere Ausdruck dessen, dass die in seinem Bestand untertauchenden seinsunselbständigen Momente ihre formale und materiale Ergänzungsbedürftigkeit restlos gestillt haben ... *Seinsselbständigkeit von etwas nicht schlechthin Einfachem kann nicht anders denn auf diesem Wege zustande kommen.*"[14]

Das wirft auch ein neues Licht auf die Seinsautonomie von Konkreta. Diese besteht erstens[15] darin, dass die einem Konkretum zukommenden (absoluten) Eigenschaften ihm "immanent" sind. Jedes Konkretum "verkörpert" in sich alle ihm zukommenden (absoluten) Eigenschaften, die derart *materiale Teilbestimmungen* dieses Konkretums sind.[16] Zur Seinsautonomie von Konkreta gehört aber zweitens auch eine lückenlose *qualitative Begrenzung* durch die jeweiligen (absoluten) Eigenschaften. Konkreta qua formal selbständige Objekt-- Entitäten sind in dem Sinne eine Art von "endlichem Seinsbereich".[17]

---

13   Ingarden (11), 91.
14   Ingarden (11), 91/92. Vgl. die Fortsetzung der Stelle: "Und dies ist nur eine andere begriffliche Fassung des Tatbestandes, dass ein ursprünglich individueller seinsautonomer Gegenstand nur durch die Verwachsung seiner seinsunselbständigen Eigenschaften möglich ist. Er ist in seinem *formalen* Wesen eben ein *Concretum.*" (Ingarden 11, 92).
15   Vgl. oben §11.
16   Vgl.: "Sie sind in ihm 'verkörpert' ... Der Seinsbereich des Gegenstandes erstreckt sich also in allen denjenigen Hinsichten, in welchen er 'beeigenschaftet' ist, soweit, aber auch nur soweit, als die ihm zukommenden Beschaffenheiten sich erstrecken. In einer jeden Eigenschaft des Gegenstandes ist etwas von ihm selbst vorhanden. Wo eine Beschaffenheit vorhanden ist, die dem betreffenden Gegenstande nicht zukommt, da ist auch dieser Gegenstand nicht mehr da." (Ingarden 11, 92).
17   Vgl.: "Zwischen dem Gegenstande und allem und jedem, was ihm nicht zukommt (bzw. nicht zu seiner Natur gehört) ... liegt ein *seinsmässiger Bruch*, eine *Diskontinuität* vor, die durch nichts überbrückt werden kann: da liegt eben die 'Grenze'. Die Begrenzung eines seinsautonomen Gegenstandes durch dessen Eigenschaften und dessen Natur besteht zugleich darin, dass die verkörperte Selbstanwesenheit der dem Gegenstande zukommenden Beschaffenheiten eo ipso alle diejenigen qualitativen Momente

18.2 Zur Anwendbarkeit der Kategorie "Eigenschaft"

Im Lichte von Ingardens formalontologischer Theorie von Konkreta sollte die Anwendung der Kategorie "Eigenschaft" mindestens in drei Hinsichten eingeschränkt werden.

(1) Formale Aspekte von Konkreta sind nicht Eigenschaften von Konkreta.

– Nach Ingarden sollte anerkannt werden, dass Formen (im formalontologischen Sinne) etwas sind, "in" denen Materien "stehen". Formen wie "Subjekt von Eigenschaften" oder "Eigenschaft von" sind als *Folge*-Aspekte von Materien zu charakterisieren, die im Ganzen von Materie und Form nur abstraktiv unterscheidbar sind.[18] Diese Charakterisierung mag etwas dürftig erscheinen. Immerhin wurde bei der Exposition von Ingardens Form–Begriff deutlich, dass die Auffassung, wonach formale Aspekte von Konkreta Eigenschaften derselben seien und überhaupt Eigenschaften von etwas seien, unhaltbare Konsequenzen nach sich zieht.[19] Die strikte Ingardensche Kategorie "Eigenschaft" kann deshalb auf formale Bestimmungen von Konkreta bzw. von Objekt–Entitäten im allgemeinen nicht angewendet werden.

(2) Nicht jede in Konkreta realisierte Materie steht in der Form "Eigenschaft–von–zu-sein" ("Eigenschaftsform").

– Im Rahmen seiner formalontologischen Theorie von Konkreta fordert Ingarden die Anerkennung von Materien, die mit Blick auf den ontischen Aufbau von Konkreta nicht als zukommende Eigenschaften charakterisierbar sind. Materien von Konkreta stehen *nur* dann in der "Eigenschaftsform", wenn sie materiale *Teil*bestimmungen von Konkreta sind. Nach Ingarden aber gibt es Materien, die von sich aus nur in der Form "Subjekt von Eigenschaften" stehen können. Es sind Materien, die jeweilige Konkreta als Ganze material bestimmen und so die konstitutive Natur von Konkreta bilden. Ich habe diese Ingardensche These oben im Anschluss an die aristotelische Kategorienlehre bzw. unter bezugnahme auf

---

aus dessen Bereiche *ausschliesst*, die entweder als Qualitäten nicht mit den in dem betreffenden Gegenstande verkörperten Qualitäten in der Einheit *eines* Ganzen zusammen sein können oder blosse Negate der in dem Gegenstande verkörperten Beschaffenheit (bzw. dessen Natur) bilden. Ein bestimmter seinsautonomer Gegenstand könnte natürlich *anders* 'beeigenschaftet' sein, als er tatsächlich ist. Es ist aber für ihn - bei *Einhaltung* des gesamten Bestandes seiner Eigenschaften - unmöglich, *neue* Eigenschaften, deren Materien mit den Materien der bereits vorhandenen Eigenschaften nicht zusammenstimmen, aufzunehmen." (Ingarden 11, 92/93).

[18] Vgl. Ingarden (11), 102 sowie oben §10.
[19] Vgl. oben §10.

sortale Ausdrücke zu verdeutlichen versucht.[20] Die strikte Ingardensche Kategorie "Eigenschaft" kann deshalb auch nicht auf alle materialen Bestimmungen von Konkreta bzw. von Objekt–Entitäten im allgemeinen angewendet werden.

(3) Die Kategorie "Eigenschaft" sollte nur auf das angewendet werden, was tatsächlich eine Eigenschaft *ist* und im besonderen eine Eigenschaft von Konkreta *ist*.

— Diese Maxime wird wohl jedermann akzeptieren. Die Hauptfrage aber lautet: Was ist denn nun eine Eigenschaft von Konkreta. Im Paragraphen 17 habe ich ausgeführt, warum mit bezug auf die Existenzthematik die folgende Frage interessiert: Was ist eine *absolute* Eigenschaft von Konkreta?. Im Lichte seiner formalontologischen Analyse gibt Ingarden die folgende Antwort:

"[Absolute] Eigenschaft von etwas kann nur sein, was in sich selbst ... [die] Dreieinigkeit von Materie, Form und Seinsweise aufweist. Weder die Form der Eigenschaft (also das Zukommen, Bestimmen und Begrenzen) noch ihre Materien — welcher Art auch immer — noch endlich die Seinsweise weist eine solche Dreieinigkeit in sich auf."[21]

Dies genügt natürlich nicht, um für so etwas wie eine absolute Eigenschaft von Konkreta notwendige und hinreichende Bedingungen zu formulieren. Immerhin kann der Begriff einer absoluten Eigenschaft von Konkreta folgenderweise *partiell charakterisiert* werden:

P ist eine absolute Eigenschaft von Konkretum a ⟶ [(i) P ist eine materiale Teilbestimmung von a · (ii) P weist in sich eine abstraktiv unterscheidbare Materie ("Beschaffenheit") auf · (iii) P weist in sich eine abstraktiv unterscheidbare Form des Bestimmens ("Eigenschaftsform") auf, die ein Folge–Aspekt der Materie von P ist · (iv) P existiert unselbständig bezüglich a].

Was alle diese Bedingungen und im besonderen Bedingung (iv) besagen, kann aus den Ausführungen der vorhergehenden Kapitel ersehen werden. Natürlich handelt es sich hier nur um *notwendige* Bedingungen für eine *absolute* Eigenschaft. Denn vor allem die letzte Bedingung reicht nicht aus, absolute Eigenschaften von nicht–absoluten Eigenschaften von Konkreta zu unterscheiden. Die gegebene partielle Charakterisierung des Begriffes einer absoluten Eigenschaft von Konkreta genügt aber, um Ingardens Argument für die These, dass Existenz keine Eigenschaft von Konkreta sei, vorzustellen.

---

[20] Vgl. oben §13.
[21] Ingarden (11), 96.

§19 "Existenz" ist keine Eigenschaft

19.1 "Existenz" ist keine Eigenschaft von Konkreta

Ingardens Argument für die uns hier interessierende These läuft so:

P_1 "Existenz" ist entweder überhaupt keine Eigenschaft von Konkreta oder "Existenz" ist eine absolute Eigenschaft von Konkreta

P_2 "Existenz" ist keine absolute Eigenschaft von Konkreta

C   "Existenz" ist überhaupt keine Eigenschaft von Konkreta.

Die erste Prämisse wurde oben im Paragraphen 17 gerechtfertigt. Die zweite Prämisse ist nach Ingarden leicht zu rechtfertigen: "Existenz" ist keine absolute Eigenschaft von Konkreta einfach deshalb, weil "Existenz" jene notwendigen Bedingungen nicht erfüllt, die von jeder absoluten Eigenschaft von Konkreta erfüllt sein müssen. In rhetorischer Absicht gefragt: Wer möchte allen Ernstes das folgende behaupten:

(i)   Die "Existenz", d.h. das Existieren von Konkretum a ist eine materiale Teilbestimmung von a;

(ii)   Die "Existenz", d.h. das Existieren von Konkretum a weist in sich eine abstraktiv unterscheidbare Materie ("Beschaffenheit") auf;

(iii)   Die "Existenz", d.h. das Existieren von Konkretum a weist in sich eine abstraktiv unterscheidbare Form des Bestimmens ("Eigenschaftsform") auf, die ein Folge—Aspekt der Materie von "Existenz" ist;

(iv)   Die "Existenz", d.h. das Existieren von Konkretum a existiert unselbständig bezüglich a.

Wer solches zu behaupten geneigt ist, ist nach der Ansicht von Ingarden geneigt, Absurditäten zu behaupten.[1]

Statt die "Existenz" von Konkretum a als zukommende Eigenschaft zu klassifizieren, ist im Lichte von Ingardens formalontologischem Argument festzuhalten: Wenn ein Konkretum a qua autonome, formal selbständige Objekt—Entität in Δt existiert, dann existiert a in Δt mit der Gesamtheit aller ihm in Δt zukommender absoluter und (eventuell) nicht—absoluter Eigenschaften. Damit ist zugleich gesagt: Wenn man die "Existenz", d.h. das Existieren von Konkreta weiteranalysieren will — und Ingarden unternimmt im Rahmen seiner Existentialontologie eine weiterführende Analyse! —, dann untersucht man jedenfalls etwas, das im streng ontologischen Sinne Ingardens keine Konkreta—Eigenschaft ist.

---

[1]   Vgl. Ingarden (11), 96.

Logisch betrachtet ist Ingardens Argument zugestandenermassen sehr einfach. Keineswegs "einfach" oder gar "simpel" ist sein Argument dagegen in sachlicher Hinsicht. Sein Argument ist ein ontologisches Argument. Darin liegt gerade ein Vorzug. Denn m.E. sollte kein Sprachphilosoph, kein Erkenntnistheoretiker und kein Semantiker leugnen, dass die These, wonach "Existenz" keine Eigenschaft sei, im Grunde eine ontologische These ist. Deswegen ist es wichtig, über ein *ontologisches* Argument für diese These zu verfügen. Ingardens Argument beruht des genaueren natürlich auf seiner formalontologischen Substanz–Theorie von Konkreta. Damit ist bereits eine Möglichkeit, sein Argument zu kritisieren, angedeutet. Deswegen werde ich unten in Teil 6 den systematischen Stellenwert von Ingardens formalontologischer Theorie von Konkreta diskutieren müssen.

19.2 Die Verallgemeinerung der These

Ingardens These, dass "Existenz" keine Eigenschaft von Konkreta sei, kann nicht ohne Weiteres[2] zur folgenden These verallgemeinert werden:

(1) "Existenz" ist überhaupt keine Eigenschaft.

Dennoch kann Ingardens These bis zu einem gewissen Grade verallgemeinert werden. Das kann so gezeigt werden:

(2) Alle realen, formal selbständigen Objekt–Entitäten weisen die gegenständliche Grundform: "Subjekt von Eigenschaften – Eigenschaft von" auf.

These (2) behaupten, heisst nicht behaupten, dass alle realen, formal selbständigen Objekt–Entitäten Konkreta sind. Z.B. ist ein Auto zwar eine reale, formal selbständige Objekt–Entität, aber sicher kein Konkretum im hier vorausgesetzten Sinne.[3] These (2) zu behaupten heisst aber behaupten, dass alle realen Objekt–Entitäten, die zwar nicht

---

[2] Der Leser möge an dieser Stelle einen Gedankensprung machen und z.B. an Fregesche Begriffe (erster Stufe) denken. Falls nämlich ein Konkretum a existiert, dann fällt es unter irgendeinen Begriff erster Stufe. Und es kann gelten, dass das Existieren von Konkreta keine Konkreta-Eigenschaft ist, wohl aber eine Eigenschaft desjenigen Begriffes (erster Stufe), unter welchen Konkretum a fällt. Falls also Fregesche Begriffe existieren, kann Ingardens These I₁ wahr sein, Satz (1) aber zugleich falsch. Zur Auseinandersetzung mit Frege vgl. unten Teil 5.

[3] Vgl. oben §11.

Konkreta, aber dennoch formal selbstständige Ganze sind, in irgendwelchen Abwandlungen die gegenständliche Grundform: "Subjekt von Eigenschaften — Eigenschaften von" aufweisen. Unter Voraussetzung von (2) kann dann Ingardens These, dass "Existenz" keine Eigenschaft von Konkreta sei, folgenderweise verallgemeinert werden:

(3) Für alle realen Objekt–Entitäten x, welche die gegenständliche Grundform: "Subjekt von Eigenschaften — Eigenschaft von" aufweisen, gilt: Wenn x existiert, dann ist die Existenz von x keine Eigenschaft von x.

TEIL 3

'EXISTIERT' IST EIN ÄQUIVOKER TERM (I$_2$)

Die im vorhergehenden Teil behandelte Ingardensche These I_1 muss als formalontologische These verstanden werden. Damit aber ist Ingardens Analyse der Existenzthematik noch nicht zu Ende. Vielmehr legt Ingarden im Rahmen seiner Existentialontologie auch eine ausführliche Analyse verschiedener Existenzweisen vor. Diese Analyse ist eine wichtige Basis für Ingardens These der Äquivozität von 'existiert'. Um das zugehörige Argument vorstellen zu können (Kap. 7), muss deswegen zuerst Ingardens Projekt einer Existentialontologie berücksichtigt werden (Kap. 6).

Zur ontologischen Analyse von Seinsweisen

§20 Ingardens Projekt einer Existenzialontologie

Für Ingardens Projekt einer Existentialontologie ist der Unterschied zwischen Seinsweisen und Seinsmomenten entscheidend. Dies werde ich im ersten Abschnitt erläutern (20.1). Abschliessend will ich Ingardens leicht verwirrende Terminologie erklären (20.2).

20.1 Seinsweisen — Seinsmomente

An den Anfang jeder speziellen existentialontologischen Untersuchung, welche die Ausarbeitung von Existenzbegriffen bestimmter Entitäten unter ihren verschiedenen existentialen Aspekten zum Ziel hat, setzt Ingarden die Unterscheidung zwischen dem Begriff der Seins— oder Existenz*weise* (modus existentiae, z.B. Realsein, Idealsein usw.) und dem Begriff des Seins— oder Existenz*momentes* (momentum existentiae, z.B. Autonomie, Heteronomie usw.).[1]

In der Erfahrung[2] kann uns weder eine existierende Entität ohne die ihr eigene Existenzweise noch eine bestimmte Existenzweise ohne eine in zugehöriger Weise existierende Entität gegeben werden.[3] Das "Zusammenauftreten" beider ist aber von einer ganz eigentümlichen Art. Die Existenz eines Gegenstandes und dieser Gegenstand selbst sind weder zwei verschiedene, gewissermassen "nebeneinander bestehende Entitäten"[4] noch "gleichgeordnete Momente, die miteinander 'verbunden' wären"[5] — sodass gegebenenfalls sowohl der jeweilige

---

[1] Für den Zweck einer vorläufigen Erläuterung folge ich den einleitenden Paragraphen 10 und 11 von Ingarden (10).

[2] Genauer gesprochen müsste man von "veridischer" Erfahrung sprechen. Denn Täuschungen sind auch Erfahrungen, und da können Seinsweisen "gegeben" sein, ohne dass der Gegenstand existiert. Das Problem der Täuschung ist in erkenntnistheoretischer Hinsicht deshalb besonders interessant, weil eine gegebene "Erfahrung" dann und nur dann als Täuschung klassifizierbar ist, wenn eine zugehörige veridische Erfahrung vorliegt, auf deren Basis die erste "Erfahrung" *als* Täuschung erkannt werden kann. Zum Problem der Täuschung vgl. oben in Teil 1 die Unterscheidung zwischen interner und externer Betrachtungsweise von *Akten*.

[3] Vgl.: "Wenn uns ein existierender Gegenstand in der Erfahrung gegeben ist, so verbleibt auch sein Sein und seine Seinsweise irgendwie im Rahmen dieser Erfahrung, wenn auch ... nur peripher. Niemals kann uns ein existierender Gegenstand ohne sein Sein und seine Seinsweise gegeben werden. Und ebensowenig kann uns auch das Sein bzw. die Seinsweise dieses Gegenstandes ohne den letzteren gegeben werden." (Ingarden 10, 69).

[4] Ingarden (10), 69.

[5] Ingarden (10), 70.

Gegenstand wie seine Existenz der Existenzprädikation unterliegen könnten.[6] Nach Ingarden ist die Existenz eines Gegenstandes relativ zum Gegenstand selbst aber nicht nur keine ontisch differente Entität, sondern auch nicht eine "Eigenschaft" des jeweiligen Gegenstandes, d.h. die Existenz (das Sein, die Seinsweise) eines Gegenstandes a ist von jeglicher materialen und formalen Bestimmtheit von a zu unterscheiden.

Gerade *deswegen* stösst der Versuch, die Existenz eines Gegenstandes zur klaren Erfassung zu bringen, auf besondere Schwierigkeiten. Ingarden schlägt ein "Gedankenexperiment" vor, nämlich das Denken (Vorstellen) des "radikalen Überganges" eines existierenden Gegenstandes "vom Sein ins Nicht–Sein" bzw. (vice versa) eines nicht–existierenden Gegenstandes vom "Nicht–Sein ins Sein".[7] In dieser abstraktiven Operation zeigt es sich, dass solche "Übergänge" auf eine radikale, sprunghafte Art geschehen, d.h. es handelt sich jeweils nicht um Veränderung, Verwandlung des Gegenstandes bzw. einer seiner Bestimmtheiten, sondern es geht jeweils um die Totalität des Gegenstandes, um seine gesamte (materiale und formale) Struktur, die entweder einfach "verschwindet" oder einfach "vorhanden ist". Deswegen ist genauer besehen auch die Wendung '*Übergang* vom Sein ins Nicht–Sein und vice versa' nicht passend.[8] Denn entweder existiert der Gegenstand oder er existiert nicht. *Vor* dem sprunghaften "Beginn" seines Existierens existiert der Gegenstand schlechtweg nicht und nach dem sprunghaften "Abbruch" seines Existierens existiert der Gegenstand schlechtweg nicht mehr. Von einem "Übergang einer Entität x von ... zu ——" kann im strengen Sinne aber *nur* bei Phänomenen der Veränderung gesprochen werden.[9]

Was nun unterscheidet z.B. eine existierende Lampe von einer nicht–existierenden "Lampe"?

"Darauf ist aber nur eine Antwort möglich, die Kant, und eigentlich bereits Hume, gegeben hat: zu jener nicht–existierenden 'Lampe' kommt *keine neue* Eigenschaft und

---

[6] Vgl.: "Wenn sie 'gleichgeordnet' wären, dann dürfte man sowohl auf das Seiende als auch auf das Sein desselben die 'Kategorie' des Seins anwenden. D.h. man dürfte dann von beiden sagen: sie existieren. Aber vom Sein (von der Existenz) darf man nicht sagen, es sei, es existiere." (Ingarden 10, 70).

[7] Vgl. Ingarden (10), 71 f.

[8] Vgl. Ingarden (10), 73 f.

[9] Vgl. unten §39 zum Phänomen der ontischen Dieselbigkeit sich verändernder Konkreta. Zu den Gründen, warum diese Redeweise sich dennoch aufdrängt, vgl. auch die folgende Stelle: "Nur im bezug darauf, was einst war, können wir das absolute Fehlen des betreffenden Gegenstandes im Falle seines Nichtseins erfassen. Dagegen können wir das absolute 'Nichts', das nach der Vernichtung eines Dinges sich auftut, für sich selbst überhaupt nicht vorstellen." (Ingarden 10, 73). Zum Thema der Veränderung vgl. auch Künne (1), 50 ff.

auch *kein neues* Form–Moment hinzu."[10]

Was die existierende Lampe von der nicht–existierenden "Lampe" unterscheidet ist dies "letzte Primitive"[11]: dass jene eben existiert. Entsprechend wird die Existenz bzw. Seinsweise eines Gegenstandes von Ingarden als das, wodurch sich ein existierender Gegenstand insgesamt von einem gedanklich vorgestellten und gedanklich in materialer und formaler Hinsicht als vollständig gleich vorgestellten (nicht–existierenden) "Gegenstand" unterscheidet, charakterisiert.[12]

Dennoch ist es nach Ingarden möglich, die Existenz bzw. Seinsweise eines existierenden Gegenstandes zu analysieren. Gemäss der phänomenalen Vergegenwärtigung erscheint z.B. das Realsein als etwas schlechthin Einfaches, nicht Zusammengesetztes. Von einer sprichwörtlichen "Zusammensetzung" des Realseins aus Elementen oder Momenten kann nach Ingarden nicht gesprochen werden.[13]

> "Aber nicht alles, was nicht [wörtlich] 'zusammengesetzt' ist, ist eben in dem Sinne schlechthin einfach, dass sich in ihm gar nichts abstraktiv erschauen und unterscheiden liesse."[14]

An dieser Stelle wird nun die erwähnte Ingardensche Unterscheidung zwischen modi existentiae und momenta existentiae zunächst in methodischer Hinsicht relevant. Denn tatsächlich ist Ingarden der Überzeugung, dass mittels "Akten der intuitiven Erschauung von existentialen Momenten"[15] die Existenz bzw. Seinsweise eines existierenden Gegenstandes analysierbar sei.

Was hier interessiert ist nicht das Besondere dieser Erkenntnisoperation, sondern die methodische Konsequenz für Ingardens Projekt. Die existentialen Momente (momenta existentiae) nämlich sind nach Ingardens Konzeption die fundamentalen "Elemente" von

---

[10] Ingarden (10), 72.

[11] Ingarden (10), 72.

[12] "Nun, den Begriff dessen, wodurch sich die existierende Lampe von der nicht-existierenden (bei gedanklicher Festhaltung aller formalen und materialen Momente derselben) auf diese merkwürdige Art unterscheidet, nennen wir ihre *Seinsweise*." (Ingarden 10, 72). Die Existenz (das Sein, die Seinsweise) durchdringt den existierenden Gegenstand in seiner Totalität (vgl. dazu Ingarden 10, 70) und ist nach Ingarden weder Teil noch materiale Bestimmtheit noch formales Moment des existierenden Gegenstandes.

[13] Vgl. Ingarden (10), 65; 125.

[14] Ingarden (10), 65/66.

[15] Ingarden (10), 69. Vgl. auch Ingarden (10), 125.

Seinsweisen (modi existentiae). Entsprechend *beruht* die ontologische Analyse der Existenz bzw. der Seinsweisen (=Arten des Existierens) auf der ontologischen Analyse der verschiedenen existentialen Momente.

Dass auch in inhaltlicher Hinsicht rechtmässig zwischen Seinsweisen und existentialen Momenten unterschieden wird, versucht Ingarden in den einführenden Paragraphen mittels mehrerer Erwägungen zu verdeutlichen. Erwähnt sei hier das Folgende:

(a) Was immer an einem existierenden Gegenstand unterschieden werden kann – speziell alle seine formalen und materialen Bestimmtheiten –, existiert in *derselben* Seinsweise, in welcher der fragliche Gegenstand existiert. Mit bezug auf *ein*, in bestimmter Weise existierendes Individuum formuliert kann also keiner seiner "Bestimmtheiten" Existenz gemäss einer anderen Seinsweise zukommen, d.h. es gilt: Die verschiedenen Seinsweisen (z.B. Realsein, Idealsein) schliessen sich gegenseitig vollständig aus.[16] Demgegenüber sagt Ingarden:

> "Bei den existentialen Momenten scheint es möglich zu sein, dass in dem Bestande eines und desselben individuellen Gegenstandes nicht alle Momente [sc. materialen Bestimmungen] in demselben existentialen Moment bestehen müssen, sondern, je nach ihrer Form und Materie, in verschiedenen existentialen Momenten auftreten können."[17]

Nicht nur kann m.a.W. ein und dasselbe existentiale Moment A für verschiedene Seinsweisen $S_1, S_2, ..., S_n$ charakteristisch sein, sondern es gilt auch: *Verschiedene* Bestimmtheiten *eines* gemäss Seinsweise S_n existierenden Gegenstandes können durch *verschiedene* Seinsmomente A, B, ..., N charakterisierbar sein. Z.B. (erster Fall) sowohl ideal existierende individuelle Gegenstände wie real existierende individuelle Gegenstände existieren gemäss Ingarden autonom, d.h. Seinsautonomie ist sowohl für die Seinsweise der Realität wie für die Seinsweise der Idealität charakteristisch. Oder (zweiter Fall): Wenn das Konkretum a existiert, dann gilt, dass a *als* Ganzes (und in allen seinen Teilen) real existiert. Dennoch sind beispielsweise absolute Eigenschaften und relative Merkmale von a teilweise unter bezug auf verschiedene existentiale Momente analysierbar.[18]

(b) Wie sich so etwas wie "Seinsweise" nicht vom jeweils existierenden Gegenstand abtrennen lässt, ebenso lassen sich die jeweiligen existentialen Momente nicht von derjenigen

---

16 Vgl.: "Jeder Gegenstand scheint nämlich in dem Sinne nur in *einer* Seinsweise existieren zu können, dass alles und jedes, was in ihm überhaupt unterschieden werden kann (insbesondere also alle seine Eigenschaften), in *derselben* Seinsweise wie er selbst existiert." (Ingarden 10, 74); vgl. auch Ingarden (10), 77.
17 Ingarden (10), 78.
18 Vgl. dazu oben §16.

Seinsweise abtrennen, in welcher sie "enthalten" sind. Während aber die Seinsweise des jeweils existierenden Gegenstandes (numerisch) genau *eine* Seinsweise ist (vgl. a), also Ergänzung weder durch andere Seinsweisen noch durch andere, in ihr nicht bereits "enthaltene" existentialen Momente fordert, reicht (numerisch) genau *ein* existentiales Moment für den ontischen Aufbau einer in bestimmter Seinsweise existierenden Entität nicht aus. Es gibt mit bezug auf existentiale Momente apriorische Gesetze des Einschliessens und des Ausschliessens, und im Lichte dieser Gesetze lässt sich sagen: verschiedene existentiale Momente bedürfen gegebenenfalls der gegenseitigen Ergänzung.[19]

20.2 Die Idee: "existierendes Etwas"

Gemäss Ingardens Ontologie–Konzeption muss auch die Existentialontologie als Analyse des Gehaltes von Ideen beschrieben werden. Die Frage ist aber: Gehaltsanalyse von welchen Ideen?

Ingarden spricht sowohl von der Idee "Existenz überhaupt" wie von der Idee "Seinsweise überhaupt".[20] Doch bezeichnen bei ihm die singulären Terme 'die Idee "Existenz überhaupt"' und 'die Idee "Seinsweise überhaupt"' ein und dieselbe allgemeine Idee. Dieser allgemeinen Idee sind nach Ingarden besondere Ideen untergeordnet (z.B. die Idee "Realität" bzw. die Idee "Reale Seinsweise" oder die Idee "Idealität" bzw. die Idee "Ideale Seinsweise").[21] In dieser Redeweise werden die Abstrakta 'Existenz' und 'Seinsweise' so verwendet, dass sie miteinander beliebig vertauschbar sind. Ingarden verwendet 'Existenz' aber auch als vertauschbar mit 'Sein', und zwar in Opposition zu 'Nicht–Existenz' bzw. 'Nicht–Sein'.[22] Sind u.U. auch Wendungen wie 'die Idee "Nicht–Existenz"', 'die Idee "Nicht–Seinsweise"' zu akzeptieren? Und ist in dieser zweiten Redeweise 'Existenz' auch beliebig vertauschbar

---

[19] Vgl.: "Man kann auch sagen, dass kein existentiales Moment für sich allein zur Existenz einer Gegenständlichkeit in einer bestimmten Seinsweise ausreicht. Die Seinsweisen erfordern ihrem Wesen nach gar keine Ergänzung durch andere Seinsweisen oder durch existentiale Momente, die in ihnen nicht 'enthalten' sind, während die existentialen Momente - jedes für sich - wiederum ihrem Wesen nach immer durch bestimmte andere existentiale Momente ergänzt werden müssen. Oder anders gewendet: Nimmt man irgendeinen individuellen Gegenstand und sucht sozusagen die volle 'existentiale Seite' desselben zu erfassen, so findet man immer eine bestimmte Seinsweise vor, die existentialen Momente dagegen jeweilig nur als etwas in ihrem Gesamtbestande. Und zwar lassen sich in einer jeden Seinsweise immer mehrere existentiale Momente intuitiv erschauen." (Ingarden 10, 77/78).

[20] Vgl. Ingarden (10), §§10 und 11 et passim.

[21] Vgl.: "'Existenz' im allgemeinen ist nur eine allgemeine Idee, deren Vereinzelungsbesonderheiten die einzelnen Seinsweisen sind." (Ingarden 10, 78).

[22] Vgl. Ingarden (10), §§10 und 11.

mit 'Seinsweise'? Und was besagt überhaupt der Name 'die Idee "Existenz überhaupt"'?

Diese Fragen zeigen, dass es günstig ist, einige terminologische Klärungen zu machen:

(i) Der Name 'die Idee "Existenz überhaupt"' ist eine irreführende Bezeichnung der Idee "etwas Existierendes"; die Namen 'die Idee "Realsein"' bzw. 'die Idee "Realität"' sind irreführende Bezeichnungen der Idee "etwas Real–Existierendes";

(ii) Die Namen: 'die Idee "Nicht–Existenz"', 'die Idee "Nicht–Sein"', 'die Idee "etwas Nicht–Existierendes"', 'die Idee "etwas Nicht–Seiendes"' sind zwingenderweise leere Namen: entsprechende Ideen gibt es nicht.

Ad (*i*)

Gemäss Festlegung (i) ist beispielsweise so zu unterscheiden:

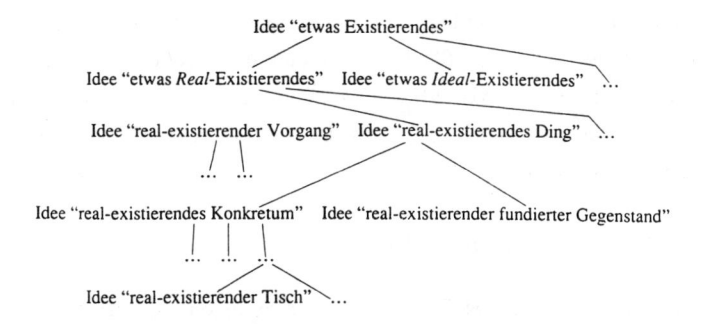

```
                    Idee "etwas Existierendes"
                   /            \
    Idee "etwas Real-Existierendes"   Idee "etwas Ideal-Existierendes"  ...
         /              \
Idee "real-existierender Vorgang"   Idee "real-existierendes Ding"  ...
      /    \
   ...    ...
                    /              \
        Idee "real-existierendes Konkretum"   Idee "real-existierender fundierter Gegenstand"
              /   |   \
            ... ... ...
                    Idee "real-existierender Tisch" ...
```

"Existenz" von Konkreta ist nach Ingarden keine Eigenschaft von Konkreta. Wäre dem nicht so, müsste an einer angeblichen individuellen Eigenschaft "Existenz" z.B. von Konkretum a abstraktiv eine Materie unterscheidbar sein. Es gibt nach Ingarden aber keine solche Materie bzw. keine zugehörige ideale Qualität Existenzheit[+]. Also kann es nach Ingardens allgemeiner Konzeption auch keine besonderen materialen Ideen geben, in deren Gehalt sich Existenzheit[+] ideal konkretisieren könnte.[23] Weil überdies Form–Momente Folge–Aspekte von Materien sind, kann "Existenz" von Konkreta auch kein Form–Moment von Konkreta sein. Es kommen für die existentialontologische Ideegehaltsanalyse mithin auch keine speziellen formalen Ideen[24] in Frage.

Andererseits:

"Real–Sein, Ideal–Sein, Möglich–Sein von Etwas und dgl. mehr sind Seinsweisen *dieses Etwas ... Überall, wo wir es mit einem existierenden Gegenstande zu tun haben,*

---

23   Vgl. dazu oben Teil 1.
24   Vgl. dazu oben Teil 1.

> *haben wir es auch mit seiner Existenz, bzw. mit seinem Sein und seiner Seinsweise, zu tun."*[25]

An einer leicht überlesbaren Stelle unterstützt Ingarden expressis verbis die Festlegung (i).

> "Existenz bzw. Seinsweise ist immer Seinsweise eines Etwas, nicht aber selbst etwas für sich Isoliertes. So darf auch *die Rede von der Idee der Existenz (einer bestimmten Seinsweise) nicht in dem Sinne missverstanden werden, als ob in dem Gehalt dieser Idee nur ein einziges Element, nämlich 'Existenz' (bzw. 'Seinsweise') enthalten wäre. Eine derartige Idee gibt es überhaupt nicht und kann es nicht geben. Es gibt nur Ideen eines (so oder anders) existierenden Etwas, insbesondere z.B. die Idee eines realen Etwas.* In ihrem Gehalte sind *verschiedene* Elemente enthalten, aber sämtliche formalen und materialen Elemente ihres Gehaltes sind *variabel, konstant* sind nur die existentialen Elemente. In dem Gehalt der *allgemeinen* Idee der Existenz überhaupt sind auch manche von den existentialen Elementen variabel. Die Idee der Realität z.B. ist demnach strenggenommen die Idee eines realen Etwas, das hinsichtlich seiner reinen Form und seiner materialen Ausstattung wenigstens in gewissen Grenzen beliebig ist."[26]

Existentialontologie im Sinne Ingardens ist also auf höchster Ebene Analyse des Gehaltes der Idee "etwas Existierendes", wobei alle formalen und materialen Elemente dieses Gehaltes variabel sind, während nur die existentialen Momente konstant sein sollen. Im Gehalte von Ideen, die z.B. Besonderungen der Idee "etwas Real–Existierendes" sind, sind dagegen einige formalen Momente nicht mehr variabel usw.

Auch umgekehrt kann argumentiert werden:

> "Da die von uns angegebenen Begriffe [sc. von Seinsweisen] vorerst auf konstruktivem Wege gewonnen wurden, also durch Kombination der einzelnen [sc. Begriffe von] existentialen Momenten ..., so sind diese Begriffe [sc. von Seinsweisen] nur insofern 'real' – um sich dieser alten, noch Kantischen Ausdrucksweise zu bedienen –, als wir *durch Rückkehr von der Abstraktion zu dem Konkretum* [z.B. zu einer real–existierenden Kuh] in unmittelbarer Analyse auf *konkrete Seinsweisen* stossen, *in denen sich die von uns angegebenen existentialen Momente ... intuitiv erschauen lassen.*"[27]

Die Ingardenschen Begriffe von Seinsweisen sind demnach nur insofern "real" und dies heisst überhaupt anwendbar, als sich bei den (jeweils unter die oder jene Idee fallenden) so oder anders existierenden Objekt–Entitäten *genau die existentialen Momente* "intuitiv erschauen lassen", *welche den jeweiligen Begriffen von Seinsweisen in der Existentialontologie per definitionem zugeordnet werden.*

---

[25] Ingarden (10), 69.
[26] Ingarden (10), 61/62.
[27] Ingarden (10), 125.

Ad (ii)

Auch Festlegung (ii) wird von Ingarden expressis verbis unterstützt:

"Real–Sein, Ideal–Sein, Möglich–Sein von Etwas und dgl. mehr sind Seinsweisen dieses Etwas. *Nicht–Sein ist aber keine Seinsweise, sondern die Privation allen Seins.*"[28]

Die Rechtmässigkeit von Festlegung (ii) kann auch verstanden werden, wenn wir uns an die allgemeine Erörterung der Ingardenschen Ontologie–Konzeption erinnern. Es wurde dort ausgeführt[29], dass man gemäss Ingarden eigentlich ontologische Sätze, i.e. Sätze über den Gehalt von Ideen stets in äquivalente ontologische Anwendungssätze, i.e. Sätze über Objekt––Entitäten, die *möglicherweise* unter die betreffenden Ideen fallen, umformulieren kann. Vom Standpunkt Ingardens gilt mithin das folgende: "Die Existenz jeder Idee einer individuellen Objekt–Entität ist hinreichende Bedingung dafür, dass (ontologisch betrachtet) *möglicherweise* eine individuelle Objekt–Entität existiert, welche unter die betreffende Idee fällt". Auch daraus wird in aller wünschbaren Deutlichkeit ersichtlich, dass Ingarden die Idee "nicht–existierendes Etwas" bzw. die Idee "etwas Nicht–Existierendes" metaphysisch nicht anerkennen kann. Denn bei gegenteiliger Annahme müsste gelten: "Möglicherweise existiert eine individuelle Objekt–Entität, welche unter die Idee 'nicht–existierendes Etwas' fällt" bzw. "Möglicherweise existiert eine individuelle Objekt–Entität, die ein nicht–existierendes Etwas ist". Falls aber eine solche individuelle Objekt–Entität tatsächlich existieren würde, müsste Nicht–Sein bzw. Nicht–Existenz ihre Seinsweise sein. Ingarden sagt jedoch expressis verbis: "Nicht–Sein ist ... keine Seinsweise, sondern die Privation allen Seins"!

---

[28] Ingarden (10), 69.
[29] Vgl. oben §6 (These A₇) sowie §8.1.

§21 Zur Ingardenschen Analyse von Existenz- oder Seinsweisen

Das im Ingardenschen Projekt einer Existentialontologie etablierte Verfahren gestattet die Konstruktion verschiedener Begriffe von Seinsweisen unter bezug auf verschiedene Begriffe existentialer Momente. Die letzteren sind innerhalb des Systems nicht primitiv. Weil ich hier aber nur Ingardens Begriffe von Seinsweisen präsentieren will, brauche ich seine ausführlichen Erklärungen der verschiedenen Begriffe existentialer Momente nicht zu berücksichtigen (21.1). Abschliessend will ich einige Aspekte betonen, die mir für die Ingardensche Analyse wichtig erscheinen (21.2).

21.1 Ingardens existentialontologische Begriffe von Seinsweisen

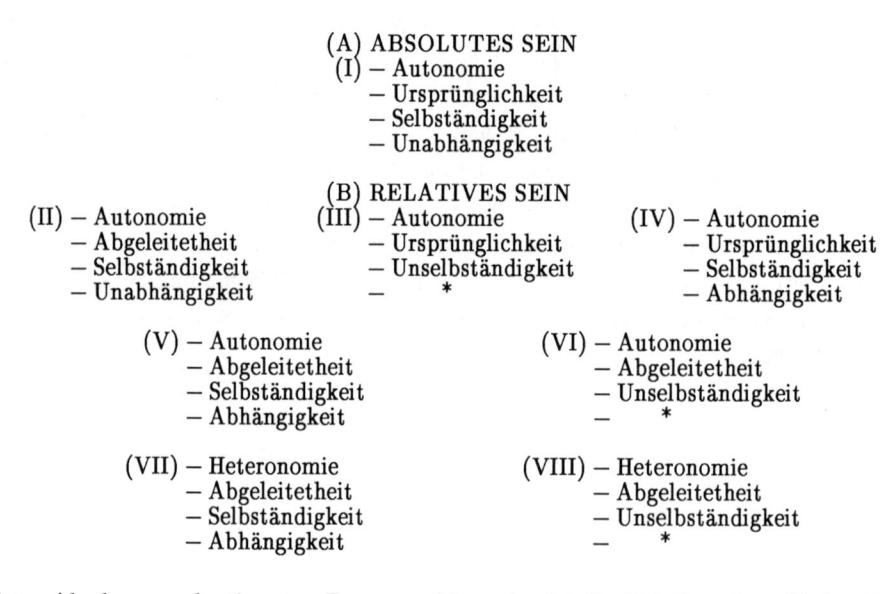

(A) ABSOLUTES SEIN
(I) — Autonomie
— Ursprünglichkeit
— Selbständigkeit
— Unabhängigkeit

(B) RELATIVES SEIN

(II) — Autonomie
— Abgeleitetheit
— Selbständigkeit
— Unabhängigkeit

(III) — Autonomie
— Ursprünglichkeit
— Unselbständigkeit
— *

(IV) — Autonomie
— Ursprünglichkeit
— Selbständigkeit
— Abhängigkeit

(V) — Autonomie
— Abgeleitetheit
— Selbständigkeit
— Abhängigkeit

(VI) — Autonomie
— Abgeleitetheit
— Unselbständigkeit
— *

(VII) — Heteronomie
— Abgeleitetheit
— Selbständigkeit
— Abhängigkeit

(VIII) — Heteronomie
— Abgeleitetheit
— Unselbständigkeit
— *

Unter Absehen von bestimmten Zusammenhängen[1] zeigt die Tabelle acht zulässige Begriffe von Seinsweisen auf. Die übrigen Kombinationen von Begriffen existentialer Momente führen nach Ingarden auf *inkonsistente* Begriffe von Seinsweisen. Z.B. ergibt die kombinatorisch mögliche Version

(I') — Heteronomie
— Ursprünglichkeit
— Selbständigkeit
— Unabhängigkeit

---

[1] Ingarden berücksichtigt nämlich die Komplikationen, die sich mit bezug auf verschiedene Arten der Seinsunselbständigkeit und der Seinsselbständigkeit ergeben, an dieser Stelle nicht. Vgl. Ingarden (10), 124 sowie oben §11.

einen inkonsistenten Begriff absoluten Seins. Denn zwischen Ursprünglickeit und Heteronomie liegt eine Relation des Ausschlusses vor, d.h. es gilt:

N(∀x) [x ist ursprünglich ⟶ x ist autonom].

Zu beachten ist auch, dass die "* —Leerstellen" in den Versionen III, VI und VIII *nicht* "Unbestimmtheitsstellen" sind, sondern Konsequenzen der zwischen den existentialen Momenten bestehenden Relationen des Einschliessens bzw. des Ausschliessens. Z.B. sind die kombinatorisch möglichen Versionen

(VIII') — Heteronomie (VIII*) — Heteronomie
  — Abgeleitetheit   — Abgeleitetheit
  — Unselbständigkeit   — Unselbständigkeit
  — Abhängigkeit   — Unabhängigkeit

inkonsistent, weil gilt:

N(∀x) [x ist abhängig ⟶ x ist selbständig]

N(∀x) [x ist unabhängig ⟶ x ist selbständig].

M.a.W.: Eine Entität ist notwendigerweise nur dann entweder abhängig oder unabhängig, wenn sie selbständig ist.[2] Und diese Inklusionsrelation besagt ontologisch: Wenn eine Entität unselbständig ist, dann ist sie in existentialontologischer Hinsicht derart *vollbestimmt*, dass bezüglich den existentialen Momenten der Seinsabhängigkeit und der Seinsunabhängigkeit jegliche Differenzierungsmöglichkeit ausgeschlossen ist.

Tatsächlich kommt diesen acht in ausschliesslich existentialontologischer Hinsicht zulässigen Begriffen von Seinsweisen sozusagen nur ein "heuristischer Wert" zu. Denn *ohne* Berücksichtigung von weiteren existentialen Momenten, welche die "Zeitlichkeit" von Entitäten betreffen, können nach Ingarden keine Begriffe "konkreter Seinsweisen"[3] gebildet werden. Die zwischen den entsprechenden existentialen Momenten bestehenden Relationen sollen an dieser Stelle nicht diskutiert werden. Festzustellen ist hier nur, dass Ingarden unter Berücksichtigung der die "Zeitlichkeit" von Entitäten betreffenden existentialen Momente zu folgenden — wie er sagt — "inhaltsvolleren"[4] Begriffen von Seinsweisen gelangt.

---

[2] Vgl. Ingarden (10), 121 ff.
[3] Ingarden (10), 125/26.
[4] Ingarden (10), 256.

(A) Das ÜBERZEITLICHE Sein (absolutes Sein?)

I_1 — Autonomie
 — Ursprünglichkeit
 — Selbständigkeit
 — Unabhängigkeit
 — Aktualität
 — Dauerhaftigkeit
 — Nicht–Spalthaftigkeit

I_2 — Autonomie
 — Ursprünglichkeit
 — Selbständigkeit
 — Unabhängigkeit
 — Aktualität
 — Dauerhaftigkeit
 — Spalthaftigkeit

(B) Das AUSSERZEITLICHE Sein (ideales Sein?)[5]

II_1 — Autonomie
 — Ursprünglichkeit
 — Nicht–Aktualität
 — Selbständigkeit
 — Unabhängigkeit

II_2 — Autonomie
 — Ursprünglichkeit
 — Nicht–Aktualität
 — Selbständigkeit
 — Abhängigkeit

II_3 — Autonomie
 — Ursprünglichkeit
 — Nicht–Aktualität
 — Unselbständigkeit
 — *

II_4 — Autonomie
 — Nicht–Aktualität
 — Abgeleitetheit
 — Selbständigkeit
 — Unabhängigkeit

II_5 — Autonomie
 — Nicht–Aktualität
 — Abgeleitetheit
 — Selbständigkeit
 — Abhängigkeit

II_6 — Autonomie
 — Nicht–Aktualität
 — Abgeleitetheit
 — Unselbständigkeit
 — *

(C) Das ZEITLICH BESTIMMTE Sein (reales Sein?)

(1) die GEGENWART

III_{11} — Autonomie
 — Abgeleitetheit
 — Aktualität
 — Spalthaftigkeit
 — Gebrechlichkeit
 — Selbständigkeit
 — Unabhängigkeit

III_{12} — Autonomie
 — Abgeleitetheit
 — Aktualität
 — Spalthaftigkeit
 — Gebrechlichkeit
 — Selbständigkeit
 — Abhängigkeit

III_{13} — Autonomie
 — Abgeleitetheit
 — Aktualität
 — Spalthaftigkeit
 — Gebrechlichkeit
 — Unselbständigkeit
 — *

(2) die VERGANGENHEIT

III_{21} — Autonomie
 — Abgeleitetheit
 — Post–Aktualität
 (rückwertige Abgeleitetheit)
 — Selbständigkeit
 — Unabhängigkeit

II_{22} — Autonomie
 — Abgeleitetheit
 — Post–Aktualität
 (rückwertige Abgeleitetheit)
 — Selbständigkeit
 — Unabhängigkeit

III_{23} — Autonomie
 — Abgeleitetheit
 — Post–Aktualität
 (rückwertige Abgeleitetheit)
 — Unselbständigkeit
 — *

(3) die ZUKUNFT

III_{31} — Heteronomie
 — Abgeleitetheit
 — Empirische Möglichkeit
 — Selbständigkeit
 — Abhängigkeit

III_{32} — Heteronomie
 — Abgeleitetheit
 — Empirische Möglichkeit
 — Unselbständigkeit
 — *

---

[5] Für die Begriffe II_4–II_6 vgl. Ingarden (10), 259/60.

(D) Das REIN INTENTIONALE Sein (das Möglichsein?)

IV$_1$ — Heteronomie	IV$_2$ — Heteronomie
— Abgeleitetheit	— Abgeleitetheit
— In–Aktualität	— In–Aktualität
— Selbständigkeit	— Unselbständigkeit
— Abhängigkeit	— *

Seinsweise C entspricht der in *ausschliesslich* existentialontologischer Hinsicht bestimmten Seinsweise der Realität bzw. dem Real–Sein. Zwei Bemerkungen hierzu:

(a) Das zeitlich bestimmte bzw. in der Zeit Seiende muss durch alle "drei verschiedenen Abwandlungen der Seinsweise C *hindurchgehen*"[6]: Das Real–Gegenwärtige war notwendigerweise irgendwann real–zukünftig und wird notwendigerweise irgendwann real–vergangen sein. Das Real–Vergangene war notwendigerweise irgendwann real–zukünftig und dann real–gegenwärtig. Das Real–Zukünftige ist notwendigerweise irgendwann real–gegenwärtig und dann real–vergangen. M.a.W.: In der "Zusammengehörigkeit [sc. der drei Abwandlungen der Seinsweise C] liegt [sc. aus existentialontologischer Sicht] das Spezifische des zeitlichen bzw. des realen Seins"[7].

(b) Den verschiedenen Modalitäten in den Abwandlungen der Seinsweise C entsprechen verschiedene Abwandlungen von realen Entitäten in formalontologischer Hinsicht.[8] Z.B.: Seinsweise realer, in der Zeit relativ verharrender Entitäten ("Dinge"): existentialontologische Modalitäten III$_{11}$, III$_{21}$, III$_{31}$; Seinsweise realer Vorgänge ("Prozesse"): existentialontologische Modalitäten III$_{12}$, III$_{22}$, III$_{32}$; Seinsweise realer Ereignisse: existentialontologische Modalitäten III$_{13}$, III$_{23}$, III$_{32}$. Derartige Zuordnungen setzen allerdings bereits formalontologische Untersuchungen im Sinne Ingardens voraus; sie dienen hier also nur als Beispiele für bzw. als Hinweise auf die weiteren Auswertungen existentialontologischer Ergebnisse.

Mit diesen vier verschiedenen Begriffen von Seins– oder Existenzweisen stehen wir vor einem wichtigen Resultat von Ingardens Existentialontologie. Allerdings ist hierzu noch Mehreres anzumerken:

(a) Ingardens Begriffsbildungen sind von *ausschliesslich* existentialontologischer Natur. Anders formuliert: Die formal–, materialontologischen und metaphysischen Untersuchungs-

---

[6] Ingarden (10), 261.
[7] Ingarden (10), 261.
[8] Vgl. u.a. Ingarden (10), 262.

ergebnisse sind noch *nicht* berücksichtigt. Es ist jedoch nach Ingarden zu erwarten, dass die zugehörigen Ergebnisse unser Spektrum zulässiger Begriffe von Seinsweisen modifizieren werden[9], dass sich vielleicht gewisse Seinsweisen aus formal— oder materialontologischen Gründen als unmöglich erweisen. Ich will deshalb sagen: Die definitorische Basis der vorgelegten existentialontologischen Begriffe verschiedener Seinsweisen ist nach Ingarden derart eingeschränkt, dass er *nicht* behauptet (behaupten kann), *alle* in *ontologischer* Hinsicht überhaupt zulässigen, weil überhaupt konsistenten Begriffe von Seinsweisen dargestellt zu haben.

(b) Ingarden erhebt zudem auch *nicht* den Anspruch, *alle* existentialen Momente berücksichtigt zu haben. Dies bedeutet, dass er erstens nicht behauptet (behaupten kann), *alle* in existentialontologischer Hinsicht zulässigen, weil konsistenten Begriffe von Seinsweisen dargestellt zu haben, und dass er zweitens nicht behauptet (behaupten kann), mittels seiner Analysen die einzelnen Seinsweisen begrifflich *voll* bestimmt zu haben ("voll bestimmen zu können")[10].

(c) Die sub (a) und (b) betonten Einschränkungen zeigen, dass die dargestellten begrifflichen Konstruktionen aus Ingardens Existentialontologie von ausdrücklich provisorischer Natur sind.

21.2 Zur Basis der Ingardenschen Begriffsbildungen

Angesichts der Ingardenschen Rede von der allgemeinen Idee "existierendes Etwas", welcher die verschiedenen speziellen Ideen von Seinsweisen untergeordnet sind, sollte man erwarten, dass Ingarden gemäss dem Schema:

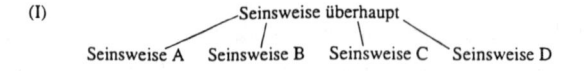

(I)
```
              Seinsweise überhaupt
           /        |        \        \
Seinsweise A  Seinsweise B  Seinsweise C  Seinsweise D
```

nicht nur für die speziellen Seinsweisen A–D, sondern *auch* für so etwas wie eine "allgemeine Seinsweise" eine *ontologische* Analyse vorlegt. Tatsächlich aber hat Ingarden etwas derartiges *nicht* vorgelegt. Noch mehr: Ingarden hat so etwas wie eine "allgemeine Seinsweise" in existentialontologischer Hinsicht überhaupt nicht eigentlich thematisiert, ja

---

[9] Vgl. Ingarden (10), 262/63.
[10] Ingarden (10), 256.

nicht einmal als ein Problem berücksichtigt. Warum dieses "Defizit"?

Von Ingardens Standpunkt aus ist dieses "Defizit" sehr wohl verständlich. Wir brauchen hierzu nur das von ihm für die Existentialontologie vorausgesetzte methodische Verfahren zu berücksichtigen. Es wurde früher festgestellt: Ingarden *konstruiert* die verschiedenen Begriffe von Seinsweisen *unter Rückgang auf* verschiedene Begriffe existentialer Momente mittels eines *kombinatorischen* Verfahrens. Unter der Bedingung (a), dass eine *vollständige* Liste der Begriffe existentialer Momente vorliegt, *garantiert* dieses Verfahren eine *vollständige* Liste der Begriffe von prima facie möglichen Seinsweisen. Und unter der Bedingung (b), dass eine vollständige Liste der zwischen allen Begriffen existentialer Momente bestehenden Inklusions— und Exklusionsrelationen vorliegt, *garantiert* dieses Vorgehen eine *vollständige* Liste der Begriffe von *existentialontologisch möglichen* Seinsweisen. Abgesehen davon, dass Ingardens faktische Analyse die Bedingungen (a) und (b) nicht erfüllt (vgl. 21.1), ist nun das Folgende von Bedeutung: Die jeweiligen existentialen Momente, von denen Ingarden ausgeht, liegen als "Gegensatzpaare" vor, d.h. Ingarden geht von *jeweils kontradiktorischen* oder *konträren* Begriffen existentialer Momente aus:

— Abgeleitetheit (Nicht—Ursprünglichkeit) vs. Ursprünglichkeit

— Heteronomie (Nicht—Autonomie) vs. Autonomie

— Unselbständigkeit (Nicht—Selbständigkeit) vs. Selbständigkeit

— Abhängigkeit (Nicht—Unabhängigkeit) vs. Unabhängigkeit.

Dies trifft auch für die im weiteren Sinne mit der "Zeitlichkeit" von Entitäten zusammenhängenden Begriffe existentialer Momente zu.

Diese logische Basis von Ingardens Begriffsbildungen hat Konsequenzen.

(i) Ingardens *Konstruktionsverfahren* gestattet *aus logischen Gründen* keine Bildung des Begriffes einer allgemeinen Seinsweise. — Denn ein solcher Begriff müsste relativ zu den speziellen Begriffen der Seinsweisen A—D als *generischer* Begriff konstruiert werden. M.a.W.: Hinsichtlich seiner Merkmale müsste dieser generische Begriff unter bezug auf mindestens *einen* Begriff eines existentialen Momentes N bestimmt werden, wobei für das entsprechende existentiale Moment N gelten müsste: die Merkmale *aller speziellen* Begriffe der Seinsweisen A—D werden (mindestens) unter bezug auf den Begriff des existentialen Momentes N bestimmt. Wie aber nun die Liste der vier Begriffe von Seinsweisen zeigt (vgl. 21.1), lässt sich *keiner* der von Ingarden berücksichtigten Begriffe existentialer Momente in der geforderten Weise auszeichnen. Denn: *alle* von Ingarden berücksichtigten Begriffe existentialer Momente sind jeweils als Gegensatzbegriffe vorausgesetzt, und *jedes* der von Ingarden berücksichtigten Gegensatzpaare wird von Ingarden für die Konstruktion der vier Begriffe von Seinsweisen verwendet.

(ii) Der relativ zu den vier Begriffen A–D generische Begriff einer Seinsweise überhaupt ist somit, falls es ihn gibt, mittels des Ingardenschen Verfahren *intensional*, d.h. nach seinen Merkmalen *nicht* aufschlüsselbar. M.a.W.: Das Ingardensche Verfahren verhindert *eo ipso*, für so etwas wie eine "allgemeine Seinsweise" eine *existential-ontologische* Erklärung zu geben.

Dagegen lässt das Ingardensche Verfahren die Konstruktion von Begriffen von beschränkt—generischen Seinsweisen zu, gemäss den Schema:

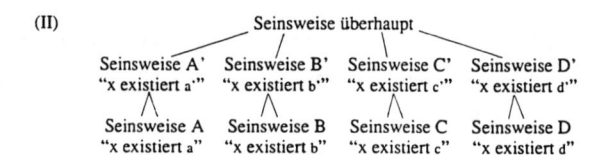

(II)   Seinsweise überhaupt

Seinsweise A'   Seinsweise B'   Seinsweise C'   Seinsweise D'
"x existiert a'"   "x existiert b'"   "x existiert c'"   "x existiert d'"

Seinsweise A   Seinsweise B   Seinsweise C   Seinsweise D
"x existiert a"   "x existiert b"   "x existiert c"   "x existiert d"

Für die zugehörigen Begriffe (vgl. oben 21.1) würde dann jedoch das Folgende gelten:

Beschränkt–generischer Begriff A' der Seinsweise von Etwas
(I')   — Autonomie
1-2   — Ursprünglichkeit
                — Selbständigkeit
                — Unabhängigkeit
                — Aktualität
                — Dauerhaftigkeit

Beschränkt–generischer Begriff B' der Seinsweise von Etwas
(II')   — Autonomie
1-6   — Nicht–Aktualität

Beschränkt–generischer Begriff C' der Seinsweise von Etwas
(III')   — Abgeleitetheit
11-32

Beschränkt–generischer Begriff D' der Seinsweise von Etwas
(IV')   — Heteronomie
1-2   — Abgeleitetheit
                — In–Aktualität

Abgesehen von der seltsamen Asymmetrie in der Konstruktion, sind die Begriffe A'–D' jedoch im Lichte von Ingardens Position *nicht* als *existentialontologische* Erklärungen von zugehörigen (scheinbaren) Seinsweisen akzeptierbar. Denn Ingarden setzt in seiner Analyse auch das folgende Prinzip voraus:

(P) Existentialontologisch identifizierbare und unterscheidbare Seinsweisen im strikten Sinne müssen begrifflich *mindestens* unter Rückgang auf jene acht Begriffe existentialer Momente bestimmt werden, welche als solche die "Zeitlichkeit" (i.w.S.) von Entitäten nicht betreffen.

Man könnte meinen, dass es sich bei P der Sache nach nur um eine terminologische Angelegenheit handelt: Die Begriffe A'–D' heissen nicht "Begriffe von Seinsweisen", weil es zum vorneherein klar ist, dass sie nicht das Spezifische der konkreten Seinsweisen ausdrücken können. Nun, erstens geht es mir hier zunächst insbesonders um Probleme, die sich — im Lichte von Ingardens Konstruktionsverfahrens betrachtet — mit bezug auf den generischsten aller Begriffe von Seinsweisen stellen. Zweitens aber wird später im Paragraphen 23 noch von einem weiteren Gesichtspunkt aus deutlich werden, dass es sich bei P der Sache nach nicht um eine bloss terminologische Angelegenheit handeln kann. P — so will ich sagen — ist eine *Voraussetzung* der existentialontologischen Analyse Ingardens. Dieses Prinzip ist so zu charakterisieren, weil Ingarden zwar zugesteht, nicht *alle* Begriffe existentialer Momente berücksichtigt zu haben (bzw. zumindest für die berücksichtigten Begriffe keinen Vollständigkeitsnachweis geliefert zu haben), jedoch sachlich davon ausgeht, dass die in P angesprochenen Begriffe existentialer Momente sozusagen den "harten Kern", d.h. das Spezifische der verschiedenen Seinsweisen bezeichnen, auch wenn es noch zusätzliche Propria gibt. Formal gesprochen: Die acht Grundbegriffe existentialer Momente bilden nach Ingarden die *minimale* logische Basis für jede erfolgreich durchführbare existentialontologische Analyse von Seinsweisen.

Warum dem so sein soll, dafür habe ich bei Ingarden keine Rechtfertigung gefunden. Ja noch mehr, Ingarden scheint sich des Umstandes gar nicht bewusst zu sein, *dass* sich hier *aufgrund* seines Konstruktionsverfahrens ein wichtiges Problem stellt. Das ist umso erstaunlicher, *weil* Ingarden expressis verbis von der allgemeinen Idee "existierendes Etwas" spricht und von dieser Idee behauptet:

"In dem Gehalt der *allgemeinen* Idee der Existenz überhaupt sind auch manche von den existentialen Elementen variabel."[11]

Aus dieser Stelle geht nicht hervor, ob 'manche' im Sinne von 'manche und vielleicht alle' oder im Sinne von 'manche aber nicht alle' zu verstehen ist. Dass im Gehalt der allgemeinen Idee "etwas Existierendes" vor allem Variabeln für existentiale Momente vorkommen, ist zu erwarten. Demgegenüber ist erstaunlich, dass Ingarden nicht behauptet, im Gehalt dieser allgemeinen Idee treten *nur Variabeln* für existentiale Momente auf. Man könnte also annehmen, dass im Gehalt dieser allgemeinen Idee gemäss Ingarden auch Konstanten für existentiale Momente vorkommen. Doch scheint dies nach dem oben Gesagten unmöglich:

---

[11] Ingarden (10), 62.

Die logische Basis von Ingardens Konstruktionsverfahrens einerseits und andererseits Prinzip P schliessen es aus, dass der *generischste* aller Begriffe von Seinsweisen unter bezug auf irgendeinen Begriff eines existentialen Momentes bestimmt werden kann. M.a.W.: Welche existentialen Momente könnten, im Lichte von Ingardens Konstruktionsverfahrens betrachtet, im Gehalt der allgemeinen Idee "etwas Existierendes" überhaupt konstant sein?

Bei der allgemeinen Besprechung der Ingardenschen Ontologie–Konzeption habe ich (im Anschluss an Ingarden) für alle existierenden Objekt–Entitäten eine minimale notwendige Bedingung aufgestellt, nämlich:[12]

(1) Für alle existierenden Objekt–Entitäten x gilt: x ist eine widerspruchsfreie Entität.

Angenommen, die Ingardenschen Begriffe von verschiedenen Seinsweisen sind tatsächlich konsistent, so kann das Ingardensche Programm unter Verwendung von (1) so erläutert werden:

(Allgemeine Explikation)

x, das F ist, existiert $\longmapsto$ x, das F ist, ist eine widerspruchsfreie Objekt–Entität.

Per Konvention will ich das gegebene Explikans folgenderweise abkürzen: (Ex) Fx. Dann lassen sich die Explikationen besonderer Seinsweisen wie folgt darstellen:

(Explikationen besonderer Seinsweisen)

x, das F ist, existiert–real $\longmapsto$ (Ex)Fx · x ist seinsautonom · ...
x, das F ist, existiert–ideal $\longmapsto$ (Ex)Fx · x ist seinsautonom · ...
$\vdots$ $\vdots$
x, das F ist, existiert–n $\longmapsto$ (Ex)Fx · x ist seins–i · ...

Es ist wichtig zu beachten, dass gemäss meiner Interpretation in den Ingardenschen Explikanda 'existiert–ideal', 'existiert–real' usw. und *nicht* 'existiert und ist ideal', 'existiert und ist real' usw. zu berücksichtigen sind. Auf diesen Punkt werde ich später zurückkommen.

Wiederum per Konvention will ich die unterschiedenen Explikate unter Verwendung besonderer Existenzquantoren folgenderweise abkürzen:[13] $(E_1)Fx$, $(E_2)Fx$, ..., $(E_n)Fx$. Wir

---

[12] Vgl. oben §9.22.

[13] Zur Möglichkeit und zum Zweck der Verwendung verschiedener Existenzquantoren vgl. die Ausführungen des folgenden Paragraphen.

erhalten dann für die unterschiedenen Explikate schematisch das Folgende:

$(E_n)Fx :\equiv (Ex)Fx \cdot x$ ist seins–i $\cdot$ ...

Entsprechend lassen sich dann die Explikationen besonderer Seinsweisen schematisch wie folgt darstellen:

(*) x, das F ist, existiert–n $\longmapsto$ $(E_n)Fx :\equiv (Ex)Fx \cdot x$ ist seins–i $\cdot$ ...

Bei den Explikationen besonderer Seinsweisen treten in den jeweiligen Explikate alle jene existentialen Momente auf, die Ingarden bei der Konstruktion der verschiedenen Begriffe von Seinsweisen berücksichtigt hat. (Eben deswegen ist es hier nicht möglich, an Stelle von Schema (*) eine Formel mit Seinsmomentvariabeln zu bilden und die Prinzipien der Einschränkung der erlaubten Substitutionen anzugeben. Denn dazu müssten zuerst die verschiedenen Begriffe existentialer Momente so hinreichend präzise reformuliert werden, dass die verschiedenen Ein– und Ausschlussgesetze für existentiale Momente darstellbar wären.) Auf diese Weise kann das der Ingardenschen Existentialontologie zugrundliegende Programm zumindest einheitlich dargestellt werden. Mehr als die Möglichkeit einer bloss einheitlichen Darstellbarkeit des Programmes ist dadurch aber nicht gewonnen.

Die These der Äquivozität von 'existiert'

Auf der Basis seiner existentialontologischen Analysen vertritt Ingarden auch die *semantische* These der Äquivozität von 'existiert'. Um das zugehörige Argument vorzustellen (§23), ist es nützlich, für die Frage nach der Bedeutungsvalenz von 'existiert' die zwei relevanten Hauptpositionen zur Kenntnis zu nehmen (§22).

§22 Univoke versus multivoke Position

22.1 (Objektuale) Quantifikationstheorie und Bezugsbereiche

Im vorliegenden Zusammenhang (objektuale oder referentielle) Quantifikationstheorien zu berücksichtigen, ist auch im Lichte von Ingardens These I_1 sachlich gerechtfertigt. Denn in den (gewöhnlichen) Quantifikationstheorien wird "Existenz" nicht durch Prädikatskonstanten ausgedrückt, und dieser Umstand ist für viele sich an Kunstsprachen orientierende Philosophen ein wichtiger Grund, die Ingardensche These zu akzeptieren.

In der Standardquantorenlogik ("standard quantificational logic") beginnt man gewöhnlich mit einem Bereich D von "Individuen", bezüglich denen quantifizierte Aussagen konstruiert werden, wie z.B.

($\forall$x)Fx   für: Für jedes Individuum x im Bereich D gilt: Fx;

(Ex)Fx   für: Für einige Individuen x im Bereich D gilt: Fx.

In einem solchen Zusammenhang macht Quines Diktum "<To be> is <to be the value of a variable>" einen offenbar einsichtigen Sinn: die Dinge, die gemäss einem bestimmten universe of discourse "existieren", sind genau die Elemente des Bereiches D. Daraus wird zunächst einmal ersichtlich, dass quantifizierten "Aussagen" *ohne explizite* Angabe des jeweiligen Bezugsbereiches gewissermassen der logische Status von *offenen* Sätzen zukommt.

Nun gibt es aber ganz verschiedene Bereiche, über denen quantifizierte Aussagen(–Formen) definiert werden können.

(a) Der Bereich von raum–zeitlichen Entitäten.

(b) Der Bereich von ausserräumlichen und –zeitlichen Entitäten.

(c) Der Bereich nicht–räumlicher, aber zeitlicher Entitäten.

(d) Beliebig gewählte Bereiche von Objekt–Entitäten.

Diese Vielfalt von möglichen Bezugsbereichen, über denen quantifizierte Aussagen(–Formen) definiert werden können, zeigt sehr deutlich, dass für die Quantoren bzw. quantifizierten Aussagen(–Formen) aufgrund rein konventioneller Vereinbarungen sehr verschiedene Lesarten zugelassen sein können.

Oben habe ich betont, dass einer quantifizierten Aussage ohne explizite Angabe des jeweiligen Bezugsbereiches gewissermassen der logische Status eines offenen Satzes zukommt. Damit ist gemeint, dass quantifizierte Aussagen *nur* relativ zu einem bestimmten Bereich D wahrheitsdefinit sind. Dies besagt aber auch, dass bei entsprechender Änderung des Bezugsbereiches z.B. gewisse relativ zu einem Bezugsbereich wahre Existenzbehauptungen relativ zu einem anderen Bezugsbereich falsch gemacht werden können. Das folgende illustrative Beispiel[1] kann dies verdeutlichen.

(1)   Peter glaubt an Entitäten (z.B. an Klassen), die nicht existieren.

Als eine (informelle) quantorenlogische Übersetzung von (1) kann jemand vorschlagen:

(2)   Es gibt Entitäten, die es nicht gibt und an die Peter glaubt

Während (1) aber gegebenenfalls wahr ist, scheint (2) notwendigerweise falsch, weil logisch widersprüchlich zu sein. Dieser scheinbare Widerspruch aber verschwindet, wenn man explizit die verschiedenen Bezugsbereiche erwähnt, sodass an Stelle von (2)

(3)   Es gibt im Bereich D_1 einige Entitäten, an die Peter glaubt und die es im Bereich D_2 nicht gibt.

tritt. Bereich D_1 kann z.B. all jene Entitäten umfassen, die von Peter und anderen Menschen erdacht werden (sc. fiktive Gegenstände) und Bereich D_2 z.B. alle realen, raum-zeitlichen Entitäten. Zwar wollen manche Philosophen den Bereich D_1 nicht annehmen. Dennoch gilt, *falls* (3) als (informelle) Übersetzung von (1) anerkannt wird, verschwindet unser anfängliches Problem: Immer wenn (1) wahr bzw. falsch ist, dann ist auch (3) wahr bzw. falsch und vice versa.

Anhand des folgenden Beispieles[2] kann das zur Bereichsthematik Ausgeführte für unsere Zwecke noch weiterführend ausgewertet werden.

(4)   Jeder Soldat hat eine Serienzahl.

Mit 'Sx'= 'x ist ein Soldat' und 'Pxy'= 'x ist Serienzahl von y' kann (4) wie folgt formuliert werden:

(4.1) $(\forall x) [Sx \longrightarrow (Ey)Pyx]$.

Diese Behandlungsweise von (4) setzt voraus, dass die Quantoren in (4.1) über einem etwas seltsamen Bereich D definiert sind – nämlich über einem Bereich, der als Elemente ("Individuen") *Menschen* (d.h. konkrete Entitäten) und *Zahlen* (d.h. abstrakte Entitäten) enthält. Als Alternative kann man deshalb, wenn man will, *verschiedene Arten von Variablen* einführen, z.B. x,y,z für Menschen bzw. n,k,m für Zahlen und (4) folgenderweise formulieren:

---

[1]   Illustrativ ist dieses Beispiel, weil ein intensionaler Kontext vorliegt.

[2]   Das Beispiel stammt von Rescher (3), 168.

(4.2) $(\forall x) [Sx \longrightarrow (En)Pnx]$.

Bei *dieser* Behandlungsweise von (4) wird der seltsame Bezugsbereich D nicht mehr benützt. Durch die Verwendung verschiedener Arten von Variablen vielmehr wird ersichtlich, dass die Quantoren in (4.2) über verschiedenen Bereichen definiert sind, und die Verschiedenheit der jeweiligen Bereiche wird direkt angezeigt: für jede Kategorie von Entitäten werden ja verschiedene Arten von Variablen verwendet. Während ein logisches System, das (4) wie (4.1) behandelt, als typisches Beispiel einer "Einbereichslogik" (one–sorted–version of quantification theory) zu bezeichnen ist, kann ein System, das (4) wie (4.2) behandelt, als Beispiel einer "Mehrbereichslogik$_1$" (many–sorted–version of quantification theory)[3] bezeichnet werden.

Für momentane Zwecke führe ich hier die folgende Terminologie ein: ein Ausdruck wie '$(\forall x)$' sei als Quantifikator bezeichnet und der zugehörige Teilausdruck '$(\forall)$'als Quantor. Es lässt sich dann sagen: Statt *mehrere* Arten von *Variablen* und zugleich nur *eine* Art von *Quantoren* zu benutzen, könnte man auch nur *eine* Art von *Variablen* und zugleich *mehrere* Arten von *Quantoren* benutzen. In dieser Version wird ein relativ zu den einzelnen Bereichen *neutraler* Variablenstil (z.B. x,y,z) verwendet, während die Verweisfunktion auf die jeweiligen Bereiche von den verschiedenen Arten von Quantoren, mit denen die Variablen gebunden sind, übernommen wird. So kann man z.B. mit '$(\forall_1)$', '(E_1)' für Menschen bzw. '$(\forall_2)$', '(E_2)' für Zahlen (4) wie folgt formulieren:

(4.3) $(\forall_1 x) [Sx \longrightarrow (E_2 y) Pyx]$.

Der Unterschied der einzelnen Bereiche wird in (4.3) auf klare und einfache Weise sichtbar. Ein System, das (4) wie (4.3) behandelt, kann ebenfalls als typisches Beispiel einer "Mehrbereichslogik$_2$" bezeichnet werden, nur[4] dass die entsprechende Quantifikationslogik auf der Idee von verschiedenen Arten von Quantoren statt Variablen basiert.

Diese zweite Alternative hat folgenden Hauptvorteil. Während eine Einbereichslogik auf einem einzigen *universellen* Quantor beruht – wobei '$(\forall x)Fx$' besagt 'Für alle Werte der über dem (alles einschliessenden) Bereich D verlaufenden Variable x gilt: Fx' –, kann jetzt zwischen dem universellen Quantor und einer (finiten oder infiniten) Reihe von *generellen* Quantoren unterschieden werden – wobei '$(\forall_i x)Fx$', mit i=1,2,...,n besagt 'Für alle Werte der über dem (eingeschränkten) Bereich D_i verlaufenden Variablen x gilt: Fx'. Ähnlich lassen sich auch verschiedene Arten von existentiellen Quantoren (Partikularisatoren) von

---

[3]   Vgl. Hao Wang; Rescher (2).
[4]   Dies im Unterschied zu einer "Mehrbereichslogik$_1$".

einem einzigen existentiellen Quantor unterscheiden.[5] Der frühere Beispielsatz (1) kann dann[6] z.B. folgenderweise formuliert werden:

(1.1) $(E_1x) [Fx \cdot Pax \cdot \neg(E_2y)(y=x)]$.

In dieser Weise wird *durch* den Symbolismus selbst auf einfache Art einsichtig, dass (1) nicht logisch widersprüchlich ist.

Allerdings kann jede Mehrbereichslogik $_{1\smile 2}$ in eine Einbereichslogik mit nur einem, alles einschliessenden Bezugsbereich transformiert werden[7], sodass von einem rein technischen Standpunkt aus betrachtet die Wahl zwischen einer Einbereichslogik und einer Mehrbereichslogik$_{1\smile 2}$ eine Angelegenheit primär der (eventuell durch pragmatische Argumentationen beeinflussten) Konvention ist. Die ganze Thematik ist im vorliegenden Zusammenhang nun aber *deshalb* von sachlichem Interesse, weil in ihrem Lichte das *Problem der Univozität von 'es gibt'* systematisch gut formuliert werden kann.

22.2 Univoke versus multivoke Position

Betrachten wir zu diesem Zwecke noch einmal die drei Arten der Rekonstruktion von (4), wobei dieser Beispielsatz jetzt in die Existenzbehauptung:

(4*)   *Es gibt* (mindestens) einen Soldaten x, für den gilt: *es gibt* (mindestens) eine Serienzahl y, sodass y x zukommt

umformuliert sei. Die obigen Formulierungsweisen lauten dann analog:

(4.11) $(Ex) [Sx \cdot (Ey) Pyx]$

(4.22) $(Ex) [Sx \cdot (En) Pnx]$

(4.33) $(E_1x) [Sx \cdot (E_2y) Pyx]$.

In (4.11)–(4.33) wird das 'es gibt' von (4*) übereinstimmend mittels Existenzquantoren ausgedrückt. Dazu kann man *einerseits* sagen: Dieser Umstand führt weder auf besondere Probleme noch ist er erstaunlich. Denn Satz (4*) selbst ist einfach ein (informeller)

---

[5] Diese können in herkömmlicherweise eingeführt werden (sc. '$(E_1)Fx$' für $\neg(\forall x_1) \neg Fx$', vgl. Rescher (3), 169.

[6] Mit den Abkürzungen 'F'='ist eine Klasse'; 'a'='Peter'; 'Pxy'='x glaubt an y'; Indizes '1' bzw. '2' für 'Bereich der fiktiven Entitäten' bzw. 'Bereich der realen Entitäten'.

[7] Vgl. Literaturangabe oben in Anm. 3.

DIE THESE DER ÄQUIVOZITÄT VON 'EXISTIERT'

quantorenlogischer Satz der deutschen Sprache und (4.11)–(4.33) reformulieren bzw. übersetzen bloss das aus dem Deutschen, was (4*) feststellt. Tatsächlich wird in diesen Sätzen ja *derselbe* Sachverhalt festgestellt, wenn auch im Rahmen *verschiedener* quantifikationslogischer Kunstsprachen. *Andererseits* kann man auch sagen: Der Umstand, dass das in (4*) Behauptete in den Sätzen (4.11)–(4.33) in *verschiedener* Weise behauptet wird, führt uns auf eine wichtige Frage: Drückt das 'es gibt', welches in (4*) zweimal vorkommt, an beiden Stellen denselben Sinn aus? Gehen wir von *dieser* Frage aus, kann man festhalten:

Für (4.11) gilt: '(E)' hat an beiden Stellen einen graphisch gleichartigen Existenzquantor, suggeriert also auch einen gleichartigen Sinn (Univoke Position).

Für (4.33) gilt: '(E_1)' und '(E_2)' haben zwei graphisch verschiedenartige Existenzoperatoren, suggeriert also auch einen verschiedenartigen Sinn (Multivoke Position).

Bei (4.22) lassen sich demgegenüber beide Positionen vertreten. Doch sehen wir noch etwas genauer zu!

Der UNIVOZIST kann zugeben: (a) Natürlich will ich nicht leugnen, dass man (4*) in (4.33) übersetzen *kann*, wo Quantoren mit verschiedenartiger graphischer Gestalt und verschiedenem Bezugsbereich vorkommen. (b) Vom meinem Standpunkt aus aber gilt: Der Quantor hat in (4*) an beiden Stellen denselben Sinn; und sogar in (4.33) ist meiner Meinung nach der intendierte Sinn von 'E_1' und 'E_2' nur dahingehend verschieden, dass eben der Bezugsbereich verschieden ist. Also ziehe ich (4.11) vor: (4.33) ist eine unnötig komplizierte graphische Schreibweise. Demgegenüber argumentiert der überzeugte MULTIVOZIST: (a) Ich will nicht leugnen, dass man (4.33) in (4.11) übersetzen *kann*, wo graphisch gleichartige Quantoren vorkommen. (b) Vom meinem Standpunkt aber gilt: Die Quantoren haben sowohl in (4*) wie versteckterweise in (4.11) verschiedenen Sinn; also ziehe ich (4.33) vor.

Das vom *Ingardenschen Standpunkt* aus betrachtet an dieser Gegenüberstellung Interessante ist das Folgende: Beide Positionen (sollten) anerkennen,

(I) dass die Vorkommnisse von 'es gibt' in (4*) durch *Existenzquantoren* übersetzt werden können;

(II) dass der ontische Status der Entitäten der involvierten Bezugsbereiche jedoch wesentlich verschieden ist;

(III) dass dies den Sinn der jeweiligen Existenzbehauptungen differenziert: "Existenz" besagt immer *Verschiedenes* (der Existenzquantor ist ein äquivoker Zeichentyp), *weil* Zahlen und Soldaten aufgrund ihres ontischen Status' auf *verschiedene* Art existieren.

Mit (I)–(III) nähern wir uns langsam demjenigen Punkt, wo die Idee einer Existential-ontologie im Ingardenschen Sinne bedeutsam wird. Dies zeigt sich, wenn anstelle der primär sprachlich orientierten Überlegungen einmal mehr primär ontologisch orientierte Überlegungen ins Zentrum gerückt werden.

(1) Die Übereinkunft (I) ist als solche für eine *ontologische* Betrachtungsweise der Existenz-thematik nicht von besonderer Bedeutung.[8] Hingegen ist es sehr bedeutsam, dass *beide Positionen eine Differenzierbarkeit des ontischen Status' der fraglichen Entitäten anerkennen* (sollten) (vgl. II).

Angenommen beide Positionen sind bezüglich dem in (II) und (III) Festgestelltem im Recht (bzw. sie akzeptieren die zugehörigen Ingardenschen Forderungen). Was müssen die jeweiligen Vertreter dann leisten, um den gleichermassen anerkannten Sinnunterschied der jeweiligen Existenzbehauptungen zu erklären? – Der UNIVOZIST muss den *ontischen* Status der zum jeweiligen Bezugsbereich gehörenden Entitäten erklären. Um das zu leisten, kommt er nicht darum herum, auf diejenige materiale Bestimmung bezug zu nehmen, mittels welcher der jeweilige Bezugsbereich definiert wird (vgl. '($\forall$x) (x *ist ein Lebewesen)*' bzw. '($\forall$x)(x *ist eine Zahl)* '). Genau *dasselbe* muss aber auch der MULTIVOKIST leisten! M.a.W.: Wollen die Vertreter beider Positionen die in II formulierte Prämisse ihrer Argumentation erklären, müssen sie bestimmte Fragen stellen: Was muss auf eine beliebige Entität x zutreffen, wenn x ein Lebewesen ist? Was muss auf eine beliebige Entität x zutreffen, wenn x eine Zahl ist? Und die Antworten müssen *so* ausfallen, dass sie die von beiden Positionen anerkannten Sinnunterschiede der zugehörigen *Existenzbehauptungen* erklären können (vgl. III).

Die angeführten Fragen *sind* gemäss Ingarden Beispiele der *ontologischen Grundfrage:*[9] Wenn eine beliebige Objekt–Entität x unter eine bestimmte Idee fällt, was muss dann auf x (in formaler, materialer und existentialer Hinsicht) zutreffen? Ingarden kann von seinem Standpunkt aus also zunächst einmal sagen: Wollen Multivokisten und Univokisten ihre eigenen Positionen rational begründen, müssen sie der Sache nach jedenfalls Ontologie betreiben.

(2) Im Rahmen seiner Existentialontologie geht Ingarden von einer *speziellen existential-*

---

[8] Denn wir können ohne Zweifel auch von solchen Kunstsprachen ausgehen, in denen das grammatikalische Prädikat 'existiert' als Prädikatskonstante übersetzt wird. Erst also eine ontologische Argumentation für die These, dass "Existenz" keine Eigenschaft sei, kann hier wirklich entscheidend sein.

[9] Vgl. oben §9.1.

ontologischen Grundfrage aus, nämlich: Wenn eine beliebige Objekt–Entität x unter eine bestimmte Idee fällt, was muss dann auf x in existentialer Hinsicht zutreffen? Dass diese spezielle Frage im vorliegenden Zusammenhang wichtig ist, zeigt sich sofort, wenn man den Umstand berücksichtigt, dass quantifizierte Aussagen(–Formen) im Rahmen der Quantifikationstheorie über *beliebig gewählten* Bezugsbereichen definiert sein können. Für den Multivokist wie den Univokist stellt sich aber Ingardenianisch betrachtet die Frage: Im bezug auf *welche* Bereiche soll die ontologische Grundfrage so gestellt werden, dass die zugehörigen Antworten die (von beiden Positionen) anerkannten bzw. anzuerkennenden Sinnunterschiede der jeweiligen Existenzbehauptungen erklären können? Diese Frage ist auch für den Univokisten von Belang. Besonders von Bedeutung ist sie aber für den Multivokisten, der ja zusätzlich annimmt, dass "Existenz" Verschiedenes besagt, *weil* z.B. Zahlen und Soldaten aufgrund ihres ontischen Status verschieden sind. Multivokisten müssen gewissermassen auch angeben können, wie weit ihrer Meinung nach die Multivozität geht: Gehören z.B. alle Tiere zum gleichen Bereich, oder gehört sogar jedes Individuum zu einem je eigenen Bereich? – Um den verschiedenen Sinn von Existenzbehauptungen bzw. um die Multivozität von 'Existenz' zu *erklären*, muss also erklärt werden, was "im ontologischen Sinne *kategorial* verschiedene Bereiche" sind. Die Ingardensche Existentialontologie kann in diesem Zusammenhang als ein wichtiges Instrumentarium angesehen werden. Denn, wenn es gelingt, heuristisch angenommene Differenzen der Existenzweisen von Entitäten ontologisch so aufzuklären, dass die These *verschiedener* Existenzweisen konzeptuell durchsichtig formuliert werden kann, dann ist ein entscheidender Gesichtspunkt für die Klassifikation von Entitäten als *kategorial* verschiedener Entitäten gewonnen. Mithin können aufgrund der Ergebnisse einer so durchgeführten Existentialontologie entscheidende Anhaltspunkte für die Klassifikation von "im ontologischen Sinne kategorial verschiedenen" Gegenstandsbereichen gewonnen werden: Diese Gegenstandsbereiche lassen sich unter bezug auf die spezifische Existenzweise der jeweils zugehörigen Entitäten gegenseitig abgrenzen und definitorisch bestimmen. Diese Zielsetzung gehört ganz wesentlich zum Ingardenschen Projekt einer Existentialontologie. Denn tatsächlich will Ingarden aufgrund seiner Begriffe von Seinsweisen "im Sinne der Ontologie kategorial verschiedene Gegenstandsbereiche" (sc. Bereich idealer individueller Gegenstände, Bereich realer individueller Gegenstände usw.) unterscheiden.

Fassen wir kurz zusammen! Es geht mir im vorliegenden Kapitel darum zu zeigen, dass und wie Ingarden aufgrund seiner *ontologischen* Analyse verschiedener Seinsweisen zur *semantischen* These der Äquivozität von 'existiert' gelangt. In einem ersten Schritt wollte ich zeigen, dass die Ingardensche Argumentationsstrategie zumindest eine plausible Strategie ist. Deswegen habe ich – ausgehend von der im Zusammenhang von Quantifikationstheorien in vielfacher Hinsicht wichtigen Bezugsbereich–Thematik – zuerst die univoke und die multivoke Position (von einer Ingardenschen Perspektive) systematisch charakterisiert. Die zugehörige Diskussion hat schliesslich zu folgendem geführt: Eine primär an der Sprache orientierte Argumentation kann nicht weiter führen. Denn wenn die Vertreter beider Positionen ihre eigenen Prämissen rational rechtfertigen wollen, müssen sie erstens der Sache nach Ontologie betreiben. Zweitens müssen die Multivokisten über Kriterien verfügen, mittels derer "im ontologischen Sinne *kategorial* verschiedene Gegenstandsbereiche" unterscheidbar sind. Beide Punkte sind für Ingardens Position *Ausgangspunkte*. Mit seiner Existentialontologie will er wesentlich derartige Kritieren zur Verfügung stellen. Und die semantische These der Äquivozität von 'existiert' versteht Ingarden als eine Folge—These der Ergebnisse seiner existentialontologischen Analyse von Seinsweisen.

§23 'Existiert' ist ein äquivoker Term (I$_2$)

Zu behaupten, dass verschiedene Existenzweisen unterscheidbar sind, ist noch nicht dasselbe wie zu behaupten, dass 'existiert' ein äquivoker Term sei. Zu zeigen, dass die These der Äquivozität von 'existiert' aus der These verschiedener Seinsweisen *folgt*, ist eine weitere Sache. Ingarden stellt lapidar fest:

> Nach Einführung der Begriffe der verschiedenen Seinsweisen ... ist das Wörtchen 'ist' ... in seiner existentialen Bedeutung [dergemäss 'ist' gleichwertig ist mit 'existiert'] vieldeutig"[1].

Wie lautet aber Ingardens *Argument* hierfür? — Auszugehen ist von der metaphysischen Grundfrage:[2]

(1) Was existiert überhaupt?

Angewendet auf den Einzelfall lautet die metaphysische Grundfrage beispielsweise:

(2) Existiert die Objekt–Entität a?

Diese Frage erfordert als Antwort eine Ja/Nein–Stellungnahme, die sprachlich gegebenenfalls so formuliert werden kann:

(3) Die Objekt–Entität a existiert.

Ingardens These der Äquivozität von 'existiert' bezieht sich auf die in Kontexten wie (3) vorausgesetzte Verwendungsweise von 'existiert'. Seine These ist unzweideutig: Gilt es tatsächlich zwischen mehreren Seinsweisen zu unterscheiden, wird "das Wörtchen 'ist' vieldeutig", d.h. die Bedeutung von 'ist', gemäss welcher 'ist' gleichwertig ist mit 'existiert', ist keine einheitliche.[3]

Unter Beschränkung auf den Fall von Konkreta[4] lautet Ingardens Argument folgenderweise:

(P$_1$) Terme sind genau dann nicht nur faktisch, sondern systematisch äquivok, wenn ihre Verwendungsweise sie aus ontologischen Gründen zwingenderweise äquivok macht.[5]

---

[1] Ingarden (10), 67.
[2] Vgl. oben §9.
[3] Vgl. Ingarden (10), 66.
[4] Für alle anderen Fälle lautet das Argument ganz analog.
[5] Vgl.: "Gibt es aber mehrere Seinsweisen ... so [wird] ... insbesondere das Wörtchen 'ist' vieldeutig. *Und zwar nicht aus Zufall, sondern aus einer inneren Notwendigkeit.*" (Ingarden 10, 66).

(P₂)   Verschiedene Seinsweisen schliessen einander gegenseitig aus.

(P₃)   Kein Konkretum kann zugleich unter die Idee: "real–existierendes Kon-
[aus 2]   retum" wie unter die Idee: "ideal–existierendes Konkretum" fallen.

(P₄)   Jedes Konkretum hat eine konstitutive Natur.

(P₅)   Die konstitutive Natur eines Konkretums ist eine Materie, welche eine qualitativ selbständige ideale Qualität exemplifiziert.[6]

(P₆)   Für alle Konkreta gilt: Sie fallen mindestens unter solche (materiale) Ideen, in
[aus 4,5]   deren Gehalt jene ideale Qualität ideal konkretisiert ist, welche durch die jeweilige konstitutive Natur der betreffenden Konkreta exemplifiziert wird.

(P₇)   Für alle Konkreta gilt: Sie fallen entweder unter die Idee "real–existierendes
[aus 6,3]   Konkretum" oder unter die Idee "ideal–existierendes Konkretum".[7]

(P8)   Für jedes Konkretum gilt: es existiert existentialontologisch betrachtet
[aus 7]   notwendigerweise gemäss einer bestimmten Seinsweise.

(C)   Die Verwendungsweise von 'existiert', wie sie in Sätzen wie (3) vorausgesetzt
[aus 8,1]   wird, ist systematisch äquivok.

Zunächst einige Bemerkungen zu den einzelnen Prämissen des Argumentes.

(P₁) beruht natürlich nur auf einer terminologischen Konvention, um die Äquivozität von 'existiert' von bloss faktisch–zufälligen Fällen der Äquivozität (z.B. 'Bank' im Sinne von 'Sitzbank' oder von 'Geldinstitut') zu unterscheiden.

(P₂)/(P₃) sind zumindest intuitiv plausibel und sind jedenfalls im Lichte des der Ingardenschen Existentialontologie zugrundeliegenden Konstruktionsverfahren zur Bildung verschiedener Begriffe von Seinsweisen zwingend.

Die Prämissen (P₄) und (P₅) finden ihre Rechtfertigung in Ingardens formalontologischer Theorie von Konkreta.

Wenn die zentralen Prämissen (P₂)–(P₅) zutreffen, erhält der Multivokist von Seiten Ingardens durch ein *ontologisches* Argument Unterstützung. Zugleich stellt Ingardens Argument dem Multivokisten ein Kriterium zur Verfügung, mittels dem er entscheiden kann, wie weit die Multivozität reicht. Denn wir haben gesehen, dass ein Multivozist

---

[6]   Zur qualitativen Selbständigkeit vgl. oben §11.
[7]   Vgl. dazu die oben im §20 gegebene Übersicht über die der Ingardenschen Existentialontologie zugrundeliegende hierarchische Ordnung der Ideen.

gewissermassen ja auch muss angeben können, ob z.B. alle Tiere zum "kategorial gleichen" Bereich gehören, oder ob letztlich sogar jedes Individuum zu einem je eigenen Bereich gehört. Mit Ingarden kann man so antworten: Soweit die existentialontologisch erfassbaren Propria in Frage stehen, gehören beispielsweise alle Tiere zum selben kategorialen Bereich. Denn alle Ideen von existierenden Tieren sind der Idee "real–existierendes Ding" untergeordnet. Diese Idee aber kann, soweit es um die Spezifikation von Seinsweisen geht, nicht mehr spezifiziert werden, d.h. der Idee Realität ist keine speziellere Idee einer Seinsweise mehr untergeordnet.

Eine in diesem Zusammenhang wichtige Frage lautet: Ist 'existiert' mit bezug auf ein reales Ding und mit bezug auf reale Eigenschaften verwendet auch äquivok? Oder sollen wir sagen: Als–reale–Eigenschaft–existieren ist eine Spezies von Real–existieren? Vom *Ingardenschen* Standpunkt ist darauf folgendes zu antworten:

(a) Wenn Konkretum a qua autonome, formal selbständige Objekt–Entität in Δt existiert, dann existiert a in Δt mit der Gesamtheit zukommender absoluter und (eventuell) nicht–absoluter Eigenschaften (vgl. oben §19).

(b) Wenn Konkretum a qua autonome, formalselbständige Objekt–Entität in Δt existiert, dann fällt a unter die Idee "real–existierendes Konkretum", d.h. a existiert–real (vgl. das obige Argument).

(c) Aus (b) folgt, dass Konkretum a *qua* autonome, formal selbständige Objekt–Entität unter die Idee "real–existierendes Konkretum" fällt, d.h. a fällt gemäss (a) mit der Gesamtheit aller ihm zukommender absoluter und (eventuell) nicht–absoluter Eigenschaften unter die Idee "real–existierendes Konkretum". Expressis verbis sagt Ingarden:

> "Wenn etwas real ist [sc. existiert], so ist [sc. existiert] an ihm *alles* real (abgesehen vom Realsein selbst, von dem sich natürlich überhaupt nicht sagen lässt, es 'existiere' in irgendeinem Sinne)."[8]

(d) Aus (a)–(c) folgt, dass der Begriff der Realität *NUR* auf Gegenstände anwendbar ist, welche formal–selbständige Objekt–Entitäten sind, also z.B. auf Konkreta (d.h. ursprünglich individuelle) oder auf fundiert individuelle Gegenstände (d.h. individuelle Gegenstände höherer Ordnung).(Analoges gilt auch für die übrigen Begriffe von Seinsweisen.) *Insofern ist es gemäss Ingarden unzulässig zu sagen, Als–reale–Eigenschaft–existieren sei eine Spezies von Real–existieren.*

---

[8] Ingarden (10), 75. Vgl. auch oben das Zitat in Anm. 16 von §20.

(e) *Andererseits ist es gemäss Ingarden aber auch unzulässig zu sagen, 'existiert' sei mit bezug auf Konkreta und mit bezug auf reale Eigenschaften von Konkreta verwendet äquivok.* Denn 'Als–reale–Eigenschaft–existieren' bedeutet dasselbe wie 'Eigenschaft–eines–real–existierenden–individuellen–Gegenstandes–zu–sein'. (Analog bedeutet 'Als–ideale–Eigenschaft–existieren' dasselbe wie 'Eigenschaft–eines–ideal–existierenden–individuellen–Gegenstandes–zu–sein'.)

"Eigenschaft–eines–real–existierenden–individuellen–Gegenstandes–zu–sein" aber ist gemäss (d) *nicht* mittels existentialontologischen Begriffen von *Seinsweisen* (modi existentiae), sondern *nur* mittels Begriffen von *Seinsmomenten* (momenta existentiae) zu analysieren. Z.B. gilt gemäss Ingarden (vgl. §18):

P ist eine absolute Eigenschaft von Konkretum a ⟶ [(i) P ist eine materiale Teilbestimmung von a · (ii) P weist in sich eine abstraktiv unterscheidbare Materie ("Beschaffenheit") auf · (iii) P weist in sich eine abstraktiv unterscheidbare Form des Bestimmens ("Eigenschaftsform") auf, die ein Folge–Aspekt der Materie von P ist · (iv) *P existiert unselbständig bezüglich a*].

Es zeigt sich hier eine auffällige Besonderheit von Ingardens Analyse. Er benutzt die Begriffe existentialer Momente tatsächlich *nicht nur* für die Konstruktion der existentialontologischen Begriffe von Seinsweisen, sondern er benutzt *einzelne* Begriffe existentialer Momente *auch* für die ontologische Analyse *beliebiger* Objekt–Entitäten (z.B. eben auch für die ontologische Analyse von individuellen *Eigenschaften* von Konkreta). Deswegen sind beispielsweise in den früher berücksichtigten Definitionen von 'x existiert formaliter unselbständig bezüglich y' bzw. 'x existiert materialiter unselbständig bezüglich y' die Variabeln 'x' und 'y' Variabeln für Namen von konkreten Individuen, wobei (wie ich früher betont habe, vgl. §18) der Ausdruck 'Individuen' im technischen Sinne zu verstehen ist, d.h. je nach Anwendungsfall sind für 'x' und 'y' z.B. Namen für Konkreta oder Namen für individuelle Eigenschaften von Konkreta oder auch Namen für die konstitutive Natur von Konkreta einsetzbar. Mit diesen Feststellungen wird jetzt auch deutlicher, warum Ingarden in seiner Analyse von Seinsweisen auch vom Prinzip ausgeht, dass existentialontologisch identifizierbare und unterscheidbare Seinsweisen *im strikten Sinne* begrifflich *mindestens* unter Rückgang auf die (früher erwähnten) Grundbegriffe existentialer Momente bestimmt werden müssen. Denn dieses Prinzip, das ich oben im Paragraphen 21 als Voraussetzung der Ingardenschen Analyse von Seinsweisen bezeichnet habe, gestattet es Ingarden, *einzelne* Begriffe existentialer Momente zur existentialen Charakterisierung beispielsweise von individuellen Konkreta–*Eigenschaften* zu verwenden, *ohne* dadurch Gefahr zu laufen, auch bezüglich der "Existenz" von individuellen Konkreta–Eigenschaften von (im strikten Sinne) besonderen Seinsweisen · (modi existentiae) sprechen zu müssen. Zwar spricht Ingarden bisweilen auch von der "Seinsweise" beispielsweise von individuellen Eigenschaften.[9] In solchen Kontexten geht es ihm jedoch nur um die existentiale Charakterisierung gewisser "Aspekte" *von* formal–selbständigen Objekt–Entitäten mittels einzelner Begriffe existentialer Momente (und *nicht* um eine Charakterisierung dieser "Aspekte" mittels einzelner Begriffe von Seinsweisen im strikten Sinne – sc. modi existentiae). M.a.W.: Neben dem oben im Paragraphen 21 erwähnten Prinzip muss für die Ingardensche Position auch das folgende Prinzip vorausgesetzt werden:

(P) Die verschiedenen Begriffe von Existenz– oder Seinsweisen *im strikten Sinne* (sc. Real–Existieren; Ideal–Existieren usw.) sind nur auf Objekt–Entitäten anwendbar, welche formal–selbständig sind.

Gemäss Ingarden sind beispielsweise Konkreta formal–selbständige Objekt–Entitäten. Entsprechend können wir gegebenenfalls zwischen real–existierenden und ideal–existierenden Konkreta unterscheiden. Dass für Ingardens Position Prinzip P vorauszusetzen ist, wird aber durch seine explizite Stellungnahme deutlich, dass dann, wenn z.B. Konkretum a real–existiert, Konkretum a *als* Ganzes, d.h. mit all seinen Bestimmungen und also auch mitsamt seinen Eigenschaften real–existiert. In logischer Hinsicht kann Ingarden ohne prinzipielle Schwierigkeiten von P ausgehen. Denn er geht in seiner Existentialontologie grundsätzlich von den verschiedenen Begriffen existentialer Momente (momenta existentiae) als Basisbegriffen aus. Eben deswegen kann er auch einzelne dieser Begriffe (insbesondere natürlich den Begriff der formalen Selbständigkeit) dazu verwenden, für die (mittels eines kombinatorischen Verfahrens aus den verschiedenen Begriffen existentialer Momente konstruierten) verschiedenen Begriffe von Seinsweisen (modi existentiae) im strikten Sinne gemäss P ein einschränkendes Anwendungsprinzip zu statuieren. Aber auch in sachlicher Hinsicht scheint mir P gerechtfertigt. Es wäre in der Tat höchst unplausibel anzunehmen, dass zwar z.B. das formal–selbständige Konkretum a als Ganzes real–existiert, während irgendwelche Teilbestimmungen von a nicht real–existieren sollten. Andererseits trifft es allerdings zu, dass wir neben dem oben im Paragraphen 21 erwähnten Prinzip auch P als *Voraussetzung* der Ingardenschen Position bezeichnen müssen. Denn m.W. hat Ingarden die eben von mir angestellten Überlegungen an keiner Stelle explizit formuliert.

Kehren wir zurück zu Ingardens Argument für die Äquivozität von 'existiert'. Dieses Argument wirft auch auf die univozistische Position ein interessantes Licht. Der Univozist orientiert sich primär (und Ingarden würde sagen fälschlicherweise) an Sätzen vom Typ wie (3) qua Antworten auf metaphysische Grundfragen vom Typ wie (2). Dass wir bei solchen Antworten im gewissen Sinne überall dasselbe tun (sc. Ja/Nein–Stellungnahmen machen), trifft sicherlich zu. Dies aber ist vom Ingardenschen Standpunkt aus betrachtet für die Frage

---

[9] Vgl. vor allem oben §18.2.

nach der Bedeutungsvalenz von 'existiert' gar nicht entschcidend. Denn auch der Univozist sollte gemäss Ingarden zugeben, dass der ontische Status von Entitäten den Sinn von Existenzbehauptungen gegebenenfalls differenzieren kann. Will er dafür aber eine rationale Erklärung geben, muss er der Sache nach Ontologie betreiben. Sobald er dies tut, muss er aber gemäss Ingarden zugestehen, dass Objekt–Entitäten, falls sie existieren, nicht einfach tel quel, sozusagen in allgemeiner Weise, sondern gemäss bestimmten Seinsweisen spezifisch existieren. Und es ist dieser ontologische Sachverhalt, der nach Ingarden für die Frage nach der Bedeutungsvalenz von 'existiert' entscheidend ist. Allerdings, mit diesen Feststellungen ist Ingardens Argument für These I$_2$ bloss *vorgestellt*. Eine andere Sache ist es natürlich, dieses Argument in seinem systematischen Stellenwert zu beurteilen. Dies aber ist eine spätere Aufgabe[10]. Vorerst gilt es jedoch noch Ingardens Argument für die These zur Kenntnis zu nehmen, dass *Existenz* kein gewöhnliches Klassifikationsprinzip sei.

---

[10] Vgl. dazu unten Teil 5, Kapitel 11.

TEIL 4

EXISTENZ IST KEIN GEWÖHNLICHES PRINZIP DER KLASSIFIKATION (I₃)

Bevor ich Ingardens Position und im besonderen sein Argument für These I_3 vorstelle (Kap. 9), werde ich aus systematischen Gründen zuerst eine klassisch zu nennende Gegenposition sowie eine ebenso klassisch zu nennende zugehörige Kritik berücksichtigen (Kap. 8).

Klassische Argumente pro und contra I_3

§24 Existenz als gewöhnliches Klassifikationsprinzip: Meinongs Gegenstandstheoretische Position

Der Begriff Gegenstand kann gemäss Meinong nicht definiert werden. Denn alles ist ein Gegenstand.[1] Es ist aber ein proprium von Gegenständen, erfassbar zu sein, obgleich nicht alle Gegenstände tatsächlich erfasst sind.[2] Meinong klassifiziert Gegenstände nach Kategorien und nach "Standesweisen".[3] Die Klassifikation der Gegenstände nach Kategorien ist kompliziert und hängt mit Meinongs philosophischer Psychologie und Sprachphilosophie zusammen.[4] Konkreta im Ingardenschen Sinne sind gemäss dieser Meinongschen Klassifikation von Gegenständen eine Art von Objekten, d.h. von Gegenständen, die Gegenstände von Akten des Vorstellens[5] bzw. Bedeutungen[6] von kategorematischen Termen sind. Ich orientiere mich deshalb im folgenden hauptsächlich an Objekten im Meinongschen Sinne.

Einfacher ist die Klassifikation der Gegenstände nach "Standesweisen". Meinong unterscheidet:

---

[1] Was zunächst *Gegenstand* ist, formgerecht zu definieren, dazu fehlt es an genus wie an differentia; denn alles ist Gegenstand." (Meinong 5, 12).

[2] Vgl.: "Dagegen bietet die Etymologie des 'Gegenstehens' wenigstens eine indirekte Charakteristik durch den Hinweis auf die den Gegenstand erfassenden Erlebnisse, die nur nicht etwa als für den Gegenstand irgendwie konstituitiv anzusehen sind." (Meinong 5, 12/13). "Den Gegenständen ist es nicht wesentlich, erfasst zu werden, wohl aber erfasst werden zu können." (Meinong 5, 20). Zu Meinongs Gegenstandsbegriff vgl. auch Meinong (4), 147-54.

[3] Den Term 'Standesweisen' übernehme ich von Simons (2), 100.

[4] Meinong unterscheidet vier Hauptkategorien: Objekte, Objektive, Dignitative und Desiderative. Objekte und Objektive sind durch intellektuelle, Dignitative und Desiderative durch emotionale Akte erfassbar. Objekte sind Gegenstände von Vorstellungen (bzw. Bedeutungen von kategorematischen Termen), Objektive sind Gegenstände von Urteilsakten und von Annahmen (bzw. die Bedeutungen von deklarativen Sätzen bzw. von Suppositionen). Vgl. dazu sowie zur Kombination der Klassifikation der Gegenstände nach Kategorien und nach Standesweisen die Übersicht bei Simons (2), 101-104.

[5] Vgl. Anm. 4.

[6] Die Bedeutung von kategorematischen Termen ist nach Meinongs früher (und einfacher) Sprachphilosophie mit der Bezeichnung des Termes gleichzusetzen (vgl. Meinong 1, 21–29 bzw. Morscher 2, 78 f.): die Bedeutung der Ausdrücke 'Graz'; 'Sonne' beispielsweise ist das jeweils Bezeichnete, d.h. die Stadt Graz; die Sonne. Meinong verwendet den Ausdruck 'Bedeutung' also ähnlich wie Frege, obgleich man andererseits in Meinongs früher Sprachphilosophie nichts finden kann, das den Fregeschen Sinnen entspricht (vgl. dazu Simons 2, 107 ff.). Für eine systematische Darstellung von Meinongs Bedeutungstheorie vgl. Simons (2) (besonders 109 ff. zur Funktion der sogenannten "Hilfsgegenstände" als Bedeutungen von allgemeinen Termen gemäss Meinongs späterer Position), Morscher (2) und vor allem Morscher (3) (besonders 199 ff. zur Relation des Bedeutens, wo Morscher den Zusammenhang aufzeigt, wie gemäss Meinong Sprachzeichen *präsentierende* psychische Erlebnisse *ausdrücken* und zugleich Gegenstände *bedeuten*).

1. Existierendes (+zeitlich, ±räumlich)
2. Bestehendes oder Subsistierendes (−zeitlich, −räumlich)
3. Ausserseiendes (worunter u.a. *Possibilia* und *Impossibilia* fallen, wobei die Impossibilia weiter in *Widersprüchliches* und in *Unvollständiges* unterteilt werden).

Aus Gründen, die ich sogleich nennen werde, ist es schwierig, Meinongs Klassifikation von Objekten$_M$ adäquat in einem "porphyrischen" Schema darzustellen. Für meine Zwecke ist das folgende Schema günstig (M: für Meinongs Terminologie; H: für meine Terminologie):

(I) Gegenstände [im Sinne der reinen Gegenstandstheorie]
= Ausserseiendes$_M$ [*weder* Sein$_M$ *noch* Nichtsein$_M$ habendes]

Seiendes$_M$ Non-Seiendes$_M$
["Existentes$_H$"]   ["Non-Existentes$_H$"]

Existierendes$_M$ Bestehendes$_M$ Possibilia$_M$ Impossibilia$_M$

Widersprüchliches$_M$ Unvollständiges$_M$

"Existenz" und "Bestand" bzw. "Subsistenz" sind nach Meinong *Seinsweisen:* Seiendes (oder "Existentes") kann entweder existieren$_M$ oder subsistieren$_M$. "Ausser−Sein" aber ist nach Meinong *keine* Seinsweise: Ausserseiendes (oder "Non−Existentes") sind u.a. Gegenstände, die weder existieren$_M$ noch subsistieren$_M$. (Dieser Sachverhalt wird in Schema I nicht adäquat dargestellt!) Sachlich besagt dies, dass im Zusammenhang von Meinongs Position *Existenz* sowohl als Prinzip der Klassifikation von Seiendem$_M$ (sc. Existierendes$_M$ vs. Bestehendes$_M$) wie als Prinzip der Klassifikation von Gegenständen$_M$ (sc. Existentes vs. Non−Existentes) erörtert werden kann. *Hier interessiert mich nur die zweite Möglichkeit:* Es "gibt" nach Meinong non−existente Gegenstände (bzw. Objekte). Unter dieser Einschränkung ist zu fragen:

(1) Warum wird die Kategorie der ausserseienden Gegenstände$_M$ (Objekte$_M$) eingeführt?;

(2) Und warum ist "Ausser−Sein" nach Meinong keine "dritte" Seinsweise neben "Existenz" und "Bestand"?

Bevor ich auf diese Fragen eingehe, ist kurz zu begründen, warum Schema I Meinongs Klassifikation von Gegenständen nicht adäquat darstellen kann.

Weil es mir hier – mit Blick auf Konkreta im Ingardenschen Sinne – vor allem um existierende Objekte$_M$ geht, könnte man erwarten, dass in Schema I das Bestehende nicht berücksichtigt zu werden braucht. Nach Meinong gilt jedoch nicht etwa, dass alles Bestehende Objektive$_M$ sind.[7] Auch "ideale" Objekte$_M$ wie Zahlen bestehen$_M$. Obgleich es aber Objekte$_M$ gibt, die nicht existieren$_M$, sondern nur bestehen$_M$ (können), sagt Meinong auch, dass Existenz Bestand "impliziert", d.h. alles, was existiert$_M$, besteht$_M$ auch.[8] Dieser Zusammenhang aber wird in Schema I nicht repräsentiert.

Weiter: Schema I zeigt richtig, dass Objekte$_M$, welche Impossibilia sind, nicht existieren$_M$ (können).[9] Andererseits ist nach Meinong jedes Existierende$_M$ auch ein Possibilium, d.h. Existenz "impliziert" auch Möglichkeit.[10] Auch dieser Zusammenhang wird in Schema I nicht repräsentiert.[11] Wollte man mit Meinong darstellen, dass "das Sein$_M$ die Möglichkeit$_M$ gewährleistet"[12], müsste *(unter Beschränkung auf Objekte$_M$)* anstelle von Schema I vom folgenden Schema ausgegangen werden:

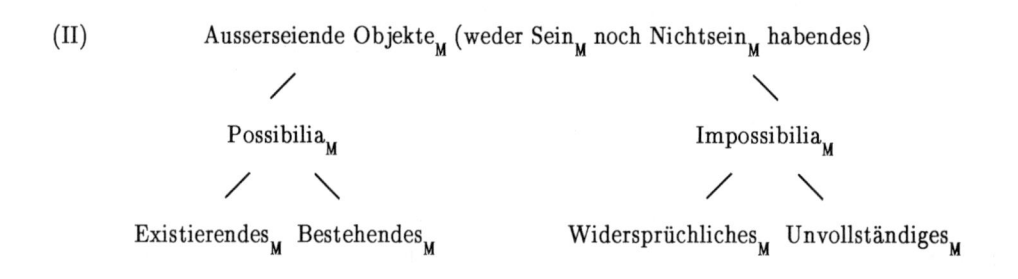

(II)   Ausserseiende Objekte$_M$ (weder Sein$_M$ noch Nichtsein$_M$ habendes)

            Possibilia$_M$ Impossibilia$_M$

Existierendes$_M$ Bestehendes$_M$ Widersprüchliches$_M$ Unvollständiges$_M$

---

[7] Objektive als besondere Gegenstände$_M$ sind zwar gegebenenfalls Existentes, aber jedes existente Objektiv subsistiert$_M$. Vgl. auch oben Anm. 4 und unten Anm. 8.

[8] Vgl. Meinong (6), 63 ["Existenz impliziert jederzeit den Bestand ... Was existiert, muss also jederzeit auch bestehen."]; Meinong (5), 18 ["Existierendes besteht auch"]; Meinong (2), 519; Meinong (1), 74. Heisst "Existenz *impliziert* Bestand" soviel wie z.B. "Die Existenz von a impliziert, dass das Seins–Objektiv: "Dass a existiert" besteht" oder besagt es z.B. "Das existierende a ist zugleich bestehendes a (aber nicht umgekehrt)"? Es scheint bei Meinong für beide Deutungen Textbelege zu geben.

[9] Z.B. kann das widersprüchliche Objekt$_M$ "das runde Viereck" nicht existieren$_M$; nichtsdestoweniger besteht$_M$ das zugehörige Nichtseinsobjektiv: "Dass das runde Viereck nicht existiert$_M$".

[10] Vgl.: "Existenz impliziert jederzeit den Bestand, der Nichtbestand jederzeit die Nichtexistenz; in gleicher Weise wird durch das Sein die Möglichkeit, durch die Unmöglichkeit das Nichtsein gewährleistet." (Meinong 6, 63). "Existenz" ist nach Meinong eine Art von "Sein", also wird die "Möglichkeit" auch durch "Existenz" gewährleistet.

[11] Schema I ist auch noch in anderen Hinsichten inadäquat, vgl. unten Anm. 29.

[12] Vgl. oben Anm. 10.

Will man *unter Beschränkung nur auf Objekte$_M$* Schema I und II zu einer umfassenderen Darstellung "zusammenlegen", welche die wichtigsten Meinongschen Zuordnungen zeigt, erhält man in etwa das folgende Schema:

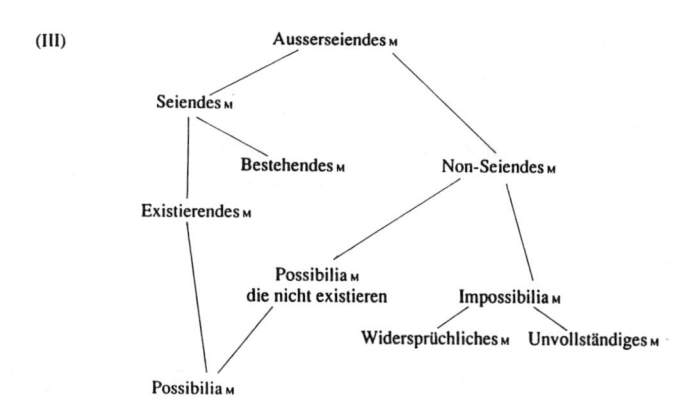

(III)
```
                      Ausserseiendes M
                     /              \
        Seiendes M                    \
        /      \                       \
       /    Bestehendes M    Non-Seiendes M
Existierendes M                         \
       \                                 \
        \   Possibilia M                  \
         \  die nicht existieren   Impossibilia M
          \         \           /          \
           \         \         /            \
            \     Widersprüchliches M   Unvollständiges M
             \
          Possibilia M
```

Aus III geht klar hervor, dass bei Meinong sehr verschiedene Gesichtspunkte der Einteilung im Spiel sind und *dass jedenfalls keines dieser Schemata nach der Ordnung von "porphyrischen Bäumen" gelesen werden darf.*

Gehen wir hier aber wiederum von den beiden ersten Schemata aus. Im Unterschied zu Schema I wird aus Schema II *nicht* ersichtlich, dass Existierendes und Bestehendes Seiendes$_M$ ("Existentes$_H$") sind (bzw. Existenz und Bestand Seinsweisen oder Stufen des Seins sind), während Possibilia (die nicht existieren$_M$) und Impossibilia Non–Seiendes$_M$ ("Non–Existentes$_H$") sind. Weil mich andererseits gerade die Meinongsche Unterscheidung zwischen Sein$_M$ und Nichtsein$_M$ interessiert, gehe ich hier von Schema I aus.

Kehren wir nun zurück zu den oben formulierten Fragen. Für eine Antwort auf die *erste* Frage sind vor allem zwei Prinzipien der Meinongschen Philosophie zu berücksichtigen: das *Prinzip der Unabhängigkeit des Soseins vom Sein* (M$_1$) und das *Prinzip der unbeschränkten Referentialität t von (intellektiven) Akten* (M$_2$).

M$_1$ hängt mit Meinongs Kritik am "Vorurteil zugunsten des Wirklichen"[13] zusammen. Nicht

---

[13] Vgl. Meinong (2), 485.

nur wirkliche Objekte$_{M'}$ sondern auch subsistierende ideale Objekte$_M$ wie Zahlen[14] haben ein Sosein. Aber auch non-existente Objekte$_M$ haben ein Sosein: Der goldene Berg *ist* golden; das runde Viereck *ist* sowohl rund wie viereckig. Mit M$_1$ lässt sich sagen: *jedes* Objekt$_M$ (ob existent oder non-existent) hat ein Sosein.[15]

M$_2$ besagt, dass psychische Akte "ihren Inhalt und *daher auch* ihren Gegenstand"[16] haben. Es gilt deshalb, dass "nicht nur das Erkennen, sondern jedes Urteilen und Vorstellen seinen Gegenstand habe, von der Gegenständlichkeit ausserintellektueller Erlebnisse nun gar nicht noch einmal zu reden"[17]. Mit M$_2$ lässt sich also sagen, dass bei *jedem*[18] Akt zwischen "Inhalt" und "Gegenstand" zu unterscheiden ist und dass die intentionale Gerichtetheit von Akten[19] diese eo ipso zu referentiellen Akten macht: Es gibt nach Meinong keine referenzlosen (intellektiven) Akte.[20]

Auf dem Hintergrunde dieser Prinzipien kann Frage (1) wie folgt beantwortet werden: Der Begriff *Existenz* ist entweder auf Objekte$_M$ anwendbar oder nicht. Objekte$_M$ *im Sinne der reinen Gegenstandstheorie* sind aber Entitäten, die *unabhängig* von der Frage nach der (möglichen) Anwendbarkeit des Begriffes *Existenz* in Akten des Vorstellens erfassbar sind. Weil Gegenstände bzw. Objekte$_M$ im Sinne der reinen Gegenstandstheorie somit in diesem Sinne "jenseits von Sein und Nichtsein" stehen (d.h. jenseits von Seins- oder Nichtseins-Stellungnahmen erfassbar sind), deswegen wird die besondere Kategorie des Ausserseienden eingeführt.[21] Die Kehrseite davon ist, dass *Existenz* (bzw. Sein$_M$) ein gewöhnliches

---

[14] Zu den subsistierenden Gegenständen gehören nach Meinong aber nicht nur ideale Objekte, sondern vor allem auch alle Objektive.

[15] Vgl.: "Das alles ändert nichts an der Tatsache, dass das Sosein eines Gegenstandes durch dessen Nichtsein sozusagen nicht mitbetroffen ist. Die Tatsache ist wichtig genug, um sie ausdrücklich als das Prinzip der Unabhängigkeit des Soseins vom Sein zu formulieren, und der Geltungsbereich dieses Prinzips erhellt am besten im Hinblick auf den Umstand, dass diesem Prinzipe nicht nur Gegenstände unterstehen, die eben faktisch nicht existieren, sondern auch solche, die nicht existieren können, weil sie unmöglich sind." (Meinong 2, 489/90).

[16] Meinong (1), 23.

[17] Meinong (2), 495. Vgl. dazu vor allem auch Meinong (2), 483/84; (5), 12/13.

[18] Zumindest bei allen intellektuellen Akten wie Vorstellen, Urteilen und Annahmen.

[19] Vgl. dazu Meinong (2), 483 f.

[20] Zum Begriff der Referentialität von Akten vgl. oben Teil 1.

[21] Vgl.: "Im Gegenstande für sich [kann] weder Sein noch Nichtsein wesentlich gelegen sein ... Das besagt natürlich nicht, dass irgendein Gegenstand einmal weder sein noch nicht sein könnte. Ebensowenig ist damit behauptet, dass es der Natur eines jeden Gegenstandes gegenüber rein zufällig sein müsste, ob er ist oder nicht ist: ein absurder Gegenstand wie das runde Viereck trägt Gewähr seines Nichtseins in jedem Sinne, ein idealer Gegenstand wie die Verschiedenheit die seiner Nichtexistenz in sich ... Man könnte vielleicht sagen: der *reine Gegenstand* stehe 'Jenseits von Sein und Nichtsein'. Minder ansprechend oder auch minder anspruchsvoll, dafür aber meines Erachtens

Klassifikationsprinzip ist, d.h. ein Klassifikationsprinzip von Objekten$_M$ ist.

Zur *zweiten* oben formulierten Frage: Wenn es Objekte$_M$ "gibt", die non–existente Objekt–Entitäten sind (die also weder existieren$_M$ noch bestehen$_M$), dann ist die Annahme naheliegend, dass auch ihnen qua non–existente Ausserseiende$_M$ irgendein "ontologischer Status" zukommt. Also ist "Aussersein" eine "dritte" Seinsweise neben "Existenz" und "Bestand"?[22]

Auch bei Meinong findet man Überlegungen, welche zunächst *für* dieses Argument zu sprechen scheinen. Angenommen eine Entität a, die ein Objekt$_M$ ist, ist weder ein Existierendes noch ein Bestehendes. Dann ist es gemäss Meinong wahr[23], dass das (Nichtseins–)Objektiv$_M$ "a hat kein Sein" *besteht*. Dieses Objektiv hat demnach Sein, d.h. das fragliche Objektiv ist ein Existentes. Nun aber ist ein beliebiges Objektiv ein besonderes Ganzes, das aus bestimmten Teilen besteht. Das Objektiv: "a hat kein Sein" beispielsweise enthält als Teil die Entität a. Einsichtig scheint aber: Ein Ganzes kann nur dann Sein haben, wenn alle seine Teile Sein haben. Da das Objektiv:"a hat kein Sein" gemäss Voraussetzung besteht, muss a also irgendeine Art von Sein haben. Dies kann natürlich weder "Existenz" noch "Bestand" sein, denn a ist per Voraussetzung ein non–existentes Objekt$_M$. Also muss a eine Art von Sein haben, das verschieden ist von "Existenz" und "Bestand". Diese Art von Sein, diese "dritte" Seinsweise ist das "Aussersein".[24]

Meinong vertritt aber die These, "dass das Sein des Objektivs keineswegs allgemein auf das Sein seines Objektes angewiesen ist"[25], dass also vor allem bei Nichtseinsobjektiven die Ganzes/Teil–Relation nicht in Ansatz gebracht werden kann.[26] Diese These gehört zu Meinongs Theorie von Objektiven – eine Theorie, welche ich hier nicht zu berücksichtigen brauche.[27] Hingegen interessiert mich hier Meinongs Begründung für die These, dass

---

    sonst geeigneter, liesse sich dasselbe auch etwo so aussprechen: *der Gegenstand ist von Natur ausserseiend, obwohl von seinen beiden Seinsobjektiven, seinem Sein und seinem Nichtsein, jedenfalls eines besteht.*" (Meinong 2, 493/94).

[22] Wobei dann im Lichte von Schema I "Aussersein" einfach eine schwächere, in den Seinsweisen "Existenz" und "Bestand" sozusagen eingeschlossene Seinsweise wäre.

[23] Vgl. Grossmann (3), 111 ff; Simons (2), 101 f.

[24] Das ganze Argument wird von Meinong selbst erwogen, vgl. (2), 491/92. Vgl. dazu auch Grossmann (4), 68.

[25] Meinong (2), 493.

[26] Vgl. Meinong (2), 493/94.

[27] Zur Kritik an Meinongs These vgl. z.B. Grossmann (4), 77 ff.

"Aussersein" keine "dritte" Seinsweise sei. Meinong führt aus, dass bei gegenteiliger Annahme *der klassische Fall eines verlorenen Gegensatzes* vorliege. Denn im Falle sowohl von "Existierendem" versus "Non—Existierendem" (= Bestehendes) wie im Falle von "Bestehendem" versus "Non—Bestehendem" (= Existierendes) liegt eine Klassifikation vor, für die *auf der zugehörigen Stufe* (sc. des Existenten) je ein relevanter Unterschied angegeben werden kann. Auf der Stufe des Aussereienden aber kann keine Klassifikation "Ausserseiendes" versus "Non—Ausserseiendes" angegeben werden:

> "Dieses Sein [sc. das 'Aussersein'] müsste dann jedem Gegenstande als solchem [sc. jedem Gegenstand im Sinne der reinen Gegenstandstheorie] zukommen: ein Nichtsein *derselben* Art dürfte ihm also nicht gegenüberstehen; denn ein Nichtsein auch in diesem neuen Sinne müsste sofort wieder die analogen Schwierigkeiten im Gefolge haben, wie sie das Nichtsein im gewöhnlichen Sinne mit sich führt und zu deren Beseitigung ja die neue Konzeption in erster Linie zu dienen hätte ... Ein Sein, dem prinzipiell kein Nichtsein gegenüberstände, wird man das überhaupt noch ein Sein nennen können? Dazu ein Sein, das weder Existenz noch Bestand sein soll ...?"[28]

Ein Meinongianer wird deswegen die Frage nach dem "ontologischen Status" des Ausserseienden zurückweisen: Weil Ausserseiendes eben die non—existenten Gegenstände$_M$ mitumfasst, kann gar nicht mehr sinnvoll von einem Sein gesprochen werden.[29]

Ich will momentan aus *heuristischen* Gründen annehmen, dass Ingarden *alle Objekte*$_M$[30] als Objekt—Entitäten akzeptiert. Nach Ingarden müssten wir dann im Gegensatz zu Meinong auch annehmen, dass *alle Objekte*$_M$ gemäss einer spezifischen Seinsweise (im Ingardenschen Sinne) existieren. Aus der Ingardenschen Sichtweise erhielten wir somit das folgende Schema:[31]

---

[28] Meinong (2), 492.

[29] Dass Meinong in dieser Frage allerdings keinen wirklich eindeutigen Standpunkt eingenommen hat, betont m.E. zu Recht Morscher (3), 181/82.

[30] Objektive$_M$ berücksichtige ich einfachheitshalber nicht.

[31] Schema IV entspricht grundsätzlich der Ingardenschen Sichtweise, mit der Einschränkung, dass widersprüchliche Impossibilia gemäss Ingarden keine Objekt-Entitäten sind, d.h. - in meiner Terminologie formuliert - aus externer Perspektive erweisen sich Akte, die aufgrund ihrer Inhalte eine intentionale Gerichtetheit auf widersprüchliche Objekte$_M$ darstellen, zwingenderweise als referenzlose Akte.

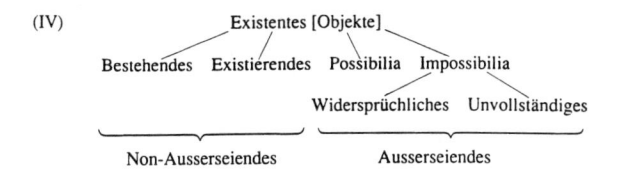

(IV)   Existentes [Objekte]
     ┌──────────┬──────┴──────┬──────────┐
  Bestehendes Existierendes Possibilia Impossibilia
                              ┌──────┴──────┐
                        Widersprüchliches Unvollständiges
     ⏟─────────────────────⏞ ⏟────────────────⏞
        Non-Ausserseiendes   Ausserseiendes

In diesem "Ingardenschen" Schema erhält natürlich auch der ursprüngliche Meinongsche Ausdruck 'Aussersein' einen ganz anderen Sinn.[32] Mit Schema IV lässt sich behaupten: (i) "Aussersein$_I$" ist eine Seinsweise wie "Existenz" und "Bestand", d.h. bezüglich dem "Aussersein$_I$" ist das Argument des verlorenen Gegensatzes nicht anwendbar. Demgegenüber (ii) wäre hier eine zusätzliche Klassifikation "Existente Objekte" versus "Non–Existente Objekte" erneut ein Fall eines verlorenen Gegensatzes, d.h. auch hier kann *Existenz* nicht als Klassifikationsprinzip von Objekten in Ansatz gebracht werden.

Mich interessiert hier *nicht*, dass mit Schema IV das Meinongsche "Aussersein" uminterpretiert wird. Was mich hier mit bezug auf Feststellung (ii) interessiert, ist vielmehr nur dies: Es zeigt sich, dass das Meinongsche Problem des verlorenen Gegensatzes einfach auf eine Stufe höher transponiert wird bzw. dass es sich letztlich nicht vermeiden lässt. Das Meinongsche Problem *ist* also auch vom Ingardenschen Standpunkt aus ein echtes Problem. M.a.W.: Es geht keineswegs nur um eine bloss terminologische Frage. Denn erstens steht — und zwar unabhängig von der Frage, ob "Existenz" eine Eigenschaft sei[33] — zur Debatte, ob *Existenz* ein gewöhnliches Klassifikationsprinzip sei. Wer aber diese Frage negiert, wird wohl

---

32 Vgl. aber Anm. 29.
33 Auch Meinong hat diese Fragen m.E. zu Recht unterschieden. "Existenz" bzw. (in Meinongs Terminologie) "Sein" ist für Objekte$_M$ im Sinne der reinen Gegenstandstheorie "ausserwesentlich". Aber auch ausserseiende Objekte$_M$ haben ein Sosein, d.h. bestimmte Eigenschaften. Das Meinongsche Prinzip (M$_1$) legt jedenfalls die Ansicht nahe, dass "Sein" nicht zum "Sosein" von Objekten$_M$ gehört, also keine Eigenschaft von Objekten$_M$ ist. Zur Thematik vgl. Grossmann (4), 73 ff.; (3), 5-11; 100-109.

auch irgend eine zugehörige "positive" These vertreten. Insgesamt steht dann aber zur Debatte, welcher "logische" Status dem Begriff *Existenz* zuzuweisen sei. Dies aber ist keine bloss terminologische Angelegenheit. Zweitens beruht die These, dass *Existenz* kein gewöhnliches Klassifikationsprinzip sei, auf ganz bestimmten Argumenten, die nicht einfach die Terminologie betreffen. In dieser Hinsicht will ich nun der Reihe nach Russells und Ingardens Position berücksichtigen.

§25 Gegenarguments: Russells Meinong-Kritik

Über Existenzaussagen handelt Russell vor allem in seinen Untersuchungen über Satzfunktionen und in seiner Theorie der Deskription. Hier interessiert mich aber nicht Russells Lehrmeinung[1]; vielmehr geht es mir hier nur um seine Argumente gegen Meinongs Position.

25.1 Russells Argumente

Für Russells Standardkritik an der Meinongschen Annahme non–existenter Objekte ist besonders seine Kennzeichnungstheorie wichtig. In "On denoting" (1905) fasst Russell die Grundidee seiner Theorie so:

> "That denoting phrases never have any meaning in themselves, but that every proposition in whose verbal expression [sentence] they occur has a meaning." "[The theory] gives a reduction of all propositions [sentences] in which denoting phrases occur to forms in which no such phrases occur."[2]

Im Lichte von Russells "logischer Analyse" erweist es sich, dass Sätze, in denen Kennzeichnungsausdrücke vorkommen, nicht *die* logische Form haben, die sie unanalysiert aufzuweisen scheinen.[3] Im vorliegenden Zusammenhang ist nun das folgende wichtig:

> "With our theory of denoting, we are able to hold that there are no unreal individuals."[4]

Denn:

> "The whole realm of non–entities, such as 'the round square', 'the even prime other than 2', 'Apollo', 'Hamlet', etc., can now be satisfactorily dealt with. All these are denoting phrases which do not denote anything."[5]

---

[1] Er formuliert diese wesentlich im Anschluss an Freges Lehrmeinung. Zu letzterer vgl. unten Kap. 10.

[2] Russell (2), 43; 45. Vgl. auch "The [denoting] phrase *per se* has no meaning, because in any proposition [sentence] in which it occurs the proposition [sentence], *fully expressed*, does not contain the [denoting] phrase, *which has been broken up*." Russell 2, 51).

[3] Vgl. das Zitat in Anm. 2.

[4] Russell (2), 54/55.

[5] Die Stelle zeigt eine notorische Largheit in Russells Formulierung. Russell sollte sagen: The whole realm of presupposed non-entities such as "the round square" ... can now be satisfactorily dealt with. Because all corresponding terms like 'the round square' ... are denoting phrases which do not denote anything. Welche der folgenden Aussagen: (1) Der gegenwärtige König von Frankreich ist kahlköpfig; (2) Der gegenwärtige König von Frankreich ist nicht kahlköpfig ist wahr? Und worüber spricht oder denkt eine Person a, die (1) bzw. (2) ausspricht oder denkt? Sollen wir, da kein gegenwärtiger König von Frankreich existiert, sagen: a spricht oder denkt über "nichts" oder über ein non-existentes Objekt à la Meinong? Weil Russell diese Antworten unbefriedigend findet, sucht er durch logische Analyse eine solche Antwort zu finden, die seinen berühmten robusten Sinn für Realität befriedigt. Tatsächlich besteht ein wesentlicher Zweck von Russells Deskriptionstheorie darin, sagen zu können: (1) und (2) sind

Bezüglich non-existenter Objekte$_M$ sagt Russell im besonderen:

> "Thus 'the present King of France', 'the round square', etc., are supposed to be genuine objects. It is admitted that such objects do not subsist, but nevertheless they are supposed to be objects. [A] *This is in itself a difficult view;* [B] but the chief objection is *that such objects, admittedly, are apt to infringe the law of contradiction ...* But this is intolerable."[6]

Russell offeriert hier zwei Thesen, sodass auch zwei *Argumente* (A; B) zu unterscheiden sind. Im Zusammenhang mit der ersten These sagt Russell in einem Brief an Meinong lapidar:

> "I have always assumed up to now *that every object must be in some sense or other* [dass jeder Gegenstand in irgendeinem Sinne sein muss], and I find it difficult to countenance objects which cannot be said to be"[7].

Russells A-Argument kann ausführlicher formuliert etwa folgenderweise zusammengestellt werden ('R' für 'Russell'; 'M' für 'Meinong'):

(1) Wenn Objekte$_M$ Entitäten sind, die zwar erfassbar, die aber nicht zwingenderweise
[M/R] erfasst sind, dann gilt: Erfassende Akte sind für Objekte$_M$ nicht konstitutiv.

(2) Wenn erfassende Akte für beliebige Objekt-Entitäten nicht konstitutiv sind, dann
[R] handelt es sich um Objekt-Entitäten, die in irgendeinem Sinne Seiendes (Existierendes) sind.[8]

(3) Erfassende Akte sind nie konstitutiv für das Erfasste; das Erfasste ist immer (min-
[M] destens) Ausserseiendes.

(4) Wegen (1)-(3) sind alle Objekte$_M$ qua Ausserseiendes, falls es Ausserseiendes über-
[R] haupt "gibt", Objekt-Entitäten, die in irgendeinem Sinne Seiendes (Existierendes) sind.

(5) Die Meinongsche These: "<<Aussersein>> ist keine Seinsweise (keine Stufe des
[R] Seins)" ist wegen (4) eine unplausible These.

Russells These (5) steht allerdings auch im Zusammenhang mit seiner Theorie von

---

wahrheitsdefinit (beide nämlich sind falsch), und um dies zu erkennen, muss man weder "seltsame" ontologische Unterscheidungen noch "seltsame" metaphysische Annahmen machen, noch muss man voraussetzen, dass unsere Person a, die (1) bzw. (2) ausspricht oder denkt, im Grunde über "nichts" spricht oder denkt - sondern: sie sagt oder denkt über Etwas, nämlich über alle Individuen der realen Welt, nur sagt oder denkt sie über diese Individuen etwas Falsches.

[6] Russell (2), 45.
[7] Zitiert nach Lambert (2), 37.
[8] Vgl. oben das letzte Russell-Zitat.

Sachverhalten.[9] Sieht man davon ab, ist Russells A–Argument offensichtlich aber ein "blosses" *Plausibilitätsargument*.

Das *zweite* und gemäss Russell wichtigere Argument (B) besagt, dass non–existente Objekte$_M$ gegen das Nicht–Widerspruchsprinzip oder aber das Tertium–non–datur verstossen. Das Argument sieht für einen Einzelfall formuliert so aus:

(1)   Das runde Viereck ist rund   M$_1$ (Sosein/Sein–Prinzip)

(2)   Das runde Viereck ist viereckig   M$_1$

(3)   (∀x)[x ist viereckig ⟶ ¬(x ist rund)]

(4)   ¬ (Das runde Viereck ist rund)
[2,3]
(5)   Das runde Viereck ist rund · ¬(Das runde Viereck ist rund)
[1,4]

(5) verletzt jedoch das aussagenlogische Gesetz: ¬(p·¬p). Wie unser Ausgangszitat nahelegt, soll aber nicht nur die Annahme unmöglicher, non–existenter Objekte$_M$, sondern auch die Annahme möglicher, non–existenter Objekte$_M$ auf Schwierigkeiten führen. Z.B.: Der goldene Berg qua non–existentes, mögliches Objekt$_M$ ist (per Voraussetzung) nicht–existent. Für sein Argument muss Russell u.a. voraussetzen, dass die Prädikatnegation die Satznegation impliziert.[10] Das Argument sieht dann beispielsweise so aus (wobei hier die substitutionelle Lesart von Quantoren vorausgesetzt sei):[11]

(1)   (∀x)(x ist existierend ≡ x existiert)   AN

(2)   (∀x){x ist nicht–existierend ⟶ ¬(x ist existierend)}   PN/SN

(3)   Der existierende goldene Berg ist nicht–existierend   Meinong

(4)   ¬(Der existierende goldene Berg existiert)
[1,2,3]
(5)   Der existierende goldene Berg ist golden   M$_1$
[3]
(6)   Der existierende goldene Berg ist existierend   M$_1$
[3]
(7)   Der existierende goldende Berg existiert
[6,1]
(8)   Der existierende goldene Berg existiert · ¬(Der existierende goldene Berg existiert.
[7,4]

---

9   Welcher gemäss die Beziehung zwischen Sachverhalten und ihren Subjekten - contra Meinong - eine Teil/Ganzes-Relation ist. Dies vorausgesetzt ist es natürlich undenkbar, dass ein Sachverhalt, der Sein$_M$ hat (also besteht bzw. subsistiert), als Teil einen Gegenstand enthält, der überhaupt kein Sein hat. Vgl. dazu Simons (2), 114.

10   D.H. [PN/SN]: A ist non-B ⟶ non (A ist B).

11   Vgl.: "It is contended, for example, that the *existent* present King of France *exists*, and also *does not exist*." (Russell 2, 45).

25.2 Zu Russells Meinong–Kritik

Eine Sache ist es zu fragen, ob die von Russell in seiner Deskriptionstheorie vorgeschlagene alternative Theorie besser akzeptierbar ist als eine Meinong–Theorie. Russells Theorie ist ihrem Programm nach reduktionistisch. Jene Idealsprache, mit welcher Russell umgangssprachliche Sätze, welche (definite) Kennzeichnungsausdrücke enthalten, "logisch analysiert" bzw. in die er solche Sätze übersetzt, enthält nur solche quantifizierte Aussagenformen, die über dem Bereich des Realen definiert sind. Dem Typus nach beruht seine Idealsprache demnach auf einer Einbereichslogik, und deswegen kann er 'existierendes Individuum' und 'reales Individuum' als synonyme Ausdrücke verwenden bzw. das folgende behaupten: "With our theory on denoting, we are able to hold that there are [exist] no unreal individuals"[12]. Abgesehen davon, dass Russells alternative Theorie eine metaphysische Theorie ist, ist sie im Lichte einer ontologischen (und besonders existentialontologischen) Fragestellung betrachtet für Ingarden qua reduktionistische Theorie jedenfalls nicht attraktiv. Es ist denn auch nicht ersichtlich, wie das Ingardensche Programm einer existentialontologischen Analyse von Seinsweisen im Rahmen der von Russell vorausgesetzten Idealsprache überhaupt formulierbar sein könnte.

Eine *andere* Sache aber ist es zu fragen, worin – unabhängig von seiner alternativen Theorie – der systematische Beitrag von Russells Meinong–Kritik liegt. Vom Ingardenschen Standpunkt aus wird man zunächst an Russells Kritik an der Annahme non–existenter, *unmöglicher* Objekte$_M$ denken. Denn solche Objekte$_M$ wie beispielsweise das runde Viereck wären, falls sie existieren würden, keine widerspruchsfreien Objekt–Entitäten im früher definierten Sinne.[13] Ob dies aber die ganze Geschichte ist, ob sich insbesondere *alle* non–existenten Objekte$_M$ (auch die nach Meinong bloss möglichen oder unvollständigen Objekte$_M$) als solche Entitäten erweisen, die, falls sie existieren würden, keine widerspruchsfreien Objekt–Entitäten wären – dies ist eine weitere Frage. Wie beispielsweise Ingardens ontologische Theorie rein intentionaler Gegenstände[14] zeigt, könnte es Objekt–Entitäten geben, die (im früher definierten Sinne) widerspruchsfrei sind, obgleich sie in ihrem "Gehalt" sich–widersprechende Bestimmungen aufweisen. *Angenommen* der goldene Berg$_M$ *ist* ein rein intentionaler Gegenstand im Ingardenschen Sinne. Dann würde *nicht* gelten: "Der goldene Berg *ist* golden". Sondern es würde u.a. nur gelten: "Der goldene Berg ist eine Objekt–Entität mit dem Gehalt:'golden–zu–sein'". Und dies lässt sich auch so wenden: "Der goldene Berg ist–golden–zu–sein–vermeint, aber er ist nicht golden". Denn gemäss Ingardens

---

[12] Russell (2), 54/55.
[13] Vgl. oben §9.
[14] Vgl. dazu oben §11.

Theorie *impliziert* der erste Satz den zweiten. Dies vorausgesetzt kann Russells B—Argument nicht mehr entscheidend sein. Denn weder "Das runde Viereck ist—rund—zu—sein—vermeint und das runde Viereck ist—viereckig—zu—sein—vermeint" noch "Der existierende goldene Berg ist—existierend—zu—sein—vermeint und der existierende goldene Berg existiert nicht" verletzen das aussagenlogische Gesetz: ¬(p·¬p).

Aufgrund dieser Hinweise kann man aber bloss sagen: Bei einer umfassenden inhaltlichen Beurteilung von Russells B—Argument wird es vor allem darauf ankommen, von welcher *ontologischen* Theorie non—existenter Objekte$_M$ ausgegangen wird.[15]

Nun, Russell geht natürlich von Meinongs Theorie aus. Und er hält fest:

(R$_1$) Gemäss Meinongs Theorie bezeichnet jeder grammatikalisch korrekte definite Kennzeichnungsausdruck ein Objekt$_M$.[16]

(R$_2$) Gemäss Meinongs Theorie bezeichnet jeder grammatikalisch korrekte definite Kennzeichnungsausdruck ein Objekt$_M$, das die jeweilige Deskription uneingeschränkt erfüllt.

Mit R$_1$ bezieht sich Russell auf das Meinongsche Prinzip M$_2$ der uneingeschränkten Referentialität von (präsentierenden) Akten (des Vorstellens). Allerdings formuliert er M$_2$ erstens auf der semantischen Ebene und zweitens nur mit bezug auf eine bestimmte Klasse von singulären Termen. R$_2$ schliesslich bezieht sich auf das Meinongsche Prinzip M$_1$ der Unabhängigkeit des Soseins vom Sein, dem gemäss z.B. der goldene Berg golden *ist*.

Unter Voraussetzung von R$_1$ und R$_2$ kann man mit Russells B—Argument bezüglich *allen* non—existenten Objekten$_M$ festhalten: (i) sie unterliegen Prädikationen, die das aussagenlogische Gesetz: ¬(p·¬p) oder aber pv¬p verletzen (Russell). Und von *einigen* non—existenten Objekten$_M$ kann man sagen: (ii) sie sind keine widerspruchsfreien "Entitäten" und erfüllen somit eine notwendige Bedingung des Existierens einer beliebigen Objekt—Entität nicht (Ingarden).[17]

---

[15] Ingardens Theorie rein intentionaler Gegenstände ist ohne Zweifel eine "meinongianische" Theorie. Interessante Parallelen gibt es übrigens auch im bezug auf die Funktionen, die Ingarden den rein intentionalen Gegenständen (vgl. dazu Haefliger 2) und Meinong seinen unvollständigen Objekten (vgl. Simons 2) zumisst.

[16] Vgl.: "This theory regards any grammtical correct denoting phrase as standing for an object." (Russell 2, 45).

[17] Es ist zulässig an dieser Stelle uneingeschränkt so zu formulieren, weil ich oben im Paragraphen 9 bei der Definition einer widerspruchsfreien Objekt-Entität nicht die formalontologische Kategorie der Eigenschaft vorausgesetzt habe. So wie 'Eigenschaft' dort verwendet wurde, ist alles und jedes an einer Objekt-Entität Unterscheidbare eine zugehörige Eigenschaft.

Das Wertvolle an Russells B—Argument liegt also erstens im Nachweis, *dass* Meinong in seiner Argumentation jedenfalls irgend etwas ändern sollte. Zweitens aber darin, dass es implizit auf zwei Strategien verweist, die ein Philosoph, der von Meinong ausgeht, in seiner Replik verfolgen könnte.

Strategie 1: An den Prinzipien M_1 und M_2 wird festgehalten *und* Argument B wird sozusagen geschenkt.
Da es sich um *non—existente* Objekte$_M$ handelt, sind die Konsequenzen (i) und (ii) weiter nicht erstaunlich, sondern geradezu erwünscht. Denn es gilt nur für "seiende$_M$" Objekte, dass zugehörige Prädikationen insbesondere das aussagenlogische Gesetz: $\neg(p \cdot \neg p)$ nicht verletzen dürfen. Diese Strategie erscheint jedoch aufs Ganze gesehen *hoffnungslos ad hoc*.[18] An *dieser* Stelle wird auch Russells *A—Argument* wichtig: Die These "Es gibt non—existente Objekte$_M$" ist an sich jedenfalls eine unplausible These. An ihr (und mit ihr an der These, dass *Existenz* ein gewöhnliches Klassifikationsprinzip sei) wird aber bloss festgehalten, um die *Theorie* vor katastrophalen Schwierigkeiten zu retten. Ein Philosoph, der von Meinong ausgeht, ist deshalb gut beraten, an Stelle von Strategie 1 eine andere zu wählen.

Strategie 2: Prinzip M_1 und/oder Prinzip M_2 wird modifiziert.
Mit der Modifikation von Prinzip M_2 wird man sich wohl zur Anerkennung *referenzloser* Akte des Vorstellens verpflichten. Damit ist nicht gesagt, dass sich *alle* Akte, in denen gemäss Meinong non—existente Objekte$_M$ erfassbar sein sollen, tatsächlich als referenzlose Akte erweisen müssen. Zumindest in einigen Fällen wird dies jedoch der Fall sein. Damit stellt sich aber erstens die Frage nach einem Kriterium für die Unterscheidung zwischen referentiellen und referenzlosen Akten. Zweitens aber bleiben Russells und Ingardens Einwände für die trotz allem noch anerkannten non—existenten Objekte$_M$ bestehen, so dass man sich mit der blossen Modifikation von Prinzip M_2 wohl kaum aus der Schlinge ziehen kann. Man wird also in jedem Falle gut daran tun, auch und vor allem Prinzip M_1 zu

---

[18] Vgl. dazu besonders Lambert (3), 96. Dies gilt, obgleich Meinong von einem rein technischen Standpunkt aus betrachtet, wie viele moderne Meinong-Interpreten (wie z.B. Parsons und Routley) gezeigt haben, in manchen Punkten nicht unrecht hat. Obgleich Lambert im angesprochenen Punkt übereinstimmt (und Meinongs Antwort auf Russells Kritik ebenfalls für ad hoc hält), glaubt er *nicht*, dass Russells Argumentation insgesamt die Unmöglichkeit der "Existenz" von ausserseienden Objekten$_M$, die weder existieren$_M$ noch bestehen$_M$, gezeigt hat (vgl. Lambert 3, 97). Lambert seinerseits "vervollständigt" aber Russells Kritik unter bezug auf das Problem der Identifizierbarkeit von solchen Objekten$_M$ (vgl. Lambert 3, 98-100). Was die möglichen und unvollständigen, non-existenten Objekte$_M$ betrifft, bin ich meinerseits von Lamberts Position nicht vollständig überzeugt: Wenn man derartige Objekte$_M$ als rein intentionale Gegenstände im Ingardenschen Sinne analysiert, sind sie nach meiner Überzeugung metaphysisch akzeptierbar.

modifizieren. Um aber zu sagen, dass beispielsweise der goldene Berg$_M$ nicht golden sei, muss er irgendeine subtilere Theorie vorlegen, die Meinongs Ontologie non–existenter Objekte$_M$ ersetzen kann. Er könnte statt von non–existenten Objekten$_M$ z.B. von rein intentionalen Gegenständen im Ingardenschen Sinne sprechen. Wie auch immer – vom Ingardenschen Standpunkt aus betrachtet müssen die Surrogate für die non–existenten Objekte$_M$ dann jedenfalls auch in *existentialontologischer* Hinsicht analysierbar sein. In *dieser* Einschätzung stimmt Ingarden sachlich mit Russells *A–Argument* überein.

Der Umstand, dass man mit Strategie 2 mindestens *einige* Surrogate für non–existente Objekte$_M$ gegen Russells B–Argument in der Weise immun machen kann, dass gilt: (i') sie unterliegen Prädikationen, die das aussagenlogische Gesetz: ¬(p·¬p) oder aber pv¬p nicht verletzen; (ii') sie sind widerspruchsfreie Objekt–Entitäten – dieser Umstand zeigt nach meiner Einschätzung, dass Russell die Schärfe seines B–Argumentes *überschätzt* hat. Umgekehrt kann man sagen: Russell hat in seiner Meinong–Kritik den Wert seines A–Argumentes *unterschätzt* Von seinem Standpunkt aus ist dies sehr wohl verständlich. Denn ihm geht es primär um seine alternative, reduktionistische Theorie. Und das A–Argument ist ja ein "blosses" Plausibilitätsargument. Immerhin, auch ein Plausibilitätsargument *ist* ein Argument.

Ingardens Position

Ingardens These I$_3$, nämlich dass *Existenz* kein gewöhnliches Klassifikationsprinzip sei, ist eine sozusagen negativ formulierte These. Wer sie vertritt, sollte auch eine zugehörige "positive" These vortragen. Ansonsten kann er nicht den Anspruch erheben, die Frage nach dem logisch—semantischen Status des Begriffes *Existenz* beantwortet zu haben. Im Falle von Ingarden liegt allerdings eine etwas ungünstige Situation vor. Leider nämlich ist Ingarden m.W. über die "negative" These nicht hinausgekommen, d.h. man kann bei ihm explizit keine zugehörige "positive" These ausfindig machen. Und was ebenfalls schlimm ist: Selbst die "negative" These wird von Ingarden nicht ausdrücklich formuliert. Dies bedeutet, dass von der vorliegenden Textgrundlage aus der Interpretation ein grösseres Gewicht zufallen muss. In einem ersten Schritt ist nun ein "Ingardenianisches" Argument für I$_3$ vorzustellen (§26) und anschliessend nach einer ergänzenden "positiven" These Ausschau zu halten (§27/28).

§26 Existenz ist kein gewöhnliches Klassifikationsprinzip (I₃)

Russells Deskriptionstheorie führt vom Ingardenschen Standpunkt aus betrachtet zu einer reduktionistischen, metaphysischen Position. Zu entscheiden, ob diese eine gute Alternative zu Meinongs Position darstellt, ist *eine* Sache.[1] Eine *andere* Sache aber ist es zu entscheiden, ob Russells alternative Theorie mit Blick auf ontologische und besonders existentialontologische Fragestellungen eine gute Theorie sei. Ich habe früher ausgeführt, dass Ingardens Programm einer Existentialontologie, falls man dieses auf einfache Weise im Rahmen einer quantorenlogischen Sprache reformulieren will, eine Idealsprache voraussetzt, die dem Typus nach auf einer Mehrbereichslogik beruht. Jedenfalls ist es undenkbar, Ingardens Programm einer Existentialontologie im Rahmen der von Russell vorausgesetzten Idealsprache zu reformulieren. Insofern kann Russells Deskriptionstheorie für Ingarden mit Sicherheit keine attraktive Theorie sein. Interessanterweise ist dieser Umstand im vorliegenden Zusammenhang jedoch, wie wir gleich sehen werden, nicht entscheidend.

Das gesuchte "Ingardenianische" Argument für These I₃ kann folgenderweise zusammengestellt werden:

(P₁) Die ontologische Gehaltsanalyse einer (mutmasslichen) Idee führt entweder zur metaphysischen Anerkennung oder zur metaphysischen Verwerfung dieser Idee.

(P₂) Die (mutmassliche) Idee "etwas Nichtexistierendes" ist überhaupt keine Idee von Seinsweisen und kann aufgrund von ontologischer Gehaltsanalyse metaphysisch nicht anerkannt werden.

(P₃) Jede individuelle Objekt–Entität fällt unter genau eine spezifische Idee von Seinsweisen.
___
(C)   *Existenz* ist kein gewöhnliches Klassifikationsprinzip.

Zuerst einige Erläuterungen zu den Prämissen.

Ad Prämisse (P₁)
Bei der Erörterung von Ingardens Ontologie–Konzeption wurde betont, dass das Ziel der ontologischen Ideengehaltsanalyse (im Ingardenschen Sinne) in der Untersuchung der eidetischen Möglichkeiten bzw. der eidetischen Notwendigkeiten im bezug auf individuelle Gegenstände besteht.[2] Betont wurde auch, dass die ontologische Analyse à la Ingarden die letzte Begründung für ihre Thesen mittels einer intuitiven Erkenntnis idealer Qualitäten sowie der zwischen diesen bestehenden Relationen findet.[3] Dabei wurde auch ersichtlich,

---

[1] Berücksichtigt man Ingardens *metaphysische* Stellungnahmen, beispielsweise bezüglich rein intentionaler Gegenstände, steht Ingarden Meinong sicherlich näher als Russell.
[2] Vgl. oben §6 (These A₅).
[3] Vgl. oben §6 (These A₃).

dass ideale Qualitäten gemäss Ingarden nur in individuellen Gegenständen oder aber im Gehalt von Ideen Träger von notwendigen Relationen sind, und dass sie notwendige formale und existentiale Implikationen nur so haben, indem sie sich in individuellen Gegenständen instantiieren oder aber indem sie sich in Ideengehalten ideal konkretisieren.[4] Weil ideale Qualitäten im Ingardenschen Sinne andererseits aber sind, was sie sind, lassen sie sich im Gehalt von Ideen nicht beliebig vertauschen. Vielmehr *sind* Ideen für Ingarden im gewissen Sinne die notwendigen Beziehungen zwischen idealen Qualitäten.[5]

Daraus wird ersichtlich, dass Ingarden unter keinen Umständen jede beliebige Idee, d.h. *Ideen mit beliebigem Gehalt* metaphysisch akzeptieren kann. Denn erstens könnten solche Ideen offensichtlich nicht (im gewissen Sinne) die *notwendigen* Beziehungen zwischen idealen Qualitäten *sein*. Und zweitens könnte die ontologische Analyse, falls Ideen mit beliebigem Gehalt existieren, offensichtlich nicht die Untersuchung des eidetisch Möglichen bzw. des eidetisch Notwendigen mit bezug auf individuelle Gegenstände zum Ziel haben. Denn falls Ideen mit beliebigem Gehalt metaphysisch akzeptierbar sind, könnte *aus ontologischer Sicht* mit bezug auf individuelle Gegenstände sozusagen *alles möglich* sein. Ingarden jedoch sagt beispielsweise expressis verbis:

> "[Es gibt] Begriffe von 'widerspruchsvollen' Gegenständen: z.B. den Begriff eines quadratischen Kreises. Ideen aber von widerspruchsvollen 'Gegenständen' gibt es nicht."[6]

Ich folgere daraus, dass Ingarden einerseits zwischen "mutmasslichen Ideen" und "echten Ideen" unterscheidet, und dass er andererseits *im Rahmen und aufgrund* seiner ontologischen Ideengehaltsanalyse entscheiden will, welche "mutmasslichen Ideen" echte Ideen sind, d.h. welche (mutmasslichen) Ideen tatsächlich existieren. Also gilt auch Prämisse P_1, d.h. die ontologische Gehaltsanalyse einer (mutmasslichen) Idee führt entweder zur metaphysischen Anerkennung oder zur metaphysischen Verwerfung dieser Idee.

Ad Prämissen (P_2) *und* (P_3)

Prämisse P_2 gehört in den Kontext von Ingardens Programm einer Existentialontologie. Es wurde früher dargelegt, dass die ontologische Ideengehaltsanalyse unter keinen Umständen zur metaphysischen Anerkennung der Idee "Nicht–Existenz", d.h. der Idee "nicht–existierendes Etwas" bzw. der Idee "etwas Nichtexistierendes" führen kann. Denn

---

[4] Vgl. oben §8.1.
[5] Vgl. oben §8.1.
[6] Ingarden (3), 183.

"Nicht–Sein" ist gemäss Ingarden "Privation von Sein" und *keine* Seinsweise.[7] Andererseits anerkennt Ingarden in seiner Existentialontologie ohne Zweifel Prämisse P_3. Er verwendet diese Prämisse u.a. ja auch dazu, seine These der Äquivozität von 'existiert' zu begründen.

Entscheidend ist nun aber die Frage, inwiefern die Prämissen P_1–P_3 die Konklusio C implizieren sollen. – Falls C nicht der Fall ist, müsste der Begriff *Existenz* – aus logischen Gründen – zur Klassifikation verwendet werden können, d.h. er müsste gegebenenfalls auf im metaphysischen Sinne anerkannte Objekt–Entitäten anwendbar sein. Objekt–Entitäten sind aber im metaphysischen Sinne genau dann anerkannt, wenn, wie früher[8] ausgeführt wurde, die metaphysische Grundfrage: "Was existiert überhaupt?" wenigstens partiell beantwortet ist. Also müsste, falls C falsch ist, gegebenenfalls zwischen *existierenden* Objekt–Entitäten in der Weise unterschieden werden können, dass einige unter den Begriff *Existenz* ("Existentes"), andere unter den Begriff *Non–Existenz* ("Non–Existentes") fallen. Dann aber müsste mit P_3 die Idee "Nicht–Existenz" als Idee einer spezifischen Seinsweise anerkannt werden. Die mutmassliche Idee "Nicht–Existenz" bzw. die mutmassliche Idee "etwas Nichtexistierendes" ist aber gemäss P_2 überhaupt keine Idee einer Seinsweise und kann metaphysisch nicht anerkannt werden. Also hätten wir einen Widerspruch.

Obgleich Ingarden also die "negative" These C nicht explizit formuliert, kann man nach meiner Einschätzung sagen: Wesentliche Prinzipien sowohl seiner Ontologie–Konzeption im allgemeinen wie seiner Existentialontologie im besonderen zeigen, dass Ingarden C der Sache nach anerkennen muss. Interessant ist in diesem Zusammenhang nun der Vergleich mit Russells Argumentation gegen Meinongs Position. Ich habe oben ausgeführt, dass und in welchem Sinne Russell die Tragweite seines B–Argumentes überschätzt, die Tragweite seines A–Argumentes dagegen unterschätzt haben könnte. Jedenfalls kann man sagen: Der Sache nach stimmt Ingarden im vorliegenden Kontext mit Russells A–Argument überein. Denn für P_3 gibt es bei Ingarden das folgende Korollar:

(P_3')   Jede individuelle Objekt–Entität kann in existentialer Hinsicht analysiert werden

und P_3' ist nur eine speziellere Fassung *einer* Grundthese der Ingardenschen Ontologi–Konzeption[9], nämlich:

(*)   Jeder Gegenstand überhaupt kann in existentialer, formaler und in materialer Hinsicht analysiert werden.

---

[7]   Vgl. oben §20.
[8]   Vgl. oben §9.
[9]   Vgl. oben §6.

Für Ingarden nun ist P$_3$' zwar eine Folge–These von P$_3$. P$_3$' aber kann, wenn man will, ohne Schwierigkeiten zur Russellschen Plausibilitätsthese[10]

(R)   Wenn erfassende Akte für eine beliebige Objekt–Entität nicht konstitutiv sind, dann handelt es sich um eine irgendwie existierende Objekt–Entität

bzw.

(R*)   Jede Objekt–Entität muss in irgendeinem Sinne existieren

in Beziehung gesetzt werden. Natürlich gibt es in der Sache auch Unterschiede.[11] Ingardens Argument für die These I$_3$ kann aber, will man es unabhängig vom Kontext seiner Ontologie–Konzeption charakterisieren, wie Russells A–Argument als *Plausibilitätsargument* eingestuft werden. Sollen wir deswegen von einem *blossen* Plausibilitätsargument sprechen? Obgleich es m.E. durchaus möglich ist, Ingardens Argument für I$_3$ als Plausibilitätsargument einzustufen, sollte man es nicht in dieser Weise herunterstufen. Bevor ich darauf näher eingehe[12], ist nach einer ergänzenden, positiven These zu I$_3$ Ausschau zu halten.

---

[10]   Vgl. oben §25.
[11]   Diese betreffen vor allem R. Denn Ingarden anerkennt im metaphysischen Sinne Objekt-Entitäten (sc. rein intentionale Gegenstände), für die R *nicht* zutrifft.
[12]   Vgl. unten §28.

§27 'Existenz' und die Klassifikation von Akten

27.1 Eine "positive" Ergänzungsthese

Die folgenden [A]–Sätze:

[A]
(1)   F's existieren

(1')   a existiert

(2)   F's existieren nicht

(2')   a existiert nicht

will ich terminologisch als gewöhnliche oder *indexlose* Existenzsätze bezeichnen. Im Ausgang von diesen [A]–Sätzen lässt sich "Ingardens" Ergänzungsthese wie folgt darstellen. Weil nach Ingarden alles, was überhaupt existiert, jeweils unter *genau eine* der spezifischen Ideen von Seinsweisen fällt, sind die [A]–Sätze respektive den folgenden [B]–Sätzen äquivalent, die terminologisch als *indexierte* Existenzsätze bezeichnet seien:[1]

[B]
(1) $(E_n x)\, Fx$ D.h.: Mindestens ein F–er ist eine n–existierende
[für genau ein n]   Objekt–Entität.

(1') $(E_n x)\, (x=a)$ D.h.: a ist eine n–existierende Objekt–Entität.
[für genau ein n]

(2) $\neg (E_n x)\, Fx$ D.h.: Keine der n–existierenden Objekt–Entitäten
[für beliebiges n]   ist ein F–er.

(2') $\neg (E_n x)(x=a)$ D.h.: Keine der n–existierenden Objekt–Entitäten
[für beliebiges n]   ist identisch mit a.

[A](1)–(2') stellen (partielle) Antworten auf die Frage: "Was existiert überhaupt?" dar. Diese Frage kann nur über den Weg der Klassifikation von Akten beantwortet werden.[2] Entsprechend sind hier zunächst die früher[3] eingeführten *Beschreibungsweisen* von Akten in Erinnerung zu rufen. Ausgangspunkt bilden die folgenden spezifizierenden Beschreibungen:

(3)   b ist ein Akt mit dem (propositionalen) Inhalt "F's existieren"

(3')   b ist ein Akt mit dem (propositionalen) Inhalt "a existiert"

---

[1]   Index 'n' steht für jeweils spezifische Seinsweisen. Zur Formulierung vgl. oben §21.
[2]   Vgl. oben die Paragraphen 2 und 9.
[3]   Vgl. oben §9.

(4)   b ist ein Akt mit dem (propositionalen) Inhalt "F's existieren nicht"
(4') b ist ein Akt mit dem (propositionalen) Inhalt "a existiert nicht".

Gemäss den oben im Paragraphen 9 gegebenen Erklärungen interessieren mich im vorliegenden Kontext – um ein Beispiel zu geben formuliere ich im Ausgang von (3); analoge Prädikationen lassen sich aber auch im Ausgang von (3')–(4') formulieren – Prädikationen wie:

(3.1)   Jeder Akt mit dem Inhalt "F's existieren" ist (gemäss bestimmter Kriterien der Referentialität von Akten) ein bezüglich [F's] referentieller Akt, d.h. ein F's–referentieller Akt.

M.a.W.: Es interessieren mich im folgenden nur *Existentialsätze –behauptende* Akte, also erstens nur sogenannte "thetische" Akt–Modifikationen (Husserl) und zweitens nur Urteilsakte, die gewisse Existenztialurteile machen.

Kehren wir nach dieser Erinnerung zurück zu den [A]–Sätzen! *Weil* sie (partielle) Antworten auf die Frage: "Was existiert überhaupt?" darstellen, diese Frage aber nur über den Weg der Klassifikation von Akten beantwortet werden kann[4], sind [A](1)–(2') respektive auch den folgenden Sätzen äquivalent:

[C]
(1)   Notwendigerweise gilt: Jeder real–existierende Akt mit dem Inhalt "F's existieren" ist (gemäss bestimmter Kriterien der Referentialität von Akten) ein bezüglich [F's] referentieller, d.h. ein F's–referentieller Akt.

(1')   Notwendigerweise gilt: Jeder real–existierende Akt mit dem Inhalt "a existiert" ist (gemäss bestimmter Kriterien der Referentialität von Akten) ein bezüglich [a] referentieller, d.h. ein a–referentieller Akt.

(2)   Notwendigerweise gilt: Jeder real–existierende Akt mit dem Inhalt "F's existieren nicht" ist (gemäss bestimmter Kriterien der Referentialität von Akten) ein bezüglich [F's] referenzloser, d.h. ein F's–referenzloser Akt.

(2')   Notwendigerweise gilt: Jeder real–existierende Akt mit dem Inhalt "a existiert nicht" ist (gemäss bestimmter Kriterien der Referentialität von Akten) ein bezüglich [a] referenzloser, d.h. ein a–referenzloser Akt.

Die [C]–Sätze will ich als *aktphänomenologische Äquivalente* zu den [A]–Sätzen bezeichnen. Damit sind die erforderlichen "Daten" ausgebreitet, um eine "positive" Ergänzungsthese zu Ingardens These I$_3$ zu gewinnen. Diese Ergänzungsthese [ER] umfasst genauer zwei Thesen, die sich an der Äquivalenz zwischen den [A]– und [C]–Sätzen orientieren. Sie lautet:

---

[4]   Vgl. oben §9.

[ER]

(ER₁) Es gehört zum Sinn gewöhnlicher Existenzsätze, dass sie auf indirekte Weise eine Klassifikation von Existentialsätze–behauptenden Akten liefern;

(ER₂) Der Begriff der Existenz steht wegen ER₁ im Zusammenhang mit dem Begriff des Referierens von Akten und kann insofern geradezu als ein Klassifikationsprinzip von Existenztialsätze–behauptenden Akten charakterisiert werden.

27.2 Erläuterungen

[ER] bedarf allerdings einiger Erläuterungen. Vorderhand ist wohl bloss soviel klar, dass es im Lichte von [ER] um eine Klassifikation von Existentialsätze–behauptenden Akten nach ihrem faktischen "metaphysischen Gewicht" geht. Unter systematischen Gesichtspunkten werde ich diese Ergänzungsthese − und im besonderen (ER₂) − erst später in Kapitel 11 besprechen können.[5] Erst dort wird auch deutlicher werden, inwiefern die [C]–Sätze als *aktphänomenologische* Äquivalente zu den [A]–Sätzen verstanden werden können. An der vorliegenden Stelle hingegen will ich mich darauf beschränken zu erklären, inwiefern ich [ER] als *Interpretationsthese* zur Ingardenschen Position verteidigen will. In der Einleitung zum vorliegenden Kapitel habe ich den Grund genannt, warum besonders im Zusammenhang unserer "positiven" These der Interpretation ein grösseres Gewicht zufallen muss. Ich erwähne im folgenden einige Punkte, die meine Interpretation stützen sollen:

(a) Mein *erster* Punkt bezieht sich simpel auf den Umstand, dass das Verfahren der ontologischen Ideengehaltsanalyse im Sinne Ingardens so verstanden werden *kann*, dass es − methodologisch betrachtet − die Unterscheidung zwischen interner und externer Betrachtungsweise von Akten voraussetzt.

Die ontologische Ideengehaltsanalyse ist einerseits ihrem Programm nach nicht nur frei von Existenzannahmen bezüglich individuellen Gegenständen, sondern auch bezüglich Ideen.[6] Andererseits unterscheidet Ingarden zwischen "mutmasslichen Ideen" und "echten Ideen" und es trifft zu, dass die ontologische Gehaltsanalyse einer (mutmasslichen) Idee entweder zur metaphysischen Verwerfung oder aber zur metaphysischen Anerkennung dieser Idee führt.[7] Gemäss meiner Sichtweise können somit also zwei Fälle unterschieden werden, nämlich der Fall, wo die ontologische Analyse zur metaphysischen Annahme von

---

[5] Denn für diese systematische Diskussion werde ich von Freges und Russells Lehrmeinungen ausgehen, die aber ihrerseits vorerst noch kritisch zu besprechen sind.
[6] Vgl. oben §6 (These A₆)
[7] Vgl. oben §26.

bestimmten (mutmasslichen) Ideen führt – und der Fall, wo die ontologische Analyse zur metaphysischen Verwerfung von bestimmten (mutmasslichen) Ideen führt. Entsprechend können wir auch sagen: Ein Ontologe à la Ingarden vollzieht z.B. Akte mit den Inhalten "Die Idee 'X'"; "Der Gehalt der Idee 'X' enthält (——), (...)" usw. Aufgrund *dieser* Inhalte aber *ist* ein Ontologe à la Ingarden – *intern* betrachtet – "intentional gerichtet" auf die Idee "X", ihren Gehalt usw. *Extern* betrachtet, d.h. aufgrund der *Anwendung* bestimmter Kriterien der Referentialität von Akten gelangt ein Ontologe à la Ingarden trotz der behaupteten Metaphysikfreiheit der Ontologie in *einigen* Fällen zur metaphysischen Erkenntnis, dass Akte, aufgrund deren Inhalte man intentional auf bestimmte Ideen gerichtet ist, bezüglich diesen Ideen referenzlose Akte sein müssen, dass es sich in diesen Fällen um *bloss* "mutmassliche" Ideen handelt. Zwar bleibt wegen des Ingardenschen Intuitionismus, d.h. wegen der durch Ingarden m.E. überbeanspruchten Möglichkeit einer *intuitiven* Erkenntnis[8] vorderhand *unklar,* welche Kriterien der Referentialität von Akten Ingarden im Falle der Ideengehaltsanalyse faktisch anwendet.[9] Trotzdem lässt sich m.E. formulieren: Ingardens Verfahren der ontologischen Ideengehaltsanalyse *kann* – methodologisch betrachtet – als Spezialfall meiner allgemeineren Unterscheidung zwischen interner und externer Betrachtungsweise von Akten verstanden werden. Diese Feststellung ist für meine hier vorgeschlagene Interpretation wichtig. Denn sie gibt einen ersten Anhaltspunkt dafür, dass die Unterscheidung zwischen referentiellen und referenzlosen Akten für Ingarden jedenfalls nicht von sekundärer Bedeutung sein kann.

(b) In meinem *zweiten* Punkt geht es um Anhaltspunkte dafür, dass die gewöhnlichen oder indexlosen Existenzsätze [A] (1)–(2') für Ingarden eine Sonderstellung einnehmen. Dabei beziehe ich mich auf die früher im Anschluss an Ingarden eingeführte kategoriale Unterscheidung zwischen metaphysischen und ontologischen Fragen bzw. zugehörigen Antworten. Betrachten wir die Sätze

(5) existiert a

(6) ¬{existiert a}

(7) existiert–real a

(8) ¬{existiert–real a}.

Angenommen (8) ist wahr, so macht es den Anschein, dass dafür zwei verschiedene

---

[8] Vgl. dazu oben §4.

[9] Vgl. dazu aber die bereits oben im §26 zitierte Stelle: "[Es gibt] Begriffe von 'widerspruchsvollen' Gegenständen: z.B. den Begriff eines quadratischen Kreises. Ideen aber von widerspruchsvollen 'Gegenständen' gibt es nicht." (Ingarden 3, 183). Vgl. dazu auch oben §9.

Begründungen gegeben werden können. Gemäss dem ersten Verständnis könnte (8) wahr sein, *weil* (6) wahr ist. Gemäss einem anderen Verständnis könnte (8) wahr sein, *weil* beispielsweise

(8')   existiert—ideal a

wahr ist.
Genauer besehen kommt vom Ingardenschen Standpunkt aus betrachtet jedoch *der Art nach* nur die zweite Begründung in Frage. Denn die [A]—Sätze sind Antworten auf Fragen, welche Besonderungen der metaphysischen Grundfrage

(i)   Was existiert überhaupt?

darstellen. Diese Frage ist gemäss meinen früheren Ausführungen (mindestens partiell) genau dann beantwortet, wenn Akte aus externer Perspektive als referentielle bzw. als referenzlose Akte erwiesen sind. Dies erklärt, warum die [A]—Sätze und die [C]—Sätze jeweils äquivalent sind. Nun wurde der kategoriale Unterschied zwischen den Fragen

(ii)   Wenn a existiert, was muss dann auf a in existentialer Hinsicht zutreffen?

(iii)   Wie existiert a in existentialer Hinsicht?

früher so erklärt, dass (ii) *keine* (wenigstens partielle) Antwort auf (i) voraussetzt, während dies für (iii) der Fall ist. Tatsächlich ist es — ordine cognoscendi — sinnlos zu fragen, wie a existiert, ohne anzunehmen oder zu wissen, dass a existiert. Das Wissen, dass a existiert, kann aber gegebenenfalls nur etabliert werden, in dem ein zugehöriger Akt als a—referentieller Akt erwiesen wird. Prädikation (7) nun *ist* eine Antwort auf eine Besonderung von Frage (iii), d.h. (7) *setzt* — ordine cognoscendi — eine bezüglich Entität a *positive* Antwort auf eine Besonderung von Frage (i) *voraus*. M.a.W.: (7) *setzt* die Wahrheit von (5) *voraus*. Aber auch (8) *ist* eine Antwort auf eine Besonderung von Frage (iii), d.h. auch (8) setzt — ordine cognoscendi — die Wahrheit von (5) voraus. *Deswegen* aber ist von den oben unterschiedenen Begründungen für (8) die erste (der Art nach) *nicht* akzeptierbar. (Und dies, obgleich (8) aus (6) logisch folgt!) Denn die Begründung einer Antwort darf nach meiner Auffassung nicht in der Leugnung einer Voraussetzung der betreffenden Frage bestehen.

Etwas verwirrend ist in diesem Zusammenhang allerdings der Umstand, dass die [A]—Sätze nicht nur mit den [C]—Sätzen, sondern auch mit den [B]—Sätzen äquivalent sind. Hier spielt insbesondere auch Ingardens realistische Grundposition eine Rolle. Denn falls z.B. (5) bzw. (6) wahr sind, dann sind gemäss Ingarden — ordine rerum — respektive auch die folgenden Sätze wahr:

(9)   [Notwendigerweise gilt: Jeder real—existierende Akt mit dem Inhalt "a existiert" ist (gemäss bestimmter Kriterien der Referentialität von Akten) ein bezüglich [a]

referentieller, d.h. ein a–referentieller Akt], *weil* die Objekt–Entität a n–existiert (für genau ein n);

(10) [Notwendigerweise gilt: Jeder real–existierende Akt mit dem Inhalt "a existiert nicht" ist (gemäss bestimmter Kriterien der Referentialität von Akten) ein bezüglich [a] referenzloser, d.h. ein a–referenzloser Akt], *weil* für alle n–existierenden Objekt–Entitäten gilt: Keine ist identisch mit a (für beliebiges n).

Was in diesen Sätzen in den Weil–Klauseln auftritt, sind natürlich die zugehörigen [B]–Sätze. Auf diesen Punkt werde ich an späterer Stelle zurückkommen.[10] Momentan interessiert mich hier nur der (noch weiter zu präzisierende) Umstand, dass sowohl (7) wie (8) die Wahrheit von (5) voraussetzen. Ich habe dies bisher bloss so begründet, dass (7) wie (8) einerseits Antworten auf Besonderungen von Frage (iii) darstellen, während andererseits derartige Antworten – ordine cognoscendi – Antworten auf Besonderungen von Frage (i) voraussetzen. Der hierbei ins Spiel gebrachte Begriff der Voraussetzung (presupposition) kann wie folgt gefasst werden. Ein Satz A *setzt* einen Satz B genau dann *voraus*, wenn A weder wahr noch falsch ist, ohne dass B wahr ist bzw. (äquivalent) wenn die Wahrheit von B eine notwendige Bedingung für die Wahrheit *oder* Falschheit von A ist. "Voraussetzung" wird damit einfachheitshalber als Relation zwischen Sätzen gefasst. Diese Relation sollte von der Relation des Einschliessens (entailment) unterschieden werden. Wenn A B *nach sich zieht* (zur Folge hat), dann stellt die Konjunktion: A·¬B eine Kontradiktion dar; weil die Wahrheit von B eine notwendige Bedingung für die Wahrheit von A ist, wäre es widersprüchlich, gleichzeitig A und ¬B zu behaupten. Wenn demgegenüber A B *voraussetzt*, ist die Wahrheit von B eine notwendige Bedingung für die Wahrheit *oder* die Falschheit von A. *Es waere mithin kontradiktorisch zu behaupten: (¬A v A) · ¬B.*

Betrachten wir zur weiteren Verdeutlichung noch die Prädikation

(11) a existiert nicht–real.

Wer negative Sachverhalte akzeptiert, könnte behaupten, dass (11) aufgrund des Sachverhaltes des Nicht–real–Existierens von a wahr ist. Nach Ingardens ausdrücklicher Stellungnahme jedoch sind erstens negative Sachverhalte$_2$ qua "Wahrmacher" abzulehnen[11], und zweitens ist "Nicht–Realität" gemäss Ingarden keine besondere Seinsweise. Also muss (11) im Sinne von

(8) ¬{existiert–real a}

verstanden werden. (11) bzw. (8) sind dann aber nicht aufgrund eines negativen Sach-

---

[10] Vgl. unten §35.
[11] Vgl. oben §14.

verhaltes$_2$ des Nicht–real–Existierens von a wahr (denn nach Ingarden kann es keinen solchen Sachverhalt$_2$ geben), sondern aufgrund eines gewissen positiven Sachverhaltes$_2$. Allerdings, mit (11) bzw. (8) *allein* wissen wir nur: Gegenstand a existiert auf irgendeine Weise derart, dass a nicht real–existieren kann. Auf welche Weise a aber existiert, ist in den Prädikationen (11) bzw. (8) erkenntnismässig nicht spezifiziert. Die verschiedenen Begriffe der Existenzweisen verhalten sich diesbezüglich analog wie solche Begriffe, die unbestrittenermassen als gewöhnliche Klassifikationsprinzipien charakterisierbar sind. Betrachten wir zu diesem Zweck die (per Annahme) wahre Prädikation

(12) a ist (total) rot.

(12) impliziert

(13) a ist nicht–gelb.

Wer negative Sachverhalte$_2$ akzeptiert, *kann* behaupten, dass (13) aufgrund des bestehenden Sachverhaltes$_2$ des Nicht–Gelbseins von a wahr ist. Nach Ingardens ausdrücklicher Stellungnahme ist (13) allerdings im Sinne von

(13') ¬{gelb a}

zu verstehen, und (13) ist wahr aufgrund eines *positiven* Sachverhaltes$_2$, nämlich hier aufgrund des Sachverhaltes$_2$, dass a rot ist. Allerdings wird *dieser* Sachverhalt$_2$ durch Prädikation (13') erkenntnismässig nicht erfasst, d.h. aufgrund von (13') *allein* wissen wir nur: Gegenstand a kommt irgendeine Eigenschaft F zu, derart dass gilt: die Eigenschaft *gelb–zu–sein* kann a nicht zukommen.

Im Zusammenhang der Prädikationen (8) bzw. (11) haben wir also vom Ingardenschen Standpunkt aus die Wahrheit der folgenden Prädikationen

(14) existiert–real a $\xrightarrow{P}$ existiert a

(15) ¬{existiert–real a} $\xrightarrow{P}$ existiert a

anzuerkennen, wobei mit dem Subskript 'P' angezeigt werden soll, dass hier nicht der "gewöhnliche" Wenn/dann–Junktor (mit: 1/0/1/1), sondern ein stärkerer Wenn/dann –Junktor (mit:1/0/1/0) im Spiel ist. In beiden Sätzen wird also mit '{existiert} a' eine *Voraussetzung* (im oben bestimmten Sinne) für die Wahrheit *oder* Falschheit der beiden Antezedentia feststellt, sodass aufgrund von (14) und (15) die Kontraposition von

(16) ¬{existiert–real a} $\longrightarrow$ existiert a

falsch ist. Ausserdem muss man vom Ingardenschen Standpunkt aus auch anerkennen, dass das Antezedens von (15) gegebenenfalls nicht einen negativen Sachverhalt$_2$ als "Wahrmacher" erfordert, sondern einen positiven Sachverhalt$_2$, der in der zugehörigen Prädikation allerdings erkenntnismässig nicht spezifiziert ist. Wenn wir Ingardens Unterscheidung zwischen den Fragen (ii) und (iii) strikte mit bezug auf die ordo cognoscendi bzw. vom Standpunkt der Erkenntnis aus auswerten, dann lässt sich mithin festhalten: Der Umstand, dass mit gewöhnlichen oder indexlosen Existenzsätzen derart Voraussetzungen impliziert werden, dass die verschiedenen Begriffe von Existenzweisen nur unter diesen Voraussetzungen anwend*bar* werden, ist ein gutes Indiz dafür, dass Ingarden den indexlosen Existenzsätzen eine Sonderstellung zumisst.[12]

---

[12] Zur weiteren Verdeutlichung meiner Interpretationsthese betrachte ich noch den folgenden Satz:
(17) ¬(a, das ein Dinosaurier ist, existiert heute real).
Dieser Satz kann mehreres besagen, nämlich:
(17.1) Heute: ¬(das F-seiende a {existiert–real})
(17.2) ¬(Heute: das F-seiende a {existiert–real}).
Unter Voraussetzung des oben eingeführten Unterschiedes zwischen der Relation der Voraussetzung (presupposition) und der Relation des Einschliessens (entailment) kann wie folgt weiter analysiert werden (17.1) *setzt voraus*, dass
(17.11) Heute: das F-seiende a {existiert}
gilt. Entsprechend lässt sich (17.1) folgenderweise analysieren:
(17.12) Heute: das F-seiende a {existiert}, aber ¬(das F-seiende a {existiert–real}).
In diesem Falle muss aber (prinzipiell) *positiv* gesagt werden können, welcher Begriff von spezifischen Seinsweisen auf das heute existierende und F-seiende a anwendbar ist. Denn aufgrund von (17.1) *allein* wissen wir nur: das F-seiende a existiert auf irgendeine Weise derart, dass a nicht real-existieren kann. Betrachten wir demgegenüber (17.2)! Als Begründung für die Wahrheit von (17.2) kommt
(17.21) Heute: ¬(das F-seiende a {existiert})
in Frage. Und (17.21) *schliesst ein*
(17.22) Heute: ¬(das F-seiende a existiert gemäss irgendeiner spezifischen Seinsweise).
Natürlich schliesst (17.22) auch den folgenden Satz ein:
(17.23) Heute: ¬(das F-seiende a {existiert-real}).
Wichtig aber ist es zu beachten, dass die metaphysische Frage: "Existiert heute das F-seiende a?" *nur* insofern überhaupt korrekt mittels (17.23) beantwortet werden kann, als (17.21) (17.22) trivialerweise einschliesst. Nichtsdestoweniger ist (17.23) *als* Antwort auf die angesprochene metaphysische Frage insofern durchaus inkorrekt, als diese Antwort missverständlich ist. Sie kann nämlich im Sinne von (17.1) verstanden werden und führt dann auf Ergebnisse, die (17.21) und (17.22) widersprechen! Und tatsächlich mutet es *auch* von einem umgangssprachlichen Standpunkt aus betrachtet seltsam an, die metaphysische Frage: "Existiert heute das F-seiende a?" durch folgendes zu beantworten: "Heute existiert das F-seiende a nicht real." Natürlich und auch philosophisch korrekt sind der Art nach nur zwei Antworten, nämlich Ja- bzw. Nein-Stellungnahmen, die sprachlich wie folgt formuliert werden können: "Das F-seiende a existiert heute" bzw. "Das F-seiende a existiert heute nicht." Vom Ingardenschen Standpunkt sind diese Antworten aber solchen Antworten äquivalent, welche auf eine Klassifikation von zugehörigen Akten als a-referentielle bzw. a-referenzlose Akte führen. Und erst wenn dies getan ist, d.h. erst wenn die metaphysische Grundfrage: (i) "Was existiert überhaupt?" (partiell) beantwortet ist, kann *gegebenenfalls* gemäss (iii) sinnvoll gefragt werden, *wie* das heute existierende und F-seiende a existiert.

(c) Ein *dritter* und letzter Punkt betrifft den Umstand, dass die zur Debatte stehende "positive" These Ingarden vermutlich bekannt gewesen ist. Dabei denke ich aus naheliegenden Gründen weniger an die sachlich verwandten Stellungnahmen etwa Freges und Russells, sondern vielmehr an die Stellungnahme seines Lehrer E. Husserls. In der Abhandlung "Intentionale Gegenstände" (1894)[13] bespricht Husserl mehrere Fälle von *Quasi–Einteilungen* von Gegenständen. Beispiele hierfür sind ihm zufolge die Klassifikation von Gegenständen in "wahre" ("wirkliche") und "intentionale" ("immanente"), in "bestimmte" und "unbestimmte" sowie in "mögliche" und "unmögliche". Bei der letzteren Klassifikation beispielsweise meint Husserl "liegt nicht eine Einteilung der Gegenstände vor, sondern eine solche der Vorstellungen, je nach den gültigen Verträglichkeits– bzw. Unverträglichkeitsurteilen, in die sie eintreten"[14]. Und Husserl fährt fort:

> "Offenbar liegt die Sache auch nicht anders bei der Einteilung bzw. Unterscheidung der Gegenstände in existierende und nichtexistierende; sie ist eine blosse Einteilung der Vorstellungen in Vorstellungen A, welche sich in gültige Existentialurteile der Form 'A existiert' eingliedern, und wieder in solche <Vorstellungen> B, welche sich in gültige Existentialurteile der korrelativen Form 'B existiert nicht' eingliedern. Wir wissen ja nach dem Satze vom Widerspruch usw., dass jede Vorstellung V entweder in die Klasse A oder in die Klasse B gehören müsse und in beide zugleich nie gehören könne. Die Vorstellungen existieren dabei stets, ob sie in den einen oder anderen Urteilszusammenhang eintreten."[15]

In der Sache vertritt Husserl also sowohl die "negative" These, dass *Existenz* kein gewöhnliches Klassifikationsprinzip ist wie die "positive" These, dass (gewöhnliche oder indexlose) Existenzsätze zu einer Klassifikation von Akten führen (ER_1) bzw. dass *Existenz* insofern ein Klassifikationsprinzip von *Akten* ist (ER_2). Und auch Husserl vertritt diese Thesen auf der Basis einer Inhaltstheorie der Intentionalität.

---

[13] Husserl hat diese Abhandlung, in welcher er sich mit Twardowskis Position auseinandersetzt, zwar nie veröffentlicht (vgl. zur Textsituation die Ausführungen des Herausgebers in Husserl 7, XXIX f.). Da die Thematik jedoch im engsten Zusammenhang zur fünften Logischen Untersuchung steht, die *Logische Untersuchungen* für den Göttinger Studentenkreis aber sozusagen Husserls Hauptbuch darstellte, ist es sehr unwahrscheinlich, dass Ingarden keine Kenntnisse von Husserls bezüglicher Position gehabt hat. Direkte Belege dafür habe ich in Ingardens Schriften allerdings nicht ausfindig machen können. (Ich danke an dieser Stelle Dr. E. Swiderski, der mir bei der Durchsicht der wichtigsten von Ingardens polnischen Schriften bereitwillig zur Seite gestanden ist).

[14] Husserl (7), 313. Vgl. die Fortsetzung: "Eine Anzahl, welche quadriert das Ergebnis -1 liefert: kann es nicht geben. Die Vorstellung, die vor dem Doppelpunkt angezeigt ist, verbindet widerstreitende Merkmale; dass sie es tut und dass darum ein ihr entsprechender Gegenstand nicht existiert, besagt eben das Urteil, und mit Rücksicht darauf, dass sie in solch einem gültigen Urteil Bestandstück ist, heisst sie selbst unmögliche Vorstellung, und wieder heisst ihr Gegenstand ein unmöglicher." Husserl 7, 313).

[15] Husserl (7), 313/14.

§28 Zusammenfassung

Für die Annahme, dass Ingarden sowohl die "negative" These I_3 wie die zugehörige "positive" Ergänzungsthese ER akzeptiert, gibt es nach meiner Einschätzung viele gute Gründe.

Die "Ingardensche" Position weist einige in systematischer Hinsicht wichtige Vorteile auf.

(1) Man kann Meinongs Problem *als* echtes Problem anerkennen und Meinong darin zustimmen, dass, sobald so etwas wie "Aussersein$_M$" als ein oberstes Genus anerkannt wird, das Problem des verlorenen Gegensatzes auftritt.[1]

(2) Anders als Meinong ist vom Ingardenschen Standpunkt aus jedoch nicht erst das "Aussersein" kein oberstes Genus: bereits "Existenz" ist kein oberstes Genus. Denn statt "Existenz" überhaupt als "Genus" in Ansatz zu bringen, kann man mit "Terminus, der indirekt eine Klassifikation von Existenzsätze–behauptenden Akten induziert" eine Alternative zu "Genus" anbieten.[2] Und gemäss dieser Alternative muss die Unterscheidung zwischen Existierendem und Nicht–Existierendem nicht als mögliches Beispiel für den klassischen Fall eines verlorenen Gegensatzes betrachtet werden.

(3) Im Unterschied zu Meinong können Vertreter dieser These deshalb auch der "Russellschen" Plausibilitätsthese[3] Rechnung tragen, nämlich der These, dass jeder Gegenstand, der intersubjektiv identifizierbar (erfassbar) ist, in irgendwelchem Sinne existieren muss, dass m.a.W. die Rede von non–existenten Objekt–Entitäten à la Meinong jedenfalls konzeptuell vermeidbar ist und auch vermieden werden sollte.

(4) Im besonderen erklärt die Ingardensche Position in einleuchtender Weise auch die Möglichkeit negativer Existentialurteile. Meinong hat die Annahme non–existenter Objekte$_M$ u.a. ja auch in der Weise gerechtfertigt, dass mit ihr die Möglichkeit negativer Existentialurteile erklärt werden sollte.

> "Wenn ich behaupte, 'Blau existiert nicht', so denke ich dabei in keiner Weise an eine Vorstellung [sc. von Bläue] ..., sondern eben an Blau ... [Also:] *Blau und ebenso jeder andere Gegenstand ist unserer Entscheidung über dessen Sein oder Nichtsein in gewisser Weise vorgegeben, in einer Weise, die auch ... [das] Nichtsein nicht prä-*

---

[1] Vgl. oben §24.
[2] Vgl. oben §27.
[3] Vgl. oben §§25 und 26.

judiziert. Von der psychologischen Seite könnte man die Sachlage auch so beschreiben: soll ich in betreff eines Gegenstandes urteilen können, dass er nicht ist, *so scheine ich den Gegenstand [sic !!] gewissermassen erst einmal ergreifen zu müssen* , um das Nichtsein von ihm aussagen, genauer es ihm zuurteilen, oder es ihm aburteilen zu können."[4]

Zu dieser Stellungnahme kann Meinong offensichtlich nur gelangen, weil er vom Prinzip der uneingeschränkten Referentialität von (präsentierenden) Akten ausgeht.[5] Es ist deshalb nicht verwunderlich, dass die Unterscheidung zwischen interner und externer Betrachtungsweise von Akten an dieser Stelle systematisch bedeutsam wird. Wenn wir beispielsweise Akte mit dem Inhalt: "Bläue" und Akte mit dem Inhalt: "Die Vorstellung von Bläue" vollziehen, so sind wir aufgrund der jeweiligen Inhalte intentional auf die Bläue bzw. auf die Vorstellung von Bläue gerichtet. Zu denken bzw. zu urteilen, dass *Bläue* nicht existiert, heisst deswegen — soweit ist Meinong zuzustimmen — nicht zu denken bzw. zu urteilen, dass *die Vorstellung von Bläue* nicht existiert. Meinong irrt jedoch in der Annahme, dass *jedes* intentionale (präsentierende) Meinen eo ipso Fall eines referentiellen Meinens ist. Intern betrachtet sind wir auf die Bläue nur aufgrund eines bestimmten Aktinhaltes "intentional gerichtet". Wahrheitsgemäss zu denken bzw. zu urteilen, dass Bläue nicht existiert, besagt (auch), dass jedes intentionale Meinen mit dem Inhalt "Bläue" — extern betrachtet, d.h. aufgrund der Anwendung bestimmter Kriterien der Referentialität von Akten — ein Bläue— referenzloser Akt ist. Um also die Möglichkeit negativer Existentialurteile wie "Bläue existiert nicht" zu erklären, ist es nicht erforderlich, so etwas wie "nicht—existierende Objekte" im Meinongschen Sinne anzunehmen. Die (harmlose) Annahme real—existierender Akte mit bestimmten Inhalten reicht dazu vollumfänglich aus.

Bei der Erörterung und Auswertung von Russells Meinong—Kritik habe ich u.a. auch festgestellt, dass Russell ein (nach meiner Einschätzung) wichtiges Plausibilitätsargument gegen Meinong vorträgt.[6] Anschliessend habe ich bei der Erörterung von Ingardens Argument für I₃ betont, dass man Ingardens Argument, wenn man es unabhängig vom Kontext seiner Ontologie—Konzeption charakterisieren will, ebenfalls als Plausibilitätsargument einstufen kann.[7] Plausibilitätsargumente haben in der Philosophie in der Regel einen besonderen Beigeschmack: Sollen wir von einem *blossen* Plausibilitätsargument sprechen? — Ich habe bereits dort betont, dass man Ingardens Argument *nicht* in dieser Weise herunterstufen

---

4   Meinong (2), 491; vgl. auch Meinong (1), 79.
5   Vgl. oben §24.
6   Vgl. oben §25.
7   Vgl. oben §26.

sollte. Man sollte dies nicht tun, *weil* die Ingardensche Position einige in systematischer Hinsicht wichtige Vorteile aufweist, nämlich die gerade oben genannten. Nach meiner Überzeugung ist die Meinongsche These, wonach es nicht—existierende ObjektEntitäten "gibt", eine zwar wohl tiefsinnige, dafür aber dunkle und undurchsichtige These. Und sie widerstrebt zweitens auch dem Common sense. Denn es ist nach meiner Einschätzung die Auffassung des Common sense, dass ein Gegenstand, welcher intersubjektiv (re—)identifizierbar ist, für welchen es also auch ein intersubjektiv verständliches Prädikationsnetz gibt und bezüglich denen wir intersubjektiv gültige Urteile fällen — dass ein solcher Gegenstand (um mit Russell zu sprechen) "in irgendeinem Sinne sein muss". Natürlich ist die Übereinstimmung mit dem Common sense nicht eo ipso ein Adäquatheitskriterium für philosophische Theorien. Aber, *wenn* zwei Philosophen A und B bezüglich *einem* Problem P eine *Grund*these T teilen, und die zugehörige philosophische Theorie des A das Problem P grosso modo in Übereinstimmung mit dem Common sense lösen kann, während dies für die philosophische Theorie des B nicht der Fall ist, *dann* sollte man nach meiner Auffassung der philosophischen Theorie des A den Vorzug geben. Diese "Maxime" ist auf den vorliegenden Fall aber tatsächlich anwendbar. Denn sowohl Ingarden wie Meinong *teilen* im bezug auf unser Ausgangsproblem die These, dass, falls *Existenz* ein gewöhnliches Klassifikationsprinzip *ist*, nicht—existierende Objekt—Entitäten im Meinongschen Sinne metaphysich anzuerkennen *sind*. Um jedoch die drohende Skylla zu umfahren, bedarf es bloss einer anderen Deutung des semantischen Funktionierens von gewöhnlichen (oder indexlosen) Existenzsätzen. Dabei beruht die "Ingardensche" Deutung wesentlich auf der Unterscheidung zwischen referentiellen und referenzlosen Akten. *Diese* Unterscheidung aber steht dem Common sense weit näher als die Meinongsche Annahme nicht—existierender Gegenstände. Und im Rahmen der "Ingardenschen" Deutung *kann* der Common sense Auffassung Rechnung getragen werden, dass jede Objekt—Entität "in irgendeinem Sinne sein muss".

TEIL 5

EIN SYSTEMATISCHER BLICK AUF INGARDENS THESEN

Eine Möglichkeit, den systematischen Stellenwert einer philosophischen Theorie aufzuzeigen, besteht in der Konfrontation mit thematisch verwandten philosophischen Theorien. In dieser Weise werde ich unten in Teil 6 Ingardens *formalontologische Theorie von Konkreta* diskutieren. Dies zu tun erscheint mir erforderlich. Denn diese Theorie ist für Ingardens Analyse der Existenzthematik von zentraler Bedeutung. Insbesondere kann er nur auf der Basis dieser Theorie die Anwendbarkeit der Kategorie "Eigenschaft" einschränken.[1] Wie wir gesehen haben berücksichtigt Ingarden diese Theorie ausserdem auch in seinem Argument für die These der Äquivozität von 'existiert'.[2]

Auch im vorliegenden Teil will ich die Konfrontation mit thematisch verwandten philosophischen Theorien suchen. Allerdings geht es mir hier primär um eine Auswertung von Ingardens *Thesen I_1–I_3* selbst. Schwerpunktsmässig werde ich mich an I_1 orientieren (Kap. 10). Den Ausgangspunkt bildet dabei der Umstand, dass diese Ingardensche These von (formal–)*ontologischer* Art ist. Im Einzelnen sollen zwei klassische Stellungnahmen zur Existenzthematik berücksichtigen werden. Sie interessieren mich hier, weil sie der Sache nach für ähnliche oder gleiche Thesen wie Ingarden eintreten, diese Thesen aber *nicht* aufgrund einer ontologischen Argumentation vertreten. Entsprechend wird *meine Leitfrage* lauten, ob und inwiefern im Zusammenhang von I_1 eine spezifisch ontologische Argumentation überhaupt relevant ist.

Im folgenden Kapitel (Kap. 11) werde ich abschliessend noch Ingardens Thesen I_2 und I_3 besprechen. Dabei möchte ich einerseits ihre *sachliche Sonderstellung* aufzeigen und andererseits – sozusagen programmatisch – einige *Anhaltspunkte fuer weitere zugehörige Forschungen* entwickeln.

---

[1] Vgl. oben Kap. 5.
[2] Vgl. oben Kap. 7.

"Existenz" ist keine Eigenschaft von Konkreta

Was die angesprochene Ingardensche These besagt und inwiefern es sich dabei um eine (formal–)ontologische These handelt, ist uns mittlerweile bekannt. Tatsächlich haben auch viele andere Philosophen in der Sache dieselbe oder eine ähnliche These vertreten, jedoch nicht aufgrund einer spezifisch ontologischen Argumentation. Im folgenden werde ich eine typisch umgangssprachlich orientierte (§§29–30) und eine typisch logisch–semantische Argumentation (§§31–34) berücksichtigen und zur Ingardenschen Position in Beziehung setzen.

§29 Eine umgangssprachliche Argumentation: G.E. Moore

Als Beispiel für eine typische umgangssprachliche Argumentation wähle ich G.E. Moores – mittlerweile zu einem locus classicus gewordenen – Aufsatz "Is existence a predicate" (1936). In diesem Aufsatz bespricht Moore auch Fälle, wo 'existiert' seiner Ansicht nach als Prädikat zu klassifizieren ist.[3] Hier interessieren mich aber nur jene Teile seiner Ausführungen, wo Moore zur Ansicht gelangt, dass 'existiert' kein Prädikat sei. Dabei können zwei Argumentationszusammenhänge unterschieden werden. Im einen geht Moore von Russells Lehre von Satzfunktionen bzw. von Russells Definition der Erfüllbarkeit einer Satzfunktion aus.[4] Im anderen Argumentationszusammenhang dagegen geht es Moore programmatisch um eine sozusagen schlichte Beschreibung der umgangssprachlichen Verwendungsweise des Verbes 'existiert' und anderer finiter Formen von 'existieren'.[5] Ausgangspunkt ist dabei die Unterscheidung zwischen Prädikaten im grammatikalischen und im logischen Sinne. Wie Moore allerdings selbst[6] festhält, ist er sich über diese Unterscheidung keineswegs im Klaren. Im Anschluss an Kneale setzt er 'predicate in the logical sense' synonym mit 'stands for an attribute', und sein Vorgehen besteht in einer vergleichenden Betrachtung von umgangssprachlichen Sätzen, deren Prädikate (wie z.B. 'rot') gewöhnlich als Prädikate im logischen Sinne anerkannt sind, mit umgangsprachlichen Sätzen, die das (grammatikalische) Prädikat 'existiert' bzw. andere finite Formen von

---

[3] Vgl. Moore (1), 124. Für Moore besagt dies, dass 'existiert' "stands for an attribute" und insofern als ein Prädikat im logischen Sinn zu klassifizieren sei. So etwa, wenn jemand mit bezug auf eine sinnliche Erscheinung sagt: "Dies existiert" und damit meint, das jeweilige Sinnesdatum sei von einem wirklichen physischen Ereignis hervorgerufen (vgl. Moore 1, 124 f.). Für meine Zwecke ist es sachlich aber nicht erforderlich, diese *spezielle* (mit erkenntnistheoretischen Ansichten zusammenhängende) Mooresche Argumentation zu berücksichtigen.

[4] Vgl. Moore (1), 121 f.

[5] Vgl. Moore (1), 116 ff.

[6] Vgl. Moore (1), 116 (ich berücksichtige allerdings *nur* Moore 1).

'existieren' enthalten.[7] Weil Moores Analyse dem Programm nach umgangssprachlich orientiert ist, interessiert mich vorerst besonders der zweite Argumentationszusammenhang. Nach meiner Einschätzung können zwei Argumente formuliert werden.[8] Das *erste* Argument sieht so aus:

(P₁) Wenn in einem beliebigen Satz p (mit einem nicht–äquivoken [und nicht–sortalen] Prädikat F), von dem gilt: er hat dieselbe grammatikalische Form wie 'Zahme Tiger knurren' *und* in einem beliebigen Satz q (mit einem nicht–äquivoken [und nicht–sortalen] Prädikat Q), von dem gilt: er hat dieselbe grammatikalische Form wie 'Zahme Tiger existieren' − die Prädikate F und Q negiert werden und die daraus resultierenden Sätze p' und q' dann wesentlich verschieden zu beurteilen sind, *dann* sind F und Q Prädikate von einem verschiedenen logischen Status.

(P₂) In einem Subjekt/Prädikat–Satz mit einem gewöhnlichen [nicht–sortalen] Prädikat (wie z.B. 'rot'), von dem gilt, dass es nicht als äquivok zu klassifizieren ist, kann das Prädikat solcherart negiert werden, dass der resultierende Satz ein sinnvoller Satz ist.[9]

(P₃) In einem Subjekt/Prädikat–Satz mit dem grammatikalischen Prädikat 'existiert', von dem gilt, dass es nicht als äquivok zu klassifizieren ist, kann das Prädikat *nur* solcherart negiert werden, dass der resultierende Satz ein sinnloser Satz, genauer eine logische Kontradiktion ist.[10]

(C) Das grammatikalische Prädikat 'existiert' hat einen anderen logischen Status als gewöhnliche [nicht–sortale] Prädikate, die nicht als äquivok zu klassifizieren sind.[11]

Das *zweite* Argument sieht folgendermassen aus:

(P₁) Wenn in einem beliebigen Satz p (mit einem [nicht–sortalen] Prädikat F), von dem gilt: er hat dieselbe grammatikalische Form wie 'Zahme Tiger knurren' *und* in einem beliebigen Satz q (mit einem [nicht–sortalen] Prädikat Q), von dem gilt: er hat dieselbe grammatikalische Form wie 'Zahme Tiger existieren' − die Prädikate F und Q negiert werden und die daraus resultierenden Sätze p' und q' dann wesentlich verschieden zu beurteilen sind, *dann* sind F und Q Prädikate von einem verschiedenen logischen Status.

(P₂) Wenn in einem Subjekt/Prädikat–Satz mit einem gewöhnlichen [nicht–sortalen] Prädikat F das Prädikat negiert wird, dann kann es im resultierenden Satz, falls dieser ein sinnvoller Satz, d.h. keine logische Kontradiktion ist, dieselbe Bedeutung haben wie im ursprünglichen Satz.[12]

---

[7] Zu Moores methodischem Vorgehen vgl. vor allem die Stelle am Ende von Moore (1), 116.
[8] Für mehr Details vgl. unten "Exkurs: Moores deskriptive Analyse".
[9] Vgl. unten These (ii) des Exkurses.
[10] Vgl. unten These (i) des Exkurses.
[11] Vgl. unten These (iv) des Exkurses.
[12] Vgl. unten These (ii) des Exkurses.

(P₃) Wenn in einem Subjekt/Prädikat–Satz mit dem grammatikalischen Prädikat 'existiert' das Prädikat negiert wird, dann kann es im resultierenden Satz, falls dieser ein sinnvoller Satz, d.h. keine logische Kontradiktion ist, nicht diesselbe Bedeutung haben wie im ursprünglichen Satz.[13]

(C) Das grammatikalische Prädikat 'existiert' hat einen anderen logischen Status als gewöhnliche [nicht–sortale] Prädikate.[14]

Exkurs: Moores deskriptive Analyse

Moores Beispielsätze sind die folgenden:[15]

(1) Zahme Tiger knurren;

(2) Zahme Tiger existieren.

(1) ist nach Moore mehrdeutig, d.h. (1) kann auf verschiedene Weisen verstanden werden:[16]

(1') Einige zahme Tiger knurren;

(1'') Alle zahmen Tiger knurren;

(1''') Die meisten zahmen Tiger knurren.

Alle drei Versionen drücken Propositionen aus und *eine* notwendige Wahrheitsbedingung für (1')–(1''') ist nach Moore der Sachverhalt, dass einige zahme Tiger knurren. Auch (2) kann nicht wahr sein, ohne dass einige zahme Tiger tatsächlich existieren. Im Unterschied aber zu (1) ist (2) nach Moore *nicht* mehrdeutig.[17] Vielmehr könne (2) *nur* im Sinne von

(2') Einige zahme Tiger existieren

verstanden werden. Denn die analogen Versionen

(2'') Alle zahmen Tiger existieren;

(2''') Die meisten zahmen Tiger existieren

sind einigermassen merkwürdige Ausdrücke ("puzzling expressions"): "There is something queer about these propositions"[18]; wenn sie überhaupt einen Sinn haben bzw. ausdrücken,

---

[13] Vgl. unten These (iii) des Exkurses.
[14] Vgl. unten These (iv) des Exkurses.
[15] Im Original: 'Tame tigers growl' und 'Tame tigers exist'. Abgesehen davon, dass zunächst nur 'growls' klarerweise "stands for an attribute", geht Moore auch davon aus, dass 'Tame tigers growl' und z.B. 'Tame tigers scratch' "are of the same (logical?) form", während 'Tame tigers exist' "is a proposition of a different (logical?) form from 'Tame tigers growl' ..." (vgl. Moore 1, 117).
[16] Vgl. Moore (1), 117.
[17] Vgl. Moore (1), 117.
[18] Vgl. Moore (1), 118.

dann ist es jedenfalls kein klarer Sinn ("clear meaning"). Dies zeigt sich nach Moore insbesondere bei Berücksichtigung bestimmter Negationen. Sowohl (1') wie die negative Aussage

(1*)   Einige zahme Tiger knurren nicht

haben eine "perfectly clear meaning"[19], und beide Sätze können sogar gleichzeitig wahr sein. Demgegenüber gilt: Während (2') einen einsichtigen Sinn ausdrückt, ist die Bedeutung von

(2*)   Einige zahme Tiger existieren nicht

zumindest nicht klar. Ja, unter Voraussetzung, dass 'existieren' in (2*) dieselbe Bedeutung hat wie in (2'), gilt für (2*): "that the sentence as a whole has no meaning at all — it is a pure nonsense"[20]. Denn (2*) ist dann nach Moore synonym mit

(2⁺)   Es gibt einige zahme Tiger, die nicht existieren.

(2⁺) aber stellt nach Moore eine Kontradiktion dar — was zutrifft, sofern 'es gibt' in (2⁺) synonym ist mit 'existiert' in (2⁺).

Daraus folgt aber nach Moore, dass auch (2") und (2''') keine Bedeutung haben ("have no meaning at all")[21]. Dass diese Schlussfolgerung gültig sei[22], lässt sich mit Moore folgendermassen zeigen: Nach ihm ist (1") äquivalent mit der Konjunktion

(1**)   Einige zahme Tiger knurren und es gibt keinen zahmen Tiger, der nicht knurrt.

(1**) drückt einen einsichtigen Sinn aus. Denn das *erste* Konjunktionsglied (=1') hat Bedeutung und auch das *zweite* Konjunktionsglied hat Bedeutung. Letzteres einfach deshalb, weil auch

(1⁺⁺)   Es gibt mindestens einen zahmen Tiger, der nicht knurrt

einen einsichtigen Sinn ausdrückt.

Betrachten wir nun (2"). Nach Moore ist (2") äquivalent mit der Konjunktion

---

[19]   Moore (1), 118.
[20]   Moore (1), 118.
[21]   Moore (1), 119.
[22]   Vgl. Moore (1), 119. Ich systematisiere hier etwas die Mooresche Exposition.

(2**)   Einige zahme Tiger existieren und es gibt keinen zahmen Tiger, der nicht existiert.

Analog zu (1**) drückt (2**) nur dann einen einsichtigen Sinn aus, wenn beide Konjunktionsglieder Bedeutung haben. Mit bezug auf das *zweite* Konjunktionsglied ist dies aber nicht der Fall. Es wäre nach Moore nur dann der Fall, wenn auch

(2⁺⁺)   Es gibt mindestens einen zahmen Tiger, der nicht existiert

einen einsichtigen Sinn ausdrücken würde. Wie (2⁺) stellt aber auch (2⁺⁺) eine Kontradiktion dar.[23] Wenn nun also (2**) keine Bedeutung hat, dann hat auch das dazu äquivalente (2'') keine Bedeutung. In analoger Weise schliesslich argumentiert Moore bezüglich (2''').[24]

Tatsächlich aber vertritt Moore auch die interessante Ansicht, dass (2⁺) bzw. (2⁺⁺), mithin auch (2*) bzw. (2**) – und damit auch (2'') – *in bestimmter Lesart* durchaus eine einsichtige Bedeutung auszudrücken vermögen. So hat z.B. (2*) genau dann ein Bedeutung, wenn er mit folgenden Sätzen

(3)   Einige zahme Tiger sind imaginär;

(3')   Einige zahme Tiger sind nicht reale Tiger

synonym ist. Moore verweist[25] in diesem Zusammenhang auf in Kunstwerken (Erzählungen usw.) fingierte zahme Tiger und auf halluzinierte zahme Tiger. Im bezug auf solche Kontexte verwendet sind (3) und (3') nach ihm sinnvolle Sätze, die wahr oder falsch sein können. Sofern nun (2*) bzw. (2⁺) genau das mit (3) bzw. (3') Ausgedrückte besagen, haben auch sie eine einsichtige Bedeutung. Und Moore schliesst seine bezüglichen Erwägungen mit den folgenden m.E. systematisch bedeutsamen Fragen ab:

> "But if 'Some tame tigers do not exist' means all this, is it not clear that 'exist' *has not*, in this sentence, *the same comparatively simple meaning* as it has in 'Some tame tigers exist' or in 'No tame tiger exist'? Is it not clear that 'Some tame tigers do not exist', if it means all this, *is not related* to 'Some tame tigers exist' *in the simple way* in which 'Some tame tigers do not growl' is related to 'Some tame tigers growl'?[26]

Moores Analyse führt somit zu den folgenden Ergebnissen:

---

[23]   Auch hier gilt: dies trifft zu, falls 'es gibt' in (2⁺⁺) synonym ist mit 'existiert' in (2⁺⁺).

[24]   Wie ersichtlich basiert Moores Argumentation auf den Prämissen, das (2⁺) und (2⁺⁺) keinen einsichtigen Sinn ausdrücken bzw. Kontradiktionen darstellen. Zu diesen Prämissen vgl. unten §30.

[25]   Vgl. Moore (1), 120.

[26]   Moore (1), 120. Zu den angesprochenen, wichtigen Fragen bzw. (präsumptiven) Behauptungen vgl. unten §30.

(i) Ein Satz von der logischen Form wie (1) ist mehrdeutig, d.h. wir können ihn (mindestens) in dreifacher Weise gemäss (1')–(1''') verstehen und gebrauchen. Ein Satz von der logischen Form wie (2) ist demgegenüber nicht mehrdeutig, d.h. wir können ihn nur gemäss (2') verstehen und gebrauchen.

(ii) In Sätzen wie (1')–(1''') kann das Prädikat solcherart negiert werden, dass die Bedeutung des Prädikats in den resultierenden Sätzen wie (1*)–(1***) unverändert bleibt.[27]

(iii) In Sätzen wie (2') kann das Prädikat nur solcherart negiert werden, dass sich die Bedeutung des Prädikats in resultierenden Sätzen wie (2*) verändert.[28]

(iv) Diese aufgezeigten Differenzen zwischen Sätzen, deren (grammatische) Prädikate gewöhnlich als Prädikate im logischen Sinne anerkannt sind, und Sätzen mit dem (grammatischen) Prädikat 'existiert' bzw. anderen finiten Formen von 'existieren' legen die Ansicht nahe, dass 'existiert' bzw. andere finite Formen von 'existieren' nicht Prädikate im logischen Sinne sind, also nicht für eine Eigenschaft stehen.[29]

---

[27] Vgl. Moore (1), 120.

[28] Vgl.: "A meaning can, of course, be given to 'Some tame tigers don't exist'; but this can only be done if 'exist' is used in a different way from that in which it is used in 'Some tame tigers exist'." (Moore 1, 118). Damit berücksichtigt Moore die oben als systematisch bedeutsam eingestuften Bemerkungen über einen möglichen Sinn von (2*)!

[29] Vgl. Moore (1), 124. Moore sagt natürlich wiederum, dass 'existiert' bzw. andere finite Formen von 'existieren' "do not <stand for an attribute>".

§30 Moores Position (II)

30.1 Zu Moores Argumenten

Die beiden Argumente unterscheiden sich u.a. dadurch, dass gemäss den Prämissen des ersten Argumentes von solchen Sätzen ausgegangen wird, die nicht–äquivoke (und nicht–sortale) Prädikate enthalten. Demgegenüber wird in den Prämissen des zweiten Argumentes im bezug auf die Bedeutungsvalenz der fraglichen Prädikate nicht einfach etwas vorausgesetzt, sondern es wird etwas bestimmtes darüber behauptet. Betrachten wird vorerst das *zweite* Argument. Dieses ist insofern besonders interessant, als es zeigt, dass Moore die These der Univozität von 'existiert' keineswegs ohne weiteres akzeptiert. Diese These würde vielmehr wichtigen Mooreschen Erwägungen widersprechen[1]. Versuchen wir dies genauer zu verstehen, indem wir

(1)   Zahme Tiger knurren
bzw.
(1')   Einige zahme Tiger knurren
      (Ex)(x ist ein zahmer Tiger · x knurrt)
und
(2)   Zahme Tiger knurren nicht
bzw.
(2')   Einige zahme Tiger knurren nicht
      (Ex)(x ist ein zahmer Tiger · x knurrt nicht)

mit den zugehörigen generellen Existenzaussagen vergleichen:

(3)   Zahme Tiger existieren
bzw.
(3')   Einige zahme Tiger existieren
      (Ex)(x ist ein zahmer Tiger · E!x)
und
(4)   Zahme Tiger existieren nicht
bzw.
(4')   Einige zahme Tiger existieren nicht
      (Ex)(x ist ein zahmer Tiger · ¬E!x).

Mit Moore ist festzuhalten:

(a) In (1) bzw. (1') und in (2) bzw. (2') hat das gewöhnliche Prädikat 'knurrt' "the same ... meaning", und (2) bzw. (2') ist mit (1) bzw. (1') "related in a simple way", d.h. das Prädikat wird einfach negiert[2], wobei sich seine Bedeutung *nicht* ändert.

(b) Nach Moore kann (3) PRIMA FACIE *nur* im Sinne von (3') verstanden werden, wobei

---

[1]   Vgl. oben das ausführliche Zitat im Exkurs des Paragraphen 29.
[2]   Dabei ist vorauszusetzen, dass die Prädikationsnegation die Satznegation impliziert, d.h. a ist non-F ⟶ ¬(a ist F).

(3*) (Ex)(x ist ein zahmer Tiger)

die zugehörige, *nicht-redundante* Analyse abgibt. Und in dieser prima facie–Deutung gilt nach Moore auch, dass die zugehörigen Negationen sinnlos bzw. kontradiktorisch sind. Höchstens

(5) Kein zahmer Tiger existiert
¬(Ex)(x ist ein zahmer Tiger)

kann als sinnvolle Negation von (3) bzw. (3') anerkannt werden. 'Existiert' hat nun in (3) bzw. (3*) und in (5) "the same ... meaning", und (5) ist zu (3) bzw. (3*) "related in the simple way in which 'Some tame tigers do not growl' is related to 'Some tame tigers growl'".

(c) Das *Faktum* fiktionaler Kontexte und das *Faktum* von Halluzinationen im weiteren Sinne führen Moore jedoch SECUNDA FACIE zur Anerkennung einer Lesart, gemäss welcher (4) bzw. (4') *nicht* sinnlos und *nicht* kontradiktorisch sind, sondern dasselbe besagen wie

(6) Einige zahme Tiger sind imaginär
bzw.
(6') Es gibt zahme Tiger, die imaginär sind
(Ex)(x ist ein zahmer Tiger · x ist imaginär).

Was im Lichte der prima facie–Deutung bezüglich 'existiert' *in* (3) bzw. (3*) und *in* (5) gilt, gilt offensichtlich jetzt bezüglich 'existiert' *in* (3) bzw. (3*) und *in* (4) bzw. (4'), *wenn* letztere gemäss (6) bzw. (6') verstanden werden, *nicht* mehr. 'Existiert' hat *in* (3) und *in* (4) bzw. (6) nicht "the same ... meaning". Und – wie die zugehörige Fassung (6') klar zeigt – (4) verhält sich zu (3) in einer komplizierteren Weise als dies bei (5) relativ zu (3) der Fall ist. Moores secunda facie–Deutung von (4) zeigt, dass eine umgangssprachlich orientierte Analyse Daten *vorfindet*, welche die Ansicht nahelegen, dem Prädikat 'existiert' *verschiedene* Bedeutungen zuzusprechen. Dies ist m.E. ein klares Indiz dafür, dass Moore die These der Univozität von 'existiert' nicht ohne weiteres akzeptieren würde.

Das zweite Argument beruht damit auf folgender Einsicht: Wenn in einem Satz wie "Manche Dinge sind rot" das gewöhnliche (nicht–sortale) Prädikat negiert wird[3], und der resultierende Satz ein sinnvoller Satz ist, dann *kann* das Prädikat in beiden Sätzen dieselbe Bedeutung haben. Bei einem Satz wie "Es existieren (gibt) manche Dinge, die (es) nicht existieren (gibt)" dagegen ist nur *ein* Fall möglich: Soll dieser Satz überhaupt sinnvoll sein, haben die beiden Vorkommnisse von 'existiert' bzw. von 'es gibt' zwingenderweise verschiedene Bedeutungen. Offensichtlich ist für das zweite Mooresche Argument die secunda facie Deutung von (4) bzw. (4') ausschlaggebend.

---

3 Wiederum ist vorauszusetzen, dass die Prädikatsnegation die Satznegation impliziert, vgl. vorige Anm.

Anders steht es beim *ersten* Argument. Dort beschränkt man sich im voraus auf solche "gewöhnliche" (nicht–sortale) Prädikate, die nicht äquivok sind.[4] Was aber bedeutet diese Einschränkung für die Analyse der von Moore berücksichtigten Existenzaussagen? Moore geht u.a. davon aus, dass [5]

(7) Es gibt einige [sc. mehrere] zahme Tiger, die nicht existieren
$(Ex)[Fx \cdot \neg E!x \cdot (Ey)\{(Fy \cdot \neg E!y) \cdot (y \neq x)\}]$
bzw.
(7⁺) Es gibt mindestens einen zahmen Tiger, der nicht existiert
$(Ex)(Fx \cdot \neg E!x)$

keinen einsichtigen Sinn ausdrücken bzw. Kontradiktionen darstellen. Dabei argumentiert Moore faktisch mit Blick auf die umgangsprachliche Verwendungsweise von Prädikaten wie 'rot' bzw. 'knurrt' und dem Prädikat 'existiert' bzw. 'existieren'. Insofern liegt denn auch eine typische ordinary–language–Argumentation vor. Diese jedoch ist keineswegs in einem nicht–trivialen Sinne voraussetzungslos. Denn offensichtlich kann Moore bezüglich (7) und (7⁺) *nur* dann zur besagten Einschätzung gelangen, wenn er einen Satz von der Form wie '(Ex)¬E!x' als kontradiktorisch klassifiziert. Ein Satz dieser Form aber ist nur dann kontradiktorisch, wenn einerseits der fragliche Operator im Sinne eines Existenzquantors, der über dem Bereich des real Existierenden definiert ist, aufgefasst wird, und andererseits das Prädikat 'E!' als (undefiniertes) Prädikat der realen Existenz aufgefasst wird. Es ist aber keineswegs zwingend, das umgangssprachliche 'es gibt' im Lichte existentiell importierter Formen der Quantifikation zu interpretieren.

Analoges ist im bezug auf den früher erwähnten zweiten Argumentationszusammenhang in Moores Aufsatz zu sagen. Unter bezug auf Russells Begriff der Erfüllbarkeit hält Moore dort fest: Der Satz 'Einige zahme Tiger existieren' impliziere nicht, dass mindestens zwei Einsetzungsinstanzen der Satzfunktion 'x ist ein zahmer Tiger und existiert' wahr seien, sondern impliziere nur, dass mindestens zwei Einsetzungsinstanzen der Satzfunktion 'x ist ein zahmer Tiger' wahr seien. Aber auch der angesprochene Ausgangssatz muss nicht zwingend im Sinne von '(Ex)(x ist ein zahmer Tiger)' — wobei der Quantor existentiell importiert zu lesen ist —, sondern kann durchaus auch im Sinne von '(Vx)(x ist ein zahmer Tiger · E!x)' verstanden werden. In dieser Version allerdings kann der Quantor, *falls* keine redundante Formulierung vorliegen soll, nicht existentiell importiert gelesen werden, d.h. er

---

[4] Dies deswegen, um Fälle wie folgende ausser Betracht zu lassen: "Manche Dinge sind sowohl ein Schloss (eine Bank) wie kein Schloss (keine Bank)". Das kann natürlich nur dann nicht-kontradiktorisch sein, wenn die fraglichen Prädikate äquivok sind.

[5] Vgl. oben im Exkurs des Paragraphen 29 Moores Begründung von These (i). Bei der Reformulierung steht 'F' für 'ist ein zahmer Tiger'. Um die Differenz zwischen 'einige (mehrere)' und 'mindestens einer' (eine Differenz, auf welcher *Moore* besteht) symbolisch auszudrücken, habe ich in (7) die Einzigkeitsbedingungen: $(\forall y)[(Fy \cdot \neg E!y) \rightarrow y=x]$ explizit negiert.

kann nicht über dem Bereich des real Existierenden definiert werden. (Deswegen ist es auch günstig, in der Notation einen speziellen Quantor zu verwenden.)

Dass Moore im Gefolge Russells von der existentiell importierten Lesart von Quantoren ausgeht, zeigt sich schliesslich besonders deutlich daran, dass er einen Satz wie 'Dies ist ein zahmer Tiger und existiert' bzw. 'Dies existiert' (wobei 'dies' offenbar im Sinne Russells als logischer Eigenname[6] aufgefasst wird) als sinnlos klassifiziert. Denn bekanntlich hat Russell sämtliche singulären Existenzaussagen, an deren Subjektstelle ein logischer Eigenname steht, mit dem Sinnlosigkeitsverdikt belegt.[7]

Hier nun steht *nicht* zur Diskussion, ob Moore im Anschluss an Russell mit Recht oder Unrecht von einer existentiell importierten Quantifikation ausgeht. Wichtig aber ist das folgende: In seinen zum *ersten* Argument führenden Ausführungen analysiert Moore umgangssprachliche Verwendungsweisen von 'existiert' faktisch genau gleich wie jemand, der von einem Übersetzungsproblem ausgeht und dabei eine logische Kunstsprache mit Existenzquantoren, d.h. mit existentiell importierten Partikularisatoren voraussetzt. Etwas überspitzt formuliert könnte man sagen: Es handelt sich bei Moores Ausführungen keineswegs um eine sozusagen schlichte Deskription; vielmehr analysiert Moore umgangssprachliche Sätze (mindestens teilweise) im Lichte der "Grammatik" von solchen Kunstsprachen, in welchen das umgangssprachliche 'existiert' bzw. 'es gibt' tel quel mittels existentiell importierter Quantoren übersetzt wird. Die Frage aber, ob dieser "Rahmen" für die angestrebte Analyse einen adäquaten Rahmen darstellt, wird dabei weder explizit gestellt noch beantwortet.

Interessant ist aber vor allem die Tatsache, dass aufgrund von Moores Ausführungen *zwei* Argumente formuliert werden können. Man könnte sich nämlich fragen, ob nicht auch nur gerade ein Argument genügt oder ob z.B. nicht die Prämissen P_2 und P_3 der beiden Argumente je zusammengefasst werden könnten. Nun, dies scheint sachlich betrachtet nur schwer möglich. Denn beim zweiten Argument geht Moore von der secunda facie–Deutung von (4) bzw. (4') aus. Diese Aussagen sind nach Moore sinnvoll und nicht kontradiktorisch, wenn sie gemäss (6) bzw. (6') verstanden werden. Dies einmal zugestanden, wird aber sogleich ersichtlich: Bei den zugehörigen Übersetzungen werden existentiell nicht– importierte Quantoren vorausgesetzt. M.a.W.: Jene Erwägungen, die Moore zu Prämisse P_3 (des zweiten Argumentes) geführt haben, reflektieren – obgleich nur implizit – *faktisch* den von Moore im Anschluss an Russell vorausgesetzten, aber gewissermassen nicht weiter

---

[6] Zu Russells Theorie logischer Eigennamen vgl. Carl (1), Tugendhat (2), 375-78; 381 ff. und Weingartner (1).

[7] Vgl. die ausführlichen Belege bei Carl (1).

hinterfragten *Rahmen* seiner zum *ersten* Argument führenden Analyse. Darin liegt der Grund, warum man *zwei* Argumente formulieren muss: Das zweite Argument erweist implizit, dass die Voraussetzung der zentralen Prämisse P_3 (des ersten Argumentes) und damit diese Prämisse selbst und das erste Argument insgesamt keineswegs sakrosankt sind. Diese Bemerkung schliesst allerdings nicht aus, dass Moore beide Argumente verbinden kann. Dass und warum er dies tut, ist im nächsten Abschnitt zu zeigen.

30.2 Moore und Ingarden

Moore argumentiert respektive für die folgenden Thesen:

(C_1) Das grammatikalische Prädikat 'existiert' hat einen anderen logischen Status als gewöhnliche (nicht–sortale) Prädikate, die nicht als äquivok zu klassifizieren sind.

(C_2) Das grammatikalische Prädikat 'existiert' hat einen anderen logischen Status als gewöhnliche (nicht–sortale) Prädikate.

Mit Rücksicht auf Moores Problemstellung sollen diese Thesen die folgenden *Korrolare* zulassen:

(K_1) 'Existiert' bzw. andere finite Formen von 'existieren' sind keine gewöhnlichen Prädikate (bzw. Prädikate im logischen Sinne).

(K_2) 'Existiert' bzw. andere finite Formen von 'existieren' stehen nicht für Attribute.

(K_3) "Existenz" ist keine Eigenschaft.

Oben habe ich dargelegt, dass aufgrund von Moores Ausführungen tatsächlich *zwei* Argumente formuliert werden müssen. Ich will nun fragen, ob sich Moore mit jeweils einem der beiden Argumente zufrieden geben könnte. – Mit dem ersten Argument allein kann sich Moore offenbar nicht zufrieden geben. Denn in ihm werden per Voraussetzung nur solche gewöhnlichen (nicht–sortale) Prädikate berücksichtigt, die nicht–äquivok sind. Mithin könnte es der Fall sein, dass sich das grammatikalische Prädikat 'existiert' genau so verhält wie gewöhnliche (nicht–sortale) Prädikate, die äquivok *sind*. Um diese Eventualität auszuschliessen, muss Moore im ersten Argument voraussetzen, dass das grammatikalische Prädikat 'existiert' ebenfalls kein äquivokes Prädikat ist. Um aber auch unabhängig von dieser Voraussetzung zu zeigen, dass 'existiert' kein gewöhnliches Prädikat sei, braucht Moore das zweite Argument. Dort wird über die Bedeutungsvalenz der berücksichtigten gewöhnlichen (nicht–sortalen) Prädikate nichts vorausgesetzt. Es wird aber festgestellt, dass unter einer gewissen Bedingung im Falle von gewöhnlichen (nicht–sortalen) Prädikaten Aquivozität nur manchmal erforderlich ist, während unter derselben Bedingung im Falle des grammatikalischen Prädikates 'existiert' Äquivozität in allen Fällen erforderlich ist. Unter dieser bestimmten Bedingung muss also die These der Äquivozität von 'existiert' akzeptiert werden.

Moores *volles* Argument besteht mithin aus der Verbindung von zwei verschiedenen Argumenten. M.a.W.: Die oben formulierten Korrolare sind als Korrolare einer auf beiden Argumenten beruhenden komplexen These aufzufassen. Der Sache nach könnte man Moores volles Argument entsprechend auch so formulieren: *Entweder* das grammatikalische Prädikat 'existiert' ist nicht–äquivok. Dann ist es kein gewöhnliches (sc. nicht–äquivokes [und nicht–sortales]) Prädikat. Denn es ergibt sich unter gewissen Bedingungen im Falle von 'existiert' eine logische Kontradiktion, nicht aber im Falle von gewöhnlichen (nicht–äquivoken [und nicht–sortalen]) Prädikaten. *Oder* das grammatikalische Prädikat 'existiert' ist äquivok. Aber auch dann ist es kein gewöhnliches (nicht–sortales) Prädikat. Denn es ergibt sich, dass in Sätzen von den Formen: 'Es existiert ein Tiger, der nicht existiert', 'Einige Tiger knurren', 'Einige Tiger knurren nicht', wenn diese Sätze wahr sein sollen, die zwei token von 'existiert' immer äquivok sein müssen, während unter analogen Bedingungen die zwei token von gewöhnlichen (nicht–sortalen) Prädikaten nicht äquivok sein müssen.

Vom Ingardenschen Standpunkt und vor allem von seinem Programm einer Existentialontologie aus betrachtet ist aus Moores Analyse insbesondere zweierlei zu lernen. Zunächst dies, dass in der Umgangssprache selber "Daten" vorzuliegen scheinen, wonach 'existiert' *in* der Umgangssprache mindestens im Sinne von 'ist (existiert) real' und von 'ist (existiert) imaginär' verwendet und verstanden wird. Und sodann dies, dass eine zugehörige Analyse, sofern sie eine getreuliche Beschreibung als Adäquatheitsmasstab akzeptiert, nicht im Rahmen einer "Grammatik" arbeiten kann, durch die das umgangssprachliche 'existiert' bzw. 'es gibt' per fiat simpel als existentiell importierter Quantor übersetzt wird: Eine so orientierte Analyse kann sozusagen dem Reichtum der zu interpretierenden "Daten" nicht gerecht werden.

Hier interessiert aber vor allem die folgende Frage: Inwiefern ist die Mooresche Argumentation im besonderen und eine umgangssprachlich orientierte Argumentation im allgemeinen ergänzungsbedürftig durch eine spezifisch ontologische Argumentation? – Angenommen das Prädikat 'existiert' *ist* tatsächlich äquivok. Dann wird offensichtlich das erste Mooresche Argument hinfällig. Sachlich bedeutsam kann dann nur noch das zweite Argument sein. Falls das Prädikat 'existiert' aber äquivok ist, dann sollten in der vergleichenden Betrachtung nur solche gewöhnlichen Prädikate berücksichtigt werden, die selber auch äquivok sind. Moore sollte also nicht (wie er es im zweiten Argument faktisch macht) bloss einen Unterschied zwischen 'existiert' und (äquivoken *oder* nicht–äquivoken) gewöhnlichen Prädikaten aufzeigen; vielmehr sollte er einen grundsätzlichen Unterschied zwischen dem (äquivoken) 'existiert' einerseits und andererseits solchen gewöhnlichen Prädikaten, die ebenfalls äquivok sind, aufweisen. Z.B. müsste er einen grundsätzlichen Unterschied zwischen den beiden folgenden Sätzen aufweisen:

(8) Einige x existieren und *dieselben* x existieren nicht
(9) Einige x sind ein Schloss und *dieselben* x sind kein Schloss.

Wenn diese Sätze nicht logische Kontradiktionen sein sollen, dann müssen die beiden Vorkommnisse von 'existieren' und (dem gewöhnlichen Prädikat) 'ein Schloss' *in gleicher Weise* jeweils verschiedene Bedeutungen haben. Dies besagt: Um eine spezifische Differenz zwischen dem (per Annahme äquivoken) Prädikat 'existiert' und gewöhnlichen (äquivoken) Prädikaten aufzuweisen, kann der von Moore im zweiten Argument berücksichtigte Unterschied überhaupt nicht in Ansatz gebracht werden.

Welcher Unterschied besteht dann aber zwischen den Prädikationen (8) und (9)? — Sachlich bedeutsam scheint die Feststellung, dass die jeweiligen Gegenstände in diesen beiden Sätzen in verschiedener Weise der Prädikation unterliegen. In (9) unterliegen sie hinsichtlich bestimmter materialer Bestimmungen der Prädikation, während sie in (8) in der (erkenntnismässig unspezifizierten) Totalität ihrer materialer Bestimmungen der Prädikation unterliegen. *Diesen* Unterschied hier aber in Ansatz zu bringen, setzt eine ontologische Analyse voraus. Denn erst wenn bekannt ist, dass nur (eine bestimmte Art von) materiale(n) Bestimmungen von Objekt—Entitäten überhaupt als zugehörige Eigenschaften charakterisierbar sind, kann mit diesem Unterschied These K_3 einsichtig begründet werden.

Die letztere Feststellung verweist auf einen wichtigen Umstand: Wer nämlich simpel von der Mooreschen Argumentation ausgeht, muss (ganz allgemein gesprochen) davon überzeugt sein, dass die am Sprachlichen aufgewiesenen Unterschiede überhaupt zureichende Gründe sind, um die in dem Korrolar K_3 behauptete ontologische These zu begründen. Wer diesbezüglich Skepsis hat, wird insbesondere bestreiten, dass K_2 und K_3 tatsächlich Korrolare der Mooreschen Konklusionen sind. Doch diese "Schwäche" der Mooreschen Argumentation im besonderen und einer umgangssprachlich orientierten Argumentation im allgemeinen sollte nicht im Sinne eines Antagonismus zwischen ontologischer und umgangssprachlicher Argumentation ausgewertet werden. Auf Ingarden jedenfalls könnte man sich dabei nicht ohne weiteres berufen. Tatsächlich geht Ingarden im Rahmen seiner ontologischen Argumentation ja selber des öfteren von umgangssprachlichen Befunden aus. Dennoch kann man vom Ingardenschen Standpunkt aus folgendes betonen:

(a) K_3 ist eine ontologische These;
(b) Für die Begründung von K_3 müssen ontologische Fragen wie
    (F_1)   Was ist das überhaupt, eine Eigenschaft von etwas ?
    (F_2)   Warum ist "Existenz", d.h. das Existieren von etwas keine Eigenschaft dieses etwas ?

beantwortet werden.

(c) Die Annahme, dass Antworten auf derartige Fragen in einem prinzipiellen Sinne von unserem faktischen oder möglichen Sprachgebrauch abhängig sind, ist eine paradoxe Annahme.

(d) K_3 bedarf einer spezifisch ontologischen Argumentation.

Mit (a)–(d) wird natürlich nicht behauptet, dass eine umgangssprachliche Analyse für die Ontologie ratione cognoscendi keine Bedeutung habe. Es ist mit Ingarden jedoch zu betonen, dass die Mooresche Argumentation und eine umgangssprachliche Argumentation im allgemeinen – streng betrachtet – *keine* Antworten auf die Fragen F_1 und F_2 geben. Man kann aber die Ansicht vertreten, dass nur mit Antworten auf diese Fragen eine strikte (an der ratio essendi orientierte) Begründung für K_3 gegeben werden kann. Tatsächlich geht die Mooresche Argumentation faktisch von einer zentralen Voraussetzung aus, nämlich dass K_1–K_3 Korollare von C_1 und C_2 *sind*. Ohne spezifisch *ontologische* Argumentation für die These K_3 kann diese Voraussetzung der Mooreschen Argumentation aber nur schwerlich gegen Skeptiker *verteidigt* werden. Ein Skeptiker nämlich kann stets einwenden, dass die angesprochene Voraussetzung mit (c) zurückzuweisen sei. Aufgrund einer ontologischen, an der ratio essendi orientierten Argumentation kann aber einsichtig gemacht werden, *warum* 'existiert' umgangssprachlich anders verwendet wird als gewöhnliche Prädikate. Denn "gewöhnliche" Prädikate im Mooreschen Sinne sind entweder Eigenschaftsprädikate, mit denen wir Konkreta mit Blick auf materiale Teilbestimmungen charakterisieren können, oder sie sind sortale Ausdrücke, mit denen wir Konkreta mit Blick auf ihre konstitutive Natur (bzw. mit Blick auf ihre konstitutive Quasi–Natur) identifizierend nennen und zählen können. 'Existiert' und andere finite Formen von 'existieren' können aber unmöglich so verwendet werden. Denn es gehört zum Sinn von Existentialsätzen, dass die jeweiligen Gegenstände in der Totalität ihrer materialen Bestimmungen der Prädikation unterliegen. Wenn wir aus der Formalontologie zudem wissen, dass die Kategorie der Eigenschaft nur auf (eine bestimmte Art von) materiale(n) Bestimmungen von Objekt–Entitäten anwendbar ist, kann aufgrund einer spezifisch ontologischen Argumentation die zentrale Voraussetzung der Mooreschen Argumentation, nämlich dass K_1–K_3 tatsächlich Korollare von C_1 und C_2 sind, gegen Skeptiker verteidigt werden. Es wird für diese dann jedenfalls sehr viel schwieriger, diese Voraussetzung einfach unter Berufung auf (c) zurückzuweisen. Ein weiterer Vorteil einer spezifisch ontologischen Argumentation besteht schliesslich darin, dass sie dies alles vor der Beantwortung der Frage, ob 'existiert' als ein äquivokes oder univokes Prädikat zu klassifizieren sei, darlegen kann. Tatsächlich sind ja Ingardens Thesen I_1 und I_2 logisch voneinander unabhängig. Den oben gegenüber Moores zweitem Argument vorgetragenen Einwänden kann also unter Berücksichtigung von Ingardens Argument kein sachliches Gewicht mehr zufallen.

§31 Eine semantische Argumentation: G. Frege

Für Freges Analyse der Existenzthematik ist die Unterscheidung zwischen verschiedenen Bedeutungen von 'ist' wichtig. Frege unterscheidet folgenderweise:[1]

(1) das 'ist' der Identität (z.B. a=b)

(2) das 'ist' der Prädikation, sc. die Kopula (z.B. Fa)

(3) das 'ist' der Existenz
 (i) singulär [z.B. (Ex)(x=a)]
 (ii) generell [z.B. (Ex)Fx]

(4) das 'ist' der Subordination und der Klasseninklusion
 (z.B. ($\forall$x) (Fx $\longrightarrow$ Qx)).

Diese Unterscheidung verschiedener Bedeutungen oder Verwendungsweisen von 'ist' spielt in Freges Analyse der Existenzthematik an verschiedenen Stellen eine entscheidende Rolle.[2] Im einzelnen umfasst seine Lehrmeinung allerdings sehr verschiedene Thesen, nämlich:

(F_1) *Existenz* ist ein Begriff *zweiter* Ordnung (Stufe), d.h. *Existenz* ist kein gewöhnliches Klassifikationsprinzip, i.e. kein Klasssifikationsprinzip von Gegenständen_F, sondern ist ein Klassifikationsprinzip von Begriffen_F;

(F_2) "Existenz" ist keine Eigenschaft von Gegenständen_F;

(F_3) Generelle Existenzaussagen sind nicht–überflüssige_F Aussagen;

---

[1] Vgl. Hintikka (4), 433 f.; (3), 249; Haaparanta (2), 269 f. In Freges Notation:
(1) ⊢── (A=B)
(2) ⊢── φ(A)
(3) (i) ⊢─a─ (A=a)
 (ii) ⊢─a─ φ(a)
(4) ⊢─a─┬── F(a)
 └── φ(a)

[Das Symbol '⊢' ist das Fregesche *Assertionszeichen*, bestehend aus einem *Inhaltsstrich* ('─') und einem *Urteilsstrich* ('|'). Es zeigt an, dass es sich im Sinne Freges um eine Notation für *Urteile* ("Behauptungen" versus "Vorstellungsverbindungen") handelt. Der vertikale Strich, der in (4) die beiden horizontalen Striche verbindet, heisst *Bedingungsstrich*. Die kleinen vertikalen Striche beim Inhaltsstrich sind Freges Zeichen für die *Negation*. Zum Ganzen vgl. Frege (9) (Teil 1).] *Allgemeinheit* wird bei Frege durch ein konkaves Zeichen im Inhaltsstrich ("Höhlung_F") ausgedrückt, welches einen deutschen Buchstaben enthält, der auch an der Argumentenstelle auftritt. Zu beachten ist, dass Frege in seinem Formalismus kein besonderes Zeichen für generelle Existenz kennt, sondern Existenz mittels des Zeichens für Allgemeinheit plus zwei Negationszeichen ausdrückt – ganz im Sinne der Interdefinierbarkeit von Quantoren [sc. (Ex)Fx: ≡ ¬($\forall$x)¬Fx]. Und obgleich er 3 (i) an verschiedenen Stellen ausführlich erörtert, berücksichtigt er diesen Fall in seinem Formalismus nicht (wohl deshalb, weil singuläre Existenzaussagen nach ihm in mancher Hinsicht problematisch sind).

[2] Vgl. dazu unten den doxographischen Exkurs.

(F_4) Singuläre Existenzaussagen sind überflüssige_F_ Aussagen.

F_1–F_4 machen sozusagen Freges "klassische" Lehrmeinung aus.[3] Des Weiteren vertritt der *frühe* Frege aber auch die folgenden Thesen:

(F_5) Generelle Existenzaussagen sind nicht–selbstverständliche_F_ Aussagen;

(F_6) Singuläre Existenzaussagen sind selbstverständliche_F_ Aussagen;

(F_7) *Existenz* ist allgemeinster Begriff *erster* Ordnung (Stufe).

Die wichtigste Textgrundlage für die Thesen F_5–F_7 (und natürlich vor allem für F_7!) ist der "Dialog mit Pünjer über Existenz" – ein Schriftstück, wo Frege die Existenzthematik wohl am ausführlichsten behandelt hat. Im einzelnen entwickelt er dort zwar ein Argument für die These F_6; in der Sache geht es Frege aber auch im "Dialog–Argument" um eine Begründung der These F_2. Tatsächlich ist – wie aus dem folgenden hervorgehen wird – Frege der Ansicht, dass F_2 sowohl aus den Thesen F_1, F_3 und F_4 wie aus den Thesen F_5–F_7 folgt. Dieser Umstand macht deutlich, dass Freges semantische Argumentation recht komplex ist.

Ein Ontologe à la Ingarden möchte meinen, dass die Unterscheidung zwischen der logischen Analyse von singulären und generellen Existenzaussagen für die Frage, ob "Existenz" eine Eigenschaft von Konkreta sei, unerheblich sei. Denn zu Recht wird es für ihn wohl auf dasselbe hinauslaufen, ob er diese Frage nun im bezug auf ein ganz bestimmtes Konkretum, das F ist, oder generell im bezug auf eine Pluralität von Konkreta, die F sind, beantwortet ... Deshalb (und dies ist ein weiterer Grund dafür, dass ich den "Dialog mit Pünjer über Existenz" berücksichtigen werde) ist es wichtig, bei Frege ein solches Argument zu diskutieren, in welchem F_4 keine Rolle spielt. Vorderhand ist aber vor allem folgendes zu betonen: Konkreta im Ingardenschen Sinne bilden zweifellos eine Subklasse der Gegenstände im Fregeschen Sinne.[4] Dies bedeutet, dass Freges F_2 zu Ingardens I_1 in Beziehung gesetzt werden darf. Wir können sagen: *Es handelt sich in der Sache um gleichlautende Thesen!*

Exkurs: Freges 'Klassische' Lehrmeinung (Doxographie)
Im Paragraphen 51 von *Die Grundlagen der Arithmetik* (1884) sagt Frege:

> "Bei einem Begriffe fragt es sich immer, ob etwas und was etwa unter ihn falle. Bei einem Eigennamen sind solche Fragen sinnlos [d.h. überflüssig_F_]."[5]

Dies bedeutet, dass Existenzsätze mit singulären Termen und solche mit generellen Termen an Subjektstelle gemäss Frege verschieden zu beurteilen sind.

---

[3] Vgl. unten den doxographischen Exkurs.
[4] Vgl. unten §33.
[5] Frege (1), 64.

Generelle Terme und Existenz

Zunächst werde ich Freges Analyse genereller Existenzaussagen vorstellen. Dazu ist es erforderlich, von seiner Unterscheidung zwischen Merkmalen und Eigenschaften eines Begriffes auszugehen.[6] Weil diese Unterscheidung aber jene zwischen Begriff und Gegenstand voraussetzt, muss ich vorerst Freges zugehörige Ausführungen berücksichtigen.[7]

a) Begriff und Gegenstand

Was unter 'Begriff' und 'Gegenstand' zu verstehen ist, lässt sich nach Frege nicht im eigentlichen Sinne definieren, sondern nur erklären.[8] Der grundlegende Unterschied zwischen Begriff und Gegenstand besteht nach ihm darin, dass ein Begriff *prädikativ* ist, d.h. eine prädikative Natur hat.[9] Anders formuliert besagt dies: ein Begriff ist die BedeutungF eines grammatischen Prädikates.[10] Demgegenüber ist ein Gegenstands- oder Eigenname, der einen Gegenstand bezeichnet[11], niemals selbst ein Prädikat (=Begriffswort), sondern höchstens Teil eines Prädikates.[12] Als sprachliche Kennzeichnung führt Frege an, dass Begriffswörter Ausdrücke sind, die mit 'alle', 'kein', 'einige' und dem unbestimmten Artikel sinnvoll verbunden werden können; zuweilen aber nicht immer ist es auch erlaubt, den bestimmten Artikel davor zu setzen. Wenn vor einem Begriffswort ein *bestimmter* Artikel im Singular steht, so bildet der *ganze* Ausdruck, sofern er nicht bedeutungslos ist, einen (denotierenden) Eigennamen.[13]

---

[6] Vgl. dazu besonders Frege (1), §53 sowie die zugehörigen Erläuterungen in Frege (4), 199-202. Dabei ist das folgende zu beachten: Nachdem Frege nachgewiesen hat, dass in Anzahlaussagen ("Zahlangaben") nicht etwas über Eigenschaften von Gegenständen ausgesagt wird (vgl. Frege 1, §§29-45), gelangte er zur Auffassung, dass wir in derartigen Urteilen etwas von Begriffen aussagen (vgl. Frege 1, §§46-53). Die Unterscheidung zwischen Merkmalen und Eigenschaften von Begriffen wurde von Frege nun mit der Absicht eingeführt, seine Lehrmeinung, dass eine Anzahl von etwas nicht eine Eigenschaft von (gezählten) Gegenständen sei, präzisieren zu können.

[7] Zur Thematik vgl. vor allem Grossmann (1); (2); Carl (3) und auch Kluge.

[8] Vgl. Frege (4), 193; vgl. auch Frege (2), 18.

[9] Vgl. Frege (4), 198, Anm. 11.

[10] Vgl. Frege (4), 193, Anm. 1.

[11] Vgl.: "Ein Eigenname (Wort, Zeichen, Zeichenverbindung, Ausdruck) drückt aus seinen Sinn, bedeutet oder bezeichnet seine Bedeutung." (Frege 3, 31). Für Frege ist es ein Mangel der Umgangssprache, dass Eigennamen nicht immer jeweils genau eine BedeutungF haben, sondern gelegentlich keinen bzw. mehr als einen Gegenstand bezeichnen. Eine derartige Möglichkeit schliesst Frege für die Logik aber aus, vgl. Frege (3), 28; 41 f.

[12] Vgl. Frege (4), 193; 197 sowie die folgende Stelle: "Wir können kurz sagen, indem wir 'Prädikat' und 'Subjekt' im sprachlichen Sinne verstehen: Begriff ist Bedeutung eines Prädikates, Gegenstand ist, was nie die ganze Bedeutung eines Prädikates, wohl aber Bedeutung eines Subjektes sein kann." (Frege 4, 198).

[13] Vgl. Frege (4), 198. Diese sprachliche Kennzeichnung des Unterschiedes zwischen Begriff und Gegenstand gibt allerdings keine universell gültige Regel für eine strikte Unterscheidung zwischen Begriff und Gegenstand ab, vgl. dazu Frege (4), 195-98 und

Frege erläutert die Unterscheidung von Eigennamen und Begriffswort anhand von zwei verschiedenen Bedeutungen des Ausdruckes 'ist'. In

(1)   Der Morgenstern ist ein Planet

ist 'der Morgenstern' Eigenname, 'ein Planet' Begriffswort und die Kopula 'ist' drückt aus, dass der mit dem Eigennamen benannte Gegenstand unter den durch das Begriffswort ausgedrückten Begriff fällt. In

(2)   Der Morgenstern ist die Venus

ist 'die Venus' Eigenname für einen Gegenstand. Entsprechend hat 'ist' in (2) eine andere Bedeutung bzw. Funktion als in (1). Tatsächlich ist (2) nach Frege mit der folgenden Aussage sinngleich (!)[14]:

(2')   Der Morgenstern ist nichts anderes als die Venus.[15]

Dies zeigt, dass das 'ist' in (2) synonym ist mit 'ist nichts anderes als' bzw. mit 'ist dasselbe wie', 'ist gleich wie', '='.[16]

In (1) und (2) bzw. (2') werden zwei formal verschiedene Beziehungen ausgedrückt: In (1) wird die asymmetrische Beziehung des Fallens eines Gegenstandes *unter* einen Begriff ausgedrückt, in (2) bzw. (2') dagegen wird die symmetrische Beziehung der Identität[17] von "zwei" Gegenständen ausgedrückt, d.h. es wird ausgedrückt (aber nicht explizit gesagt), dass zwei (sinnverschiedene) singuläre Terme *einen* Gegenstand benennen.[18] Dass nach Frege in

---

unten Anm. 18.

[14] Vgl. dazu insbesondere Frege (3), 196, Anm. 7.

[15] Der Eigenname 'Venus' ist in (2') offensichtlich Teil des (vollständigen) Prädikates 'nichts anderes als die Venus'. Vgl. Anm. 12.

[16] Vgl. dazu Frege (4), 194, Anm. 2.

[17] Vgl.: "Eine Gleichung ist umkehrbar: das Fallen eines Gegenstandes unter einen Begriff ist eine nicht umkehrbare Beziehung." (Frege 4, 194.).

[18] Vgl. Frege (3), 50. Hinsichtlich seiner Unterscheidung zwischen Begriff und Gegenstand sind Freges Ausführungen über Funktionen von grundlegender Wichtigkeit (vgl. insbesondere Frege 4, 198, Anm. 11). Hierzu kurz das Folgende (vgl. dazu auch Welding, 48-54): Abgesehen von den synkategorematischen Ausdrücken gibt es für Frege zwei Arten sprachlicher Ausdrücke, nämlich "vollständige" und "unvollständige". "Vollständige" Ausdrücke sind nach ihm singuläre Terme (Eigennamen) und (assertorische) Sätze. Von beiden gilt, dass sie einen Gegenstand bezeichnen. Denn (im vorliegenden Argumentationszusammenhang charakterisiert) es gilt, dass "Gegenstand alles ist, was nicht Funktion ist, dessen Ausdruck also keine leere Stelle mit sich führt" (Frege 2, 18), d.h. *"Gegenstand" ist definiert als das, was durch einen vollständigen Ausdruck bezeichnet wird.* "Unvollständige" Ausdrücke sind solche, die eine oder mehrere Leerstellen mit sich führen; insofern sind diese Ausdrücke "ergänzungsbedürftig" (z.B. 'der Bruder von ( )'; ( ) ist ein Pferd'). Wird ein

den Prädikationen (1) und (2) zwei *formal verschiedene* Beziehungen ausgedrückt werden, kann nicht genügend betont werden. Denn Frege sagt auch, dass jeder Ausdruck, der ein Eigenname ist, als solcher kein selbständiges Begriffswort, sondern höchstens "Teil eines Prädikates"[19] sein kann. Tatsächlich ist es möglich, den Ausdruck 'ist die Venus' bzw. '= die Venus' als *ein* Prädikat aufzufassen. Allerdings ist hierbei eine gewisse Vorsicht am Platz. Ein klarer Fall eines Begriffswortes ist der Ausdruck 'ist *eine* Venus'. Aber auch der Ausdruck 'ist *die* Venus' (= 'ist nichts anderes als die Venus') ist gemäss Frege ein *Begriffswort*, nur dass unter den durch *dieses* Begriffswort ausgedrückten Begriff genau ein Gegenstand fällt.[20] Nichtsdestoweniger muss natürlich der entsprechende Gegenstand von diesem Begriff unterschieden werden. Vor allem aber wird jetzt ersichtlich, dass z.B. das mögliche Begriffswort 'ist die Venus' bzw. '= die Venus' *nicht* dazu verwendet werden kann, das 'ist' im Sinne der Identität sozusagen aus unserem sprachlichen Inventar zu vertreiben. Denn mit 'ist' bzw. 'ist nichts anderes als', '=' wird in Sätzen von der Form 'x=y' die symmetrische Beziehung der Identität ausgedrückt. Das 'ist' im Sinne der Identität zugunsten von Begriffswörtern wie 'ist die Venus' aus der Sprache zu vertreiben, würde bedeuten, dass wir in unserer Sprache zwar die Beziehung des Fallens eines Gegenstandes unter einen Begriff, nicht aber die Beziehung der Identität zweier Gegenstände ausdrücken könnten. Das 'ist' im Sinne der Identität (technisch gesprochen erfordert es als Argumenten-Ausdrücke zwei Eigennamen, wie in der Prädikation (2)) gehört mithin zum unverzichtbaren Inventar unserer Sprache.

---

unvollständiger Ausdruck durch einen (bzw. gegebenenfalls durch mehr als einen) vollständigen Ausdruck ergänzt, ergibt sich wiederum ein unvollständiger Ausdruck nämlich entweder ein singulärer Term (Eigenname bzw. Kennzeichnung) (z.B. 'der Bruder von Peter') oder ein (assertorischer) Satz (z.B. 'Hansi ist ein Pferd'). In solcher Weise ergänzungsbedürftige Ausdrücke nennt Frege *Funktionsausdrücke*, und das, was von einem Funktionsausdruck *bezeichnet* wird, nennt er allgemein *Funktion*. Prädikate nun (z.B. '( ) ist ein Pferd') *qua* besondere Art von Funktionsausdrücken (nämlich solche, deren Ergänzungen nicht auf singuläre Terme, sondern auf assertorische Sätze führen) sind nun *solche* Funktionsausdrücke, die eine besondere Art von Funktionen, nämlich *Begriffe*, bezeichnen. In dieser Weise erhält die Fregesche Unterscheidung zwischen Gegenstand und Begriff eine systematische Basis in seinen Ausführungen über Funktionen. - Kehren wir kurz zur oben referierten *sprachlichen* Kennzeichnung des Unterschiedes zwischen Begriff und Gegenstand zurück. Will man *über* einen Begriff etwas aussagen, z.B. "Der Begriff *Mensch* ist nicht leer", verwenden wir den bestimmten Artikel im Singular. M.a.W.: 'Der Begriff *Mensch*' ist *nicht* ein Begriffswort, sondern ein singulärer Term. Da aber ein Name (ein "vollständiger" Ausdruck) immer einen *Gegenstand* bezeichnet, muss der Begriff *Mensch*, wenn man *über* ihn etwas aussagen will, seine "prädikative Natur" verlieren. D.h. er muss "erst in einen Gegenstand verwandelt werden" (Frege 4, 197). Diesen *in einen Gegenstand verwandelten* Begriff bezeichnet Frege aber weiterhin als "Begriff", obgleich er gemäss Freges Bestimmungen an sich kein Begriff ist! Von daher ist Freges paradoxe Formulierung zu verstehen, "dass in meiner Redeweise Ausdrücke wie 'der Begriff F' nicht Begriffe, sondern Gegenstände bezeichnen". Der Begriff *Pferd* ist kein Begriff." Vgl. Frege (4), 197 f. und zur Thematik auch Parsons.

[19] Vgl. Frege (4), 194.
[20] Vgl. Frege (4), 194.

b) Eigenschaften und Merkmale von Begriffen

"Ich nenne die Begriffe, unter die ein Gegenstand fällt, seine Eigenschaften, so dass 'Φ zu sein ist eine Eigenschaft von Γ' nur eine andere Wendung ist für 'Γ fällt unter den Begriff des Φ'."[21]

Dieses Zitat belegt, dass Frege bezüglich der Grammatik der Umgangssprache nicht gerade präzise ist. Denn 'Q zu sein ist eine Eigenschaft von Gegenstand a' sollte genauer heissen 'Q–zu–sein (z.B. rot–zu–sein) ist eine Eigenschaft von Gegenstand a'. Dann aber kann diese Wendung nicht synonym sein mit 'Gegenstand a fällt unter den Begriff des Q (z.B. unter den Begriff des rot)', sondern höchstens beispielsweise mit 'Gegenstand a fällt unter den Begriff *des Roten*' oder (abkürzend) mit 'Gegenstand a fällt unter den Begriff *Rot*'. Im folgenden werde ich einerseits weiterhin die letztere Wendung benutzen, also vom Begriff F, vom Begriff Q usw. sprechen. Andererseits werde ich aber der sprachlichen Einfachheit halber (im doxographischen Teil) Frege folgend anstelle von den Eigenschaften F–zu–sein, Q–zu–sein abkürzend von den Eigenschaften F, Q usw. sprechen. Wenn wir also mit Frege annehmen[22], dass A, B, C Eigenschaften des Gegenstandes a sind, können wir entsprechend sagen, dass A,B,C jeweils Begriffe sind, unter die der Gegenstand a fällt.

Die Eigenschaften A,B,C lassen sich nun aber auch in Z "zusammenfassen", so dass

(3)   Der Gegenstand a hat die Eigenschaft Z

mit

(4)   Der Gegenstand a hat die Eigenschaften A,B und C

sinngleich ist. Gemäss dem Ausgangszitat kann nun an Stelle von (3) auch formuliert werden:

(3')   Der Gegenstand a fällt unter den Begriff Z.

Während gemäss (4) A,B und C *Eigenschaften* des Gegenstandes a genannt werden, sagt Frege mit bezug auf (4) und (3'), dass A,B und C *Merkmale* des Begriffes Z seien.[23] Wenn nun A,B und C tatsächlich Merkmale des Begriffes Z sind und diesen insofern "zusammensetzen", so können wir — neben (3') — auch

(5)   Der Begriff Z ist dem Begriff *A* (bzw. *B* oder *C*) untergeordnet, fällt aber nicht unter ihn

behaupten. Denn in (5) werden jeweils ganz verschiedene Beziehungen[24] positiv bzw. negativ behauptet: das *Fallen* eines *Gegenstandes unter* einen *Begriff* (vgl. 3') und das Unter-

---

[21]   Vgl. Frege (4), 201.
[22]   Vgl. Frege (4), 201 f.
[23]   Vgl. besonders Frege (4), 202.
[24]   Vgl. Frege (4), 202.

geordnetsein eines Begriffes unter einen anderen Begriff bzw. *das Fallen* eines *Begriffes in einen anderen Begriff.*[25]

Freges Formulierung, dass Merkmale einerseits einen Begriff "zusammensetzen" und andererseits Eigenschaften derjenigen Gegenstände sind, die unter den betreffenden Begriff fallen[26], ist *nicht* so zu verstehen, dass Merkmale *zugleich* Eigenschaften seien. Denn etwas ist nach Frege *nur im bezug* auf einen *Begriff* ein Merkmal und etwas ist *nur im bezug* auf diejenigen *Gegenstände*[27], die unter den betreffenden Begriff fallen, eine Eigenschaft.[28] Ein und dasselbe kann zwar demnach *sowohl* Eigenschaft *wie* Merkmal sein, aber *nicht in derselben Hinsicht*. Um diese Fregesche Position verstehen zu können, ist es günstig, sich daran zu erinnern, dass Begriffe im Sinne Freges gemäss meiner Terminologie *Objekt–Entitäten* sind, ihnen also relativ zu Begriffswörtern (=Prädikatsausdrücken) der Status von Referenzobjekten zukommt.[29] [Zur weiteren Verdeutlichung lohnt sich an dieser Stelle auch ein kurzer Seitenblick auf Ingardens Systematik. Ingarden sagt z.B. von der idealen Wesenheit oder reinen Qualität Röte⁺ (der Ausdruck 'Röte⁺' ist gemäss meinen früheren Festlegungen ein singulärer, abstrakter Term bzw. ein abstrakter Eigenname!), dass sie sich *im* Gehalt von (materialen) Ideen "ideal konkretisiert" und (gegebenenfalls) *in* Konkreta

---

[25] Vgl. auch das Beispiel in Frege (4), 202.

[26] Vgl. Frege (1), 53; 64.

[27] Beziehungsweise in bezug auf Begriffe niedrigerer Stufe, falls der Ausgangsbegriff kein Begriff erster Stufe ist.

[28] Vgl.: "Nach meiner Redeweise kann etwas zugleich Eigenschaft und Merkmal sein, aber nicht von demselben." (Frege 4, 201).

[29] Eine Position, die hier freilich *nicht* akzeptiert wird. In meiner Frege-Lektüre bin ich in den grundlegenden Punkten von der Frege-Interpretation von Smith (1) abhängig. Für eine Kontrastierung zwischen Frege und Husserl bezüglich der Ansicht über Begriffsausdrücke vgl. die (von Frege stammende) Schemata bei Smith (5), 40 f., besonders:

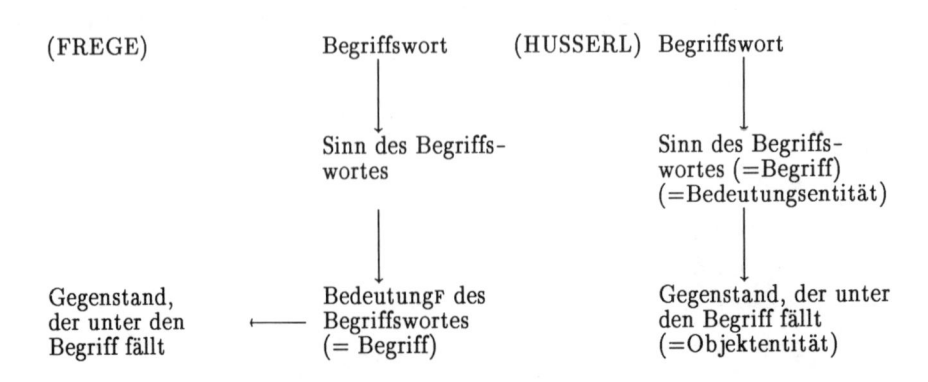

(FREGE)	Begriffswort	(HUSSERL)	Begriffswort
	↓		↓
	Sinn des Begriffs- wortes		Sinn des Begriffs- wortes (=Begriff) (=Bedeutungsentität)
	↓		↓
Gegenstand, der unter den Begriff fällt	←— Bedeutung_F des Begriffswortes (= Begriff)		Gegenstand, der unter den Begriff fällt (=Objektentität)

instantiiert. Falls Röte⁺ sich in Konkreta instantiiert, kommt diesen die (individuelle) Eigenschaft *rot—zu—sein* zu. ('Konkretum a ist rot' ist ein sinnvoller und gegebenenfalls wahrer Satz.) Falls Röte⁺ sich im Gehalt von Ideen ideal konkretisiert, kommt diesen aber nicht die (individuelle) Eigenschaft *rot—zu—sein* zu. (Der Satz 'Die Idee A ist rot' ist ein sinnloser Satz.) Sondern es gilt beispielsweise: Die Idee A hat einen Gehalt *mit* dem Merkmal der Röte*. Analog ist auch Frege zu verstehen: 'Der Begriff *Rot* ist farbig' ist eine sinnlose Aussage; 'Der Begriff *Rot* enthält als Merkmal Farbigkeit' bzw. 'Der Begriff *Farbe* ist logischer Teil des Begriffes *Rot*' sind sinnvolle und wahre Aussagen. Daraus wird auch ersichtlich, dass sozusagen im System—Vergleich gesprochen die *Fregeschen Begriffe* am ehesten den *Ingardenschen Ideen* entsprechen. Es handelt sich in beiden Fällen jedenfalls um autonom existierende Objekt—Entitäten, die eine "Doppelstruktur" aufweisen. Allerdings bestehen auch erhebliche Differenzen, die einen Vergleich sehr problematisch machen. Z.B. deutet Ingarden seine Ideen nicht als FunktionenF; und Frege unterscheidet nicht zwischen Merkmalen von BegriffenF und einem etwas, das sich *in* Begriffen *als* deren Merkmale "ideal konkretisiert" (sc. den idealen Qualitäten im Ingardenschen Sinne). Der "universe of discourse" der Ingardenschen Ontologie ist also mindestens um diese idealen Qualitäten "reicher" als jener von Freges Semantik. Im weiteren ist natürlich vor allem nicht auszumachen, was bei den Fregeschen Begriffen der Ingardenschen Unterscheidung zwischen formalen, materialen und existentialen Ideen entsprechen soll.]

c) Generelle Existenzaussagen
Damit sind die Grundlagen für die Darstellung von Freges Lehrmeinung bereitgestellt. In *Die Grundlagen der Arithmetik* sagt Frege:

"In dieser Beziehung hat Existenz Ähnlichkeit mit der Zahl. Es ist ja Bejahung der Existenz nichts anderes als Verneinung der Nullzahl."

"Am deutlichsten ist dies vielleicht bei der Zahl 0. Wenn ich sage 'die Venus hat 0 Monde', so ist gar kein Mond oder Aggregat von Monden da, von dem etwas ausgesagt werden könnte; aber dem *Begriffe* 'Venusmond' wird dadurch eine Eigenschaft beigelegt, nämlich die, nichts unter sich zu befassen."[30]

Existenz ist dieser Stelle nach wie Einzigkeit bzw. (An—)zahl *nicht* ein Merkmal eines Begriffes (und *damit* auch *nicht* eine Eigenschaft des unter den jeweiligen Begriff fallenden Gegenstandes!), sondern *ist* eine *Eigenschaft eines Begriffes*.[31] So sind zwar

(6)   Monde existieren
bzw.
(6') Monde existieren nicht

---

[30]   Frege (1), §53, 65; §46, 59.
[31]   Vgl. aber: "Es wäre auch *falsch zu leugnen,* dass Existenz und Einzigkeit jemals Merkmale von Begriffen sein könnten. Sie sind nur nicht Merkmale *der* Begriffe, denen man sie der Sprache folgend zuschreiben möchte." (Frege 1, §53, 65).

grammatikalisch betrachtet gewöhnliche Subjekt/Prädikat–Sätze, aber mit ihnen wird nicht Monden (als Objekt–Entitäten) die Eigenschaft *zu-existieren* zu– bzw. abgesprochen. Vielmehr wird von einem Begriff, nämlich dem Begriff *Mond*, ausgesagt, dass er nicht leer bzw. dass er leer sei. M.a.W.: Dem Begriff *Mond* wird die Eigenschaft *(mindestens)-einen-Gegenstand-unter-sich-zu-befassen* zu– bzw. abgesprochen. Entsprechend können die in (6) bzw. (6') ausgedrückten Gedanken auch mittels

(7) Der Begriff *Mond* ist erfüllt
bzw.
(7') Der Begriff *Mond* ist nicht erfüllt

ausgedrückt werden.[32]

Im Zusammenhang von Freges Analyse genereller Existenzaussagen lässt sich noch eine andere Terminologie anwenden, die Frege ebenfalls eingeführt hat: Frege hat nämlich explizit zwischen Begriffen erster Ordnung und Begriffen zweiter Ordnung[33] bzw. zwischen Begriffen erster und zweiter Stufe[34] unterschieden. In dieser Terminologie formuliert Frege seine These folgendermassen: Existenz ist kein Begriff erster Stufe (Ordnung), sondern ein Begriff zweiter Stufe (Ordnung).[35]

Singuläre Terme und Existenz
Betrachten wir noch kurz Freges Lehrmeinung bezüglich singulären Existenzaussagen. Mit Sätzen von der Form wie 'a existiert' (wobei 'a' ein singulärer Term, d.h. ein Name oder ein (definiter) Kennzeichnungsausdruck ist) können keine (wahren oder falschen) Propositionen ausgedrückt werden – und zwar ganz einfach deshalb, weil, wenn *Existenz* ein Begriff zweiter Stufe ist, Sätze von dieser Form nach Frege "sinnlos" sind:

---

[32] In (7) bzw. (7') wird zwar gemäss Freges Bestimmungen etwas von einem *Gegenstande* ausgesagt. Denn 'Der Begriff *Mond*' ist ein Eigenname. Dabei handelt es sich allerdings um einen *besonderen* "Gegenstand". Denn wenn wir in dem Satz "Der Begriff *Quadratwurzel aus 4* ist erfüllt" für den Eigennamen 'Der Begriff *Quadratwurzel aus 4*' den Namen 'Julius Caesar' einsetzen, erhalten wir einen Satz, "der einen Sinn hat [sic !!], aber falsch ist." "Denn das Erfülltsein, wie das Wort hier verstanden ist, kann in Wahrheit nur von Gegenständen ganz besonderer Art ausgesagt werden, solchen nämlich, welche durch Eigennamen von der Form 'der Begriff *F*' bezeichnet werden können." (Frege 4, 201). Nun, Caesar war gewiss keine Funktion. Und dem stimmt sicherlich jedermann zu. Was aber den Rest betrifft: Muss hier Frege nicht dem System zu Liebe ad hoc Konventionen einführen? Wäre es allenfalls nicht überzeugender zuzugeben, dass der besprochene *Satz* "sinnlos" ist?

[33] Vgl. Frege (1), 65.

[34] Vgl. Frege (2), 27; (4), 200, Anm. 15.

[35] Vgl. Frege (1), 27, Anm. 8.

"Folglich kann das nie von einem Gegenstande ausgesagt werden, was hier von dem Begriffe ausgesagt wird; denn ein Eigenname kann nie Prädikatsausdruck sein ... *Ich will nicht sagen, es sei falsch*, das von einem Gegenstande auszusagen, was hier von einem Begriffe ausgesagt wird; *sondern ich will sagen, es sei unmöglich, es sei sinnlos. Der Satz 'Es gibt Julius Caesar' ist weder wahr noch falsch, sondern sinnlos* ..."[36]

Während demnach für die Grammatik von Freges Kunstsprache

(8) Es gibt Julius Caesar
bzw.
(8') Julius Caesar existiert

sinnlose Aussagen sind, sind

(9) Es gibt einen Mann mit Namen 'Julius Caesar'
bzw.
(9') Ein Mann mit Namen 'Julius Caesar' existiert

nach Frege keine sinnlosen Aussagen. Im Unterschied zu (8) bzw. (8') sind (9) bzw. (9') aber auch nicht singuläre Existenzaussagen. Denn 'ein Mann mit Namen 'Julius Caesar'' ist gemäss Freges Bestimmungen ein Begriffswort, d.h. ein genereller Term, und in (9) bzw. (9') wird *nicht* dem historischen Caesar die Eigenschaft der Existenz zugesprochen. Vielmehr wird dem Begriff *ein Mann mit Namen 'Julius Caesar'* die Eigenschaft *genau−einen−Gegenstand−unter−sich−zu−befassen* zugesprochen, sodass der ausgedrückte Gedanke auch mittels

(10) Der Begriff *ein Mann mit Namen 'Julius Caesar'* ist erfüllt

ausgedrückt werden könnte.
Der Satz 'GegenständeF sind nicht leer' ist offensichtlich sinnlos. Aber zu sagen, dass singuläre Existenzaussagen "sinnlos" seien, kann zu Missverständnissen Anlass bieten. Ein adäquates Verständnis sollte Freges zugehöriges Sinnlosigkeitsverdikt auch im Lichte seiner Thesen F_3 und F_4 verstehen. Darauf werde ich im folgenden Paragraphen zurückkommen.

---

[36] Vgl. Frege (4), 200.

§32 Freges Position (II): Zur These der Überflüssigkeit singulärer Existenzaussagen

An einschlägigen Stellen[1] sagt Frege von singulären Existenzaussagen, dass sie "sinnlos" seien. Offensichtlich sinnlos ist beispielsweise der Satz 'Gegenstände sind nicht leer'. Dagegen kann die These, dass singuläre Existenzaussagen "sinnlos" sind, zu Missverständnissen Anlass geben. Will Frege damit wirklich behaupten, dass wir einen Satz wie 'Julius Caesar existiert' nicht verstehen können, *weil* er überhaupt keinen Sinn ausdrücke ... ? Es scheint, dass Frege in diesem Falle leicht zu widerlegen ist. Denn wir verstehen in der Umgangssprache singuläre Existenzaussagen eben sehr wohl. Seine frühen Ansichten über Existenz hat Frege am ausführlichsten in dem spannenden "Dialog mit Pünjer über Existenz"[2] entwickelt. Und dieser Dialog mahnt zur Vorsicht.[3] Zunächst legt er es nahe, besonders mit bezug auf singuläre Existenzaussagen zwei weitere Fregesche Thesen zu unterscheiden, nämlich die These der Überflüssigkeit F_4 einerseits und die These der Selbstverständlichkeit F_6 singulärer Existenzaussagen andererseits. Im nachfolgenden Paragraphen erörtere ich nur die erste These. Die zweite These wird im Paragraphen 33 behandelt.

Um Freges Behauptung, dass singuläre Existenzaussagen "sinnlos" seien, adäquat zu verstehen, ist auch seine These der Überflüssigkeit singulärer Existenzaussagen F_4 zu berücksichtigen. Zu behaupten, dass singuläre Existenzaussagen "überflüssig" sind, kann nur Sinn machen, wenn mit solchen Aussagen etwas festgestellt wird, was anderweitig bereits festgestellt ist. Nach Frege folgt aus "Leo Sachse ist ein Mensch" der Satz "Es gibt (existieren) Menschen", d.h. Frege anerkennt die Schlussform: $Fa \vdash (Ex) Fx$. Sein Dialog–Partner Pünjer plädiert demgegenüber für die Schlussform: $Fa \cdot E!a \vdash (Ex) Fx$.[4] Mit der zusätzlichen Prämisse "E!a" wird nach Frege aber bloss eine "selbstverständliche Voraussetzung"[5] von Eigennamen festgestellt. Tatsächlich macht die Überflüssigkeitsthese nur Sinn, wenn man mit Frege annimmt, dass jeder singuläre Term per Voraussetzung einen Gegenstand bezeichnet. Genauer geht Frege von der Maxime aus, dass eine "logisch vollkommene" (Kunst–)Sprache keine nicht–denotierenden singulären Terme enthalten

---

[1] Vgl. dazu oben den Exkurs von §31.
[2] Zur Datierung und Bedeutung dieses Schriftstückes vgl. Frege (7), 60, Anm. 1 sowie 75, Anm. 1.
[3] Die These, dass *Existenz* ein Begriff zweiter Stufe sei, also sozusagen Freges "offizielle" Lehrmeinung, wird in diesem Dialog nur an wenigen Stellen ausdrücklich vertreten (vgl. Frege (7), 61 (Nr. 23) und 74).
[4] Vgl.: (Pünjer) "Sie dürfen aus dem Satze 'Sachse ist ein Mensch' allein nicht schliessen 'Es gibt Menschen', sondern sie bedürfen dazu noch des Satzes: 'Sachse existiert'." (Frege (7), 67 (Nr. 98)).
[5] Frege (7), 67 (Nr. 99).

soll.⁶ An anderer Stelle gilt ihm diese Maxime aber nicht bloss als Regel *seiner* Logik, sondern geradezu als Regel *des* Denkens überhaupt.⁷ Sätze, deren grammatikalische Subjekte "leere" Eigennamen bilden, haben gemäss Frege nämlich keinen Wahrheitswert und gehören somit — wie er zu sagen beliebt — der Dichtung an. Anders formuliert: Ein singulärer Term ist gemäss Frege logisch nur dann berechtigt, wenn er einen GegenstandF benennt. Entsprechend kann gemäss Freges "klassischer" Lehrmeinung beispielsweise 'Leo Sachse' und 'Existierender Leo Sachse' idealsprachlich einfach mittels der Individuenkonstante 'a' übersetzt werden, während andererseits 'Leo Sachse existiert' bzw. 'E!a' offenbar überflüssigF (und in diesem Sinne "sinnlos") sind. Demgegenüber sind natürlich gemäss These F_3 generelle Existenzaussagen nicht–überflüssigF (und in diesem Sinne "sinnvoll"), weil in ihnen gemäss These F_1 etwas von BegriffenF ausgesagt wird.

Allerdings gesteht Frege ausdrücklich zu, dass nicht–denotierende singuläre Terme zumindest in der natürlichen Sprache tatsächlich vorkommen.⁸ In diesem Zusammenhang akzeptiert Frege auch eine metasprachliche Erklärung singulärer Existenzaussagen, wonach ein Satz wie 'a existiert' äquivalent ist mit 'Der Name 'a' hat ein Referenzobjekt (bezeichnet einen GegenstandF)'.⁹ Es kann sich ihm gemäss aber nur um eine Äquivalenz und nicht um eine Synonymie handeln, weil 'a existiert' keine metasprachliche Aussage ist. Die Unterscheidung zwischen Metasprache ("HilfsspracheF") und Objektsprache ("DarlegungsspracheF") spielt in Freges Semantik jedoch keine grundlegende Rolle.¹⁰ Nichtsdestoweniger kann eine derartige metasprachliche Erklärung im Ausgang von Prinzipien der Fregeschen Semantik entwickelt werden (vgl. unten den "Exkurs: Metasprachliche Erklärung singulärer Existenzaussagen"), obgleich man sich dabei gemäss Frege nur auf eine notwendige Bedingung der Wahrheit oder Falschheit von Prädikationen erster Stufe bezieht.¹¹

Die Fregesche These der Überflüssigkeit singulärer Existenzaussagen kann nun aber sicherlich nicht als Argument für die These in Frage kommen, dass "Existenz" keine

---

6 Vgl. u.a. Frege (3), 41.
7 Vgl. Frege (7), 67 (Nr. 99). Einsichtig wird diese Stellungnahme, wenn man an Freges Konzeption von Wahrheit denkt: "Ein Eigenname, der nichts bezeichnet, [hat] keine logische Berechtigung, weil es sich in der Logik um Wahrheit im strengsten Sinne des Wortes handelt." (Frege 8, 208). Eine Prädikation erster Stufe ist aber gemäss Frege genau dann wahr, wenn der jeweilige der Prädikation unterliegende GegenstandF unter den jeweiligen BegriffF fällt. Vgl. dazu den folgenden Exkurs.
8 Vgl. u.a. Frege (3), 32/33; (8), 208.
9 Vgl. Frege (8), 208.
10 Vgl. dazu Haaparanta (1), 35 und 40 f.
11 Dass gemäss Frege bei Prädikationen erster Stufe im allgemeinen die Existenz von GegenständenF vorausgesetzt ist und dass dies auch im Zusammenhang von natürlichen Sprachen der Fall ist, zeigt Haaparanta im Ausgang von Freges Theorie der Assertion. Vgl. Haaparanta (1), 134–140.

Eigenschaft von Gegenständen_F (und im besonderen von Konkreta) sei. M.a.W.: Will man Freges Argumente für die letztere These beurteilen, muss man, wie ich es im nächsten Paragraphen tun werde, seine *Argumente* für die These der Selbstverständlichkeit singulärer Existenzaussagen beurteilen.

Exkurs: Fregeanisch zur metasprachlichen Erklärung singulärer Existenzaussagen

Einen Vorschlag von Gombocz[12] aufgreifend lässt sich fragen: Warum soll Freges Analyse genereller Existenzaussagen nicht auf singuläre Existenzaussagen übertragen werden? Dadurch würde Freges Position zunächst einmal als Ganze konsequenter. Denn wie dort den durch die generellen Terme bezeichneten *Begriffen* die Eigenschaft *einen–Gegenstand–unter–sich–zu–befassen* zu– oder abgesprochen wird, ebenso könnte mittels singulärer Existenzaussagen singulären *Termen* (Namen, Kennzeichnungen) die Eigenschaft *mindestens–(bzw. genau–)einen–Gegenstand–zu–bezeichnen* zu– oder abgesprochen werden. Dies hätte weiter den Vorteil, dass in der Sprache des Systems *explizit* zwischen "leeren" und "nicht–leeren" singulären Termen unterschieden werden könnte, sodass also für ein bestimmtes System nicht einfach *vorausgesetzt* werden müsste, dass singuläre Terme stets (genau) einen Gegenstand denotieren.

Der Gomboczsche Vorschlag läuft faktisch darauf hinaus, *auch* nicht–denotierende singuläre Terme in die Sprache des Systems aufzunehmen.[13] Unter Benutzung von Prinzipien der Fregeschen Semantik will ich diesen Vorschlag kurz entwickeln.

Im Zusammenhang seiner Analyse singulärer Existenzaussagen geht Frege von folgender Definition aus:

(D_f) 'a' ist (in L) ein singulärer Term :≡ 'a' bezeichnet einen Gegenstand, nämlich a.

Vorauszusetzen ist dabei das folgende Prinzip:

(P) Der (objektsprachliche) deutsche Satz 'a existiert' ist wahr ≡ der (metasprachliche) Satz ''a' bezeichnet einen Gegenstand, nämlich a' ist wahr.

---

[12] Vgl. Gombocz 44 ff.

[13] Insofern betont er richtig einen wichtigen Umstand, nämlich dass Freges Lehrmeinung bezüglich singulären Existenzaussagen auf einer Argumentation beruht, die unter Voraussetzung einer logischen Kunstsprache von einem bestimmten Typus entwickelt wird: Dem Typus nach geht Frege eben von einer logischen Kunstsprache aus, die nicht–denotierende singuläre Terme aus ihrem System ausschliesst. Zu Freges Stellung im Zusammenhang mit den sogenannten "Freien Logiken" vgl. Bencivenga (2).

Prinzip P besagt, dass man die deutsche Aussage 'a existiert', wenn sie wahr ist, in eine wahre metasprachliche Aussage der Fregeschen Idealsprache *übersetzen* kann. Doch, wie weit reicht der Erklärungswert von P bzw. was kann mit P überhaupt erklärt werden?
— Die rechte Seite der Äquivalenzthese P kann im Sinne Freges im Lichte einer Unterscheidung zweier semantischer Relationen erläutert werden:[14]

(S_1) 'a' *bezeichnet* a   (bzw. 'a' *hat* ein Referenzobjekt, sc. a);

(S_2) 'a' *meint* *a   (bzw. 'a' *drückt* einen Sinn$_F$ *aus*, sc.*a).

Und der Zusammenhang zwischen S_1 und S_2 kann mit Frege folgenderweise allgemein bestimmt werden:

(Z)   Ein sprachlicher Ausdruck A bezeichnet eine Entität e ≡ Es gibt eine Bedeutung (meaning) *e, sodass gilt: A drückt *e aus und *mittels* *e bezeichnet A die Entität e.

Anstelle des Konjunktes 'mittels *e bezeichnet A die Entität e' könnte auch formuliert werden: "*aufgrund* von *e besteht eine Bezeichnungsrelation zwischen A und e". Wichtig ist, dass gemäss Prinzip Z die Relation zwischen einem sprachlichen Zeichen A und der zugehörigen Bedeutung *e (sofern nur gewöhnliche, direkte Kontexte im Sinne Freges vorliegen) *nicht* eine Relation des Bezeichnens ist.

Betrachten wir nun eine Aussage von der Form 'Fa'. Welche Bedingungen muss der singuläre Term 'a' erfüllen, damit ein Satz von dieser Form überhaupt *wahr sein kann?* — *Eine* notwendige Bedingung ist, dass 'a' (qua wohlgeformter Ausdruck der Sprache L) einen Sinn$_F$ ausdrückt. Damit aber die Aussage

(1)   Der Mann, der in der Rte du Jura 6 wohnt, ist krank

wahr sein kann, ist nicht *nur* vorausgesetzt, dass gilt: 'Der Mann, der in der Rte du Jura 6 wohnt' meint *Der Mann, der in der Rte du Jura 6 wohnt — sondern vorausgesetzt ist gemäss einem üblichen referentiellen Interpretationsmodell offensichtlich auch, dass der singuläre Term tatsächlich ein Referenzobjekt hat. Sofern gemäss Z eine Bezeichnungsrelation durch eine Relation des einen Sinn Meinens vermittelt ist, können *beide* (notwendigen) Bedingungen folgenderweise festgehalten werden:

(2)   {M ['Fa' ist wahr]} ⟶ 'a' bezeichnet einen Gegenstand, nämlich a.

M.a.W.: Wird mit bezug auf einen Satz von der Form wie 'Fa' (und dies gilt entsprechend

---

[14] 'x *meint* y' stellt — in Freges Terminologie formuliert — einen indirekten Kontext dar. Dies besagt: 'y' *bezeichnet* die ungewöhnliche Bedeutung$_F$ *y, also dasselbe, was 'y' ausdrückt, wenn 'y' in einem direkten Kontext verwendet wird. Zur Semantik von 'x meint y' vgl. Sellars (1), Kap. 4.

auch für assertorische Sätze von anderer Form) *nach der Wahrheit* gefragt, ist es gemäss (2) eine bedeutsame Angelegenheit zu wissen, ob 'a' ein Referenzobjekt hat oder nicht hat (bzw. ob 'a' überhaupt ein denotierender singulärer Term ist oder nicht ist). Denn ohne dies zu wissen, kann gemäss (2) gar nicht geantwortet werden. Dies jedenfalls entspricht Freges Ansichten.[15] Zu Wissen, ob ein singulärer Term ein denotierender Term ist oder nicht, ist in vielen Fällen natürlich eine empirische Angelegenheit. Gemäss Prinzip P (und genau soweit reicht der Erklärungswert dieses Prinzips) nun gilt: die entsprechende Frage wird mittels zugehöriger positiver oder negativer singulärer Existenzaussagen beantwortet. Denn solche Aussagen sind respektive den beiden folgenden (metasprachlichen) Aussagen der Fregeschen Idealsprache äquivalent:

(3) (Ex) ('a' bezeichnet x);

(4) ¬(Ex) ('a' bezeichnet x).

Ein Problem könnte sich hier stellen. Denn in (3) und (4) wird u.a. etwas *über* singuläre Terme behauptet, d.h. in ihnen wird der Ausdruck 'a' *erwähnt* (und nicht verwendet), während in Sätzen wie

(5) a existiert

(6) a existiert nicht

'a' *verwendet* wird. An sich erscheint mir dies nicht problematisch. Denn P wurde ja nur als ein (metasprachliches) Prinzip der Übersetzung der (objektsprachlichen) deutschen Aussage (5) in eine (metasprachliche) Aussage der Fregeschen Idealsprache in Anspruch genommen. Man wird also betonen, dass hier gar nicht von Synonymie, sondern nur von Äquivalenz die Rede ist. Will man dies nicht akzeptieren, kann das angesprochene Problem vielleicht noch anders gelöst werden. Wir könnten nämlich unter Rekurs auf Freges Unterscheidung zwischen direkten und indirekten Kontexten in der (deutschen) Umgangssprache auch sagen, dass 'a' in (5) und (6) sozusagen *nur scheinbar verwendet* wird. In indirekten Kontexten nämlich haben Ausdrücke nicht ihre gewöhnliche Bedeutung$_F$, sondern sie *bezeichnen das*, was — in direkten Kontexten — ihr gewöhnlicher Sinn$_F$ ist. Sätze (von der Form) wie (5) und

---

[15] Vgl.: "Hat ein Satz als Ganzes nur einen Sinn, aber keine Bedeutung? Man wird jedenfalls erwarten können, dass solche Sätze vorkommen, ebensogut, wie es Satzteile gibt, die wohl einen Sinn, aber keine Bedeutung haben. Und Sätze, welche Eigennamen ohne Bedeutung enthalten, werden von der Art sein. Der Satz 'Odysseus wurde tiefschlafend in Ithaka ans Land gesetzt' hat offenbar einen Sinn. Da es aber zweifelhaft ist, ob der darin vorkommende Name 'Odysseus' eine Bedeutung hat, so ist es damit auch zweifelhaft, ob der ganze Satz eine habe. *Aber sicher ist doch, dass jemand, der im Ernste den Satz für wahr oder falsch hält, auch dem Namen 'Odysseus' eine Bedeutung zuerkennt, nicht nur einen Sinn; denn der Bedeutung dieses Namens wird ja das Prädikat zu— oder abgesprochen. Wer eine Bedeutung nicht anerkennt, der kann ihr ein Prädikat weder zu— noch absprechen.*" (Frege 3, 32/33).

(6) könnten nun im bezug auf 'a' ebenfalls als *indirekte* Kontexte aufgefasst werden. Was gemäss diesem Vorschlag z.B mit (5) — und Analoges gilt für (6) — *in* der (deutschen) Umgangssprache behauptet wird, könnte in der (deutschen) Umgangssprache beispielsweise auch durch

(5*) Dem Sinn *a von 'a' kommt ein Gegenstand zu

behauptet werden. Diese (objektsprachliche) deutsche Aussage liesse sich dann ihrerseits wiederum in eine äquivalente (metasprachliche) Aussage der Fregeschen Idealsprache *übersetzen* , nämlich z.B. in

(5*) Es gibt einen Sinn *a, sodass gilt: Wenn 'a' in einem direkten Kontext verwendet wird, dann steht 'a' gemäss Z in einer Bezeichnungsrelation zu einer anderen Entität, nämlich zu a;
oder
(5") Der singuläre Term 'a', welcher *a meint, *hat* gemäss Z ein Referenzobjekt.

Sowohl in (5*) wie in (5') bzw. (5") wird der singuläre Term 'a' aber nicht verwendet, sondern *erwähnt* — sodass sich die zugehörigen objektsprachlichen und metasprachlichen Aussagen in dieser Hinsicht nicht unterscheiden.

§33 FREGES POSITION (III): DIE THESE DER SELBSTVERSTÄNDLICHKEIT SINGULÄRER EXISTENZAUSSAGEN

33.1 Voraussetzungen

Um zu zeigen, dass "Existenz" keine Eigenschaft von GegenständenF ist, entwickelt Frege im "Dialog mit Pünjer über Existenz" ein ausführliches Argument für die These F_6 der Selbstverständlichkeit singulärer Existenzaussagen. Für dieses Argument grundlegend ist einerseits seine Unterscheidung zwischen Gegenständen und Begriffen (bzw. — allgemeiner — Funktionen) sowie andererseits — neben der Unterscheidung von Begriffen verschiedener Stufe[1] — die Unterscheidung zweier Grundrelationen: das Fallen eines Gegenstandes *unter* einen Begriff (Relation des Subsumiertseins: R_1) und das Fallen eines Begriffes *in* einen anderen Begriff (derselben Stufe) (Relation des Subordiniertseins: R_2).[2] Zu berücksichtigen sind des Weiteren die folgenden semantischen Prinzipien:

(P_1) a ist ein GegenstandF :≡ a ist eine Objekt–Entität, die mittels singulärer Terme bezeichnet werden kann.[3]

(P_2) Für beliebige BegriffeF A, B 1–ter Stufe gilt: A ist genau dann Merkmal von B, wenn gilt: B ist zu A subordiniert (BR_2A).

(P_3) A ist kein uneingeschränkt anwendbarer BegriffF 1–ter Stufe ⟶ Es gibt einen BegriffF X 1–ter Stufe derart dass gilt: A ist zu X subordiniert (AR_2X).[4]

(P_4) A ist ein uneingeschränkt anwendbarer BegriffF 1–ter Stufe ⟶ Für alle GegenständeF x gilt: x ist A subsumiert (xR_1A).[5]

---

[1] Vgl. dazu Dummett, Kap. 3.

[2] Subordination hat die Klasseninklusion zur Folge, d.h. Falls Begriff A R_2 Begriff B, dann schliesst die Klasse aller B's die Klasse aller A's ein.

[3] Vgl.: "Gegenstand ist alles, was nicht Funktion ist, dessen Ausdruck also keine leere Stelle mit sich führt." (Frege 2, 18); "For Frege the application of the ontological category–term 'object' is dependent upon the application of the linguistic category–term 'proper name', and not conversely." (Dummett, 69). Vgl. dazu auch Grossmann (1), 89 und Carl (3).

[4] Mit P_2 folgt aus P_3, dass ein uneingeschränkt anwendbarer Begriff keinen Inhalt bzw. kein Merkmal hat (während ein nicht–uneingeschränkt anwendbarer Begriff einen Inhalt hat).

[5] "Wenn man die Sache ganz allgemein machen will, muss man einen Begriff aufsuchen, der allen Begriffen übergeordnet ist. Ein solcher Begriff ... kann gar keinen Inhalt mehr haben, *indem sein Umfang grenzenlos wird;* denn jeder Inhalt kann nur in einer gewissen Beschränkung des Umfangs bestehen." (Frege 7, 71).

(P₅) H–zu–sein ist eine Eigenschaft des Gegenstandes_F a :≡ R₁[Gegenstand a, Begriff_F H 1–ter Stufe].⁶

(P₆) Für alle Gegenstände_F x und alle Eigenschaften Q von x gilt: es gibt einen nicht–uneingeschränkt anwendbaren Begriff_F X 1–ter derart dass: (i) X=Begriff_F Q · (ii) xR₁X.⁷

33.2 Freges Dialog–Argument

In seinem "Dialog–Argument" geht Frege unmittelbar von folgendem aus:⁸

(Df) 'p' ist ein selbstverständlicher Satz :≡ Dasjenige, welches in 'p' der Prädikation unterliegt, wird durch das Urteil, dass p nicht näher bestimmt.

Freges Argument für die These F₆, d.h. für die These der Selbstverständlichkeit singulärer Existenzaussagen umfasst nun zwei Teile. Der *erste Teil* des Argumentes kann folgenderweise zusammengefasst werden:⁹ Unter der Annahme, dass (wahre) positive singuläre

---

⁶ Vgl.: "Ich nenne die Begriffe, unter die ein Gegenstand fällt, seine Eigenschaften, so dass 'H zu sein ist eine Eigenschaft von G' nur eine andere Wendung ist für 'G fällt unter den Begriff des H.' (Frege 4, 201). Diese Stelle legt die Vermutung nahe, mittels P₅ den Ausdruck 'Eigenschaft von Gegenständen_F' definieren zu können. Hierbei ist aber eine gewisse Vorsicht geboten. Denn Frege kann auch sagen, dass Merkmale einerseits einen Begriff (1–ter Stufe) "zusammensetzen" und andererseits Eigenschaften derjenigen Gegenstände sind, die dem betreffenden Begriff subsumiert sind (vgl. den Exkurs des §31). Dies ist aber *nicht* so zu verstehen, dass Merkmale *zugleich* Eigenschaften seien. Denn etwas ist nach Frege *nur im bezug* auf einen *Begriff* ein Merkmal und etwas ist *nur im bezug* auf diejenigen *Gegenstände*, die unter einen betreffenden Begriff 1–ter Stufe fallen, eine Eigenschaft (vgl. besonders Frege 4, 201). Ein und dasselbe kann demnach zwar *sowohl* Eigenschaft *wie* Merkmal sein, aber *nicht in derselben Hinsicht*.

⁷ Mit P₅ und P₆ wird festgelegt, was nach Frege als Eigenschaft von Gegenständen zählen kann. Vgl. dazu auch Haaparanta (1), 97–102 (zu Freges "Kantianischer" Lehre, dass Gegenstände uns nur bekannt sein können, soweit sie unter Begriffe fallen) und Kluge (zu Freges Annahme, dass Gegenstände nicht logischeinfach sein können).

⁸ Vgl. Frege (7), 66 (Nr. 92).

⁹ Genauer lässt sich Freges Argument wie folgt darstellen:
(1) [Annahme] (Wahre) Positive singuläre Existenzsätze sind keine selbstverständlichen Sätze.
(2) (Wahre) Negative singuläre Existenzsätze sind keine selbstverständlichen Sätze.
[1]
(3) Existenz ist kein uneingeschränkt anwendbarer Begriff_F 1–Stufe.
[1,2,P₄]
(4) Der Begriff *Existenz* hat einen Inhalt (Merkmal).
[3,P₂,P₃]
(5) "Existenz" ist (gegebenenfalls) eine Eigenschaft von Gegenständen_F.
[4,P₅,P₆]
(6) Es gibt Gegenstände_F, denen die Eigenschaft "Existenz" (gegebenenfalls) nicht zukommt.
[5,2]
(7) [Annahme] 'Es gibt B's' ist sinngleich mit 'Einiges, das existiert, fällt unter den

Existenzsätze keine selbstverständlichen Sätze sind, und unter der weiteren Annahme, dass der Satz 'Es gibt B's' sinngleich ist mit 'Einiges, das existiert, fällt unter den Begriff B', folgt:

(1)   Einiges, das existiert, fällt (gegebenenfalls) unter den Begriff *Nicht–Existierendes*.

(1) aber ist logisch kontradiktorisch. Also können die beiden genannten Annahmen nicht zugleich wahr sein. Und Freges Konklusion des ersten Argumenten–Teiles lautet:[10]

(C)   Wenn 'Es gibt B's' sinngleich ist mit 'Einiges, das existiert, fällt unter den Begriff B', dann sind (wahre) positive singuläre Existenzsätze selbstverständliche Sätze.

Im *zweiten Teil* seines Argumentes muss Frege noch zeigen, *dass* 'Es gibt B's' sinngleich ist mit 'Einiges, das existiert, fällt unter den Begriff B'. Ausgangspunkt sind für Frege seine Thesen F_3 und F_5, d.h. die Annahme, dass *generelle* Existenzaussagen wie 'es gibt Menschen' bzw. 'Menschen existieren' weder überflüssige noch selbstverständliche Aussagen sind.[11] 'Leo Sachse existiert' und 'Menschen existieren' enthalten aber beide eine finite Form des Verbes 'existieren'. Dieses Verb kann also nicht dafür verantwortlich sein, dass 'Menschen existieren' keine selbstverständliche Aussage ist. Anders formuliert: Der "Inhalt" dieser Aussage kann nicht in dem 'existieren' liegen.[12] Wo aber "liegt" er dann?

"Ich antworte: in der Form des partikulären Urteils. Jedes partikuläre Urteil ist ein Existentialurteil, das in die Form mit 'es gibt' umgesetzt werden kann."[13]

---

(8)   Begriff$_F$ B'.
'Es gibt Gegenstände$_F$, denen die Eigenschaft "Existenz" (gegebenenfalls) nicht zukommt' ist sinngleich mit 'Einiges, das existiert, fällt (gegebenenfalls) unter den Begriff$_F$ *Nicht–Existierendes*'.
[6,7]

(9)   Weil 'Einiges, das existiert, fällt (gegebenenfalls) unter den Begriff$_F$ *Nicht–Existierendes*' logisch kontradiktorisch ist, können (6) und (7) nicht zugleich wahr sein.
[8]

(C)   Wenn (7), dann sind (wahre) positive singuläre Existenzsätze selbstverständliche Sätze.
Zum Ganzen vgl. Frege (7), 73.

[10] Vgl. Frege (7), 73 (vgl. vorige Anm.).

[11] Vgl. Frege (7), 69. Zum Verhältnis dieser Annahmen zu Freges offizieller Lehrmeinung vgl. unten sub 33.3.

[12] Vgl. "Wenn aber der Satz 'Leo Sachse ist' selbstverständlich ist, so kann in dem 'ist' nicht derselbe Inhalt liegen wie in dem 'es gibt' des Satzes 'Es gibt Menschen', denn dieser sagt nicht etwas Selbstverständliches. Wenn Sie nun den Satz 'es gibt Menschen' auch ausdrücken 'Menschen existieren' ..., so kann der Inhalt der Aussage nicht in dem 'existieren' ... liegen." (Frege 7, 69).

[13] Frege (7), 70.

Der partikuläre Satz 'Einige Körper sind leicht' besagt nach Frege beispielsweise dasselbe wie 'Es gibt leichte Körper'. Natürlich ist es schwieriger, umgekehrt alle (generellen) Existenzsätze in partikuläre Urteile zu überführen. Nach Frege aber besagt z.B. (falls Menschen per definitionem vernünftige Lebewesen sind) 'Es gibt Menschen' dasselbe wie 'Einige lebende Wesen sind vernünftig'.[14] Dieses Verfahren setzt aber voraus, dass man die jeweils vorkommenden Begriffe in Merkmale zerlegen kann bzw. irgendeinen *übergeordneten* Begriff ausfindig machen kann.

"Wenn man die Sache ganz allgemein machen will, muss man einen Begriff aufsuchen, der *allen* Begriffen übergeordnet ist. Ein solcher Begriff, wenn man es so nennen will, *kann gar keinen Inhalt mehr haben, indem sein Umfang grenzenlos wird;* denn jeder Inhalt kann nur in einer gewissen Beschränkung des Umfangs bestehen."[15]

Es muss sich demnach gemäss P$_3$ um einen uneingeschränkt anwendbaren Begriff$_F$ 1–ter Stufe handeln, der gemäss P$_2$ "Merkmal" eines *jeden* Begriffes$_F$ 1–ter Stufe ist bzw. unter den gemäss P$_4$ *alle* Gegenstände$_F$ fallen. Um einen derart kuriosen Begriff auszudrücken, hat sich "die natürliche Sprache" nach Frege der *Kopula* bedient. 'Es gibt Menschen' besagt demnach dasselbe wie 'Einige Menschen sind' oder wie 'Einiges Seiende (Existierende) ist Mensch'.

"Es liegt also hier der eigentliche Inhalt der Aussage nicht in dem Worte 'Seiend', sondern in der Form des partikulären Urteils. *Das Wort 'Seiend' ist nur eine Verlegenheitsschöpfung der Sprache, um die Form des partikulären Urteils zur Anwendung bringen zu können.*"[16]

"Dies ist das proton pseudos ..., dass der Inhalt der Aussage in dem Satze 'Einige Menschen existieren' oder 'Einiges Existierendes ist Mensch' oder 'Menschen existieren' in dem Worte 'existieren' enthalten sei. Dies ist nicht der Fall, *sondern darin ist nur die Form der Aussage enthalten* wie in dem Satze 'Der Himmel ist blau' die Form der Aussage in der Kopula 'ist' enthalten ist. *'Existieren' ist in diesem Satze als ein blosses Formwort aufzufassen in ähnlicher Weise wie in 'es regnet' das 'es'.* Wie die Sprache da in der Verlegenheit um ein grammatikalisches Subjekt das 'es' erfand, so hat sie hier in der Verlegenheit um ein grammatikalisches Prädikat das 'existieren' erfunden."[17]

Auf dem Hintergrunde dieser sprachphilosophischen Erklärung für das Auftreten des "Quasi–Begriffes"[18] der Existenz *in* der "natürlichen" Sprache aus der Form eines

---

[14] Vgl. Frege (7), 70/71.
[15] Frege (7), 71.
[16] Frege (7), 71.
[17] Frege (7), 69.
[18] Frege (7), 71.

partikulären Urteils behauptet Frege, dass 'Es gibt B's' mit 'Einiges, das existiert, fällt unter den Begriff B' sinngleich *ist*. Daraus folgt aber mit der Konklusio C des ersten Argumententeiles, dass positive singuläre Existenzsätze selbstverständliche Sätze sind. Dann aber ist "Existenz" gemäss P_5 und P_6 keine Eigenschaft von GegenständenF.

33.3 Zur Besonderheit von Freges Argument

Auch im "Dialog mit Pünjer" will Frege die These F_2 begründen. Dabei verwendet er als begründende These F_5 und damit implizit F_1. Denn falls generelle Existenzaussagen *keine* selbstverständlichen Sätze sind, so muss mit ihnen das jeweils der Prädikation unterliegende Subjekt "näher bestimmt" werden können. Die in generellen Existenzaussagen jeweils der Prädikation unterliegenden Subjekte sind aber nicht (wie es zunächst scheinen möchte) GegenständeF, sondern BegriffeF. *Diese* werden gemäss Frege mittels genereller Existenzsätze jeweils "näher bestimmt", sofern festgestellt wird, dass bestimmte BegriffeF durch Instanzen "erfüllt" sind bzw. dass bestimmten BegriffenF GegenständeF subsumiert sind. Die generelle (umgangssprachlich formulierte) Existenzaussage: "Menschen existieren" beispielsweise wird in der Fregeschen Idealsprache wie folgt übersetzt: "(Ex)Mx" [bzw. "¬(∀x)¬Mx"]. Und dieser Satz wird Fregeanisch durch "Erfüllt (BegriffF M)" erklärt. Wenn man also das (deutsche) 'existieren' in der Idealsprache nicht einfach mittels Quantoren, sondern durch ein *Prädikat* übersetzen will, dann muss es gemäss Frege ein Prädikat 2–ter Stufe sein, das von einem BegriffF ausgesagt werden kann. Mithin impliziert Freges These F_5 die These F_1. Soweit dies zutrifft, können wir also nicht behaupten, dass der "Dialog mit Pünjer" Freges "offizielle" Lehrmeinung über Existenz wesentlich ergänzt.[19]

Andererseits bringt dieser Dialog doch wesentliche Ergänzungen. Denn tatsächlich bringt Frege in diesem Dialog (im Unterschied zu anderen Texten) die These F_1 eher beiläufig in Ansatz. Im Dialog geht es ihm vielmehr primär um die Thesen F_5 und F_6. Dabei erklärt Frege explizit, *warum* das 'existieren', so wie es in generellen Existenzaussagen verwendet wird, keinen Inhalt hat (weil es nämlich sozusagen ein blosses Formwort wie 'es' in 'es regnet' ist). Und im Rahmen dieser Erklärung akzeptiert Frege nun auch die These F_7. Sehen wir nocheinmal etwas genauer zu!

---

[19] Freges offizielle Lehrmeinung kommt entsprechend auch in diesem Dialog klar zum Ausdruck, vgl. Frege (7), 61 (Nr. 23) und besonders die folgende Stelle, wo Frege sowohl F_1 wie F_7 in Ansatz bringt: "Die durch 'es gibt' ausgedrückte Existenz kann nicht Merkmal des Begriffes sein, dessen Eigenschaft sie ist, eben weil sie seine Eigenschaft ist ... Der Inhalt des Wortes 'existieren' kann nicht gut zum Merkmal eines Begriffes genommen werden, weil 'existieren' keinen Inhalt hat, so wie es in dem Satze 'Menschen existieren' gebraucht wird." (Frege 7, 74).

Gemäss Freges "Dialog—Argument" ist es in allen Fällen möglich, generelle Existenzaussagen in die Form partikulärer Urteile zu bringen. Das zugehörige Verfahren setzt voraus, dass man für die jeweils involvierten Begriffe übergeordnete Begriffe ausfindig machen kann. Für Fälle, wo dies nicht möglich ist, rekurriert Frege auf den Begriff *Selbstidentität* . Dieser ist ihm gemäss ein Begriff 1—ter Stufe, der in der Hierarchie von Begriffen 1—ter Stufe der allgemeinste ist.[20] 'Es gibt Menschen' besagt demnach dasselbe wie 'Einiges sich selbst gleiche ist Mensch' bzw. wie 'Einiges sich selbst gleiche fällt unter den Begriff *Mensch*'. Und Frege erklärt, dass sich die natürliche Sprache der Kopula bediene, *um einen derart allgemeinsten Begriff 1—ter Stufe auszudrücken* , sodass 'Es gibt Menschen' dasselbe besagt wie 'Menschen sind' bzw. wie 'Einiges, das existiert, fällt unter den Begriff *Mensch*'. An einer früheren Stelle des Dialoges identifiziert Frege nun ausdrücklich den "Quasi—Begriff" *Existenz* mit dem Begriff *Selbstidentität* , sodass 'Es gibt Menschen', 'Einiges, das existiert, fällt unter den Begriff *Mensch*' und 'Einiges sich selbst gleiche fällt unter den Begriff *Mensch*' allesamt dasselbe besagen.[21] Die umgangssprachlichen Sätze:

(2) Leo Sachse *existiert*

(3) Einige Tiere sind vernünftig

(4) Es gibt Menschen

(5) Einiges *Existierendes* ist Mensch

können Fregeanisch wie folgt übersetzt werden:

(2.1) $a=a$

(3.1) $(Ex)(Tx \cdot Vx)$

(4.1) $(Ex)(Mx)$

(5.1) $(Ex)(x=x \cdot Mx)$.

Aber weder '$a=a$' in (2.1) sagt etwas Inhaltliches von Leo Sachse aus noch sagt '$x=x$' in (5.1) etwas Inhaltliches aus. M.a.W.: Von einem Gegenstand$_F$ zu sagen, er existiere, sagt inhaltlich nicht mehr als wenn wir sagen, er sei mit sich selbst identisch. Entsprechend könnte man anstelle von (3) umgangssprachlich auch

(3*) Einiges, das existiert, ist ein vernünftiges Tier

sagen und sodann anstelle von (3.1) die folgende idealsprachliche Übersetzung geben:

(3.2) $(Ex)(x=x \cdot Tx \cdot Vx)$

---

[20] Vgl. Frege (7), 71.
[21] Vgl. Frege (7), 69/70.

— ohne dadurch inhaltlich irgend etwas mehr auszusagen als was in (3) bzw. (3.1) bereits gesagt wurde. Natürlich kann auch umgekehrt aus eben denselben Gründen das mit den umgangssprachlichen Sätzen (2) und (5) Gesagte anstatt mit (2.1) und (5.1) idealsprachlich einfacher auch folgenderweise "gesagt" werden:[22]

(2.2)   a

(5.2)   (Ex)(Mx).

Mit bezug auf Freges These F_7 lässt sich seine Position demnach wie folgt zusammenfassen: Der BegriffF *Existenz* kann als BegriffF *1–ter Stufe* aufgefasst werden. Er lässt sich von einem idealsprachlichen Standpunkt aus dann aber dem BegriffF *Selbstidentität* gleichsetzen. Entsprechend haben wird: E!a :≡ a=a. Weil *Selbstidentität* aber allgemeinster BegriffF 1–ter Stufe ist, handelt es sich gemäss P_3 um einen uneingeschränkt anwendbaren BegriffF 1–ter Stufe, der gemäss P_2 Merkmal von *jedem* BegriffF 1–ter Stufe ist bzw. unter den gemäss P_4 *alle* GegenständeF fallen. Es gilt also: $(\forall x)(x=x)$. Da *Selbstidentität* aber ein uneingeschränkt anwendbarer BegriffF ist, ist er Fregesch gesprochen *inhaltslos*. Denn jeder Inhalt von Begriffen (1–ter Stufe) kann nur in einer gewissen "Beschränkung des Umfanges" bestehen.

---

[22]   Dies trifft zu, obgleich natürlich (2.2) im Unterschied zu (2.1) syntaktisch betrachtet kein Satz ist. Doch ist (2.1) natürlich auch kein "gewöhnlicher" Satz.

§34 STELLUNGNAHME ZU FREGES POSITION

Mein Hauptanliegen besteht auch hier[1] darin zu zeigen, dass und inwiefern Freges semantische Argumentation der Ergänzung durch eine spezifisch ontologische Argumentation bedarf. Um dies zu zeigen, werde ich im folgenden Freges Position *von einem Ingardenschen Standpunkt aus* kritisch beleuchten. Natürlich werde ich dabei an manchen Stellen Freges Systematik absichtlich verlassen müssen. Dies bedeutet u.a., dass ich an vielen Stellen den Ausdruck 'Begriff' *nicht* im Fregeschen Sinne verwenden werde, sondern so wie er vom Standpunkt einer phänomenologischen Bedeutungstheorie aus verwendet wird.[2] Die jeweiligen Kontexte dürften aber hinreichend klar machen, an welchen Stellen ich sozusagen nicht mehr Fregeanisch spreche.

Wie das im vorhergehenden Paragraphen verdeutlichte Verhältnis zwischen Freges offizieller Lehrmeinung und seinem "Dialog–Argument" nahelegt, muss für meine Zwecke auch Freges These F_1, d.h. dass *Existenz* ein Klassifikationsprinzip von Begriffen$_F$ ist, berücksichtigt werden. Denn gemäss seiner offiziellen Lehrmeinung gilt These F_2, d.h. dass "Existenz" keine Eigenschaft von Gegenständen$_F$ ist, *weil* F_1 gilt. Allerdings setzt Frege dabei wie auch im "Dialog–Argument" das semantische Prinzip P_5 voraus.[3] So ist es nicht verwunderlich, dass einer der Ingardianischen Haupteinwände sich gegen dieses Prinzip richten wird. Demgegenüber werde ich mich mit Freges These F_4 nicht mehr auseinander setzen müssen. Denn oben im Paragraphen 32 wurde schon hinreichend deutlich, warum Frege mit dieser These nicht überzeugend begründen kann, dass "Existenz" keine Eigenschaft von Gegenständen$_F$ ist.

Im Einzelnen werde ich sozusagen Ingardenianisch inspiriert zunächst Freges "Dialog–Argument" diskutieren (34.1; 34.2). Erst anschliessend (34.3; 34.4) soll Freges offizielle Lehrmeinung gebührend berücksichtigt werden. Abschliessend sodann werde ich erst unten im Kapitel 11 (§35.3) kritisch zu Freges Position Stellung nehmen.

34.1 Existenz und Idealsprachen

Freges "Dialog–Argument" umfasst zwei Teile, die sachlich von sehr verschiedener Art sind. Im ersten Teil des Argumentes betont Frege: Falls singuläre Existenzaussagen keine selbstverständlichen Aussagen sind, muss der Satz 'Einiges, das existiert, fällt unter den

---

[1] Wie bereits oben bezüglich der Position von Moore.
[2] Vgl. oben Teil 1.
[3] Ich übernehme hier und im folgenden die Nummerierung aus dem §33.

Begriff *Nicht–Existierendes*' als wahr anerkannt werden. Dieser Satz ist nach Frege aber kontradiktorisch. Bereits bei der Erörterung von Moores Position habe ich jedoch betont, dass der Satz '(Ex)¬E!x' nur unter zwei Bedingungen eine Kontradiktion darstellt: erstens muss die referentielle Interpretation der Quantifikation vorausgesetzt werden und zweitens muss dem Typus nach eine Einbereichslogik vorliegen.[4] L. Stevenson hat in einer textuell ausführlich belegten Studie nachgewiesen, dass Frege tatsächlich sowohl die substitutionelle wie die referentielle Deutung von quantifizierten Aussagen(–formen) kennt[5], dass er aber die zugehörigen Definitionen für koextensional hält.[6] Zudem gibt es gute Gründe für die Annahme, dass Frege für die Quantifikation erster Stufe die referentielle Interpretation für grundlegender hält.[7] Aber auch die zweite Bedingung ist erfüllt, d.h. Frege geht für die Quantifikation erster Stufe von einer Einbereichslogik aus.[8] Dieser Bereich umfasst schlichtweg alle GegenständeF. Dabei gilt: Alles, was nicht Funktion ist, ist GegenstandF, d.h. Freges Gegenstandsbegriff ist dermassen weit gefasst, dass darunter Zahlen, Klassen ("Wertverläufe"), Wahrheitswerte, Personen, Sterne, Städte, Orte, Zeitpunkte, Zeiträume usw. fallen.[9] Tatsächlich kann für Frege jeder beliebige Gegenstand Wert einer Individuenvariablen sein, wie umgekehrt jede beliebige Funktion (Begriff) erster Stufe für *alle* GegenständeF definiert sein muss.[10]

Unter Voraussetzung der referentiellen Quantifikationstheorie ist der Satz '(Ex)¬E!x' aber nicht kontradiktorisch, wenn 'E!a' beispielsweise *nicht* äquivalent ist mit '(Ex)(x=a)', d.h. wenn beispielsweise von einer Mehrbereichslogik ausgegangen wird.[11] An Stelle der (informellen) Erklärung: "Mindestens ein x im Bereich der (existierenden) GegenständeF existiert nicht" kann dann die (informelle) Erklärung treten: "Es gibt im Bereich D_j mindestens ein x, das im Bereich D_i der (existierenden) GegenständeF nicht existiert". Das ganze bedeutet: Im Lichte einer Mehrbereichslogik ist 'Es gibt B's' *nicht* ohne weiteres sinngleich mit 'Einiges, das existiert, fällt unter den Begriff B'. Natürlich entsteht hiermit das Problem, wie die jeweils unterschiedlichen Bezugsbereiche der Quantifikation voneinander abgegrenzt werden sollen — *ein Problem, um dessen Lösung sich Ingarden gerade in seiner*

---

[4] Zur "one–sorted–version of quantification theory" vgl. oben §22.
[5] Vgl. Stevenson (2), 104–12.
[6] Vgl. Stevenson (2), 112–16.
[7] Vgl. Stevenson (2), 120–22.
[8] Vgl. dazu auch Stevenson (2), 111/12; 122 ff.
[9] Vgl. u.a. Frege (2), 17; Frege (3), 42.
[10] Vgl.: "Für die Begriffe [erster Ordnung] haben wir ... die Forderung, dass sie für jedes Argument einen Wahrheitswert als Wert haben, dass für jeden Gegenstand bestimmt sei, ob er unter den Begriff falle oder nicht." (Frege 2, 20).
[11] Zur "many–sorted–version of quantification theory" vgl. oben §22.

Existentialontologie bemüht. Denn gemäss dem Ingardenschen Programm werden die fraglichen Bezugsbereiche in für ontologische Belange relevanter Weise mittels existentialontologischer Begriffe von Seinsweisen voneinander abgegrenzt.[12] Doch vorerst geht es hier nur um die Feststellung, dass der Satz '(Ex)¬E!x' von einem rein logischen Standpunkt aus betrachtet keineswegs zwingenderweise kontradiktorisch ist.

Der *erste* Teil des Fregeschen Argumentes ist somit *nur* dann schlüssig, wenn eine ganz bestimmte Kunstsprache L vorausgesetzt wird. Für das *ganze* Fregesche Argument hat diese Feststellung aber die folgende Konsequenz: Im Lichte der Kunstsprache L_{Frege} ist das Argument schlüssig; es sind aber Kunstsprachen konstruierbar, in deren Lichte dasselbe Argument nicht schlüssig ist. Denn, wenn es Kunstsprachen gibt, in denen 'Es gibt B's' nicht sinngleich ist mit 'Einiges, das existiert, fällt unter den Begriff *B*', dann ist der *zweite* Teil von Freges Argument überhaupt nicht mehr relevant. Im zweiten Teil seines Argumentes nämlich kann Frege im besten Falle bloss zeigen, dass 'es gibt ..' *in* der Umgangssprache sinngleich *ist* mit 'Einiges, das existiert ...'. Für Kunstsprachen, in denen zwischen 'es gibt' und 'existiert' *per Voraussetzung* unterschieden wird, spielt Freges These betreffs der *umgangssprachlichen* Verwendungsweise von 'es gibt' und 'existiert' aber offensichtlich keine Rolle.

Die Situation wird damit komplizierter. Freges Argument legt es nahe, das folgende zu unterscheiden:

(i) Das Problem, ob *in* der Umgangssprache 'es gibt' und 'existiert' als synonyme Ausdrücke verwendet werden.

(ii) Das Problem der *Übersetzung* umgangssprachlicher Verwendungsweisen von 'es gibt' und 'existiert' in bestimmte (ausgewählte) Kunstsprachen L_n.

Vom Fregeschen Standpunkt aus könnte gegenüber Quantifikationstheorien, die dem Typus nach auf einer Mehrbereichslogik beruhen, eingewendet werden, dass das umgangssprachliche 'existiert' in ihnen *nicht adäquat übersetzbar* sei. Dieser Einwand setzt aber ein Adäquatheitskriterium voraus. Bei Frege scheint dieses simpel in der These zu bestehen, *dass* 'es gibt ...' und 'Einiges, das existiert ...' *in* der Umgangssprache sinngleich verwendet werden. Im Lichte der früher erörterten Mooreschen Beschreibungen der zugehörigen umgangssprachlichen Verwendungsweisen kann man gegenüber *dieser* These jedoch eine berechtigte Portion an Skepsis hegen. Jedenfalls löst Moore das Problem (i) in anderer Weise als Frege. Geht man von den Mooreschen Thesen aus und will man die umgangssprachlichen Verwendungsweisen von 'es gibt' und 'existiert' möglichst getreu wiedergeben, müsste man sicherlich eine Kunstsprache wählen, die dem Typus nach auf einer Mehrbereichslogik beruht.

---

12   Vgl. oben Kap. 6.

Fassen wir kurz zusammen! Der erste Teil von Freges Argument ist nur schlüssig, wenn wir die Fregesche Idealsprache voraussetzen. Und der zweite Teil seines Arguments beinhaltet betreffs der Umgangssprache eine These, die zumindest nicht sakrosankt ist. Freges Argument kann aber "gerettet" werden, wenn (a) wir uns bei der Lösung von Problem (i) – contra Moore – sozusagen *per fiat* auf die Seite Freges stellen und (b) Freges These der Selbstverständlichkeit singulärer Existenzaussagen auf seine Idealsprache *relativieren*. Wir müssen dann allerdings auch die These, wonach "Existenz" keine Eigenschaft von GegenständenF (und im besonderen von Konkreta) sei, entsprechend relativieren, bzw. die Antwort auf die zugehörige Frage von gewissen (mehr oder weniger plausiblen) Entscheidungen abhängig machen. Diese Konsequenz aber entspricht wohl kaum Freges Intentionen. Er wird deshalb wohl den sachlichen Schwerpunkt des "Dialog–Argumentes" in seine Interpretation der umgangssprachlichen Verwendungsweise von 'Es gibt ...' und 'Einiges, das existiert ...' legen und auf Grund dieser Interpretation seine, die Fregesche Idealsprache, gegenüber anderen Idealsprachen als adäquate Idealsprache auszeichnen müssen. Ob ihm dies gelingen kann, erscheint mir zwar zweifelhaft, stellt aber sicher eine weitere Frage dar. Vorderhand wird jedenfalls ersichtlich, *dass und inwiefern sich die sachlichen Probleme im Zusammenhang von Freges "Dialog–Argument" leicht verschieben können*. Mit seiner für das "Dialog–Argument" kruzialen These F_6 *werden* für Frege darüber hinaus *Probleme akut, bei denen keineswegs ohne Weiteres klar ist, ob sie für die im Ingardenschen Sinne ontologisch zu verstehende Frage, ob "Existenz" eine Eigenschaft von Konkreta sei, sachlich relevant sind* An dieser Stelle kann deswegen eine im Ingardenschen Sinne spezifisch ontologische Argumentation weiter helfen. *Denn für diese Argumentation ist weder das Moore/Frege–Dilemma bezüglich Problem (i) noch das Problem (ii) sachlich entscheidend.* Die Klärung der Kategorie "Eigenschaft von Konkreta" wird hier jedenfalls nicht, wie dies bei Frege (und Moore) der Fall ist, abhängig gemacht von Antworten auf die Probleme (i) und (ii).

Was ich hier vom Ingardenschen Standpunkt aus gegenüber Freges Position einwende, kann im gewissen Sinne verallgemeinert und gegenüber jeder dem Typus nach logisch–semantischen Argumentation eingewandt werden. Denn in jeder derartigen Argumentation muss von bestimmten semantischen Prinzipien ausgegangen werden, die ihrerseits für die jeweils vorausgesetzte Idealsprache charakteristisch sind. Der Hauptpunkt ist natürlich nicht, dass man die jeweilige Stellungnahme bezüglich der Frage, ob "Existenz" eine Eigenschaft sei, auf diese semantischen Prinzipien bzw. Idealsprachen zu relativieren hat. So zu argumentieren, wäre zu simpel. Denn ein Vertreter dieses Argumentationstypus' könnte den Spiess ja leicht umdrehen und sagen: Im Falle einer spezifisch ontologischen Argumentation sind die jeweiligen Stellungnahmen auf die vorausgesetzten Ontologien zu relativieren. Nun, es geht natürlich nicht darum, bloss einen Antagonismus zwischen ontologischer und logisch–semantischer Argumentation festzustellen. Dies wäre schon deshalb simpel unsinnig, weil eine ontologische Argumentation präzisiert und in einer bestimmten logischen Kunstsprache formuliert werden sollte. An dieser Stelle kann aber erneut an das der Einleitung zu vorliegender Arbeit vorangestellte Castaneda−Motto erinnert werden: Vom ontologischen Standpunkt aus betrachtet sollte die Frage, ob "Existenz" eine Eigenschaft von Konkreta sei, sinnvollerweise im Ausgang von einer ontologischen Theorie von Konkreta beantwortet werden. *Wie aber Ingardens zugehörige Theorie zeigt, werden dabei nicht einfach bestimmte, mehr oder weniger plausible semantische Prinzipien vorausgesetzt, sondern es werden Argumente entwickelt, auf deren Basis bestimmte semantische Prinzipien ausgewählt oder eventuell formuliert werden können.* Im konkreten Falle von Freges Argumentation lässt sich von Ingarden her feststellen: Vom ontologischen Standpunkt aus betrachtet ist Freges kruziales semantisches Prinzip P_5 ebenso wenig akzeptierbar wie seine Unterscheidung zwischen Funktionen und Gegenständen. Denn was ein Gegenstand$_F$ ist, wird von Frege gemäss Prinzip P_1 faktisch unter bezug auf unseren sprachlichen Referenzapparat bestimmt. Dabei wird Freges Kategorie "Gegenstand" zu einer derart weitgefassten Kategorie, dass sie auf Objekt−Entitäten von völlig verschiedenem ontologischem Status anwendbar und damit eben *in ontologischer Hinsicht* wertlos ist. Dasselbe gilt auch für die Fregesche Kategorie "Eigenschaft von Gegenständen". Auch sie erweist sich als so umfassend, dass sie auf alles und jedes an Gegenständen$_F$ Unterscheidbare anwendbar und eben dadurch *in ontologischer Hinsicht* wertlos ist.[13] Allgemeiner formuliert: Eine dem Typus nach logisch−semantische Argumentation ist im Zusammenhang unserer Problemstellung nur dann sachlich relevant, wenn die jeweiligen semantischen Prinzipien durch eine zugehörige ontologische Argumentation gerechtfertigt werden können. Zumindest im Falle von Freges Argumentation ist dies m.E. jedoch nicht der Fall. Allerdings, *dass* insbesondere Freges semantisches Prinzip P_5 in ontologischer Hinsicht wertlos ist, muss im folgenden noch genauer nachgewiesen werden.

34.2 Existenz und Selbstidentität

34.21 Vom Ingardenschen Standpunkt aus betrachtet ganz und gar inakzeptabel ist besonders das für Frege kruziale "semantische" Prinzip P_5 — ebenso wie die Fregesche Unterscheidung zwischen Funktionen und Gegenständen. Mit P_5 erweist sich die Fregesche Kategorie "Eigenschaft von Gegenständen" als so weitgefasst, dass sie sozusagen auf alles und jedes an Gegenständen$_F$ Unterscheidbare anwendbar ist. Es ist klar, dass Frege somit gerade dem systematischen Anliegen Ingardens, die Kategorie der Eigenschaft von Konkreta auf eine für die Ontologie wesentliche Weise einzuschränken, zuwiderläuft. Aufgrund von P_5 sind z.B. *Tier−zu−sein*, *vernünftig −zu−sein*, *Vater−zu−sein* gegebenenfalls allesamt

---

[13] Vgl. unten Teil 6, wo u.a. auch Ingardens Kritik an solchen *ontologischen* Theorien dargestellt wird, welche die Kategorie "Eigenschaft" sehr weit fassen.

Eigenschaften von Gegenständen_F bzw. von Konkreta. Gemäss Ingarden jedoch können Konkreta in mannigfaltiger Weise mittels Begriffen 1–ter Stufe klassifiziert werden, ohne dass *deswegen* den jeweiligen begrifflichen "Merkmalen" tel quel eine "Eigenschaft" entspricht. Gemäss seiner Position gilt gerade: Nicht alles und jedes an Konkreta Unterscheidbare kann als zugehörige Eigenschaft im streng ontologischen Sinne aufgefasst werden. Dabei sollten wir nicht nur an existentiale und formale Begriffe im Ingardenschen Sinne denken; vielmehr können wir auch an materiale Begriffe im Ingardenschen Sinne denken. Z.B. ist *Tier–zu–sein* gemäss Ingarden (gegebenenfalls) keine zukommende Eigenschaft. Denn die zugehörige Materie kann nach Ingarden nicht in der Form "Eigenschaft–von–zu–sein" stehen. M.a.W.: Die Kategorie der Eigenschaft von Konkreta kann Ingardenianisch betrachtet mittels des semantischen Prinzips P_5 nicht auf eine für die Ontologie relevante Weise bestimmt werden. Indem Frege mit F_2 eine zu I_1 gleichlautende These vertritt, wird er somit für den Ontologen Ingarden – wie ich meine zu Recht – zu einem "suspekten" Bundesgenossen.

Gehen wir aber für einen Moment von Freges Kategorie der Eigenschaft von Gegenständen_F aus. Warum eigentlich soll "Selbstidentität" keine Eigenschaft sein? Mit Prinzip P_6 lautet die Fregesche Antwort: Weil der Begriff_F *Selbstidentität* qua allgemeinster Begriff_F 1–ter Stufe ein uneingeschränkt anwendbarer Begriff ist, unter den gemäss P_4 *alle* Gegenstände_F fallen. Ist dies aber eine wirklich überzeugende Antwort? Ist *Selbstidentität* qua allgemeinster Begriff_F 1–ter Stufe nicht auch gemäss P_2 Merkmal von *jedem* (nicht uneingeschränkt anwendbarem) Begriff_F 1–ter Stufe? Dies wird wohl zutreffen müssen, ansonsten es nicht der Fall sein kann, dass *jeder* Gegenstand_F unter den Begriff_F *Selbstidentität* fällt. Warum will Frege dann aber mit P_6 ein sozusagen einschränkendes Prinzip in Ansatz bringen? Warum geht er nicht einfach vom für ihn so oder so grundlegenden Prinzip P_5 aus und bestimmt entsprechend "Selbstidentität" als *Eigenschaft sui generis*, nämlich als eine solche Eigenschaft, die eben allen Gegenständen_F zukommt? Für Ingarden ist – wie wir mittlerweile wissen – "Selbstidentität" keine Eigenschaft von Konkreta (nebenbei: auch keine Relation sui generis), und zwar weil der zugehörige Begriff ihm gemäss ein *formaler* Begriff ist, formale Bestimmtheiten von Konkreta aber keine zukommende Eigenschaften sind.[14] Was hindert aber Frege unter Voraussetzung von Prinzip P_5 "Selbstidentität" tatsächlich als Eigenschaft sui generis von Konkreta aufzufassen? Um sein einschränkendes Prinzip P_6 zu legitimieren würde Frege wohl sagen: *Da* der Begriff der Selbstidentität uneingeschränkt anwendbar ist, kann man P_5 retten, indem man sagt, dass es sich um eine "logische" Eigenschaft von Gegenständen_F handelt; "logisch" insofern, als wir die analytische Wahrheit, dass jeder Gegenstand_F mit sich selbst identisch ist, "apriorisch" erfassen können. Aber eben deswegen kann es sich nicht um eine "eigentliche" Eigenschaft

---

14 Vgl. oben Kap. 5.

von GegenständenF handeln. Tatsächlich begründet Frege im "Dialog mit Pünjer" das einschränkende Prinzip P$_6$ auf diese Weise.[15] Doch erscheint diese Begründung wenig überzeugend. Denn gemäss Freges "Dialog—Argument" müssten wir dann ja auch "Existenz". d.h. das jeweilige Existieren von Konkreta als "logische" Eigenschaft verstehen, obwohl das Existieren ontologisch gesehen eine *kontingente* Sache ist (aber natürlich ist für Frege die Selbstidentität von GegenständenF auch schon kontingent: für ihn sind z.B. Ficta nicht selbstidentisch)! Eine solchermassen sozusagen erkenntnistheoretisch orientierte Begründung des Unterschiedes zwischen "logischen" und "eigentlichen" Eigenschaften wird von einem Ontologen wie Ingarden zu Recht als obskur bewertet.[16] Und schliesslich: Wie steht es (auch von einem Common sense Standpunkt aus betrachtet) um die intuitive Plausibilität der These: "Von einer kontingenten Objekt—Entität, wie Konkreta es sind, zu behaupten, dass sie existieren, heisst zu behaupten, dass sie mit sich selbst identisch ist — heisst behaupten, dass ihr die 'logische' Eigenschaft 'Selbstidentität' zukommt"?

34.22 Das Problematische von Freges "Dialog—Argument" wird noch deutlicher, wenn man berücksichtigt, dass der BegriffF *Selbstidentität* nach Frege "inhaltslos" ist, weil er "in seinem Umfang grenzenlos" sein soll. — Frege anerkennt ausdrücklich kontradiktorische BegriffeF.[17] Ihm gemäss ist folgendes zu unterscheiden:

(a) Ein *Begriffswort* (Prädikatsausdruck) ist logisch nur dann "berechtigt", wenn ihm ein "scharf begrenzter" BegriffF entspricht.[18]

---

[15] Vgl. besonders: "In dem Satze 'A ist sich selbst gleich' *erfährt man ebensowenig etwas Neues* über das A, wie in dem Satze 'A existiert'. Keiner dieser beiden Sätze kann verneint werden. Man kann in beiden für A setzen, was man will, sie bleiben immer richtig ... *Wenn man den Satz 'A ist sich selbst gleich' ausspricht, so kann das nur den Zweck haben, das logische Gesetz der Identität auszusprechen, nicht aber den, das A in irgendeiner Weise näher kennen zu lernen* ... [Man muss] anerkennen, dass die Urteile 'Dieser Tisch existiert' und 'Dieser Tisch ist sich selbst gleich' vollkommen selbstverständlich sind, dass also ein *eigentlicher Inhalt* in ihnen nicht von diesem Tische ausgesagt wird." (Frege 7, 70).

[16] Vgl. auch Freges (im Zusammenhang der Frage nach der Zeitlichkeit von GedankenF eingeführte) wenig überzeugende Unterscheidung zwischen "wesentlichen" und "unwesentlichen" Eigenschaften von GedankenF (Frege 6, 52).

[17] In "Kritische Beleuchtung einiger Punkte in E. Schröders Vorlesungen über die Algebra der Logik" (1895) heisst es: "Ganz anders bei Begriffen, die keinen Gegenstand unter sich befassen: solche sind [sc. logisch] ... berechtigt. Der Verfasser vermischt diese beiden Fälle, wenn er sowohl 'Nichts' als auch 'rundes Quadrat' einen sinnlosen, unsinnigen ... Namen nennt." "'Rundes Quadrat' ... ist kein leerer Name, sondern Name eines leeren Begriffes;" (Frege 6, 110).

[18] Vgl.: "Damit ein Wort wie 'Mensch' oder 'Planet' eine logische Berechtigung habe, *ist es nötig, dass ein entsprechender scharf begrenzter* [:= für alle GegenständeF definierter, vgl. Frege 11, §56] *Begriff vorhanden sei; ob dieser Begriff etwas unter sich befasst, kommt dabei nicht in Betracht.*" (Frege 6, 111).

(b) Ein *Begriff* 1–ter Stufe ist logisch nur dann "berechtigt", wenn er gemäss dem Grundsatz der Vollständigkeit für *alle* Gegenstände_F definiert ist.[19]

Der Ausdruck 'rundes Quadrat' erfüllt die a–Bedingung. Und der Begriff_F *Rundes Quadrat* erfüllt die b–Bedingung, denn es gilt:

(1) $\neg(Ex)(x$ ist rund $\cdot$ x ist viereckig)   bzw.

(1') *Kein* Gegenstand_F fällt unter den Begriff_F *Rundes Quadrat*.

Andererseits gilt nach Frege auch:

(2) $(\forall x)(x=x)$ bzw.

(2') *Jeder* Gegenstand_F fällt unter den Begriff_F *Selbstidentität*.

Während Frege also vom kontradiktorischen Begriff_F *Rundes Quadrat* explizit sagt, dass er Merkmale hat, *obgleich* kein Gegenstand_F unter ihn fällt, sagt er zugleich vom Begriff_F *Selbstidentität*, dass er "inhaltslos" sei, *weil* jeder Gegenstand_F unter ihn fällt. Denn gemäss seinem "Dialog–Argument" gilt: "Jeder Inhalt [sc. eines Begriffes_F 1–ter Stufe] kann nur in einer gewissen Beschränkung des Umfangs bestehen"[20]. –Aber: Wenn wir von einem Begriffe *A* 1–ter Stufe sagen, dass jeder Gegenstand unter ihn fällt, und von einem Begriff *B* 1–ter Stufe sagen, dass kein Gegenstand unter ihn fällt, bestimmen wir dann im ersten Falle einen "grenzenlosen" Umfang und im zweiten Falle einen "weniger grenzenlosen" Umfang? Führt hier die über ein und derselben Totalität von Gegenständen_F vorgenommene Definition der Begriffe *A* und *B* nicht zu einem sozusagen analogen Ergebnis? Müsste Frege aufgrund *seiner* Begründung der These, dass der Begriff_F *Selbstidentität* "inhaltsleer" sei, nicht auch nach allen Regeln der Analogie zugestehen, dass *alle* leeren Begriffe_F 1–ter Stufe im Grunde "inhaltsleer" sind? Natürlich kann Frege einwenden, dass die offensichtliche Analogie hier nicht entscheidend sein kann. Denn es sind erstens gerade die Merkmale eines Begriffes, die einschränken, welche Gegenstände unter den Begriff fallen können. Die Merkmale des Begriffes *Rundes Quadrat* schliessen nun (aus analytischen Gründen) alle Gegenstände_F aus. Beim Begriff der Selbstidentität bzw. der Existenz hingegen können wir anders argumentieren: Da der Begriff *Selbstidentität* oder *Existenz* (aus analytischen Gründen) keinen Gegenstand_F ausschliesst, können wir *annehmen*, dass er keine Merkmale hat. Zweitens kann die oben erwähnte Analogie deswegen nicht entscheidend sein, weil *Selbstidentität* allgemeinster Begriff_F 1–ter Stufe ist, was für *Rundes Quadrat* sicher nicht

---

[19] Vgl.: "Für die Begriffe [sc. erster Stufe] haben wir ... Forderung, *dass sie für jedes Argument einen Wahrheitswert als Wert haben, dass für jeden Gegenstand bestimmt sei, ob er unter den Begriff falle oder nicht.*" (Frege 2, 20). Vgl. auch Frege (11), §56 ("Grundsatz der Vollständigkeit").

[20] Frege (7), 71.

zutrifft. Denn *Rund* und *Quadrat* sind nicht–allgemeinste BegriffeF 1–ter Stufe; und alle Merkmale, aus denen diese Begriffe zusammengesetzt sind, sind auch logische Teile des Begriffes *Rundes Quadrat*. – Dennoch bleiben offene Fragen. Wir können z.B. sagen:

(Df$_1$)   a ist eine widerspruchsfreie Objekt–Entität :≡ Es ist nicht der Fall, dass irgendeine Eigenschaft P a zukommt und zugleich nicht zukommt.

Jedes Konkretum (bzw. jeder GegenstandF) ist gemäss Df$_1$ eine widerspruchsfreie Objekt–Entität bzw. kein Konkretum (kein GegenstandF) fällt unter den (zu Df$_1$ kontradiktorisch gefassten) Begriff der Widersprüchlichkeit. Wenn nun *Selbstidentität* ein "inhaltsleerer" BegriffF ist, muss Frege dann nicht auch sagen, dass *Widerspruchsfreiheit* gemäss Df$_1$ ein "inhaltsleerer" Begriff ist? Dies scheint mir in der Tat unausweichlich. Andererseits ergibt sich jetzt ein Dilemma. Da Frege nämlich im "Dialog" *Selbstidentität* als *allgemeinsten* BegriffF 1–ter Stufe einführt, kann *Widerspruchsfreiheit* gemäss Df$_1$ nicht "inhaltsleer" sein. Oder aber wir akzeptieren entweder sozusagen ad hoc die These, dass die Begriffsworte: 'existiert', 'ist mit sich selbst identisch' und 'ist widerspruchsfrei' ein und denselben BegriffF ausdrücken, oder wir akzeptieren die unplausible These, dass es in der Hierarchie der Begriffe 1–ter Stufe *zwei* (oder mehrere) "Maxima", d.h. "allgemeinste" Begriffe gibt.[21] Systematisch betrachtet wird an dieser Stelle die Unterscheidung zwischen *formalen* und *materialen* Begriffen relevant. Diese Unterscheidung sauber durchzuführen, ist zwar eine äusserst schwierige Sache.[22] Für meine Zwecke kann ich von folgender Bestimmung ausgehen:

"A formal concept has no logical parts and ... any concept which has no logical parts is eo ipso a formal concept. If [for example] something is truly a set, there is no other concept under which it falls *in virtue of falling* under the concept *set*."[23]

Wenn wir von dieser Bestimmung ausgehen, kann Freges Begriff *Selbstidentität* m.E. *nicht* als formaler Begriff aufgefasst werden. Zwar hat dieser Begriff keine logischen Teile. Anders formuliert: Weil diesem Begriff gemäss Frege kein anderer Begriff übergeordnet ist, hat er keine Merkmale, aus denen er "zusammengesetzt" ist. Andererseits – und darin liegt das Problematische – charakterisiert Frege den Begriff *Selbstidentität* als *allgemeinsten* Begriff *in* der Hierarchie der Begriffe 1–ter Ordnung. Doch im Zusammenhang von formalen Begriffen macht diese Bestimmung wenig Sinn.

---

21 Sprachlich gesehen ist es zwar beispielsweise nicht ohne weiteres unsinnig zu sagen, dass es *zwei* "höchste" Berge gibt. Fregesch gesprochen gibt es dann einfach zwei GegenständeF, die unter den BegriffF *hoechster Berg* fallen. Doch mein Argument ist wie sogleich deutlicher wird kein sprachliches Argument, sonder bezieht sich auf Freges Äusserung, wonach der Begriff der Selbstidentität *in der Hierarchie der Begriffe 1–ter Ordnung* der "allgemeinste" Begriff sein soll.

22 Vgl. dazu Mulligan (2); (3).

23 Mulligan (2), 171.

Ingarden demgegenüber unterscheidet zwischen formalen, materialen und existentialen Begriffen.[24] *Selbstidentität* ist für ihn auch ein formaler, nämlich ein *formalontologischer* Begriff.[25] Tatsächlich trifft es auch für Ingarden zu, dass jedes Konkretum mit sich selbst identisch ist.[26] Nichtsdestoweniger wird Ingarden Freges "Dialog–Argument" kritisieren müssen. Frege vertritt dort, wie wir sahen, die These F_7, wobei er idealsprachlich *Existenz* dem "inhaltsleeren" Begriff *Selbstidentität* gleichsetzt. Warum nun ist "Existenz" bzw. "Selbstidentität" keine Eigenschaft von Gegenständen$_F$ bzw. von Konkreta? Frege: Weil der Begriff *Existenz* qua Begriff 1–ter Stufe uneingeschränkt anwendbar ist, einen "grenzenlosen Umfang" hat. Ingarden: Diese Begründung ist unzureichend. Denn es könnte sich ja um eine Eigenschaft sui generis handeln, um eine Eigenschaft nämlich, die notwendig allen Konkreta zukommt (vgl. 34.21). Frege: Nein, denn der Begriff *Existenz* qua Begriff 1–ter Stufe ist auch "inhaltsleer". Ingarden: Diese Begründung trifft des Pudels Kern. Denn falls *Existenz* dem Begriff *Selbstidentität* gleichgesetzt wird, handelt es sich um einen formalen bzw. um einen formalontologischen Begriff. Und solche Begriffe sind tatsächlich insofern "inhaltsleer" als sie nicht wie materiale Begriffe logische Teile aufweisen. Unter der Fregeschen Voraussetzung könnte man sachlich zu Recht sagen: "Existenz" ist keine Eigenschaft von Konkreta, *weil dieser Begriff ein formalontologischer Begriff ist. Denn mittels solchen Begriffen kann nur auf formale Bestimmtheiten von Objekt– Entitäten bezug genommen werden.* Wir stossen hier sozusagen auf eine sachliche Koinzidenz zwischen Ingarden und Frege. Denn gemäss den Ingardenschen Argument für I_1 muss an jeder Eigenschaft im streng ontologischen Sinne die Form des Bestimmens, die Form: "Eigenschaft–zu–sein" abstraktiv unterscheidbar sein, während andererseits diese Form für sich genommen nicht selbst eine Eigenschaft sein kann. Ebenso muss jede Eigenschaft im streng ontologischen Sinne eine materiale Teilbestimmung sein, d.h. sie muss in sich eine abstraktiv unterscheidbare Materie ("Beschaffenheit") aufweisen, während andererseits diese Materie für sich genommen nicht selbst eine Eigenschaft sein kann. Unter der Fregeschen Voraussetzung, dass der Begriff *Existenz* dem Begriff *Selbstidentität* gleichgesetzt werden kann, lässt sich Ingardenianisch demnach auch sagen: "Existenz" ist keine Eigenschaft von Konkreta, *weil* dieser Begriff qua nicht–materialer Begriff insofern "inhaltsleer" ist, als man mittels ihm nicht auf materiale Teilbestimmungen von Konkreta bezug nehmen und so gewisse Konkreta aus seinem Umfang

---

[24] Es ist allerdings anzumerken, dass es schwierig ist, Kriterien zu formulieren, anhand derer zwischen materialen, formalen und existentialen Begriffen *im Ingardenschen Sinne* klar unterschieden werden kann. Ein besonderes Problem ist in diesem Zusammenhang Ingardens (präzisierbarer?) Begriff der Form von Etwas sowie das Verhältnis von formalen Begriffen einerseits und existentialen Begriffen andererseits (beides im Ingardenschen Sinne) zu den formal(ontologisch)en Begriffen *im Sinne Husserls* (zu letzterem vgl. Mulligan 2).

[25] Zum Unterschied zwischen formaler Logik und formaler Ontologie vgl. Smith (9) und Mulligan (2).

[26] Vgl. dazu unten Teil 6.

ausschliessen kann. Trotz dieser sachlichen Koinzidenz ist jedoch zu betonen: Falls wir daraus eine einsichtige Begründung für die Thesen I₁ und F₂ gewinnen wollen, *brauchen wir ein spezielles Argument um zu zeigen, dass formale Bestimmtheiten von und abstraktiv unterscheidbare Materien an Gegenständen*F *bzw. Konkreta für sich genommen keine zukommende (absolute) Eigenschaften sind. Ein solches Argument jedoch gibt Frege tatsächlich nicht.* Und dies ist weiter nicht erstaunlich, denn es ist gar nicht klar, ob Frege den Begriff *Selbstidentität* als im Ingardenschen Sinne formalen bzw. formalontologischen[27] versteht. M.a.W.: Die festgestellten sachlichen Koinzidentien zwischen Ingarden und Frege müssen sozusagen mit Vorsicht zur Kenntnis genommen werden. Unter ausschliesslicher Voraussetzung von Freges semantischen Prinzipien P₅ und P₆ können sie in überzeugender Weise nicht für eine Begründung von F₂ bzw. von I₁ ausgewertet werden. Anderseits kann festgestellt werden: *FALLS Existenz* qua Begriff 1–ter Stufe (idealsprachlich) dem Begriff *Selbstidentität* gleichgesetzt wird, gilt: Freges "Dialog–Argument" für F₂ ist *nur dann* ein sachlich überzeugendes Argument, *wenn dieses durch ein spezifisch ontologisches Argument im Ingardenschen Sinne ergänzt wird. Aufs Deutlichste zeigt sich so von einem anderen (relativ zu dem unter 34.1 Ausgeführten verschiedenen) Gesichtspunkt aus, dass und inwiefern Freges semantische Argumentation tatsächlich der Ergänzung durch eine spezifisch ontologische Argumentation bedarf.* Allerdings bleibt noch anzumerken: Die Frage, OB der Begriff *Existenz* qua Begriff 1–ter Stufe idealsprachlich dem Begriff *Selbstidentität* gleich zusetzen ist, bleibt eine offene Frage! Unten im Kapitel 11 werden wir noch detaillierter sehen, dass Ingarden zu *dieser* Frage anders als Frege Stellung nimmt. Das Interessante und sachlich m.E. gerade bedeutsame ist aber, dass man *unter Voraussetzung* von Freges These F₇ mit Ingarden zeigen kann, dass und inwiefern auch das Fregesche "Dialog–Argument" der rgänzung durch eine spezifisch ontologische Argumentation bedarf.

34.23 Ein weiterer sachlicher Anknüpfungspunkt zwischen Ingardens Position und Freges "Dialog–Argument" kann unter Voraussetzung von F₇ wie folgt gefasst werden: Ingardenianisch gesehen ist "Existenz" deshalb keine Eigenschaft von Konkreta, weil *alle* Begriffe von spezifischen Existenzweisen[28] keine materialen Begriffe sind und insofern

---

[27] Smith (9) wirft Frege darüber hinaus sogar ein prinzipielles Verfehlen des Unterschiedes zwischen formaler Logik und formaler Ontologie vor und er betont die sozusagen schicksalhaften und schlechten Konsequenzen dieses Umstandes auf die Analytische Sprachphilosophie (des ersten Teiles) unseres Jahrhunderts.

[28] Die "Existenz" von Konkreta, d.h. das Existieren von Konkreta ist für Ingarden ein Existieren gemäss jeweils genau einer Idee von spezifischen Existenzweisen. Anders formuliert: Jede Objekt–Entität x, welche im streng formalontologischen Sinne ein Gegenstand ist, existiert gemäss genau einer spezifischen Existenzweise (vgl. oben Teil 3). Sofern nun Frege im "Dialog–Argument" *Existenz* qua Begriff 1–ter Stufe erörtert, kann dieser Begriff auch zu den Ingardenschen Begriffen von spezifischen Existenzweisen in Beziehung gesetzt werden.

(verglichen mit materialen Begriffen) "inhaltslos" sind. Diese Feststellung muss jedoch sogleich in ein rechtes Licht gerückt werden. Denn die verschiedenen Begriffe von *spezifischen* Seinsweisen sind für Ingarden in anderer Hinsicht, nämlich qua *existential-ontologische* Begriffe, keineswegs "inhaltsleer". Im Gegenteil, es gehört gerade zum systematischen Anliegen von Ingardens Existentialontologie, die Begriffe der Idealität, der Realität usw. intensional, d.h. ihren Merkmalen nach aufzuschlüsseln. Und diese existential-ontologischen Begriffe sind gewöhnliche Klassifikationsprinzipien 1–ter Stufe, d.h. einige Objekt–Entitäten fallen unter den Begriff der Idealität, andere unter den Begriff der Realität und es ist nicht der Fall, dass alle Objekt–Entitäten unter *jeden* Begriff von spezifischen Seinsweisen fallen. Anhand zugehöriger Klassifikationen erfahren wir somit gemäss Ingarden etwas "Inhaltliches" über das Existieren der jeweiligen Objekt–Entitäten, obgleich nicht etwas über eine jeweils zukommende (absolute) Eigenschaft.

Andererseits wurde früher festgestellt, dass Ingarden aufgrund des von ihm in seiner Existentialontologie vorausgesetzten Verfahrens den generischsten aller Begriffe von Existenzweisen, *falls* es einen solchen Begriff überhaupt gibt, intensional nicht erklären kann. Können wir aber eventuell sagen, dass Freges "inhaltsleerer" Begriff der Existenz bzw. der Selbstidentität als Surrogat für diesen (supponierten) generischsten aller Begriffe von Existenzweisen in Frage kommt? – Dies wäre Ingardenianisch gesehen nicht möglich. Denn für Ingarden ist der Begriff der Selbstidentität ein formalontologischer Begriff. In diesem Zusammenhang ist folgendes zu betonen: Wenn es Ingarden gelingen würde, den generischsten aller Begriffe von Existenzweisen, falls es ihn überhaupt gibt, intensional zu erklären, dann würde es sich sicherlich um einen existentialontologischen Begriff handeln, der auf *alle* Konkreta anwendbar ist. Daraus könnte Ingarden jedoch nicht folgern, dass "Existenz" keine Eigenschaft von Konkreta sei. Er könnte so nicht folgern, weil gemäss seinem ontologischen Argument der Umstand, dass ein Begriff 1–ter Stufe gegebenenfalls uneingeschränkt anwendbar ist, kein Kriterium dafür abgibt, dass wir uns mit diesem Begriff auf keine Eigenschaft von Konkreta beziehen können. Gemäss den semantischen Prinzipien P_5 und P_6 verwendet Frege demgegenüber gerade diesen Umstand als solches Kriterium. Für einen Ontologen wie Ingarden muss dies wie ich meine zu Recht suspekt sein. Denn die Fregeschen Prinzipien erklären tatsächlich *nicht*, warum "Existenz" bzw. "Selbstidentität" keine Eigenschaft sui generis sein kann. Demgegenüber geht aus der Ingardenschen Argumentation klar hervor, *warum* wir mittels den verschiedenen Begriffen von Existenz-weisen im streng ontologischen Sinne auf keine Eigenschaften von Konkreta bezug nehmen können.

Obgleich Ingarden und Frege mit I_1 und F_2 sachlich gleichlautende Thesen vertreten, sind sie philosophische Bundesgenossen, die sich gegenseitig misstrauen dürften. Die von einem Ingardenschen Standpunkt aus erörterten Vorbehalte betreffen einerseits die gesamte Anlage von Freges "Dialog–Argument" (34.1), andererseits die von Frege vorausgesetzten semantischen Prinzipien P_5 und P_6 sowie im besonderen Freges Begriff *Selbstidentität* (34.2). Nach meiner Einschätzung sind Ingardens Vorbehalte so gewichtig, dass sie zumindestens die sachliche Relevanz einer ontologisch orientierten Argumentation für die Thesen I_1 und F_2 erweisen. Doch damit ist erst gezeigt, dass und inwiefern Freges "Dialog–Argument" einer Ergänzung bedarf. Wie aber steht es um die offizielle Fregesche Lehrmeinung?

34.3 Existenz und Wirklichkeit

Angesichts des Umstandes, dass Frege das umgangssprachliche 'Menschen existieren' gemäss seiner offiziellen Lehrmeinung in 'Der Begriff *Mensch* ist erfüllt' übersetzt, könnte man meinen, es sei angemessener, statt vom Begriff *Existenz* einfach vom Begriff des Erfülltseins zu sprechen. Denn dadurch würde auf Anhieb schon rein terminologisch deutlich, dass es sich um einen besonderen BegriffF handelt. Tatsache aber ist, dass Frege selbst von "*dem* Begriff der Existenz" spricht, und dass er *diesen* Begriff in seiner offiziellen Lehrmeinung als Begriff 2–ter Ordnung bezeichnet. Anders formuliert: Frege *expliziert* den Begriff der Existenz durch den Begriff des Erfülltseins. Entsprechend werde ich auch im folgenden Freges Redeweise folgen und sagen, dass gemäss F_1 der BegriffF *Existenz* ein BegriffF 2–ter Ordnung *ist*.

Schwierigkeiten ergeben sich im Zusammenhang mit Freges Begriff der Wirklichkeit. Insbesondere im Kontext der – in Freges philosophischer Entwicklung späteren[29] – Ontologie der drei Reiche ist der Gegensatz zwischen Subjektivem und Objektivem von Bedeutung.[30] Dabei scheint Frege zwischen dem, was objektiv und dem, was wirklich ist zu unterscheiden, d.h. nicht alles, was objektiv ist, ist auch wirklich. Nach einigen Interpreten[31] ist der Fregesche Begriff der Wirklichkeit nur auf konkrete (:=raum–zeitliche) GegenständeF anwendbar, nach anderen auch auf abstrakte GegenständeF wie Zahlen. Es macht tatsächlich den Anschein, dass man in Freges Schriften für beide Interpretationen Belege finden kann.[32] In *Die Grundlagen der Arithmetik* (1884) sagt Frege:

---

[29] Das Verhältnis von Freges Funktion/Gegenstand–Ontologie und seiner Ontologie der drei Reiche wird ausführlich von Smith (1), 38–52 erörtert.

[30] Vgl. dazu Haaparanta (1), 155 f und Künne (1), 64–75 (welcher betont, dass der angesprochene Gegensatz bereits für den frühen Frege grundlegend ist).

[31] Z.B. Dummett (vgl. Kap. 14, z.B. 480).

[32] Vgl. dazu (sehr ausführlich) Haaparanta (1), 150–56 sowie auch Künne (1), 64 ff.

> "Wenn man wirklich nennt, was auf die Sinne wirkt, oder was wenigstens Wirkungen hat, die Sinneswahrnehmungen zur nähern oder entferntern Folge haben können, so ist freilich keine ... Zahl wirklich."[33]

Der Ausdruck 'x ist wirklich' besagt demnach (wie Frege anderenorts expressis verbis feststellt[34]) dasselbe wie 'x ist fähig, unmittelbar oder mittelbar auf Sinne zu wirken'. Versteht man den Begriff *Wirklichkeit* so, sind abstrakte Gegenstände$_F$ wie Zahlen nicht wirklich — eine These, die sich bei Frege an vielen anderen Stellen belegen lässt.[35] Anderseits kann 'x ist wirklich' gemäss Frege auch dasselbe besagen wie 'x kann eine Wirkung hervorrufen und erleiden'.[36] In dieser Bestimmung wird im Unterschied zur ersteren nicht auf sinnliche Wahrnehmbarkeit rekurriert. Versteht man den Begriff *Wirklichkeit* so, sind abstrakte Gegenstände$_F$ wie Zahlen ebenfalls nicht wirklich. Anderseits sagt Frege in *Der Gedanke* (1918/19), dass Gedanken$_F$ gemäss diesem zweiten Begriff "nicht durchaus unwirklich"[37] sind. Im vorliegenden Kontext ist aber die folgende Fregesche Stellungnahme von besonderer Bedeutung:

> "Und wenn ich sagen wollte, die Zahl Zwei wirke oder sei wirksam oder wirklich, so wäre das falsch und ganz verschieden von dem, was ich mit dem Satze 'es giebt Quadratwurzeln aus Vier' sagen will. Die hier vorliegende Verwechselung ist beinahe die gröbste, die überhaupt möglich ist; denn sie geschieht nicht mit Begriffen derselben Stufe, sondern ein Begriff erster wird mit einem Begriffe zweiter Stufe vermengt."[38]

Hier spricht Frege auf seine These F_1 an und aus der zitierten Stelle geht unzweifelhaft hervor, dass er den Begriff *Wirklichkeit* als Begriff 1-ter Stufe auffasst und *insofern* auf wesentliche Weise vom Begriff *Existenz* unterscheiden will. Daraus folgt natürlich gemäss Freges semantischen Prinzipien, dass "Wirklichkeit" gegebenenfalls eine Eigenschaft von Gegenständen$_F$ ist, während dies für "Existenz" nicht der Fall sein soll. Denn es gilt (ich verwende hier Freges Überlegungen im "Dialog mit Pünjer"): Der Satz 'a ist wirklich' impliziert 'Es gibt Wirkliches', was für Frege sinngleich ist mit 'Einiges, das existiert, fällt unter den Begriff *Wirklichkeit*'. Also ist "Wirklichkeit" (gegebenenfalls) eine Eigenschaft von Gegenständen$_F$.

---

[33] Frege (1), 97 (§85).
[34] Vgl. Frege (10), xviii.
[35] Vgl. z.B. Frege (1), 34/35; Frege (11), 86.
[36] Vgl.: "Diese Objekte [sc. ganze Zahlen] sind freilich weder greifbar noch sichtbar und nicht einmal wirklich, — *wenn man das wirklich nennt, was einen Einfluss ausüben und erfahren kann.*" (Frege 8, 212); "Die Welt des Wirklichen ist eine Welt, *in der dieses auf jenes wirkt, es verändert und selbst wieder Gegenwirkungen erfährt und dadurch verändert wird.*" (Frege 8, 360/61).
[37] Frege (8), 362.
[38] Frege (10), xxv.

Ist dies einsichtig, plausibel? Mit dieser Frage verlasse ich an dieser Stelle natürlich absichtlich Freges Systematik, was u.a. auch bedeutet, dass der Ausdruck 'Begriff' im folgenden meistens so verwendet wird, wie er vom Standpunkt einer phänomenologischen Bedeutungstheorie aus verwendet wird. Freges Bestimmung, wonach 'x ist wirklich' synonym ist mit 'x ist fähig, unmittelbar oder mittelbar auf Sinne zu wirken', ist — wie Künne zu Recht betont[39] — ein klares Echo der *Kritik der reinen Vernunft*.[40] Kant sagt dort:

> "Was mit dieser [sc. der Wahrnehmung] nach empirischen Gesetzen verknüpft ist, ist wirklich, ob es gleich unmittelbar nicht wahrgenommen wird" und "Alles ist wirklich, was mit einer Wahrnehmung nach Gesetzen des empirischen Fortgangs in einem Kontext stehet".[41]

Dieser Begriff von Wirklichkeit ist ganz klar von *erkenntnistheoretischer* Natur. Anders steht es aber um den zweiten Fregeschen Begriff der Wirklichkeit, nämlich:

(Df$_2$)   a ist wirklich :≡ a kann eine Wirkung hervorrufen · a kann eine Wirkung erleiden.

Diesen Begriff der Wirklichkeit, der für Frege ein BegriffF 1—ter Stufe ist, *kann* man mit guten Gründen als ontologischen Begriff auffassen. Es lassen sich dann aber mindestens zwei Interpretationsalternativen unterscheiden. Unter Verwendung von Freges semantischen Prinzipien P$_5$ und P$_6$ könnte man erstens sagen: *Wirklich—zu—sein* ist gegebenenfalls eine *dispositionelle* Eigenschaft von Objekt—Entitäten. Oder aber wir behaupten zweitens aufgrund von Df$_2$ das folgende:

(3)   Für alle numerisch verschiedenen Objekt—Entitäten x und y gilt: {x ist wirklich · y ist wirklich} ≡ {Zwischen x und y besteht möglicherweise ein Seinszusammenhang, derart dass gilt: (i) x verändert y v (ii) y verändert x v (iii) x verändert y · y verändert x}.

Ich will nun direkt von einem *ontologischen* Standpunkt aus argumentieren. Festzuhalten ist noch einmal: Weil Frege den BegriffF *Wirklichkeit* als Begriff 1—ter Stufe auffasst, wird mit Df$_2$ — unter Voraussetzung seiner semantischen Prinzipien P$_5$ und P$_6$ — *Wirklich—zu—sein* als Eigenschaft klassifiziert. Mit bezug auf die erste Interpretationsalternative möchte ich hier nur betonen: Soll diese Fregesche Position in ontologischer Hinsicht überhaupt relevant sein, müsste Frege auch eine ontologische Theorie betreffs dispositioneller Eigenschaften von Objekt—Entitäten vorlegen. Ohne eine solche Theorie ist die obige Auskunft m.E. nichtssagend. Um aber eine solche Theorie auszuarbeiten, ist es ohne Zweifel erforderlich, die Kategorie der Eigenschaft auf eine subtilere, nicht—Fregesche Weise zu fassen. Mit bezug auf die zweite Interpretationsalternative lässt sich demgegenüber von einem Ingardenschen

---

39 Vgl. Künne (1), 65.
40 Eine umfassende Interpretation von Frege als "Kantianer" wird von Hintikkaas Schülerin Haaparanta vorgelegt, vgl. Haaparanta (1).
41 Kant (1), A231/B284; A493/B521 (der Reihe nach).

Standpunkt aus sagen: Im rechten Äquivalenzglied von (3) wird mit Sicherheit *nicht* von Eigenschaften von Objekt–Entitäten gesprochen. Wenn wir also von (3) ausgehen und *mit* (3) gemäss Df$_2$ *erklären* wollen, wie die Fregesche Eigenschaft *Wirklich–zu–sein* zu verstehen ist, dann ist diese Fregesche Eigenschaft mit Sicherheit *keine* Eigenschaft im streng ontologischen Sinne Ingardens.

Allerdings, damit habe ich *kein* Argument gegen Freges Unterscheidung zwischen den Begriffen$_F$ *Wirklichkeit* und *Existenz* vorgetragen. Ersichtlich wird aber immerhin folgendes: Die Fregesche These, dass "Wirklichkeit" — unter Voraussetzung von Df$_2$ — als eine Eigenschaft von Objekt–Entitäten aufzufassen ist, lässt in der Sache mindestens zwei Interpretationen zu. Beide Interpretationen aber führen von einem ontologischen Gesichtspunkt aus betrachtet zu Schwierigkeiten. Will man diese Schwierigkeiten lösen, kann die (zu einfache) Fregesche Erklärung der Kategorie der Eigenschaft von Objekt–Entitäten (Gegenständen$_F$; Konkreta) nicht überzeugen in Ansatz gebracht werden.

In der Sache habe ich damit wie bereits oben im Zusammenhang von Freges Begriff der Selbstidentität gegen seine semantischen Prinzipien P$_5$ und P$_6$ Stellung bezogen. Im vorliegenden Abschnitt bin ich jedoch von Freges offizieller Lehrmeinung ausgegangen. Damit aber ist sozusagen an einer ersten Stelle nachgewiesen, dass nicht nur Freges "Dialog–Argument", sondern auch seine offizielle Position der Ergänzung durch eine im Ingardenschen Sinne spezifisch ontologische Argumentation bedarf. Mit bezug auf Freges offizielle Lehrmeinung kann dasselbe aber auch noch von einem zweiten Gesichtspunkt aus betont werden.

34.4 Die Relevanz einer spezifisch ontologischen Argumentation

liegt vom Fregeschen Standpunkt aus betrachtet keineswegs auf der Hand. Denn Frege kann mit gutem Recht betonen: Um die These F$_2$ zu begründen, ist es nicht erforderlich zu erklären, was eine Eigenschaft im streng ontologischen Sinne ist. Denn wie immer diese Kategorie vom Standpunkt der Ontologie aus bestimmt werden mag, weil *Existenz* gemäss F$_1$ ein Klassifikationsprinzip nicht von Gegenständen$_F$, sondern von Begriffen$_F$ ist, ist klar, dass es eben Begriffe$_F$ sind, welche in generellen Existenzaussagen — und diese sind gemäss F$_3$ und F$_4$ die einzigen nicht–überflüssigen Existenzaussagen — der Prädikation unterliegen. Anders formuliert: *Existenz* ist ein Begriff 2–ter Stufe. Diese Tatsache genügt zur Begründung von F$_2$, gleichgültig ob ein Ontologe die "semantischen" Prinzipien P$_5$ und P$_6$ als Erklärung für die Kategorie der Eigenschaft von Gegenständen$_F$ zurückweisen will oder nicht. Und die Unterscheidung zwischen Begriffen$_F$ verschiedener Stufen ist jedenfalls eine einsichtige Unterscheidung.

Kann ein Ontologe à la Ingarden hierauf eine bessere Antwort geben als diese: Nun, innerhalb des Fregeschen Systems wird man sich wohl mit diesem Argument begnügen können; ich aber möchte wissen, was im streng ontologischen Sinne eine Eigenschaft von Konkreta ist, und ich möchte auf der Basis einer entsprechenden Klärung dieser Kategorie ein Argument dafür formulieren können, dass "Existenz" keine Eigenschaft von Konkreta ist? — M.E. *kann* ein Ontologe à la Ingarden noch eine etwas "bessere" Antwort geben. Erstens kann er betonen, dass Frege mit F_1 ein weiteres Problem ins Spiel bringt. Denn Begriffe im Fregeschen Sinne qua autonom existierende Objekt—Entitäten stellen jedenfalls ein zusätzliches ontologisches und metaphysisches Problem dar! Gemäss These F_1 erklärt Frege das Existieren von GegenständenF als eine Eigenschaft gewisser BegriffeF, wobei es sich um eine ganz besondere Eigenschaft handeln muss — vermutlich weder um eine wesentliche noch um eine absolute Eigenschaft von BegriffenF. Vom Standpunkt der Ontologie aus müsste hier jedenfalls eine ganze Reihe von Fragen gestellt und beantwortet werden. Denn es sollte nicht vergessen werden, dass Freges These F_1 nicht einfach bloss als eine "elegante, semantische Lösung" unseres Problems verstanden werden kann. Denn — im Systemvergleich gesprochen —, den Fregeschen Begriffen entsprechen am ehesten die Ingardenschen Ideen.[42] *Nimmt man also die Fregesche Position bezüglich BegriffenF wirklich im Sinne Freges, verpflichten wir uns mit seinem "offiziellen" Argument für F_2 auf sehr weitgehende metaphysische Annahmen.* Wem aber die metaphysische Annahme von Ingardenschen Ideen ein Problem ist, dem wird aus ähnlichen Gründen auch die metaphysische Annahme von Fregeschen Begriffen ein Problem sein. Demgegenüber kann das Ingardensche Argument für I_1 auch von jemandem akzeptiert werden, der Ideen im Sinne Ingardens metaphysisch nicht anerkennt, d.h. das ontologische Argument Ingardens verpflichtet uns nicht zu so weitgehenden metaphysischen Annahmen wie Freges Position.

Vielleicht aber ist es möglich, die Fregeschen Begriffe *im Rahmen einer phänomenologischen Bedeutungtheorie* auf eine andere, im gewissen Sinne nicht—fregesche Weise zu interpretieren.[43] Könnten wir uns unter dieser Voraussetzung nicht mit Freges "offiziellem" Argument zufrieden geben? — Ein Ontologe à la Ingarden kann aber selbst in diesem Falle noch eine, wie ich sagte, "bessere" Antwort geben. Er kann vor allem betonen, dass mit der These F_1 die Frage nach dem logisch—semantischen Status des Begriffes der Existenz beantwortet wird, während mit den Thesen F_2 und I_1 die Frage beantwortet wird, ob "Existenz" eine Eigenschaft von GegenständenF bzw. von Konkreta sei. *Diese beiden Fragen sind sachlich aber jedenfalls sehr verschiedene Fragen.* Deshalb ist es von der Sache her erforderlich, dass jeweilige Thesen, mit denen diese beiden Fragen beantwortet werden, *logisch voneinander unabhängig sind.* Im Falle Freges ist dies jedoch nicht der Fall; vielmehr

---

42 Vgl. oben §31.
43 Vgl. oben Teil 1.

impliziert gemäss Frege die These F_1 die These F_2. Dabei ist bemerkenswert, dass Frege im Grunde bereits *mit* seinen "semantischen" Prinzipien, d.h. *mit* dem von ihm in Ansatz gebrachten analytischen Rahmen der sachlichen Verschiedenheit unserer Ausgangsfragen nicht mehr Rechnung tragen kann: Für Frege handelt es sich nicht um zwei Problemstellungen, sondern um zwei Aspekte ein und desselben Problems. Ganz anders demgegenüber im Falle Ingardens. Mit dem von ihm in Ansatz gebrachten analytischen Rahmen will und kann er gerade dieser sachlichen Verschiedenheit Rechnung tragen. Entsprechend ist die Ingardensche These I_1 logisch unabhängig von der These I_3, mit der auch Ingarden die Frage nach dem logisch–semantischen Status des Begriffes der Existenz beantwortet. Allerdings sind die beiden Thesen F_1 und I_3 nur noch insoweit vergleichbar, als sowohl Frege wie Ingarden es ablehnen, den Begriff *Existenz* als gewöhnliches Klassifikationsprinzip 1–ter Stufe in Ansatz zu bringen. Dabei ist (wie der erste Teil von Freges "Dialog–Argument" zeigt) bemerkenswert, dass beide Philosophen eine zentrale Voraussetzung teilen. Beide nämlich gehen von folgender Annahme aus: Wenn der Begriff *Existenz* uneingeschränkt als Klassifikationsprinzip (1–ter Stufe) von Objekt–Entitäten in Ansatz gebracht wird, dann muss man zwischen Objekt–Entitäten, die existieren ("Existentes") und solchen, die nicht existieren ("Non–Existentes") unterscheiden. M.a.W.: Wir müssen dann à la Meinong auch "nicht–existierende *Objekt– Entitäten* " metaphysisch anerkennen. Mit seiner These I_3 stellt sich Ingarden in *dieser* Debatte auf die Seite Freges und *gegen* Meinong. Im Unterschied zu F_1 ist Ingardens These I_3 allerdings eine sozusagen bloss halbe These, d.h. aus ihr geht nicht hervor, wie Ingarden die Frage nach dem logisch–semantischen Status des Begriffes der Existenz positiv beantwortet. Doch dies ist ein weiteres Problem, das an dem oben festgestellten Umstand nichts ändert.

Tatsächlich liegt der systematische Wert von Ingardens Analyse der "Existenzthematik" u.a. gerade darin, dass seine Thesen I_1 und I_3 (sowie auch die zugehörigen Argumente) logisch voneinander unabhängig sind. Die eventuelle Falschheit einer dieser beiden Thesen hat entsprechend keine Konsequenzen für die Wahrheit der anderen These. Darin liegt m.E. ein weiterer Vorteil von Ingardens Position gegenüber jener Freges. In ihm zeigt sich, dass auch Freges "offizielle" Lehrmeinung der Ergänzung durch eine spezifisch ontologische Argumentation bedarf – vorausgesetzt natürlich, wir anerkennen die sachliche Verschiedenheit der oben genannten Ausgangsfragen sowie die daraus gezogenen methodischen Postulate.

Zu Ingardens Thesen I_2 und I_3

Das Argument, mit dem Ingarden seine These I_1 begründet, ist von formalontologischer Natur. Eben deswegen habe ich I_1 als (formal–)ontologische These charakterisiert. Im vorhergehenden Kapitel bin ich von sachlich gleichlautenden Thesen ausgegegangen und meine Absicht war, die *Relevanz einer spezifisch ontologischen Argumentation* im Ingardenschen Sinne gegenüber umgangssprachlich orientierten (Moore) bzw. logisch–semantisch orientierten (Frege) Argumentationen zu betonen und zu verteidigen.

Im vorliegenden Kapitel nun will ich noch Ingardens Thesen I_2 und I_3 berücksichtigen. Mein Hauptaugenmerk wird darin bestehen, einerseits die *sachliche Besonderheit* dieser Thesen herauszustellen, andererseits aber auch *Anhaltspunkte für weiterführende Forschungen* zu formulieren.

§35 Zu Ingardens These I₃

Um den systematischen Stellenwert von Ingardens These I₃ aufzuzeigen, berücksichtige ich vorerst wiederum zwei in der Sache nah verwandte Positionen, nämlich jene Freges und Russells (35.1). Diese Konfrontation mit sachlich verwandten, aber konkurrierenden Theorien gestattet nicht nur, die Eigenart von Ingardens Position herauszustellen (35.2) und auszuwerten (35.3), sondern erlaubt auch, im Ausgang von Ingardens These I₃ die Gründzüge einer zugehörigen *semantischen* Analyse von Existenzaussagen zu entwerfen (§36).

35.1 Freges und Russells Lehrmeinung

Über Existenzaussagen handelt Russell vor allem in seinen Untersuchungen über Satzfunktionen und in seiner Theorie der Deskription.[1] Ähnlich wie Frege äussert sich auch Russell zu singulären Existenzaussagen. Denn Existenz kann nach ihm überhaupt nicht sinnvoll von einem durch einen (logischen)[2] Eigennamen benannten, "unmittelbar gegebenen" Individuum, sondern nur von einem beschriebenen Individuum ausgesagt werden.[3] Trotz der grundsätzlichen Übereinstimmung in der Bewertung singulärer Existenzaussagen, ist allerdings auch ein wesentlicher Unterschied in der bezüglichen Lehrmeinung zu betonen — ein Unterschied, der in Freges Konzeption von Eigennamen und Russells Konzeption von (logischen) Eigennamen bzw. seiner Deskriptionstheorie gründet.[4] Gemäss Frege nämlich ist ein Satz wie "Der Sieger von Jena existiert" sinnlos und der Ausdruck 'Der Sieger von Jena', falls er überhaupt sinnvoll in einer Sprache L verwendet wird, ist ein singulärer Term bzw. Eigenname, der (per Voraussetzung) einen GegenstandF benennt. Nach Russell dagegen ist ein solcher Satz in jedem Falle sinnvoll, und der Ausdruck 'Der Sieger von Jena' ist kein Eigenname (als welcher er auch nach Russell ein IndividuumR benennen müsste), sondern ein definiter Kennzeichnungsausdruck. Und als solcher soll er ein synkategorematischer Ausdruck sein, d.h. ein Ausdruck, dem unabhängig vom Satzkontext, in

---

[1] Für eine Übersicht vgl. vor allem Russell (2), 228—81.

[2] Zu Russells Theorie logischer Eigennamen vgl. Carl (1) und Tugendhat (2), 375—78; 381 f.

[3] Hierzu einige Belege: "Existence can only be asserted of something described, not of something named" (Russell 1, 203); "'a exists' (where a is a term satisfying x) is a mere noise or shape, devoid of significance" (Russell 1, 165); "If a is the so—and—so (where 'a' is a name), the words 'a exists' are meaningless. It is only of descriptions — definite or indefinite — that existence can be significantly asserted" (Russell 1, 178). Und in den *Principia* steht: "When, in ordinary language or in philosophy, something is said to 'exist', it is always something described, i.e. it is not something immediately presented ... It would seem that the word 'existence' cannot be significantly applied to subjects immediately given ..." (Russell 4, 174/75).

[4] Zu Russells Deskriptionstheorie vgl. u.a.: Küng (1), 37 ff; Weingartner (1); Carl (1); (2), 36 ff; Aune 13 ff.

welchem er vorkommt, überhaupt keine semantische Funktion zukommt. Gemäss seiner Kennzeichnungstheorie[5] gilt: Wenn es tatsächlich genau einen Sieger von Jena gibt, dann ist die Aussage 'Der Sieger von Jena existiert' (pace Frege) sowohl sinnvoll wie auch wahr. Und wenn es keinen Sieger von Jena gibt, dann ist diese Aussage auch sinnvoll, aber falsch. Für Frege dagegen ist diese Aussage im ersten Falle "sinnlos", d.h. überflüssig, weil der singuläre Term 'der Sieger von Jena' logisch nur dann berechtigt ist, wenn er per Voraussetzung ein denotierender singulärer Term ist. Entsprechend ist die Aussage 'Der Sieger von Jena existiert', falls es tatsächlich keinen Sieger von Jena gibt, gemäss Frege nicht falsch, sondern sie hat vielmehr überhaupt *keinen* Wahrheitswert; es handelt sich dann nämlich um einen Satz "der Dichtung". Und die Aussage 'Der Sieger von Jena existiert nicht' ist gemäss Frege logisch kontradiktorisch. Trotz dieser Differenz in der Stellungnahme bezüglich singulärer Existenzaussagen, stimmen Frege und Russell prinzipiell darin überein, dass Existenz keine Eigenschaft von Gegenständen ist. Russell folgt nämlich doch Frege, wenn er sagt, dass Existenz primär und im eigentlichen Sinne eine Eigenschaft von Satzfunktionen bzw. von generellen Termen ist:

"Existence is essentially a property of a propositional function"; "It is of propositional functions that you can assert or deny existence"[6].

Darin also erblickt Russell die "fundamentale" Bedeutung von 'Existenz'. Man könnte meinen, dass Russell an diesen und ähnlichen Stellen tatsächlich das Erfülltsein und nicht das Existieren meint. Ich werde auf diesen Punkt später zurückkommen. Momentan sollen bloss noch einige Textbelege für Russells Position angeführt werden. Z.B. sagt Russell:

"*This* [sc. that existence is essentially a property of propositional functions] *is the fundamental meaning of the word 'existence'*"[7]. Und — so Russell weiter — *es ist ein Fehler, "to transfer to the individual that satisfies a propositional function a predicate which only applies to a propositional function"*[8].

Neben dieser fundamentalen Bedeutung von 'Existenz' sind alle anderen Bedeutungen von 'Existenz' "abgeleitete" Bedeutungen.[9] Insbesonders handelt es sich auch bei den nach

---

5   In welcher für solche Ausdrücke eine "Gebrauchsdefinition" gegeben wird, d.h. es wird erklärt, mit welchen Sätzen, in denen Kennzeichnungsausdrücke vorkommen, Sätze äquivalent sind, in denen keine Kennzeichnungsausdrücke vorkommen. Vgl. oben Paragraph 25.

6   Russell (2), 232; 233 (der Reihe nach).

7   Russel (1), 164.

8   Russell (2), 233.

9   Vgl.: "This is the fundamental meaning of the word 'existence'. Other meanings are either derived from this, or embody mere confusion of thought." (Russell 1, 164). Vgl. auch Russell (2), 232.

Russell "sinnvollen" Existenzaussagen mit Kennzeichnungen an Subjektstelle um eine abgeleitete Bedeutung von 'Existenz', die deshalb auf die ursprüngliche Bedeutung zurückgeführt bzw. unter bezug auf diese und also mit Hilfe von Quantoren definiert werden kann.[10]

Die Russellsche These, dass Existenz im eigentlichen Sinne eine Eigenschaft von Satzfunktionen sei, lässt sich leicht zu Freges These, wonach Existenz (gegebenenfalls) eine Eigenschaft von Begriffen sei, in systematischen Zusammenhang bringen. Denn Frege ist der Ansicht, dass ein Begriffswort, d.h. ein Prädikat bzw. genereller Term ein wesensmässig ergänzungsbedürftiger (Funktions–)Ausdruck ist, dessen Ergänzung durch einen vollständigen Ausdruck zu einem (assertorischen) Satz führt.[11] Diese Ansicht stimmt (zumindest formal betrachtet) mit Russells Ansicht überein, dass ein genereller Term (ein Prädikatsausdruck wie 'ist ein Pferd') als eine propositionale Funktion zu klassifizieren sei (z.B. 'x ist ein Pferd'). Freges These, dass Existenz (gegebenenfalls) eine Eigenschaft eines Begriffes sei, nämlich die Eigenschaft *einen–Gegenstand–unter–sich–zu–befassen* (z.B. der Begriff *Pferd* ist erfüllt bzw. die Funktion *x ist ein Pferd* ist erfüllt) kann der Russellschen These äquivalent gesetzt werden, dass Existenz (gegebenenfalls) eine Eigenschaft von propositionalen Funktionen sei, nämlich die Eigenschaft *mindestens–eine–wahre– Einsetzungsinstanz–zu–haben* (z.B. die propositionale Funktion 'x ist ein Pferd' hat (mindestens) eine wahre Einsetzungsinstanz, z.B. 'Buccephalus ist ein Pferd').

Wir erhalten demnach beispielsweise für

(1)   Steine (=F's) existieren

die folgenden Explikationen:

	Umgangssprache	Idealsprache 1–ter Ordnung	Idealsprache 2–ter Ordnung
Frege:	(1) ⊢────→	(Ex)Fx ⊢────→	Er(*F*)[d.h. Der Begriff *F* ist *erfüllt*]
Russell:	(1) ⊢────→	(Ex)Fx ⊢────→	In('Fx')[d.h. Die Satzfunktion 'x ist ein F' hat mindestens eine wahre Einsetzungs*instanz*]

---

[10] Der Satz 'Homer existiert' enthält nach Russell mit 'Homer' einen nur scheinbaren (logischen) Eigennamen; tatsächlich handelt es sich bei ihm nach Russel um einen definiten Kennzeichnungsausdruck. Der Satz ist deshalb folgenderweise zu analysieren: (Ex)[x ist Autor der "Ilias" · (∀y){(y ist Autor der "Ilias") → y=x}]. Wenn der analysierte Satz wahr ist, dann gibt es genau einen Autor der "Ilias". Mit bezug auf den analysierenden Satz formuliert besagt dies: Die (komplexe) propositionale Funktion, die nach dem Existenzquantor folgt, hat die Eigenschaft, eine (wahre) Einsetzungsinstanz zu besitzen.

[11] Vgl. oben §31 (Exkurs).

Wenn man also das (deutsche) 'existieren' in der jeweiligen Idealsprache nicht einfach mittels Quantoren, sondern durch ein *Prädikat* übersetzen will, dann muss es gemäss Frege bzw. Russell ein Prädikat 2–ter Ordnung sein, das von einem Begriff$_F$ bzw. von einer Satzfunktion$_R$ ausgesagt werden kann. Sowohl bei Frege wie bei Russell wird dabei auf eine Idealsprache rekurriert, die (bezüglich der Individuen) dem Typus nach auf einer Einbereichslogik beruht, wobei mit Sicherheit alle "realen Individuen$_R$" auch "Gegenstände$_F$" sind, d.h. der Bereich der realen Individuen$_R$ ist mit Sicherheit zumindest ein Teilbereich der Gegenstände$_F$. Zudem besteht ein systematischer Zusammenhang zwischen Begriffen$_F$ und Satzfunktionen$_R$, so dass Freges und Russells Explikationen auch bezüglich Aussagen 2–ter Ordnung grosso modo äquivalent sind.

35.2 Ingardens Position

35.21 Ingardens These

In einem ersten Schritt muss vorerst Ingardens Position wie sie oben in Kapitel 9 dargestellt wurde in Erinnerung gerufen werden. Um eine simple Wiederholung zu vermeiden, gebe ich hier eine systematisierende Darstellung mit Blick auf Freges und Russells Position.

Wie Frege und Russell ist auch Ingarden der Ansicht, dass der Begriff *Existenz* kein gewöhnliches Klassifikationsprinzip ist. Während diese negativ formulierte These von Ingarden zweifellos akzeptiert wird, ist es wie früher dargestellt wurde schwieriger, bei Ingarden eine "positive" Ergänzungsthese ausfindig zu machen. Ich habe aufgrund verschiedener Indizien die Interpretation verteidigt, dass diese Ergänzungsthese im folgenden besteht:

[ER]
(ER$_1$) Es gehört zum Sinn gewöhnlicher Existenzsätze, dass sie auf indirekte Weise eine Klassifikation von Existentialsätze–behauptenden Akten liefern;

(ER$_2$) Der Begriff der Existenz steht wegen ER$_1$ im Zusammenhang mit dem Begriff des Referierens von Akten und kann insofern geradezu als ein Klassifikationsprinzip von Existentialsätze–behauptenden Akten charakterisiert werden.

Aufgrund von ER$_2$ will ich (etwas provokativ) auch sagen: der Begriff *Existenz* ist deshalb kein gewöhnliches Klassifikationsprinzip, weil er ein Klassifikationsprinzip *nur* von Existentialsätze–behauptenden *Akten* ist.

Andererseits – und hierin unterscheidet sich Ingarden sowohl von Frege wie von Russell – anerkennt Ingarden verschiedene Begriffe von spezifischen Existenzweisen, die ihm gemäss gewöhnliche Klassifikationsprinzipien *sind*, d.h. mit diesen Begriffen sind *alle* Objekt–Entitäten[12] klassifizierbar.

In diesem Umstand liegt es begründet, dass wir für Satz (1) vom Ingardenschen Standpunkt aus *zwei* Ebenen der Erläuterung: [A] und [B] unterscheiden müssen. Diese Erläuterungen gehören zwei verschiedenen System–Sprachen an: Die [A]–Erläuterung gehört zu einer existentialontologischen System–Sprache und ist als *Explikation* zu verstehen. Die [B]–Erläuterung demgegenüber gehört einer aktphänomenologischen System–Sprache an und wird hier als *aktphänomenologisches Äquivalent* in Ansatz gebracht. Wir erhalten dann beispielsweise das folgende:[13]

[A] Umgangssprache: *Existentialontologische* System–Sprache:
(1) ⊢⟶ (E_{real}x)Fx [d.h. Mindestens eine *real–existierende* Objekt–Entität ist ein F]

[B] Umgangssprache: *Aktphänomenologische* System–Sprache:
(1) ≡ Re("F's existieren") [d.h. Notwendigerweise gilt: Jeder real–existierende Akt mit dem Inhalt "F's existieren" ist (gemäss bestimmter Kriterien der Referentialität von Akten) ein bezüglich [F's] referentieller, d.h. *ein F's–referentieller Akt*].

Die zwei in [A] und [B] vorausgesetzten System–*Sprachen* habe ich in vorliegender Arbeit allerdings nicht *en détail* entwickelt. Dies gilt insbesondere für den Ausdruck 'Re("F's existieren")'. Ich verwende ihn, um sozusagen zu Vergleichszwecken über ein Pendant zum Fregeschen 'Er(F)' und zum Russelschen 'In('Fx')' zu verfügen. Im übrigen verwende ich 'Re("F's existieren")' als blosse Abkürzung für den in eckigen Klammern stehenden Satz. Die für diesen Satz (und analog zu ihm gebildete Sätze) wichtigsten sprachlichen Normierungen wurden aber an früherer Stelle[14] erklärt.

Der Zusammenhang zwischen [A] und [B] ist aber wie folgt zu beschreiben:[15] Wenn wir (1) behaupten, dann beantworten wir (wenigstens partiell) die metaphysische Grundfrage: "Was existiert überhaupt?". *Diese* Frage kann in der Tat nur mittels der Klassifikation von Akten in referentielle und referenzlose Akte beantwortet werden. Gemäss der Explikation [A] jedoch macht es den Anschein, als ob wir mittels der Affirmation von (1) die Frage: "*Wie* existiert das, was existiert?" beantworten würden. Dieser Schein trügt, d.h. gemäss Ingarden antworten wir mit (1) *nicht* auf diese Frage. Warum dann aber überhaupt sowohl die [A]–Explikation wie die [B]–Äquivalenz von (1) berücksichtigen? Einfach deshalb, weil nach Ingarden *auch* das folgende gilt:[16]

---

[12] Genauer: alle *formal–selbständigen* Objekt–Entitäten. Vgl. oben §23.
[13] Zu den vorausgesetzten sprachlichen Normierungen vgl. oben den §22 (für die erste Erläuterungsebene) sowie auch 9 und 27 (für die zweite Erläuterungsebene).
[14] Vgl. oben die §§ 9 und 22.
[15] Vgl. die detaillierte Erklärung oben im §27.
[16] Die geschweiften (und fett markierten) Klammern sollen die logische Struktur des Satzes, insbesonders den Skopus des modalen Satzoperators, verdeutlichen. Auf die in (2) vorausgesetzte "Weil–Beziehung" werde ich sogleich zurückkommen. Zum Ganzen vgl. oben §27.

(2) {Notwendigerweise gilt: Jeder real–existierende Akt mit dem Inhalt "Steine (=F's) existieren" ist (gemäss bestimmter Kriterien der Referentialität von Akten) ein bezüglich [F's] referentieller, d.h. ein F's referentieller Akt}, *weil* gilt: $(E_{real}x)Fx$.

Gemäss der [B]–Äquivalenz wird der hier zur Diskussion stehende Begriff *Existenz* mit bezug auf das Referieren [= das auf etwas (in spezifischer Weise) existierendes Referieren] von Akten *erläutert*. Unter Ansatz von ER jedoch wird der Begriff *Existenz* nicht (im Sinne einer Explikation) durch den Begriff des Referierens von Akten *erklärt*, auf den Begriff des Referierens zurückgeführt.

Ingardens Position lässt sich kurz so zusammenfassen: *Indem* wir z.b. wahrheitsgemäss Satz (1) behaupten oder aber wahrheitsgemäss behaupten, dass Steine nicht existieren, *und dabei das grammatikalische Prädikat 'existieren' tatsächlich verwenden,* klassifizieren wir gemäss Ingardens These I₃ in der Sache trotzdem bloss zugehörige *Akte* – und *nicht* entweder existierende Objekt–Entitäten nach spezifischen Seinsweisen oder gar irgendwelche Objekt–Entitäten im Meinongschen Sinne als "Non–Existentes".

35.22 Die Besonderheit von Ingardens Position
Worin liegt nun aber das Besondere von Ingardens Position relativ zu derjenigen Freges und Russells? Und worin liegen die Vorteile der Ingardenschen Position? – Man könnte der Ansicht sein, dass Ingarden der Sache nach mit Frege und Russell übereinstimmt. Zumindest bezüglich Russells Position scheint dies naheliegend. Denn statt zu sagen: "Die Satzfunktion 'x ist ein F' hat mindestens eine wahre Einsetzungsinstanz" kann a fortiori wohl äquivalent dazu auch gesagt werden:"Notwendigerweise gilt: Jeder real–existierende Akt mit dem Inhalt "F's existieren" ist (gemäss bestimmter Kriterien der Referentialität von Akten) ein F's–referentieller Akt".[17] Es müssen jedoch wichtige Unterschiede betont werden, die für eine systematische Stellungnahme von Bedeutung sind.

35.221 Ein erster Unterschied:
Weder Ingardens These I₃ noch die positive Ergänzungsthese ER verpflichten dazu, bei der semantischen Analyse von Existenzaussagen in grundsätzlicher Weise zwischen singulären und generellen Existenzaussagen zu unterscheiden. M.a.W.: Wenn die These ER zur Erläuterung des semantischen Funktionierens genereller Existenzaussagen etwas beiträgt, dann in analoger Weise und im gleichen Masse auch zur Erläuterung des semantischen Funktionierens von singulären Existenzaussagen. Aufgrund dieses Umstandes kann im Ausgang von Ingardens Position auch eine bestimmte *semantische* Analyse von Existenz-

---

[17] Mit bezug auf Frege wird die Sache allerdings komplizierter. Simpel deswegen, weil Begriffe als eine Art von autonom existierenden Objekt–Entitäten aufzufassen sind, über deren Zusammenhang mit Akten und ihrem Inhalt gestritten werden kann. Zur Thematik vgl. Smith (4) und oben Kapitel 1.

aussagen verteidigt werden. Auf deren Grundzüge werde ich im folgenden Paragraphen eingehen. Unter Verweis auf diesen Paragraphen sei hier aber bereits betont: Eine Theorie, welche das semantische Funktionieren von generellen und singulären Existenzaussagen grundsätzlich auf eine *einheitliche* Weise erläutern kann, ist m.E. einer Theorie vorzuziehen, welche die These beinhaltet, dass singuläre Existenzaussagen — im Unterschied zu generellen — "überflüssige", "sinnlose" Aussagen seien.

35.222 Ein zweiter Unterschied:
Aus der These I_3 (sc. dass der Begriff *Existenz* kein gewöhnliches Klassifikationsprinzip ist) bzw. ihrem "positiven" Korrelat folgt nach Ingarden *nicht* These I_1, also dass "Existenz" keine Eigenschaft von Konkreta sei. Im Umstand, dass Ingarden für beide Thesen logisch voneinander unabhängige Argumente entwickelt, liegt nach meiner Einschätzung ein Hauptvorteil seiner Position. Denn beide Thesen beziehen sich auf in der Sache sehr verschiedene Fragen: I_1 antwortet auf eine ontologische Frage, I_3 aber auf die Frage nach dem logisch–semantischen Status des Begriffes der Existenz. Sehr verschieden ist hier die Fregesche und Russellsche Position. Auf dem Umstand, dass Frege die idealsprachliche Explikation 1–ter Ordnung für Satz (1) auf der Stufe der Idealsprache 2–ter Ordnung unter bezug auf das Erfülltsein von Begriffen$_F$ expliziert, gründet gemäss seiner "offiziellen" Lehrmeinung sein Argument, dass "Existenz" keine Eigenschaft von Gegenständen$_F$ ist. Analoges gilt für Russell: Auf dem blossen Umstand, dass auf der Stufe der Idealsprache 1–ter Ordnung das umgangssprachliche 'existiert' mittels Quantoren (und nicht mittels Prädikatskonstanten) ausgedrückt wird, kann Russells Argument für die These, dass "Existenz" keine Eigenschaft von Individuen$_R$ sei, nicht gründen. Denn man könnte ja eine andere, beispielsweise Leśniewskische Kunstsprache wählen. Tatsächlich gründet auch Russells Argument für die angesprochene These auf seiner idealsprachlichen Explikation 2–ter Ordnung. Sowohl bei Frege wie bei Russell also sind beide hier angesprochenen Thesen logisch voneinander nicht unabhängig. Den Umstand, dass Ingardens Thesen I_3 und I_1 logisch voneinander unabhängig sind, als Vorteil seiner Position einzuschätzen, vermag allerdings nur, wer davon überzeugt ist, *dass* die Fragen: "Ist 'Existenz' eine Eigenschaft von Realia (Konkreta$_I$, Individuen$_R$, Gegenständen$_F$)?" und "Ist *Existenz* ein gewöhnliches Klassifikationsprinzip?" sachlich verschiedene Fragen *sind*. Da es sich bei dieser Annahme um eine *intuitiv* begründete Überzeugung handelt, kann man für sie nur noch indirekt argumentieren. In diesem Zusammenhang ist es deshalb sachlich bedeutsam, auch die im Paragraphen 34 ausgeführte Frege–Kritik, wie sie von einem Ingardenschen Standpunkt aus vorgetragen werden kann, zu berücksichtigen.

35.223 Ein dritter Unterschied:
Noch ein letzter, wesentlicher Unterschied. Wollte man Ingardens [A]–Explikation und seine [B]–Äquivalenz *strukturell* an die Fregesche und Russellsche Position angleichen, müsste

beispielsweise vom folgenden ausgegangen werden:

| Umgangs–
sprache:
(1) | $\longmapsto$ | Existentialontologische
System–Sprache:
$(E_{real}x)Fx$ | $\longmapsto$ | Aktphänomenologische
System–Sprache:
Re ("F's existieren"). |

Der Hauptpunkt ist *nicht*, dass, weil nach Ingarden alles, was überhaupt existiert, gemäss einer spezifischen Seinsweise existiert, bei der Übersetzung von (1) mit Vorteil eine Idealsprache vorausgesetzt wird, die dem Typus nach auf einer Mehrbereichslogik beruht (derart, dass syntaktisch gesprochen verschiedene Existenzquantoren zu unterscheiden sind). Der Hauptpunkt ist vielmehr der, dass die Ingardensche [A]–Explikation von (1) ihrerseits *nicht* durch seine [B]–Äquivalenz von (1) erklärt werden kann. Denn [A] und [B] liegen sozusagen auf einer verschiedenen Ebene: Die [B]–Äquivalenz kommt in Betracht, *insofern* es um die Frage nach der Semantik von Existenzaussagen geht; die [A]–Explikation dagegen kommt in Betracht, *insofern* es um die "ontologische" Frage nach dem Existieren der F–seienden Objekt–Entitäten geht. Im ersten Falle ist eine *aktphänomenologische* System–Sprache (oder parallel dazu, wie aus dem Paragraphen 36 sogleich hervorgehen wird, eine Inschriften--semantische System–Sprache) in Ansatz zu bringen, in derem Rahmen zwischen *referentiellen und referenzlosen Akten* (bzw. Inschriften) unterschieden werden kann. Im zweiten Falle dagegen ist eine *existentialontologische* System–Sprache in Ansatz zu bringen, in derem Rahmen zwischen *spezifischen Existenzweisen* unterschieden werden kann. Im Umstand, dass Ingardens Position unter bezug auf zwei verschiedene System–Sprachen zu interpretieren ist, zeigt sich erneut, dass die Frage nach dem logisch–semantischen Status des Begriffes der Existenz und die Frage nach dem Existieren von Objekt–Entitäten zu stellen, *für* Ingarden sachlich sehr verschiedene Problemstellungen darstellen. Der *einzige* Zusammenhang zwischen der Ingardenschen [A]–Explikation und [B]–Äquivalenz besteht darin, dass Ingarden die oben bereits erwähnte These (2), nämlich:[18]

(2) {Notwendigerweise gilt: Jeder real–existierende Akt mit dem Inhalt "Steine existieren" ist (gemäss bestimmter Kriterien der Referentialität von Akten) ein bezüglich [F's] referentieller, d.h. ein F's–referentieller Akt}, *weil* gilt: $(E_{real}x)Fx$

akzeptiert. Ingardens Anerkennung von (2) ist auf dem Hintergrunde seiner realistischen Grundposition zu beurteilen.[19] Für einen realistisch eingestellten Philosophen wäre es *widersinnig* anstelle von (2)

(2*) $(E_{real}x)Fx$, *weil* gilt: {Notwendigerweise gilt: Jeder real–existierende Akt mit dem Inhalt "Steine existieren" ist (gemäss bestimmter Kriterien der Referentialität von Akten) ein bezüglich [F's] referentieller, d.h. ein F's–referentieller Akt}

---

[18] Zum Sinn der geschweiften und markierten Klammern vgl. oben Anm. 16.
[19] Vgl. oben Teil 1.

zu akzeptieren.

Angenommen Satz (1) ist wahr und wir behaupten (1). Dann ist gemäss Ingardens [B]–Äquivalenz auch Satz (2) wahr. Indem wir wahrheitsgemäss (1) behaupten, beantworten wir wahrheitsgemäss (und partiell) die metaphysische Grundfrage: "Was existiert überhaupt?". Gemäss Ingardens [A]–Explikation gilt dann aber *auch*:

(3) $(E_{real}x)Fx$ [d.h. Mindestens eine *real–existierende* Objekt–Entität ist ein F].

Allerdings, wenn wir wahrheitsgemäss (1) behaupten, behaupten wir[20] nicht *explizit* (3), denn (3) stellt eine Antwort dar auf die Frage: "Wie existiert das, was existiert?". Aber, *wenn* wir (1) behaupten, *dann verpflichten* wir uns implizit auch zur Annahme der Wahrheit von (3), ohne das in (3) Behauptete ausdrücklich zu "sagen".[21] Daraus folgt aber: Wenn wir (1) *wahrheitsgemäss* behaupten, dann gilt auch die folgende *Äquivalenz*:

(4) $(E_{real}x)Fx \equiv$ Re ("F's existieren").

Aufgrund von (4) kann aber sowohl

(4.1) $(E_{real}x)Fx \longrightarrow$ Re ("F's existieren")
wie
(4.2)   Re ("F's existieren") $\longrightarrow (E_{real}x)Fx$

behauptet werden.

An dieser Stelle ist es wichtig zu beachten: Wer (4.1) akzeptiert, akzeptiert nicht eo ipso (2*). Denn die in (4.1) behauptete logische Beziehung zwischen den vorkommenden Teilsätzen darf nicht mit der in (2*) behaupteten Weil–Beziehung gleichgesetzt werden. Zwar ist diese Weil–Beziehung *in logischer Hinsicht* als Implikation zu verstehen. Um jedoch Ingardens realistischer Grundposition Rechnung zu tragen, ist diese Weil–Beziehung zusätzlich *in erkenntnistheoretischer Hinsicht* im Sinne einer bestimmten Verifikationsvorschrift zu interpretieren, nämlich:

(2+)   {Notwendigerweise gilt: Jeder real–existierende Akt mit dem Inhalt "Steine existieren" ist (gemäss bestimmter Kriterien der Referentialität von Akten) ein bezüglich [F's] referentieller, d.h. ein F's–referentieller Akt}, *wenn* für jeden Akt mit dem Inhalt "Steine existieren" gilt: er ist unter bezug auf den Sachverhalt$_2$, dass $(E_{real}x)Fx$ *verifizierbar*.

Nebenbei: Zur Verdeutlichung der vorausgesetzten logischen Struktur sei Satz (2+) folgenderweise reformuliert (wobei die folgenden Abkürzungen gelten: 'Px' = 'x ist ein Akt mit dem Inhalt "Steine (=F's) existieren"'; 'Rx' = 'x ist (gemäss bestimmter Kriterien der Referentialität von Akten) ein bezüglich [F's] referentieller, d.h. ein F's–referentieller Akt';

---

[20]   Vgl. dazu oben §27.
[21]   Zur genaueren Begründung vgl. oben §27.

'Qx' = 'x ist unter bezug auf den Sachverhalt, dass (Ereal)Fx verifizierbar'; ausserdem wird für die Quantifikation über dem Bereich des Real–Existierenden eine Notation gemäss Ingardens [A]–Explikation der gewöhnlichen Existenzsätze verwendet):

(2+) $\{N[(\forall_{real}x)(Px \longrightarrow Rx)]\} \longrightarrow (\forall_{real}x)(Px \longrightarrow Qx).$

Dadurch wird leichter ersichtlich, dass der Hauptoperator des Satzes (2+), sc. das zweite Implikationszeichen, *nicht* als strikte Implikation zu lesen ist: der Skopus des Modaloperators umfasst nur das Antezedens von (2+).

Insofern als Ingarden mit (2) auch (2+) akzeptiert, wird deutlich, dass er unter keinen Umständen (2*) akzeptieren kann. Denn die gegebene erkenntnistheoretische Charakterisierung der in (2) berücksichtigten "Weil–Relation" macht ersichtlich, dass Ingarden mit (2*) gegen seine realistische Grundposition verstossen würde.

Im Lichte von (2+) kann ausserdem aber auch deutlich werden, dass und warum "Ingardens" Ergänzungsthese ER₂ ("Der Begriff *Existenz* steht im Zusammenhang mit dem Begriff des Referierens von Akten und kann insofern geradezu als ein Klassifikationsprinzip von Existentialsätze–behauptenden Akten charakterisiert werden") systematisch ganz anders zu beurteilen ist als Freges "positive" These, dass *Existenz* ein Klassifikationsprinzip von BegriffenF ist, bzw. als Russells "positive" These, dass *Existenz* ein Klassifikationsprinzip von SatzfunktionenR ist. Im Ausgang von diesem "dritten" Unterschied können m.E. sowohl Frege wie Russell von einem Ingardenschen Standpunkt aus mit guten Gründen kritisiert werden. Worin diese Kritik besteht, ist im folgenden Abschnitt genauer auszuführen

35.3 Zur Kritik an Frege und Russell

35.31 Zur Kritik an Frege
In *Die Grundlagen der Arithmetik* sagt Frege:

> "In dieser Beziehung hat Existenz Ähnlichkeit mit der Zahl. Es ist ja Bejahung der Existenz nichts anderes als Verneinung der Nullzahl." "Am deutlichsten ist dies vielleicht bei der Zahl 0. Wenn ich sage 'die Venus hat 0 Monde', so ist gar kein Mond oder Aggregat von Monden da, von dem etwas ausgesagt werden könnte; aber dem *Begriffe* 'Venusmond' wird dadurch eine Eigenschaft beigelegt, nämlich die, nichts unter sich zu befassen."[22]

Nachdem Frege nachgewiesen hat, dass in Anzahlaussagen ("Zahlangaben") nicht etwas über Eigenschaften von Gegenständen ausgesagt wird[23], gelangte er zur Auffassung, dass wir in derartigen Urteilen etwas von Begriffen aussagen.[24] Die Unterscheidung zwischen Merkmalen

---

[22] Frege (1), Paragraph 53, 65; Paragraph 46, 59.
[23] Vgl. Frege (1), Paragraphen 29–45.
[24] Vgl. Frege (1), Paragraphen 46–53.

und Eigenschaften von Begriffen wurde von Frege nun mit der Absicht eingeführt, seine Lehrmeinung, dass eine Anzahl von etwas nicht eine Eigenschaft von (gezählten) Gegenständen sei, zu präzisieren. Wie die oben zitierten Stellen besagen soll "Existenz in dieser Beziehung Ähnlichkeit mit der Zahl" haben. M.a.W.: Gemäss Frege ist das semantische Funktionieren von (generellen) Existenzaussagen in Analogie zum semantischen Funktionieren von Anzahlaussagen zu verstehen. Freges *Ausgangspunkt* bildet aber die semantische Analyse von Anzahlaussagen. So hat Frege seine Lehrmeinung über Existenz de facto ziemlich unsystematisch, nur sozusagen als "Nebenprodukt" seiner semantischen Analyse von Anzahlaussagen vorgetragen.[25]

Gemäss den Ausführungen oben im Abschnitt 35.1 gibt Frege für einen (generellen) Existenzsatz wie

(1)   Steine (=F's) existieren

die folgende *Explikation:*

Umgangssprache	Idealsprache 1–ter Ordnung	Idealsprache 2–ter Ordnung
(1) ⊢———⊣	(Ex)Fx ⊢———⊣	Er(F)[d.h. Der Begriff F ist *erfüllt*].

Frege also *erklaert* den Begriff *Existenz* in der Weise, dass es sich um einen Begriff$_F$ 2–ter Stufe handelt. Er erklärt damit den Begriff des Existierens *durch* den Begriff des Erfülltseins: Dass F's existieren *heisst nichts anderes* als dass der Begriff *F* erfüllt ist.

Vom Ingardenschen Standpunkt lässt sich aber einwenden: Freges Explikation ist nicht akzeptierbar, weil sie den Begriff *Existenz* sozusagen wegerklärt. Denn das Erfülltsein kommt gewissen Begriffen zu, während das Existieren den Dingen selbst (welche unter bestimmte Begriffe fallen) zukommt. Ingardenianisch sollte man folgendes unterscheiden:

a)   Das (sc. gemäss spezifischen Weisen) Existieren von Gegenständen;

b)   Das Fallen–unter (sc. von Gegenständen unter Begriffe);

c)   Das Unter–sich–Haben (sc. der Begriffe von Gegenständen);

d)   Das Erfülltsein (sc. von Begriffen).

Die "Relationen" b) und c) sind zwar sogenannte konverse Relationen, d.h. (∀x)(∀y)(x fällt unter y ≡ y hat x unter sich). Dies aber bedeutet nicht, dass es sich nicht um zwei

---

[25]   Dabei ist zu beachten: Frege hat den "Dialog mit Pünjer über Existenz" – ein Schriftstück, in welchem er sich am ausführlichsten über Existenz äussert – symptomatischerweise gar nie veröffentlicht. Ausserdem hat er diesen Text zeitlich nach Frege (1) abgefasst.

verschiedene Relationen handelt.[26]

Analog gilt: Falls die (relationalen) Sachverhalte: *dass* der Gegenstand a unter den Begriff *F* fällt bzw. *dass* der Begriff *F* den Gegenstand a unter sich hat — bestehen, dann bestehen auch die (nicht–relationalen) Sachverhalte: *dass* a existiert bzw. *dass* der Begriff *F* erfüllt ist. Aber auch dies besagt nicht, dass es sich bei diesen Sachverhalten nicht um zwei verschiedene Sachverhalte handelt. In diesem Zusammenhang ist auch zu beachten, dass es natürlich das Existieren von Gegenständen ist, welche bestimmte Begriffe zu erfüllten Begriffen "macht", indem jene diese sozusagen "erfüllen". Aber natürlich ist auch das *Erfüllen* nicht einfach dasselbe wie das Erfüllt*sein*. So gesehen ist die Fregesche Explikation, wonach das Existieren von Gegenständen *nichts anderes besagt* als das Erfülltsein gewisser Begriffe inakzeptabel.

Die Kehrseite dieser Kritik an Freges Position besteht aber im folgenden. *Wenn wir von der Fregeschen Explikation ausgehen, dann kann die Frage, was das Existieren von Objekt–Entitäten in existentialontologischer Hinsicht besagt, sinnvollerweise gar nicht mehr gestellt werden.* Denn gemäss den Fregeschen Voraussetzungen kann eine "Eigenschaft" eines Begriffes 1–ter Stufe nicht mehr als "Eigenschaft" eines unter diesen Begriff fallenden Gegenstandes analysiert werden. Nach existentialen "Eigenschaften" von Gegenständen zu fragen, welche insgesamt deren Existenzweise bestimmen, ist deshalb nicht möglich[27] — eine Konsequenz, welche jederman, der die Idee einer existentialontologischen Analyse im Ingardenschen Sinne für philosophisch relevant hält, zu einer Ablehnung von Freges Position führen wird.

Doch wie steht es um Ingardens These I_3 und um die "positive" Ergänzungthese ER? — Anders als Frege akzeptiert Ingarden verschiedene Begriffe von spezifischen Existenzweisen, die ihm gemäss gewöhnliche Klassifikationsprinzipien sind. M.a.W.: *Alle* (formal–selbständigen) Objekt–Entitäten sind mittels diesen Begriffen klassifizierbar. Selbst wenn es *faktisch* der Fall wäre, dass die "Welt" (qua Insgesamt des Seienden) nur (d.h. ausschliesslich) aus real–existierenden Objekt–Entitäten bestünde, so würde dies nichts am logisch—

---

[26] Im Sinne Ingardens könnte man höchsten sagen: Falls z.B. der (relative) Sachverhalt, *dass* a unter den Begriff *F* fällt, besteht und der (relative) Sachverhalt, *dass* der Begriff *F* a unter sich hat, besteht, dann besteht auch ein "richtungsloses" Verhältnis zwischen dem Gegenstand a und dem Begriff *F*. Aber jedes "Verhältnis" (qua relationalem Sachverhalt) ist mindestens zweiseitig fundiert in gewissen numerisch *verschiedenen* Objekt–Entitäten. Vgl. oben §15.

[27] Ausserdem müsste die Ingardensche Idee verschiedener Existenzweisen unter Voraussetzung von Freges Explikation wohl geradezu im Sinne einer Unterscheidung verschiedener Weisen des Erfülltseins von Begriffen verstanden werden. Doch dies ist natürlich ein sachlicher Unsinn. Denn Begriffe können nicht "auf verschiedene Weisen" erfüllt sein.

semantischen Status der verschiedenen Begriffe der Existenzweisen ändern. Denn die Frage nach diesem Status darf natürlich nicht im bezug auf das Faktische beantwortet werden. Anderenfalls könnte es sich erweisen, dass z.B. auch der Begriff *Pferd* kein gewöhnliches Klassifikationsprinzip 1–ter Stufe ist, dann nämlich, wenn die "Welt" aus faktischen Gründen nur (d.h. ausschliesslich) aus Pferden bestünde. Die richtige Begründung für die Ingardensche These, dass die verschiedenen Begriffe von Existenzweisen gewöhnliche Klassifikationsprinzipien sind, beruht darauf, dass es logisch nicht kontradiktorisch ist, beispielsweise zwischen real–existierenden und ideal–existierenden Objekt–Entitäten zu unterscheiden. *Demgegenüber* (und in diesem Punkt stimmt Ingarden mit Frege überein) ist es gemäss Ingarden logisch kontradiktorisch, zwischen existenten und non–existenten *Objekt– Entitäten* zu unterscheiden. *Darin* besteht wesentlich die richtige Begründung für die Ingardensche These I$_3$. Wenn "Ingarden" aber zusätzlich noch eine "positive" Ergänzungsthese vertritt, so auf dem Wege, dass er nach dem semantischen Funktionieren von (gewöhnlichen) Existenzaussagen frägt. Und seine These ER$_1$ gibt die "positive" Erklärung, dass gewöhnliche Existenzsätze indirekt eine Klassifikation zugehöriger Akte liefern. Wenn wir "Ingardenianisch" mit ER$_2$ weitergehend deshalb den Begriff *Existenz* geradezu als ein Klassifikationsprinzip von Akten charakterisieren, begehen wir *nicht* den "Fregeschen" Fehler. Denn abgesehen davon, dass sich *Existenz* gemäss ER$_2$ als ein Klassifikationsprinzip 1–ter Stufe erweist, ist vor allem zu beachten, dass ER insgesamt auf einer ganz bestimmten System–Sprache beruht, in welcher *nicht* eine Explikation von (gewöhnlichen) Existenzsätzen, sondern bloss ein aktphänomenologisches Äquivalent zu (gewöhnlichen) Existenzsätzen statuiert wird. "Ingarden" erklärt also mit der These ER$_2$ den Begriff des Existierens *nicht* durch den Begriff des Referierens von Akten. Dieser Umstand wird besonders auch anhand von Ingardens These (2+) ersichtlich. Denn gemäss dieser These stehen die aktphänomenologischen Äquivalente zu (gewöhnlichen) Existenzsätzen unter einer gewissen notwendigen Bedingung, nämlich: Behauptungen betreffs der "(Non–)Referentialität" von Akten müssen im bezug auf diejenigen Sachverhalte *verifizierbar* sein, die mittels solchen Sätzen festgestellt werden, welche nach Ingarden als *Explikationen* von (gewöhnlichen) Existenzsätzen aufzufassen sind.

35.322 Zur Kritik an Russell
Gemäss den Ausführungen im Abschnitt 35.1 gibt Russell für eine (generelle) Existenzaussage wie

(1)   Steine (=F's) existieren

die folgende *Explikation*:

(1)   ⊢⟶ (Ex)Fx ⊢⟶   In('Fx')[d.h. Die Satzfunktion 'x ist ein F' hat mindestens eine wahre Einsetzungs*instanz*].

Hierfür relevante Textbelege sind Stellen wie die folgende: "*This* [sc. that existence is essentially a property of propositional function] *is* the fundamental meaning of the word 'existence'". Anders formuliert: Auch Russell gibt im strengen Sinne eine Explikation derart, dass er den Begriff des Existierens *durch* einen Begriff erklärt, mittels dem propositionale Funktionen klassifizierbar sind.

Die Kritik an Russell fällt analog aus zu jener an Frege: Was Russell in seinem Explikans tatsächlich meinen kann, ist das Instanzen–Haben (bzw. das Erfüllt–Sein) von gewissen propositionalen Funktionen. Das Instanzen–*Haben* (bzw. das Erfüllt–*Sein*) von gewissen propositionalen Funktionen ist aber zu unterscheiden vom Instanz–*Sein* (bzw. *Erfüllen*) von diesen propositionalen Funktionen. Insofern hat Russell völlig Recht, wenn er sagt: Es ist ein Fehler, "to transfer to the individual that satisfies a propositional function a predicate which only applies to a propositional function". Es ist ein Fehler, weil das Erfülltsein (das ein durch etwas Erfülltwerden voraussetzt) eben nicht dasselbe ist wie das Erfüllen selbst. Umgekehrt begeht Russell jedoch einen Fehler, den Begriff des Existierens in der oben dargestellten Weise zu explizieren, d.h. zu *erklären* und damit zu sagen, dass beispielsweise das Existieren von Steinen *nichts anderes besagt* als dass gewisse Satzfunktionen mindestens eine wahre Einsetzungsinstanz haben (bzw. erfüllt sind). Denn es ist das Existieren von Steinen, die gewisse Satzfunktionen erfüllen und so zu erfüllten Satzfunktionen macht.

35.4 Zusammenfassung

Im Zusammenhang der Frage nach dem logisch–semantischen Status des Begriffes der Existenz sind im Falle Ingardens für die Aussage (1) – und Analoges gilt für alle Sätze, mit denen die metaphysische Grundfrage "Was existiert überhaupt?" (wenigstens partiell) beantwortet wird – ein existentialontologisches Explikans und ein aktphänomenologisches Äquivalent zu unterscheiden. Im Umstand, dass man die in einer *existentialontologischen* System–Sprache formulierte [A]–Explikation ihrerseits nicht durch die [B]–Äquivalenz erklären kann, zeigt sich vielleicht *der* wesentliche Einwand gegen die Behauptungen über Existenz von Frege bzw. Russell: Für Ingarden sind die seinen Thesen I_1 und I_3 zugrundeliegenden Ausgangsfragen sachlich grundsätzlich verschieden, derart, dass auch die beiden Ingardenschen Thesen I_1 und I_3 logisch voneinander unabhängig sind. Weil Ingarden aber als realistischer Philosoph die These (2) akzeptiert, besteht zwischen seiner [A]–Explikation und [B]–Äquivalenz von (1) ein bestimmter Zusammenhang, den ich im Vorstehenden genauer erklärt habe. Die Erklärung dieses Zusammenhanges macht erneut deutlich, dass den beiden Ingardenschen Thesen I_1 und I_3 Ausgangsfragen zugrundeliegen, die sachlich sehr verschieden sind. Andererseits vertritt Ingarden mit I_3 bzw. der dazugehörigen "positiven" Korrelatsthese ER eine Position, die in mancher Hinsicht jener von Frege und Russell vergleichbar ist. Er behauptet jedoch *nicht* die falsche These, dass das Existieren von Konkreta *nichts anderes* besagt als dass bestimmte Akte referentielle Akte sind. Denn das Existieren von Konkreta ist ein Existieren gemäss genau einer spezifischen Existenzweise. Und obgleich "Existenz" keine jeweils zukommende (absolute) Eigenschaft ist, ist diese Existenzweise und somit das Existieren von Konkreta durch besondere existentiale "Merkmale" bestimmt. Doch diese Sachlage zu erforschen, gehört für Ingarden zur Aufgabe der Existentialontologie — eine Aufgabe, die durch Antworten auf die Frage nach dem logisch–semantischen Status des Begriffes der Existenz bzw. nach dem semantischen Funktionieren von (gewöhnlichen) Existenzaussagen noch keineswegs erledigt ist.

Wie ich bereits oben festgestellt habe, kann im Ausgang von Ingardens Position überdies eine *semantische* Analyse von Existenzaussagen verteidigt werden, die sich von jener Russells und Freges deutlich unterscheidet. Die Grundzüge dieser semantischen Analyse sollen abschliessend im folgenden Paragraphen skizziert werden.

§36 Zur semantischen Analyse von Existenzaussagen

Kurz formuliert besagt Ingardens "positives" Korrelat zu These I$_3$ nach meiner Interpretation, dass der Begriff der Existenz kein gewöhnliches Klassifikationsprinzip ist, aber indirekt ein Klassifikationsprinzip von Existenzsätze–behauptenden Akten liefert. Der Vorteil dieser Position relativ zur Fregeschen und Russellschen Argumentation liegt m.E. darin, dass bei der semantischen Analyse (gewöhnlicher oder indexloser) Existenzsätze die Beurteilung von singulären und generellen Existenzsätzen nicht prinzipiell verschieden ausfällt. Im Paragraphen 35 habe ich entsprechend formuliert: Wenn die angesprochene These zur Erläuterung des semantischen Funktionierens von generellen Existenzaussagen etwas beiträgt, dann in analoger Weise und im gleichen Masse auch zur Erläuterung des semantischen Funktionierens von singulären Existenzaussagen. Ingardens Position verpflichtet mithin nicht zum unplausiblen Verdikt, dass singuläre Existenzaussagen unter semantischen Gesichtspunkten betrachtet "sinnlos" bzw. "überflüssig" sind.

Innerhalb der Klasse von Namen im weitesten Sinne sind im vorliegenden Zusammenhang besonders singuläre konkrete Terme von Wichtigkeit. Unter einem singulären Term t ist dabei jeder sprachliche Ausdruck zu verstehen, der seiner semantischen Funktion nach den Anspruch erhebt, zur sprachlich vermittelten Bezugnahme (Referenz) auf ein bestimmtes Individuum zu dienen. Beispiele für singuläre Terme in diesem weiten Sinne sind Eigennamen ('Sokrates'), definite Kennzeichnungen ('das höchste Gebäude der Welt') und indexikalische Ausdrücke ('dies': 'dieser Tisch'). Der Umstand, dass ich zwischen referentiellen und referenzlosen Akten unterscheide, macht es möglich, auf sprachlicher Ebene zwischen denotierenden und nicht–denotierenden singulären Termen zu unterscheiden.[1] Für das Weitere gehe ich nun von einem Beispiel aus.

36.1 Ein Beispiel: Fiktive Gegenstände

Ingarden hat fiktive Gegenstände wie z.B. "Lord Peter Wimsey", jenen Meisterdedektiv, den Dorothes L. Sayers in ihren Kriminalromanen beschrieben hat, als rein intentionale Gegenstände aufgefasst. *Entgegen* Ingardens Stellungnahme will ich für das Weitere vorerst zwei Voraussetzungen machen: (a) 'Lord Peter Wimsey' ist ein nicht–denotierender singulärer Term, was ontologisch gefasst besagt, dass es überhaupt keine Objekt–Entität Lord Peter Wimsey gibt; (b) Reale Existenz ist die einzige Seinsweise und der zugehörige

---

[1] Deswegen wurden singuläre Terme als solche Ausdrücke definiert, die ihrer semantischen Funktion anch *den Anspruch erheben*, zur sprachlich vermittelten Referenz auf ein bestimmtes Individuum zu dienen. Diesen Anspruch erheben auch nicht–denotierende singuläre Terme, obgleich sie ihn faktisch nicht erfüllen.

Begriff kann mittels objektual zu lesenden Quantoren, d.h. mittels des Existenzquantors ausgedrückt werden.

Die Romane von D.L. Sayers sind fiktive Texte, d.h. sie bestehen (vorwiegend) aus fiktionalen Sätzen. Wer fiktional schreibt oder redet, *tut so als ob* er eine Behauptung aufstelle, eine Frage stelle, einen Befehl erteile, einen Wunsch ausspreche usw. Erkennt man irgendeine Äusserung als fiktional (als Quasi–Behauptung, – Frage, –Befehl, –Wunsch), erfasst man einen bestimmten *Modus* der Äusserung.[2] Ein Leser, der diesen Modus nicht erfasst, könnte zwar sehr wohl das mit den jeweiligen Sätzen Gesagte (den linguistischen Sinn bzw. propositionalen Gehalt) verstehen – nichtsdestoweniger würde er die Romane von D.L. Sayers, indem er sie beispielsweise als Tatsachenberichte auffasst, prinzipiell missverstehen. Allerdings trifft es nicht zu, dass D.L. Sayers in ihren Romanen nur fiktional reden darf, d.h. für einen fiktiven Text ist es nicht erforderlich, dass alle vorkommenden Sätze eine fiktionale Rede darstellen.[3] Bei der Mehrzahl der vorkommenden Sätze wird dies jedoch in der Regel der Fall sein.[4] In fiktionaler Rede können gewisse singuläre Terme so verwendet werden, dass gilt: Es existiert ein Gegenstand, auf den der Erzähler mit dem Term bezug nimmt (z.B. 'London'; 'Paris'). Mindestens einige singuläre Terme einer fiktionalen Rede müssen aber als *quasi–referentielle* Terme verwendet werden (z.B. 'Sherlock Holmes'; 'Lord Peter Wimsey'), d.h. der Erzähler (Autor) *tut so als ob* er mit diesen Termen auf einen existierenden Gegenstand bezug nähme. Aufgrund der Quasi–Referenz dessen, der fiktional redet, können *wir* (z.B. als Literaturwissenschafter usw.) beispielsweise die folgende *Behauptung* aufstellen:

(1)   Lord Peter Wimsey existiert nicht.

Künne bezeichnet eine Aussage wie (1) als Status–Aussage.[5] Status–Aussagen sind Teile eines Diskurses über fiktionale Texte und sind insofern *nicht Teile* einer fiktionalen Rede.

---

[2]   Vgl. Ingarden (6), 169–96; 233 f.

[3]   Vgl. Künne (1), 293.

[4]   In der Sache wird man daraus allerdings kaum eine quantitative Angelegenheit machen wollen. Ein fiktiver Text wird sicher mindestens einige Sätze enthalten müssen, die fiktionale Rede darstellen. Doch weder dies noch die Forderung, dass die meisten Sätze eines Textes fiktionale Rede darstellen, kann als Definiens für fiktive Texte genügen. Vermutlich wird man in irgendeiner Weise Schlüsselsätze eines Textes charakterisieren müssen und von diesen verlangen, dass sie eine fiktionale Rede darstellen. Hier aber will ich nicht definieren, was ein fiktiver Text ist.

[5]   Vgl. Künne (1), 296.

Mit (1) wollen wir ja jedenfalls keine *Quasi*–Behauptung machen.[6] Mit Frege[7] kann nun das mit (1) Gesagte auch metasprachlich wie folgt ausgedrückt werden:

(2)   ¬(Ex) ('Lord Peter Wimsey' bezeichnet x).

Analog lässt sich das mit einem positiven singulären Existenzsatz wie

(3)   Sokrates existiert

Gesagte auch folgenderweise ausdrücken:

(4)   (Ex) ('Sokrates' bezeichnet x).

Ich will nun die zweite meiner eingangs erwähnten Voraussetzungen fallen lassen, d.h. ich will *mit* Ingarden verschiedene Existenzweisen akzeptieren, wobei die zugehörigen Begriffe — gemäss der früheren Darstellung[8] — mittels objektual zu lesenden, speziellen Existenzquantoren ausgedrückt werden. In den Prädikationen (1) und (3) nun wird mit bezug auf Existenzweisen offensichtlich nichts "gesagt". Andererseits aber trifft es Ingardenianisch gesprochen zu, dass jede Objekt–Entität nicht nur gemäss irgendeiner, sondern gemäss *genau einer* spezifischen Existenzweise existiert. *Falls* wir also *mit* Ingarden verschiedene Existenzweisen unterscheiden, erhalten wir die folgenden zu (2) und (4) analogen Formulierungen:

(2*)   ¬(E_nx) ('Lord Peter Wimsey' bezeichnet x), für *beliebiges* n

(4*)   (E_nx) ('Sokrates' bezeichnet x), für *genau ein* n.

Ich will nun vorläufig sagen, dass gemäss diesen Formulierungen singuläre Existenzsätze wie (1) und (3) mit metasprachlichen Thesen äquivalent sind.[9] Meine These lautet dann: Statt zu sagen, der in (1) und (3) in Ansatz gebrachte Begriff der Existenz liefere indirekt ein Klassifikationsprinzip von Existenzsätze–behauptenden *Akten*, können wir — auf ausschliesslich sprachlicher Ebene formuliert — auch sagen: Der in (1) und (3) in Ansatz gebrachte Begriff der Existenz liefert ein metalogisches Klassifikationsprinzip von *singulären Termen* (derart dass gilt: 'Lord Peter Wimsey' ist ein nicht–denotierender, 'Sokrates' ist ein denotierender singulärer Term).

---

[6]   Natürlich kann es vorkommen, dass zu Status–Aussagen *analoge* Sätze Teile einer fiktionalen Rede *sind*. In solchen Fällen liegt dann aber auch tatsächlich eine Quasi-Behauptung vor!

[7]   Vgl. oben §32.

[8]   Vgl. oben §21.2.

[9]   Ich spreche so, weil die singulären Terme in (2*) bzw. (4*) nicht gebraucht, sondern erwähnt werden.

36.2 Singuläre Existenzaussagen

Gegen die vorgeschlagene These könnte man folgendes einwenden. Es kann der Fall sein, dass z.B. (2) falsch ist, während (1) wahr ist. Denn das, was wir mit (2) sagen, wird beispielsweise dadurch widerlegt, dass Frau Sayers ihren Lieblingskater mit 'Lord Peter Wimsey' bezeichnet. Für den Wahrheitswert von (1) ist *diese* Verwendungsweise des Eigennamens zwar offensichtlich nicht relevant; doch bewirkt sie trotzdem, dass (1) und (2) bzw. (2*) *nicht* äquivalent sind. Wir müssen deshalb (1) reformulieren, z.B. so:

(1.2)   Lord Peter Wimsey$_{(\text{Sayers Meisterdetektiv})}$ existiert nicht.

Derselbe Index ist dann nätürlich auch in der zugehörigen metasprachlichen Erklärung (2) bzw. (2*) zu berücksichtigen. Dies ist keineswegs eine simple ad hoc—Einschränkung. Vielmehr gilt auch: Wer einen Akt mit dem Inhalt "Lord Peter Wimsey, mein Kater" bzw. einen Akt mit dem Inhalt "Lord Peter Wimsey, der von Sayers beschriebene Meisterdedektiv" vollzieht, *ist* aufgrund der jeweiligen Inhalte — intern betrachtet — intentional sehr verschieden ausgerichtet.

Ein weiterer Einwand lautet folgenderweise.[10] Die Übersetzung beispielsweise von

(5)   Odysseus existiert nicht

ins Englische lautet:

(5.1)   Ulysses doesn't exist,

während die englische Übersetzung von

(6)   ¬(Ex)('Odysseus' bezeichnet x)

wie folgt lautet:

(6.1)   'Odysseus' names nothing.

Ein Engländer aber kann die Wahrheit von (5.1) akzeptieren, *ohne* die Wahrheit von (6.1) zu akzeptieren. Denn es kann der Fall sein, dass er nicht weiss, dass 'Ulysses' im Deutschen 'Odysseus' ist. Da die Übersetzungen von (5) bzw. (6) ins Englische so verschieden lauten, ist es unwahrscheinlich, dass das mit (5) Gesagte dasselbe ist, was metasprachlich mit (6) ausgedrückt wird.

Doch dieser Einwand ist m.E. nicht stichhaltig. Denn unser Engländer, der (5.1) für wahr hält, muss auch zugeben, dass

---

[10]   Vgl. Künne (1), 298.

(5.2)   'Ulysses' names nothing

wahr ist.[11]

Ausser den eben besprochenen Einwänden sehe ich keine entscheidenen Argumente gegen die These, dass die metasprachlichen Sätze (2) und (2*) sowie (4) und (4*) respektive mit (1) und (3) äquivalent sind. Kehren wir also zu (2*) und (4*) zurück. Ich habe gesagt, dass mit ihnen das respektive in (1) und (3) Gesagte *metasprachlich* ausgedrückt werde. Diese Charakterisierung ist m.E. aber nur teilweise korrekt. Denn (2*) und (4*) enthalten respektive die folgenden Bedeutungskomponenten:[12]

[2*] (a) 'Lord Peter Wimsey' ist ein nicht–denotierender singulärer Term, d.h. er ist ein singulärer Term, der keinen aussersprachlichen Referenten hat;
      (b) Lord Peter Wimsey ist kein Existierendes [gemäss beliebiger Seinsweise].

[4*] (a) 'Sokrates' ist ein denotierender singulärer Term, d.h. er ist ein Term, der einen aussersprachlichen Referenten hat;
      (b) Sokrates ist ein Existierendes [gemäss genau einer Seinsweise].

Die Sätze (2*) und (4*) enthalten demnach sowohl eine metasprachliche wie eine ontologische Bedeutungskomponente. Sofern mit singulären Existenzaussagen wie (1) und (3) jeweils a– und b–Bedeutungskomponenten ausgedrückt werden, versteht der amerikanische Philosoph Milton K. Munitz das in (1) und (3) verwendete grammatikalische Prädikat 'existiert' als *semantischen Index* (E).[13] Zur Verdeutlichung: Die Prädikation

(7)   Lord Peter Wimsey ist intelligent

---

[11] Der kritisierte Einwand beruht auf dem Umstand, dass ein Satz wie "'Odysseus' (im Deutschen) bezeichnet keinen Gegenstand" *nicht in toto* ins Englische übersetzt werden darf. Denn wenn man wie folgt übersetzt: "'Ulysses' (in German) doesn't name any object", macht man die falsche Behauptung, dass 'Ulysses' ein deutscher Eigenname sei. Man kann aber der Ansicht sein, dass die beiden folgenden Sätze:
(1) 'Odysseus' bezeichnet keinen Gegenstand
(2) 'Odysseus' (im Deutschen) bezeichnet keinen Gegenstand
in verschiedener Weise ins Englische zu übersetzen sind, nämlich:
(1') 'Ulysses' doesn't name any object
(2') 'Odysseus' (in German) doesn't name any object.
M.a.W.: Für solche Anführungsausdrücke, die nicht *ausdrücklich als* Ausdrücke einer bestimmten Sprache markiert sind (wie im ersten Satz), gelten andere Übersetzungs–regeln als für Anführungsausdrücke, in denen dies der Fall ist.

[12] Vgl. dazu auch Munitz, 165 ff.

[13] Vgl. Munitz, 168. Die b–Komponente fasst Munitz inhaltlich allerdings verschieden (sc. Sokrates ist ein Existierendes, d.h. Sokrates ist ein Teil der Welt). Was ich hier von Munitz für die semantische Analyse singulärer Existenzaussagen übernehme, nämlich die These, dass das grammatikalische Prädikat 'existiert' in singulären Existenzaussagen als semantischer Index funktioniert, ist von dieser speziellen Deutung der b–Komponente unabhängig.

ist mehrdeutig. Sie kann respektive im Sinne von[14]

(7.1)   Lord Peter Wimsey ist intelligent

(7.2)   Lord Peter Wimsey[E] ist intelligent

verstanden werden. Je nachdem wie (7) gelesen wird, lauten die zugehörigen Wahrheitsbedingungen verschieden. Angenommen (7) ist im Sinne von (7.1) zu verstehen. Dann gilt für (7) das folgende:[15]

(*)   'Lord Peter Wimsey ist intelligent' ist wahr ≡ In den Kriminalromanen von D.L. Sayers ist es der Fall dass: Lord Peter Wimsey ist intelligent.

Angenommen (7) ist im Sinne von (7.2) zu verstehen. Dann gilt für (7) das folgende:

(**)   'Lord Peter Wimsey ist intelligent' ist wahr ≡ Lord Peter Wimsey ist intelligent.

Weil die in (*) und (**) festgestellten *Wahrheitsbedingungen verschieden* lauten, muss der Wahrheitswert der fraglichen Sätze auch aufgrund *verschiedener Verifikationsmethoden* festgestellt werden. Im ersten Falle müssen wir nachsehen, ob D.L. Sayers ihren Romanhelden als intelligenten Menschen beschreibt, im zweiten Falle dagegen müssen wir überprüfen, ob die durch 'Lord Peter Wimsey' benannte *Objekt– Entität* intelligent ist. Und hier wird die Verifikation vermutlich einiges komplizierter ausfallen.

Abschliessend ist noch zu zeigen, dass und inwiefern die vorgeschlagene Analyse singulärer Existenzaussagen, gemäss welcher das grammatikalische Prädikat 'existiert' als semantischer Index aufzufassen ist, mit der Ingardenschen Position in Übereinstimmung steht. – Die Fragen:

(8)   Existiert Lord Peter Wimsey?

(9)   Existiert Sokrates?

sind gemäss meinen früheren Ausführungen Besonderungen der metaphysischen Grundfrage: "Was existiert überhaupt?". Und die singulären Existenzaussagen (1) und (3) sind respektive Antworten auf (8) und (9). Solche Antworten sind zu unterscheiden von Antworten auf Besonderungen der Frage:"Wie existiert das, was existiert?". Denn falls (1) wahr ist, kann überhaupt nicht mehr sinnvoll nach der Existenzweise von "Lord Peter Wimsey" gefragt werden, während, falls (3) wahr ist, sinnvoll gefragt werden kann: "Wie existiert Sokrates?".

---

14   In (7.1) wird der singuläre Term *explizit* ohne den semantischen Index 'E' verstanden, und darin besteht der Unterschied zu (7).

15   Die rechte Seite der Äquivalenz beginnt mit einem Operator, den Künne (1) als narrativen Operator bezeichnet. Es handelt sich um einen *intensionalen* Operator.

Ich habe oben im Paragraphen 27 festgestellt: Während die verschiedenen Begriffe der spezifischen Existenzweisen gemäss Ingarden gewöhnliche Klassifikationsprinzipien sind, ist der hier untersuchte Begriff des auf–etwas–in–spezifischer–Weise–Existierendes–Referierens ein Klassifikationsprinzip nur von Existenzsätze–behauptenden Akten. Die entscheidende Begründung lässt sich so formulieren: Durch die Anwendung dieses Begriffes werden *Voraussetzungen* festgestellt *für* die Anwendbarkeit bzw. Nicht–Anwendbarkeit der verschiedenen Begriffe von Existenzweisen. *Diesem* Aspekt von Ingardens Position entspricht bei der vorgeschlagenen semantischen Analyse singulärer Existenzaussagen die a–Komponente. Oben im Paragraphen 35 habe ich ausgeführt, dass Ingarden die verschiedenen Begriffe der Existenzweisen *nicht* unter Rekurs auf den hier diskutierten Begriff *explizieren* kann. Denn Ingarden anerkennt das folgende:

(10) {Notwendigerweise gilt: Jeder real–existierende Akt mit dem Inhalt "a existiert" [bzw. mit dem Inhalt "a existiert nicht"] ist (gemäss bestimmter Kriterien der Referentialität von Akten) ein bezüglich [a] referentieller, d.h. ein a–referentieller Akt [bzw. ein bezüglich [a] referenzloser, d.h. ein a–referenzloser Akt]}, *weil* gilt: $(E_n x)(x=a)$, für genau ein n [bzw. $\neg(E_n x)(x=a)$, für beliebiges n].

Die in (10) berücksichtigte "Weil–Relation" begründet gemäss den Ausführungen des Paragraphen 35 vor allem eine bestimmte *Verifikationsvorschrift* für die zugehörigen Urteile. Wenn ich also z.B. (9) wahrheitsgemäss mittels (3) beantworte, dann weiss ich nicht nur, dass 'Sokrates' ein denotierender singulärer Term ist, sondern ich weiss nach Ingarden auch, dass Sokrates qua aussersprachlicher Referent von 'Sokrates' eine in bestimmter Weise existierende Objekt–Entität ist. *Diesem* Aspekt von Ingardens Position entspricht bei der vorgeschlagenen semantischen Analyse singulärer Existenzaussagen die b–Komponente.

Die vorgeschlagene Analyse singulärer Existenzaussagen betrachtet das in solchen Sätzen verwendete grammatikalische Prädikat 'existiert' als semantischen Index. Als solcher semantischer Index funktionieren besagt aber, die in den jeweiligen singulären Existenzsätzen vorkommenden singulären Terme als denotierende oder aber als nicht–denotierende (sc. leere) singuläre Terme zu klassifizieren. Allerdings wird mittels (gewöhnlicher) Existenzaussagen wie (1) und (3) neben dieser "metalogischen" Information (a– Komponente) zugleich gesagt, dass z.B. "Lord Peter Wimsey" kein Existierendes ist [sc. gemäss beliebiger Seinsweise] bzw. dass Sokrates ein Existierendes ist [sc. gemäss genau einer Seinsweise] (b–Komponente). Natürlich gehören beide Komponenten von der Sache her zusammen. Denn beispielsweise der singuläre Term 'Sokrates' kann kein denotierender singulärer Term sein, wenn Sokrates nicht ein Existierendes ist.

Aufgrund der zwischen (1) bzw. (3) und (2*) bzw. (4*) bestehenden Äquivalenz können wir demnach sagen:

ZU INGARDENS THESEN I₂ UND I₃ 359

[ER*]
(ER₁)   Es gehört zum Sinn gewöhnlicher Existenzaussagen, dass sie auf indirekte Weise eine Klassifikation von singulären Termen liefern;

(ER₂)   Der Begriff der Existenz steht wegen ER₁ im Zusammenhang mit dem Begriff des Denotierens von singulären Termen und kann insofern geradezu als ein Klassifikationsprinzip von singulären Termen charakterisiert werden.

Kurz formuliert besagt ER* als "positives" Korrelat zu Ingardens These I₃, dass der Begriff der Existenz kein gewöhnliches Klassifikationsprinzip ist, aber indirekt ein (metalogisches) Klassifikationsprinzip von singulären Termen liefert. *Diese Klassifikation von Termen jedoch ist sozusagen die — ausschliesslich auf der Ebene der Sprache formulierte — semantische Parallele der Klassifikation von zugehörigen Existenzsätze –behauptenden Akten in referentielle und referenzlose.* "Ingardens" These, wonach der Begriff der Existenz ein Klassifikationsprinzip von Akten liefert, lässt sich also auf die Ebene der Sprache transponieren und gestattet dann eine solche Analyse singulärer Existenzaussagen, welche diese Sätze nicht einfach als "sinnlos" oder "überflüssig" vom Tische fegt.

Gegen die hier vertretene Position könnte man einwenden: Niemand bestreitet wohl die Äquivalenz von singulären Existenzaussagen wie (1) und (3) mit bestimmten psychologischen Aussagen (über Akte) und mit bestimmten metalogischen Aussagen (über singuläre Terme). Äquivalenz jedoch ist nicht Synonymie. Was der alltägliche Sprecher mit den Existenzaussagen (1) und (3) meint, ist nicht etwas Psychologisches noch etwas Metalogisches.

Erwägen wir! Dabei sei das Meinen des Common sense als Adäquatheitskriterium für die semantische Analyse von singulären Existenzaussagen akzeptiert. M.E. ist dann die von mir vertretene Position jedenfalls ebenso adäquat und vielleicht adäquater als jene Freges oder Russells. Bezüglich Freges Position formuliert: Glaubt der alltägliche Sprecher z.B. mit (3) eine sinnloseF, d.h. überflüssige Aussage zu machen, da er ja per Voraussetzung nur existierende GegenständeF soll meinen können? Hat Frege nicht ausdrücklich betont, dass in der Alltagssprache nicht–denotierende singuläre Terme verwendet werden und seine These der Überflüssigkeit singulärer Existenzaussagen auf seine Idealsprache für die Wissenschaft bezogen? Oder (von Freges "Dialog mit Pünjer über Existenz" her beleuchtet), meint der alltägliche Sprecher z.B. mit (3) eine selbstverständlicheF Aussage zu machen, d.h. *meint* er mit (3) die Selbstidentität von Sokrates bzw. *meint* er, dass Sokrates unter den BegriffF *Selbstidentität* fällt? — Bezüglich Russells Position formuliert: *Meint* der alltägliche Sprecher z.B. mit (3), dass eine propositionale Funktion, welche u.a. eine Einzigkeitsbedingung ausdrückt, genau eine wahre Einsetzungsinstanz hat? Sollen wir behaupten, dass der alltägliche Sprecher mit (3) etwas meint, das unter bezug auf *Fregesche* Begriffe oder *Russellsche* Satzfunktionen zu beschreiben ist? — Natürlich kann ebensogut bezüglich der hier vertretenen Position gefragt werden: Meint der alltägliche Sprecher mit (3) etwas Metalogisches bezüglich singulären Termen? Die Hauptfrage ist natürlich, *was* der alltägliche Sprecher mit (3) eigentlich meint. Sollen wir (vielleicht approximativ) sagen: Er meint, dass eine aussersprachliche Entität, die er unter dem Namen 'Sokrates' kennt, die er mittels dieses Namens (re–)identifizieren kann, ein Existierendes ist? Oder: Er meint das Existieren einer aussersprachlichen Entität, die er unter dem Namen 'Sokrates' kennt? Nach meiner Auffassung *sind* das gute Antworten. Es sind darüber hinaus Antworten, mit denen wir *aus externer Perspektive* Akte bzw. das Meinen mit dem Inhalt "Sokrates existiert" beschreiben können! Dies vorausgesetzt ist im Zusammenhang der von mir im Anschluss an Ingarden vorgeschlagenen Erklärung das folgende zu beachten: Die Erklärung (4*) enthält erstens *zwei* Bedeutungskomponenten, eine sozusagen semantische und eine sozusagen ontologische. Zu behaupten, dass Sokrates existiert heisst nicht nur behaupten, dass 'Sokrates' ein denotierender singulärer Term ist, also einen aussersprachlichen Referenten hat (a–Komponente), sondern heisst *auch* behaupten, dass Sokrates ein in bestimmter Weise Existierendes ist (b–Komponente). Mindestens die b–Komponente wird man dem Common–sense–Meinen wohl sozusagen zumuten können. Und was die a–Komponente betrifft, sollte nicht vergessen werden, dass sie gewissermassen bloss die semantische Parallele der Klassifikation von zugehörigen Existenzsätze–behauptenden Akten in referentielle und referenzlose Akte darstellt. Zwar will ich nicht behaupten, dass der alltägliche Sprecher z.B. mit (3) etwas Psychologisches *meint*, i.e. genau den Gedanken "hat", den wir ihm gemäss unserer Erklärung, wenn wir sein Meinen aus einer externen Perspektive beschreiben, zuschreiben. Andererseits darf ihm wohl auch die a–Komponente im folgenden Sinne zugemutet werden: Wenn der alltägliche Sprecher (3) behauptet, wäre er, falls er die aktphänomenologische Sprache beherrschen würde, wohl auch bereit, unsere externe Beschreibung seines Meinens als korrekt anzuerkennen, also zu behaupten, dass er aufgrund intentionalen Vermeinens auf genau jene Objekt–Entität gerichtet ist, die er unter dem Namen 'Sokrates' kennt *und die auch von anderen Menschen (re–)identifiziert werden kann*. Was aber heisst dies anderes als dass er bereit wäre zu behaupten, dass sein Meinen ein (gemäss bestimmter Kriterien der Referentialität von Akten) Sokrates–referentielles Meinen ist?

Wir werden in der Sache dem obigen Einwand zwar also zustimmen, zugleich aber entgegnen, dass dieser Einwand offene Türen einrennt! Denn wer als "positive" Ergänzungsthese zu Ingardens These I$_3$ ER und — darauf aufbauend — ER* vertritt, der behauptet keine Synonymie zwischen (gewöhnlichen) Existenzsätzen und gewissen psychologischen Sätzen (über Akte) bzw. gewissen metasprachlichen Sätzen (über singuläre Terme). Vielmehr behauptet er tatsächlich "nur" gewisse Äquivalenzen, wobei er diese allerdings für eine Erhellung des semantischen Funktionierens von gewöhnlichen Existenzsätzen verwendet.

36.3 Ein programmatischer Ausblick

Was die semantische Analyse von generellen Existenzaussagen betrifft, muss ich mich hier damit begnügen, einige programmatische Hinweise zu geben.

Für die semantische Analyse von

(11)   F's existieren

ist von folgendem auszugehen:

(12)   Notwendigerweise gilt: Jeder real–existierende Akt mit dem Inhalt "F's existieren" ist (gemäss bestimmter Kriterien der Referentialität von Akten) ein bezüglich [F's] referentieller, d.h. ein F's–referentieller Akt.

Offensichtlich hat der folgende Satz:

(13)   Ein Akt mit dem Inhalt "F's existieren" ist (gemäss bestimmter Kriterien der Referentialität von Akten) ein bezüglich [F's] referentieller, d.h. ein F's–referentieller Akt

etwas mit (12) zu tun. Was nun (13) besagt, kann unter bezug auf Russells Erklärung von (11) verdeutlicht werden. Diese lautet:

(14)   Die propositionale Funktion 'x ist ein F' hat mindestens eine wahre Einsetzungsinstanz.

(14) ist – so will ich stipulierend behaupten – mit (13) äquivalent. Diese (hier bloss stipulierte) Sachlage kann (programmatisch) einen wichtigen Gesichtspunkt verdeutlichen. (14) nämlich ist nur dann wahr, wenn es mindestens einen singulären Term t derart gibt, dass gilt: (i) t ist ein denotierender singulärer Term · (ii) der aussersprachliche Referent von t ist eine Objekt–Entität derart, dass gilt: er ist ein F. M.a.W.: Die Wahrheit von (11) bzw. von (13) [wie auch des Russellschen (14)] impliziert die Wahrheit irgendeiner *singulären* Existenzaussage. Denn ein Akt z.B. mit dem Inhalt "Menschen existieren" ist derart, dass wir aufgrund dieses Inhaltes "intentional" auf *irgendwelche*, d.h. erkenntnismässig nicht spezifizierte oder identifizierte Objekt–Entitäten, die Menschen sind, "gerichtet sind". Wenn wir also bereit sind, (11) zu behaupten, müssen wir auch bereit sein, (mindestens) eine dieser fraglichen Objekt–Entitäten erkenntnismässig zu spezifizieren und von *dieser* zu behaupten, dass sie ein Mensch ist *und* existiert. Angenommen wir spezifizieren eine der fraglichen Objekt–Entitäten mittels dem Eigennamen 'Peter', so müssen wir also auch bereit sein

(15)   Peter, der ein Mensch ist, existiert

zu behaupten. (15) aber ist eine *singuläre* Existenzaussage. Damit wird mehreres ersichtlich: Erstens, sofern (programmatisch betrachtet) die semantische Analyse genereller Existenzaussagen auf der semantischen Analyse von singulären Existenzaussagen aufbaut und insofern logisch von ihr abhängig ist, ist jene nicht prinzipiell verschieden von dieser. Zweitens, weil diese logische Abhängigkeit besteht, sind auch bei der semantischen Analyse genereller Existenzaussagen jene beiden Komponenten in Ansatz zu bringen, welche im Zusammenhang singulärer Existenzaussagen berücksichtigt wurden. Wie dies en détail durchzuführen ist, muss allerdings weiteren Forschungen vorbehalten bleiben. Denn mit dem Ausgeführten ist bezüglich generellen Existenzaussagen offenbar bloss die Skizze einer semantischen Theorie entworfen. Jedoch wird ersichtlich, dass der "Schlüssel" für eine befriedigende semantische Analyse von Existenzaussagen gemäss diesem Programm gerade bei den singulären Existenzaussagen zu suchen ist.

Die skizzierten Grundzüge einer semantischen Analyse von Existenzsätzen beruht auf einem Prinzip, das im Ausgang vom frühen Husserl[16] folgenderweise gefasst werden kann:

[H] (1.) *Existenz* liefert ein Klassifikationsprinzip von Existenzsätze–behauptenden *Akten*, d.h. mittels gewöhnlichen Existenzaussagen klassifizieren wir indirekt zugehörige Akte in *referentielle* und *referenzlose* Akte.

(2.) Der vollständigen Klassifikation von Akten gemäss (1.) entspricht eine vollständige Klassifikation von zugehörigen *kategorischen* Existenzsätzen in *positive* und *negative* Existenzsätze.

Mit [H] ist natürlich nur die Leitidee für eine recht umfassende Theorie festgestellt. Eine solche Theorie muss mindestens das folgende leisten: *Erstens* muss sie eine *ontologische* Akt–Theorie ausarbeiten derart, dass der Unterschied zwischen referentiellen und referenzlosen Akten erklärbar ist. Als eine besondere Aufgabe gehört in diesen Kontext auch die Ausarbeitung eines Systems von Kriterien der Referentialität von Akten.

Zweitens muss sie eine *semantische* Theorie von Existenzsätzen ausarbeiten derart, dass sowohl für singuläre wie generelle Existenzsätze der Unterschied zwischen positiven und negativen (kategorischen) Existenzsätzen *in einheitlicher Weise*, d.h. unter Bezugnahme auf die Referentialitätsthematik von Akten erklärbar ist.

Drittens muss sie so den *Zusammenhang* zwischen der ontologischen Akt–Theorie einerseits und der semantischen Theorie (kategorischer) Existenzsätze andererseits erklären können.

Natürlich kann ich nicht behaupten, in vorliegender Untersuchung eine solch umfassende Theorie ausgearbeitet zu haben. Immerhin habe ich in Kapitel 1 die Hauptzüge meiner Position so dargestellt, dass deutlich wurde, *wie* der ersten Forderung grundsätzlich

---

[16] Vgl. oben §27.

Rechnung getragen werden kann. Schliesslich habe ich auch dargestellt[17], wie der zweiten und dritten Forderung grundsätzlich Rechnung getragen werden kann. Denn es wurde ausgeführt, dass und in welchem Sinne die Unterscheidung zwischen referentiellen und referenzlosen Akten ihre *Parallele* in einer *einheitlichen semantischen* Erklärung von singulären *wie* generellen (kategorischen) Existenzsätzen findet, seien diese nun positiv oder negativ. Allerdings bleibt noch eine Menge zu leisten. Insbesondere erfordert das hier skizzierte Programm zwei systematisierte System–Sprachen, deren Syntax und Semantik einander so angepasst sind, dass jeder beliebige (kategorische) Existenzsatz – unter Bewahrung einer Äquivalenzbeziehung – einerseits "psychologisch" im bezug auf Akte, andererseits "metalogisch" im bezug auf (die verschiedenen Arten von) singuläre(n) Terme(n) reformulierbar ist.

---

[17] Vgl. §§35; 36.

§37 Zu Ingardens These I₂

37.1 Ingardens Äquivozitätsthese

Die These der Äquivozität von 'sein' wurde in der Tradition von zahlreichen Denkern verteidigt. Doch im Zusammenhang von I₂ ist es günstig, zunächst verschiedene Äquivozitätsthesen zu unterscheiden. Um die Sonderstellung der Ingardenschen These zu verdeutlichen, seien hier zwei Typen von Argumentationen unterschieden, die ich vereinfachend als syntaktisch–semantische und als kategoriale Argumentation bezeichnen will.

37.11 Die syntaktisch–semantische Argumentation
orientiert sich an den verschiedenen syntaktischen und semantischen Funktionen, welche vom grammatikalischen 'ist' ausgeübt werden können.

Historisch für die Zeitgenössische Philosophie besonders einflussreich[1] war Freges Unterscheidung zwischen verschiedenen Bedeutungen bzw. Verwendungsweisen von 'ist'[2], nämlich: das 'ist' der Identität, das 'ist' der Prädikation (bzw. das kopulative 'ist'), das 'ist' der Existenz und das 'ist' der Subordination und Klasseninklusion. Insbesondere über Russell[3] wurde die zugehörige "Äquivozitätsthese" sozusagen zu einer zeitgenössischen Standardthese.[4]

Dem Typus nach finden wir diese Argumentation bereits bei Aristoteles, der eine prädikative, veridische und dispositionelle Verwendungsweise von 'to einai' unterscheidet.[5] Ausserdem kennt Aristoteles auch eine existentiale Verwendungsweise des griechischen Verbes 'to einai'[6], obgleich er andererseits keine besondere existentiale *Bedeutung* von 'esti' zu unterscheiden scheint.[7] Dies mag seinen Grund darin haben, dass er Platos Anti—Parmenides Argument akzeptierte, wonach simpliciter–zu–sein stets etwas prädikativ–bestimmtes–zu–sein besagt.[8]

---

[1] Vgl. Hintikka (4), 433/34.
[2] Vgl. oben §31.
[3] Vgl. Hintikka (4), 433 ff; Simons (5), 97 ff.
[4] Sie wird aber z.B. von Hintikka (4) scharf kritisiert.
[5] Vgl. Aristoteles (1), V 7, 1017ᵃ 7 – 1017ᵇ 9.
[6] Vgl. die Stellennachweise bei Hintikka (2), 85–89.
[7] Dieser Punkt wird besonders von Hintikka (2), 89 f betont.
[8] Vgl. dazu Kahn (1), 259; 261 f. und Kahn (2), 14. *Gegen* diese "Ellipsis"–Theorie vgl. aber Hintikka (2), 86 ff; 96. Inwiefern die Aristotelische Position inhaltlich im Lichte der Frege–Russellschen Äquivozitätsthese gelesen werden kann, stellt allerdings ein anderes Problem dar. Die Interpreten sind sich in dieser Frage in den Details zwar nicht einig. Die neuere Forschung (z.B. Owen, Kahn, Dancy, Hintikka) weist aber ältere Interpretationen (z.B. Ross, Guthrie, Maier), welche Aristoteles tel quel im

Unter ausdrücklicher Referenz auf Russell unterscheidet nun auch Ingarden verschiedene syntaktisch—semantische Funktionen von 'ist'. Er stellt explizit fest:

> "Beschränken wir uns hier auf das Wörtchen 'ist', so hat man bekanntlich bereits vier Bedeutungen oder Funktionen dieses Wörtchens unterschieden, *aber dies erschöpft seine Vieldeutigkeit nicht.* Man unterscheidet nämlich: 1. diejenige Bedeutung, die es in der Ausübung der sogenannten Behauptungsfunktion in einem kategorischen Satze hat und die z.B. bei Russell durch das besondere 'Assertions'—Zeichen ausgedrückt wird; 2. diejenige Bedeutung, in welcher es die sogenannte *Prädikatsfunktion* im Satze ausübt; dieselbe lässt (im Rahmen der kategorischen Sätze) noch 2 verschiedene Abarten zu: a) als Funktion der *Bestimmung* des Subjektgegenstandes durch ein Merkmal (z.B. 'Schwefel ist gelb') und b) als Funktion der *'Subsumption'*, die entweder in der Unterordnung des Subjektgegenstandes unter eine Klasse oder aber in der Auffassung dieses Gegenstandes als eines Exemplars einer Art oder einer Gattung besteht (z.B. 'Der Adler ist ein Vogel'); 3. verbunden mit dem Wörtchen 'das' als 'das ist' übt es (z.B. in den Definitionen) die Funktion der 'Identifikation' aus; und endlich 4. die *existentiale* Bedeutung, in welcher 'ist' soviel bedeutet wie: 'existiert'."[9]

Verglichen mit Frege differenziert Ingarden verschieden. Z.B. erwähnt er das 'ist' der Subordination und Klasseninklusion nicht.[10] Im übrigen unterscheidet er für das 'ist' der Prädikation zwei Fälle, die Frege so nicht unterscheidet. Im vorliegenden Zusammenhang ist jedoch die folgende Stellungnahme wichtig:

> "*Nach Einführung der Begriffe der verschiedenen Seinsweisen ...* ist das Wörtchen 'ist' vor allem *in seiner existentialen Bedeutung vieldeutig.*"[11]

M.a.W.: Auch mit bezug auf die verschiedenen syntaktisch—semantischen Funktionen von 'ist' spricht Ingarden von einer Äquivozität. Ingardens These I$_2$ jedoch beschränkt sich auf die *existentiale* Bedeutung von 'ist'. Wenn man also mit bezug auf Frege—Russells Unter— scheidungen überhaupt von einer Äquivozitätsthese bezüglich 'ist' sprechen will, ist sie jedenfalls verschieden von der Ingardenschen These I$_2$. Dies aber bedeutet auch, dass Argumente gegen die Frege—Russellsche These a fortiori keine Argumente gegen die Ingardensche These sind.

Lichte der Frege—Russellschen Unterscheidungen gelesen haben, quasi unisono als "anachronistisch" zurück. Vgl. Kahn (1); Hintikka (2), 81—85.

[9] Ingarden (10), 66/67 (Ingarden verweist in der Anmerkung auf die Logik A. Pfänders (Halle 1921)). Zum Vergleich: "The word *is* is terribly ambiguous, and great care is necessary in order not to confound its various meanings. We have (1) the sense in which it asserts Being, as in 'A is'; (2) the sense of identity; (3) the sense of predication, in 'A is human'; (4) the sense of 'A is a—man' ... which is very like identity. In addition to these there are less common uses ... where a relation of assertions is meant ... which ... gives rise to formal implication." (Russell, *The Principles of Mathematics*, London: Cambridge UP 1903, 64 — zitiert nach Hintikka (4), 438).

[10] Allerdings, Ingardens Beispiel 'Der Adler ist ein Vogel' *ist* im Sinne Freges ein Beispiel für das 'ist' der Klasseninklusion. Um es als Beispiel für das 'ist' der Prädikation im Sinne Freges zu verstehen, muss Ingarden wohl lesen 'Dieser Adler ist ein Vogel'.

[11] Ingarden (10), 67.

Bei der Besprechung von *Freges* früher Position wurde allerdings ersichtlich, dass auch er beim 'ist' in seiner existentialen Funktion zwei Begriffe unterscheidet:

a) *Existenz* als Begriff_F *erster* Ordnung (Stufe). Formal lässt sich dieser Begriff folgenderweise fassen: $E!a :\equiv (Ex)(x=a)$. Da nach Frege für *alle* Gegenstände_F x gilt: $x=x$, identifiziert er *diesen* Begriff mit demjenigen der Selbstidentität. Weil *Existenz* qua Begriff erster Ordnung aber auf alle Gegenstände_F anwendbar ist, handelt es sich nach Frege um einen *inhaltsleeren*_F Begriff. Denn er ist zwar auf alle Gegenstände_F anwendbar, aber er kann, eben weil er auf alle Gegenstände_F anwendbar ist, nicht als wirkliches Prinzip der Klassifikation von Gegenständen_F aufgefasst werden.

b) *Existenz* als Begriff *zweiter* Ordnung (Stufe). Formal lässt sich dieser Begriff folgenderweise fassen: $(Ex)Fx :\equiv$ Er (F) (d.h. der Begriff F ist erfüllt). *Dieser* Begriff der Existenz ist nach Frege nur auf Begriffe_F anwendbar, und er kann als wirkliches Prinzip der Klassifikation aufgefasst werden.

Wenn Frege im bezug auf das 'ist' in seiner existentialen Bedeutung überhaupt eine Äquivozitätsthese vertritt, *dann* aufgrund von a) und b).[12]

Bei *Ingarden* nun findet man eine Position, die sich *strukturell* zur Fregeschen wie folgt in Beziehung setzen lässt:

a*) Gemäss meiner Interpreation anerkennt Ingarden verschiedene Begriffe von Existenzweisen. Wie bei Frege handelt es sich um Begriffe *erster* Ordnung, sofern sie gewöhnliche, d.h. auf alle Objekt–Entitäten anwendbare Klassifikationsprinzipien sind. Im Unterschied zu a) handelt es sich jedoch nicht um inhaltsleere_F Begriffe. Denn sie sind gemäss Ingarden derart, dass sich *alle* (sc. formal–selbständigen) Objekt–Entitäten mittels ihnen tatsächlich klassifizieren lassen. Und es gehört wesentlich zum Programm der Ingardenschen Existentialontologie, diese Begriffe intensional, d.h. ihren Merkmalen nach zu erklären. Formal können sie unter Rekurs auf verschiedene "existentielle" Quantoren ausgedrückt werden:[13]

$$(E_1x)(x=a); (E_1x) Fx$$
$$(E_2x)(x=a); (E_2x) Fx$$
$$\vdots \qquad \vdots$$
$$(E_nx)(x=a); (E_nx) Fx.$$

---

12 Vgl. dazu Haaparanta (2), 165–70.
13 Vgl. oben §22.

b*) Ausgehend vom Ingardenschen I₃ kann man gemäss meiner Interpretation nach dem semantischen Funktionieren von (gewöhnlichen) Existenzaussagen fragen und erhält so eine "positive" Korrelatsthese zu I₃, nämlich dass (kurz formuliert) *Existenz* (indirekt) ein Klassifikationsprinzip von Existenzsätze–behauptenden Akten (bzw. von Inschriften) liefert. Da mit dieser Ergänzungsthese jedoch *keine* Explikation des Begriffes der Existenz, sondern bloss ein aktphänomenologisches (bzw. Inschriften–semantisches) Äquivalent von (gewöhnlichen) Existenzaussagen festgestellt wird, geht es hier *nicht* um den Begriff der Existenz, sondern um den Begriff des Referierens von Akten (bzw. um den Begriff des Denotierens von singulären Termen). Wie bei b) handelt es sich beim Begriff des Referierens *nicht* um ein gewöhnliches Klassifikationsprinzip. Seine Besonderheit liegt darin begründet, dass er ein *eingeschränktes* Klassifikationsprinzip ist, d.h. er kann *nur* als Klassifikationsprinzip von *Akten* dienen. Im Unterschied zu b) kann er jedoch *nicht* als Begriff 2–ter Ordnung aufgefasst werden, denn Akte *sind* "gewöhnliche" Objekt–Entitäten. Aber auch qua ausschliessliches Klassifikationsprinzip von Akten ist er ein Begriff sui generis. Denn mittels ihm werden Akte offensichtlich in einer ganz bestimmten, sozusagen erkenntnistheoretischen Hinsicht, klassifiziert. Vom Standpunkt einer rein phänomenologischen Betrachtungsweise von Akten aus betrachtet — der Leser möge sich an die Unterscheidung zwischen interner (rein phänomenologischer) und externer (nicht rein phänomenologischer) Betrachtungsweise von Akten erinnern[14] — stellt diese erkenntnistheoretische Hinsicht gewissermassen eine *extrinsische* Hinsicht der Klassifikation von Akten dar.[15]

Zu beachten ist nun aber, dass sich Ingardens These I₂ *nur* auf a*) bezieht. Falls also Frege für das 'ist' in seiner existentialen Bedeutung überhaupt eine Äquivozitätsthese vertritt, ist auch sie jedenfalls verschieden von der Ingardenschen These.

37.12 Die kategoriale Argumentation
bezieht sich im Unterschied zur syntaktisch–semantischen Argumentation nur auf die existentiale Bedeutung von 'ist', argumentiert also wie Ingarden direkt für die Äquivozität von 'ist' im existentialen Sinne. Indem sie verschiedene Kategorien von Objekt–Entitäten unterscheidet, will sie zeigen, dass der Begriff der Existenz je nach (kategorial verschiedenen) Anwendungsbereichen unterschiedlich zu erklären ist.

Das in der Tradition gewiss prominenteste Beispiel für den kategorialen Argumentationstyp

---

14 Vgl. oben Teil 1.
15 Analog lässt sich sagen, dass die Klassifikation von singulären Termen in denotierende und nicht–denotierende singuläre Terme eine extrinsische Klassifikation darstellt. Denn ihrer allgemeinen semantischen Funktion nach sind *alle* singulären Terme als Ausdrücke zu charakterisieren, die sozusagen den Anspruch erheben, einen Referenten zu denotieren. Vgl. dazu oben §36.

ist die Aristotelische Kategorienlehre. Diese wirft allerdings eine Menge von Interpretationsproblemen auf. Bezeichnen die aristotelischen Kategorien (als Weisen "zu–sein" auszusagen) Klassen von Fragen, Klassen von Ausdrücken, Klassen von Begriffen oder Klassen von Objekt–Entitäten? In der Geschichte der (neueren) Aristoteles–Interpretation sind alle eben genannten Möglichkeiten vertreten worden. Und vielleicht trifft es sogar zu, dass Aristoteles mit den von ihm unterschiedenen Kategorien sowohl Klassen von Fragen wie Klassen von Ausdrücken und sowohl Klassen von Begriffen wie Klassen von Objekt–Entitäten bezeichnen wollte. Zumindest in exegetischer Hinsicht aufschlussreicher ist aber die Interpretation von Kahn (1). Er vertritt eine quasi–chronologische 4–Stufen–Theorie, welche vermutlich zumindest teilweise den tatsächlichen Entwicklungsgang der aristotelischen Theorie abbildet. In seiner detaillierten Arbeit zeigt Kahn, wie Aristoteles zwar von grammatikalischen Erwägungen ausgegangen ist[16], dann aber sukzessive über die Theorie der Prädikation eine ontologische Kategorienlehre entwickelt hat.[17] Als minimalen Gehalt können wir für Aristoteles festhalten: Alles Seiende fällt unter verschiedene Kategorien. "Seiend" selbst ist aber kein Genus, und keine einzelne Kategorie erschöpft alles Seiende. 'Seiend' besagt entweder Substanz einer bestimmten Art, oder Qualität einer bestimmten Art, oder Quantität einer bestimmten Art usw. zu sein. Dies jedoch bedeutet nicht, dass 'seiend' gemäss Aristoteles vollständig verschiedene Bedeutungen hat. Denn die verschiedenen "existential–prädikativen"[18] Verwendungsweisen von 'sein' in den verschiedenen Kategorien haben eine gemeinsame Kern– oder Ursprungsbedeutung, nämlich jene, in welcher 'sein' Substanz einer bestimmten Art zu sein besagt. Es müssen bei Aristoteles in diesem Zusammenhang also mindestens zwei Thesen unterschieden werden. Erstens die These, dass "Seiend vielfach ausgesagt wird" (to on pollachos legetai), nämlich gemäss den verschiedenen Kategorien (schemata ton kategorion). Zweitens die "Focal–Meaning" These, nämlich dass "Seiend mit bezug auf Substanzen ausgesagt wird" (to on pros hen kai mian physin legetai).[19] Wenn man auf dieser Basis für Aristoteles überhaupt eine Unterscheidung

---

[16] Um die ursprüngliche 10–Zahl der aristotelischen Kategorien zu erklären übernimmt Kahn für die Stufe 0 die These Trendelenburgs, wonach sich Aristoteles in methodischer Absicht durch linguistische (grammatikalische) Erwägungen leiten lies. Die Zuordnungen sehen in etwa wie folgt aus: Substanz (ousia)/Substantive; Quantität (poson)/ numerische Adjektive; Qualität (poion)/deskriptive Adjektive; Relation (pros ti)/komparative Adjektive; Raum (pote)/räumliche Adverbien; Zeit (pou)/zeitliche Adverbien; Wirken (poiein)/Verbum activum; Leiden (paschein)/ Verbum passivum; Lage (keisthai)/Verbum medium; Haben (echein)/Perfekt–Aspekt. Vgl. dazu Kahn (1), 235–37.

[17] Vgl. Kahn (1), 253–66. Wie sein Lehrer Trendelenburg interpretiert auch Brentano die Aristotelische Kategorienlehre ontologisch. Zu Brentanos Deutung vgl. Smith (16) und Simons (5), 94 f.

[18] Vgl. dazu Kahn (1), 261 sowie oben Anm. 8.

[19] Für beide Thesen vgl. Aristoteles (1), IV, 2 1003^a 33 – 1003^b 18; V, 7 1017^a 7–30.

zwischen verschiedenen Bedeutungen von 'existiert' in Ansatz bringen will[20], so ist 'existiert' gemäss Aristoteles jedenfalls nicht immer synonym mit 'existiert substantiell'. Insofern aber hat 'sein' bzw. 'existiert' verschiedene Bedeutungen und ist mithin äquivok.

Ein anderes gutes Beispiel für den kategorialen Argumentationstyp, das zugleich in Anlehnung an Russells Typentheorie die Aristotelische Position erweitert, liefert Rescher (5). Rescher[21] geht von dem kategorialen Unterschied zwischen "Dingen" im engeren Sinne (Individuen, Partikuläres) und "Dingen" im weiteren Sinne (Eigenschaften, Relationen qua exemplifizierbaren Universalien) aus. "Dinge" im weiteren Sinne sind Objekt–Entitäten, die (direkt oder indirekt) in einer Von–Relation zu Individuen stehen (z.B. G ist Eigenschaft *von* a, R ist eine Relation *zwischen* a und b usw.). Auf der Basis dieser kategorialen Unterscheidung von Objekt–Entitäten gibt Rescher nun u.a. die folgenden Erklärungen:[22]

a) Die aktuelle Existenz von Individuen als (kontingente) Glieder der realen Welt:
$E!x =_{df} (Ey)(y=x)$

b) Die Von–korrelative Existenz von Universalien erster Stufe wie z.B. Eigenschaften von Individuen:[23]
$E!\Phi =_{df} M (Ex)\Phi x [\equiv (\Sigma x)\Phi x]$

c) Die Von–korrelative Existenz von Universalien höherer Stufe wie z.B. Eigenschaften von Eigenschaften von Individuen:
$E!\Theta =_{df} (E\Phi)[\Theta(\Phi) \cdot T(\Phi)]$,

wo T je nach Typenstufe eine zugeordnete Anwendungsregel für Φ repräsentiert.

Diese Beispiele[24] zeigen hinreichend, wie die These der Äquivozität von 'existiert' hier begründet wird:

"A close analysis of the meaning of these several modes of existence accordingly shows them to be distinct and variegated. They do not share a common explication: indeed

---

[20] Vgl. dazu Kahn (1), 256.

[21] Vgl. Rescher (5), 57 f.

[22] Vgl. Rescher (5), 58–64.

[23] Man beachte hier den Unterschied der vorausgesetzten Quantifikation. Im Falle der Existenz von Individuen wird eine *aktualistisch* interpretierte Quantifikation vorausgesetzt, d.h. 'Ex' ist im Sinne von 'Es existiert *aktuell* mindestens ein' zu lesen. Dagegen wird im Falle der Existenz von Universalien erster Stufe eine Quantifikation vorausgesetzt, die *possibilistisch* zu interpretieren ist. Rescher will damit dem Umstand Rechnung tragen, dass exemplifizier*bare* Universalien auch dann "existieren", wenn sie *nicht* tatsächlich exemplifiziert sind (vgl. Rescher (5), 59 f). Entsprechend ist der Quantor 'Σx'im Sinne von 'Es gibt mindestens ein *mögliches*' zu lesen. Die von Rescher behauptete Äquivalenz zwischen 'M (Ex) x' und '(Σx) x' beruht auf dem Prinzip, dass jede mögliche Eigenschaft von etwas die Eigenschaft eines möglichen Etwas ist. Zu diesem Prinzip vgl. Rescher (4), Kap. 2.

[24] Rescher verdeutlicht seine Position noch an anderen Beispielen.

few common conceptual factors are present all along the line, apart from some mode or other of 'existential quantification' — but existential quantification that is of various sorts and functions rather differently in the various cases. No common *meaning* — no common claim or contention — is uniformly present throughout. The several senses of 'exists' are linked together — at best — by a set of family resemblances. We arrive at the upshot that *existence* is, in the end, an emphatically equivocal conception."[25]

Diese beiden Beispiele genügen, um jetzt die *Sonderstellung* der Ingardenschen Äquivozitätsthese zu verdeutlichen. Wie die Vertreter einer kategorialen Argumentation bezieht zwar auch Ingarden seine These auf die existentiale Bedeutung von 'ist'. Im Unterschied zu ihnen aber begründet er sie *nicht* unter bezug auf kategorial verschiedene Typen von Objekt—Entitäten (wie z.B. Individuen vs. Eigenschaften von Individuen bzw. Substanzen vs. Akzidentien). Denn die Ingardensche Äquivozitätsthese ist sozusagen "monokategorial": sie bezieht sich nur auf die Kategorie der Individuen (Rescher) bzw. auf die Kategorie der Substanzen (Aristoteles). M.a.W.: Ingarden behauptet eine Äquivozität dort, wo sowohl Rescher wie Aristoteles eine Univozität in Ansatz bringen.

Diese Sonderstellung der Ingardenschen These beruht auf der an früherer Stelle betonten Ingardenschen Voraussetzung, wonach die verschiedenen Begriffe von Existenzweisen nur auf formal—selbständige Objekt—Entitäten anwendbar sind.[26] (Exemplifizierte) Universalien (Eigenschaften, Relationen) von beliebiger Ordnung bzw. Akzidentien von Substanzen sind aber gemäss Ingardens Gegenstandstheorie keine formal-selbständige Objekt—Entitäten. Wie bereits betont unterwirft Ingarden zwar auch innerhalb seiner Gegenstandstheorie beispielsweise (individuelle) Eigenschaften von Gegenständen einer existentialen Analyse. Hierbei jedoch verwendet er nur einzelne Begriffe von Existenz*momenten*, nicht aber die innerhalb der Existentialontologie erklärten Begriffe von Existenz*weisen*. Insofern ist es gemäss Ingarden erstens unzulässig zu sagen, "Als(—reale—)Eigenschaft—existieren" sei eine Spezies von "Real—existieren". Und zweitens ist es gemäss Ingarden auch unzulässig zu sagen, 'existiert' sei z.B. mit bezug auf Gegenstände und mit bezug auf Eigenschaften von Gegenständen äquivok. Denn 'Als(—reale—)Eigenschaft—existieren' bedeutet für Ingarden dasselbe wie 'Eigenschaft—eines—*real—existierenden—Gegenstandes*—zu—sein'. Analog bedeutet

---

[25] Rescher (5), 64. Zum Versuch eine *uniforme* Explikation zu geben vgl. die folgende Stellungnahme: "Can all these uses of 'exists' be explicated with the same body of conceptual machinery. Now, to be sure, in a way this can indeed *always* be done. For one can determine the *omnium—gatherum* class of existing things E by whatever set of membership criteria may be deemed appropriate, and then adopt the stipulation:
$E!X: \equiv (EY)[Y \epsilon E \cdot Y=X]$.
This obviously produces a unified treatment. But it is also a purely formal unification — indeed a trivilization. The 'explication' is useless because it affords no conceivable explanatory clarification. All the needed explications are *presupposed* in invoking the family of existential criteria that determine membership in E." (Rescher 5, 65).

[26] Vgl. oben §23.

'Als(–ideale–)Eigenschaft–existieren' dasselbe wie 'Eigenschaft–eines–*ideal–existierenden–Gegenstandes*–zu–sein'.

Fassen wir kurz zusammen! Die vorstehenden Ausführungen sollten zeigen, dass die Ingardensche These I$_2$ weder mit der Aristoteles–Rescher These der vielfachen Verwendungsweise von 'sein' bzw. 'existiert', noch mit der Frege–Russell These der Äquivozität von 'ist', noch mit der (allfälligen) Fregeschen These der Äquivozität von 'ist' in seiner existentialen Bedeutung identifiziert werden kann. Im vorliegenden Kontext lässt sich daraus folgern: Argumente *gegen* die besprochenen Varianten der "Äquivozitätsthese" sind *a fortiori* keine Argumente *gegen* Ingardens These I$_2$.

37.2 Einwände gegen Ingardens Argument für I$_2$

Ingarden behauptet, dass das 'ist' in seiner existentialen Bedeutung äquivok sei. Des genaueren bezieht er seine Äquivozitätsthese auf gewöhnliche oder indexlose Existenzaussagen. M.a.W.: das 'existiert', so wie es faktisch in Kontexten von singulären und generellen Existenzaussagen verwendet wird bzw. verwendet werden kann, ist gemäss Ingarden äquivok. Die im Rahmen seiner Existentialontologie eingeführten und erklärten Existenzweisen–Prädikate werden deswegen als Prädikate einer philosophischen Systemsprache eingeführt, um eine Äquivozität in der vorphilosophischen Sprache sichtbar zu machen und letztlich zu vermeiden.

Wie aber steht es um Ingardens Argument für seine These I$_2$? Es scheint mir günstig, zunächst mehrere mögliche Einwände zu unterscheiden, um diese schliesslich im folgenden Abschnitt (37.3) zu diskutieren.

37.21 Erster Einwand (K$_1$)
Ingardens Argument[27] für I$_2$ enthält viele Prämissen, die offenbar nur unter Voraussetzung von Ingardens Ontologie–Konzeption Sinn machen. Ein Kritiker könnte die meisten dieser Prämissen als "unverständliches Gemüse" verwerfen und "Ingardens" Argument auf das folgende reduzieren:

[A] (1) Es gibt Objekt–Entitäten, die in verschiedener Weise existieren

(C) 'Existiert' ist ein äquivoker Term.

Da (so unser Kritiker) Ingardens Argument, von jeglichem "unverständlichen Gemüse"

---

[27] Vgl. oben §23.

befreit, auf [A] reduzierbar ist, ist es *kein* gültiges Argument. Denn anderenfalls könnte man auch folgenderweise schliessen:

[A*] (1) Es gibt Objekt–Entitäten, die in verschiedener Weise essen

(C) 'Essen' ist ein äquivoker Term.

Prämisse (1) ist sicher wahr: Es gibt beispielsweise Menschen, die sich in ihren Essgewohnheiten an Knigges Ratschlägen orientieren und solche, die das nicht tun. Die Konklusio ist nichtsdestoweniger unhaltbar. Wäre Argument [A*] gültig, könnte a fortiori wohl eine grosse Zahl von Termen als äquivok erwiesen werden ... Da nun die Argumente [A] und [A*] von derselben logischen Form sind, ist Argument [A*] ein Gegenbeispiel, d.h. Argument [A] kann nicht gültig sein.

37.22 Zweiter Einwand (K₂)
Weil Ingarden auch These I₁ vertritt, "Existenz" also nicht als Eigenschaft von Konkreta auffasst, ist es naheliegend, zur Reformulierung seiner Position eine quantorenlogische Sprache zu verwenden. Seine These der verschiedenen Seinsweisen legt es des weiteren nahe, eine solche quantorenlogische Sprache zu verwenden, die dem Typus nach eine Mehrbereichslogik darstellt.

Auch unser zweiter Kritiker könnte meinen, dass Ingardens Argument viele Prämissen enthält, die "unverständliches Gemüse" sind. Und er möchte sagen, dass es auf ein Argument reduzierbar sei, das aus zwei sehr verschiedenen Teilen besteht:

[B] (I) (Ontologischer Teil)

(1) Es kann Objekt–Entitäten geben, die in verschiedener Weise existieren.

(2) Also, Möglicherweise: Es gibt eine Objekt–Entität a, die n–existiert.

(3) Also, Möglicherweise: Es gibt eine Objekt–Entität b, die n+1–existiert.

(II) (Metatheoretischer Teil)

(4) Eine adäquate, idealsprachliche Übersetzung von (2) und (3) setzt eine quantorenlogische Sprache voraus, die dem Typus nach auf einer Mehrbereichslogik beruht.

(5) Die adäquate, idealsprachliche Übersetzung von (2) lautet:
$M (E_n x)(x=a)$.

(6) Die adäquate, idealsprachliche Übersetzung von (3) lautet:
$M (E_{n+1} x)(x=a)$.

(7) Bei der Übersetzung gemäss (5) und (6) werden verschiedene Existenzquantoren verwendet.

(C) 'Existiert' ist ein äquivoker Term.

Mit (4) wird natürlich ein bestimmtes Adäquatheitskriterium vorausgesetzt. Im vorstehenden Argument wird darüber nichts gesagt. Mit Rücksicht auf Ingardens Position (so meint unser zweiter Kritiker) ist vermutlich simpel von (1) auszugehen, d.h. das vorausgesetzte Adäquatheitskriterium ist ein Kriterium der Plausibilität. Davon abgesehen (so unser Kritiker) besagt das obige "Ingardensche" Argument in der Hauptsache das folgende: 'Existiert' ist ein äquivoker Term, weil bei der zugehörigen Übersetzung in eine bestimmte Kunstsprache L für die quasi–umgangssprachlichen Terme 'n–existiert' und 'n+1–existiert' verschiedene Quantoren verwendet werden. Doch dies beweist tatsächlich nicht viel. Erstens kann Ingardens These auf die verwendete Kunstsprache L relativiert werden. Zweitens aber werden die fraglichen Terme in allen Fällen im gewissen Sinne durchaus einheitlich übersetzt, nämlich mittels Quantoren. Und qua Quantoren wird diesen wohl irgendeine minimale gemeinsame Bedeutung zukommen.

37.23 Dritter Einwand (K$_3$)

Ingardens Argument (so könnte ein dritter Kritiker betonen) beruht wesentlich auf der These:

(S) Verschiedene Seinsweisen schliessen einander aus.

(S) soll im Rahmen von Ingardens Existentialontologie begründet werden und ist eines ihrer Haupttheoreme. Eine wichtige Besonderheit der von Ingarden berücksichtigten Begriffe von Existenzweisen besteht darin, dass sie sich nicht in eine generische Ordnung bringen lassen.[28] Der zugehörigen existentialontologischen Analyse liegen aber bestimmte Voraussetzungen zugrunde, nämlich:

(VR$_1$) Die verschiedenen Ingardenschen Begriffe der Existenzweisen werden mittels eines kombinatorischen Verfahrens unter Rückgang auf verschiedene Begriffe existentialer Momente konstruiert.

(VR$_2$) Die Ingardenschen Grundbegriffe existentialer Momente sind jeweils als kontradiktorische oder konträre Begriffspaare vorausgesetzt.

(VR$_3$) Die Ingardenschen Grundbegriffe existentialer Momente bilden gemäss Ingarden die minimale logische Basis für die Konstruktion der verschiedenen existentialontologischen Begriffe von spezifischen Seinsweisen.

Mit (VR$_1$) und (VR$_2$) wird deutlich, dass das von Ingarden vorausgesetzte Konstruktionsverfahren keine Bildung eines generischen Begriffes der Existenzweise zulässt. Und (VR$_3$) macht deutlich, dass Ingardens Verfahren auch keine Bildung beschränkt– generischer Begriffe von Existenzweisen zulässt.[29] Ingarden hat aber weder (VR$_3$) begründet noch für die

---

[28] Vgl. oben §21.
[29] Vgl. dazu oben §21.

von ihm berücksichtigten Grundbegriffe existentialer Momente einen Vollständigkeitsnachweis geliefert. Es ist aber vielleicht ein solches Konstruktionsverfahren möglich, welches die Bildung generischer und beschränkt—generischer Begriffe von Seinsweisen zulässt und zwar derart, dass sich die fraglichen Begriffe in einer ganz "normalen" Begriffspyramide ordnen lassen. In diesem Falle würde es sich bei den verschiedenen Seinsweisen aber um Arten und eventuell niederste Arten von Seinsweisen handeln. Im Lichte einer solchen Begriffsbildung wäre es dann jedoch unplausibel, These I_2 zu vertreten. Denn z.B.: Aus der Tatsache, dass Tiere keine Menschen sind und umgekehrt folgt noch nicht, dass 'existieren' in 'Menschen existieren' und in 'Tiere existieren' äquivok ist. Denn sowohl Tiere wie Menschen sind ja Lebewesen. Soweit Ingardens These I_2 überhaupt plausibel ist, so scheint sie jedenfalls eine blosse Konsequenz des von ihm in seiner Existentialontologie vorausgesetzten Konstruktionsverfahrens zu sein.

37.3 Stellungnahme zu den Einwänden

Was ist von einem Ingardenschen Standpunkt aus *gegen* diese Einwände zu sagen? — Beginnen wir mit dem ersten Einwand (K_1). Die Analogie zwischen [A] und [A*] erscheint korrekt. Prima facie zeigt das [A*]-Argument somit: Zu behaupten, dass verschiedene Existenzweisen unterscheidbar sind, ist noch nicht dasselbe wie zu behaupten, dass 'existiert' ein äquivoker Term sei. Und zu behaupten, dass I_2 aus der These verschiedener Existenzweisen folgt, ist eine weitere Sache. Ingarden kann allerdings einwenden, dass zwischen 'in verschiedener Weise Essen' und 'in verschiedener Weise Existieren' ein wichtiger Unterschied besteht. 'In verschiedener Weise Essen' gestattet eine gewöhnliche Klassifikation, d.h. jede Essgewohnheit ist ein Fall von "Essen", und wir wissen, was "Essen" ist. 'In verschiedener Weise Existieren' gestattet demgegenüber keine solche Klassifikation. Denn aufgrund von Ingardens Konstruktionsverfahrens ist der generischste aller Begriff von Existenzweisen seinen Merkmalen nach nicht aufschlüsselbar, d.h. wir wissen nicht, was "Existieren" im allgemeinen besagt. Diesem Sachverhalt aber wird Argument [A] nicht gerecht. M.a.W.: Der erste Einwand verfehlt das Wesentliche der Ingardenschen Argumentation.

Wie steht es mit dem zweiten Einwand (K_2)? Proponenten von (K_2) behaupten, dass Ingardens Argument für These I_2 auf das [B]-Argument reduzierbar sei. Und sie behaupten weiter, dass das [B]-Argument nicht schlüssig sei. Insofern handelt es sich bei ihnen um Gegner von [B]. Kurz gefasst lautet meine Stellungnahme: Falls Ingardens Argument auf [B] reduzierbar wäre, müsste den Kritikern Recht gegeben werden. Tatsächlich aber irren diese in der Annahme, dass Ingardens Argument für I_2 im Sinne von [B] verstanden werden kann.

Es lohnt sich hier etwas genauer zuzusehen. Zu diesem Zwecke unterscheide ich zwei dem Typus nach sehr verschiedene Gegner von [B]. Erstens solche, welche in der Sache den ersten ontologischen Teil von [B] akzeptieren; zweitens solche, welche diesen Teil entweder nicht akzeptieren oder sich einer Stellungnahme enthalten. Es ist nützlich diese beiden Gegner von [B] zu unterscheiden, weil dann leichter verschiedene Gesichtspunkte berücksichtigt werden können, um zu erweisen, *dass* [B] tatsächlich *nicht* Ingardens Argument für I_2 ist.

Betrachten wir zunächst den ersten Gegner von [B]. Ihm geht es in der Sache darum, das folgende zu betonen: Zu behaupten, dass Objekt—Entitäten gegebenenfalls in verschiedener Weise existieren, ist etwas anderes als zu behaupten, dass 'existiert' ein äquivoker Term sei. Und zu behaupten, dass These I_2 aus der These verschiedener Existenzweisen folge, ist eine dritte, nicht ohne weiteres einsichtige Behauptung. Dieser Gegner von [B] wird also wohl ein Univozist sein, dem es darum geht zu zeigen, dass I_2 jedenfalls nicht aus der These der verschiedenen Existenzweisen folgt. Betrachten wir nun das ganze [B]—Argument unter diesem Gesichtspunkt. Es trifft sicherlich zu, dass der Ingardenianer mit Prämisse (4) ein bestimmtes Adäquatheitskriterium voraussetzt. Und man mag sein Adäquatheitskriterium als blosses Kriterium der Plausibilität einstufen, sollte dann aber auch sagen, worin dieses "Plausibilitätskriterium" besteht. Gegenüber einem Univozisten betont Ingarden: Falls (1) akzeptiert wird, wird eine Differenzierbarkeit des ontischen Status der fraglichen Objekt—Entitäten anerkannt — eine Differenzierbarkeit, die auch in existentialer Hinsicht begrifflich bestimmt werden sollte. In der Sache Prämisse (1) zu akzeptieren, besagt — im Ingardenschen System formuliert — die These akzeptieren, dass alle Objekt—Entitäten unter spezifische *Ideen* von Existenzweisen fallen. Geht man nun von einer Idealsprache aus, welche nur *eine* Art von Existenzquantor kennt, ist die verwendete Sprache *insofern* inadäquat, als sie einen Unterschied vernachlässigt, der gemäss (1) im Denken notwendigerweise gemacht wird.[30] Dann aber ist es *falsch* zu sagen:"'Existiert' ist gemäss Ingarden ein äquivoker Term, *weil* bei der Übersetzung in eine bestimmte (relativ beliebig ausgewählte) Kunstsprache L für die quasi—umgangssprachlichen Terme 'n—existiert', 'n+1—existiert' verschiedene Existenzquantoren verwendet werden". *Denn Ingarden argumentiert tatsächlich gerade umgekehrt.*

Betrachten wir nun den anderen Fall, wo ein Gegner von [B] den ersten Teil dieses Argumentes entweder der Sache nach nicht akzeptiert oder aber sich einer bezüglichen Stellungnahme enthält. Dieser Gegner will insbesondere die Schlüssigkeit des zweiten Teiles von [B] bestreiten. Zu diesem Zweck kann er beispielsweise von den folgenden Sätzen:

(a) M (a existiert real)

---

[30] Vgl. dazu oben §22.

(b)   M (b existiert ideal)

ausgehen und zur Stützung seines Einwandes zu Recht betonen, dass die folgenden respektiven Übersetzungen:

(a')   M (Ex) (x=a · x ist real)

(b')   M (Ex) (x=b · x ist ideal)

ebenso gut oder schlecht sind wie die folgenden:

(a*)   M (E_{real}x) (x=a)

(b*)   M (E_{ideal}x)(x=b).

Und er kann zu Recht betonen, dass Prämisse (7) auf die ersten Übersetzungen nicht zutrifft, sodass sich 'existiert' gemäss diesen Übersetzungen als univoker Term erweisen müsste.

Entscheidend ist jedoch: Ingarden *kann* die erste Übersetzungsart akzeptieren, *ohne* seine These der Äquivozität von 'existiert' aufzugeben. Und dieser Umstand besagt: Zu behaupten "'Existiert' ist gemäss Ingarden ein äquivoker Term, *weil* bezüglich der zugehörigen Übersetzungen in die (relativ zufällig gewählte) Kunstsprache L dies oder jenes gilt" ist simpel eine *falsche* Reduktion von Ingardens Argument. Ein Gegner von [B], welcher den ersten Teil des Argumentes entweder in der Sache nicht akzeptiert oder dazu keine Stellung bezieht, sollte das folgende beachten: Will er mit [B] Ingardens Argument "rekonstruieren", sollte er mindestens Ingardens Intentionen zur Kenntnis nehmen. Dies bedeutet: Er *kann* Ingardens Argument im Lichte eines "Übersetzungs–Argumentes" betrachten; er sollte dann jedoch mindestens festhalten, dass ein Ingardenianer der Sache nach die verschiedenen, in den Übersetzungen (a*) und (b*) verwendeten Quantoren *explizit definieren* will. Betrachten wir das ganze [B]–Argument unter diesem Gesichtspunkt, werden nach meiner Einschätzung zwei wichtige Punkte ersichtlich. Der zweite Gegner von [B] übersetzt den Satz 'a existiert' gemäss den (a') und (b') Übersetzungen wie folgt: "(Ex)(x=a)". Das Prädikat 'x existiert' wird also im Sinne von '(Ex)(x=...)' verstanden. Was aber bedeutet dies? Wie will unser Gegner den bei seiner Übersetzung vorausgesetzten Existenzquantor explizit definieren? Auf diese Frage *muss* er antworten, will er den Ingardenschen Intentionen Rechnung tragen. Naheliegend ist die Annahme, dass er den Begriff der Existenz demjenigen der Selbstidentität gleichsetzt. Er muss sich dann aber mit Ingardens These auseinander setzen, dass beispielsweise das Existieren meines Hundes und das Existieren der Zahl zwei, falls beide Objekt–Entitäten überhaupt existieren, jedenfalls mehr besagt als nur dies, dass mein Hund und die Zahl zwei jeweils mit sich identisch sind. Des weiteren muss er sich mit Ingardens These auseinandersetzen, dass der Begriff der Selbstidentität ein formalontologischer und kein existentialontologischer Begriff ist, also für eine explizite Definition von 'x existiert' überhaupt nicht verwendet werden kann.[31] Der zweite Gegner von [B] könnte allerdings einwenden, dass er z.B. den Satz 'Meine Katze existiert' gemäss der Übersetzung (a') wie folgt übersetzt: "(Ex)(x=meine Katze · x *ist real*)". Er arbeitet dann jedoch mit einem Taschenspielertrick. Denn das von Ingarden zur Diskussion gestellte Problem wird durch die Übersetzungen (a') und (b') weder gelöst noch beseitigt, sondern nur verschoben. M.a.W.: Anstelle der Frage nach der Bedeutung der Quantoren in (a*) und (b*) tritt — vom Ingardenschen Standpunkt aus betrachtet — die Frage nach der Bedeutung von '(ist) real' bzw. '(ist) ideal' in (a') und (b'). Ein Gegner von [B], falls er in seiner "Rekonstruktion" Ingardens Intentionen nur einigermassen Rechnung tragen will, ist aufgefordert, wenigstens die Bedeutung dieser Prädikate begrifflich zu fixieren. Nun, Ingarden behauptet, dass es sich um existentialontologische Prädikate handelt, welche Begriffe von Existenzweisen ausdrücken. Deswegen wurde früher betont, dass Ingarden geradezu die quasi–umgangssprachlichen Prädikate 'existiert–real', 'existiert–ideal' usw. mittels Begriffen von spezifischen Existenzweisen definieren will. Und Ingardens Hauptpunkt ist, dass sich diese Begriffe von Existenzweisen *nicht* in eine gewöhnliche generische Ordnung bringen lassen. *Deswegen* ist ihm gemäss die These I_2 zu akzeptieren. Der zweite Gegner von [B] kann Ingardens Argument für I_2 also nicht einfach unter Bezugnahme auf ein "Übersetzungs–Argument" kritisieren.

In einem Satz wie

(1)   Sokrates existiert–real

ist das Prädikat 'existiert–real' gemäss Ingarden als ein *einheitliches* Prädikat zu betrachten. Existenzweisen–Prädikate sind ihm gemäss syntaktisch also analog zu verstehen wie z.B. Prädikate für sogenannt konvers–intentionale Eigenschaften.[32] Eben deswegen behauptet Ingarden, dass Satz (1) *nicht* im Sinne von

(1*)   Sokrates existiert · Sokrates ist real

gelesen werden sollte. Diese Behauptung erhält jetzt durch die Ingardensche These, wonach der generischste aller Begriffe von Existenzweisen seinen Merkmalen nach nicht aufschlüsselbar sei, zwar eine weitere Begründung. Ist diese letztere These aber sakrosankt? — Im

---

31 Vgl. oben §15; 34 sowie unten Teil 6.
32 Der Ausdruck 'konvers–intentionale Eigenschaft' wurde von Chisholm (4) geprägt. Z.B. bezeichnet 'als–ein–Pferd–vermeint–zu–sein' die konvers–intentionale Eigenschaft *als–ein–Pferd–vermeint–zu–sein*. Wie die Schreibweise mit den Bindestrichen verdeutlichen soll, liegt — syntaktisch betrachtet — ein einheitliches Prädikat vor. Deshalb dürfen wir aus "a ist als–ein–Pferd–vermeint" nicht ohne weiteres folgern "a ist ein Pferd · a wird vermeint".

Ausgang von

(DF*) E!x :≡ x=x

könnte man doch z.B. für die Aussagen

(2) Sokrates (:=a) existiert

(3) Zahlen (:=F's) existieren

(1) Sokrates existiert–real

(4) Zahlen existieren–ideal

respektive die folgenden "Erklärungen" geben:

[I] (2.1) (Ex)(x=x · x=a)

   (3.1) (Ex)(x=x · Fx)

   (1.1) (Ex)(x=x · x=a · x ist real)

   (4.1) (Ex)(x=x · Fx · x ist ideal)

Falls wir dies akzeptieren, was sollte uns dann daran hindern zu sagen, dass mit DF* der generischste aller Begriffe von speziellen Existenzweisen seinen Merkmalen nach tatsächlich erklärt *ist*?

Ja, man könnte im Ausgang von DF* weitergehend "Selbstidentität" z.B. auch für Eigenschaften in Anspruch nehmen und dann sogar für eine *analoge* Bedeutung von 'existiert' plädieren. Z.B. wie folgt:

[II] E!x :≡ (Ey)(y=x)
   E!Φ :≡ Φ=Φ · M (Ex)Φx
   ⋮
   E!Θ :≡ =Θ · (EΦ)[Θ(Φ) · T(Φ)],
   wo T je nach Typenstufe eine zugordnete Anwendungsregel für Φ repräsentiert.

Aufgrund von Vorschlägen wie [II] von einer *analogen* Bedeutung von 'existiert' zu sprechen, heisst — Ingardeanisch betrachtet — ein blosses Zauberwort, das Zauberwort 'analog', verwenden. Denn gegenüber Vorschlägen wie [II] kann man bereits von der kategorialen Grammatik herkommend einwenden, dass Ausdrücke wie 'E!Φ', 'Φ=Φ', '(EΦ)[Θ(Φ)]' unkorrekt gebildet sind. Denn sie setzen in "korrekter" Lesart allesamt voraus, dass 'Φ' ein singulärer Term bzw. ein Eigenname ist, während 'Φ' nach üblicher Lesart in diesen Ausdrücken doch tatsächlich als genereller Term bzw. als Prädikatsausdruck auftritt.[33] Ingarden würde demgegenüber direkter vorgehen und einwenden, dass der Begriff der

---

[33] Vgl. Küng (19), 17 ff.

Selbstidentität überhaupt nur auf Entitäten anwendbar sei, welche die formale Struktur: "Träger–von–Eigenschaften–zu–sein" aufweisen — was gemäss seiner Gegenstandstheorie nur bei formal–selbständigen Entitäten der Fall ist.[34]

Da aber Ingarden seine These der Äquivozität von 'existiert' — im Unterschied zu einer kategorialen Argumentation, wie sie etwa bei Aristoteles oder Rescher vorliegt — de facto sozusagen auf die "unterste" Stufe bezieht, ist im vorliegenden Kontext der Vorschlag [I] wichtiger. Wie steht es um diesen? — Ein Punkt ist, dass die in diesen Erklärungen vorausgesetzte Quantifikation, falls sie im objektualen Sinne zu lesen ist, *intuitiv* eher schwer zu verstehen ist.[35] Doch man könnte natürlich aus der Not eine Tugend machen und z.B. die substitutionelle Lesart der Quantoren voraussetzen. Aber auch dann bleibt eine Schwierigkeit übrig, die vom Ingardenschen Standpunkt aus tatsächlich die Hauptschwierigkeit ist. Gemäss Ingarden nämlich ist der in diesen Erklärungen vorausgesetze Begriff der Selbstidentität von Gegenständen ein *formalontologischer* Begriff, was u.a. besagt, dass *Mit–sich–selbst–identisch–zu–sein* kein existentiales Moment von Objekt–Entitäten ist und also überhaupt nicht zur Bestimmung der Existenzweise einer Objekt–Entität benutzt werden kann. M.E. ist Ingardens Einwand zumindest intuitiv betrachtet plausibel: das Existieren meines Hundes und das Existieren der Zahl zwei, falls beide Objekt–Entitäten überhaupt existieren, scheint jedenfalls mehr zu besagen als nur dies, dass mein Hund und die Zahl zwei jeweils mit sich identisch sind. Auch der Rückzug auf den Begriff der Selbstidentität erscheint intuitiv betrachtet in der Tat als ein Zaubergriff. Ähnlich dem Versuch, auf folgendem Wege eine uniforme bzw. univoke Position zu vertreten:

> "Now, to be sure, in a way this can indeed *always* be done. For one can determine the *omnium–gatherum* class of existing things E by whatever set of membership criteria may be deemed appropriate, and then adopt the stipulation:
> E!X := (EY)[Y ∊ E · Y=X].
> This obviously produces a unified treatment. *But it is also a purely formal unification – indeed a trivialization. The 'explication' is useless because it affords no conceivable explanatory clarification.* All the needed explications are *presupposed* in invoking the family of existential criteria that determine membership in E."[36]

Wir kommen damit zum dritten oben formulierten Einwand (K₃). Er bezieht sich auf jene Grundlagen von Ingardens Projekt einer Existentialontologie, welche früher ausführlich thematisiert wurden. Ein Proponent von (K₃) anerkennt offenbar das Programm einer Analyse von Existenzweisen. Dabei appelliert er aber an die Möglichkeit bzw. Denkbarkeit eines Konstruktionsverfahrens, das die Bildung von solchen Begriffen erlaubt, welche sich in eine von der Ingardenschen verschiedene logische Ordnung bringen lassen. Dies kann jedoch

---

34 Vgl. unten Teil 6.
35 Vgl. auch das oben im Text hergesetzte Zitat aus Rescher (5) sowie oben Anm. 25.
36 Rescher (5), 65 (z.T.m.H.).

nicht als überzeugendes Gegenargument dienen. Denn es fehlt, so könnte Ingarden sagen, sozusagen der Tatbeweis. Andererseits weist (K₃) auf ein wichtiges Desiderat hin: Der Umstand, dass sich die Ingardenschen Begriffe von Existenzweisen nicht in eine generische Ordnung bringen lassen, besagt u.a., dass es sich um Begriffe sui generis handeln muss. Vom Ingardenschen Standpunkt aus ist dies nicht erstaunlich. Denn die bei der Konstruktion vorausgesetzten Basisbegriffe, nämlich die Begriffe der verschiedenen Seinsmomente, sind gemäss Ingarden ihrerseits schon Begriffe sui generis. Doch die Besonderheit dieser Begriffe liegt tatsächlich nicht auf der Hand und deren Aufweis stellt jedenfalls ein weiteres Problem dar.

37.4 Zusammenfassung

Durch Konfrontation mit anderen Thesen der Äquivozität von 'existiert' habe ich versucht (37.1), vorerst das Besondere von Ingardens These I₂ in ein rechtes Licht zu rücken. Unter der Berücksichtigung verschiedener Einwände, die allesamt von einer mehr oder weniger inadäquaten Interpretation von Ingardens Argumentation ausgehen (37.2), habe ich schliesslich versucht, die Besonderheit von Ingardens Argument für These I₂ herauszuarbeiten (37.3).

Die Hauptergebnisse lassen sich wie folgt zusammenfassen: Erstens, in der Sache ist der dritte Einwand (K₃) der wichtigste. Im Zusammenhang von (K₃) habe ich oben von einem "Tatbeweis" gesprochen. Mit den Bedeutungspostulaten: 'x ist real:= x ist zeitlich'; 'x ist ideal:= x ist zeitlos' und E!x :≡ x=x könnte ein Tatbeweis wie folgt aussehen:

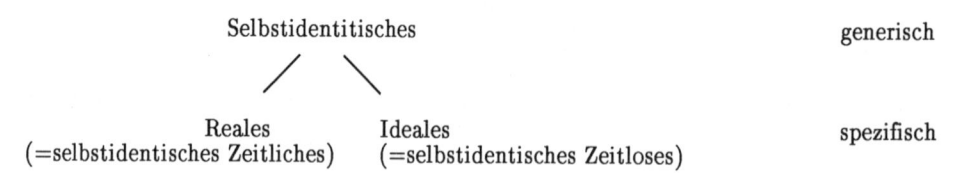

```
                Selbstidentitisches                          generisch
                   /      \
              Reales      Ideales                            spezifisch
     (=selbstidentisches Zeitliches)  (=selbstidentisches Zeitloses)
```

Dieser Vorschlag führt offensichtlich zu einer gewöhnlichen Klassifikation der Begriffe von Existenzweisen. Ingarden könnte diesen Vorschlag allerdings nicht akzeptieren, weil *Selbstidentität* für ihn ein formalontologischer Begriff ist, und weil er von der zentralen Voraussetzung (VR₃) ausgeht, wonach die von ihm berücksichtigten Grundbegriffe existentialer Momente die *minimale* logische Basis für die existentialontologische Analyse von Existenzweisen bilden. Die Voraussetzung (VR₃), *die von Ingarden tatsächlich nirgends begründet wird,* ist die wichtigste. Denn erstens kann Ingarden nur mit (VR₃) garantieren, dass seine Äquivozitätsthese von 'existiert' von der "aristotelischen" Äquivozitätsthese zu unterscheiden ist. Zweitens aber verpflichtet Ingarden mit (VR₃) jemanden, der sich für die ontologische Analyse von Existenzweisen in seinem Sinne interessiert, auf die Voraussetzungen (VR$_1$) und (VR$_2$). Mit (VR$_1$)–(VR$_3$) wird aber deutlich, dass das von Ingarden in Ansatz gebrachte Konstruktionsverfahren weder die Bildung eines generischsten aller Begriffe von Existenzweisen noch die Bildung beschränkt–generischer Begriffe von Existenzweisen zulässt. Damit aber steht implizit fest: All jene Begriffe von spezifischen Existenzweisen, die Ingarden im Rahmen seiner Existentialontologie ihren Merkmalen nach erklären kann, lassen sich nicht in eine gewöhnliche generische Ordnung bringen. Dass sich aber diese fraglichen Begriffe qua *existentialontologische* Begriffe nicht in einer "normalen Begriffspyramide" ordnen lassen, ist für Ingarden *der* entscheidende Grund, für die These der Äquivozität von 'existiert' einzutreten. Indem also ein Proponent von (K$_3$) behauptet, dass Ingardens These I$_2$ nur insofern überhaupt plausibel ist, als sie eine blosse Konsequenz des von Ingarden in seiner Existentialontologie vorausgesetzten Konstruktionsverfahrens ist — indem also ein Proponent von (K$_3$) dies behauptet, ist ihm mithin Recht zu geben.

Mit diesem "Ergebnis" schliesse ich meine Erörterungen von Ingardens These I$_2$ ab. Will ein Nicht–Ingardenianer einen Ingardenianer überzeugen, müsste er es durch einen entsprechenden Tatbeweis tun. Andererseits ist klar, dass es unmöglich ist, die Adäquatheit von Ingardens Argument für I$_2$ zu beurteilen, ohne dass die logische Basis seiner Analyse berücksichtigt wird. Für einen Ingardenianer bedeutet letzteres vor allen Dingen: Es müssten erstens Gesichtspunkte entwickelt werden, mittels denen die Voraussetzung (VR$_3$) gerechtfertigt werden kann. Und es sollte zweitens versucht werden, die Besonderheit der von Ingarden verwendeten Grundbegriffe existentialer Momente zu klären. Solange diese *zwei* Hauptaufgaben nicht gelöst werden, scheint es jedenfalls höchst problematisch, auf der *Basis* von Ingardens Position das Ingardensche Argument für I$_2$ und damit diese These selbst gegenüber einem Nicht–Ingardenianer verteidigen zu wollen. Zumindest für die im weiteren Sinne verstandene Ingarden–Forschung dürfte damit aufgezeigt sein, in welchen Richtungen im Zusammenhang mit Ingardens These I$_2$ weitere Forschungen voranzutreiben sind. Der Leser mag vielleicht denken, dass dieses "Ergebnis" relativ dürftig sei. Nun — Ingarden sagte einmal über Husserl, dass dieser nicht einfach auf "Intuitionen" versessen gewesen sei, sondern vielmehr "geklärte Intuitionen" anstrebte. "Geklärte Intuitionen" anzustreben, kann sinnvollerweise nur besagen, bestimmte zu Beginn mehr oder weniger plausible "Intuitionen" sozusagen auf den Begriff zu bringen. Doch dazu bedarf es vor allen Dingen der Einsicht, auf welchen "Säulen" diese "Intuitionen" ruhen. In diesem Sinne ist das hier erreichte Ergebnis bezüglich Ingardens These I$_2$ m.E. nicht "dürftig". Tatsächlich glaube ich, dass diese These sowie das zugehörige Ingardensche Argument in vielen Punkten auf plausiblen "Intuitionen" beruht. Alles jedoch hängt davon ab, diese zu klären. Aber zu wissen, in welchen zwei Hauptrichtungen sie der Klärung bedürfen, ist kein "dürftiges" Ergebnis.

TEIL 6

ZUM SYSTEMATISCHEN STELLENWERT DER INGARDENSCHEN THEORIE VON KONKRETA

Ingardens formalontologische Theorie von Konkreta ist für seine Analyse der Existenzthematik ohne Zweifel von zentraler Bedeutung. Wie wir gesehen haben berücksichtigt Ingarden diese Theorie auch in seinem Argument für die These der Äquivozität von 'existiert'.[1] Entscheidend aber ist sie vor allem für Ingardens These I_1, nämlich dass "Existenz" keine Eigenschaft von Konkreta sei. Denn Ingardens Erklärung der Kategorie der Eigenschaft beruht ganz und gar auf dieser Theorie.[2]

Oben im Kapitel 10 habe ich versucht, im Zusammenhang von I_1 vorerst die Relevanz einer spezifisch ontologischen Argumentation à la Ingarden zu verteidigen. Dabei blieb aber die Frage, wie Ingardens Theorie von Konkreta einzuschätzen sei, unberücksichtigt. Diese Theorie jedoch, so kann man sagen, bildet die *Basis* von Ingardens Argument für I_1. Damit wird ersichtlich: Jemand, der dieses Argument verteidigen möchte, sollte in irgendeiner Form auch Ingardens formalontologische Theorie von Konkreta verteidigen. Diesem Zweck dient der vorliegende Teil meiner Arbeit.

Allerdings werden mit dieser Aufgabe die zu berücksichtigenden Probleme äusserst vielschichtig. Aus naheliegenden Gründen muss ich mich deshalb darauf beschränken, Ingardens Theorie in ihrem systematischen Stellenwert zu untersuchen. M.a.W.: Ich muss mich auf einzelne, m.E. im bezug auf Konkreta systematisch wichtige Probleme beschränken. Und zwar werde ich anhand einer problemorientierten Konfrontation mit konkurrierenden Theorien aufzeigen können, *welche* Theorien Ingarden überhaupt kritisiert und *wie* seine jeweiligen Haupteinwände lauten, mehr nicht.

Ingardens Theorie von Konkreta steht in der Tradition der aristotelischen Substanzontologie. Sie kann geradezu als eine Variante derselben, als formalontologische Substanztheorie, betrachtet werden.[3] Ingarden nun kritisiert im besonderen die folgenden Theorien: Bündeltheorien (Kapitel 12) sowie die "Klassen"- und Substrattheorien von Konkreta (Kapitel 13). Entsprechend werde ich im folgenden diese sehr verschiedenartigen Theorien

---

[1] Vgl. oben §23. Dies ändert nichts daran, dass die Thesen I_1 und I_2 logisch voneinander unabhängig sind. Die Falschheit von I_2 impliziert nicht die Falschheit von I_1 und vice versa.

[2] Vgl. oben Kapitel 5.

[3] Eine andere Variante ist beispielsweise die Substanztheorie Brentanos, vgl. dazu Smith (16). Allerdings, was das im Text Behauptete genau besagt, ist noch nicht besonders klar geworden. Immerhin, im Zusammenhang mit Ingardens Begriff der konstitutiven Natur von Konkreta habe ich oben die Aristotelische Position bereits kurz berücksichtigt (vgl. §13). Und auch in den einleitenden Paragraphen 10 und 11 meiner Doxographie wurden einige begründende Hinweise für die Auffassung gegeben, dass die Ingardensche Theorie in der Tradition der Aristetolischen Substanzontologie steht.

berücksichtigen müssen. Dabei ist *mein* systematischer Anspruch sehr *bescheiden*. Meine leitende Absicht ist (wie bereits gesagt) darzulegen, welcher Kritik diese Theorien vom Ingardenschen Standpunkt aus betrachtet unterliegen. Nichtsdestoweniger werde ich bisweilen auch evaluieren, sei es dass ich Ingardens Kritik unterstütze, sei es dass ich gewisse "Schwachstellen" in dieser Kritik betonen werde.

Ingardens Kritik an Bündeltheorien

§38 Typen bündeltheoretischer (BT) Konzeptionen von Konkreta

Bündeltheoretische Konzeptionen haben in der neueren und zeitgenössischen Philosophie eine Reihe prominenter Vertreter gefunden.[4] Für meine Zwecke ist es günstig, vorerst verschiedene Typen bündeltheoretischer Positionen zu unterscheiden.

Gemäss den früheren Bestimmungen können zwecks intuitiver Vergegenwärtigung gewöhnliche Objekt—Entitäten wie materielle Dinge, Pflanzen, Tiere und Menschen als Beispiele von Konkreta betrachtet werden. Nehmen wir ein beliebiges Konkretum a. De facto wird es natürlich unzählbar viele Aussagen geben, in denen a der Prädikation unterliegt. Per *Annahme* setze ich vereinfachend[5] fest, dass bezüglich a *genau* zwei Aussagen wahr sind, nämlich: 'a ist F' und 'a ist G'. Grob gesprochen sind die Eigenschaften (Qualitäten) F und G im Sinne von Bündeltheorien irgendwie als *Konstituenten* von a aufzufassen. Des Genaueren lassen sich aber mindestens drei Versionen unterscheiden. Gemäss einer *ersten* Version ist a identisch mit der Klasse der Eigenschaften F und G, d.h. es gilt: a = {F,G}. Diese Version der Bündeltheorie (BT) sei hier als *Klassenauffassung* (KBT) bezeichnet. Entsprechend ist der singuläre Term '{F,G}' wie folgt zu lesen: *die* Klasse, bestehend aus F und G. Gemäss einer *zweiten* Version ist a identisch mit einem *Haufen* von Eigenschaften bzw. mit der Totalität (Summe) der Eigenschaften F und G, d.h. es gilt: a = <P+Q>. Diese Version der BT sei hier als *Kollektionsauffassung* (CBT) bezeichnet. Entsprechend ist der singuläre Term '<F+G>' wie folgt zu lesen: *die* Kollektion, bestehend aus F und G. In einer *dritten* Version schliesslich ist a identisch mit einem *Bündel* von Eigenschaften, wobei Bündel von Eigenschaften weder Klassen noch Kollektionen von Eigenschaften, sondern Totalitäten von Eigenschaften sind, deren Konstituenten ihrerseits miteinander in einer *besonderen* Weise *verbunden* sind. Gemäss dieser Version gilt also: a=[R(F,G)]. Diese Version sei hier als *strikte Bündeltheorie* (SBT) bezeichnet. Entsprechend ist der singuläre Term '[R(F,G)]'[6] wie folgt zu lesen: *das* Bündel,

---

[4] Die Bündeltheorie von Konkreta hat ihre moderne Formulierung im englischen Empirismus gefunden, insbesondere bei Hume (vgl. dazu Long). Teilweise im direkten Anschluss an die empiristische Tradition wurde sie dann in verschiedenen Varianten u.a. von folgenden Denkern vertreten: G.F. Stout, B. Russell, A.J. Ayer, D.C. Williams, H. Hochberg und H.N. Castaneda.

[5] Diese Annahme ist für meine Zwecke günstig, weil ich so später bestimmte (einfache) singuläre Terme, d.h. Eigennamen konstruieren kann, und so zwischen Typen bündeltheoretischer Positionen unterscheiden kann.

[6] Der Ausdruck 'R(G,F)' besagt, dass F und G in der Relation R stehen. Syntaktisch betrachtet handelt es sich also um eine *Aussage*. Um aber syntaktisch korrekt eine Identitätsaussage zu bilden, benötigen wir einen singulären Term. In Analogie zu den anderen Notationen verwende ich hier deswegen das Zeichen '[...]' als namenbildenden Funktor, sodass der Ausdruck '[R(F,G)]' — syntaktisch betrachtet — als *singulärer* Term zu klassifizieren ist.

bestehend aus durch R verbundenen F und G. Des genaueren sollte man bei den strikten Bündeltheorien allerdings differenzieren, nämlich zwischen Theorien, die klassen*artige* Bündel (diese Bündel sind mit Hilfe von "ϵ", d.h. der Element/Klassen–Beziehung definiert) annehmen, und Theorien, die kollektions*artige* Bündel (diese Bündel sind mit Hilfe von "c", d.h. der Teil/Ganzes–Beziehung definiert) annehmen. Im ersten Falle spreche ich von strikten Klassen–Bündeltheorien (SKBT), im zweiten Falle von strikten Kollektions– Bündeltheorien (SCBT).

Eine andere Hinsicht zur Unterscheidung von Typen bündeltheoretischer Auffassungen ergibt sich, wenn wir zwei numerisch verschiedene Konkreta a und b betrachten. Auch hier nehme ich eine unrealistische Vereinfachung vor und nehme an, dass nur gerade zwei Aussagen wahr sind, nämlich: 'a ist F' und 'b ist F'.

Wiederum müssen Eigenschaften (Qualitäten) irgendwie als Konstituenten von a bzw. von b verstanden werden. Unterschiede ergeben sich aber aus Folgendem. Es gibt Bündeltheoretiker[7], die behaupten, dass numerisch verschiedene Konkreta nicht identische Konstituenten haben können. Zwar können numerisch verschiedene Konkreta in ihrer Sicht Eigenschaften haben, die genau gleichartig sind; doch gilt notwendigerweise: Zwei numerisch verschiedenen Konkreta kommen nie identisch dieselben Eigenschaften qua Konstituenten zu. Solche Bündeltheoretiker unterscheiden dann gewöhnlich zwischen Universalien und Instanzen von Universalien, d.h. individuellen Eigenschaften. Vertreter der streng nominalistischen Richtung anerkennen *nur* individuelle Eigenschaften, Vertreter einer weiteren nominalistischen Richtung anerkennen beides.[8] Bündeltheoretiker, die zwischen Eigenschaften qua Universalien und individuellen Eigenschaften unterscheiden, vertreten – so will ich festlegen – eine *Nominalistische Bündeltheorie* (NBT). Bündeltheoretiker dagegen, die diese Unterscheidung nicht akzeptieren[9], vertreten eine *Platonistische Bündeltheorie* (PBT). Für Vertreter von PBT–Positionen gilt z.B., dass

(S)   Sokrates ist weise und Plato ist weise

dasselbe besagt wie

(S$_1$)   Sokrates exemplifiziert Weisheit und Plato exemplifiziert Weisheit

(S$_2$)   Weisheit ist sowohl in Sokrates wie in Plato instantiiert.

---

[7]   Wie z.B. Hume, Williams und Stout, vgl. Long, 273 ff.

[8]   Vgl. Hochberg (1), 263 f. Dabei werden Universalien meist im Sinne des Konzeptualismus interpretiert.

[9]   Z.B. Hochberg und Castaneda.

In ihrer Sicht exemplifizieren beide also buchstäblich *identisch dieselbe* Eigenschaft. Die Prädikation (S) erfordert ihnen gemäss mithin eine platonistische Deutung von Attributen, anderenfalls die Zuordnungen zwischen (S) und (S$_1$) bzw. (S$_2$) und die Rede von der Identität zwischen Sokrates und Plato in Hinsicht auf Weisheit unverständlich sein soll.

Wenn wir jetzt wiederum von einem beliebigen Konkretum a ausgehen, bezüglich dem per *Annahme genau* zwei Aussagen (sc. 'a ist F' und 'a ist G') wahr sind, ergibt die Kombination der berücksichtigten Unterschiede prima facie acht Theorienarten. Tatsächlich kommen jedoch höchstens *sechs* davon in Frage. Denn eine *nominalistische Klassenauffassung* ist offensichtlich ein hölzernes Eisen. Wir erhalten also:

	Nominalistische BT	Platonistische BT
Klassenauffassung KBT	–	a = {F,G}
Kollektionsauffassung CBT	a = <F+G>	a = <F+G>
Strikte Klassen–Bündel–theorie SKBT	–	a = [R<ε>(F,G)]
Strikte Kollektions–Bündeltheorie SCBT	a = [R<c>(F,G)]	a = [R<c>(F,G)]

Allerdings, ob alle diese Varianten als *relevante* ontologische Theorien von Konkreta in Betracht kommen, ist eine andere Frage. Zudem ist vor allem zu betonen, dass dieses Schema natürlich nur eine *Typologie* bündeltheoretischer Positionen darstellt.[10] Tatsächlich verwende ich es hier bloss zu Orientierungszwecken. Denn mit der angegebenen Typologie will ich vorerst nur die Strategie erläutern, mit welcher ich im folgenden bündeltheoretische Ontologien von Konkreta im Lichte von Ingardens Theorie diskutieren werde.

Konkreta im hier vorausgesetzten Sinne sind seinsautonome, ursprünglich–individuelle Gegenstände, die zeitlich bestimmt sind, d.h. die in der Zeit existieren. Insofern handelt es sich um *kontingente* Objekt–Entitäten, die entstanden sein können, die sich im Verlaufe ihres Existierens u.U. *verändern* können und die auch vernichtet bzw. *zugrunde gehen* können. Dies besagt, dass Konkreta nicht notwendig existierende Entitäten sind. Es gilt also bezüglich mindestens einigen Konkreta x: es ist möglich, dass es eine Zeitstelle t gibt, wo x nicht existiert. (Die hierbei vorausgesetzte Modalität ist nicht als empirische Möglichkeit/Notwendigkeit, sondern als ontologische Möglichkeit/Notwendigkeit zu verstehen.[11]) Ich

---

[10] Der zur Zeit vermutlich prominenteste Vertreter einer PSBT–Position, nämlich Castaneda, vertritt beispielsweise eine ontologische Theorie von Konkreta, in welcher Elemente verbunden sind, die gemäss meinem Schema Elemente einer KBT–, einer SKBT– und einer SCBT–Position darstellen. Vgl. dazu die weiteren Ausführungen im Text.

[11] Die Frage nach dem Verhältnis zwischen empirischer und ontologischer Modalität ist äusserst komplex. Einfachheitshalber nehme ich an, dass *jede empirische* Modalität

nenne das, was hiermit zur Debatte steht, das *Datum der Kontingenz von Konkreta*. Können, so meine erste Frage, alle bündeltheoretischen Konzeptionen diesem Datum Rechnung tragen? — Zwar lässt sich in genere sicher nicht behaupten, dass beliebige Bestimmungen von Konstituenten eines Komplexes eo ipso auch Bestimmungen des jeweiligen Komplexes selbst sind. Akzeptabel aber ist das folgende Prinzip:

(P)   Wenn alle Konstituenten KS_n eines Komplexes PX notwendig existieren, dann existiert auch PX notwendig.

Dieses Prinzip ist aber sowohl auf das Verhältnis: Element—Klasse wie auf das Verhältnis: Teil—Ganzes anwendbar. Wir können also auch die folgenden Anwendungen von (P) akzeptieren:

(P_1)   Wenn alle Elemente E_n einer Klasse K notwendig existieren, dann existiert auch K notwendig;

(P_2)   Wenn alle Teile T_n eines Ganzen G notwendig existieren, dann existiert auch G notwendig.

Betrachten wir nun BT—Positionen in der *platonistischen* Version. Ihre Vertreter gehen davon aus, dass Eigenschaften bzw. (allgemeiner) Attribute notwendig existierende Entitäten sind. Also können wir das folgende *Kontingenz-Argument* formulieren: Gemäss *PKBT-Positionen* sind Konkreta identisch mit bestimmten Klassen von Eigenschaften. Da diese Eigenschaften qua Universalien per Voraussetzung notwendig existieren, gilt gemäss (P_1), dass Konkreta identisch sind mit bestimmten Klassen, die notwendig existieren. Also gilt gemäss PKBT—Positionen, dass *alle* Konkreta notwendig existieren. Das aber widerspricht dem Datum der Kontingenz von Konkreta. Analoges gilt im Falle von *CPBT-Positionen*. Denn Kollektionen von Eigenschaften sind offenbar Ganze, deren Teile bestimmte Eigenschaften sind. Also kann mit (P_2) analog argumentiert werden: Auch CPBT—Positionen können dem Datum der Kontingenz von Konkreta nicht Rechnung tragen. Mithin lassen sich mit diesem Kontingenz—Argument beide (Typen von) Positionen ad absurdum führen. In der Sache stimmen hier prominente Vertreter von *PSBT-Positionen* überein, indem sie die Metapher "Bündel" *nicht* unter Rekurs auf blosse Klassen oder

---

(EM: Möglichkeit/Notwendigkeit) die ontologische Modalität der *Möglichkeit* (OM) voraussetzt. Dies lässt sich so festhalten:
(EM)   Für jeden real existierenden Gegenstand x, jede Eigenschaft P, jede empirische Modalität EM und jeden Zeitpunkt t gilt: x ist zu t nur dann P in der empirischen Modalität EM, wenn es ontologisch möglich ist, dass x zu t in der empirischen Modalität EM P ist.
Der Begriff der ontologischen Möglichkeit aber soll folgenderweise *partiell* charakterisiert werden:
(OM)   Es ist nur dann ontologisch möglich, dass ein beliebiges Konkretum x zu t_1 in der empirischen Modalität EM P ist, wenn es konsistent denkbar ist, dass x zu t_1 in der empirischen Modalität EM P ist.

Kollektionen von Eigenschaften erklären. Herbert Hochberg z.B. sagt:

> "On the second view, Big Socrates is considered to be a composite of universals. By 'composite' one does not mean a class or collection but a number of universals connected by some structural tie or relation, ontological glue as it were."[12]

Hochberg nennt dieses ontologische "Band" schlichtweg "Kombination".[13] Diese Relation der Kombination ist natürlich von besonderer Art. Sie ist insbesondere keine relationale Eigenschaft, d.h. kein Konstituent neben anderen Konstituenten von Konkreta, sondern ist das, was *alle* Konstituenten von Konkreta jeweils ontisch verknüpft.[14] Ganz ähnlich argumentiert Castaneda, der die fragliche "ontologische" Relation "Konsubstantiation" oder "Koaktualität" nennt. Konsubstantiation "is the *only* relation that connects ... concrete individuals, and makes them both exist"[15]. Allerdings ist die Situation in Castanedas Theorie mehr verwickelt. Denn es müssen des genaueren zwei Punkte unterschieden werden:

> "Indeed, we may say that an ordinary object, material or otherwise, is a *bundle* of properties, including relational ones, to underscore the fact, that it is *not* a mere aggregate or set of properties: the set has to be operated on by the concretizing operator c".[16]

Zu behaupten, dass ein bestimmtes Konkretum ein Bündel von Eigenschaften ist, besagt also nicht, dass es mit einer "gewöhnlichen" Klasse von zugehörigen Eigenschaften (im platonistischen Sinne) identisch ist. Konstituenten von Konkreta vielmehr sind durch den sogenannten c–Operator *konkretisierte* Klassen von Eigenschaften. Zu behaupten, dass ein bestimmtes Konkretum ein Bündel von Eigenschaften ist, besagt aber auch nicht, dass es einfach irgendeine beliebige Anzahl von konkretisierten Klassen von Eigenschaften ist. Vielmehr sind diese Klassen durch die faktische oder *empirische* Relation der Konsubstantiation miteinander verknüpft. Während Hochberg also Konkreta mit gewissen "Bündeln" von *Eigenschaften*, die durch "Kombination" verbunden sind, identifiziert, identifiziert Castaneda Konkreta mit gewissen "Bündeln" von durch "Konsubstantialität" verbundenen *konkretisierten Klassen* von Eigenschaften. Trotz offensichtlich grosser Unterschiede in der

---

[12] Hochberg (2), 84.

[13] Vgl.: "A second solution ... holds that the patches are composites of universal qualities. In so doing it ... [is holding] that qualitites are universals but ... that the universals are related to the things in that they are parts of them combined together by a structural tie which we shall call combination. Combination ... combines qualities into things." (Hochberg 1, 263).

[14] Vgl.: "But this relation ... is not a relation among relations. To think it so ... is to invite a puzzle associated with the name of Bradley. This is the point of calling such relations 'structural' or 'ontological ties'. The notion is that such relations are not themselves further 'entities' which the composites contain and thus, in turn, require to be connected with the other constituents" (Hochberg 2, 84)

[15] Vgl. Castaneda (1), 13.

[16] Vgl. Castaneda (1), 24.

Theorie, ist der Effekt in beiden Fällen derselbe: Die beiderseits in Ansatz gebrachte Relation sui generis blockt unser Kontingenz–Argument an der entscheidenen Stelle ab. Denn diese durch die Theorie ins Spiel gebrachte Relation sui generis ist in beiden Fällen eine *faktische* Relation.

Im Lichte dieser Stellungnahmen von zwei prominenten, zeitgenössischen Vertretern von PSBT–Positionen wird deutlich, dass *PKBT– und PCBT*–Positionen, *weil* sie dem Datum der Kontingenz von Konkreta nicht Rechnung tragen können, gar nicht ernst zu nehmende ontologische Konkreta–Theorien darstellen. Entsprechend werde ich mich mit ihnen im folgenden auch nicht beschäftigen. Nichtsdestoweniger müssen wir uns aber noch mit "Klassen" beschäftigen. Denn wie gerade Castanedas Theorie zeigt, rekurrieren *einige* PSBT–Positionen auf die Element/Klassen–Beziehung. Deswegen wird später zu zeigen sein, dass und aus welchen *formalontologischen* Gründen gemäss Ingarden *alle* BT–Positionen falsch sind, welche für die Deutung des ontischen Aufbaues von Konkreta irgendwie auf Klassen bzw. klassenartige Entitäten rekurrieren. Ausserdem müssen wir uns auch noch mit "Klassen" im kollektiven Sinne, d.h. mit Kollektionen (Haufen) beschäftigen. Denn z.B. für CBT–Positionen (wie natürlich auch für SCBT–Positionen) in der *nominalistischen* Version stellt unser Kontingenz–Argument offensichtlich keine entscheidende Kritik dar.

Abschliessend eine kurze Übersicht zum Kapitel: Im Paragraphen 39 werde ich vom Problem der Identität sich verändernder Konkreta ausgehen. Dort werden Einwände vorgetragen, die sich (obgleich nicht ausschliesslich) gegen SBT–Positionen wenden. In den Paragraphen 40 und 41 werde ich vom Problem der Individuation ausgehen. Dort werde ich Einwände gegen PSBT–Positionen vortragen. Im Paragraphen 42 schliesslich werde ich noch speziell auf NSBT–Positionen eingehen. Ingardens Kritik an (ontologischen) Theorien (gleich welcher Provenienz), die für die Deutung des ontischen Aufbaues von Konkreta in irgendwelcher Weise auf "Klassen" rekurrieren, werde ich demgegenüber erst im nächsten Kapitel zur Sprache bringen.

§39 Bündeltheorien und das Problem der Identität sich verändernder Konkreta

Ausgehend vom Datum der Identität sich in der Zeit verändernder Konkreta ist vorerst ein Argument gegen SBT−Positionen vorzutragen (39.1). Dann wollen wir überprüfen, ob dieses Argument stichhaltig ist (39.2). Abschliessend will ich zeigen, wie Ingardens zugehörige Analyse aussieht und wie von dieser Basis aus einige seiner Haupteinwände gegen SBT−Positionen lauten (39.3).

39.1 Das Argument der Veränderung oder das Flux−Argument

39.11 Das Datum der Identität sich verändernder Konkreta
Konkreta sind Objekt−Entitäten, die Veränderungen unterliegen können. Hier kommen ganz "alltägliche" Phänomene in Frage wie z.B. das Welken einer roten Rose, das Altern eines Menschen, das Wachsen eines Tieres. Der Begriff der Veränderung eines Konkretums kann partiell so charakterisiert werden (n=1,2,...,i):

(1) [Ein Konkretum x verändert sich in $\Delta t_{n+1}-t_n$ von ... zu ——] ⟶
    [x existiert zu t_n · x existiert zu t_{n+1}].

Obgleich Konkreta sich in dieser oder jener Hinsicht verändern (können), sprechen wir gegebenenfalls jeweils von identisch denselben Konkreta. Ich charakterisiere das Phänomen, das mich hier interessiert, als Phänomen der "*Identität* von Konkreta *in* der Veränderung" oder als Phänomen der "ontischen Dieselbigkeit sich verändernder Konkreta". Eine akzeptierbare ontologische Theorie von Konkreta sollte diesem Phänomen Rechnung tragen können. Ich will deshalb (1) als eine *Adäquatheitsbedingung* für ontologische Konkreta−Theorien in Ansatz bringen. Wie aber sind SBT−Positionen im Lichte dieser Adäquatheitsbedingung zu beurteilen?

39.12 Das Flux−Argument
Einige Versionen von SBT−Positionen gehen von folgender Grundthese aus:

(A) Ein Konkretum ist identisch mit einem gewissen Bündel (Komplex) von Eigenschaften, welche durch eine kontingente Relation R (sui generis) miteinander verbunden sind.

Ein naheliegender Einwand lautet nun: Wenn ein Konkretum ein bestimmtes Bündel (Komplex) von kontingent verbundenen Eigenschaften wäre, könnte es sich nicht verändern. Denn ein Konkretum könnte sich nur dann verändern, wenn der mit ihm identische Komplex von Eigenschaften seine Bestandteile ändern könnte. Doch dies ist unmöglich. Weil mithin das Phänomen der Identität in der Veränderung einen Wechsel in den Eigenschaften, die wir mit bestimmten Konkreta assoziieren, involviert, muss der strikte Bündeltheoretiker annehmen: Das zeitlich vor der Veränderung bestehende Bündel a von Eigenschaften ist verschieden von dem Bündel a' von Eigenschaften, das aus der jeweiligen Veränderung resultiert. Der Bündeltheoretiker muss also die folgende These akzeptieren:

(2) Ein beliebiges zu t_n existierendes Konkretum x, das in $\Delta t_{n+1}-t_n$ einer Veränderung V unterliegt, ist numerisch verschieden von dem aus V resultierenden Konkretum x' zu t_{n+1}.

Dieser Einwand lässt sich wie folgt in die Form eines korrekten Argumentes bringen:

(P_1) Die SBT–These, dass ein beliebiges Konkretum x identisch ist mit einem gewissen Bündel (Komplex) y von in bestimmter Weise kontingent verbundener Eigenschaften P,...,Q impliziert die These, dass die Eigenschaften P,...,Q Teile dieses Bündels y qua eines Ganzen sind. (Metatheoretische These)

(P_2) Notwendigerweise gilt für ein beliebiges Ganzes x und für beliebige Teile $T_1, T_2,...,T_i$ von x: x verändert sich in $\Delta t_{n+1}-t_n$ nur dann, wenn T_1 oder T_2 oder ... T_i zu t_n ein Teil von x ist und zu t_{n+1} kein Teil von x ist, oder aber T_m [m≠1,...,i], das zu t_n kein Teil von x ist, zu t_{n+1} ein Teil von x ist.

(P_3) Notwendigerweise gilt für ein beliebiges Ganzes x und ein beliebiges Ganzes y: x ist nur dann mit y identisch, wenn für eine beliebige Entität z gilt: z ist genau dann ein Teil von x, wenn z ein Teil von y ist. (Prinzip der Identität der Teile eines Ganzen)

Unter Voraussetzung von Prämisse (P_1) folgt (2) aus den Prämissen (P_2) und (P_3). Im Lichte dieses Argumentes erfüllen SBT–Positionen jedoch die mit (1) in Ansatz gebrachte Adäquatheitsbedingung nicht. Dabei spielt es keine Rolle, ob wir von PSBT– oder von NSBT–Positionen ausgehen. Mithin scheint unser Flux–Argument zu zeigen, dass SBT–Positionen, welche (A) als Grundthese akzeptieren, inadäquate ontologische Konkreta–Theorien sind.

39.2 Auswertung

Kann ein Bündeltheoretiker dieser für seine Theorie schlechten Konsequenz entrinnen? Betrachten wir vorerst ein prima facie mögliches

39.21 Gegen–Argument
Ein Bündeltheoretiker, der (A) als Grundthese akzeptiert – seine Theorie sei fortan klassische Theorie genannt –, wird kaum Prämisse (P_1) bestreiten wollen. Anderenfalls muss seine metaphorische Rede von "Bündeln", "Komplexen" aus Eigenschaften bzw. Eigenschaften qua "Konstituenten" von Bündeln, Komplexen usw. vom Ingardenschen Standpunkt aus betrachtet[1] schlichtweg unverständlich sein. Andererseits ist auch Prämisse (P_2)

---

[1] Vgl. dazu unten Kap. 13.

durch ihn nicht anfechtbar. (Auf diesen heiklen Punkt werde ich sogleich zurückkommen!) Wie sollte er sonst dem Phänomen der Veränderung von Konkreta Rechnung tragen können? Demgegenüber könnte er versuchen, Prämisse (P_3) zurückzuweisen. Z.B. könnte er geneigt sein, die These

(3)   Die Identität von Konkreta in der Veränderung erfordert nicht, dass Konkreta im bezug auf *alle* ihre Eigenschaften (qua bündeltheoretische Konstituenten) invariant bleiben

anzuerkennen. Das Interessante ist, dass er mit (3) das Phänomen der Identität sich verändernder Konkreta nicht leugnen will. Und mit (3) behauptet er implizit, dass zwischen der Identität von Konkreta und der Konstitutenten–Identität ein Zusammenhang besteht. These (3) setzt aber, so unser Bündeltheoretiker, nicht (P_3), sondern bloss das schwächere (P_3^*) voraus, nämlich:

(P_3^*)   Notwendigerweise gilt für ein beliebiges Ganzes x und ein beliebiges Ganzes y: x ist nur dann mit y identisch, wenn für einen beliebigen Zeitpunkt t und für eine beliebige Entität z gilt: z ist genau dann ein Teil von x *zu* t, wenn z ein Teil von y *zu* t ist.

Auf diese Weise möchte der klassische Bündeltheoretiker also tatsächlich behaupten, dass eine zu *verschiedenen* Zeitpunkten vorhandene Varianz der Eigenschaften qua Teilen von gewissen Ganzen ("Bündeln"), die jeweils mit bestimmten Konkreta identisch sein sollen, die Identität eben dieser Konkreta in der Veränderung nicht zwingend tangiert.

39.22 Drei mögliche bündeltheoretische Strategien
Die Berücksichtigung dieses prima facie möglichen Gegen–Argumentes bringt uns in der Auswertung des Flux–Argumentes erheblich weiter. Vor allen Dingen ist das folgende zu beachten: Falls a ein Konkretum ist und b (bündeltheoretisch betrachtet) *eine* von a's Konstituenten ist, dann gilt notwendigerweise: wenn a zur Zeit Δt existiert, dann *ist* b zu Δt (bündeltheoretisch betrachtet) ein Konstituent von a. Falls ein Konkretum aber gemäss (A) tatsächlich tel quel *identisch* sein soll mit einem gewissen Ganzen ("Bündel") von Eigenschaften qua zugehörigen Teilen, die vorausgesetzte Teil/Ganzes–Relation also eine *ontische* Relation ist, dann kann diese Relation nicht in der Zeit variabel sein, ohne die Identität eben dieser Ganzen und mithin von Konkreta zu tangieren. Vertreter von klassischen SBT–Positionen können also zwar (P_1),(P_2) und (P_3^*), *nicht* aber die These (3) akzeptieren. Anders formuliert: Das Argument, dass (P_1),(P_2) und (P_3^*) auf These (3) führen *sollen*, ist nicht haltbar und kann somit unser Flux–Argument nicht entkräften. Allerdings: Ein Bündeltheoretiker könnte einwerfen, dass er Prämisse (P_2) nicht akzeptieren müsse. Denn diese Prämisse setze implizit voraus, dass ein Bündel als ein *unveränderliches* "Ganzes" (wie es Klassen und Kollektionen sind) verstanden werde. Man könne Bündel jedoch auch als *sich verändernde* "Ganze" auffassen! – Dieser Einwand besteht zu Recht. Es

fragt sich aber, was ein Bündel qua "sich selbst veränderndes Ganzes" eigentlich ist. Ein "sich selbst veränderndes Ganzes" ist m.E. eine blosse (und zudem ungenaue) sprachliche Metapher zur Bezeichnung von jener Art von Objekt—Entitäten, die ontologisch als *Prozesse* zu beschreiben sind. Darauf werde ich unten im Abschnitt 39.223 genauer eingehen. Vorderhand bleibe ich also beim Verdikt, dass *klassische* Bündeltheorien der mit (1) in Ansatz gebrachten Adäquatheitsbedingung nicht Genüge leisten können. Sie manöverieren sich mithin in ein Dilemma. Um ihm zu entgehen, stehen soweit ich sehe *nur* drei Strategien offen:

erste Strategie: man hält an (A) fest, weist aber die Adäquatheitsbedingung (1) zurück;
zweite Strategie: man gibt (A) auf und rekurriert auf "logische Konstruktionen";
dritte Strategie: man gibt (A) auf und rekurriert auf Prozesse.

39.221 Die erste Strategie
Gemäss dieser Strategie behaupten Bündeltheoretiker, dass die Adäquatheitsbedingung (1) sozusagen einer vorphilosophischen Sichtweise entspringe. Die "vorphilosophische" Identifizierung bzw. Reidentifizierung von Konkreta, die bestimmten Veränderungen unterliegen, beruhe de facto auf einer Relation der Ähnlichkeit bzw. auf einer Relation der (annähernden) Gleichheit. Ontologisch betrachtet handle es sich aber tatsächlich keineswegs um strikt identische Entitäten. Der Begriff der strikten Identität solle mithin mit bezug auf das Phänomen der ontischen Dieselbigkeit sich verändernder Konkreta zugunsten irgendeines schwächeren Begriffes aufgegeben werden.

Diese Konsequenz erscheint zwar harmlos, ist es aber tatsächlich nicht. Denn aufgrund seiner theoretischen Annahmen muss der klassische Bündeltheoretiker in der Tat behaupten, dass es *ein* sich in der Zeit veränderndes Konkretum nicht geben kann. M.a.W.: Jede Veränderung, die in vorphilosophischer Sichtweise Veränderung *von einem* Konkretum ist, ist in Tat und Wahrheit ontologisch als das *Entstehen* und *Vergehen* vieler Objekt—Entitäten zu beschreiben. Vom Ingardenschen Standpunkt aus betrachtet ist dies inakzeptabel. Zu Recht nimmt er m.E. an, dass (1) nicht irgendeiner (unkritischen) vorphilosophischen Sichtweise, sondern vielmehr wohlbegründeten, d.h. cum fundamento in re begründeten Bedeutungskomponenten im Begriff der Veränderung entspringt.[2]

39.222 Die zweite Strategie
Gemäss dieser Strategie geben Vertreter von SBT—Positionen die Grundthese (A) zugunsten von

---

[2] Vgl. dazu unten 39.3.

(A₁) Jeder Satz der Umgangs– oder Wissenschaftssprache, in welchem über *ein* Konkretum gesprochen wird, ist in einen Satz irgendeiner Kunstsprache L_n *übersetzbar*, wo über viele Objekt–Entitäten gesprochen wird (und wo sich insbesondere alle (materialen) *Basis*begriffe von L_n auf "Eigenschaften" beziehen)

auf. Worum es hier der Sache nach geht ist vergleichbar dem Unterschied zwischen traditionellen Phänomenalisten (wie z.b. Berkeley) und den Phänomenalisten unseres Jahrhunderts (wie z.b. Russell oder dem frühen Carnap), welche sogenannte *konstruktionalistische* Systeme des Phänomenalismus ausarbeiten wollten.[3] Während ein klassischer Bündeltheoretiker jedes Konkretum mit irgendeinem Bündel von kontingent verbundenen Eigenschaften identifiziert, ist ein Bündeltheoretiker, der sich an (A₁) orientiert, bescheidener: Ausgehend von einer Übersetzbarkeitsthese beansprucht er "bloss", *das*, was *in* der Umgangs– oder Wissenschaftssprache *als* Konkretum vorausgesetzt wird, *in* seinem bündeltheoretischen System *als* "logisch konstruierten" Komplex aus (kontingent verbundenen) Eigenschaften *repräsentieren* zu können.

Das Anliegen konstruktionalistischer Systeme besteht (allgemein gesprochen) darin, alle Aussagen in einem *definitorischen System* mit möglichst wenig undefinierten Ausdrücken miteinander zu verknüpfen. Ihr Anliegen besteht also *nicht* darin, die wahre ontologische Struktur der Dinge an sich in allen Einzelheiten aufzudecken. Im Gegenteil, sie betonen, dass in einem System gewisse Entitäten als "Individuen" figurieren, während in einem anderen (und vielleicht ebenso guten) System "dieselben" Entitäten z.B. als Klassen figurieren. Entsprechend betont ein bündeltheoretischer Konstruktionalist: Was z.B. *im* System der Umgangssprache als Konkretum figuriert, figuriert *im* bündeltheoretischen System als Komplex aus kontingent verbundenen Eigenschaften. Derartige Komplexe sind jedoch "logische Konstruktionen", die im besten Falle *etwas* bündeltheoretisch repräsentieren, *was im* System der Umgangssprache als Konkretum repräsentiert wird.

Unter Voraussetzung von (A₁) *kann* somit ein bündeltheoretischer Konstruktionalist das

---

[3] Die traditionellen Phänomenalisten haben die Ansicht vertreten, dass materielle Dinge Kollektionen, Gruppen, Familien oder *irgendeine* andere Art von Komplexen aus Sinnesdaten ("sense data"; "impressions" usw. usw.) sind. Wer also einen Apfel isst, isst *tatsächlich* einen "Komplex von Sinnesdaten": "We eat and drink ideas [sense data], and are clothed in ideas" (George Berkeley, *A Treatise Concerning the Principle of Human Knowledge*, zitiert nach Van Cleve, 102). Die Phänomenalisten unseres Jahrhunderts haben demgegenüber im Zuge des "linguistic turn" die programmatische These vertreten, dass jeder Satz der Umgangs– und Wissenschaftssprache, in welchem über materielle Dinge gesprochen wird, in einen Satz irgendeiner Kunstsprache L_n übersetzbar ist, wobei gilt: Alle (materialen) Basisbegriffe von L_n beziehen sich auf "Sinnesdaten". Materielle Dinge werden solcherart als "aus Sinnesdaten logisch konstruierte Entitäten" aufgewiesen. Wer also einen Apfel isst, isst *nicht* tatsächlich einen "Komplex von Sinnesdaten", und natürlich schon gar nicht eine "logische konstruierte Entität". Vielmehr isst er *etwas*, das *in* der Sprache L_n durch ein bestimmtes "logisches Konstrukt" repräsentiert wird. Vgl. dazu Van Cleve, 102.

Flux–Argument als irrelevant zurückweisen. Denn er kann stets sagen, "bloss" *das, was in* der Umgangs– oder Wissenschaftssprache *als sich verändernde Konkreta* vorausgesetzt wird, *in* seinem System *als zeitliche Folge* bestimmter Komplexe von Eigenschaften zu *repräsentieren* . Natürlich muss er dabei auch *das, was in* der Umgangs– oder Wissenschaftssprache *als Identität* sich in der Zeit verändernder Konkreta vorausgesetzt wird, *in* seinem System irgendwie repräsentieren. Doch wird ihn das kaum vor grundsätzliche Schwierigkeiten stellen. Denn er *kann* es sich erlauben, den *in* der Umgangs– oder Wissenschaftssprache vorausgesetzten strengen Begriff der Identität *in* seinem System durch einen schwächeren zu ersetzen. Was er garantieren muss ist ja "bloss", dass in der Umgangs– oder Wissenschaftssprache formulierte Sätze über die Identität sich in der Zeit verändernder Konkreta *eineindeutig* in einen Satz eines bestimmten bündeltheoretischen Systems *übersetzbar* ist.

Abgesehen davon, dass (A₁) trotzallem eine *programmatische* These bleibt, ist von einem Ingardenschen Standpunkt aus betrachtet zu entgegnen, dass die Position eines bündeltheoretischen Konstruktionalisten im Grunde uninteressant ist.

Denn *erstens* wird ein streng bündeltheoretischer Konstruktionalist in irgendeiner Weise relativistisch oder auch konventionalistisch eingestellt sein. D.h. er wird gegebenenfalls nicht nur *mehrere, gleichberechtigte* bündeltheoretische Systeme zulassen, sondern er wird grundsätzlich auch das System der Umgangs– oder Wissenschaftssprache, welches Konkreta voraussetzt, zulassen. Vielleicht wird er mittels der Carnapschen Unterscheidung zwischen materialer und formaler Sprechweise bündeltheoretische Systeme als "wissenschaftlicher", als "grammatikalisch korrekter" usw. auszeichnen. Oder aber er wird im Stile des früheren Goodmann für eine Pluralität von *akzeptierbaren* Ontologien eintreten, die allesamt (auf eine etwas ominöse Weise) "passen" ("to fit"). Denn ein strenger Konstruktionalist geht von Sprachsystemen bzw. von Kalkülen aus, zu welchen — sobald sie mittels bestimmter semantischer Modelle interpretiert werden — bestimmte "Ontologien" gehören. Mit diesen "Ontologien" aber erhebt er *nicht* den Anspruch, die im Sinne Ingardens ontologische Struktur der Dinge an sich darzustellen.[4] Naheliegend ist daher die Konsequenz, die Rede von *der* Welt (Wirklichkeit) als überflüssig oder gar irreführend zurückzuweisen und damit eo ipso den ursprünglichen Begriff des Referenzobjektes aufzugeben.

Zweitens aber erklärt dies, warum im Sinne Ingardens formalontologische Überlegungen für

---

[4] Dies gilt zumindest für zeitgenössische Konstruktionalisten. Anders sieht es in der Frühgeschichte des Konstruktionalismus aus. Frege z.B. verfolgte in seinem System mit bezug auf Zahlen explizit ein sozusagen "metaphysisches" Ziel. Zur Geschichte des Konstruktionalismus und der Änderung der jeweiligen Zielsetzung vgl. Küng (1); (4); (12).

einen (bündeltheoretischen) Konstruktionalisten im voraus nicht relevant sind. Ein (bündeltheoretischer) Konstruktionalist will wie gesagt nicht *die* wahre Ontologie (im Sinne Ingardens) entdecken. Er will demgegenüber mehr oder weniger adäquate "Ontologien" (im modelltheoretischen Sinne) ausarbeiten, wobei sich die von ihm in Ansatz gebrachten Adäquatheitskritierien *nicht* auf die ontologische Struktur der Dinge an sich beziehen. *Mithin sind deshalb konstruktionalistische Systeme a priori durch überhaupt keine formalontologischen Argumente im Ingardenschen Sinne angreifbar. Eine "ontologische" Theorie, die aufgrund ihrer eigenen systematischen Anliegen formalontologisch nicht kritisierbar ist, ist aber einer empirischen Theorie vergleichbar, welche prinzipiell nicht falsifizierbar ist.* Ähnlich wie derartige Theorien für einen Realwissenschaftler zu Recht im Grunde uninteressant sind, sind auch bündeltheoretische Konstruktionalisten für Ingarden zu Recht im Grunde uninteressant.

Anders wird die Angelegenheit allerdings dann, wenn ein Bündeltheoretiker (A) auch zugunsten von (A$_1$) aufgibt, *zugleich* aber *kein* strenger Konstruktionalist ist. Doch damit sind wir bereits bei der dritten denkbaren Strategie angelangt, das Flux–Argument zu entkräften.

39.223 Die dritte Strategie
Gemäss dieser Strategie geben Bündeltheoretiker (A) zugunsten von (A$_1$) *und* den folgenden Grundthesen auf:

(A$_2$)   Ein Konkretum ist identisch mit einer gewissen Abfolge von zeitlichen Etwassen Z, die alle durch eine kontingente Relation R (sui generis) miteinander verbunden sind;

(A$_3$)   Ein zeitliches Etwas Z, wie es in (A$_2$) gemeint ist, ist identisch mit einem Bündel (Komplex) von (kontingent oder notwendigerweise) ko–instantiierten Eigenschaften.

Ich nenne einen Bündeltheoretiker, der diese Strategie verfolgt, einen *Prozess– oder Vorgangs–Theoretiker*. Soweit ein Prozesstheoretiker (A$_1$) akzeptiert, ist er ein bündeltheoretischer Konstruktionalist. Da er aber zugleich (A$_2$) und (A$_3$) akzeptiert, ist er zugleich *kein strenger* Konstruktionalist. Denn im Unterschied zu diesem vertritt er eine ganz bestimmte reduktionistische Konkreta–Ontologie. Im Unterschied jedoch zum *klassischen* Bündeltheoretiker analysiert er Konkreta nicht als blosse Bündel kontingent verbundener Eigenschaften, sondern als eine gewisse Abfolge von kontingent verbundenen zeitlichen "Etwassen", die ihrerseits Bündel (Komplexe) von (kontingent oder notwendigerweise) ko–instantiierten Eigenschaften sind. Er setzt somit die "gewöhnliche" bündeltheoretische Analyse sozusagen eine Stufe tiefer an, "reduziert" damit Konkreta aber zugleich auf Prozesse. Doch sehen wir etwas genauer zu!

Konkreta im hier vorausgesetzten Sinne sind *räumlich* 3–dimensional *ausgedehnte* Objekt–

Entitäten, d.h. sie können als *Ganze* mit *räumlichen Teilen* betrachtet werden. Ausserdem sind sie Objekt–Entitäten, die *in* der Zeit (*über*)*dauern*, d.h. falls ein Konkretum in Δt existiert, so (*über*)*dauert es die Zeitspanne* Δt.[5] Trotzdem sind Konkreta *nicht* zeitlich ausgedehnt. Eine Objekt–Entität, so will ich sagen, ist genau dann zeitlich ausgedehnt, wenn sie *Teile* hat, die *durch die Zeitstelle* ihres Existierens oder Vorkommens voneinander unterschieden sind.[6] Teile, die *durch die Zeitstelle* ihres Existierens oder Vorkommens voneinander unterschieden sind, nenne ich *zeitliche Teile*. In diesem Sinne haben Konkreta *keine* zeitlichen Teile, d.h. sie können nicht als Ganze mit zeitlichen Teilen betrachtet werden. Sofern Konkreta im hier vorausgesetzten Sinne zwar in der Zeit überdauern, ohne aber zeitlich ausgedehnt zu sein, können sie auch als *Continuants* bezeichnet werden. Qua Continuants unterscheiden sich Konkreta insbesondere von Prozessen (Vorgängen) bzw. *Occurrents*, die *in der Zeit stattfinden*, zugleich aber auch im eben bestimmten Sinne *zeitlich ausgedehnt* sind. Sowohl Continuants (Konkreta) wie Occurrents (Prozesse) *sind* zwar in einem weiteren Sinne "zeitliche" Objekt–Entitäten; sie unterscheiden sich aber dadurch, dass nur Occurrents als Ganze *mit* zeitlichen Teilen betrachtet werden können.[7]

Weil Prozesse/Vorgänge, nicht aber Konkreta, zeitliche Teile haben, sind auch zugehörige Prädikationen, die irgendeine Zeitreferenz involvieren, sehr verschieden. Betrachten wir die folgenden (mit Absicht stilistisch etwas ungewöhnlich formulierten!) Beispielsätze:[8]

(4) Caruso war in San Franzisko am 18. April 1906;

(5) Das grosse Erdbeben war in San Franzisko am 18. April 1906.

Mit (4) schreibt man Caruso eine Raumstelle *zu* einer gewissen Zeit zu, während man mit (5) dem Erdbeben *beides*, eine Raumstelle *und* eine Zeitstelle zuspricht. Entsprechend kann die Aussage *nur* im zweiten Falle als Konjunktion *zweier* Sätze reformuliert werden. Und *nur* im zweiten Falle kann das 'war' durch 'fand statt' oder 'ereignete sich' ersetzt werden. Der logischen Form nach involviert (4) entsprechend ein *einziges* 3–stelliges Prädikat ('x war in y zu t'), während (5) *zwei* 2–stellige Prädikate ('x fand statt in y'; 'x ereignete sich zu t') involviert. Während also (5) grammatikalisch korrekt mittels

---

[5] Vgl. Ingarden (10), 215.

[6] Vgl. Simons (3), 117.

[7] Ingarden unterscheidet genauer zwischen drei Grundtypen "zeitlicher" Objekt–Entitäten: Dinge, Vorgänge (Prozesse) und Ereignisse (vgl. Ingarden (10), Kap. 5). Ereignisse im Ingardenschen Sinne sind punktuell und sind somit keine Ganze mit zeitlichen Teilen. Für meine Zwecke jedoch brauche ich Ingardens sehr differenzierte Unterscheidungen nicht zu berücksichtigen (vgl. dazu Smith (13), 115 ff). Anzumerken jedoch bleibt, dass ich in der Unterscheidung zwischen Continuants und Occurrents Simons (3) folge. Zur Thematik vgl. Haefliger (6).

[8] Sie stammen von Simons (3), 130 f.

(5')   Das grosse Erdbeben fand in San Franzisko statt · das grosse Erdbeben ereignete sich am 18. April 1906

reformulierbar ist, ergibt eine analoge Reformulierung von (4) einen offensichtlichen Unsinn.[9] Dieser sprachliche Befund *beruht* m.E. darauf, dass das Verhältnis von Prozessen zur Zeit sozusagen viel intimer und direkter ist als im Falle von Konkreta: Prozesse, *nicht* aber Konkreta, können als *Ganze mit zeitlichen Teilen* betrachtet werden.[10]

Für das Weitere ist nun die folgende Überlegung wichtig. Als ein intuitives Beispiel für ein sich veränderndes *Konkretum* kann der Leser an ein Rosenblatt denken, das vorerst grüngefärbt, nach einem komplizierten Veränderungsvorgang aber braungefärbt ist. Weil Konkreta in der Zeit (über)dauernde Objekt–Entitäten sind, ohne deswegen zeitlich ausgedehnt zu sein, kann

(6)   Das Konkretum a *verändert sich* in $\Delta t_{n+1} - t_n$ von F zu G

wie folgt analysiert werden:

(7)   Zu t_n *ist* F (nicht–zeitlicher) Teil des Ganzen a · zu t_n ist G *kein* (nicht–zeitlicher) Teil des Ganzen a · zu t_{n+1} *ist* G (nicht–zeitlicher) Teil des Ganzen a · zu t_{n+1} ist F *kein* (nicht–zeitlicher) Teil des Ganzen a.

Als ein intuitives Beispiel für einen *Prozess/Vorgang* kann der Leser an einen Fussballmatch (mit zwei Halbzeiten) denken. Im Ausgang von (dabei gelte: n= 1,2,...,i und m>n+1)

(8)   Das Ereignis a *findet statt* in $\Delta t_m - t_n$

können wir z.B.

(9)   a ist ein Ganzes, von dem gilt: a findet statt in der Zeit $\Delta t_m - t_n$ · (Ex)(Ey)[x≠y · x ist ein *zeitlicher* Teil von a · x findet statt in $\Delta t_{n+1} - t_n$ · y ist ein *zeitlicher* Teil von a · y findet statt in $\Delta t_m - t_{n+1}$]

behaupten. Demgegenüber können wir das folgende *nicht* behaupten:

(10)   a ist ein Ganzes, von dem gilt: a findet statt in der Zeit $\Delta t_m - t_n$ · (Ex)(Ey)[x≠y · x ist ein zeitlicher Teil von a · x findet statt in $\Delta t_{n+1} - t_n$ · y ist ein zeitlicher Teil von a · y findet statt in $\Delta t_m - t_{n+1}$ · *a verändert sich in* $\Delta t_m - t_n$ *von x zu y*].

Denn der in (10) markierte Teilsatz besagt etwas Widersinniges. Ein Vorgang verändert sich nicht von irgendeinem seiner zeitlichen Teile zu einem anderen seiner zeitlichen Teile. Vielmehr *besteht* ein Vorgang *aus der (Ab–)Folge* seiner zeitlichen Teile. Entsprechend gilt

---

[9]   Zum ganzen vgl. Simons (3), 130. f.
[10] Zum Zusammenhang zwischen zeitlichen und nicht–zeitlichen Teilen vgl. Simons (3), 130 ff.

auch: Jeder zeitliche Teil eines Vorganges qua Ganzem ist auch *essentiell* ein zeitlicher Teil dieses Vorganges. Denn wenn ein Vorgang in irgendeiner Zeitspanne stattfindet, so kann es unmöglich der Fall sein, dass *einer* seiner zeitlichen Teile nicht stattfindet. Der fragliche Vorgang würde sonst nämlich gar nicht stattfinden.[11] Demgegenüber ist die These des mereologischen Essentialismus im bezug auf Konkreta ganz und gar nicht plausibel. Denn auch Konkreta lassen sich als Ganze mit bestimmten (allerdings nicht–zeitlichen) Teilen betrachten. Falls aber gemäss dem mereologischen Essentialismus jeder Teil eines Ganzen essentieller Teil dieses Ganzen wäre, wäre die Identität von sich in der Zeit verändernden Konkreta unmöglich.

Diese Überlegungen zeigen insgesamt, dass die Rede von sich in der Zeit verändernden Konkreta bzw. die Rede von der Identität von sich in der Zeit verändernden Konkreta nur dann Sinn macht, wenn man Konkreta als Ganze betrachten kann, die *keine* zeitlichen Teile haben. Demgegenüber gilt: *Ein Vorgang/Prozess kann sich nicht verändern. Denn ein Vorgang besteht aus seinen zeitlichen Teilen bzw. ist die (Ab–)Folge seiner zeitlichen Teile.* Wer dies nicht akzeptiert, müsste ganz analog z.B. auch die evident unsinnige These akzeptieren: Wenn sich ein Körper vom Raumpunkt i zum Raumpunkt k bewegt, dann *bewegt* sich auch *die Bewegung dieses Körpers* vom Raumpunkt i zum Raumpunkt k! (Die Änderung der Raumposition eines Körpers ist ontologisch gesehen ein Vorgang, während der involvierte Körper selbst kein Vorgang ist; der involvierte Körper vielmehr ist ein Konkretum, das eine neue Raumposition einnimmt und sich insofern "verändert". Allerdings liegt in diesem Beispiel vielleicht nur eine "Cambridge"–Veränderung vor!)

Kehren wir nun zu unserem Ausgangspunkt zurück. Ich habe oben die dritte Strategie, unser Flux–Argument zu entkräften, so beschrieben, dass ein Bündeltheoretiker die Grundthese (A) zugunsten von (A_1)–(A_3) aufgibt. Im vorliegenden Kontext entscheidend sind vor allem (A_2) und (A_3). Nach meiner Auffassung können diese Grundthesen folgenderweise reformuliert werden:

(A_2^*) Ein Konkretum ist identisch mit einer gewissen (Ab–)Folge von zeitlichen Teilen, die alle durch eine kontingente Relation R (sui generis) miteinander verbunden sind;

(A_3^*) Ein zeitlicher Teil, wie er in (A_2^*) gemeint ist, ist identisch mit einem Bündel (Komplex) von (kontingent oder notwendigerweise) ko–instantiierten Eigenschaften.

---

[11] Wäre dem nicht so, würde die Schweizer Nationalmannschaft vielleicht leichter an der nächsten Fussballweltmeisterschaft teilnehmen können. Sie könnte nämlich jeden Match in der Vorrunde genau dann durch den Schiedsrichter abpfeifen und durch die Jury trotzdem als *ganzen* Match anrechnen lassen, wenn sie zufälligerweise einmal nach gewissen zeitlichen Teilen eines Matches (z.B. nach der ersten Halbzeit) an Toren vorausliegt.

Wenn meine Reformulierungsvorschläge[12] zutreffen, dann wird leicht ersichtlich, *wie* ein Bündeltheoretiker mit der dritten Strategie das Flux–Argument entkräften kann. Denn (A$_3$*) besagt in der oben verwendeten Terminologie, dass ein Konkretum bündeltheoretisch mit einem *Ganzen* identifiziert wird, das *zeitliche* Teile hat. Was die jeweiligen zeitlichen Teile zu Teilen eines *bestimmten* Ganzen macht, ist gerade die von Bündeltheoretikern ins Spiel gebrachte *kontingente* Relation R. Ein Ganzes, das zeitliche Teile hat, ist gemäss der oben eingeführten Terminologie jedoch ein *Vorgang*. Aus diesem Grund habe ich einen Bündeltheoretiker, der die dritte Strategie wählt, geradezu einen Vorgang– oder Prozess– Theoretiker genannt. Nun, dass ein Prozesstheoretiker das Flux–Argument entkräften kann, ist offensichtlich. Prozesse nämlich können sich gar nicht verändern. Wenn also Konkreta bündeltheoretisch betrachtet Prozesse *sind*, können sich Konkreta nicht verändern. Also "verschwindet" sozusagen das Problem, auf welches sich das Flux–Argument bezogen hat bzw. das Flux–Argument wird in der Sache irrelevant.

Ein Prozesstheoretiker unterscheidet sich erheblich von einem Bündeltheoretiker, der die *erste* Strategie verfolgt. Dieser *anerkennt* das *Datum* der Identität sich in der Zeit verändernder Konkreta, kritisiert aber die Adäquatheitsbedingung (1). Ihm gemäss muss der Begriff der strikten Identität mit bezug auf sich verändernde Konkreta zugunsten irgendeines schwächeren Begriffes aufgegeben werden. Anders ein Prozesstheoretiker. Er *kann* grundsätzlich am Begriff der strikten Identität festhalten.[13] Was er dagegen sozusagen kritisiert, ist geradezu das *Datum der Veränderung von Konkreta*: Wo man "vorphilo- sophisch" von "Veränderung eines Konkretums" spricht, sollte man ihm gemäss von (verschiedenen) "zeitlichen Teilen (Phasen) eines Vorganges" sprechen.

Natürlich muss ein Prozesstheoretiker auch seine Grundthese (A$_3$*) präzisieren können und zwar derart, dass er der programmatischen These (A$_1$) Rechnung trägt. Dabei könnte er sich, was die technischen Details betrifft, an den Leitideen der sogenannten 4–dimensionalen Ontologie orientieren, in denen Konkreta im hier vorausgesetzten Sinne just als 4–dimensionale Prozesse (logisch) "rekonstruiert" werden.[14] Denn eine bündeltheoretische Prozess–Theorie ist offensichtlich eine Variante der 4–dimensionalen Ontologie.

Was nun ist von einem *Ingardenschen Standpunkt* aus betrachtet gegenüber einem Prozess- theoretiker einzuwenden? – Peter Simons hat das Problem der Veränderung bzw. das

---

[12] Vgl. dazu auch Casullo.
[13] Vgl. dazu Simons (3), 121 ff. (Simons bezieht sich allerdings allgemeiner auf sogenannte 4–dimensionale Ontologien).
[14] Für eine Darstellung dieser Position vgl. Simons (3), 121 ff.

Flux–Problem kürzlich mit Hilfe des analytischen Rahmens mereologischer Kunstsprachen scharfsinnig untersucht.[15] Dabei kommt auch er zum Ergebnis, dass ein Prozesstheoretiker das Flux–Problem zumindest prinzipiell lösen kann. Vor allem betont er, dass man in genere 4–dimensionale Prozess–Ontologien wohl kaum apriorisch widerlegen, d.h. als inkonsistent nachweisen kann.[16] Bei seiner vorsichtigen, *auch* pragmatisch begründeten Stellungnahme, bezieht er sich schliesslich vor allem auf die von der Theorie vorausgesetzte programmatische These der Übersetzbarkeit:

> "To be successful, the suggestion must show how to eliminate all singular and general terms denoting continuants, and all predicates and other functor expressions for which singular or other terms denoting continuants are argument expressions ... Proponents of a process ontology ... indulge in a form of double–talk when it comes to giving concrete examples. So we have talk of river–stages, or stages of Phillip that are drunk or sober, and so on. Quine talks happily of 'conceiving' or 'construing' continuants four–dimensionally. But this is not simply redescription, for when something is redescribed, it gets a new description. *Reconstrual, taken seriously, is rejection.* Continuants literally disappear from our ontology, leaving something else in their stead. *To describe what is introduced, we need a completely new language.* So it is cheating to talk of *river*–stages, of stages of *Phillip*, of *cat*–processes. Even if we allow such talk – as a temporary measure – it is not just cheating but *false* to talk of bathing in a river–stage, of a Phillip–stage being drunk. It cannot be right to change the subject and leave the predicate unmodified and still think one has a true sentence. Likewise ... only continuants ... have careers. A four–dimensional object does not *have* a career – at best it *is* a career. But if continuants disappear from our ontology, it is not a career *of* anything. The double–talk is an attempt to smooth over the difficulties involved in replacing continuants by keeping the respectable familiarity of the old while reaping the benefits of the new."[17]

Diese Simonsche Stellungnahme würde Ingarden mit Sicherheit unterstützen. Als weitere Schwierigkeit einer 4–dimensionalen Ontologie im allgemeinen kommt hinzu, dass nicht nur für die Umgangssprache, sondern auch für die (physikalischen) Wissenschaftssprachen die Referenznahme auf Continuants unverzichtbar erscheint.[18]

Diese Vorbehalte sind mindestens a fortiori gute Gründe *gegen* eine 4–dimensionale Ontologie im allgemeinen und eine bündeltheoretische Prozess–Ontologie im besonderen. Allerdings, von *seinen* Voraussetzungen aus müsste *Ingarden* eigentlich mehr behaupten. Ingarden müsste letztlich zeigen können, *dass und wie eine bündeltheoretische Prozess– Theorie apriorisch widerlegbar ist.* Vermutlich würde er nachzuweisen versuchen, dass das

---

[15] Für die Analyse des Problems vgl. Simons (3), 117–27; für Simons mereologisch formulierten Lösungsansatz vgl. Simons (3), 175–251.
[16] Vgl. Simons (3), 123; 126.
[17] Simons (3), 125.
[18] Vgl. Simons (3), 126 f.

Stattfinden von Prozessen aus formal- und/oder existentialontologischen Gründen das Existieren von Konkreta erfordert.[19] Ob ihm dies allerdings überzeugend gelingen kann, ist natürlich eine andere Frage.

39.23 Zusammenfassung der Auswertung

Ausgehend vom Datum der Identität sich in der Zeit verändernder Konkreta habe ich ein Flux-Argument formuliert, das gegen SBT-Positionen spricht, welche von der Grundthese (A) ausgehen. Bei der Auswertung des Flux-Argumentes wurden drei mögliche bündeltheoretische Positionen berücksichtigt: Die klassische Theorie, die streng konstruktionalistische Theorie und die Prozess-Theorie. Die konstruktionalistische Theorie ist für Ingarden zu Recht uninteressant, weil sie formalontologisch sozusagen prinzipiell nicht kritisierbar ist. Gegenüber der Prozess-Theorie lassen sich zwar wohl begründete Einwände vortragen. Trotzdem zeigt es sich, dass Ingarden von *seinen* Voraussetzungen aus zeigen müsste, dass das Stattfinden von Prozessen das Existieren von Konkreta erfordert. *Bevor* ein solcher Nachweis gegeben ist, sollte ein "Ingardenianer" deshalb zumindest vorläufig zugeben, dass eine als Prozess-Theorie konzipierte SBT-Position trotzallem eine ernst zu nehmende ontologische Theorie darstellt, die eine substanzontologische Konkreta-Theorie zu ersetzen vermag. Die Kehrseite davon lautet: *Soweit* das Flux-Argument zur Debatte steht, kann ein "Ingardenianer" vorderhand bloss die klassische SBT-Position ad acta legen.

39.3 Ingarden und das Flux-Problem

Abschliessend ist noch kurz zu skizzieren, wie Ingarden das Datum der Identität von sich in der Zeit verändernden Konkreta[20] im Lichte *seiner* Konkreta-Theorie analysiert (39.31) und wie (von dieser Basis aus) einige seiner Haupteinwände gegen SBT-Positionen lauten (39.32).

39.31 Ingardens Analyse

Vorerst ist zu betonen, dass Ingarden, ohne jeglichen Zusammenhang zwischen beiden Problemen leugnen zu wollen, scharf zwischen dem erkenntnistheoretischen Problem der Reidentifizierung von sich verändernden Konkreta als denselben und dem ontologischen Problem der *ontischen* Derselbigkeit (d.h. numerischen Identität) von sich verändernden Konkreta unterscheidet.[21] Aus Ingardens äusserst detaillierten Analyse will ich hier nur

---

[19] Vgl. auch Simons (3), 126 f.
[20] Vgl. oben Abschnitt 39.1.
[21] Vgl. Ingarden (12), 32 und 33/4.

einige Bedingungen anführen, die nach Ingarden *notwendige* Bedingungen der ontischen Derselbigkeit sich verändernder Konkreta sind.

(i) Notwendigerweise gilt für ein beliebiges Konkretum x und ein beliebiges Konkretum y: Wenn x sich in $\Delta t_{n+1}-t_n$ zu y verändert, dann sind x und y nur dann ontisch dieselben, wenn x und y in $\Delta t_{n+1}-t_n$ numerisch identisch sind.[22]

— Bedingung (i) erscheint auf den ersten Blick geradezu trivial oder als eine blosse stilistische Variante der Rede von der Identität sich verändernder Konkreta. Dem ist aber keineswegs so. Bedingung (i) verdient in mehrerer Hinsicht besondere Beachtung. Aufgrund von (i) lässt sich mit Ingarden z.B. folgendes behaupten:

(11) Notwendigerweise gilt für ein beliebiges Konkretum x und ein beliebiges Konkretum y: wenn x sich in $\Delta t_{n+1}-t_n$ zu y verändert, und x und y in $\Delta t_{n+1}-t_n$ nicht numerisch identisch sind, dann gibt es innerhalb des Zeitintervalles $\Delta t_{n+1}-t_n$ eine Zeitstelle t_i, wo x zu existieren aufhört und y zu existieren beginnt.[23]

Bedingung (i) ist auch im Zusammenhang mit der kriteriologischen Frage nach der (Re-)Identifizierbarkeit von sich verändernden Konkreta von Interesse. Gewöhnlich gehen wir von folgendem aus:

(12) Für ein beliebiges Konkretum x und für einen beliebigen Zeitpunkt t gilt: Es ist nicht möglich, dass sich x zu t an verschiedenen, diskontinuierlichen Raumstellen befindet.

(12) dient uns gegebenenfalls als Kriterium für die Annahme, dass numerisch verschiedene Konkreta vorliegen. Nach Ingarden gilt aber nicht, dass gegebenenfalls die eine und einzige Raumstelle, an der sich ein Konkretum a zur Zeit t befindet, die ontische Dieselbigkeit von a konstituiert, sondern umgekehrt: die Tatsache, dass sich ein Konkretum a zur Zeit t nur an einer einzigen Raumstelle befinden kann, folgt aus der Tatsache, dass a numerisch identisch *eine* Objekt–Entität *ist*.[24]

Mit Bedingung (i) ist es schliesslich a priori ausgeschlossen, die Identität sich verändernder Konkreta unter Bezug auf irgenwelche Ähnlichkeits– oder Gleichheitsrelationen zu erklären. Dies ist auch insbesondere deswegen der Fall, weil derartige Relationen (in Ingardens Terminologie "Verhältnisse") aus formalontologischen Gründen mindestens zweigliedrig sind, also die numerische Verschiedenheit der Relata voraussetzen.[25]

---

[22] Vgl. Ingarden (12), 34 f.
[23] Vgl. Ingarden (12), 32.
[24] Vgl. Ingarden (12), 35.
[25] Ingarden weist aus formalontologischen Gründen die Rede von einer Identität (Gleichheit oder Ähnlichkeit) eines jeden Gegenstandes mit sich selbst zurück. Selbstidentität, d.h. Selbstgleichheit, Selbstähnlichkeit sind nach Ingarden überhaupt keine "Verhältnisse" im ontologischen Sinne. Vgl. dazu oben Paragraphen 14 und 15.

(ii) Notwendigerweise gilt für ein beliebiges Konkretum x und ein beliebiges Konkretum y: Wenn sich x in $\Delta t_{n+1}-t_n$ in y verändert, dann sind x und y nur dann ontisch dieselben, wenn die konstitutive Natur von x und y in $\Delta t_{n+1}-t_n$ genau eine ist.[26]

— Bedingung (ii) ist natürlich eine Konsequenz von Ingardens formalontologischer Theorie von Konkreta. Der Begriff einer konstitutiven Natur von Konkreta wirft zugegebenermassen erhebliche erkenntnistheoretische Probleme auf. Ingarden kann aber mit Recht betonen, dass dies für die Frage nach den notwendigen *ontischen* Bedingungen für die Möglichkeit der Identität von Konkreta in der Veränderung jedenfalls von sekundärer Bedeutung ist.[27] Schliesslich ist zu betonen, dass Ingarden Bedingung (ii) nur als *notwendige* Bedingung formuliert.[28]

(iii) Notwendigerweise gilt für ein beliebiges Konkretum x und ein beliebiges Konkretum y: Wenn x sich in $\Delta t_{n+1}-t_n$ in y verändert, dann sind x und y nur dann ontisch dieselben, wenn es im Zeitintervall $\Delta t_{n+1}-t_n$ keine Zeitstelle t_i gibt, wo x nicht existiert oder y nicht existiert.[29]

— Bedingung (iii) verlangt, dass Konkreta im Prozess der Veränderung nicht sozusagen intermittendo existieren. Tritt in diesem Prozess aus irgendwelchen Gründen ein "Abbruch im Existieren" ein, kann von einer *ontischen* Derselbigkeit keine Rede mehr sein.[30]

Die Ingardensche Analyse notwendiger Bedingungen für die ontische Diesselbigkeit sich verändernder Konkreta ist äusserst subtil und detailliert. Insbesondere behandelt Ingarden auch die Frage, ob die Konjunktion aller von ihm statuierten notwendigen Bedingungen[31] als hinreichende Bedingung für die ontische Dieselbigkeit sich verändernder Konkreta verstanden werden kann.[32] Im vorliegenden Zusammenhang kann ich darauf nicht näher eingehen. Mir geht es hier nur um zwei Punkte: Erstens wollte ich wenigstens andeutungs— weise zeigen, wie sorgfältig Ingarden das Phänomen der Identität von Konkreta in der Veränderung analysiert. Zweitens wollte ich aber vor allem auch zeigen, dass im Lichte seiner Theorie die zu Beginn in Ansatz gebrachte Adäquatheitsbedingung (1) gerechtfertigt werden kann. Wenn einige Vertreter von SBT—Positionen aufgrund ihrer theoretischen Annahmen gezwungen sind, das mit (1) beschriebene Phänomen einfach als "vorphilo—

---

[26] Vgl. Ingarden (12), 35–38.
[27] Vgl. Ingarden (12), 36.
[28] Vgl. dazu die Ausführungen bei Ingarden (12), 36 f.
[29] Vgl. Ingarden (12), 38–42.
[30] Vgl. insbesonders Ingarden (12), 39. *Gegen* die Ingardensche These, dass das Intermittendo—Existieren bei Konkreta ausgeschlossen ist, neuerdings Simons (3), 195–209.
[31] Ich habe oben nicht alle berücksichtigt.
[32] Vgl. Ingarden (12), 48 ff.

sophisch" zu disqualifizieren, dann spricht dies gegen die Theorie, nicht aber gegen das Phänomen. Im Lichte von Ingardens Theorie dagegen können wir daran festhalten, dass die scheinbar bloss vorphilosophische Beschreibung philosophisch tatsächlich ganz und gar korrekt ist. "Dass ein solcher Gegenstand durch die ganze Zeitspanne seiner Existenz 'derselbe' sei, bedeutet nichts anderes als nur dies, dass er vom ersten Moment seiner Existenz an trotz der Veränderungen, die in ihm stattfinden, immerfort er selbst bleibt, bis er aus irgendeinem Grunde zu sein aufhört."[33] Darin *besteht* die *ontische* Grundlage für die Möglichkeit der nennenden Reidentifizierung sich verändernder Konkreta *als* "denselben".

39.32 Ingardens Haupteinwände gegen (klassische) SBT–Positionen
lassen sich wie folgt zusammenfassen:[34]

(K_1)   Strikte Bündeltheorien behandeln Materien (im formalontologischen Sinne) von Konkreta wesentlich als *gleichgeordnete* materiale Bestimmungen von Konkreta – was formalontologisch betrachtet falsch ist.

(K_2)   Strikte Bündeltheorien behandeln materiale Bestimmungen von Konkreta einfach als *Eigenschaften* qua Konstituenten bzw. Teile von bestimmten "Bündeln" (Komplexen) bzw. Ganzen. Der von SBT–Positionen vorausgesetzte Grundbegriff der Eigenschaft von Konkreta ist aber formalontologisch ungeklärt.

(K_3)   Strikte Bündeltheorien betrachten materiale Bestimmungen von Konkreta als *Konstituenten* bzw. *Teile* von bestimmten "Bündeln" (Komplexen) bzw. *Ganzen*, ohne aber die *ontische* Relation "Teil eines Ganzen – Ganzes" formalontologisch zu klären.

Vor allem wegen K_1 sind klassische SBT–Positionen nach Ingarden nicht in der Lage, das Phänomen der Identität von Konkreta in der Veränderung ontologisch adäquat zu analysieren. Die von Ingarden herausgestellte notwendige Bedingungen (ii) setzt demgegenüber voraus, dass materiale Bestimmungen von Konkreta nicht einfach tel quel als gleichgeordnete Bestimmungen, einfach als Eigenschaften qua Konstituenten von Konkreta, angesetzt werden können.

Mit K_2 kritisiert Ingarden, dass gemäss bündeltheoretischen Konzeptionen sozusagen alles und jedes an Konkreta Unterscheidbare einfach in bestimmter Weise kontingent verbundene Eigenschaften sind. Die Unterschiede der Formen: "Subjekt–von–Eigenschaften–zu–sein" und "Eigenschaft–von–zu–sein" bleiben unberücksichtigt und damit auch die Unterschiede, die zwischen Materien bestehen, die in diesen Formen stehen.

---

[33]   Ingarden (12), 32.
[34]   Vgl. Ingarden (11), 173.

Die Kehrseite davon wird in K_3 kritisiert. Weil die formalontologische Grundform von Konkreta unberücksichtigt bleibt, gehen Bündeltheoretiker einfach von der Relation: "Konstituent (Teil) eines Komplexes (Ganzen) — Komplex (Ganzes)" aus. Ob dieser analytische Rahmen aber für eine ontologische Analyse von Konkreta überhaupt adäquat ist, wird als Problem zumindest unterschätzt.[35]

---

[35] Zum letzteren Punkt vgl. unten Kap. 13.

§40 Bündeltheorien und das Problem der Individuation (I)

Ausgehend von einem Datum, das ich als Datum der numerischen Differenz von Konkreta bezeichne (40.1), soll vorerst ein Argument gegen PSBT–Positionen vorgetragen werden (40.2). Dann wollen wir überprüfen, ob dieses Argument stichhaltig ist (40.3). Abschliessend werde ich im Paragraphen 41 unter Berücksichtigung einer besonders differenzierten bündeltheoretischen Position, nämlich der Theorie H.N. Castanedas, Ingardens Analyse des Problems der Individuation vorstellen.

40.1 Das Datum der numerischen Differenz von Konkreta

Ausgangspunkt sei das sogenannte "Leibniz–Prinzip"[1], wonach notwendigerweise gilt: Zwei Gegenstände sind genau dann identisch, wenn ihnen die genau gleichen Eigenschaften zukommen. Also:

(LP)   N $(\forall x)(\forall y)[(x=y) \equiv (\forall P)(Px \equiv Py)]$.

Das erste Äquivalenzzeichen in (LP) kann als Implikationszeichen in zwei Richtungen gelesen werden, sodass man einerseits das Prinzip der Ununterscheidbarkeit des Identischen ("*Leibniz–Gesetz*")

(LG)   N $(\forall x)(\forall y)[(x=y) \longrightarrow (\forall P)(Px \equiv Py)]$

und andererseits das Prinzip der *I*dentität des *U*nunterscheidbaren

(IU)   N $(\forall x)(\forall y)[(\forall P)(Px \equiv Py) \longrightarrow (x=y)]$

erhält. Interessant ist vor allem IU. Denn gemäss IU gilt auch das folgende:

(1) Notwendigerweise gilt für ein beliebiges Konkretum x und ein beliebiges Konkretum y: Wenn für eine beliebige Eigenschaft P gilt: P wird genau dann von x exemplifiziert, wenn P von y exemplifiziert wird, dann sind x und y identisch.

Ein weiterer Ausgangspunkt bildet nun die Annahme, dass in der Welt numerisch verschiedene Konkreta existieren. Als solche steht diese Annahme in keinem Widerspruch zu (1). Denn (1) lässt es zu, dass numerisch verschiedene Konkreta existieren. Demgegenüber ist es gemäss (1) nicht möglich, dass numerisch verschiedene Konkreta existieren, welche in qualitativer Hinsicht vollständig gleich sind. Warum soll dies aber nicht wenigstens möglich sein? Warum soll es nicht (vielleicht auch nur per possibile) Konkreta geben, die in qualitativer Hinsicht vollständig gleich sind, die also identisch dieselben Eigenschaften

---

[1]   Vgl. Burkhardt, 228 ff. (mit Literaturhinweisen).

exemplifizieren?

Angenommen also es existieren zwei (numerisch verschiedene) Konkreta a und b, welche die genannte Bedingung erfüllen. Sie unterscheiden sich dann voneinander ausschliesslich dadurch, dass sie numerisch nicht identisch sind. Indem ich diese *Annahme* mache, spreche ich vom *Datum der numerischen Differenz von Konkreta*. Es stellt sich dann die Frage, ob und wie PSBT–Positionen dieses Datum erklären können.

40.2 Das Argument der numerischen Differenz

40.21 Voraussetzungen des Argumentes
Weil NSBT–Positionen im voraus zwischen individuellen Eigenschaften und Eigenschaften qua Universalien unterscheiden, stellt das Datum der numerischen Differenz solche Positionen vor keine besonderen Schwierigkeiten. Anders aber, wie wir gleich sehen werden, im Falle von PSBT–Positionen. Einfachheitshalber gehe ich wiederum von einer *klassischen* PSBT–Position aus, welche als Grundthese

(A) Ein Konkretum ist identisch mit einem gewissen Bündel (Komplex) von Eigenschaften, welche durch eine kontingente Relation R (sui generis) miteinander verbunden sind

akzeptiert. *Platonisten* im bezug auf Eigenschaften setzen nun in der Regel die Relation der Instantiierung bzw. die Relation der Exemplifikation als eine *undefinierte* Grundrelation voraus. Diesem Usus folgend will ich vorerst zwischen absoluten und relationalen Eigenschaften (qua Universalien) unterscheiden.

(Df_1) Eine Eigenschaft P(–heit) ist relational :≡ Es gibt eine Relation R und ein Konkretum a, sodass für jedes beliebige Konkretum x notwendigerweise gilt: x exemplifiziert P(–heit) genau dann, wenn x zu a in der Relation R steht.

(Df_2) Eine Eigenschaft P(–heit) ist absolut:≡ P(–heit) ist nicht relational.

Die Eigenschaft *Vater–von–Peter–zu–sein* (=F) ist im Sinne von Df_1 eine relationale Eigenschaft. Denn es gibt eine Relation R (sc. *Vater–zu–sein*) und ein Konkretum (sc. Peter), sodass für jedes beliebige Konkretum x notwendigerweise gilt: x exemplifiziert F genau dann, wenn x zu Peter in der Relation R steht. Demgegenüber sind z.B. die Eigenschaften *rund–zu–sein* und *intelligent–zu–sein* absolute Eigenschaften im Sinne von Df_2.[2]

---

[2] Zum Ganzen vgl. Loux (1), 132 f. und Ingarden (12), 354/55. Ich habe oben in Teil 2 ausgeführt, dass Ingarden diese traditionelle Dichotomie von Eigenschaften in relationale und absolute zugunsten einer viel komplizierteren Unterscheidung verwirft.

Gemäss einer platonistischen Position im bezug auf Eigenschaften kann des weiteren auch folgendes formuliert werden:

(2) Für eine beliebige *absolute* Eigenschaften P (qua Universale) gilt: P ist eine Entität derart, dass P von numerisch verschiedenen Konkreta exemplifiziert werden kann, und P ist derart, dass für ein beliebiges Konkretum x und ein beliebiges Konkretum y notwendigerweise gilt: wenn P von x und von y exemplifiziert wird, dann exemplifizieren x und y identisch dieselbe Entität P.

Unter bezug auf (A) und (2) soll nun eine *erste* Voraussetzung des Argumentes der numerischen Differenz verdeutlicht werden. Falls (A) zutrifft, kann auch die folgende *metatheoretische* These akzeptiert werden:

(3) Die PSBT–These, dass ein beliebiges Konkretum x identisch ist mit einem gewissen Bündel (Komplex) y von in bestimmter Weise kontingent verbundener Eigenschaften P,...,Q impliziert die These, dass die Eigenschaften P,...,Q Teile dieses Bündels y qua eines Ganzen sind.

(Klassische) PSBT–Positionen sind ihrer Natur nach *reduktionistische* Ontologien: sie identifizieren gemäss (A) Konkreta mit Bündeln (Komplexen) von kontingent verbundenen Eigenschaften. Abgesehen von der in Ansatz gebrachten kontingenten Relation R (sui generis) sind aus bündeltheoretischer Sicht letztlich diese *Eigenschaften* die grundlegenden ontischen Konstituenten von Konkreta. Sollen aber (klassische) PSBT–Positionen überhaupt akzeptierbar sein, ist zu fordern, dass jene Konstituenten, mit Blick auf welche Konkreta ontologisch analysiert werden, *nicht* ihrerseits Konkreta einschliessen oder voraussetzen, ansonsten der ontologischen Analyse offensichtlich ein infiniter Regress bzw. eine petitio principii droht. Das aber heisst nichts anderes, als dass nicht alle Eigenschaften, insbesondere keine *relationalen* Eigenschaften gemäss Df_2 als Konstituenten von Konkreta in Frage kommen. Deswegen muss für klassische PSBT–Positionen ein einschränkendes Exemplifikationsprinzip formuliert werden, nämlich:

(E) Nicht jede de facto exemplifizierte Eigenschaft, sondern nur de facto exemplifizierte *absolute* Eigenschaften gemäss Df_2 können bündeltheoretische *Konstituenten* von Konkreta sein.

Damit ist die erste Voraussetzung unseres Arguments der numerischen Differenz bezeichnet. Wir wollen nun noch eine *zweite* Voraussetzung nennen. Falls IU apriorisch gültig ist, ist natürlich auch die früher erwähnte These (1) wahr. Falls IU apriorisch gültig ist, sind Vertreter klassischer PSBT–Positionen aber verpflichtet, eine weit stärkere These zu akzeptieren, nämlich:

(1+) Notwendigerweise gilt für ein beliebiges Konkretum x und ein beliebiges Konkretum y: Wenn für eine beliebige *absolute* Eigenschaft P gilt: P wird genau dann von x exemplifiziert, wenn P von y exemplifiziert wird, dann sind x und y identisch.

Die Begründung lautet: Das von der Theorie *zu erklärende* Datum nimmt an, dass zwei numerisch verschiedene Konkreta a und b existieren, welche in qualitativer Hinsicht vollständig gleich sind. Letzteres besagt, dass a und b identisch dieselben Eigenschaften exemplifizieren. Falls aber IU apriorisch gültig ist, müssten a und b tatsächlich identisch sein — was im Widerspruch zur Annahme steht, *dass* a und b numerisch verschieden sind. Dieser Widerspruch kann aber leicht unter bezug auf *relationale* Eigenschaften im oben definierten Sinne behoben werden. Man könnte nämlich z.B. einwenden: Es ist nicht möglich, dass die (per Annahme) numerisch verschiedenen Konkreta identisch dieselben Eigenschaften exemplifizieren. Denn *nur* a bzw. *nur* b kann die "Eigenschaft" *identisch—mit—a—zu—sein* bzw. *identisch—mit—b—zu—sein* exemplifizieren. Vertreter einer klassischen PSBT—Position können auf *diese* Weise jedoch nicht antworten. Denn gemäss (A) wollen sie z.B. das Konkretum a mit einem Bündel (Komplex) bzw. Ganzen G von kontingent verbundenen Eigenschaften identifizieren. Wenn nun aber Konkretum a die Eigenschaft *identisch—mit—a—zu—sein* exemplifiziert, dann muss diese relationale Eigenschaft für den Bündeltheoretiker ein Teil von G sein. Damit aber wird die bündeltheoretische Analyse entweder zirkulär oder aber sie führt auf einen unendlichen Regress. Denn dasjenige (sc. Konkretum a), was gemäss der Theorie unter bezugnahme auf (kontingent verbundene) *Eigenschaften* analysiert werden soll, wird mittels der relationalen Eigenschaft *identisch—mit—(Konkretum)a—zu—sein,* die gemäss der Theorie Teil eines bestimmten Ganzen bzw. Bündels sein soll, implizit vorausgesetzt.[3] Mithin muss ein Bündeltheoretiker, will er wirklich eine *reduktionistische* Ontologie vertreten, das Prinzip E anerkennen. Dies aber besagt: Falls IU apriorisch gültig ist, verpflichtet sich der Bündeltheoretiker nicht nur auf die These (1), sondern auf die viel stärkere These (1+). Denn er muss anerkennen, dass

(4) Die numerisch verschiedenen Konkreta a und b sind *in qualitativer Hinsicht vollständig gleich*

äquivalent ist mit

(5) Die numerisch verschiedenen Konkreta a und b exemplifizieren identisch dieselben *absoluten* Eigenschaften.

Diese Äquivalenz muss er anerkennen, weil er gemäss seinem *reduktionistischen* Programm Konkreta als Bündel kontingent verbundener *absoluter* Eigenschaften gemäss Df_2 analysieren will. Also muss er auch die vollständige qualitative Gleichheit von zwei numerisch verschiedenen Konkreta unter bezug auf zwei "Bündel" von absoluten Eigenschaften erklären können.

Wie der aufmerksame Leser bemerkt haben wird, droht der Position damit ein Kollaps.

---

[3] Vgl. dazu auch oben im §39 das ausführliche Zitat aus Simons (3).

Denn gemäss (2) ist es möglich, dass *numerisch verschiedene* Konkreta identisch dieselben *absoluten* Eigenschaften exemplifizieren. Falls aber angenommen wird, dass die Konkreta a und b de facto identisch dieselben absoluten Eigenschaften exemplifizieren, sind sie gemäss (1+) notwendigerweise *identisch*. Doch sehen wir etwas genauer zu.

40.22 Das Argument der numerischen Differenz
will zeigen, dass *klassische* PSBT–Positionen, die von (A) ausgehen, die numerische Differenz von Konkreta, welche in qualitativer Hinsicht vollständig gleich sind, in ihrer ontologischen Theorie *nicht* erklären können, *weil* diese inkonsistent ist. Das vorzutragende Argument wurde in der Hauptsache bereits vom amerikanischen Philosophen M. Loux entwickelt und gegen Bündeltheorien ausgewertet. Allerdings gebe ich hier erstens eine systematisierte Zusammenstellung von Loux's Ausführungen.[4] Zweitens folge ich in der anschliessenden Diskussion und Auswertung des Argumentes nicht Loux's Ausführungen. Denn Loux hat m.E. gewisse mögliche bündeltheoretische Einwände gegen das hier vorzutragende Argument unterschätzt.[5] Drittens interpretiere ich *mit* Ingarden[6] die Metapher "Bündel" ("Komplex") konsequent als ein gewisses Ganzes mit Teilen. Gemäss meiner Interpretation gilt mithin das folgende: Wenn irgendeine Entität x aus bündeltheoretischer Sicht Konstituent eines bestimmten Konkretums y ist, dann existiert ein Ganzes z derart dass gilt: (i) y ist (bündeltheoretisch betrachtet) identisch mit z, und (ii) x ist (bündeltheoretisch betrachtet) ein Teil von z. Das Argument selbst beruht nun auf mehreren Prämissen, die ich weiter unten einzelnweise erklären werde:

(P_1) Das Prinzip IU ist apriorisch gültig.

(P_2) Notwendigerweise gilt für ein beliebiges Konkretum x und eine beliebige Entität y: wenn y (bündeltheoretisch betrachtet) ein Konstituent von x ist, dann ist y eine exemplifizierte Eigenschaft.

(P_3) Notwendigerweise gilt für ein beliebiges Konkretum x und eine beliebige Entität y: wenn y (bündeltheoretisch betrachtet) ein Konstitutent von x ist, dann gibt es kein Konkretum z derart, dass z (bündeltheoretisch betrachtet) ein Konstitutent von y ist.

(P_4) Notwendigerweise gilt für ein beliebiges Konkretum x und eine beliebige Entität y: wenn y (bündeltheoretisch betrachtet) ein Konstituent von x ist, dann ist y eine exemplifizierte absolute Eigenschaft.

(P_5) Notwendigerweise gilt für ein beliebiges Konkretum x und ein beliebiges Konkretum y: wenn für beliebige Entitäten z gilt: z ist (bündeltheoretisch betrachtet) genau dann ein Konstituent von x, wenn z ein Konstituent von y ist, dann sind x und y identisch.

---

4 Vgl. Loux (1), 131–34; 153 ff.
5 Ich meine hier Einwände im Stile eines Castanedas. Vgl. dazu den folgenden Paragraphen.
6 Vgl. dazu oben den Paragraphen 39 sowie unten Kapitel 13.

(P₆) Für beliebige absolute Eigenschaften P gilt: (i) P ist eine Entität derart, dass P durch numerisch verschiedene Konkreta exemplifiziert werden kann und (ii) P ist eine Entität derart, dass für ein beliebiges Konkretum x und ein beliebiges Konkretum y notwendigerweise gilt: wenn P von x und von y exemplifiziert wird, dann exemplifizieren x und y identisch dieselbe Entität P.

(P₇) Es existiert ein Konkretum a und ein Konkretum b, sodass gilt: (i) a und b sind numerisch verschieden und (ii) a und b exemplifizieren *genau* identisch dieselben absoluten Eigenschaften.

(P₈) Notwendigerweise gilt für ein beliebiges Konkretum x und ein beliebiges Konkretum y: wenn für eine beliebige *absolute* Eigenschaft P gilt: P wird genau dann von x exemplifiziert, wenn P von y exemplifiziert wird, dann sind x und y identisch.

(C₁) Es besteht ein Widerspruch zwischen (P₇) und (P₈).

(C₂) Es besteht ein Widerspruch zwischen (P₇) und (P₅).

Erläuterungen zu den Prämissen und zum Argument:
Der Grund, warum ich zwei Konklusionen formuliere, wird sogleich deutlich werden.

Erläuterung zu P₂: P₂ ist als Konsequenz von klassischen PSBT–Positionen zu verstehen. Allerdings ist P₂ insofern problematisch als der klassische Bündeltheoretiker mit (A) auch eine kontingente Relation ins Spiel bringt, durch welche die jeweiligen Eigenschaften verbunden sind. Nun ist aber gewiss auch diese Relation sui generis ein "Konstituent" von Konkreta, d.h. auch diese Relation ist ein Teil derjenigen "Bündel" ("Komplexe") bzw. Ganzen, mit denen die Theorie Konkreta identifiziert. Ich werde auf diesen Punkt später noch zurückkommen.

Erläuterung zu P₃: Alles was bündeltheoretisch betrachtet ein Konstituent von Konkreta ist, ist ein Teil von gewissen "Bündeln" ("Komplexen") bzw. Ganzen. Mit P₃ nun wird die Gefahr eines infiniten Regresses bzw. einer petitio principii ausgeschlossen. P₃ ist akzeptierbar, weil klassische PSBT–Positionen für Konkreta eine *reduktionistische* ontologische Analyse unter bezug auf exemplifizierte Eigenschaften vorlegen wollen.

Erläuterung zu P₄: P₄ folgt aus P₂ und P₃. Während P₂ besagt, dass *alle* Konstituenten von Konkreta (qua bündeltheoretische Teile eines bestimmten Ganzen) Eigenschaften sind, schränkt P₄ diese Behauptung aufgrund von P₃ wesentlich ein: Alle Konstituenten von Konkreta müssen bündeltheoretisch als *absolute* Eigenschaften aufgefasst werden. Denn falls die Theorie auch relationale Eigenschaften im oben definierten Sinne als Teile eines gewissen Ganzen zulässt, könnte sie ihrem reduktionistischen Anspruch gemäss P₃ nicht genügen.

Erläuterung zu P₅: Diese Prämisse ist nichts anderes als eine Anwendung von Prinzip IU auf das, was (bündeltheoretisch betrachtet) ein Konstituent von Konkreta ist. P₅ ist akzeptierbar, weil IU gemäss P₁ apriorisch gültig ist.

Erläuterung zu P₆: P₆ ist eine Grundthese von jeder platonistischen Ontologie im bezug auf Eigenschaften. Da PSBT–Positionen derartige Ontologien sind, gehört P₆ zu den sozusagen theorieimmanenten Thesen.

Erläuterung zu P₇: P₇ ist eine *Annahme*, die wir hier aufgrund von P₆ machen dürfen.

Erläuterung zu P₈: P₈ ist wiederum eine Anwendung von Prinzip IU, das gemäss Prämisse P₁ apriorisch gültig ist. Allerdings ist P₈ im Unterschied zu P₅ eine Anwendung von IU unter bezug und unter expliziter Einschränkung auf absolute Eigenschaften — wie es gemäss Prämisse P₄ im Lichte bündeltheoretischer Positionen zulässig ist. Des genaueren ist P₈ somit aufgrund der Prämissen P₁–P₅ akzeptierbar. In der Sache ist P₈ natürlich nichts anderes als These (1+), von der oben im Abschnitt 40.21 gezeigt wurde, dass und warum klassische PSBT–Positionen sie akzeptieren müssen.

Erläuterung zu C₁: Dass zwischen P₇ und P₈ ein Widerspruch besteht, ist offensichtlich. Denn gemäss P₇ nehmen wir an, dass die *numerisch verschiedenen* Konkreta a und b genau dieselben absoluten Eigenschaften exemplifizieren. Dann aber sind a und b gemäss P₈ notwendigerweise (numerisch) *identisch*.

Erläuterung zu C₂: Zwischen P₇ und P₅ würde kein Widerspruch bestehen, wenn P₄ nicht der Fall wäre. Weil aber P₄ gemäss klassischen PSBT–Positionen zutrifft, sind Vertreter solcher Positionen verpflichtet, nicht nur P₅ sondern auch P₈ zu akzeptieren. Damit handeln sich klassische PSBT–Positionen den Widerspruch zwischen P₇ und P₈ ein.

Im vorliegenden Zusammenhang ist es günstig zwischen C₁ und C₂ zu unterscheiden, weil C₁ einen *offensichtlichen* Widerspruch feststellt. Diesen Widerspruch handeln sich *alle* (auch nicht–bündeltheoretische) ontologische Theorien ein, welche P₆ — und somit eo ipso P₇ — sowie P₁ und P₈ akzeptieren. Mit C₂ aber wird festgestellt, dass sich im besonderen *klassische* PSBT–Positionen denselben Widerspruch einhandeln, sofern sie P₁–P₅ (und damit eo ipso P₈) sowie P₆ (und damit eo ipso P₇) akzeptieren. P₁–P₅ sowie P₈ sind für PSBT– Positionen charakteristisch, sofern sie *bündeltheoretische* Positionen sind, die von (A) als Grundthese ausgehen. P₆ und P₇ dagegen sind für PSBT–Positionen charakteristisch, sofern sie *platonistische* Ontologien im bezug auf Eigenschaften sind. Mit dieser Feststellung wird zugleich deutlich, dass klassische PSBT–Positionen, wenn sie das vorgetragene Argument der numerischen Differenz kritisieren wollen, die Prämissen P₁–P₅ sowie P₈ angreifen müssen.

40.3 Evaluation des Argumentes der numerischen Differenz

Das vorgetragene Argument soll so evaluiert werden, dass ich verschiedene Einwände berücksichtige, mit denen Vertreter von klassischen oder auch nicht–klassischen PSBT–Positionen reagieren könnten.

40.31 Ein erster Einwand

Das vorgetragene Argument will für klassische PSBT–Positionen, welche von der Grundthese (A) ausgehen, einen internen Widerspruch aufweisen. Damit will es in der Sache zeigen, dass solche Positionen das Datum der numerischen Differenz von Konkreta, die in qualitativer Hinsicht vollständig gleich sind, nicht erklären können.

Das Argument beruht auf Prämissen, die alle akzeptierbar sind – mit Ausnahme von P_7. Denn: Wenn ein platonistischer Ontologe bezüglich Eigenschaften diese Universalien gemäss P_6 so charakterisiert, dass ein und dasselbe Universale durch numerisch verschiedene Konkreta *exemplifizierbar* ist, heisst das *nicht*, dass *de facto* numerisch verschiedene Konkreta existieren, welche identisch dieselben (absoluten) Eigenschaften exemplifizieren. Meine These, für die es hinreichend empirische Evidenzen gibt, lautet:

(E_1) De facto existieren keine numerisch verschiedenen Konkreta, welche identisch dieselben (absoluten) Eigenschaften exemplifizieren.

M.a.W.: Ich bestreite, dass das *angenommene* Datum der numerischen Differenz von Konkreta, die in qualitativer Hinsicht vollständig gleich sind, überhaupt ein *relevantes* Datum ist, das von der bündeltheoretischen Analyse erklärt werden muss.

Stellungnahme: Dieser Einwand begeht einen Kategorien–Fehler. Es mag zutreffen, dass E_1 der Fall ist. E_1 aber ist eine empirische These. Das vorgetragene Argument will aber für klassische PSBT–Positionen einen theorieimmanenten Widerspruch aufweisen. Da solche Positionen P_6 akzeptieren, ist die Prämisse P_7 eine von der Theorie *zugelassene* logische Möglichkeit. Also muss die Theorie in der Lage sein, auch das *angenommene* Datum der numerischen Differenz von in qualitativer Hinsicht vollständig gleichen Konkreta zu erklären.

An dieser Stelle ist ein Seitenblick auf die Ingardensche Position von Interesse. Auch Ingarden vertritt ja mit bezug auf Eigenschaften im gewissen Sinne eine platonistische Ontologie. Allerdings unterscheidet er zwischen idealen Qualitäten qua Universalien und Instanzen von idealen Qualitäten qua individuellen "Eigenschaften". Insofern kann das vorgetragene Argument seine Theorie vor keine prinzipiellen Schwierigkeiten stellen – ähnlich wie im Falle von NSBT–Positionen. *Angenommen* aber, Ingarden würde diese

Unterscheidung nicht machen, angenommen also, Ingarden akzeptiert tel quel Prämisse P_6. Selbst unter dieser Annahme stellt das vorgetragene Argument seine Theorie vor keine prinzipiellen Schwierigkeiten. Denn Ingarden anerkennt solche ideale Qualitäten, die, falls sie sich überhaupt instantiieren, in der Form "Subjekt–von–Eigenschaften–zu–sein" stehen. Es handelt sich, wie ich früher erklärt habe, um sogenannte *partikularisierende* Universalien, deren Instanzen gemäss einer substanzontologischen Position zwingenderweise numerisch verschieden sind. Anders formuliert: Ingarden könnte von seinem Standpunkt aus zugeben, dass das (angenommene) Datum der numerischen Differenz von in qualitativer Hinsicht vollständig gleichen Konkreta theoretisch ernst genommen werden soll. Und er kann dieses Datum in seiner Theorie erklären. Allerdings muss *er* auch sagen, dass das Prinzip IU *nicht* mit bezug auf *alle* Universalien anwendbar ist. Denn es gibt partikularisierende Universalien, deren Instanzen zwingenderweise numerisch verschieden sind.

40.32 Ein zweiter Einwand
Das vorgetragene Argument beruht auf Prämissen, die alle akzeptierbar sind – mit Ausnahme von P_2. Denn in P_2 wird ein wichtiger Punkt übersehen, nämlich: Gemäss (A) identifizieren klassische PSBT–Positionen Konkreta mit Bündeln von absoluten Eigenschaften, welche durch eine *kontingente* Relation miteinander verbunden sind. Auch diese Relation ist (bündeltheoretisch betrachtet) ein Konstituent von Konkreta, d.h. auch diese Relation ist ein Teil derjenigen "Bündel" bzw. Ganzen, mit denen die Theorie Konkreta jeweils identifiziert. Meine These lautet:

(E_2) Eine *klassische* PSBT–Position, welche (A) als Grundthese akzeptiert, *kann* die numerische Differenz von Konkreta, die in qualitativer Hinsicht vollständig gleich sind, erklären. Denn es ist gerade die mit (A) in Ansatz gebrachte *kontingente* Relation R, welche die numerische Differenz von solchen Konkreta erklärt.

Stellungnahme: Prima facie besteht die Kritik an P_2 zu Recht. Es stellt sich jedoch die Frage, ob mit E_2 unser Datum wirklich erklärt werden kann.

Die Theorie gibt zu, dass es sich bei der ins Spiel gebrachten Relation R um eine *Relation sui generis* handeln muss. Anders formuliert: R kann von der Theorie nicht *als* absolute Eigenschaft analysiert werden. Anderenfalls wäre R *irgendeine* der absoluten Eigenschaften, sodass eine *zweite* "Relation" R' angenommen werden müsste, um Konkreta *als* "Bündel" von *kontingent verbundenen* absoluten Eigenschaften zu analysieren usw. D.h. Falls R eine *absolute* Eigenschaft ist, droht der Theorie ein infiniter Regress.[7]

Was aber ist dann diese ominöse "Relation" R? – Nach meiner Einschätzung beruft sich der

---

[7] Vgl. oben im §38 die Stellungnahme von H. Hochberg.

Bündeltheoretiker mit E_2 auf einen ganz und gar ominösen deus ex machina, um das angenommene Datum der numerischen Differenz erklären zu können. M.E. ist mit E_2 *in der Sache* nicht mehr gesagt als mit

(E_2*) *De facto* numerisch verschiedene Konkreta, welche in qualitativer Hinsicht vollständig gleich sind, sind notwendigerweise *de facto* numerisch verschieden. Denn gemäss der Theorie ist jedes Konkretum identisch mit einem bestimmten Bündel von durch eine *kontingente Relation R* verbundenen absoluten Eigenschaften derart, dass R die numerische Differenz der jeweiligen Bündel garantiert.

Der erste Teilsatz von E_2* ist analytisch wahr. Mit dem zweiten Teilsatz von E_2* aber führt die Theorie einen deus ex machina ein. Denn es wird *nicht* erklärt, *warum* R die numerische Differenz bestimmter Bündel von absoluten Eigenschaften garantieren kann.

Auch hier lohnt sich ein Seitenblick auf die Ingardensche Position. Man könnte nämlich prima facie denken: *Indem* ein "Ingardenianer" partikularisierende Universalien annimmt, von denen gilt: Wenn sie sich in $e_1, e_2, ..., e_n$ instantiieren, dann sind $e_1, e_2, ..., e_n$ zwingenderweise numerisch verschieden — beruft auch er sich auf einen deus ex machina. Die Analogie aber ist durchaus irreleitend. Denn erstens gibt eine Substanz—Theorie, wie früher dargestellt, eine Begründung dafür, warum bezüglich partikularisierenden Universalien das eben Behauptete zutrifft. Zweitens wird damit *in* einer Substanz—Theorie *erklärt*, warum Konkreta von derselben substantiellen Art eben notwendigerweise numerisch verschieden sind. Drittens wird diese Erklärung unter bezug auf Universalien und *nicht* unter bezug auf irgendeine ominöse *kontingente* Relation sui generis gegeben.

40.33 Ein dritter Einwand
Das ganze Argument ist nicht schlüssig. Bündeltheoretiker können nämlich behaupten: Was die numerische Differenz von in qualitativer Hinsicht vollständig gleichen Konkreta erklärt, sind die jeweils verschiedenen raum—zeitlichen Bestimmungen. Denn es ist nicht möglich, dass numerisch verschiedene Konkreta zur gleichen Zeit ein und dieselbe Raumposition einnehmen. Mithin gilt:

(E_3) Die Verschiedenheit der raum—zeitlichen Position von Konkreta garantiert allgemein deren numerische Differenz. Also garantiert sie auch die numerische Differenz von qualitativ vollständig gleichen Konkreta.

Stellungnahme: E_3 ist prima facie sehr plausibel und von den bisher berücksichtigten Einwänden offensichtlich der stärkste. Mit E_3 hat man ausserdem auch den Vorteil, dass man das Prinzip IU als *uneingeschränkt* apriorisch gültig einstufen kann.[8]

---

8 Ingarden kann dies, wie oben betont, nicht tun.

Es stellt sich jedoch die Frage, ob ein klassischer Bündeltheoretiker E₃ wirklich akzeptieren kann. Denn wenn er E₃ akzeptiert, muss er als Grundthese entweder

(A+)   Ein Konkretum x ist identisch mit einem gewissen Bündel (Komplex) von absoluten Eigenschaften, welche durch eine raumzeitliche Relation R kontingent miteinander verbunden sind

oder aber

(A++) Ein Konkretum x ist identisch mit einem gewissen Bündel (Komplex) von durch irgendeine *kontingente* Relation verbundenen absoluten Eigenschaften derart, dass notwendigerweise gilt: Genau eine von diesen absoluten Eigenschaften ist eine raumzeitliche Bestimmung

akzeptieren. Gemäss (A+) wird eine bestimmte raumzeitliche Relation R selbst zu demjenigen, was gewisse absolute Eigenschaften sowohl kontingenterweise zu gewissen Bündeln bzw. Ganzen verbinden wie auch die numerische Differenz derartiger Bündel bzw. Ganzen garantieren soll. Gemäss (A++) demgegenüber wird die raumzeitliche Bestimmung von Konkreta *als* notwendigerweise in einem Bündel von absoluten Eigenschaften vorkommende *absolute* Eigenschaft analysiert.

Wie immer Vertreter von klassischen PSBT–Positionen diese Grundthesen in den Details ausformulieren mögen, sie werden gemäss beiden Optionen stets gezwungen sein, Konkreta bündeltheoretisch im Rückgriff auf raumzeitliche Bestimmungen zu analysieren. *Raumzeitliche Bestimmungen von Konkreta werden mithin in keinem Falle bündeltheoretisch "eliminierbar" sein*. Darin liegt aber ein schwerwiegendes Problem der Theorie. Denn raumzeitliche Bestimmungen von Konkreta können m.E. *nicht* ohne weiteres als *absolute* Eigenschaften im früher definierten Sinne analysiert werden. Sehr prägnant wird dieser Punkt von Anthony Quinton herausgestellt:

> "To ascribe a position to an individual in space or time involves an essential and ineliminable reference to another individiual or position ... That I cannot state the position in space and time of a particular thing without stating its spatial and temporal relation to some other particular thing is obviously true of the positional locutions of ordinary speech: 'east of Suez', 'under the clock of Waterloo', 'pre–Columbian', 'medieval'. The situation is not altered, though it is to some extent concealed, when positions are assigned to things in terms of coordinate system. But there, too, a further individual is involved, or more properly a further position, namely the point of origin of the co–ordinate system."[9]

Wir stossen damit auf einen Problembereich, der äusserst verwickelt und schwierig ist, zumal eine sorgfältige Analyse mindestens zwischen absoluten und relativen Raum/Zeit–Theorien unterscheiden müsste. Ich kann an dieser Stelle darauf natürlich nicht eingehen.[10]

---

[9] Anthony Quinton, *The Nature of Things* (London 1973), 17–18 (zitiert nach Casullo, 133).

[10] Vgl. dazu die Analysen bei Loux (1).

Ich formuliere meine Stellungnahme deswegen wie folgt: *Wenn* gezeigt werden kann, dass alle raumzeitlichen Bestimmungen von Konkreta relationale Eigenschaften im früher definierten Sinne sind, *dann* ist der Einwand E_3 nicht stichhaltig. Denn qua relationale Eigenschaft involvieren raumzeitliche Bestimmungen von Konkreta stets eine Referenz auf bestimmte *andere* Konkreta. Dann aber begeht die bündeltheoretische Analyse offensichtlich eine petitio principii. *Wenn* aber gezeigt werden kann, dass alle raumzeitlichen Bestimmungen von Konkreta zumindest die Referenz auf gewisse Ursprungspunkte von räumlichen und zeitlichen Koordinaten–Systemen involvieren, *dann* muss der Bündeltheoretiker erklären können, *was* derartige Ursprungspunkte ontologisch betrachtet sind. Es muss sich, soll die Theorie nicht zirkulär sein, um autonom existierende Objekt–Entitäten handeln.[11] Und es muss sich ganz gewiss um etwas *Partikuläres* (und nicht um irgendwelche Universalien sui generis) handeln. Also müssen PSBT–Positionen *entweder* auch für diese Objekt–Entitäten eine bündeltheoretische Analyse geben (Mit welchen "*Bündeln*" von *absoluten* Eigenschaften sind *Ursprungspunkte* von Koordinaten–Systemen identisch?) *oder* sie müssen zugeben, dass ihre Theorie die Existenz von etwas Partikulärem zu postulieren hat, das bündeltheoretisch *nicht* analysierbar ist. Beide Optionen sprechen m.E. aber zumindest a fortiori *gegen* klassische PSBT–Positionen.

40.34 Konsequenzen

Es wird vermutlich noch eine Vielzahl von weiteren mehr oder weniger relevanten Einwänden gegen das Argument der numerischen Differenz geben, die alle auch überprüft werden müssten. Wir dürfen also momentan nur folgern: *Unter Einschränkung* auf die berücksichtigten Einwände trifft zu: Klassische PSBT–Positionen sind inadäquate ontologische Theorien, weil sie u.a. das Datum der numerischen Differenz von in qualitativer Hinsicht vollständig gleichen Konkreta nicht erklären können. Ein "Ingardenianer" möchte allerdings weitergehen und geradezu behaupten: *Alle* PSBT–Positionen sind inadäquate ontologische Theorien, weil keine das angesprochene Datum erklären kann. Doch damit geht er de facto zu weit. Denn ein Vertreter von PSBT–Positionen könnte auch sagen: Das Argument der numerischen Differenz sei geschenkt. Denn *klassische* PSBT–Positionen sind tatsächlich falsch. In *dieser* Weise hat der zur Zeit wohl prominenteste Bündeltheoretiker, H.N. Castaneda, gefolgert:

> "Our view of physical objects is, thus, ... a *bundle–bundle theory. But our bundles are not the classical ones*. First, our basic bundles, namely, ontological guises, are composed of properties processed so to speak by the individuator c. Second, our derived bundles, namely, physical objects, are not bundles of properties, but bundles of guises bundled up by a very special relation [i.e., consubstantiation]."[12]

---

[11] Handelt es sich um heteronom existierende Objekt–Entitäten, liegt eine petitio principii vor. Denn dann setzt ihre Existenz die Existenz von Menschen voraus.

[12] Castaneda (3), 322.

Nun, Ingarden selbst hat Autoritätsargumente nicht geschätzt. Entsprechend will ich mich hier auch nicht auf den prominenten Castaneda[13] berufen, um behaupten zu können, dass tatsächlich alle klassischen PSBT–Positionen inadäquate ontologische Theorien darstellen. Was mich an dieser Stelle jedoch interessiert, ist der Umstand, dass der Bündeltheoretiker Castaneda und der Substanztheoretiker Ingarden de facto zentrale These teilen. So ist es denn günstig, Ingardens Sichtweise der Individuationsproblematik unter kritischer Berücksichtigung von Castanedas Theorie vorzustellen.

---

[13] Ich hatte die Freude, H.N. Castaneda bei mehreren Gelegenheiten sozusagen in Aktion mitzuerleben und mit ihm auch in persönlichen Kontakt zu treten. Obgleich ich seine Theorien nicht akzeptieren kann, gestehe ich gerne: H.N. Castaneda ist nicht nur ein höchst brillanter (und auch in Morgenstunden, derweil andere müde werden, schwer bremsbarer) Philosoph, sondern auch eine eindrückliche Persönlichkeit – was wie die Erfahrung lehrt sicher nicht selbstverständlich ist. Diese kleine Hommage sei aller folgenden Kritik an der Castanedanischen Theorie vorangestellt.

§41 Bündeltheorien und das Problem der Individuation (II)

Vorerst will ich verschiedene Probleme unterscheiden, die gemäss Ingarden alle irgendwie mit der "Identitäts–Thematik von Konkreta" zusammenhängen (41.1). Dann soll kurz Castanedas differenzierte bündeltheoretische Lösung des Individuationsproblems dargestellt werden (41.2). Abschliessend werde ich unter kritischer Bezugnahme auf Castanedas Position die Ingardensche Sichtweise vorstellen (41.3).

41.1 Eine Vielfalt von Problemen

Im Rahmen seiner ontologischen Theorie von Konkreta unterscheidet Ingarden sorgfältig verschiedenartige Probleme, die alle irgendwie mit der Identitätsthematik im bezug auf Konkreta zusammenhängen, nämlich:

a) das (in einem weiteren Sinne) kriteriologische Problem der (Re–) Identifizierung von Konkreta ("Das Problem der Referenz");

b) das (formal–)ontologische Problem der ontischen Derselbigkeit von sich verändernden Konkreta ("Das Problem der Identität in der Veränderung");

c) das (formal–)ontologische Problem der Individualität von Konkreta ("Das Problem des Selbstseins von Konkreta");

d) das (formal–)ontologische Problem der numerischen Differenz von qualitativ vollständig gleichen Konkreta ("Das Problem der numerischen Differenz");

e) das Problem der Individuation.

Auf das a–Problem kann ich an dieser Stelle nicht eingehen.[1]

Das b–Problem wurde von einer Ingardenschen Sichtweise oben im Paragraphen 39 behandelt.

Zum c–Problem schliesslich gebe ich hier bloss einige Hinweise: Nach Ingarden ist ein Konkretum "es selbst" vor allem als Subjekt von Eigenschaften, zugleich aber auch in allem, was ihm tatsächlich zukommt, d.h. ein Konkretum ist in seinem ganzen Seinsbereich "es

---

[1] Zu betonen ist bloss, dass Ingarden zwischen den *kriteriologischen* a–Problemen und den *ontologischen* b–Problemen scharf unterscheidet. Auch Castaneda unterscheidet zwischen zwei Problemgruppen, der kriteriologischen und der ontologischen Problemgruppe. Vgl. z.B.: "The problem is the *ontological one about the internal constitution of an individual, if any*, not the epistemological one about how individuals are identified, singled out or referred to." (Castaneda 2, 131).

selbst".[2] Seine Grundthese lautet, dass die Identität im Sinne des Selbst–Seins von Konkreta nicht etwa als Eigenschaft[3], sondern als "formaler Tatbestand"[4] aufzufassen ist. Jene Materie, die in einem beliebigen Konkretum in der Form "Subjekt–von–Eigenschaften–zu–sein" steht, also konstitutive Natur von Konkreta ist, qualifiziert die jeweiligen Konkreta in ihrem Selbst: dass jedes Konkretum genau eine konstitutive Natur hat, besagt nichts anderes, als dass jedes Konkretum genau ein qualifiziertes Selbst *ist.* Weil aber die konstitutive Natur Konkreta jeweils *als* Ganze ausprägt, kann Ingarden das Selbst–Sein von Konkreta unter bezug auf die Grundform von Konkreta erklären.[5]

Das d–Problem schliesslich wurde aus der Ingardenschen Sichtweise im Paragraphen 40 bereits ausführlich behandelt. Was mich *an dieser Stelle* interessiert ist einerseits der Umstand, dass Ingarden zwischen dem d– und dem e–Problem unterscheidet und dass andererseits der Bündeltheoretiker Castaneda und der Substanztheoretiker Ingarden darin übereinstimmen, *dass* beide Probleme zu unterscheiden sind. Hierzu vorerst einige Textbelege.

Castaneda betrachtet zwei Exemplare des ersten Heftes der Zeitschrift *Nous*: Nous–A und Nous–B.

> "Of course, Nous–A differs from Nous–B. *And it is perfectly clear that this difference is not to be taken as primitive. It must be accounted for.*"[6]

Der Unterschied zwischen beiden Exemplaren ist ein Unterschied zweier Konkreta von derselben Art, von Entitäten also, die mindestens einige Eigenschaften teilen. Nach Castaneda stellt sich in diesem Zusammenhang das Problem der Unterscheidung von Konkreta ("problem of individual differentiation") als ein *Spezialfall* des Problems der Verschiedenheit ("diversity") zwischen beliebigen Konkreta, *gleichgültig wieviele absolute oder relationale Eigenschaften sie gemeinsam haben*. Im vorliegenden Zusammenhang sind die folgenden Thesen Castanedas von Bedeutung:

(1) "*Even if there were*, perhaps only per impossibile, *just one individual* in the world, so that in a sense there would be no problem about individual plurality, *there would still be a problem of individuation*, namely: *the problem of accounting for the individuality* of that lone individual."[7]

---

[2] Vgl. vor allem Ingarden (12), 24.

[3] Wer das Selbst–Sein von Konkreta als Eigenschaft und damit als materiale Bestimmung fasst, verfällt nach Ingarden einer "Verhexung des Geistes durch die Sprache", vgl. vor allem Ingarden (12), 26 ff.

[4] Ingarden (12), 26; vgl. auch Ingarden (12), 24.

[5] Zum Ganzen vgl. Ingarden (12), 23–33.

[6] Castaneda (2), 132.

[7] Castaneda (2), 133.

(2) "In a world in which *any two particulars differed by at least one quality* or some non—spatiotemporal relationsship, *there would still be a problem about the individuation of those individuals.*"[8]

Ingardens Standpunkt geht aus folgender Stelle hervor: Das Selbst—Sein von Konkreta ist

"auch kein relatives Merkmal, das dem Gegenstand im Verhältnis und im Gegensatz zu anderen Gegenständen zukommen würde, etwas also, was von selbst wegfallen würde, wenn es nur einen *einzigen* Gegenstand geben, wenn also alles andere verschwinden würde". "Man sieht sofort, [i] *dass auch dann dieser einzige, übrig bleibende Gegenstand noch immer in sich selbst er selbst bleiben würde*. Es würde dann [ii] *nur die Möglichkeit fortfallen, darüber zu sprechen, dass er etwas im Verhältnis zu anderen Gegenständlichkeiten von ihnen Verschiedenes, etwas anderes sei.*"[9]

Daraus geht (vgl. i) direkt hervor, dass Ingarden These (1) — sogar mit derselben Begründung — vollumfänglich anerkennt. Damit akzeptiert Ingarden (vgl. ii) eo ipso auch die These (2): Das Problem der Unterscheidung zwischen Konkreta stellt sich nur unter der Voraussetzung, dass mehrere in dieser oder jener Hinsicht ähnliche oder gleiche Konkreta existieren, ist *als* Problem aber verschieden vom Problem der Individuation von Konkreta. Im Lichte von (1) und (2) hält Castaneda fest,

"that the principle of the discernibility of identicals and the principle of the identity of indiscernibles ... are exactly what their names indicate: principles about identity, and, hence, principles belongig to the problem of differentiation." "*But they are not principles pertaining to the problem of individuation.* Again, these two principles may, or must, apply to entities other than individuals. But even if they do not both apply to all entities ..., *they together, or alone, provide no account of individuality*, but only of plurality."[10]

In *dieser* Einschätzung stimmen Ingarden und Castaneda also vollständig überein. Beide also glauben, dass das Problem der Individuation *nicht* im Ausgang und unter bezug auf das Problem der numerischen Differenz von (in qualitativer Hinsicht ähnlichen oder aber vollständig gleichen) Konkreta in Angriff genommen werden sollte. Trotzdem trennen sich die Wege beider in der weiteren Analyse. Bei genauerem Zusehen wird sich zeigen, dass die angesprochene Übereinstimmung zwischen Ingarden und Castaneda in der Sache recht verwickelt ist. Tatsächlich müssen nämlich im Zusammenhang von e) *aus Ingardenianischer Sicht* verschiedene Probleme unterschieden werden.

---

[8] Castaneda (2), 133.
[9] Ingarden (12), 24.
[10] Castaneda (12), 132/134.

41.2 Castanedas Position

Als Vertreter einer PSBT–Position stellt sich für ihn das Problem, wie sich eine bestimmte Klasse von Eigenschaften im platonistischen Sinne sozusagen konkretisieren kann, d.h. wie sie in einen konkreten Gegenstand transformiert werden kann. Um *dieses* Problem zu lösen, statuiert er einen speziellen Individuator, der ganz bestimmte Bedingungen erfüllen muss.[11] – Was aber *sind* Individuatoren? Castaneda betont, dass die traditionelle Disjunktion "Entweder Individuum oder Eigenschaft" nicht vollständig sei, dass die meisten Ontologen im Bereich der platonischen Entitäten die Kategorie der Operatoren übersehen hätten.[12] Seine erfinderische Lösung des Individuationsproblems lautet dann so:

> "Here I submit that the above conditions ... about the individuator are fully satiesfied by the following view, namely: the common individuator is precisely an operator that applied to sets of properties yields an ordinary individual. To put it obversely: an individual is a complex entity constituted by a very special operator structured with a set of properties."[13]

In seiner Notation führt Castaneda für den Individuator das Zeichen 'c' (vom englischen 'concrete entities') ein, dem in der englischen Umgangssprache das folgende entsprechen soll:

> "<<the thing (individual, object) which alone is just ...>> [where the blank is filled in by a list of adjectives expressing the members of a set of properties]"[14]

Der Ausdruck 'Das Ding, das allein genau rot und rund ist und sich jetzt direkt vor mir befindet' wird in kanonischer Notation entsprechend so notiert: 'c {rot–seiend, rund–seiend, ein–Ding–seiend, sich–jetzt–direkt–vor–mir–befindend}'. Weil Castaneda im Einklang mit seiner PSBT–Position zwischen *abstrakten* und *konkreten* "Individuen" unterscheidet, muss er strikte gesprochen sogar zwei Individuatoren annehmen:

> "Abstract individuals are sets or classes of entities, and their individuator is the set– or class–forming operator represented by the braces '{...}'; concrete individuals are formed from abstract individuals composed of, i.e. whose members are, monadic properties by means of the operator c."[15]

---

[11] Vgl. dazu die Zusammenstellung bei Castaneda (2), 138.

[12] Vgl.: "Most ontologists ... have not recognised, however, within the category of abstract entities, the richness of the subcategory of operators on universals or properties. These operators are syncategorematic, and they enter as constituents of complexes in which they connect with properties or sets of properties, but do not connect with them as predicates of those properties." (Castaneda 2, 138).

[13] Castaneda (2), 139.

[14] Castaneda (2), 139.

[15] Castaneda (2), 139.

Derartige individuierte oder konkretisierte Klassen von platonistischen Eigenschaften bezeichnet Castaneda auch als "guises".[16] Gemäss seiner nicht–klassischen[17] bündeltheoretischen Position werden Konkreta genauer als Bündel *konsubstantiierter* "guises" analysiert. Tatsächlich definiert Castaneda den Begriff der Existenz mittels des Begriffes der Konsubstantiation[18], d.h. es gilt (in Castanedas Notation): E!x :≡ C*(x,x), wobei für die Variable 'x' Ausdrücke von der Form 'c{...}' einzusetzen sind. So müsste z.B. die Aussage[19]

(3) Das Ding, das allein genau rot und rund ist und sich jetzt direkt vor mir befindet, existiert

wie folgt in die System–Sprache Castanedas übersetzt werden:

(4) C* (c{rot–seiend, rund–seiend, ein–Ding–seiend, sich–jetzt–direkt–vor–mir–befindend}, c{rot–seiend, rund–seiend, ein–Ding–seiend, sich–jetzt–direkt–vor–mir–befindend}).

41.3 Ingardens Position

Um Ingardens Sichtweise zu verdeutlichen, werde ich vorerst von seinem Standpunkt aus einige Einwände gegen Castanedas Position vortragen.

(i) Gemäss Castanedas Theorie soll ein Konkretum identisch sein mit einer *komplexen* Entität, d.h. mit einem *Bündel konsubstantiierter*, durch den c–Operator *konkretisierter Klassen* von Eigenschaften. Wenn die Metapher "Bündel" überhaupt verständlich sein soll, muss ein Bündel gemäss Ingarden – und ich stimme ihm darin vollumfänglich zu – als (mereologisches) Ganzes verstanden werden können, das bestimmte Teile hat.

Dies passt einerseits sehr gut zu Castanedas Theorie. Denn indem Castaneda die *kontingente* Relation der Konsubstantiation berücksichtigt, hat er die Möglichkeit, Konkreta mit ganz

---

[16] Vgl. das Zitat am Ende des §40 aus Castaneda (3) sowie Küng (18).
[17] Vgl. oben das Ende des §40.
[18] Vgl. Castaneda (1), 15.
[19] An einer anderen Stelle steht allerdings: "An alternative approach, which I find tempting, is to revise the notion of individual and require that C* be a member of the set of properties constituting an individual." (Castaneda 1, 21). Eine Sache ist zu sehen, was diese mögliche Alternative für die System–Sprache für Folgen hat. Eine andere Sache is*t* festzustellen, dass im bezug auf die Existenz–Analyse die Castanedanische Position offenbar mehrere Sichtweisen zulässt. Denn gemäss dieser zweiten Alternative ist das Existieren von "individuals" offenbar als zukommende Eigenschaft zu analysieren. Dieses in gewissen Grenzen beliebige "Jonglieren" *in* der System–Sprache verdeutlicht, dass Castaneda de facto auch wesentlich ein *bündeltheoretischer Konstruktionalist* ist. Zur Position eines (büneltheoretischen) Konstruktionalisten vgl. oben §39.

bestimmten mereologischen Ganzen zu identifizieren. *Angenommen* Konkretum a wird bündeltheoretisch unter Rückgriff auf *genau*: c{F,G}, c{H,I} analysiert, während Konkretum b bündeltheoretisch unter Rückgriff auf *genau*: c{K,L}, c{M,N} analysiert wird. Wir haben dann gemäss dem mereologischen Summenprinzip[20] u.a. *auch* dasjenige mereologische Ganze, dessen Teile c{F,G}, c{H,I}, c{K,L}, c{M,N} sind. Mit diesem Ganzen soll jedoch per Annahme weder Konkretum a noch Konkretum b identisch sein. Castaneda kann nun sagen: C*(c{F,G},c{H,I}) bzw. C*(c{K,L},c{M,N}), zugleich jedoch ¬C*(c{F,G},c{H,I},c{K,L}, c{M,N}). Natürlich müsste er im vorliegenden Beispiel noch andere mereologische Möglichkeiten ausschliessen, *im Prinzip* jedoch *kann* er unter Rückgriff auf die *kontingente* Relation der Konsubstantiation ganz *bestimmte* mereologische Ganze beschreiben.

Andererseits können wir im bezug auf die Teil/Ganzes—Relation qua einer formalen Relation von den folgenden Axiomen ausgehen:[21]

(5) (∀x)(∀y)[x≠y · x ist ein Teil von y ⟶ y ist kein Teil von x]

(6) (∀x)(∀y)[x≠y · x ist ein Teil von y ⟶ (Ez)(z ist ein Teil von y · z≠x)]

(7) (∀x)(∀y)(∀z)[(x≠y · x≠z · y≠z · x ist ein Teil von y · y ist ein Teil von z)
        ⟶ x ist ein Teil von z].

Wenn wir nun zunächst Castanedas *Notation* folgen, so erscheint ein Ausdruck wie 'c{F,G}' als *zusammengesetzter* Ausdruck, der mithin *im* bündeltheoretischen System *etwas* zu repräsentieren scheint, das *ein* mereologisches Ganzes ist mit den Teilen c und {F,G}. So gelesen würde aber unter Voraussetzung von (5)—(7) folgen, dass ein Konkretum bündeltheoretisch als ein Ganzes zu analysieren ist, dessen Teile u.a. *Klassen* sind. Diese Konsequenz jedoch ist widersinnig. Denn Klassen sind nach einem gewöhnlichen Verständnis eine Art von *abstrakten* Objekt—Entitäten. Aber auch formalontologisch betrachtet ist diese Konsequenz widersinnig – ein Punkt, auf den ich unten im Kapitel 13 noch zurückkommen werde. Um dieser widersinnigen Konsequenz zu entgehen, muss Castaneda m.E. folgendes akzeptieren:

(8) Ein Ausdruck wie 'c{F,G,H,...}' *repräsentiert im* bündeltheoretischen System *etwas*, das *kein* mereologisches Ganzes ist, das als (mereologischen) Teil die platonistische Klasse {F,G,H,...} enthält;

(9) Ein Ausdruck wie 'c{F,G,H,...}' *repräsentiert im* bündeltheoretischen System *etwas*, das *keine* platonistische Klasse ist.

Andererseits sagt Castaneda expressis verbis, dass der Ausdruck 'c{F,G,H,...}' eine konkretisierte oder individuierte *Klasse* repräsentiert:

---

[20] Vgl. dazu Simons (3), 25 ff.
[21] Vgl. dazu Simons (3), 25 ff.

"Abstract individuals are sets or classes of entities, and their individuator is the set— or class—forming operator represented by the braces '{...}'; Concrete individuals are *formed from* abstract individuals *composed* of, i.e. whose *members* are, monadic properties *by means* of the operator c."[22]

Die *erste Hauptschwierigkeit* lässt sich somit folgenderweise formulieren: *Entweder* wir folgen Castanedas Erklärungen *oder* wir folgen ihnen nicht. Im ersten Falle ergeben sich aber unter Voraussetzung von (5)–(7) evidenterweise widersinnige Konsequenzen. Im zweiten Falle aber wissen wir "bloss", dass (8) und (9) zutreffen. Wir *wissen* aber *nicht*, was ein Ausdruck wie 'c{F,G,H,...}' repräsentieren soll, *weil* Castaneda *keine* (positive) Erklärung gibt. Was eigentlich soll eine konkretisierte Klasse von platonistischen Eigenschaften sein? Es muss doch mindestens irgendeine klassen*artige* Objekt–Entität sein! Was aber besagt dies? *Ein* Ausweg aus dem Dilemma besteht simpel darin zu sagen, dass die guises, d.h. konkretisierte Klassen von platonistischen Eigenschaften eben "atomare" Ganze seien, also Ganze sind, die keine mereologischen Teile haben, während andererseits nur Bündel von guises nicht–atomare, mereologische Ganze seien. Doch dann ist die im vorstehenden Zitat gegebene Erklärung Castanedas schlichtweg unverständlich: Gemäss dieser Erklärung können guises nicht im mereologischen Sinne "atomare" Ganze sein! Ein *anderer* Ausweg aus dem Dilemma besteht schliesslich darin zu sagen, dass ein Bündel (Komplex) konsubstantiierter, durch den c–Operator konkretisierter Klassen von platonistischen Eigenschaften überhaupt kein mereologisches Ganzes sei, d.h. derartige Bündel sind nicht mittels der Teil/Ganzes–Relation analysierbar. Dann aber stellt sich die Frage: Wie anders sollen wir die Metapher "Bündel" überhaupt noch verstehen können — auch und gerade angesichts des Umstandes, dass Bündeltheoretiker selber de facto dauernd in der Teil/Ganzes–Terminologie sprechen?

(ii) Der Begriff des Operators wurde in der *Logik eingeführt*, ist insofern ein *logischer* Begriff, der u.a. zur Klassifikation von sprachlichen Ausdrücken dient. Hierbei geht es insbesonders um sogenannte synkategorematische Ausdrücke. Wie beispielsweise 'und', 'oder' eine bestimmte Art synkategorematischer Ausdrücke sind und (in der Logik) als wahrheitsfunktionale Ausdrücke gelten (die rein operational definiert werden), ebenso sind z.B. 'Es ist notwendig dass', 'Es ist möglich dass' eine bestimmte Art von synkategorematischen Ausdrücken, die (in der Logik) als Funktionsausdrücke rein operational definiert werden. Dasselbe gilt auch für den Ausdruck 'das Ding (Konkretum), das allein genau ... ist'. Es handelt sich hier um einen Einzigkeitsoperator, auf den man im Zusammenhang mit der Theorie der Deskription gestossen ist. Erstaunlicherweise sagt Castaneda nun aber von seinen c–Operatoren:

---

22   Castaneda (2), 139.

"These operators are *syncategorematic, and they enter as constituents of complexes in which they connect with properties or sets of properties*, but do not connect with them as predicates of those properties."[23]

Danach sollen gewisse *ontische* "Konstituenten" von Konkreta *synkategorematische* Konstituenten von Konkreta sein, und bestimmte *Operatoren* sollen *ontische Konstituenten* von Konkreta sein. Die Provenienz dieser Theorie wird anhand des folgenden Zitates noch deutlicher:

"For instance, consider the set of properties {being red, being round, being a spot, being before my eyes now}. This *set* [!] is the core of the individual c {being red, being round, being a spot, being before my eyes now}, *which* is the individual *referred to* by my *definite description* 'The red and round spot now before my eyes' as I could use now to make statements."[24]

In einem Punkt hat Castaneda sicher recht: die ausschliesslich *sprachliche* Bezugnahme auf das angesprochene Individuum erfordert deskriptive Kennzeichnungsausdrücke. Und dass solche Ausdrücke im Sinne der Logik Operatoren (sc. 'Das Ding, das allein genau ... ist') enthalten, will ich auch nicht bestreiten. Durchaus problematisch erscheint es mir aber, von Operatoren, das heisst logischen Ausdrücken, zu *ontologischen* Operatoren überzugehen, genauer: vom *logischen Einzigkeitsoperator* zum *ontologischen c–Individuator* überzugehen. Die zweite Hauptschwierigkeit von Castanedas Position lautet demnach: Kann der (Begriff des) ontologische(n) c–Individuator(s) *intuitiv* auf eine andere Weise *verstanden* werden als im Ausgang und unter bezug auf den (Begriff des) logischen Einzigkeitsoperator(s)? Beruft sich hier die Theorie nicht in Tat und Wahrheit auf eine etwas problematische Analogie? Schärfer formuliert: Werden nicht einfach logische Begriffe *ontologisiert*?

(iii) Die *dritte Hauptschwierigkeit* von Castanedas Theorie lässt sich kurz wie folgt umschreiben: Castanedas Analyse beruht auf einer theorieabhängigen Problemstellung. Als Vertreter einer PSBT–Position unterscheidet Castaneda nicht zwischen Eigenschaften qua Universalien und individuellen Eigenschaften. Deswegen entsteht *für ihn* das Problem, sozusagen die Individuierung (Partikularisierung, Konkretisierung) von Universalien zu erklären. Man kann dies auch so fassen: Vertreter von PSBT–Positionen gehen von der Grundthese aus, dass Eigenschaften qua Universalien Entitäten sind, die durch numerisch verschiedene Konkreta exemplifiziert werden können. Dabei wird die Exemplifikationsrelation zwischen Universalien und Konkreta als *unerklärte* Grundrelation vorausgesetzt. Castanedas Theorie der c–Operatoren ist nun eine Theorie, die just erklären will, *auf welche Weise* aus Klassen von universalen Eigenschaften sozusagen Konkreta fabriziert werden. Nun

---

[23] Castaneda (2), 138.
[24] Castaneda (2), 139.

analysiert Castaneda Konkreta aber als "Bündel" konsubstantiierter, durch den c–Operator konkretisierter Klassen von universalen Eigenschaften. Die Exemplifikations*relation* besteht somit *nicht* mehr zwischen *Konkreta* und universalen *Eigenschaften*, sondern sie besteht z.B. (je nach Deutung der Position) entweder zwischen c{F,G,H,...} und F,G,H,.. qua Universalien oder aber zwischen c{F,G,H,...} und {F,G,H,...}. Dabei ist der c–Operator sozusagen ein Transformator, d.h. als Individuator "macht" er aus Universalien etwas Konkretes ("Partikulares").

Es sei Castaneda zugestanden, dass er ein Problem sieht und lösen will, das sich *für* Platonisten im bezug auf Eigenschaften stellt. Die Bewertung seiner "Lösung" hängt jedoch davon ab, ob wir intuitiv *verstehen* können, was ein (ontologischer) c–Operator ist. Vielleicht muss ich sagen: mea culpa — aber ich verstehe die traditionelle Exemplifikationsrelation ebenso gut oder ebenso wenig wie die Castanedische Exemplifikationsrelation. In diesem Sinne sehe ich in Castanedas "Lösung" de facto keinen sachlichen Fortschritt. Zweitens aber ist zu betonen, dass Castanedas Problemstellung theorieabhängig ist. Für jemanden, der zwischen Eigenschaften qua Universalien und individuellen Eigenschaften unterscheidet — eine Unterscheidung, die m.E. zumindest intuitiv leicht nachvollziehbar ist! —, stellt sich das Castanedische Problem nicht.

Nach dieser kritischen Stellungnahme zu Castanedas Position kann abschliessend verdeutlicht werden, wie sich das Problem der numerischen Differenz von (in qualitativer Hinsicht ähnlichen oder aber vollständig gleichen) Konkreta [ND] einerseits und (wie ich vorläufig sagen will) das Problem der Individuation von Universalien [IDU] andererseits aus der Ingardenschen Optik darstellen.

Zur Erinnerung: Auch Ingarden unterscheidet die beiden genannten Probleme.[25] Er gibt in seiner Theorie jedoch eine *einheitliche* Lösung. Das [IDU]–Problem wird von Ingarden durch die Unterscheidung zwischen Eigenschaften qua Universalien und individuellen Eigenschaften gelöst. Durch diese intuitiv gut nachvollziehbare Unterscheidung kann Ingarden natürlich auch eo ipso das [ND]–Problem lösen — ganz analog zu *nominalistischen* Bündeltheorien. Allerdings ist es angebracht, etwas mehr zu differenzieren.

Mindestens das Problem [ND] lässt sich intuitiv einsichtig lösen unter bezug auf *partikularisierende Universalien*. Ein partikularisierendes Universale U, so wurde früher erklärt, ist ein Universale derart dass gilt: Wenn sich U in $e_1, e_2, ..., e_n$ instantiiert, dann sind $e_1, e_2, ..., e_n$ zwingenderweise numerisch verschieden. Denn ein partikularisierendes Universale *ist* (aristotelisch gesprochen) ein Universale der Kategorie der Substanz bzw. *ist* (mehr

---

[25] Vgl. oben 41.1.

linguistisch betrachtet) ein Universale, dem sortale Prädikatsausdrücke entsprechen. Das Problem [ND] kann somit einsichtig gelöst werden. Denn Exemplare von substantiellen Arten *sind* zwingenderweise numerisch verschieden.

Wie aber steht es um das Problem [IDU]? — *Jedes* Konkretum *ist* gemäss einer substanzontologischen Theorie Exemplar irgendeines partikularisierenden Universale (Ingardenianisch formuliert: "Jedes Konkretum hat eine konstitutive Natur"). Deswegen ist jedes Konkretum auch etwas Partikuläres. Das gilt selbst dann, wenn de facto nur genau *ein* Exemplar irgendeines partikularisierenden Universale existieren würde. Auch dieses eine und einzige Exemplar ist nicht identisch mit dem entsprechenden partikularisierenden Universale. *Darin* besteht aus der Ingardenschen Sicht die Lösung des Problems der Individuation: Jedes Konkretum qua Exemplar irgendeines partikularisierenden Universale *ist* ein Partikulares, d.h. ein Individuelles.

Der aufmerksame Leser wird natürlich sogleich feststellen, dass das *Ingardensche* Problem der Individuation nicht identisch ist mit dem *Castanedischen* Problem der Individuation. Vom Standpunkt Ingardens müssen im Zusammenhang mit der Individuations–Thematik tatsächlich mindestens drei Probleme unterschieden werden, nämlich:

e')   das (material–)ontologische Problem der Individuation ("Das Problem des Duns Scotus");

e'')   das (formal–)ontologische Problem der Individuation ("Das Ingardensche Problem");

e''')   das Problem der Transformation von Platonistischem in Nicht–Platonistisches ("Das Castanedanische Problem").

Das e'–Problem versteht Ingarden als *material*ontologisches Problem. Denn gemäss Ingarden geht es dabei um die folgende Frage[26]: Kann es ideale Qualitäten qua Universalien geben, die, falls sie sich in bestimmten Objekt–Entitäten instantiieren, sich höchstens in genau einer Objekt–Entität instantiieren. Auf dieses Problem kann ich an dieser Stelle nicht eingehen. Zu betonen bleibt bloss, dass die Lösung des e'–Problems die Lösung des allgemeineren *formal*ontolgischen e''–Problems voraussetzt. Denn das Ingardensche Problem der Individuation lautet: *Wie* ist es erklärbar, dass jedes Konkretum etwas Individuelles, Partikuläres ist? Und die zugehörige substanztheoretische Lösung lautet eben: Jedes Konkretum ist Exemplar irgendeines partikularisierenden Universale. Das Castaneda–Problem lautet demgegenüber, in Ingardens Systemsprache formuliert: *Wie* transformieren sich ideale Qualitäten qua Universalien in individuelle Qualitäten qua Bestimmungen jeweiliger Konkreta?

---

[26]   Vgl. auch oben im §12.

Ein *Substanzontologe* à la Ingarden rekurriert also zur Lösung des e''–Problems auf partikularisierende Universalien und setzt in seiner Analyse die traditionelle Exemplifikationsrelation als *unerklärte* Grundrelation zwischen Konkreta und Universalien voraus. Eben deswegen gibt er *keine* explizite Antwort auf das e'''–Problem.

Ein *Bündelontologe* à la Castaneda demgegenüber rekurriert zur Lösung des e'''–Problems auf c–Operatoren und ersetzt damit die traditionelle Exemplifikationsrelation durch eine andere Grundrelation, welche jene traditionelle Relation (per intentio) *erklären* soll. Zugleich *gibt* er eine Antwort auf das e''–Problem. Denn indem ein Castanedaner das *Wie* der Transformation von Universalien zu Partikulärem erklärt, erklärt er eo ipso natürlich auch, *warum* jedes Konkretum etwas Partikuläres, Individuelles ist.

Erklärt somit Castanedas Theorie de facto nicht zumindest *mehr* als Ingardens Theorie? Dies trifft zu, wenn gilt: man kann intuitiv verstehen, was ontologische c–Operatoren eigentlich sind. Castanedas Erklärung der Transformation von Universalien in Partikuläres würde dann gegenüber der traditionellen Exemplifikationsrelation tatsächlich einen Erkenntnisfortschritt darstellen. Wie ich aber oben betont habe, ist die traditionelle Exemplifikationsrelation intuitiv betrachtet ebenso gut oder schlecht einsichtig wie Castanedas neuartige Erklärung der Transformation. Ausserdem bestehen gegenüber Castanedas Theorie zusätzlich noch all die übrigen oben vorgetragenen Einwände, die gegenüber einer Substanztheorie nicht bestehen. Insgesamt glaube ich mithin nicht einmal dies, dass Castanedas Theorie de facto mehr erklärt als Ingardens Substanztheorie.

§42 Nominalistische Bündeltheorien

In der vorstehenden Diskussion habe ich nominalistische Bündeltheorien explizit noch wenig berücksichtigt. Diese Lücke soll jetzt geschlossen werden.

Wie früher begründet wurde kommen dem Typus nach, soweit es um nominalistische Positionen geht, nur Kollektionsauffassungen oder aber strikte Bündeltheorien in Frage.[1] Wie steht es um (nominalistische) Kollektionsauffassungen? — Wie ich bereits mehrfach betont habe, muss die Metapher "Bündel", wenn sie überhaupt verständlich sein soll, im Lichte der Teil/Ganzes–Relation verstanden werden. Ob diese Voraussetzung zutrifft, darüber kann natürlich gestritten werden. Im Falle von *Kollektions*auffassungen kann demgegenüber kein Zweifel bestehen. Denn gemäss dieser Auffassung werden "Klassen" im kollektiven Sinne verstanden, d.h. sie sind nichts anderes als Kollektionen, die im mereologischen Sinne als "Haufen" und also als Ganze mit bestimmten Teilen zu analysieren sind. Allerdings unterscheiden sich Kollektionstheoretiker darin, dass die jeweiligen Teile einmal als exemplifizierte Eigenschaften qua Universalien (PCBT–Positionen), einmal als individuelle Eigenschaften (NCBT–Positionen) aufgefasst werden. Der Haupteinwand gegenüber Kollektionsauffassungen betrifft aber beide Varianten, sodass ich diesen Unterschied vernachlässigen kann.

Wenn ein Konkretum gemäss der Theorie identisch ist mit etwas, das ein (mereologisches) Ganzes ist, dann hat dieses Ganze eben bestimmte Teile. Ein Ganzes, das Teile hat, ist aber eine irgendwie strukturierte Einheit derart, dass zwischen seinen Teilen gewisse Relationen bestehen. Es muss also irgendeine *interne ontische* Relation zwischen den Teilen des jeweiligen Ganzen vorhanden sein. Mithin erscheinen reine Kollektionsauffassungen schon auf *konzeptueller* Ebene unhaltbar.

Man könnte natürlich einwenden, dass Kollektionsauffassungen durchaus eine besondere "ontische Relation" berücksichtigen, nämlich sozusagen ein *ontisches* Pendant der algebraischen Relation zwischen Summe und Summanden. Wir könnten geradezu von einer ontischen "Summierungsrelation" sprechen. Doch dieser Einwand ist unhaltbar. Denn wenn Kollektionen mereologische Ganze sind, dann kann *diese* Relation nicht ausreichen. Denn die Theorie will ein Konkretum mit einer ganz bestimmten, *singulären* Kollektion von Eigenschaften identifizieren. Angenommen sie will Konkretum a bzw. Konkretum b bündeltheoretisch mit *der* Kollektion $<e_1+e_2>$ bzw. mit *der* Kollektion $<e_3+e_4>$ identifizieren. Die Theorie muss in diesem Falle auch erklären können, warum sie weder a noch b beispielsweise mit *der* Kollektion $<e_1+e_2+e_3>$ oder *der* Kollektion $<e_2+e_3+e_4>$ usw.

---

[1] Vgl. oben §38.

identifiziert. Eine ontische "Summierungsrelation" kann für eine Erklärung nicht ausreichen, denn auch die letztgenannten Kollektionen kommen durch eine derartige Relation sui generis zustande. Tatsächlich sind Kollektionsauffassungen m.E. inadäquat, weil sie keine konzeptuelle Möglichkeit haben, Kollektionen von Eigenschaften, die Konkreta sind , und solche, die es nicht sind, zu unterscheiden. Also müssten sie zusätzlich irgendeine interne ontische Relation sui generis annehmen, die diejenigen Kollektionen begründet, mit denen Konkreta jeweils identisch sein sollen. Eben dadurch müssen Vertreter solcher Theorien ihre Position aufgeben und zu Vertretern von SBT–Positionen werden.

Zu betonen bleibt, dass sich diese Konsequenz unabhängig davon ergibt, ob jemand eine PCBT– oder aber eine NCBT–Position vertritt. Ontologische Konkreta–Theorien von diesem Typus sind in beiden Fällen inadäquat. Ich schliesse daraus, dass von den *nominalistischen* Varianten *nur* strikte Bündeltheorien als ernsthafte ontologische Konkreta–Theorien in Betracht kommen.

Wie also steht es um NSBT–Positionen? M.E. ist es schwierig, derartige Theorien zu kritisieren. Prima facie stellt sie z.B. das früher vorgetragene Argument der numerischen Differenz — wie schon Bergmann festgestellt hat[2] — vor keine besonderen Schwierigkeiten. Dennoch sind NSBT–Positionen nicht unangreifbar. Ich gehe zunächt von Problemen aus, die sich im Zusammenhang des Datums der numerischen Differenz stellen (42.1). Anschliessend werde ich nocheinmal auf das Datum der Identität von Konkreta in der Veränderung zurückkommen (42.2).

---

[2] Vgl.: "'Two' entities yielding literally the same assay are literally, or as one says, numerically one and not two. That is another 'general principle of ontology'. For this principle one need not argue ... 'Realism' has two main uses. Realism$_1$ is the doctrine that there are universals. Its opposite is nominalism ... The problem to which we turn ... involves the dichotomy realism$_1$–nominalism. Let a and b be two spots of exactly the same shape and exactly the same color; [a$_1$,a$_2$] and [b$_1$,b$_2$], the two classes (pairs) of qualities 'in' them. Call the nexus again v. Assume again that each spot has exactly three constituents. Then the assay of a yields a$_1$ and a$_2$ connected by v and nothing else; that of b, b$_1$ and b$_2$ connected by v and nothing else. That presents us with the following alternative. (1) If we choose realism$_1$, then the qualities in the case are universals. Hence, the properties being exactly the same, a$_1$ is literally the same as b$_1$; a$_2$ literally the same as b$_2$. Hence, by the fundamental principle, if each spot had only three constituents, a and b would be one and not two. Each spot, therefore, must have at least one further constituent, and these further constituents must not be literally the same. (2) If we choose nominalism, then a$_1$ and b$_1$, though perhaps exactly alike, whatever that may mean, are not literally the same. Similarly for a$_2$ and b$_2$. *In strict logic a nominalist is therefore at this point not forced to search for further constituents.*" (Bergmann, 22–23).

42.1 Ein erstes Problem

Betrachten wir eine rote Kugel a und eine (numerisch verschiedene) rote Kugel b, wobei die individuellen Eigenschaften qualitativ vollständig gleich seien. Was unterscheidet die Röte von a von der Röte von b? Wie können wir diese Eigenschaften als numerisch verschiedene, individuelle Eigenschaften identifizieren? Diese Fragen lassen m.E. drei alternative Antworten zu.

(A_1) Die numerische Verschiedenheit der beiden Qualitäts–Instanzen ist sozusagen als ein fundamentales Datum anzuerkennen, für das keine weitere Erklärung möglich ist. Numerisch verschiedene, aber qualitativ vollständig gleiche Qualitäts–Instanzen können de facto einfach als Partikularitäten identifiziert werden.

(A_2) Die Röte von a ist numerisch verschieden von der Röte von b, weil die jeweiligen Rot–Instanzen verschiedene Raumstellen involvieren. Und diese Verschiedenheit der Raumstellen macht es möglich, dass wir zwei Rot–Instanzen identifizieren können.

(A_3) Die beiden Qualitäts–Instanzen sind numerisch verschieden, weil sie individuelle Eigenschaften respektive von Konkretum a bzw. von Konkretum b sind, die numerisch verschiedene Objekt–Entitäten sind. Und die Möglichkeit, die beiden Qualitätsinstanzen als numerisch verschiedene zu (re–)identifizieren beruht auf der Möglichkeit, die beiden Konkreta a und b als numerisch verschiedene Objekt–Entitäten zu (re–)identifizieren.

Alternative A_3 kommt für Vertreter von NSBT–Positonen aus naheliegenden Gründen nicht in Frage. Denn gemäss A_3 sind die in Frage stehenden Rot–Instanzen numerisch verschieden, *weil* sie *individuelle* Eigenschaften respektive von Konkretum a und Konkretum b sind, die ihrerseits *nicht* wiederum reduktiv als blosse Bündel von Qualitäten analysiert werden können. Alternative A_2 kommt aber auch nicht in Frage. Allerdings muss hier etwas differenziert werden. Es ist u.U. akzeptierbar, dass die Verschiedenheit der Raumstellen der jeweiligen Rot–Instanzen die Möglichkeit garantiert, die beiden Qualitäten als numerisch verschiedene zu identifizieren. Von Ingarden und von Castaneda kann man jedoch lernen, dass das kriteriologische Problem der (Re–)Identifizierung an sich kein ontologisches Problem ist. Gemäss dem reduktionistischen Programm von bündeltheoretischen Positionen kommen als Konstituenten von Konkreta bzw. als Teile gewisser Ganzen nur *absolute* Eigenschaften in Frage, anderenfalls die ontologische Analyse zirkulär wird.[3] Alternative A_2 kommt also deswegen nicht in Frage, weil die numerische Verschiedenheit von Qualitäts–Instanzen qua Konstituenten von Konkreta nicht unter bezug auf relationale Eigenschaften erklärt werden darf. Somit bleibt nur noch Alternative A_1 übrig. Als *ontologische* Behauptung stellt diese Alternative aber entweder einfach eine dogmatische ad–hoc–Behauptung auf oder erklärt implizit den Bankrott der Theorie. Als Antwort auf das kriteriologische Problem der (Re–)Identifizierung dagegen ist diese Alternative simpel

---

[3] Vgl. oben §39.

falsch. Die beiden Rot–Instanzen, da sie per Voraussetzung qualitativ vollständig gleich sind, können unmöglich tel quel als Partikularitäten, d.h. als *zwei* Rot–Instanzen identifiziert werden. Die Möglichkeit einer solchen (Re–)Identifizierung beruht *ontisch* entweder auf der Verschiedenheit der Raumstellen (vgl. A$_2$) oder auf der Verschiedenheit der zugehörigen Konkreta (vgl. A$_3$). *Kriteriologisch* betrachtet aber beruht sie entweder auf der Identifizierung von zwei Raumstellen *als* verschiedenen oder auf der Identifizierung von zwei Konkreta *als* verschiedenen. Mindestens also soweit es um die kriteriologische Frage geht, ist Alternative A$_1$ entweder durch A$_2$ oder durch A$_3$ zu ersetzen. Damit haben wir die folgende Situation: Weil Alternative A$_2$, *sofern* es um die *ontologische* Frage der numerischen Differenz von qualitativ vollständig gleichen Konkreta geht, von Vertretern bündeltheoretischer Konzeptionen nicht akzeptiert werden kann, bleiben nur zwei Möglichkeiten: Vertreter von NSBT–Positionen akzeptieren Alternative A$_1$ oder Alternative A$_3$. Alternative A$_1$ aber ist als Antwort auf die Frage nach der Individualität von Konkreta bzw. Partikularität von Qualitäts–Instanzen unbefriedigend. Zwar *kann* die Theorie gemäss A$_1$ mittels der Unterscheidung zwischen Eigenschaften qua Universalien und individuellen Eigenschaften das Problem der numerischen Differenz "lösen". Von einem Ingardenschen Standpunkt aus betrachtet ist die Situation aber unbefriedigend bzw. inakzeptabel, weil die Kategorie der individuellen Eigenschaft in formalontologischer Hinsicht ungeklärt bleibt. Gemäss Ingarden ist es aber nicht möglich, diese Kategorie auf eine intuitiv nachvollziehbare Weise zu klären, ohne den Begriff des *Trägers* von individuellen Eigenschaften einzuführen. In diesem Punkt stimmt Ingarden de facto mit den sogenannten Substratontologen überein.[4] Sobald Vertreter von NSBT–Positionen, welche von A$_1$ ausgehen, den Begriff einer individuellen Eigenschaft erklären wollen, müssen sie gemäss Ingarden ihre Position aufgeben. Alternative A$_3$ demgegenüber widerspricht der bündeltheoretischen Hauptthese. Denn gemäss A$_3$ sind die in Frage stehenden Rot–Instanzen numerisch verschieden, *weil* sie *individuelle* Eigenschaften respektive *von* Konkretum a und von Konkretum b sind, die ihrerseits *nicht* wiederum reduktiv als blosse Bündel von Qualitäten analysiert werden können. M.a.W.: Auch Vertreter von NSBT–Positionen sind gut daran beraten, ihre ontologische Theorie von Konkreta aufzugeben.

Ein naheliegender Einwand gegen meine Argumentation lautet, dass die Disjunktion A$_1$–A$_3$ keineswegs vollständig sei – ein Einwand, den vor allem Substrat–Ontologen vortragen würden. Nun, dieser Einwand ist völlig korrekt. Mit der Substrat–Ontologie werde ich mich aber bald noch auseinandersetzen, während ich mich mit anderen Typen bündeltheoretischer Positionen bereits oben auseinandergesetzt habe.

---

[4] Vgl. unten Kapitel 13.

42.2 Ein zweites Problem

Ein anderer naheliegender Einwand gegen die vorgetragene Kritik könnte aber auch lauten: Es ist ein Grundfehler von substanzontologischen Theorien gleich welcher Provenienz, dass sie die Kategorie "individuelle Eigenschaft" ontologisch klären wollen. Unter den Begriff einer individuellen Eigenschaft fallen einfach die "letzten" ontischen Partikularitäten, die ontologisch *unanalysierbar* sind. Entsprechend muss eine adäquate Ontologie den Begriff einer individuellen Eigenschaft als *undefinierten* Basisbegriff voraussetzen.

Dieser Einwand führt die Kontrahenten m.E. an einen Punkt, wo die Diskussion sozusagen an Ort und Stelle tritt. Deswegen ist es günstig, als Substanzontologe ein anderes Problem, nämlich das Problem der Identität sich in der Zeit verändernder Konkreta zu berücksichtigen. Ausgehend von diesem Problem habe ich oben im Paragraphen 39 das Flux–Argument diskutiert. Das Ergebnis lautete: Ein Bündeltheoretiker (er sei nun Platonist oder Nominalist), vorausgesetzt er versteht seine Theorie tatsächlich als eine ontologische Theorie und nicht "bloss" als ein bündeltheoretisches "Modell" im Sinne der konstruktionalistischen Tradition – ein solcher Bündeltheoretiker kann das Datum der Identität sich in der Zeit verändernder Konkreta nur dadurch befriedigend "lösen", indem er ein Prozess–Theoretiker bzw. ein Vertreter der sogenannten 4–dimensionalen Ontologie wird. *Gegen* die 4–dimensionale Ontologie gibt es zwar wohl kaum eine entscheidende apriorische Kritik; aber es gibt doch viele gute Gründe gegen derartige Positionen. Ein Substanzontologe kann somit nominalistische Bündeltheoretiker auch *so* angreifen, dass er all diese früher genannten Gründe im besonderen *gegen* NSBT–Positionen ins Feld führt.

§43 Zusammenfassung von Kapitel 12

Entsprechend den früher für Teil 6 der Untersuchung erläuterten Zielsetzungen habe ich im vorliegenden Kapitel versucht, unter Berücksichtigung bündeltheoretischer Positionen den systematischen Stellenwert der Ingardenschen Substanz–Ontologie zu verdeutlichen.

Da ich mich hier aus naheliegenden Gründen nicht mit allen Details der in Frage stehenden ontologischen Konkreta–Theorien auseinandersetzen konnte, bildete eine *Typologie* denkbarer bündeltheoretischer Positionen meinen Ausgangspunkt. Unter Berücksichtigung ausgewählter Probleme konnte dennoch deutlich werden, *warum* ein "Ingardenianer" bündeltheoretische Positionen kritisiert und *wie* einige seiner Haupteinwände lauten.
Systematisch gesprochen sind die Ergebnisse relativ bescheiden. Nach meiner Einschätzung können drei Punkte betont werden:

1) Als ernst zu nehmende, ontologische Konkreta–Theorien kommen, soweit es sich um Bündeltheorien handelt, nur *SBT–Positionen* in Betracht.

2) Das im Paragraphen 40 vorgetragene Argument der numerischen Differenz von (in qualitativer Hinsicht vollständig gleichen) Konkreta disqualifiziert mit guten Gründen *klassische* PSBT–Positionen. Als ernst zu nehmende Theorie, soweit es sich um PSBT–Positonen handelt, kommt m.E. vorderhand nur Castanedas (bzw. irgendeine Castanedanische) Theorie in Frage, welche Konkreta *nicht* als Bündel kontingent verbundener Eigenschaften analysiert, sondern als Bündel von konsubstantiierten Etwassen, die wiederum bündeltheoretisch unter bezug u.a. auf Eigenschaften analysiert werden. Andererseits wurden in der kurzen Auseinandersetzung mit dieser Theorie (neben Berührungspunkten zu Ingardens Position) auch einige wie ich meine wohlbegründete Vorbehalte formuliert (vgl. Paragraph 41). Diese Vorbehalte würden (wie unten aus dem dritten Punkt ersichtlich werden wird) noch erheblich mehr an Gewicht erhalten, wenn sich zeigen lässt, dass Castanedas (bzw. eine Castanedanische) Theorie de facto eine Variante der sogenannten 4–dimensionalen Ontologie darstellt, welche Konkreta als räumlich–zeitlich bestimmte Prozesse analysiert.

3) Das im Paragraphen 39 vorgetragene Argument der Identität von sich in der Zeit verändernden Konkreta sollte zeigen, dass eine ernst zu nehmende SBT–Position – sie sei nun platonistisch oder aber nominalistisch (vgl. Paragraph 42) – irgendeine Variante der sogenannten 4–dimensionalen Ontologie darstellen wird. (Gemäss einer derartigen Theorie wird die Rede von "sich in der Zeit verändernden Konkreta" ersetzt durch die Rede von "bestimmten zeitlichen Teilen (Phasen) gewisser Prozesse bzw. Vorgänge".) Abgesehen von letztlich vielleicht eher pragmatisch begründeten Einwänden gegenüber derartigen Prozess—

Theorien lässt sich von einem Ingardenianischen Standpunkt aus feststellen: Solche Theorien sind möglicherweise dann als inkonsistent erwiesen, wenn sich zeigen lässt, dass das Stattfinden von Prozessen aus formal– und/oder existentialontologischen Gründen das Existieren von Konkreta (i.e. von ursprünglich–individuellen, in der Zeit ihres Existierens (über)dauernden Objekt–Entitäten) voraussetzt. Angenommen ein "Ingardenianer" kann einen solchen Nachweis liefern, so ist dies insbesondere auch gegenüber NSBT–Positionen von Bedeutung. Denn deren Vertreter können (vgl. Paragraph 42) eine Substanz–Theorie à la Ingarden stets dadurch kritisieren, dass sie individuelle Eigenschaften als letzte *unanalysierbare* Objekt–Entitäten in Ansatz bringen und somit den Versuch einer formalontologischen Klärung der Kategorie "individuelle Eigenschaft" im voraus als verfehlt zurückweisen.

Aus diesen für die systematische Forschung m.E. wichtigsten Ergebnissen geht zureichend deutlich hervor, dass eine weiterführende Verteidigung von Ingardens formalontologischer Konkreta–Theorie noch eine Menge an Arbeit erfordert. Wobei insgesamt zu beachten ist, dass vorderhand nur bündeltheoretische Positionen berücksichtigt wurden.

Ingardens Kritik an Substrattheorien sowie an der
Klassenauffassung von Konkreta

Eine verglichen mit Bündeltheorien sehr verschiedene Gruppe stellen die im Titel genannten Konkreta–Theorien dar. Ich berücksichtige zuerst Substratontologien (§44), anschliessend noch Klassenauffassungen (§45).

§44 Ingardens Kritik an Substratontologien von Konkreta

Vertreter von Substrat–Theorien betrachten diese gewöhnlich als einzige Alternative zu bündeltheoretischen Konzeptionen.[1] Systematisch betrachtet ist eine solche Einschätzung unzutreffend: neben bündel– und substrattheoretischen Konzeptionen müssen mindestens noch substanztheoretische Konzeptionen unterschieden werden.

Ich werde im folgenden zwei Typen substrattheoretischer Konzeptionen im Lichte von Ingardens Theorie diskutieren (44.1/44.2). Dabei wird sich u.a. zeigen: Für Substrattheorien ist es charakteristisch, dass sie etwas nicht beachten, was gemäss Vertretern von Substanz– Theorien von grosser Bedeutung ist.

44.1 Substrat–Theorien im strengen Sinn (SST)

44.11 Hauptthesen einer Substrat–Theorie im strengen Sinne
Dass Vertreter von SST–Positionen diese gewöhnlich als einzige Alternative zu bündeltheoretischen Konzeptionen betrachten, lässt sich gut aus der folgenden Stellungnahme von Allaire ersehen:

> "Consider once more the two discs [sc. of the same (shade of) color, size, shape, and so on]. When presented together, they are presented as numerically different. That difference is presented as is their sameness with respect to shape, (shade of) color, and so on. [a] *What accounts for the difference is the numerically different individuals.* [b] *No character or group of characters can do that.* Thus, to say that there are individuals is to say that things may be merely numerically different. [c] No matter what description one proposes, *the numerical difference of two things which are alike in all (nonrelational) respects must be accounted for* ... To claim that both discs are but collections of literally the same universals does not account for the thisness and thatness which are implicitly referred to in speaking of them as two collections. That is, the two collections of characters ... are, as presented, numerically different. [d] *Clearly, therefore, something other than a character must also be presented. That something is what proponents of the realistic analysis call a bare particular.* Or, perhaps better, that is their explication of 'bare particular'."[2]

Im besonderen geht es Allaire darum, die These zu bestreiten, dass Substrata unerkennbar seien. Diese These wurde beispielsweise von Locke vertreten[3] und war in der Folge für die englischen Empiristen ein entscheidender Stein des Anstosses. Wie aus der Stelle hervorgeht

---

[1] Vgl. Allaire, 235–44. Gemessen an den von beiden Theorien–Arten geteilten Voraussetzungen, ist diese Einschätzung auch gerechtfertigt (vgl. dazu Long, 280 f). Alles aber hängt von eben diesen Voraussetzungen ab.

[2] Allaire, 242.

[3] Vgl. dazu Loux (1), 111 f.

will Allaire u.a. also erklären, dass und in welchem Sinne auch Substrata erkenntnismässig zugänglich sind.[4] Dieser besondere (erkenntnistheoretische) Punkt interessiert mich hier nicht.[5] Wichtiger ist das folgende: Die numerische Differenz zweier Konkreta, die hinsichtlich *aller nicht–relationaler* Eigenschaften vollständig gleich sind, erfordert gemäss [a] und [c] eine Erklärung. Die jeweilige Totalität der in den numerisch verschiedenen Konkreta instantiierten absoluten Eigenschaften kann die numerische Differenz gemäss [b] nicht erklären. Also ist gemäss [d] die Substrat–Theorie von Konkreta zu akzeptieren.

Diese Argumentation setzt offensichtlich voraus, dass bündeltheoretische Konzeptionen (im besonderen PSBT–Positionen) einerseits und substrattheoretische Konzeptionen andererseits eine *vollständige* Disjunktion bilden. Dieser Argumentationslinie folgend verteidigt auch Bergmann eine SST–Position. Auch er geht vom Prinzip der Identität des Ununterscheidbaren aus[6], interpretiert alle "Qualitäten" von Konkreta als exemplifizierte Eigenschaften im platonistischen Sinne und kommt dann zum folgenden Schluss:

"The things 'in' an ordinary thing *do not all belong to the same category*. One is a bare particular; all the others are qualities."[7]

Zu den in Ansatz gebrachten "bare particulars" aber sagt Bergmann:

"This notion ... has two parts. Bare particulars neither are nor have natures. Any two of them, therefore, are not intrinsically but only numerically different. That is their bareness. It is impossible for a bare particular to be 'in' more than one ordinary thing. That is their particularity."[8]

Die Hauptthesen einer typischen SST–Position lassen sich also folgenderweise zusammenfassen:

(i)   Substrata sind qua Individuatoren konstitutive Teile von Konkreta.

(ii) Substrata sind qua Individuatoren die Träger der Eigenschaften von Konkreta.

(iii) Substrata von Konkreta sind selber – trotz These (ii) – nicht "beeigenschaftet", d.h. Substrata unterscheiden sich voneinander nur numerisch, nicht aber intrinsisch.

---

[4] Er unterscheidet zu diesem Zwecke folgenderweise: "First, there is the use of 'know' in which to know something means to be acquainted with it. Second, there is the use in which to know means to be able to recognize it." (Allaire, 241). Im zweiten Sinne von 'to know' sind Substrata nach Allaire erkenntnismässig nicht zugänglich. Wie die zitierte Passage aber zeigt, soll eine direkte (präsentierende) "Bekanntschaft" ("acquaintance") mit Substrata möglich sein.

[5] Für eine Kritik dazu vgl. Long, 288 ff. und Loux (1), 144 ff.

[6] Vgl. Bergmann, 22.

[7] Bergmann, 24/25.

[8] Bergmann, 24.

44.12 Zur Kritik von SST–Positionen

44.121 Eine externe Kritik

Ich spreche von einer "externen" Kritik, weil ich von der Ingardenschen Theorie ausgehe. Ich formuliere die wichtigsten Einwände in zwei Punkten.

(K_1) Vertreter von SST–Positionen hypostasieren formalontologische Begriffe.

"[a] Als die Engländer die sogenannte 'Substanz' als das völlig qualitätslose und doch konkrete 'Substrat' bekämpften, hatten sie vollkommen recht, dass dieses in concreto nicht existiert ... [b] Sie waren dagegen im Irrtum, wenn sie damit auch die Unrechtmässigkeit des Begriffes der 'Materie$_3$' im Sinne einer besonderen analytischen Form aufgewiesen zu haben glaubten."[9]

Unter dem Begriff der Materie$_3$ versteht Ingarden an dieser Stelle den formalontologischen Begriff des Subjektes von Bestimmungen, der seinerseits korrelativ zum Begriff der Eigenschaft von etwas ist.[10] Gemäss [a] unterstützt Ingarden also die These, dass "qualitätslose" oder intrinsisch ununterscheidbare Substrata in concreto nicht existieren. Denn:

"Es gibt ... kein konkretes ... Etwas, das in sich selbst [durch keine Materie (im formalontologischen Sinne) bestimmt] ist."[11]

M.a.W.: Alles, was überhaupt existiert, ist im formalontologischen Sinne irgendwie qualitativ bestimmt.

Gemäss [b] kritisiert Ingarden aber das Zurückweisen des formalontologischen Begriffes des Subjektes von Eigenschaften. Denn jede Qualität qua Materie von Etwas steht in einer gewissen Form. Im besonderen steht jene Materie, welche die konstitutive Natur von Konkreta bildet, in der Form "Subjekt–von–Eigenschaften–zu–sein". Der zugehörige Begriff ist also für die formalontologische Analyse von Konkreta unverzichtbar.

Nimmt man beide Punkte zusammen, können wir vom Ingardenschen Standpunkt aus das folgende sagen: Soll These (ii) von SST–Positionen überhaupt akzeptierbar sein, müsste sie als formalontologische These verstanden werden. Im Rahmen von SST–Positionen ist dies aber nicht möglich. Denn These (iii) zeigt, dass Vertreter solcher Positionen den Unterschied

---

[9] Ingarden (11), 10.

[10] Vgl. Ingarden (11), 8.

[11] Ingarden (11), 9. Das Zitat lautet im Original: "Es gibt nämlich kein konkretes (also ipso facto geformtes) Etwas, das in sich selbst im aristotelischen Sinne gar nicht geformt wäre." – Zur Erinnerung: 'im–aristotelischen–Sinne–geformt–zu–sein' besagt für Ingarden dasselbe wie 'im–formalontologischen–Sinne–durch–eine–Materie–bestimmt–zu–sein', wobei jede Materie im formalontologischen Sinne in einer gewissen Form "steht" (vgl. oben §10).

zwischen der Form und der Materie von Konkreta nicht zureichend sehen. Vor allem sehen sie nicht, dass formale Aspekte von Konkreta in genere *Folge*–Aspekte ihrer Materien sind. Beides zusammen wirft ein Licht auf These (i): Tatsächlich unterliegen Vertreter von SST–Positionen einer Hypostasierung formalontologischer Begriffe. Denn gemäss These (iii) sind "Substrata" qua qualitätslose Träger von Eigenschaften zwar konstitutive Teile von Konkreta; sie sind das aber sozusagen *neben* den jeweiligen Materien, etwas, das als Träger allen Materien irgendwie zugrundeliegen soll. Im formalontologischen Sinne verstanden aber ist die Form "Subjekt–von–Eigenschaften–zu–sein" Folge–Aspekt einer bestimmten Materie, nämlich jener Materie, welche die konstitutive Natur von Konkreta bildet. Form also *von* dieser Materie und nicht etwas, das der konstitutiven Natur und allen übrigen Materien sozusagen "im Innersten" von Konkreta zugrundeliegt.

(K_2) Der Begriff der Eigenschaft von Konkreta ist in formalontologischer Hinsicht ungeklärt.

– Konkreta bestehen gemäss SST–Positionen aus Konstituenten, die entweder zur Kategorie "Substratum" oder zur Kategorie "Eigenschaft" gehören. Alles und jedes Qualitative (d.h. *jede* Materie im formalontologischen Sinne) wird also simpel als Eigenschaft von Konkreta verstanden. Mithin fehlt einerseits eine sorgfältige formale Analyse dessen, was überhaupt eine Eigenschaft von Konkreta ist, andererseits bleiben die verschiedenen Funktionen, die Materien im ontischen Aufbau von Konkreta erfüllen, unberücksichtigt.

44.122 Eine interne Kritik
Im Lichte dieser Einwände lassen sich auch gewisse *interne* Schwierigkeiten von SST–Positionen leichter verstehen. So kann z.B. der Begriff eines qualitätslosen Substrates als inkonsistent betrachtet werden. Sellars sagt dazu:

> "Perhaps the neatest way in which to expose the absurdity of the notion of bare particulars is to show that the sentence 'Universals are exemplified by bare particulars' is a self–contradiction. As a matter of fact, the self–contradictory character of this sentence becomes evident the moment we translate it into the symbolism of *Principia Mathematica*. It becomes '(x) [(EF)Fx ⟶ ¬(EF)Fx]', or, in other words, 'If a particular exemplifies a universal, then there is no universal which it exemplifies'."[12]

Sellars Stellungnahme ist bestechend einfach und zeigt m.E. eine bedeutsame interne Schwierigkeit von SST–Positionen auf. Gemäss These (iii) nämlich sollen Substrata *qualitätslose* Teile von Konkreta sein, d.h. es soll ihnen selbst überhaupt keine Eigenschaften zukommen. Gemäss These (ii) aber sollen sie im strengen Sinne "Träger" jener Eigenschaften sein, die materiale Konstituenten von Konkreta sind. Heisst dies aber nicht, dass Substrata, die keine Eigenschaften haben, tatsächlich doch Eigenschaften haben?

---

[12] Sellars (2), 282/83, Anm. 1.

Natürlich kann man einwenden, dass gemäss SST—Positionen Sätze wie 'a kommen die Eigenschaften F,...,H zu' bzw. 'a exemplifiziert die Eigenschaften F,...,H' und 'Substrat s ist Träger der Eigenschaften F,...,H' verschiedene Subjekte und verschiedene Verben haben. Ferner könnten Vertreter von SST—Positionen antworten, wenn ein Kritiker sagt: Substrata müssen mindestens die folgenden Eigenschaften exemplifizieren: *ein—konstitutiver—Teil—von—Konkreta—zu—sein, ein—konstitutiver—Teil—genau—eines—Konkretums—zu—sein, ein—konstitutiver—Teil—von—Konkretum—a—zu—sein, ein—konstitutiver—Teil—von—Konkretum—b—zu—sein*, dass die aufgezählten Bestimmungen keine Eigenschaften seien und sicher nicht "Eigenschaften" von a! Rein sachlich betrachtet hat er damit auch recht, sodass das Sellarsche Argument aus dieser Perspektive betrachtet nicht entscheidend ist. Es fragt sich aber, ob ein Vertreter von SST—Positionen überhaupt überzeugend in dieser Weise reagieren kann und ob das Sellarsche Argument damit im vorliegenden Falle nicht doch entscheidend ist. Denn dass diese aufgezählten Bestimmungen nicht "gewöhnliche" Eigenschaften seien — diese Antwort erfordert eine Begründung. Mit Ingarden kann man sagen: Diese internen Schwierigkeiten stellen sich nur, weil der Begriff des Subjektes oder Trägers von Eigenschaften nicht als *formalontologischer* Begriff eingeführt wird und weil in formalontologischer Hinsicht nicht geklärt wird, was denn "Eigenschaften" von Konkreta sind.[13]

44.2 Die Theorie qualifizierter Substrata (QST)

Eine Theorie, die qualifizierte Substrata als Konstituenten von Konkreta in Ansatz bringt, setzt anstelle von These (iii) die folgende These:[14]

(iii*)   Substrata von Konkreta sind in materialer Hinsicht qualifiziert, d.h. Substrata von Konkreta haben eine bestimmte Natur.

Vertreter von QST—Positionen vermeiden damit die oben besprochenen internen Schwierigkeiten, die sich aus der Annahme qualitätsloser Substrata ergeben. Sind damit aber alle Schwierigkeiten behoben?

— Qualifizierte Substrata sind gemäss QST—Positionen wesentlich als Individuatoren zu verstehen, denn sie werden ja in Ansatz gebracht, um die numerische Differenz von Konkreta zu erklären, die hinsichtlich aller absoluten Eigenschaften vollständig übereinstimmen. Dabei

---

[13]   Interessant ist auch Sellars Argument in (2), 286/87, wo Sellars zeigen will, dass der "Dies—Faktor" der *Tatsache*, dass a F ist, *nicht* irgendein qualitätsloses Substrat, sondern eben eine *Instanz* von F ist, dass m.a.W. die Idee eines existierenden, in materialer Hinsicht vollständig unbestimmten Etwas widersinnig ist.

[14]   Vgl. Long, 277 ff. und Loux (1), 149 f.

sind aber zwei Arten von Antworten zu unterscheiden. *Entweder* behaupten Vertreter von QST−Positionen einfach: die (mögliche) numerische Differenz von Konkreta, die hinsichtlich aller absoluten Eigenschaften vollständig gleich sind, erklärt sich dadurch, dass qualifizierte Substrata qua Konstituenten von Konkreta diese notwendigerweise individuieren. *Oder* Vertreter von QST−Positionen sagen auch, worin diese Natur von Substrata eigentlich besteht. Im ersteren Falle wird m.E. simpel eine ad−hoc Lösung propagiert. Im zweiten Falle werden Vertreter von QST−Positionen sagen müssen: Es ist z.B. für Substratum$_1$ wesentlich *ein−konstitutiver−Teil−von−Konkretum−a−zu−sein* und für Substratum$_2$ ist es wesentlich *ein−konstitutiver−Teil−von−Konkretum−b−zu−sein*. Gemäss den Voraussetzungen der Theorie spezifizieren *derartige* Bestimmungen die "Natur" von Substrata. Handelt es sich dabei um *materiale* Bestimmungen, also um "Eigenschaften"? Wir stehen damit erneut vor dem Ingardenschen Einwand K$_2$. Da es sich ausserdem in jedem Falle um *relationale* Bestimmungen handelt, wird die ontologische Analyse an diesem Punkt zirkulär.[15]

> "Dass das Subjekt der Eigenschaften in einem jeden individuellen seinsautonomen Gegenstande der identische und *einzige* Bezugspunkt (oder 'Stützpunkt', wenn man will) aller ihm zukommender Eigenschaften ist, prägt sich nicht nur auf eine rein formale Art in der Zugehörigkeit der Eigenschaften und Eigenschaftsformen zu ihm, sondern auch *materialiter* darin aus, dass das Subjekt eine *eigene, direkte* − also nicht bloss indirekte, durch das Zukommen der Eigenschaften − *materiale* Bestimmung hat."[16]

Solche Passagen könnten den Anschein erwecken, dass QST−Positionen tatsächlich grosse Ähnlichkeiten mit Ingardens formalontologischer Theorie von Konkreta aufweisen. Sind qualifizierte Substrata nicht sogar dasselbe wie konstitutive Naturen von Konkreta im Ingardenschen Sinne? Nun, der Schein trügt. Denn dies würde nur dann gelten, wenn erstens der Begriff des Subjektes von Eigenschaften streng als formalontologischer Begriff eingeführt würde und zweitens formale Bestimmungen nicht mit materialen Bestimmungen von Konkreta verwechselt würden. Es trifft aber nicht zu, dass QST−Positionen diese Bedingungen erfüllen. Womit wir erneut beim Einwand K$_1$ angelangt sind.

44.3 Zusammenfassung

Vertreter von Substratontologien gehen in der Regel vom (möglichen) Datum der numerischen Differenz von in qualitativer Hinsicht vollständig gleichen Konkreta aus. Dabei verlangen sie von einer adäquaten Konkreta−Theorie zu Recht eine Erklärung der Tatsache, *dass* die jeweiligen Konkreta numerisch verschieden sind. Die zugehörigen substrattheore-

---

[15] Also wie im Falle von PSBT−Positionen, vgl. oben §40.
[16] Ingarden (11), 66.

tischen Erklärungen sind in der Sache sehr einfach. Eben deswegen ist es auch schwierig, derartige Theorien apriorisch zu kritisieren. Vom Ingardenschen Standpunkt aus betrachtet beruht die Einfachheit dieser Theorien jedoch wesentlich auf einer Hypostasierung formalontologischer Begriffe. Nach meiner Einschätzung deckt diese Ingardensche Kritik tatsächlich entscheidende Schwachstellen in der Gegenposition auf. Allerdings muss man dabei insbesonders an ein mehr oder weniger intuitives Verständnis des *formalontologischen* Begriffes des Subjektes oder Trägers von Eigenschaften appellieren. Schliesslich aber gibt es auch noch einen sozusagen hermeneutischen Wahrscheinlichkeits–Einwand gegen Substratontologien: Es ist in der Tat höchst unwahrscheinlich, dass eine adäquate Ontologie von Konkreta dermassen einfach (um nicht zu sagen: simpel) sein kann wie Substratontologien es de facto sind. So zu argumentieren heisst *nicht* tel quel der Bochénski–Maxime: "Warum soll es denn einfach sein, da es ja auch viel komplexer sein kann?" folgen. Es ist keineswegs so, dass eine "einfache" Theorie a fortiori nicht adäquat sein kann. Noch geht es darum, sozusagen aus philosophischem Spieltrieb "es auch mal mit komplizierteren Theorien zu versuchen". Denn die gesuchte Ontologie soll nicht nur adäquat, sondern sie soll auch wahr sein. Die Geschichte der Wissenschaft und der Philosophie zeigt aber zureichend, dass die "Wirklichkeit" eh schon komplizierter ist als wie der Mensch sie sich in seinen Theorien ausdenkt.

§45 Ingardens Kritik an der "Klassen"–Auffassung von Konkreta

Vorerst ist von einer wichtigen begrifflichen Unterscheidung auszugehen (45.1). Anschliessend sollen der Reihe nach zwei Arten der "Klassen"–Auffassung von einem Ingardenschen Standpunkt aus besprochen werden (45.2/45.3).

45.1 "Klassen" im kollektiven und distributiven Sinne

Die Unterscheidung zwischen "Klassen" im kollektiven und im distributiven Sinne geht in der Sache auf Frege zurück.[1] Anstelle von "Klassen" im *kollektiven* Sinne kann man auch von *mereologischen Haufen* oder einfach *Kollektionen* sprechen. Und anstelle von "Klassen" im *distributiven* Sinne kann man auch (im Sinne der mathematischen Mengenlehre) tout court von *Klassen* oder *Mengen* sprechen.

Dass zwischen Kollektionen/Haufen und Klassen/Mengen unterschieden werden muss, lässt sich folgenderweise zeigen:

1) Unser Universum möge aus folgendem bestehen:

a	b
c	d

und es gelte: $\alpha = \hat{x}$ (x ist quadratisch).

Wir erhalten dann zwar eine Klasse mit 5 Elementen (nämlich die Klasse α von der gilt: $\alpha = \{a,b,c,d,(a+b+c+d)\}$, jedoch nur einen Haufen mit 4 Teilen (wobei gilt: $H = a+b+c+d$).

2) Unser Universum sei wie folgt beschaffen:

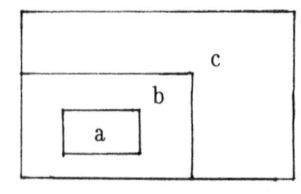

---

[1] Die hier verwendete Terminologie stammt von Lesniewski (vgl. Simons 3, 102 ff). Frege selber unterscheidet in "Kritische Beleuchtung einiger Punkte in E. Schröders Vorlesungen über die Algebra der Logik" (1895) zwischen "Klassen" im konkreten und im logischen Sinne (vgl. Frege 6, 92–112), wobei er schon betont, dass "Klassen" im konkreten bzw. kollektiven Sinne als mereologische Ganze mit Teilen zu verstehen seien (vgl. Frege 6, 93).

Mit '<' für 'ist ein Teil von' gilt dann gemäss der Transitivität der Teil/Ganzes–Relation: (a<b · b<c) ⟶ a<c. Es gilt aber *nicht*: [aϵ{a,b} · {a,b}ϵ{{a,b},c}] ⟶ aϵ{{a,b},c}. M.a.E.: die Element/Klassen–Relation ist im Unterschied zur Teil/Ganzes–Relation in der Regel nicht transitiv.

3) Unser Universum bestehe aus genau drei Individuen: a,b und c. Es lassen sich dann genau 7 mögliche mereologische Ganze in Erwägung ziehen, nämlich: a,b,c,a+b,a+c,b+c,a+b+c. Demgegenüber kann ein Universum mit genau einem Individuum: a ausreichen, um mittels der Klassenabstraktion unendlich viele Klassen in Erwägung zu ziehen, nämlich: {a}, {{a}}, {{{a}}} ... Andererseits: Falls α = x̂ (x ist ein viereckiger Kreis), dann gilt: α = { }, d.h. in der Klassen–Theorie kann die sogenannte Nullklasse in Erwägung gezogen werden: sie ist die Extension von leeren Termini. Demgegenüber – obgleich die allgemeine Mereologie sogenannte "Atome", die keine Haufen sind, zulässt – ist es widersinnig, etwas, das keine Teile hat, als einen mereologischen Haufen zu betrachten. M.a.W.: Für 'Haufen' bzw. 'Kollektion' kann das folgende "Bedeutungspostulat" akzeptiert werden:

N(∀x)[x ist ein Haufen ⟶ (Ey)(Ez)(y<x · z<x · y≠z)].

Bereits diese kurzen Hinweise zeigen hinreichend, dass man zwischen Haufen und Klassen unterscheiden muss. Wenn Ingarden von der "*Klassenauffassung*" von Konkreta spricht, versteht er "Klassen" aber als (mereologische) Ganze (45.3). Trotzdem macht es unter gewissen Voraussetzungen auch Sinn, im Anschluss an Ingarden eine klassenlogische, d.h. mengentheoretische Auffassung von Konkreta zu kritisieren (45.2).

45.2 Die Klassenauffassung von Konkreta

45.21 Eine modifizierte Frage
Vielleicht sind (einige) Klassen autonom existierende ideale Objekt–Entitäten, oder aber alle Klassen sind (wie das die Konzeptualisten meinen) blosse Konstrukte menschlichen Denkens – in beiden Fällen handelt es sich um sogenannte abstrakte Entitäten. Während Menschen sterben (können), kann die Klasse der Menschen nicht sterben; während Bäume abbrennen (können), kann die Klasse der Bäume nicht abbrennen. So ist es evidenterweise *absurd* zu behaupten, Konkreta seien *identisch* mit irgendwelchen Klassen.

Andererseits gibt es doch philosophische Konkreta–Theorien, die wesentlich auf die Element/Klassen–Beziehung rekurrieren. Es lassen sich zwei Gruppen unterscheiden: *Ontologische* Theorien, die Konkreta mit irgendwelchen Etwassen *identifizieren* derart dass gilt: Diese Etwasse werden in den zugehörigen System–Sprachen u.a. im Rekurrieren auf die

Element/Klassen—Beziehung *repräsentiert*. Ein Beispiel hierfür ist Castanedas ontologische Bündeltheorie, welche Konkreta mit konsubstantiierten Etwassen identifiziert, die in seiner System—Sprache mittels Ausdrücken der Form 'c{...}' repräsentiert werden. Die zweite Gruppe umfasst die sogenannten *konstruktionalistischen* Theorien, gemäss denen Konkreta u.U. "logisch" *als* irgendwelche Klassen "konstruierbar" sind. In der Geschichte des Konstruktionalismus (von Frege über Russell bis zu Goodmann) ist man von durchaus verschiedenen Zielsetzungen ausgegangen. In unserem Zusammenhang wichtig ist die Feststellung, dass der traditionelle Begriff des Referenzobjektes bzw. der Begriff der Ontologie gemäss zeitgenössischen Konstruktionalisten zu einem System— bzw. Kalkül— relativen Begriff geworden ist: Zu jedem interpretierten Kalkül gehört ein bestimmtes Modell und somit eine bestimmte Ontologie. Insofern ist es durchaus denkbar, dass alltägliche Konkreta (im hier vorausgesetzten Sinne) in bestimmten Modell—Ontologien als irgendwelche Klassen interpretiert werden.

Ich habe bereits früher betont[2], dass und warum konstruktionalistische Konkreta—Theorien nicht tel quel der Ingardenschen Kritik unterliegen können. Da wir aber auch "logische Konstruktionen" im gewissen Sinne als Repräsentationen verstehen können, lässt sich von einem *Ingardenschen Standpunkt* aus gegenüber *beiden* Gruppen von Theorien mindestens die folgende Frage aufwerfen: *Ist es adäquat, zur Repräsentation von Konkreta in irgendwelcher Weise auf die Element/Klassen—Beziehung zu rekurrieren?* M.E. kann Ingarden diese Frage mit guten Gründen verneinen.

45.22 Klassen qua Klassen

Wer Konkreta unter bezug auf Klassen *repräsentiert*, rekurriert zwingenderweise auf Etwasse, die *Elemente* von bestimmten Klassen sind.[3] Auch diese Elemente haben bestimmte Eigenschaften.[4] Einmal die relationale Eigenschaft *Element—einer—bestimmten— Klasse—zu—sein* oder (gegebenenfalls) *von—anderen—Elementen—derselben—Klasse—in— dieser—oder—jener—Hinsicht—verschieden—zu—sein*. Die fraglichen Elemente müssen aber auch Entitäten sein, denen bestimmte *absolute* Eigenschaften zukommen. Denn für jede Entität gilt: es kommen ihr nur dann bestimmte relationale Eigenschaften zu, wenn ihr auch bestimmte absolute Eigenschaften zukommen.[5]

---

[2] Vgl. oben §39.

[3] Vernünftigerweise wird wohl kein Philosoph in seiner (ontologischen oder konstruktionalistischen) System—Sprache Konkreta im Rekurrieren auf die leere Klasse repräsentieren wollen. Somit muss ich hier den Fall der Nullklasse gar nicht berücksichtigen.

[4] Vgl. Ingarden (11), 166.

[5] Vgl. oben §17.

"Insbesondere ... muss dasjenige Etwas, welches das relative Merkmal des Zugehörens zu einer bestimmten Klasse haben soll, aus irgendeinem Grunde zu dieser Klasse gehören."[6]

Dieser Grund kann entweder "in den Elementen selbst" oder "ausserhalb ihrer" gesucht werden. Die zweite Alternative lässt u.a. die folgende Möglichkeit zu: Eine gewisse Entität ist Element einer bestimmten Klasse aufgrund eines reinen sic iubeo intentionalen Zuweisens. In diesem Sinne kann eine Klasse völlig beliebig gebildet werden. Des Nachbars Kuh "Rosa" und die Primzahl 7 sind z.B. die Elemente der Klasse: {Die Kuh "Rosa", die Primzahl 7}. Derartige sic iubeo–Zuweisungen sind im vorliegenden Zusammenhang offensichtlich ganz und gar irrelevant. Denn weil Konkreta im hier vorausgesetzten Sinne autonom existieren, sollte eine *adäquate* Repräsentation von Konkreta mindestens auf *"von der Natur her bestimmte"* Klassen rekurrieren. Dann aber kann das relative Merkmal der Zugehörigkeit zu einer bestimmten Klasse nur in den jeweiligen Elementen selbst begründet sein. Will man z.B. auf sogenannte *Äquivalenzklassen* rekurrieren, kann man die jeweils in Frage stehenden Elemente (in einem rein technischen Sinne) in einem Gegenstandsbereich M zusammenfassen. Dann können wir M vollständig in zwei oder mehrere *disjunkte* Klassen $K_1,...,K_n$ einteilen, sodass gilt:

und
$(\forall x)[x \in M \equiv x \in K_1 \lor ... \lor x \in K_n]$

$(\forall x)[x \in K_i \longrightarrow \neg x \in K_j]$, für alle i,j=1,...,n und i≠j.

Das aber setzt voraus, dass auf M eine *Äquivalenzrelation* R definiert werden kann.[7] Aufgrund von R gehört dann jeder Gegenstand von M genau einer Äquivalenzklasse an, d.h. einer Klasse, die alle und nur die untereinander in der Relation R stehenden "Objekte" aus M umfasst. Denn Äquivalenzklassen lassen sich allgemein so definieren:

(Df) $Eq(K,R) :\equiv (\forall x)[x \in K \equiv (\forall y)\{y \in K \longrightarrow R(x,y)\}]$.[8]

Um in der System–Sprache möglichst wenig Prädikatausdrücke verwenden zu müssen, wird ein Konstruktionalist statt an Äquivalenzklassen insbesondere an sogenannten Ähnlichkeitskreisen interessiert sein. Entscheidend jedoch ist, dass die gegebenenfalls in Frage

---

[6] Ingarden (11), 166.

[7] Für R gilt: R(a,a), d.h. R ist totalreflexiv; R(a,b) → R(b,a), d.h. R ist symmetrisch und R(a,b) · R(b,c) → R(a,c), d.h. R ist transitiv.

[8] Daraus wird das Behauptete leicht ersichtlich: Jede aufgrund von R, das über M definiert ist, gebildete Äquivalenzklasse enthält mindestens ein Element [d.h.: Eq(K,R) → (Ex)(x∈K)]; jedes Objekt des Gegenstandsbereiches M gehört mindestens einer Äquivalenzklasse an [d.h.: a∈M → (ĒK)(Eq(K,R) · a∈K)] und jedes Objekt des Gegenstandsbereiches M gehört nur einer Äquivalenzklasse an [d.h.: {(Eq(K,R) · Eq(K'R) · a∈K · a∈K') → K=K'}].

kommende Äquivalenzrelation R oder irgendwelche andere zur Klassenbildung benutzten Relationen *Relationen cum fundamento in re* sein müssen (also nicht einfach sic–iubeo– etablierte Relationen von klassenbildenden bzw. klassifizierenden Bewusstseinsoperationen sein dürfen). Ingarden zieht daraus die richtige Konsequenz:

> "So dürfen wir uns auf jenen Fall beschränken, in welchem ein Etwas, das das relative Merkmal des Zugehörens zu einer bestimmten Klasse trägt, weil es *in sich selbst so ist,* dass sich seine Zugehörigkeit zu dieser Klasse daraus ergibt. Das besagt aber nichts anderes, als dass es in sich selbst solche Eigenschaften in sich haben muss, dass sich daraus seine Zugehörigkeit zu dieser Klasse ergibt. Also muss es überhaupt die Struktur des Eigenschaften–Habens in sich aufweisen ... Und ebenso: damit ein bestimmtes Element A sich [gegebenenfalls] von den Elementen B,C, ... unterscheiden könne, muss es in sich selbst diese oder jene Eigenschaften haben, die wenigstens den Teilgrund seiner Verschiedenheit von den anderen Elementen bilden."[9]

Will man also für eine adäquate Repräsentation von Konkreta auf irgendwelche Klassen rekurrieren, sollte man gemäss Ingarden auf Elemente rekurrieren, denen das relative Merkmal der Zugehörigkeit zu einer gewissen Klasse deswegen zukommt, weil zwischen diesen Elementen eine bestimmte Relation besteht. Da diese Relation jedoch eine Relation cum fundamento in re sein muss, müssen die von der Theorie angesetzten Elemente mindestens Entitäten sein, denen bestimmte *absolute* Eigenschaften entweder zukommen oder nicht zukommen. Dies vorausgesetzt kann Ingarden von seinem Standpunkt aus mit Recht das folgende behaupten:

> "Die formalen und existentialen Probleme, die sich auf dem Gebiete der gegenständ- lichen Struktur eröffnen, [werden] durch die Klassenauffassung des Gegenstandes nicht beseitigt, sondern nur nicht berücksichtigt. Tatsächlich sind diese Probleme im Falle einer Klasse viel komplizierter als im Falle des ursprünglich individuellen Gegen- standes. Denn eine Klasse ist ein individueller Gegenstand *höherer Stufe* ... und insofern setzt ihre Form ... die Form ... des ursprünglich individuellen Gegenstandes voraus. Zugleich ist sie aber selbst, als ein Etwas, das seine eigenen Eigenschaften besitzt, ein Subjekt von Eigenschaften. *Durch die Einführung des Klassenbegriffes schliesst man somit in Wahrheit die gegenständliche Struktur nicht aus, sondern führt sie sozusagen an zwei Stellen ein: einmal in dem Begriffe des Elements, zum zweiten aber in dem Begriffe der Klasse.*"[10]

Formalontologisch betrachtet sind *Klassen,* soweit sie im vorliegenden Kontext überhaupt in Betracht kommen (was z.B. für die Nullklasse nicht der Fall ist), somit in jedem Falle in ihren *Elementen* (existential) *fundierte*[11] Objekt–Entitäten und also *Gegenstände höherer Ordnung.* Als solche sind sie Objekt–Entitäten, deren formale und existentialen

---

[9] Ingarden (11), 167.
[10] Ingarden (11), 168/69.
[11] Natürlich müsste die Rede von der existentialen Fundierung einer Entität in einer anderen Entität noch präzisiert werden. Insbesondere stellt sich die Frage, mit welchen existentialontologischen Begriffen von Seinsmomenten im Sinne Ingardens die hier vorausgesetzte Relation der existentialen Fundierung zu präzisieren wäre.

Bestimmtheiten gemäss Ingarden *nicht* mit jenen von *ursprünglich* –individuellen Gegenständen übereinstimmen können. Konkreta (im hier vorausgesetzten Sinne) *sind* aber *ursprünglich* –individuelle Gegenstände. Die Schlussfolgerung lautet entsprechend: Es ist vom Ingardenschen Standpunkt aus betrachtet *nicht* adäquat, zur Repräsentation von Konkreta in irgendwelcher Weise auf die Element/Klassen–Beziehung zu rekurrieren.

Natürlich handelt es sich sozusagen um ein (obgleich bloss negatives) ontologisches Adäquatheitskriterium. Konstruktionalisten jedoch brauchen sich um derartige ontologische Adäquatheitskriterien gar nicht zu kümmern. Nichtsdestoweniger ist es m.E. ein gutes Kriterium, das auch von ihnen ernst genommen werden sollte — spätestens dann, wenn sie mit einem Ontologen à la Ingarden überhaupt den philosophischen Dialog aufnehmen wollen. Besonders aber muss es von Theorien ernst genommen werden, welche die wahre ontologische Struktur der Welt repräsentieren wollen, wie das bei Castaneda der Fall ist. Denn was immer "individuierte oder konkretisierte *Klassen* von Eigenschaften" sein sollen, und was immer "*Bündel*" von "konsubstantiierten, individuierten *Klassen* von Eigenschaften" sein sollen — in Castanedas bündeltheoretischer System–Sprache liegt eine *Repräsentation* von Konkreta vor, die der Notation nach auf der Element/Klassen–Beziehung beruht und die *insofern* gemäss dem obigen Kriterium inadäquat ist. Das Explikans — so könnte man mit Ingarden sagen — ist formalontologisch betrachtet nicht nur weit komplexer als das Explikatum, sondern setzt auch die gegenständliche Grundform von Konkreta voraus. Dieser Kritik kann man auch nicht etwa durch den Einwand entgehen, dass "konkretisierte Klassen" gewiss nicht Klassen, sondern nur klassen*artige* Objekt–Entitäten seien. Denn was immer dies besagen soll — qua klassenartige Entitäten müssen sie mit Klassen doch zumindest die formalontologischen Bestimmtheiten teilen!

45.3 Die mereologische Haufenauffassung von Konkreta

Diese Auffassung besagt, dass Konkreta gewisse mereologische "Haufen" sind und also auch *als* Ganze mit bestimmten Teilen analysierbar sind. Sofern es sich um *ontologische* Konkreta–Theorien handelt, betrachtet *Ingarden* sie de facto als ontologische *Bündel– theorien*. Entsprechend unterwirft er die folgenden Grundthesen der Kritik:

(1) Ein Konkretum ist identisch mit einem "Bündel" von etwas schlechthin Einfachem, nämlich gewissen Merkmalen.[12]

(2) Alle Merkmale von Konkreta sind qua einfache (qualitative) "Elemente" von Bündeln (Komplexen) in formaler Hinsicht gleichwertig.[13]

---

[12] Vgl. Ingarden (11), 165.
[13] Vgl. Ingarden (11), 165.

Natürlich unterscheidet auch Ingarden verschiedene Varianten bündeltheoretischer Auffassungen[14]; er unterscheidet aber in systematischer Hinsicht nicht zureichend deutlich zwischen den oben im Paragraphen 38 unterschiedenen Typen bündeltheoretischer Konzeptionen.[15] Im Lichte der Thesen (1) und (2) ist es aber gut verständlich, warum Ingarden einfach von "Klassenauffassungen" spricht. Denn alles, was Element einer bestimmten Klasse ist, *ist* qua Element dieser Klasse in formaler Hinsicht gleichwertig gegenüber anderen Elementen derselben Klasse. Es ist natürlich dieser Punkt, für den sich Ingarden besonders interessiert. Denn im bezug auf Bündeltheorien stellt er fest:

> "Ihr Hauptvorteil soll darin bestehen, dass sie ... ohne den Begriff der Substanz oder – in unserer [formalontologischer] Begriffsbildung – ohne den Begriff des Subjekts von Eigenschaften sowie ohne den Begriff der konstitutiven Natur des Gegenstandes auskommt. Alles in einem Gegenstande Unterscheidbare ist nach ihr ein 'Merkmal' ..., und jedes Merkmal ist ein [sc. für den ontischen Aufbau gleichwertiges] Element des Gegenstandes."[16]

Für einen Substanzontologen kann These (2) natürlich nicht wahr sein. Denn Materien im formalontologischen Sinne stehen in verschiedenen Formen, erfüllen für den ontischen Aufbau von Konkreta sozusagen verschiedene "Funktionen". Und selbst im bezug auf jene Materien, die in der Form "Eigenschaft–von–zu–sein" stehen, sollte eine adäquate Konkreta–Theorie zwischen verschiedenen Arten von Eigenschaften und besonders zwischen essentiellen und akzidentellen Eigenschaften unterscheiden können.

Obgleich Ingardens kritische Einwände in manchen Einzelpunkten auch heute noch beachtenswert sind, *ist seine explizit ausformulierte Auseinandersetzung mit bündeltheoretischen Positionen nach meiner Einschätzung bloss noch von historischem Interesse.* Allgemein kann die Strategie seiner Kritik aus folgender Stelle ersehen werden:

> "Den Prüfstein einer jeden Theorie bildet die Frage, ob sie nicht genötigt sei, den von ihr angenommenen Gegenständlichkeiten gerade dasjenige stillschweigend zuzuschreiben, was sie im Gegensatz zu einer anderen Theorie leugnet."[17]

Tatsächlich versucht Ingarden nachzuweisen, dass Bündeltheorien ihr reduktionistisches Programm nicht erfüllen können, *weil* sie jenen einfachen "Elementen", welche die Theorie zulässt, implizit diejenige gegenständliche Grundform zuschreiben, die gemäss Ingardens Position für Konkreta charakterisitisch ist. Dabei verläuft seine Kritik im Einzelnen ganz analog zur oben formulierten Kritik an der Klassenauffassung von Konkreta.

---

14   Vgl. dazu Ingarden (11), 164–66.
15   Das mag teilweise auch rein historische Gründe haben.
16   Ingarden (11), 164/65.
17   Ingarden (11), 166.

Nach meiner Einschätzung ist Ingardens *explizit ausformulierte* Kritik stichhaltig nur im bezug auf die Klassenauffassung von Konkreta — *vorausgesetzt* wir stellen diese Kritik in den oben erläuterten Zusammenhang von gewissen Übersetzungsthesen. Demgegenüber ist sie de facto recht undifferenziert und generalisierend im bezug auf bündeltheoretische Konzeptionen. Ich habe deswegen oben im Kapitel 12 versucht, die "Ingardensche" Sichtweise an aktuellen und teilweise sehr differenzierten bündeltheoretischen Positionen zu bewähren. Nachträglich lassen sich jetzt aber wichtige Voraussetzungen meiner früheren Ausführungen von Ingarden her rechtfertigen. Denn obgleich die explizit formulierte Ingardensche Kritik an bündeltheoretischen Konzeptionen m.E. nur noch von historischem Interesse ist, können, *systematisch* betrachtet, *zwei* Voraussetzungen dieser Kritik grundsätzlich akzeptiert werden:

(3) Die bündeltheoretischen Thesen (1) und (2) können nur unter der folgenden Voraussetzung verstanden werden: Mit der Metapher "Bündel" ("Komplex") bezeichnen diese Theorien de facto mereologische Haufen, mithin also irgendwelche Etwasse, die mittels der Teil/Ganzes—Relation analysierbar sind.

(4) *Ein* Hauptproblem bündeltheoretischer Positionen im allgemeinen und im besonderen von solchen, die (1) und (2) als Grundthesen akzeptieren, zeigt sich anhand des sogenannten mereologischen Summenprinzipes. Denn nicht jede beliebige mereologische Summe ist auch ein Konkretum.

Beide Voraussetzungen der Ingardenschen Kritik sind m.E. systematisch relevant. Wie allerdings die Berücksichtigung etwa von Castanedas Theorie gezeigt hat, *können* Bündeltheoretiker die mit (4) bezeichnete Schwierigkeit prinzipiell "lösen" — vorausgesetzt nur, sie modifizieren die Grundthesen (1) und (2). Systematisch äusserst zentral ist aber die Voraussetzung (3). Bei der oben im Kapitel 12 von einem *Ingardenschen Standpunkt* aus durchgeführten Auseinandersetzung mit Bündeltheorien bin ich deswegen selber von (3) ausgegangen. Tatsächlich sehe ich in der Sache keine Alternative zu (3). Die Rede von "Bündeln", "Komplexen", "Konstituenten von Bündeln" usw. usw. *ist* unverständlich, wenn damit nicht Haufen im mereologischen Sinne gemeint sind und also Etwasse gemeint sind, die als Ganze mit bestimmten Teilen verstanden werden dürfen und die entsprechend im Lichte der Teil/Ganzes—Relation analysierbar sein müssen.

Indem Ingarden bündeltheoretische Positionen unter Voraussetzung von (3) kritisiert, bringt er keineswegs für ihn selber mehr oder weniger arbiträre Gesichtspunkte in Ansatz. Vielmehr gilt: *Auch Ingarden formuliert seine formalontologische Substanz—Theorie von Konkreta unter Voraussetzung der Teil/Ganzes—Relation.* Dies zeigt sich leicht daran, dass Konkreta formal—selbständige Objekt—Entitäten sein sollen, d.h. ihre Grundform soll eine formale *Einheit*, ein formales *Ganzes* aus den korrelativen Formen "Subjekt—von—Eigenschaften—zu—sein" — "Eigenschaft—von—zu—sein" bilden. Dies zeigt sich des weiteren auch daran, dass Konkreta in materialontologischer Hinsicht seinsunselbständig sein können — was gemäss der

Ingardenschen Bestimmung besagt: Es ist nicht ausgeschlossen, dass Konkreta aufgrund ihres materialen Wesens nur *innerhalb der Einheit irgendeines Ganzen* existieren können. Schliesslich verwendet Ingarden auch zur Klärung der Kategorie der Eigenschaft von Konkreta den existentialontologischen Begriff der Seinsunselbständigkeit, der seinerseits unter Voraussetzung der Teil/Ganzes–Relation eingeführt wird – ganz abgesehen von all jenen zwischen idealen Qualitäten bestehenden "Relationen", die Ingarden unter bezug auf verschiedene Arten von Einheiten oder Ganzen erklärt.

Somit kommt ein kritischer "Ingardenianer" seinerseits nicht darum herum, zu *präzisieren, wie* er im Einzelnen die (formale) Teil/Ganzes–Relation in *seiner* ontologischen System– Sprache in Ansatz bringen will. Klar ist, dass er diese formale Relation unter keinen Umständen ausschliesslich unter Voraussetzung einer extensionalen Mereologie verwenden kann. Denn wenn Ingarden z.B. auch essentielle Eigenschaften von Konkreta akzeptiert, so heisst dies erstens, dass die vorausgesetzte Kunstsprache eine *modale* Mereologie sein muss: Konkreta sind als Ganze zu verstehen derart, dass sie, falls sie existieren, gewisse Teile notwendig enthalten. Analog setzt auch das von Ingarden detailliert untersuchte Datum der Identität von sich in der Zeit verändernden Konkreta eine modale und sogar temporale Mereologie voraus. Denn nur im Rahmen einer solchen Kunstsprache kann präzise formuliert werden, was es heisst, dass ein Konkretum qua ein Ganzes zu gewissen Zeitpunkten gewisse Teile verlieren und dennoch die Phase der Veränderung zeitlich (über)dauern bzw. identisch dasselbe Konkretum bleiben kann. Ausserdem ist natürlich auch zu beachten, dass eine Eigenschaft von Konkreta nicht als ein "Teil" im üblichen Wortsinne verstanden werden kann, sondern im Husserlschen Sinne als ein abstrakter oder nicht–abtrennbarer Teil, als "Moment" im Unterschied zu "Stücken", verstanden werden muss. All dies erfordert die Ausarbeitung von nicht–extensionalen mereologischen Kunstsprachen, in denen die Termini 'Teil' und 'Ganzes' auf für das gewöhnliche Verständnis z.T. vielleicht merkwürdig anmutende Weise interpretiert werden müssen. Solche Kunstsprachen[18] sind aber für einen "Ingardenianer" unverzichtbar – vorausgesetzt, er will seine eigene Position präzisieren. Und dies nicht nur, um Gegenpositionen überzeugender kritisieren zu können, sondern auch damit er selber seine eigene Position besser verstehen kann.

Ein Grundproblem, das sich in diesem Zusammenhang für einen kritischen "Ingardenianer" stellt, lautet aber wie folgt: Ist die formalontologische Basis–Unterscheidung zwischen der Form und der Materie von Etwas überhaupt präzisierbar, oder müssen wir uns letztlich mit einem "bloss" intuitiven Verständnis behelfen? Diese Frage ist aus folgenden Gründen

---

[18] Locus classicus hierfür ist zur Zeit Simons [Der Autor hat daran rund während 10 Jahren gearbeitet!]. Dieses Werk ist tatsächlich eine wahre Fundgrube für ontologisch *und* logisch interessierte Philosophen und wird nach meiner Einschätzung für längere Zeit einen Referenzpunkt bilden.

dringlich: Bei der Erklärung des "Seinszusammenhanges" zwischen der Form und der Materie von Etwas geht Ingarden faktisch von einer Taxonomie verschiedener Arten von Einheiten bzw. von Ganzen ("Einheitsformen") aus.[19] Dabei ist die Ingardensche Erklärung des "Seinszusammenhanges" zwischen der Form und der Materie von Etwas letztlich bloss negativ. M.a.W.: Ingarden sagt, dass *keine* der von ihm unterschiedenen "Einheitsformen" wirklich dazu taugt, jenen "Seinszusammenhang" zu verstehen.[20] Aber es kommt sozusagen noch besser: Bei der Taxonomie dieser "Einheitsformen" verwendet Ingarden seine Basisbegriffe der existentialen Momente. Diese Basisbegriffe ihrerseits jedoch werden von Ingarden so eingeführt, dass der Unterschied zwischen der Form und der Materie von Etwas vorausgesetzt wird. Die konzeptuelle Situation ist also sehr verwickelt und präsentiert sich wie folgt: Ingarden geht von einigen existentialontologischen Basisbegriffen B_n aus, wobei er bei *deren* Erklärung einerseits die Teil/Ganzes—Relation in Ansatz bringt und andererseits die Unterscheidung zwischen der Form und der Materie von Etwas bereits *voraussetzt*. Dies bedeutet natürlich, dass Ingarden, will er den Fehler der Zirkularität vermeiden, eben diese Unterscheidung *nicht* mehr mittels den existentialontologischen Basisbegriffen B_n definieren darf. De facto aber erklärt Ingarden den "Seinszusammenhang" zwischen der Form und der Materie von Etwas unter bezugnahme auf eine Taxonomie von Arten der Einheit bzw. Ganzen ("Einheitsformen") derart, dass er bei *deren* Erklärung die oben angesprochenen Basisbegriffe B_n voraussetzt. Eine direkte Zirkularität liegt zwar nicht vor. Denn Ingarden verwendet diese Taxonomie der "Einheitsformen" bloss zu einer *negativen* Charakterisierung des "Seinszusammenhanges" zwischen der Form und der Materie von Etwas. Und trotzdem können wir sagen, dass Ingarden mit diesem Vorgehen den "Seinszusammenhang" und mithin auch die Unterscheidung zwischen der Form und der Materie von Etwas sozusagen durch sich selbst erklärt. Dies ist ein gutes Indiz dafür, dass die Unterscheidung zwischen der Form und der Materie von Etwas — wie Ingarden ja expressis verbis betont — etwas "Letztes", begrifflich gar nicht mehr Analysierbares darstellt. Müssen wir uns also mit einem bloss "intuitiven" Verständnis behelfen? Die Ingardensche Basis—Unterscheidung zwischen der Form und der Materie von Etwas scheint zumindest *im Rahmen* der faktischen Ingardenschen Konzeptualisierungen gar nicht mehr präzisierbar zu sein.

---

[19] Vgl. Ingarden (11), 39—56.
[20] Vgl. Ingarden (11), 49—54, besonders 51 ff.

§46 Zusammenfassung von Teil 6

Der Zweck des vorliegenden Schlussteiles der Untersuchung bestand darin, in den Grundzügen den systematischen Stellenwert von Ingardens formalontologischer Konkreta—Theorie zu verdeutlichen. Dabei musste ich mich darauf beschränken zu zeigen, welche Gegenpositionen Ingarden kritisiert und wie seine jeweiligen Haupteinwände lauten.

Im Kapitel 12 ging es um *bündeltheoretische Konzeptionen,* wobei dort erstens sehr verschiedene Typen solcher Konzeptionen unterschieden wurden und zweitens die Auseinandersetzung von einem Ingardenschen Standpunkt aus durchgeführt wurde. M.a.W.: Ich bin dort weniger von der explizit ausformulierten Ingardenschen Kritik ausgegangen, sondern habe vielmehr versucht, sozusagen im Geiste der Ingardenschen Theorie aktuellere bündeltheoretische Konzeptionen zu untersuchen. Die für die systematische Forschung m.E. wichtigsten Ergebnisse wurden oben im Paragraphen 43 zusammengefasst.

Im Kapitel 13 schliesslich ging es um die Ingardensche Kritik an den *Substratontologien* einerseits und an den *"Klassen"auffassungen von Konkreta* andererseits. Was die Substratontologien betrifft zeigt die Ingardensche Kritik nach meiner Einschätzung tatsächlich entscheidende Schwachstellen der Gegenposition auf (vgl. Paragraph 44). Was aber die "Klassen"auffassung von Konkreta betrifft wurden (im Unterschied zu Ingarden) zwei grundsätzlich verschiedene Positionen unterschieden. Ingardens Kritik an der Klassenauffassung von Konkreta wurde hier derart ausgewertet, dass die Adäquatheit bestimmter systemabhängiger Repräsentationen in Frage gestellt wurde (vgl. Paragraph 45.2). Demgegenüber ist Ingardens Kritik an der (mereologischen) Haufenauffassung von Konkreta de facto seine explizit ausformulierte Kritik an bündeltheoretischen Konzeptionen. Insgesamt ist diese nach meiner Einschätzung nur noch von historischem Interesse. Systematisch bedeutsam ist demgegenüber Ingardens Auffassung, dass die bündeltheoretischen "Explikate" im Lichte der Teil/Ganzes—Relation verstanden werden müssen. Diese Voraussetzung der Ingardenschen Kritik hat uns auch erlaubt, einen kritischen Ausblick auf Ingardens formalontologische Konkreta—Theorie zu werfen. Tatsächlich nämlich formuliert auch Ingarden seine eigene Theorie unter Anwendung und unter Voraussetzung intuitiv eingeführter Begriffe aus der Teil/Ganzes—Theorie. Dabei lässt sich aus verschiedenen Anhaltspunkten ersehen, dass eine (dringlich erforderliche) Präzisierung von Ingardens Standpunkt nur im Rahmen einer nicht—extensionalen Mereologie möglich sein dürfte.

ERGEBNISSE 463

§47 Schlusswort: Eine Zusammenfassung der Ergebnisse

Das Ziel der Untersuchung bestand darin, eine Monographie von Ingardens Analyse der Existenzthematik vorzulegen. Im Besonderen sollte gezeigt werden, dass diese Analyse drei sehr verschiedene Thesen beinhaltet. Einem nützlichen Usus folgend will ich abschliessend einen Gesamtblick auf die vorliegende Untersuchung werfen.

Ingardens erste These (I_1)
Die These I_1 besagt, dass "Existenz" keine Eigenschaft von Konkreta (im Ingardenschen Sinne)[1] ist. I_1 kann zu folgender These verallgemeinert werden: Für alle realen Objekt—Entitäten x, welche die gegenständliche Grundform: "Subjekt–von–Eigenschaften–zu–sein – Eigenschaft–von–zu–sein" aufweisen, gilt: Wenn x existiert, dann ist die Existenz von x [sc. das Existieren von x] keine Eigenschaft von x.[2]

Aus meinen Untersuchungen geht zunächst hervor, dass Ingarden für I_1 ein *ausfuehrliches* Argument entwickelt hat. Es ist in der Tat nicht übertrieben zu sagen, dass es Ingarden wesentlich um eine ontologische Klärung der Kategorie der Eigenschaft geht.[3] Dabei wurde ersichtlich, wie umfassend und weitreichend das Ingardensche Argument für I_1 angelegt ist: Um es angemessen zu verstehen, sind ontologische Thesen betreffs Konkreta bis hin zu ontologischen Thesen betreffs Sachverhalten zu berücksichtigen.[4] In diesem Zusammenhang ist es angebracht, einerseits die *Basis* und andererseits das *Spezifische* von Ingardens Argument für These I_1 gesondert zu betrachten.

Tatsächlich haben auch viele andere Denker sachlich mit I_1 verwandte Thesen vertreten. Das SPEZIFISCHE der Ingardenschen Position liegt entsprechend weniger in der These selbst als vielmehr im zugehörigen *formalontologischen* Argument. Aus systematisch naheliegenden Gründen habe ich zum Vergleich zwei andere Positionen berücksichtigt, eine dem Typus nach *umgangssprachlich* orientierte Argumentation (Moore) und eine dem Typus nach *logisch–semantisch* orientierte Argumentation (Frege).

Durch die Entgegensetzung zu *Moores Position* wurde deutlich, dass Ingardens Argument für I_1 logisch unabhängig ist von irgendeiner These betreffs der Frage nach der Äquivozität

---

[1] Vgl. §11.
[2] Vgl. §19.
[3] Vgl. §18.
[4] Vgl. Kapitel 3 und 4.

von 'existiert'. *Systematisch* betrachtet liegt m.E. mindestens darin ein *Vorteil* der *Ingardenschen* Position – auch wenn ich ansonsten einen Antagonismus zwischen formalontologischer und umgangssprachlicher Argumentation nicht tel quel unterstützen möchte.[5]

Mit bezug auf *Freges Position* wurde deutlich, dass Ingardens Argument für I$_1$ logisch unabhängig ist von irgendeiner These betreffs der Frage nach dem logisch–semantischen Status des Begriffes *Existenz*. *Systematisch* betrachtet liegt m.E. auch darin ein *Vorteil* der *Ingardenschen* Position. Indem Ingarden ausführlich erklärt, was eine (absolute) Eigenschaft im streng ontologischen Sinne ist, geht er in der Sache weit über Freges semantische Erklärung der Kategorie der Eigenschaft hinaus. In der Tat ist Freges semantische Erklärung für einen Ontologen inakzeptabel, da sie viel zu undifferenziert ist. In diesem Umstand gründen meine wichtigsten kritischen Vorbehalte sowohl gegenüber (des frühen) Freges "offizieller" Lehrmeinung wie gegenüber seiner Argumentation im "Dialog mit Pünjer über Existenz".[6]

Bei der Auseinandersetzung mit Moores und Freges Position lautete *meine Leitfrage,* ob und inwiefern im Zusammenhang von I$_1$ eine spezifisch (formal–)ontologische Argumentation im Ingardenschen Sinne relevant sei. Die detaillierten Analysen[7] haben gezeigt, dass sowohl eine umgangssprachlich wie eine logisch–semantisch orientierte Argumentation in den verschiedensten Hinsichten unbefriedigend sind und der Ergänzung durch eine solche ontologische Argumentation bedürfen. In diesem Sinne glaube ich mit der vorliegenden Arbeit das Spezifische von Ingardens Argumentation verteidigt zu haben.[8]

Die BASIS von Ingardens Argument für I$_1$ liegt in seiner formalontologischen Theorie von Konkreta. Wie das der Arbeit vorangestellte Motto–Zitat belegt, stimmen Castaneda und Ingarden in der Sache darin überein, dass die Frage, ob "Existenz" eine Eigenschaft sei, eine ontologische Frage *ist* und entsprechend *primär im Ausgang* und *im Rahmen* einer zugehörigen ontologischen Theorie individueller Gegenstände beantwortet werden sollte. Diese Einschätzung ist m.E. sachlich angemessen. M.a.W.: Umgangssprachlich, logisch–semantisch oder gar erkenntnistheoretisch orientierte Argumentationen sind für die angesprochene Frage gewiss nicht unerheblich. Wenn sie jedoch in irgendeiner Variante zum *entscheidenen* Ausgangspunkt gemacht werden, besteht das Risiko, dass die angesprochene,

---

[5] Vgl. §30; 34.1.
[6] Vgl. §34.
[7] Der Leser möge zu Moore im §30, zu Frege im §34 nachlesen.
[8] Vgl. Kap. 10.

in ihrem Wesen ontologische Frage in der Sache entweder verkürzt oder gar trivialisiert wird.[9]

Der Umstand, dass Ingarden sein Argument für I_1 auf der Basis seiner ontologischen Theorie von Konkreta entwickelt, erfordert natürlich auch eine Beurteilung dieser Theorie selbst. Ich habe sie im doxographischen Teil als eine Substanz–Ontologie aristotelischer Prägung vorgestellt: sie lässt sich sozusagen als eine formalontologische Substanz–Theorie von Konkreta verstehen.[10] In Teil 6 habe ich weitergehend versucht, Ingardens Standpunkt in seinem systematischen Stellenwert gegenüber konkurrierenden zeitgenössischen Konkreta–Theorien zu diskutieren. Berücksichtigt wurden vor allem verschiedene Versionen von ontologischen Bündeltheorien[11] sowie von sogenannten "bare particulars"–Theorien (Substrat–Theorien)[12]. Meine *Leitfrage* lautete, ob und wie ein Ingardenianer diese Theorien mit guten Gründen kritisieren kann. Ausgehend von einigen sachlich relevanten Problemen konnte in dieser Weise Ingardens Position in manchen Punkten verteidigt werden. Dabei hat im besonderen auch die Berücksichtigung der sogenannten "Klassen"–Auffassung von Konkreta gezeigt, dass und wie Ingardens explizit ausformulierte Kritik − von einem aktuellen Diskussionsstand aus betrachtet − auf die konstruktionalistischen und ontologischen Bündeltheorien angewandt werden kann. Allerdings haben meine Ausführungen auch einige "Schwachstellen" in der Ingardenschen Kritik aufgedeckt. Erstens wurde deutlich, dass Ingarden die bündeltheoretische Konzeption zum Teil unterschätzt haben dürfte. Tatsächlich kann es sich ein kritischer "Ingardenianer" nicht ohne weiteres leisten, aktuellste bündeltheoretische Konzeptionen einfach ad acta zu legen.[13] Zweitens habe ich auch mit bezug auf Ingardens formalontologische Theorie von Konkreta ein gewisses Ungenügen festgestellt. Ingarden kritisiert nämlich die Bündeltheorien (nach meiner Auffassung zu Recht), indem er diese im Sinne einer Teil/Ganzes–Relation auffasst. Seine eigene Theorie formuliert er aber ebenfalls unter Verwendung dieser Relation. Dabei führt er alle zugehörigen begrifflichen Basisunterscheidungen auf bloss intuitive Weise ein. Von der Sache her ist hier unbedingt eine Präzisierung erforderlich, die nach meiner Einschätzung nur im Rahmen einer nicht–extensionalen Mereologie auf befriedigende Weise durchgeführt werden kann.[14] Insgesamt habe ich also in Teil 6 die Ingardensche Theorie von Konkreta nur unter gewissen Vorbehalten als richtig befunden.

---

9   Vgl. dazu die Einleitung, Anm. 26.
10 Vgl. Kap. 3.
11 Vgl. Kap. 12.
12 Vgl. Kap. 13.
13 Vgl. §43 (Zusammenfassung).
14 Vgl. §45.

Ingardens zweite These (I₂)

I₂ besagt, dass 'existiert' ein äquivoker Term ist. Aus meinen Untersuchungen wird ersichtlich, dass und wie Ingarden diese *semantische* These *existentialontologisch*, d.h. mittels der Analyse von verschiedenen Existenzweisen begründen will.

Ob jedoch das zugehörige Ingardensche Argument tatsächlich schlüssig ist, bleibt nach meiner Einschätzung ein offenes Problem. Denn zu behaupten, dass verschiedene Existenzweisen unterscheidbar sind, ist nicht dasselbe wie zu behaupten, dass 'existiert' ein äquivoker Term ist. Und zu zeigen, dass die These der Äquivozität aus der These verschiedener Existenzweisen folgt, ist eine weitere Sache. *Ein* Ergebnis meiner Untersuchung besteht demnach im Hinweis, dass Ingarden die sachlichen Schwierigkeiten, These I₂ zu begründen, wohl unterschätzt haben dürfte.

Im Einzelnen ist es mir vor allem darum gegangen, einerseits das *systematische Anliegen der Ingardenschen Analyse von Existenzweisen* zu erhellen und andererseits die *These I₂ sowie die Voraussetzungen ihrer Ingardenschen Begründung* ins rechte Licht zu rücken.

Auf dem Hintergrunde der Konfrontation zwischen der univoken und der multivoken Position betreffs der Bedeutungsvalenz von 'existiert' habe ich gezeigt, dass *Ingardens Programm* einer Analyse von Existenzweisen mittels einer quantorenlogischen Sprache, welche spezielle – auf verschiedenen Bezugsbereichen definierte – Existenzquantoren unterscheidet, reformuliert werden kann.[15] Im Ausgang von dieser Reformulierung kann das SYSTEMATISCHE ANLIEGEN von Ingardens Programm wie folgt gefasst werden: Es geht vom Standpunkt der Ontologie darum, Kriterien für die Unterscheidung zwischen *kategorial* verschiedenen Bezugsbereichen der Quantifikation zu entwickeln.[16] Mittels der so eingeführten kategorialen Termini vermöchte dann ein Ingardenianer die angesprochenen *speziellen* Existenzquantoren *explizit zu definieren*.[17]

Nach meiner Einschätzung gibt es gute Gründe, vorerst das *Anliegen* des Ingardenschen Programmes anzuerkennen. Und ich habe des weiteren ausgeführt, dass grundsätzlich auch die Ingardensche *Strategie*, dieses Programm durchzuführen, zumindest als eine *plausible* Strategie eingeschätzt werden kann.[18]

---

[15] Vgl. §21.
[16] Vgl. §22.
[17] Vgl. §37.3.
[18] Vgl. §22.

Was nun die *THESE* I$_2$ selbst betrifft, musste sie vorerst von anderen, aus der Tradition bekannten Äquivozitätsthesen unterschieden werden. Fest steht, dass Ingarden *auch* die Frege—Russellsche These der Äquivozität von 'ist' akzeptiert[19], dass sich seine These I$_2$ jedoch nur auf die "existentiale Bedeutung" von 'ist' bezieht. Falls man im bezug auf diese Bedeutung von 'ist' im besonderen für Frege eine Äquivozitätsthese in Ansatz bringen will, steht — wie die Berücksichtigung von Freges "Dialog mit Pünjer über Existenz" gezeigt hat — auch fest, dass Freges Äquivozitätsthese von I$_2$ zu unterscheiden ist.[20] Falls man schliesslich (etwa bezüglich des Unterschiedes zwischen "substantiell seiend" und "akzidentell seiend") auch für Aristoteles eine Äquivozitätsthese in Ansatz bringen will, so ist auch die Aristotelische These von I$_2$ zu unterscheiden.[21] In dieser Klärung der Ingardenschen These I$_2$ selbst besteht ein weiteres Ergebnis der vorliegenden Untersuchung.

Bei der Diskussion von Ingardens zugehörigem ARGUMENT bin ich von verschiedenen (möglichen) kritischen Einwänden ausgegangen.[22] Bei der Evaluation dieser Einwände hat sich gezeigt, dass die angemessene Berücksichtigung des *systematischen Anliegens* von Ingardens Programm einer ontologischen Analyse von Existenzweisen äusserst wichtig ist. *Ein* vorgebrachter kritischer Einwand hat sich jedoch als stichhaltig erwiesen. Er bezieht sich auf gewisse *implizite* Voraussetzungen der Ingardenschen Existentialontologie — Voraussetzungen, die in der Tat keineswegs eo ipso plausibel sind.[23]

Bezüglich der Ingardenschen These I$_2$ kommt die vorliegende Untersuchung somit zu keiner abschliessenden Bewertung. Als Ergebnis steht jedoch das folgende fest: Ingardens *existentialontologisches* Argument für die semantische These I$_2$ kann *nicht* auf ein Argument reduziert werden, das sich bloss auf Probleme der Übersetzbarkeit umgangssprachlich formulierter Existenzaussagen in eine bestimmte logische Kunstsprache bezieht. Will man aber auf der Basis von Ingardens Position in der Begründung von These I$_2$ weiterkommen, muss man vor allem die Besonderheit der von Ingarden ins Spiel gebrachten Grundbegriffe existentialer Momente klären. Wie ich gezeigt habe wird ein erster Schritt in dieser Richtung darin bestehen müssen, einen analytischen Rahmen zu entwickeln, in welchem diese Grundbegriffe allererst präzisierbar sind.

---

[19] Vgl. §37.1.
[20] Vgl. §37.1.
[21] Vgl. §§23; 37.1.
[22] Vgl. §37.2.
[23] Vgl. die Paragraphen 21; 37.3.

Ingardens dritte These (I₃)

I₃ besagt, dass der Begriff *Existenz* kein gewöhnliches Klassifikationsprinzip ist. Dass Ingarden diese sozusagen NEGATIVE These tatsächlich vertritt, habe ich klar nachweisen können.[24]

Mit I₃ stellt sich Ingarden auf die Seite Freges, Russells, Husserls und *gegen* Meinong. Mit *allen* genannten Autoren (inklusive Meinong) teilt Ingarden eine wichtige Grundthese, nämlich: Wenn der Begriff *Existenz* ein gewöhnliches Klassifikationsprinzip ist, dann sind "nicht existierende *Objekt– Entitäten* " (metaphysisch) anzuerkennen. Meinong hat unter Verwendung dieser These in grossartiger Konsequenz angenommen, dass es nicht– existierende Objekte "gibt" – Frege, Russell, Husserl, dass es nicht–existierende Objekt– Entitäten nicht gibt. Dass Russell und Husserl die genannte Grundthese akzeptieren, ist aus einschlägigen Stellen bekannt. Aber (wie ich gezeigt habe) auch Frege akzeptiert sie. Denn sein im "Dialog mit Pünjer über Existenz" entwickeltes Argument für die These der SelbstverständlichkeitF singulärer Existenzaussagen besagt u.a.: Wenn singuläre Existenz- aussagen keine selbstverständlichenF Aussagen wären, so würde folgen, dass einige (existierende) GegenständeF nicht existierten. Diese Konklusio ist für Frege aber logisch widersprüchlich.[25]

Ingarden anerkennt These I₃, weil für ihn *jede* Objekt–Entität in *existentialer* Hinsicht analysierbar ist. Darin besteht sozusagen *ein* Axiom der Ingardenschen Ontologie.[26] Im Besonderen nimmt Ingarden an, dass *jede* Objekt–Entität, welche im streng formalonto- logischen Sinne ein *Gegenstand* ist, gemäss genau einer spezifischen Existenzweise existiert. Für Ingarden muss deshalb die Rede von "nicht–existierenden Seienden" philosophisch betrachtet ganz und gar unverständlich sein.[27] In diesem Punkt stimmt er – wie ich unter Bezugnahme auf Russells Meinong–Kritik gezeigt habe[28] – mit Russell überein. Dies trifft zu, *obgleich* Ingarden einige Objekt–Entitäten, die für Meinong nicht–existierende (genauer: ausserseiendeM) Objekt–Entitäten sind, *contra* Russell metaphysisch akzeptiert. Es handelt sich bei diesen Objekt–Entitäten Ingardenianisch gesprochen jedoch nicht um nicht– existierende Objekte, sondern um rein intentionale Gegenstände.[29] Im Unterschied zu Meinong betont Ingarden, dass das rein–intentionale–Existieren eine gewisse *Existenzweise* ist.[30]

---

[24] Vgl. §26.
[25] Vgl. §33.2.
[26] Vgl. §6.
[27] Vgl. §§26; 28.
[28] Vgl. §25.
[29] Vgl. §11.2.
[30] Vgl. §21.

Durch den Vergleich zwischen Ingardens und Russells Position wird deutlich[31], dass man Ingardens Argument für I₃ als ein *Plausibilitätsargument* charakterisieren kann. Sollen wir deshalb von einem "blossen" Plausibilitätsargument sprechen?

— M.E. wäre es falsch, Ingardens Argument so zu diskreditieren. Meine Begründung hierfür lautet: Ingarden kann das Problem, welches Meinong in seiner Theorie mittels der Annahme nicht–existierender Objekt–Entitäten lösen wollte, auf eine andere Weise lösen — auf eine Weise nämlich, die u.a. dem Common sense nicht so grundsätzlich widerstrebt, wie die Meinongsche Annahme nicht–existierender Objekt–Entitäten es tut.[32] Damit sind wir allerdings an einen Punkt angelangt, wo auch das positive Korrelat zu These I₃ berücksichtigt werden muss.

Systematisch betrachtet ist klar, dass die Frage nach dem logisch–semantischen Status des Begriffes der Existenz mit These I₃ allein *nicht* beantwortet ist; vielmehr bedarf es dazu *irgendeiner* ergänzenden POSITIVEN These. Im Falle Ingardens lautet diese These: "*Existenz* liefert indirekt ein Klassifikationsprinzip von Existenzsätze–behauptenden Akten."[33]

Ich muss allerdings sogleich beifügen: Aufgrund der mir zugänglichen Ingardenschen Schriften konnte ich die angesprochene positive Ergänzungsthese textuell bei Ingarden *nicht eindeutig* belegen. Deshalb habe ich sie nicht als eine vierte These Ingardens aufgelistet, sondern spreche bloss von "Ingardianischem positivem Korrelat zu I₃", d.h. ich verteidige die These nur als eine Interpretationsthese zur Ingardenschen Position.

Die These, dass der Begriff *Existenz* ein Klassifikationsprinzip von Existenzsätze–behauptenden Akten liefert, kann nur einen Sinn haben, wenn man zugleich eine ontologische Akt–Theorie vertritt, welche den Unterschied zwischen referentiellen und referenzlosen Akten anerkennt und erklärt. Im ersten Teil der Untersuchung habe ich deshalb eine solche Theorie in ihren Grundzügen skizziert.[34] Dass aber *Ingarden* eine entsprechende Theorie tatsächlich vertritt — für diese Annahme habe ich hier wiederum nur indirekte Evidenzen angeben können.[35] *Eine* solche indirekte Evidenz besteht darin, dass gemäss Ingarden ein

---

[31] Vgl. §26.
[32] Vgl. §28.
[33] Vgl. oben §27.
[34] Vgl. Kap. 1.
[35] Insbesondere kann man unter Berücksichtigung von Ingardens expliziten Äusserungen zur Intentionalität nicht behaupten, dass er eindeutig eine Inhaltstheorie der Intentionalität vertritt (vgl. §1). Umso wichtiger ist es, anhand von Thesen, die für Ingardens Ontologie–Konzeption im allgemeinen von zentraler Bedeutung sind, *indirekte* Evidenzen dafür ausfindig zu machen, dass er die geforderte ontologische Akt–Theorie vertritt.

kategorialer Unterschied zwischen den Fragen: "Was existiert überhaupt?" und "Wie existiert das, was existiert?" besteht. Analoges gilt auch für die entsprechenden Antworten. Indem wir die zweite Frage beantworten, klassifizieren wir Objekt–Entitäten gemäss Ingarden nach Existenzweisen. *Ingarden versteht also die hierbei vorausgesetzten Begriffe von (spezifischen) Existenzweisen als gewöhnliche Klassifikationsprinzipien.*[36] Die Antworten auf die zweite Frage setzen aber – ordine cognoscendi – Antworten auf die erste Frage voraus. Dabei gilt: Ein Satz A setzt einen Satz B genau dann voraus, wenn A weder wahr noch falsch ist, ohne dass B wahr ist, bzw. (äquivalent) wenn die Wahrheit von B eine notwendige Bedingung für die Wahrheit *oder* die Falschheit von A ist. Indem wir mittels gewöhnlicher Existenzaussagen (partiell) die Frage: "Was existiert überhaupt?" beantworten, haben wir indirekt aber auch gewisse Akte in referentielle und referenzlose Akte klassifiziert. Dies zu tun ist tatsächlich eine conditio sine qua non, um Antworten auf die Frage: "Wie existiert das, was existiert?" geben zu können. Denn wir können offensichtlich nicht sinnvoll fragen, wie das Existierende existiert, ohne vorerst die Frage (partiell) beantwortet zu haben, was existiert.[37]

Eine weitere indirekte Evidenz dafür, dass Ingarden die geforderte ontologische Akt–Theorie vertritt bezieht sich auf die von Ingarden für seine Ontologie beanspruchte *Ideengehaltsanalyse*. Diese *kann* nämlich – methodologisch betrachtet – so verstanden werden, dass Ingarden zumindest die Möglichkeit der Unterscheidung zwischen referentiellen und referenzlosen Akten anerkennt.[38]

Meine dritte indirekte Evidenz schliesslich bezieht sich auf den Umstand, dass die geforderte ontologische Akt–Theorie Ingarden mit grösster Wahrscheinlichkeit bereits in ausformulierter Form bekannt gewesen ist. Denn der frühe Husserl, Ingardens Lehrmeister in der Göttinger–Zeit, hat diese Theorie de facto vertreten.[39]

Angesichts dieser Begründungslage kann ich das positive Korrelat zu I_3 als eine Interpretationsthese der Ingardenschen Position verteidigen. Genauer formuliert: Obwohl Ingarden m.W. bezüglich der zur Debatte stehenden Ergänzungsthese zu I_3 explizit weder ablehnend noch zustimmend Stellung bezogen hat, ist aufgrund indirekter Evidenzen die Annahme zulässig, dass er diese Ergänzungsthese akzeptieren würde.

---

[36] Vgl. die Paragraphen 23; 27; 35.2.
[37] Vgl. oben die Paragraphen 9; 27.
[38] Vgl. §27.
[39] Vgl. §27.

Da ich die Sache jedoch nicht nur historisch, sondern auch systematisch betrachte, gehe ich in der vorliegenden Arbeit weiter und behaupte: Man muss diese Ergänzungsthese akzeptieren. Damit wird deutlich, dass an dieser Stelle der Auseinandersetzung mit Ingardens Position mein eigener Standpunkt eine starke Rolle spielt.

Wir können sagen: "Jede Person, die einen bestimmten Akt vollzieht, ist aufgrund des zugehörigen Akt–Inhaltes in der oder jener Weise 'intentional gerichtet auf'; nichtsdestoweniger können Akte in referentielle und in referenzlose Akte klassifiziert werden".[40] Mit dieser Feststellung schliesse ich mich in der Sache dem frühen Husserl an.[41] Im Ausgang vom frühen Husserl akzeptiere ich das folgende:

[H] (1.)   *Existenz* liefert ein Klassifikationsprinzip von Existenzsätze–behauptenden *Akten*, d.h. mittels gewöhnlichen Existenzaussagen klassifizieren wir indirekt zugehörige Akte in *referentielle* und in *referenzlose* Akte;
     (2.)   Der vollständigen Klassifikation von Akten gemäss (1.) entspricht eine vollständige Klassifikation von zugehörigen *kategorischen* Existenzsätzen in *positive* und *negative* Existenzsätze.

Mit [H] ist natürlich nur die Leitidee für eine umfassende Theorie festgestellt. Eine solche Theorie muss mindestens das folgende leisten: Erstens muss sie eine *ontologische* Akt–Theorie ausarbeiten derart, dass der Unterschied zwischen referentiellen und referenzlosen Akten erklärbar ist. Zweitens muss sie eine *semantische* Theorie von Existenzsätzen ausarbeiten derart, dass sowohl für singuläre wie generelle Existenzaussagen der Unterschied zwischen positiven und negativen (kategorischen) Existenzsätzen *in einheitlicher Weise*, d.h. unter Bezugnahme auf die Referentialitätsthematik von Akten erklärbar ist. Drittens muss sie so den *Zusammenhang* zwischen der ontologischen Akt–Theorie einerseits und der semantischen Theorie (kategorischer) Existenzsätze andererseits erklären können. In der vorliegenden, primär historisch orientierten Untersuchung konnte eine derart umfassende Theorie natürlich nicht ausgearbeitet werden. Immerhin konnte ich aber das Programm dieser Theorie sowie einige zugehörige Anhaltspunkte für künftige Forschungen entwickeln.[42]

Soweit es um die Frage nach dem logisch–semantischen Status des Begriffes *Existenz* geht, ist von einem Ingardenschen Standpunkt aus besonders die Auseinandersetzung mit Freges Position lohnenswert.[43] Gemäss seiner "offiziellen" Lehrmeinung *erklärt* Frege den Begriff

---

40   Vgl. die Paragraphen 1; 2; 9.
41   Vgl. die Paragraphen 1.1; 27.2.
42   Vgl. die Paragraphen 35; 36.
43   Vgl. oben §35.

der Existenz *durch* den Begriff des Erfülltseins. Damit beantwortet Frege die Frage nach dem logisch–semantischen Status des Begriffes *Existenz* so, dass er sagt: *Existenz* ist ein BegriffF 2–ter Stufe. Diese Fregesche Behauptung ist (gelinde gesagt) irreführend. Da Frege in der Sache aber eine *Explikation* des Begriffes der Existenz vorlegen will, ist seine Behauptung Ingardenianisch betrachtet jedoch geradezu falsch. Denn indem Frege behauptet: Der Begriff *Existenz* ist deswegen kein gewöhnliches Klassifikationsprinzip, weil mit ihm nicht GegenständeF, sondern BegriffeF klassifizierbar sind, behauptet er im Sinne seiner Explikation, dass das Existieren von GegenständenF *nichts anderes besagt* als dass gewisse BegriffeF erfüllt sind. Dadurch aber erklärt Frege den Begriff *Existenz* sozusagen weg! Denn das Erfülltsein kommt gewissen Begriffen zu, während das Existieren Dingen zukommen würde.[44]

Ist aber, so eine weitere Frage, Freges Erklärung des Begriffes *Existenz* der hier verteidigten Ergänzungsthese zu Ingardens These I$_3$ nicht vorzuziehen? – Dass Freges Theorie eine sozusagen sehr schöne und einfache Erklärung leistet, sei vorbehaltlos zugestanden. Dennoch bleibe ich einigermassen skeptisch. Meine Hauptgründe lauten:

1) Wer Freges semantische Theorie akzeptiert, sollte sich auch Rechenschaft darüber ablegen, wozu ihn diese Theorie in metaphysischer Hinsicht verpflichtet. Nun, Fregesche Begriffe sind ideale, autonom existierende Objekt–Entitäten. Im System–Vergleich gesprochen entsprechen die Fregeschen Begriffe am ehesten den Ingardenschen Ideen.[45] In jedem Falle aber handelt es sich – mehr traditionell gesprochen – um eine Art von Universalien. Mithin verpflichtet Freges semantische Theorie auf eine sogenannte platonistische Position. Für einen Nominalisten oder auch den Vertreter einer nominalistisch inspirierten phänomenologischen Ontologie ist dies nicht akzeptierbar.

2) Freges Theorie vermag *keine einheitliche* semantische Erklärung von singulären und generellen (kategorischen) Existenzsätzen zu geben. Gemäss Frege sind singuläre Existenzaussagen entweder sinnlosF bzw. überflüssigF oder selbstverständlichF, während generelle Existenzsätze weder überflüssigF noch selbstverständlichF sind. Die von mir vertretene Theorie versucht demgegenüber für *beide* Arten von (kategorischen) Existenzsätzen eine *einheitliche* semantische Analyse zu geben. Zudem habe ich das Programm dieser Analyse unter bezug auf eine ontologische Akt–Theorie entwickelt. Akte aber sind auch von einem nominalistischen Standpunkt aus problemlos akzeptierbar.

---

[44] Vgl. oben §35.
[45] Vgl. §31 (Exkurs).

3) Freges semantische Theorie erklärt den Begriff *Existenz* in der Weise, dass es sich um einen Begriff_F 2–ter Stufe handelt. Eben damit kann *unter den Fregeschen Voraussetzungen* die Frage, was das Existieren von Objekt–Entitäten in existentialontologischer Hinsicht besagt, sinnvollerweise nicht mehr gestellt werden. Denn eine "Eigenschaft" eines Begriffes_F 1–ter Stufe kann nicht mehr als "Eigenschaft" eines unter diesen Begriff fallenden Gegenstandes_F analysiert werden. Wenn wir also mit Ingarden davon ausgehen, dass die Frage nach dem Existieren von Objekt–Entitäten bzw. nach den existentialen "Eigenschaften" von Objekt–Entitäten eine philosophisch sinnvolle Frage ist, und zudem grundsätzlich von einem nominalistischen Standpunkt aus philosophieren wollen – dann ist Freges Position inakzeptabel.

Bibliographie

Allaire, E.B.: "Bare Particulars", in Loux (2), 235–244.
Alston, W.P.: Philosophy of Language, (Prentice–Hall Foundations of Philosophy Series) London: Prentice–Hall 1964.
Aristoteles :(1) Metaphysik, hrsg. von H.Seidel (gr.–dt.), Hamburg: Meiner 1978/80.
" :(2) Categoriae et Liber de Interpretatione, hrsg. von L.Minio–Paluello, Oxford: UP 1978.
Armstrong, D.M. :(1) Nominalism and Realism. Universals and Scientific Realism, vol. I, Cambridge: UP 1978.
" :(2) A Theory of Universals. Universals and Scientific Realism, vol. II, Cambridge: UP 1978.
Aune, B.: Metaphysics: the elements, Oxford: Blackwell 1986.
Bacon, J.: "Ontological Commitment and Free Logic", The Monist 53 (1969), 310–319.
Bencivenga, E. :(1) "Again on Existence as a Predicate", Philosophical Studies 37 (1980), 125–138.
" :(2) "Free Logics", in: Gabbay,L./Guenthner,F.(eds.), Handbook of Philosophical Logic, vol.3, Dordrecht: Reidel 1986, 373–426.
Bergmann, G.: Realism. A Critique of Brentano and Meinong, Madison: UP of Wisconsin 1967.
Bernet, R.: Phänomenologische Erkenntnistheorie und Semantik. Eine Untersuchung zu Husserls Lehre von der noematischen Intentionalität, Diss. Louvain 1976.
Brandl, J.: "Gegenstandslose Gedanken", Grazer Philosophische Studien 25/26 (1985/86), 501–532.
Brentano, F. :(1) Psychologie vom empirischen Standpunkt I (1874), Hamburg: Meiner 1973.
" :(2) Wahrheit und Evidenz, Hamburg: Meiner 1974.
" :(3) Psychologie vom empirischen Standpunkt II (1874), Hamburg: Meiner 1971.
Burkhardt, H.: Logik und Semiotik in der Philosophie von Leibniz, München 1980.
Butchvarov, P.: "Our robust Sense of Reality", Grazer Philosophische Studien 25/26 (1985/86), 403–422.
Bochenski, I.M. :(1) Logisch–Philosophische Studien, Freiburg: Alber 1959.
" :(2) "Über die Analogie", in: Bochenski (1), 107–129.
Bochenski/Menne: Grundriss der Logistik, Paderborn: Schöningh ⁴1973.
Capitan W.H., (ed.): Metaphysics and Explanation, Proceedings of the 1964 Oberlin Colloquium in Philosophy, Pittsburgh: UP 1964.
Castaneda, H.-N. :(1) "Thinking and the Structure of the World", Philosophia 4 (1974), 3–40.
" :(2) "Individuation and Non-Identitiy: a New Look", American Philosophical Quarterly 12 (1975), 131–140.
" :(3) "Perception, Belief, and the Structure of Physical Objects and Consciousness", Synthese 35 (1977), 285–351.
Casullo, A.: "A Fourth Version of the Bundle Theory", Philosophical Studies 54 (1988), 125–139.
Carl, W. :(1) "Die 'Theory of Descriptions'. Ihre logische und erkenntnistheoretische Bedeutung", in: Speck, J.(Hrg.), Grundprobleme der grossen Philosophen. Philosophie der Gegenwart I, Göttingen: Vandenhoeck 1972,215–263.
" :(2) Existenz und Prädikation. Sprachanalytische Untersuchungen zu Existenz–Aussagen, München: Beck 1974.
" :(3) "Freges Unterscheidung von Gegenstand und Begriff", in: Schirn (ed.), 33–49.
Carnap, R.: Einführung in die symbolische Logik, Wien: Springer ³1968.
Cartwright, R.L.: "Ontology and the theory of meaning", Philosophy of Science 21 (1954), 316–325.
Chisholm, R.M. :(1) Perceiving: A Philosophical Study, Ithaca/London: Cornell UP 1957.
" :(2) "Brentano's Descriptive Psychology", in: Akten des XIV. Int. Kongresses für Philosophie Bd.II, Wien 1968, 164–174.

Chisholm, R.M. :(3) Erkenntnistheorie, hrsg. und übersetzt von R. Haller, München: dtv 1979.
" :(4) "What is the problem of objective reference?", Dialectica 38 (1984), 131-142.
Cohen, L.J.: "Criteria of Intensionality", Proceedings of the Aristotelian Society, Suppl. 42 (1968), 123-142.
Dancy, R.M.: "Aristotle and Existence", in: Knuuttila/Hintikka (eds.), 49-80.
Doelling, E. :(1) Zum Gebrauch des Existenzprädikates in der Geschichte der Philosophie und Logik, MS 1981.
" :(2) Logik und Sprache. Untersuchungen zum Gebrauch des Existenzprädikates, Sonderdruck: Akademie der Wissenschaften der DDR 1986.
Dummett, M.: Frege. Philosophy of Language, London: Trinity Press 1973.
Frege, G. :(1) Die Grundlagen der Arithmetik. Eine logisch-mathematische Untersuchung über den Begriff der Zahl. Breslau 1884, Neudruck Darmstadt: Wissenschaftliche Buchgesellschaft 1961.
" :(2) "Funktion und Begriff", Vortrag 1891, zitiert mit der Originalpaginierung nach Frege (5).
" :(3) "Über Sinn und Bedeutung", Zeitschrift für Philosophie und philosophische Kritik 100 (1892), 25-50, zitiert mit der Originalpaginierung nach Frege (5).
" :(4) "Über Begriff und Gegenstand", Vierteljahrschrift für wissenschaftliche Philosophie 16(1892), 192-205, zitiert mit der Originalpaginierung nach Frege (5).
" :(5) Funktion, Begriff, Bedeutung. Fünf logische Studien, hrsg. v. G. Patzig, Göttingen: Vandenhoeck ^{5}1980.
" :(6) Logische Untersuchungen, hrsg. von G. Patzig, Göttingen: Vandenhoeck ^{2}1976.
" :(7) Nachgelassene Schriften, Bd. 1, hrsg. von Hermes/Kambartel/Kaulbach, Hamburg: Meiner 1969.
" :(8) Kleine Schriften, hrsg. von Angelelli, Darmstadt: Wissenschaftliche Buchgesellschaft 1967.
" :(9) Begriffsschrift und andere Aufsätze, hrsg. von Angelelli, Darmstadt: Wissenschaftliche Buchgesellschaft ^{3}1977.
" :(10) Grundgesetze der Arithmetik. Bd.1, Darmstadt: Wissenschaftliche Buchgesellschaft ^{2}1962.
" :(11) Grundgesetze der Arithmetik. Bd.2, Darmstadt: Wissenschaftliche Buchgesellschaft ^{2}1962.
Gomboz, W.L.:Über E! - Zur Semantik des Existenzprädikates und des ontologischen Argumentes für Gottes Existenz von Anselm von Canterbury, Wien: Verband der wissenschaftlichen Gesellschaft Österreichs 1974.
Grossmann, R. :(1) "Frege's Ontology", in: Essays on Frege (E.D. Klemke, ed.), Chicago 1968.
" :(2) "Structures, Functions and Forms", in: Schirn (ed.), 11-32.
" :(3) Meinong, London: Routledge & Kegan 1974.
" :(4) "Meinong's Doctrine of the Aussersein of the pure objects", Nous 8 (1974), 67-82.
Haaparanta, L. :(1) Frege's Doctrine of Being, Helsinki: Acta Philosophica Fennica 39 (1985).
" :(2) "Frege on Existence", in: Haaparanta/Hintikka (eds.), 155-174.
Haaparanta/Hintikka (eds.): Frege Synthesized, Dordrecht: Reidel 1986.
Hacking, I.: "All Kinds of Possibility", Philosophical Review 87 (1978), 321-337.
Haefliger, G. :(1) Husserls ursprüngliche Idee einer phänomenologischen Philosophie und die transzendentalidealistische Position der Ideen I, Lizentiatsarbeit (Freiburg) 1985.
" :(2) "Ingarden über Intentionalität, MS 1986.
" :(3) "Ingarden und Husserls transzendentaler Idealismus", Husserl-Studies (1991) II, 103-121.
" :(4) "Einleitung" zu: R.Ingarden, Einführung in Edmund Husserls Phänomenologie. Osloer-Vorlesungen (1967), hrsg. von G. Haefliger, Tübingen: Niemeyer 1992.

Haefliger, G. :(5) "Ingarden und die These der Äquivozität von 'sein'", Freiburger Zeitschrift für Theologie und Philosophie 38/3 (1991), 110–124.
" (6) (mit G. Küng) "Substanzen, Zustände, Prozesse und Ereignisse. Ingarden und die Analytische Gegenstandstheorie", in *Handbuch der Göttinger - Münchener Phänomenologie*, hrsg. von R. Sepp, München 1993.
Haller, R. (ed.): Jenseits von Sein und Nichtsein, Graz: Akademische Druck- und Verlagsanstalt 1972.
Hao Wang: "Logic of many-sorted Theories", The Journal of Symbol Logic, 17 (1952), 105–116.
Hintikka, K.J. :(1) "Studies in the Logic of Existence and Necessity: I. Existence", The Monist 50 (1966), 55–76.
" :(2) "The Varieties of Being in Aristotle", in: Knuuttila/Hintikka (eds.), 81–114.
" :(3) "Kant on Existence, Predication, and the Ontological Argument", in: Knuuttila/Hintikka (eds.), 249–268.
" :(4) "'Is', Semantical Games, and Semantical Relativity", Journal of Philosophical Logic 8 (1979), 433–468.
Hochberg, H. :(1) Logic, Ontology and Language. Essays on Truth and Reality, München/Wien: Philosophia 1984.
" :(2) "Things and Qualities", in: Capitan, 82–97.
" :(3) "Existence, Non-Existence, and Predication", Grazer Philosophische Studien 25/26 (1985/86), 235–268.
Husserl, E. :(1) Logische Untersuchungen I: Prolegomena zur reinen Logik, hrsg.von E. Holenstein, Husserliana Bd.XVIII, Den Haag: Nijhoff 1975.
" :(2) Logische Untersuchungen II, Bd. 1, hrsg. von U. Panzer, Husserliana Bd. XIX/1, Den Haag: Nijhoff 1984.
" :(3) Logische Untersuchungen II, Bd.2, hrsg. von U. Panzer, Husserliana Bd. XIX/2, Den Haag: Nijhoff 1984.
" :(4) Die Idee der Phänomenologie. Fünf Vorlesungen, hrsg.von W. Biemel, Husserliana Bd. II, Den Haag: Nijhoff 1950.
" :(6) Ideen zu einer reinen Phänomenologie und phänomenologischen Philosophie. Erstes Buch. Allgemeine Einführung in die reine Phänomenologie, Text der 1.–3. Auflage, neu hrsg. von K. Schuhmann, Husserliana Bd. III/1, Den Haag: Nijhoff 1976.
" :(7) Aufsätze und Rezensionen (1890–1910), hrsg.v. B. Rang, Husserliana Bd. XXII, Den Haag: Nijhoff 1979.
" :(8) Erste Philosophie (1923/24). Erster Teil. Kritische Ideengeschichte, hrsg. von R. Boehm, Husserliana Bd. VII, Den Haag: Nijhoff 1956.
" :(9) Erfahrung und Urteil. Untersuchungen zur Genealogie der Logik, hrsg. von L. Landgrebe, Hamburg: Meiner 1972.
Ingarden, R. :(1) "Intuition und Intellekt bei Henri Bergson: Darstellung und Versuch einer Kritik", Jahrbuch für Philosophie und phänomenologische Forschung 5 (1922), 288–461. Sonderdruck als Dissertation Halle 1921.
" :(2) "Über die Gefahr einer Petitio Principii in der Erkenntnistheorie", Jahrbuch für Philosophie und phänomenologische Forschung 4 (1921), 545–568.
" :(3) "Essentiale Fragen: Ein Beitrag zum Problem des Wesens", Jahrbuch für Philosophie und phänomenologische Forschung 7 (1925), 125–304.
" :(4) Über die Stellung der Erkenntnistheorie im System der Philosophie, Halle: Karras, Kröber & Nietschmann 1925.
" :(5) "Bemerkungen zum Problem Idealismus–Realismus", Jahrbuch für Philosophie und phänomenologische Forschung, Ergänzungsband 1929, 159–190.
" :(6) Das literarische Kunstwerk: Eine Untersuchung aus dem Grenzgebiet der Ontologie, Logik und Literaturwissenschaft, Halle: Niemeyer 1931, Tübingen: Niemeyer 4,1972.
" :(7) "Über den transzendentalen Idealismus bei E. Husserl", Phaenomenologica 2 (1959), 190–204.

Ingarden, R. :(8) "Edmund Husserl zum 100. Geburtstag", Zeitschrift für philosophische Forschung 13 (1959), 459–463.
" :(9) "Bemerkungen zum Problem der Begründung", Studia Logica 13 (1962), 153–176.
" :(10) Der Streit um die Existenz der Welt, Bd. 1 Existentialontologie, Tübingen: Niemeyer 1964.
" :(11) Der Streit um die Existenz der Welt, Bd. 2 Formalontologie, 1. Teil Form und Wesen, Tübingen: Niemeyer 1965.
" :(12) Der Streit um die Existenz der Welt, Bd. 2 Formalontologie, 2. Teil Welt und Bewusstsein, Tübingen: Niemeyer 1965.
" :(13) "Betrachtungen zum Problem der Objektivität", Zeitschrift für philosophische Forschungen, 21 (1967), 31–46; 242–260.
" :(14) Vom Erkennen des literarischen Kunstwerkes, Tübingen:Niemeyer 1968.
" :(15) Edmund Husserl Briefe an Roman Ingarden, mit Erläuterungen und Erinnerungen an Husserl hrsg. von Ingarden, Phaenomenologica Bd. 25, Den Haag: Nijhoff 1968.
" :(16) Erlebnis, Kunstwerk und Wert, Tübingen: Niemeyer 1969.
" :(17) "Die vier Begriffe der Transzendenz und das Problem des Idealismus bei Husserl", Analecta Husserliana 1 (1971), 36–74.
" :(18) Der Streit um die Existenz der Welt, Bd. 3, Über die kausale Struktur der Welt, Tübingen: Niemeyer 1974.
" :(19) On the Motives which led Husserl to Transcendental Idealism, Phaenomenologica 64, Den Haag: Nijhoff 1975.
" :(20) "Probleme der Husserlschen Reduktion", Analecta Husserliana 4 (1976), 1–71.
" :(21) Selected Papers in Aesthetics, ed. by P. McCormick, München: Philosophia Verlag 1985.
Jones, R.M.: "Formal Results in the Logic of Existence", Philosophical Studies 15 (1964), 7–10.
Kahn, Ch.H. :(1) "Questions and Categories. Aristotle's doctrine of categories in the light of modern research", in: Hiz, H. (ed.), Questions, Dordrecht: Reidel 1978, 227–278.
" :(2) "Retrospect on the Verb 'To Be' and the Concept of Being", in: Knuuttila/Hintikka (eds.), 1–28.
Kant, I. :(1) Kritik der reinen Vernunft (1781/87); zitiert mit Akademie–Paginierung gemäss: Kant, I., Werke Bd. II, hrsg. von W. Weischedel, Wiesbaden: Insel 1956.
" :(2) Der einzig mögliche Beweisgrund zu einer Demonstration des Daseins Gottes (1763); zitiert mit Akademiepaginierung gemäss: Kant, I., Werke Bd. I, hrsg. von W. Weischedel, Wiesbaden: Insel 1960.
" :(3) Immanuel Kants Logik. Ein Handbuch zu Vorlesungen. (1800) (hrsg. von F. Nicolovius); zitiert mit Akademiepaginierung gemäss: Kant, I., Werke Bd. III, hrsg. von W. Weischedel, Wiesbaden: Insel 1958.
Kluge, E.-H.W.: "Freges Begriff des Logischeinfachen", in: Schirn (ed.), 51–66.
Kneale, W.: "Is Existence a Predicate?", Proceedings of the Aristotelian Society, Suppl. vol.15 (1936), 154–174.
Knuutilla/Hintikka (eds.): The Logic of Being. Historical Studies, Dordrecht: Reidel 1986.
Küng, G. :(1) Ontologie und logistische Analyse der Sprache: Eine Untersuchung zur zeitgenössischen Universaliendiskussion, Wien: Springer 1963.
" :(2) "Concrete and abstract properties", Notre Dame Journal of Formal Logic 5 (1964), 31–36.
" :(3) "Ingarden on language and ontology: A comparision with some trends in analytic philosophy", Analecta Husserliana 2 (1972), 204–217.
" :(4) "The world as noema and as referent", Journal of the British Society for Phenomenology 3 (1972), 15–26.
" :(5) "Noema und Gegenstand", in: R. Haller (ed.), Jenseits von Sein und Nichtsein, Graz: Akademische Druck– und Verlagsanstalt 1972, 55–62.
" :(6) "Zum Lebenswerk von Roman Ingarden: Ontologie, Erkenntnistheorie und Metaphysik", in: Kuhn/Ave-Lallemant/Gladiator (eds.), Die Münchener

Phänomenologie, Phaenomenologica 65, Den Haag: Nijhoff 1975, 158–173.
Küng,G. :(7) "Husserl on pictures and intentional objects", Review of Metaphysics 26 (1973), 670–680.
" :(8) "The phenomenological reduction as epoche and as explication", The Monist 59 (1975), 63–80.
" :(9) "Das Noema als relles Moment", in: P.J. Bossert (ed.), Phenomenological Perspectives: Historical and Systematic Essays in Honor of Herbert Spiegelberg, Phaenomenologica 62, The Hague: Nijhoff 1975, 151–153.
" :(10) "Zur Erkenntnistheorie von Franz Brentano", Grazer Philosophische Studien 5 (1978), 169–181.
" :(11) "What do we <see> when we register a fact?", in: Haller/Grassl (eds.), Language, Logic and Philosophy – Sprache, Logik und Philosophie, Proceedings of the 4th International Wittgenstein Symposium, Kirchberg/Wechsel (Austria), Wien: Hölder-Pichler-Tempsky 1980, 109–114.
" :(12) "Connaissance et réalité en phénoménologie et en philosophie analytique", in: Métaphysique, histoire de la philosophie, Recueil d'études offert à F. Brunner, Neuchâtel: La Baconnière 1981, 201–209.
" :(13) "Roman Ingarden (1893–1970): Ontological Phenomenology", in: H. Spiegelberg (ed.), The Phenomenological Movement: A Historical Introduction, Phaenomenologica 5/6, The Hague: Nijhoff ³1982, 223–233.
" :(14) "The difficulty with the well-formedness of ontological statements", Topoi 2 (1983), 111–119.
" :(15) "The intentional and the real object", Dialectica 38 (1984), 143–156.
" :(16) Rezension zu Mohanty, Philosophy and Phenomenological Research 46 (1985), 344–348.
" :(17) "Ajdukiewicz's contribution to the realism/idealism debate", MS 1987.
" :(18) "'Guises' und Noemata", in: Semantik und Ontologie: Hector N. Castanedas Vorschläge zu einer epistemologischen Ontologie, hrg. von K. Jacobi/H. Pape, Berlin: De Gruyter 1991.
Künne, W. :(1) Abstrakte Gegenstände: Semantik und Ontologie, Frankfurt a.M.: Suhrkamp 1983.
" :(2) "Indexikalität, Sinn und propositionaler Gehalt", Grazer Philosophische Studien 18 (1982), 40–74.
Kutschera von, F. :(1) Grundfragen der Erkenntnistheorie, Berlin/New York: De Gruyter 1982.
" :(2) Sprachphilosophie, München: Fink ²1975.
Lambert, K. :(1) "Notes on 'E!'", Philosophical Studies 9 (1958), 60–63.
" :(2) "Being and Being So", in: Haller (ed.), 37–46.
Lambert, K. :(3) "Unmögliche Gegenstände. Eine Untersuchung der Meinong-Russell-Kontroverse", Conceptus 11 (1977), 92–100.
Langsdorf, L.: "The Noema as Intentional Entity: A Critique of Follesdal", Review of Metaphysics 37 (1984), 757–784.
Larrabee, M.J.: "The noema in Husserl's phenomenology", Husserl-Studies 3 (1986), 209–230.
Leonard, H.S. :(1) "The Logic of Existence", Philosophical Studies 7 (1956), 49–64.
" :(2) "Essences, Attributes, and Predicates", American Philosophical Association 37 (1964), 25–51.
Long, D.C.: "Particulars and their Qualities", in: Loux (2), 264–284.
Loux, M.J. :(1) Substance and Attribute. A Study in Ontology, Dordrecht: Reidel 1978.
" :(2) (ed.) Universals and Particulars. Readings in Ontology, New York: 1970.
Meinong, A. :(1) Über Annahmen (1901), Gesamtausgabe Bd. IV, hrsg. von Haller/Kindinger/Chisholm, Graz: Akademische Drucks- und Verlagsanstalt 1977.
" :(2) "Über Gegenstandstheorie" (1904), in: Abhandlungen zur Erkenntnistheorie und Gegenstandstheorie, Gesamtausgabe Bd.II, Graz: 1971, 481–530.
" :(3) "Über die Stellung der Gegenstandstheorie im System der Wissenschaften" (1907), in: Über Philosophische Wissenschaft und andere Werke, Gesamtausgabe Bd. V, Graz: 1973, 197–366.

Meinong, A. :(4) "Über Inhalt und Gegenstand" (1908), in: Kolleghefte und Fragmente, Gesamtausgabe Suppl., Graz: 1978, 145–160.
" :(5) "Selbstdarstellung" (1921), in: Selbstdarstellung. Vermischte Schriften, Gesamtausgabe Bd. VII, Graz: 1978, 1–62.
" :(6) Über Möglichkeit und Wahrscheinlichkeit. Beiträge zur Gegenstandstheorie und Erkenntnistheorie, Gesamtausgabe Bd. VI, Graz: 1972.
Menne, A.: "Existenz in der Logik", in: Weingartner (3), 55–68.
Moore, G.E. :(1) "Is Existence a Predicate?", Proceedings of the Aristotelian Society, Suppl. vol.15 (1936), 175–188 – zitiert nach Moore (2), 115–126.
" :(2) Philosophical Papers, London 1959.
Morscher, E. :(1) "Was Existence ever a Predicate?", Grazer Philosophische Studien 25/26 (1985/86), 269–284.
" :(2) "Von Bolzano zu Meinong: Zur Geschichte des logischen Realismus", in: Haller (ed.), 69–102.
" :(3) "Meinongs Bedeutungslehre", Revue Internationale De Philosophie 104/105 (1973), 178–206.
Mulligan, K. :(1) "Exactness, Description and Variation: How Austrian Analytic Philosophy was done", in: From Bolzano to Wittgenstein, Wien: Hölder–Pichler–Tempsky 1986.
" :(2) "Moments and Species. Formal Logic and Formal Ontology" (unveröffentlichtes MS, 166–183).
" :(3) "Operations, Form and Sense" (unveröffentlichtes MS, 72–94).
" :(4) (with B. Smith) "Framework for Formal Ontology", Topoi 3 (1983), 73–85.
" :(5) (with Simons and Smith) "Truth–Makers", Philosophy and Phenomenological Research 44 (1984), 287–321.
" :(6) (with B. Smith) "A Relational Theory of the Act", Topoi 5/2 (1986), 115–130.
" :(7) (with B. Smith) "A Husserlian Theory of Indexicality", Grazer Philosophische Studien 28 (1986), 133–163.
Munitz, M.K.: Existence and Logic, New York: UP 1974.
Owen, G.E.L.: "Aristotle on the Snares of Ontology", in: R. Bambrough (ed.), New Essays on Plato and Aristotle, London: Routledge & Kegan 1965, 69–95.
Parsons, T.: "Why Frege should not have said 'The Concept Horse is not a Concept'", History of Philosophy Quarterly 3 (1986), 449–465.
Pearce/Wolenski (Hrsg.): Logischer Rationalismus. Philosophische Schriften der Lemberg–Warschauer–Schule, Frankfurt a.M.: Athenäum 1988.
Prior, A.N.: "Intentionality and Intensionality", Proceedings of the Aristotelian Society, Suppl. 42 (1968), 91–106.
Quine, W.v.Q. :(1) "Designation and Existence", Journal of Philosophy 36 (1939), 701–709.
" :(2) "Notes on Existence and Necessity", Journal of Philosophy 40 (1943), 113–127.
" :(3) From a Logical Point of View, New York: Harper & Row 1953, ²1961.
" :(4) The Ways of Paradox and Others Essays, New York: Random House 1966.
" :(5) Grundzüge der Logik, Frankfurt a.M.: Suhrkamp 1974.
Rescher, N. :(1) "Definitions of 'Existence'", Philosophical Studies 7 (1957), 65–69.
" :(2) "Many–Sorted Quantification", in: Proceedings of the 12th International Congress of Philosophy (Venice 1958), Logic, Theory of Knowledge, Philosophy of Science, Philosophy of Language vol. 5 (Firenze 1960), 447–453.
" :(3) Topics in Philosophical Logic, Dordrecht: Reidel 1968.
" :(4) A Theory of Possibility. A Constructivistic and Conceptualistic Account of Possible Individuals and Posssible Worlds, Pittsburgh: UP 1975.
" :(5) "The Equivocality of Existence", in: Studies in Ontology, American Philosophical Quarterly, Monograph Series 1 (1978), 57–66.
Russell, B. :(1) Introduction to the Mathematical Philosophy, London: Allen & Unwin 1919.
" :(2) Logic and Knowledge, London: Allen & Unwin 1956, ⁵1971.

BIBLIOGRAPHIE

Russel, B. :(3) Die Philosophie des logischen Atomismus. Aufsätze zur Logik und Erkenntnistheorie, München: dtv 1979.
" :(4) (zusammen mit Whitehead, A.N.) Principia Mathematica, vol. I, Cambridge: UP 1910, ²1957.
Scheffler,L./Chomsky,N. "What is said to be", Proceedings of the Aristotelian Society 1958/59, 71–82.
Schirn, M.(ed.): Studien zu Frege II. Logik und Sprachphilosophie, Stuttgart: Frommann-Holzboog 1976.
Schuwey, B.: Chisholm über Intentionalität. Kritik und Verteidigung von Chisholms Explikation der sogenannten psychologischen These Brentanos, Bern: Haupt 1983.
Searle, J.R. :(1) Intentionality. An Essay in the Philosophy of Mind, Cambridge: UP 1983.
" :(2) Speech Acts, Cambridge: UP 1969.
Sellars, W. :(1) Naturalism and Ontology, California: UP 1979.
" :(2) Science, Perception and Reality, London: Routledge and Kegan ⁴1971.
Simons, P. :(1) The experience of meaning, Diss. Manchester 1975.
" :(2) "Alexius Meinong: Gegenstände, die es nicht gibt", in: J. Speck (Hg.), Grundprobleme der grossen Philosophen. Philosophie der Neuzeit IV, Göttingen: Vandenhoeck 1986, 91–127.
" :(3) Parts. A Study in Ontology, Oxford: Clarendon Press 1987.
" :(4) "The Formalisation of Husserl's Theory of Wholes and Parts", in Smith (8), 113–159.
" :(5) "Categories and Ways of Being", Reports on Philosophy, 10 (1986), 89–104.
" :(6) "Ways", MS eines Vortrages (Brighton 1988).
" :(7) (with Mulligan and Smith) "Truth-Makers", Philosophy and Phenomenological Research 44 (1984), 287–321.
Sinnreich, J. (Hrg.): Zur Philosophie der idealen Sprache, München: dtv 1972.
Smith, B. :(1) The Ontology of Reference, Diss. Manchester 1976.
" :(2) "Historicity, Value and Mathematics", Analecta Husserliana 4 (1975), 219–239.
" :(3) "Frege and Husserl: The Ontology of Reference", Journal of the British Society for Phenomenology 9 (1978), 111–125.
" :(4) "An Essay in Formal Ontology", Grazer Philosophische Studien 6 (1978), 39–62.
" :(5) "Ingarden vs. Meinong on the Logic of Fiction", Philosophy and Phenomenological Research 16 (1980), 93–105.
" :(6) "Logic, Form and Matter", Proceedings of the Aristotelian Society, Suppl. vol. 55 (1981), 47–63.
" :(7) (as editor) Parts and Moments. Studies in Logic and Formal Ontology, Munich: Philosophia 1982.
" :(8) (with K. Mulligan) "Framework for Formal Ontology", Topoi 3 (1983), 73–85.
" :(9) (with Mulligan and Simons) "Truth-Makers", Philosophy and Phenomenological Research 44 (1984), 287–321.
" :(10) "Acta cum fundamenta in re", Dialectica 38 (1984), 157–178.
" :(11) "Ontologische Aspekte der Husserlschen Phänomenologie", Husserl Studies 3 (1986), 115–130.
" :(12) "Husserl, Language and the Ontology of the Art", in: D. Buzzetti/ M. Ferriani (eds.), Speculative Grammar, Universal Grammar, Philosophical Analysis, Amsterdam: Benjamins 1986, 143–165.
" :(13) (with K. Mulligan) "A Relational Theory of the Act" Topoi 5/2 (1986), 115–130.
" :(14) (with K. Mulligan) "A Husserlian Theory of Indexicality", Grazer Philosophische Studien 28 (1986), 133–163.
" :(15) "Phänomenologie und angelsächsische Philosophie", Philosophischer Literaturanzeiger 37 (1984), 387–405.
" :(16) "The Substance of Brentano's Ontology", Topoi 6 (1987), 39–49.
Smith, D.W.: "Husserl's philosophy of mind", in: G. Floistad (ed.) Contemporary Analytic

Smith, D./McIntyre, R.: Philosophy: A New Survey, vol.4, The Hague: Nijhoff 1983, 249–285.
Smith, D./McIntyre, R.: Husserl and intentionality. A Study of Mind, Meaning and Language, Dordrecht: Reidel 1982
Stevenson, L. :(1) "On what Sorts of Things there are", Mind 85 (1976).
" :(2) "Freges zwei Definitionen der Quantifikation", in: Schirn (ed.), 103–124.
Swiderski, E. :(1) *At the basis of Roman Ingarden's ontology: a priori cognition and the theory of ideas*, Freiburg: 1973.
" :(2) "Some salient features of Ingarden's Ontology" Journal of the British Society for Phenomenology 6 (1975), 81–90.
" :(3) "Ingarden's puzzling Ontology–Metaphysics distinction", *Reports on Philosophy* 11 (1987), 67–85.
Trapp, R.: Analytische Ontologie: Der Begriff der Existenz in Sprache und Logik, Frankfurt a.M.: Klostermann 1976.
Tugendhat, E. :(1) Der Wahrheitsbegriff bei Husserl und Heidegger, Berlin: Bouvier 1967.
" :(2) Vorlesungen zur Einführung in die sprachanalytische Philosophie, Frankfurt a.M.: Suhrkamp 1976.
" :(3) Selbstbewusstsein und Selbstbestimmung. Sprachanalytische Interpretationen, Frankfurt a.M.: Suhrkamp ²1981.
" :(4) (zusammen mit U. Wolf) Logisch–semantische Propädeutik, Stuttgart: Reclam 1986.
Van Cleve, J.: "Three Versions of the Bundle Theory", Philosophical Studies 47 (1985), 95–107.
Vick, G.R.: "Existence was a Predicate for Kant", Kant–Studien 61 (1970), 357–371.
Wagner, H.: "Über Kants Satz, das Dasein sei kein Prädikat", Archiv für Geschichte der Philosophie 53 (1971), 183–186.
Weingartner, P. :(1) "Der Begriff der Existenz in Russells Theorie der Deskription", in: Weingartner (3), 69–86.
" :(2) "Ein Kriterium für die Abgrenzung zwischen Mathematik und Logik", in: Kanitscheider (Hg.), Sprache und Erkenntnis, Innsbruck 1976, 27–31.
" :(3) (ed.) Deskription, Analytizität und Existenz, Salzburg/München: Pustet 1966.
Welding, St.O.: Der Begriff der Existenz. Eine Untersuchung über die Unterscheidung zwischen Eigenschaften und Merkmalen von Begriffen, Diss. Göttingen 1971.
Wiggins, D.: "The De Re 'Must': A Note on the Logical Form of Essentialist Claims", in: Eveans/McDowell (eds.), Truth and Meaning: Essays in Semantics, Oxford: Clarendon Press 1976, 285–312.
Willard, D.: "The Paradox of Logical Psychologism: Husserl's way out", American Philosophical Quarterly 9 (1972), 94–99.
Wolenski, J.: "Remarks on Primitivity and Secondarity as Moments of Existence", Reports on Philosophy 10 (1986), 81–87.
Zeglen, U.: "An Attempt at a Formal Analysis of Pure Qualities in Ingarden's Ontology", Studies in Logic and Theory of Knowledge 1 (1985), 79–89.

INDEX

Adjukiewicz, K., 2n.
Akt
    Extrinsische Klassifikation von Akten: referentielle versus referenzlose Akte: 28, 31f., 34f., 57, 102–07, 110, 245f., 265–76, 340–46, 348f, 355–63; Intentionale Aussagen: 19, 27f., 102–07; (Adverbiale) Theorie der Intentionalität: 26ff., 104ff.; (Ontologische) Theorien der Intentionalität: 18–32ff.
    → *Bedeutung*; *Existenz*
Allaire, E.B., 445f.
Alston, W.P., 38n., 40n.
Aristoteles, 4n., 117ff., 120n., 146n., 149–55, 185n., 364, 367–71, 379f., 384n., 432, 447n., 465, 467
Armstrong, D.M., 17n., 78, 83, 154n.
Aune, B., 337n.
Ayer, A.J., 388n.

Bedeutung (meaning)
    u. Akt (Intentionalität): 16–18, 37–44, 57f., 103; vs. Gegenstand (Objekt-Entität): 16–18, 45–47, 56ff.,; u. Universalien: 82ff.
    → *Akt*
Bencivenga, E., 4n., 7n, 306n.
Bergmann, G., 436n., 446
Berkeley, G., 33n., 398
Bernet, R., 30n.
Bolzano, B., 9
Bradley, F.H., 391n.
Brandl, J., 28n.
Brentano, F., 8, 20ff., 23f., 368n., 384n.
Burkhardt, H., 411n.

Carl, W.,
    4n., 146n., 147n., 148n., 152n., 287n., 296n., 310n., 337n.
Carnap, R., 33n., 82, 398f.
Castaneda, H.-N., v, 4, 9, 11, 321, 388n., 389n., 390n., 392f., 411, 415n., 422– 34, 440, 454, 457, 459
Casullo, A., 404n., 421n.
Chisholm, R.M., 2n., 19n., 54ff., 377n.
Cohen, L.J., 19n.

Dancy, R.M., 364n.
Doelling, E., 4n.
Dummett, M., 37n., 310n., 329n.
Duns Scotus, 140n., 432f.

Eigenschaft
    absolute vs. relative: 174–84, 187f., 412–22; akzidentelle vs. notwendige: 184–87, 194; (absolute) Eigenschaft in formalontologischer Hinsicht: 186–88, 190–99, 292f., 320ff., 332f., 447ff.; individuelle Eigenschaft: 72–80, 85–89, 149, 153, 164; negative Eigenschaft: 162, 164ff.; "eigenschaftliger" Sachverhalt: 162, 167f.; Eigenschaftsprädikate und sortale Ausdrücke: 146–48, 151–54
    → *Universalien*; *Konkreta*

Existenz (Der Begriff der Existenz)
    u. "gewöhnliches" Prinzip der Klassifikation: 4, 9f., 246–50, 260f., 273, 276, 294, 310–14, 340, 343, 346, 348, 352; u. das Problem des verlorenen Gegensatzes: 248f., 274; "Existenz kein Genus, sondern Terminus, der indirekt eine Klassifikation von Existenzsätzebehauptenden Akten induziert": 265–67, 274ff., 340–51, 362f.; als Begriff 1ter Stufe: 295, 300, 302, 309–16, 322–28, 330f., 334, 339, 343, 347ff.; als Begriff 2ter Stufe: 292f., 302, 314, 329f., 332, 339f., 343, 347; u. Begriff der Identität:

315f., 322–29, 378–81
→ *Akt*; *Existenzsätze*
Existenzsätze
u. logische Analyse: 5–10, 280–90, 317–21; u. ontologische Aussagen: 64–67, 107–11; u. metaphysische Aussagen: 64–67, 110f.; *singuläre* Existenzsätze: 6f., 295ff., 302–08, 306–08 (metasprachliche Erklärung), 310–14, 355–60 (Inschriften-semantische Erklärung); *generelle* Existenzsätze: 5f., 294ff., 301ff., 361–63; *indexierte* (singuläre oder generelle) Existenzsätze: 220f., 225–28, 265f., 375–81; *indexlose* (singuläre oder generelle) Existenzsätze: 265f., 268–72
→ *Seinsweise*
'*existiert*' univok vs. multivok: 228–32, 234, 286; äquivok: 233ff., 283f., 286, 290ff., 364–81
→ *Existenzsätze, indexierte*

Follesdal, D., 2n., 31
Frege, G.,
4n., 5ff., 31, 37–45, 55, 122n., 137, 141, 199n., 242n., 251n., 267n., 271, 294–334, 336–43, 346–52, 354, 359, 364–67, 399n., 452, 454n., 463f., 467f., 471–73

Geiger, M., 171n.
Gombocz, W.L., 4n., 306f.
Goodman, N., 399, 454
Grossmann, R., 247n., 249n., 296n., 310n.
Guthrie, W.K.C., 364n.

Haaparanta, L., 294n., 305n., 311n., 329n., 331n., 366n.
Hacking, I., 184n.
Haefliger, G., 20n., 33n., 49n., 66n., 124n., 255n., 401n.
Hao Wang, 227n.
Heidegger, M., 33n.
Hilbert, D., 2
Hintikka, K.J., 5, 294n., 331n., 364n.
Hochberg, H., 388n., 389n., 392, 419n.
Hume, D., 205, 388n., 389n.
Husserl, E.,
2f., 23–26, 28–31, 33, 34n., 37–41, 43f., 48–54, 66, 72ff., 79f., 121, 266, 273, 299n., 362, 381, 460, 468–471

Identität
167–72, 294; Veränderung und Identität: 394–409; u. numerische Differenz: 411–22; (Re-) Identifizierung, numerische Differenz, Individuation: 423ff., 431–33
→ *Existenz* u. Begriff der Identität
Intentionalität
→ *Akt*

Kahn, Ch.H., 364n., 368f.
Kant, I., 4f., 9, 33n., 54n., 205, 331
Kluge, E.-H.W., 296n., 311n.
Kneale, W., 280
Konkreta als widerspruchsfreier Gegenstand: 109f., 251ff., 325ff.; vs. fundierter Gegenstand: 123–30, 452–57; Konkreta in formalontologischer Sicht: 134–55, 389f., 393f., 399–405; Arten von Konkreta-Eigenschaften: 174–88 320, 322
→ *Eigenschaft*; *Identität*; *Mereologie*
Konstruktionalismus 398–400, 453–57
Kotarbinski, R., 2n.
Küng, G., 2n., 3n., 8n., 23n., 27n., 29n., 30n., 31n., 34n., 35n., 64n., 66n., 78n., 101n., 337n., 378n., 399n., 427n.
Künne, W., 17n., 41n., 50ff., 53n., 56n., 69n., 73n., 76n., 78, 149n., 205n., 329n., 331, 353, 355n., 357n.
Kutschera von, F., 34n., 40n.

Lambert, K., 252n., 255n.
Langsdorf, L., 30n., 31n.
Larrabee, M.J., 30n.
Leibniz, G.W., 172n., 411
Leonard, H.S., 7
Lesniewski, St., 2n., 8, 452n.
Locke, J., 445
Long, D.C., 388n., 389n., 445n., 446n., 449n.
Loux, M.J., 412n., 415, 421n., 445n., 446n., 449n.
Lukasiewicz, J., 2n.

Maier, H., 364n.
McIntyre, R., 19n., 22n., 23n., 24n., 27n., 29, 31
Meinong, A., 8, 20, 242–49, 251–57, 261,

263, 274ff., 334, 342, 468f.
Mereologie
  u. Seinsmomente: 125–30; u.
  Eigenschaften von Konkreta:
  191–97, 401ff.; u. ontologische
  Bündeltheorien: 388–405, 409–17,
  428ff., 457–62
    → *Seinsmoment*; *Konkreta*
Moore, G.E., 280–93, 317n., 318ff., 336, 463f.
Morscher, E., 4n., 242n., 248n.
Müller, G.E., 2
Mulligan, K., 58n., 121n., 122n., 325n., 326n.
Munitz, M.K., 4n., 356

Owen, G.E.L., 364n.

Parmenides, 364
Parsons, T., 256n., 296
Pearce, D., 2n.
Pfänder, A., 365n.
Plato, 78n., 185, 364, 391, 412, 417, 432f.
Pünjer, 304, 347n.

Quine, W.v.Q., 6, 17, 147n., 225, 405
Quinton, A., 421

Reinach, A., 161n.
Rescher, N., 226n., 227n., 228n., 369ff., 379
Ross, W.D., 364n.
Routley, R., 256n.
Russell, B., 5ff., 137, 141, 250–57, 261, 263f., 267n., 273ff., 280, 288f., 337–43, 346, 349–52, 359, 361, 364f., 369, 371, 388n., 398, 454, 467–69

Sachverhalt 18, 158–73, 177–81, 270–72, 345–49
Schopper, W., 63n., 64n., 91n.
Schuwey, B., 19n.
Searle, J.R., 25n., 28n., 83f.
Seinsmoment Autonomie/Selbständigkeit: 125–30, 191ff., 212ff., 236ff.; vs. Seinsweisen: 204–08
    → *Seinsweise*; *Mereologie*
Seinsweise 204–21; Seinsweisen im strikten Sinne: 218ff., 236ff.; u. Aussersein: 243–49; u. Existentialontologie: 228–32
    → *Existenzsätze, indexierte*; *'existiert'*; *Seinsmoment*

Sellars, W., 42n., 307n., 448f.
Simons, P.,
  3n., 8n., 20n., 40n., 42n., 44n., 58n., 122n., 184n., 185n., 186n., 242n., 247n., 253n., 255n., 364n., 368n., 401n., 404–06, 408n., 414n., 429n., 452n., 460n.
Smith, B.,
  3n., 16, 18ff., 20n., 28n., 31n., 37n., 38n., 40n., 41n., 44n., 45f., 73n., 74n., 75n., 121n., 122n., 179n., 300n., 326n., 327n., 329n., 342n., 368n., 384n., 401n.
Smith, D.W., 19n., 22n., 23n., 24n., 27n., 29, 30n., 31f.
Stevenson, L., 318
Stout, G.F., 388n., 389n.
Strawson, P.F., 4n., 146n.
Swiderski, E., 63n., 64n., 273n.

Tarski, A., 2n.
Thiel, Ch., 37n.
Trapp, R., 4n.
Trendelenburg, Fr.A., 368n.
Tugendhat, E., 4n., 39n., 47n., 51, 52n., 54n., 146n., 287n., 337n.,
Twardowski, K., 2n., 24, 26n.

Universalien
  Relationen zwischen Universalien: 68–72; qualitatif selbständige Universalien: 130–33; partikularisierende Universalien: 97ff., 149–55, 419ff., 431–34; relationale u. absolute Universalien: 412–16; vs. individuelle Eigenschaften: 72–80, 85–89; u. Ideen (Ingarden): 89–100; u. Begriffe (Frege): 298ff., 332f.; Intuitionismus u. epistemisch ausgezeichnetes Verstehen: 48–56
    → *Bedeutung*; *Eigenschaft*

Van Cleve, J., 398n.

Weingartner, P., 287n., 337n.
Weyl, H., 171n.
Wiggins, D., 184n.
Willard, D., 31n.
Williams, D.C., 388n., 389n.
Wolenski, J., 2n., 3n.

Zeglen, U., 3n., 70n.

Phaenomenologica

110. J. Patočka: *Le monde naturel et le mouvement de l'existence humaine.* 1988
 ISBN 90-247-3577-7
111. K.-H. Lembeck: *Gegenstand Geschichte.* Geschichtswissenschaft in Husserls Phänomenologie. 1988 ISBN 90-247-3635-8
112. J.K. Cooper-Wiele: *The Totalizing Act.* Key to Husserl's Early Philosophy. 1989
 ISBN 0-7923-0077-7
113. S. Valdinoci: *Le principe d'existence.* Un devenir psychiatrique de la phénoménologie. 1989 ISBN 0-7923-0125-0
114. D. Lohmar: *Phänomenologie der Mathematik.* 1989 ISBN 0-7923-0187-0
115. S. IJsseling (Hrsgb.): *Husserl-Ausgabe und Husserl-Forschung.* 1990
 ISBN 0-7923-0372-5
116. R. Cobb-Stevens: *Husserl and Analytic Philosophy.* 1990 ISBN 0-7923-0467-5
117. R. Klockenbusch: *Husserl und Cohn.* Widerspruch, Reflexion und Telos in Phänomenologie und Dialektik. 1989 ISBN 0-7923-0515-9
118. S. Vaitkus: *How is Society Possible?* Intersubjectivity and the Fiduciary Attitude as Problems of the Social Group in Mead, Gurwitsch, and Schutz. 1991
 ISBN 0-7923-0820-4
119. C. Macann: *Presence and Coincidence.* The Transformation of Transcendental into Ontological Phenomenology. 1991 ISBN 0-7923-0923-5
120. G. Shpet: *Appearance and Sense.* Phenomenology as the Fundamental Science and Its Problems. Translated from Russian by Th. Nemeth. 1991 ISBN 0-7923-1098-5
121. B. Stevens: *L'Apprentissage des Signes.* Lecture de Paul Ricœur. 1991
 ISBN 0-7923-1244-9
122. G. Soffer: *Husserl and the Question of Relativism.* 1991 ISBN 0-7923-1291-0
123. G. Römpp: *Husserls Phänomenologie der Intersubjektivität.* Und Ihre Bedeutung für eine Theorie intersubjektiver Objektivität und die Konzeption einer phänomenologischen. 1991 ISBN 0-7923-1361-5
124. S. Strasser: *Welt im Widerspruch.* Gedanken zu einer Phänomenologie als ethischer Fundamentalphilosophie. 1991 ISBN Hb: 0-7923-1404-2; Pb: 0-7923-1551-0
125. R. P. Buckley: *Husserl, Heidegger and the Crisis of Philosophical Responsibility.* 1992 ISBN 0-7923-1633-9
126. J. G. Hart: *The Person and the Common Life.* Studies in a Husserlian Social Ethics. 1992 ISBN 0-7923-1724-6
127. P. van Tongeren, P. Sars, C. Bremmers and K. Boey (eds.): *Eros and Eris.* Contributions to a Hermeneutical Phenomenology. Liber Amicorum for Adriaan Peperzak. 1992 ISBN 0-7923-1917-6
128. Nam-In Lee: *Edmund Husserls Phänomenologie der Instinkte.* 1993
 ISBN 0-7923-2041-7
129. P. Burke and J. Van der Veken (eds.): *Merleau-Ponty in Contemporary Perspective.* 1993 ISBN 0-7923-2142-1
130. G. Haefliger: *Über Existenz: Die Ontologie Roman Ingardens.* 1994
 ISBN 0-7923-2227-4

Previous volumes are still available

Further information about *Phenomenology* publications are available on request.

Kluwer Academic Publishers – Dordrecht / Boston / London